국역『同文彙考』勅諭·犯禁·刷還 史料

동북아역사 자료총서 48

동북아역사재단
NORTHEAST ASIAN HISTORY FOUNDATION

간행사

동북아시아 지역은 예부터 문화와 사상 그리고 문자를 상당 부분 공유하면서도 때로는 서로 역사적 갈등을 빚어왔습니다. 오랜 교류를 통한 선린우호의 관계가 지금까지 이어지고 있지만, 한편으로 민족적 우월의식과 정치적인 이유로 자기 나라의 역사와 문화를 앞세우기도 합니다. 이 때문에 상대방의 역사를 훼손하고 민족적 자존심까지 상하게 하는 경우도 있습니다. 최근 벌어지고 있는 동북아시아에서의 역사 갈등 등이 그 예입니다.

동북아역사재단에서는 이러한 역사 갈등 해소를 위한 학술사업의 일환으로『국역『同文彙考』勅諭 · 犯禁 · 刷還 史料』를 출간하게 되었습니다.『同文彙考』는 17세기 초반부터 19세기 후반까지 조선이 청 · 일본과 주고받았던 외교문서를 모은 것으로서, 조선시대 한중관계사와 국경문제를 정리한 1차 사료의 가치를 지니고 있습니다. 그리하여 조선시대 대외관계사와 변경문제 연구의 필수적인 자료로 인식되고 있습니다.

이러한 높은 사료적 가치에도 불구하고『同文彙考』를 사료로서 충분히 활용한 연구는 많지 않습니다. 아울러 사료의 국역도 이루어지지 않았습니다. 이는『同文彙考』가 외교문서의 원문을 그대로 정리한 것이어서 청대의 공문서 양식을 이해하지 못하고서는 사료의 정확한 이해가 어려웠던 것도 하나의 이유이지 않았나 싶습니다.

이번에 동북아역사재단에서 간행하는『국역『同文彙考』勅諭 · 犯禁 · 刷還 史料』는 2008년에 발간한『국역『同文彙考』疆界 史料』와 2008~2012년까지 발간한『국역『同文彙考』犯越 史料 1~4』의 후속 연구로서,『同文彙考』가운데 청 황제가 조선 국왕에게 보낸 '勅諭', 청에서 금지한 물품을 조선에서 불법적으로 가져가다가 발각된 사건을 다룬 '犯禁', 청과 조선 양국 백성의 상호 송환을 다룬 '刷還' 문제의 처리를 둘러싸고 朝·淸 양국이 주고받은 문서들을 국역한 것입니다. 특히 지금까지 이용하기에 불편했던 점을 개선하기 위하여 사료에 대한 정확한 이해와 더불어 표점작업과 국역작업에 최대한의 노력을 기울였습니다.

조·청관계사 중에서도 변경문제에 대해서는 아직도 체계적인 연구가 이루어지지 못하고 있습니다. 이번 『국역『同文彙考』勅諭·犯禁·刷還 史料』의 발간을 계기로 하여 우리 학계가 변경문제를 좀 더 많이 연구하기를 바랍니다. 나아가 동북아시아 지역의 학술 교류가 활성화되고, 또 역사 갈등의 해소에 도움이 될 것을 기대합니다. 끝으로, 사료를 번역하고 책을 제작하는 데 애쓰신 분들의 노고에 깊이 감사하는 바입니다.

2013년 11월 1일

동북아역사재단 이사장 김학준

일러두기

○ 본 결과보고서는『同文彙考』(國史編纂委員會, 1978 影印本)의 勅諭·犯禁·刷還에 대한 표점과 번역으로 구성되어 있다. 각각은 다시 수록 문서 목록, 표점, 번역 등 세 부분으로 나뉜다.

○ 수록 문서 목록에서 "○"가 붙은 문서는『同文彙考』원본에 문서의 제목만 기록된 경우이고, "※"가 붙은 문서는 원본에 제목과 본문이 모두 기록된 경우로, 날짜와 쪽수를 함께 밝혀 두었다. 괄호 안의 쪽수는 영인본의 쪽수이다.

○ 표점과 번역에서는 문서 안에서 어디부터 어디까지가 누구의 진술인지를 밝히는 데에 특히 주안점을 두었는데, 이를 위하여 본 결과보고서에서 사용한 편집 양식에 대해서는,『국역『同文彙考』疆界 史料』(배우성·구범진 역, 동북아역사재단, 2008)의 解題를 참고하길 바란다.

○ 표점 부분은『同文彙考』의 원문을 그대로 옮기고, 쉼표, 마침표, 따옴표 등 기본적인 부호만을 사용하여 표점을 하였다. 원본에 작은 글씨로 적힌 割注 부분은 '[ ]'안에 넣었다. 단, 제목만 남은 문서에 붙은 割注는 제목 다음 줄에 작은 글씨로 기재하였다. 제목과 본문이 모두 기록된 문서에는 제목 아래에 날짜와 쪽수를 삽입해 두었다.

○ 원본의 분명한 오류로 보이는 글자에 대해서는, '衞(→衞)'의 경우처럼 원문의 글자는 그대로 두고 괄호 안에 화살표와 함께 바른 글자를 밝혀 두었다. 또한, 원본의 글자가 명확하지 않아 식별이 어려운 경우에는 "■"표시를 하여 구분하였으며, 원본에서 音譯字를 사용한 경우에는 '(阿+乙)'의 경우처럼 두 구성글자를 덧셈부호와 함께 병기하였다. 아울러, 원문에서 일정한 부분이 생략된 것이 명확한 경우에는 해당 부분에 '(……)'표시를 하였다.

○ 독자들의 편의를 위해 각 단락의 시작부분에 화자를 표기하였다. 화자가 둘 이상 등장하는 문서를 대상으로 삼았고, 문서 구조상 화자의 일부를 통합하여 표기하기도 하였다.

차 례

해 제

2006년부터 시작된 『同文彙考』의 표점 및 번역 사업은 다음과 같은 가치를 지니고 있다. 첫째, 『同文彙考』의 표점·번역은 조선 후기 외교사 연구의 발전을 위해서 반드시 필요한 기초 작업으로, 관련 연구자들에게 조선 후기 외교 문서의 형식을 습득함과 동시에 기타 관련 사료에 대한 독해 능력을 제고하는 기회를 제공할 수 있다. 둘째, 최근 중국에서 『同文彙考』의 가치를 인정하여 『≪同文彙考≫中朝史料』(吉林文士出版社)라는 제목의 標點本을 출판한 데 대한 적극적 대응이 필요하다. 중국의 標點本은 일부 문서를 생략했을 뿐만 아니라, 簡體字로 입력된 원문에 중국식의 標點을 붙였을 뿐이다. 게다가 標點에 오류가 적지 않으며, 당시 공문서의 고유한 형식을 반영하지도 못하였다. 이번의 표점 및 번역은 全文을 누락 없이 우리 漢字로 텍스트化했을 뿐만 아니라, 당시 공문서의 독특한 형식을 독창적인 편집 방식으로 되살리고 우리말로 번역한 것이다.

2012년에는 『同文彙考』 勅諭·犯禁·刷還을 표점·번역하였는데, 각각의 항목은 다음과 같은 특징을 지니고 있다. '칙유'는 청 황제가 조선국왕에게 직접 내린 명령을 가리킨다. 이를 통해 당시 최고 통치자 간의 주요 현안을 확인할 수 있다. '범금'은 청에서 금지한 물품을 조선에서 불법적으로 가져가다가 발각되었을 때의 사건을 다루고 있다. 청이 무엇을 금지했는지, 그 사건의 처리과정은 어떠했는지를 명료하게 알 수 있다. '쇄환'은 양국의 백성을 상호 송환하는 것을 뜻한다. 조선의 입장에서 쇄환의 대상은 淸人뿐만 아니라 병자호란 이후 청으로 끌려간 조선인도 포함되었기 때문에 쇄환을 둘러싼 외교 갈등의 실상을 파악할 수 있다.

'칙유'는 『同文彙考』 原編 권41, 別編 권3 및 原編續 「勅諭」에 해당하며, 다루고 있는 시기는 崇德 초부터 同治 10년대까지다. '범금' 관련 사건은 原編 권63~64 및 原編續 「犯禁」에 수록되어 있고, 順治帝 즉위 이후부터 嘉慶 10년대까지를 다루고 있다. '쇄환'은 原編 권65 및 別編 권3 「刷還」에 해당하며 崇德시기부터 康熙 20년대까지 발생한 사건이 수록되어 있다. 원문 분량은 약 7만 2천 字에 달하며, 해당 문서가 청대 공문서 형태로 되어 있는 점을 감안하여 가독성을 위해 문서의 화자에 따라 단락을 바꿔주는 방식을 택하였다.

1 | 勅諭 : 『同文彙考』 原編 卷41 (영인본 774~802쪽)

① 1a~3a : 順治 원년 昭顯世子의 귀국조치에 조선국왕이 감사를 올리는 사안이다. 병자호란 이후 소현세자를 비롯한 왕족과 공경 대신들의 자제들이 인질로서 심양으로 끌려갔다. 청은 전황이 유리하거나 인조의 병이 심각할 경우 소현세자를 일시적으로 귀국시켰는데, 이번 건은 1644년 청이 入關한 직후 세자의 귀국을 허락한 사안이다. 조선은 이에 대해 표문·전문 및 방물을 보내 감사를 표시했다. 문서의 서두에는 소현세자의 귀국내역이 수록되어 있다.

② 3a~4a : 順治 원년 청 황제가 조선 조정의 反淸인사 복직에 대해 칙유를 내리자 이에 답하는 사안이다. 청은 反淸인사들의 임용을 명백히 금지하였다. 그럼에도 불구하고 조선에서 은근슬쩍 과거 反淸 전력이 있던 이경여 등을 公卿의 지위로 복직시키자 청에서는 칙사를 파견해 조선국왕을 압박하고 해명을 요구하였다. 이에 조선에서는 최근 공경대신들이 죽어 자리를 채우기 위해서였다고 변명한 후 이들을 체직하였다.

③ 4b~7a : 順治 원년 황제의 칙유이다. 이 칙유에서 순치제는 중원의 평정을 기념하여, 세자의 귀국, 이경여 등의 서용, 그리고 공물의 일부를 반으로 줄이는 조치를 시행하였다.

④ 7a~8a : 順治 3년 임경업을 돌려보낸다는 칙유이다. 청 조정에서는 청을 적대시한

임경업을 억류하고 있었는데, 조선 국왕이 임경업의 처벌을 이유로 송환을 요청하자 이를 수락하였다.

⑤ 8b~10b : 順治 7년 조선의 최근 행위에 대해 경고하는 칙유이다. 순치제는 최근 조선에서 청이 시호를 내려주고 또 攝政王(도르곤)이 부의를 보내주었음에도 謝恩하지 않는 것, 왜구를 핑계로 城地의 수리를 요청한 것, 왜국 연해로부터 표류한 漢人을 왜국으로 보내려고 한 것 등을 거론하며 조선국왕을 강하게 비판하였다.

⑥ 10b~18b : 順治 11년 조선국왕이 李敬輿·李景奭·趙絅 등 斥和신료의 복직을 청하자 청 황제가 이를 비난한 사안이다. 조선국왕은 이경여 등이 선왕 때부터 충성을 다한 점, 정명수 등에게 무함을 받은 점을 강조하며 이들의 복직을 요청하였다. 그러나 순치제는 과거 이경여 등이 청을 적대시했고 최근에는 왜구를 핑계로 환란을 부추긴 점을 비판하며, 오히려 국왕이 이들 간신들에 휘둘린다고 비난하였다. 조선국왕은 복직을 요청한 것을 사죄했지만, 순치제는 국왕이 간신들을 비호한다며 다시 한 번 문책하는 칙유를 내렸다.

⑦ 19a~20b : 順治 14년 조선에서 방물로 올리는 刀의 수량을 잘못 기재한 사안이다. 예부에서 조선의 방물을 확인한 결과 刀 10자루를 總單에서 100자루로 잘못 적었고, 이를 청의 관료가 수량을 확인하지 않은 채 그대로 공문에 기록해 버린 사실을 확인하였다. 예부에서는 자체적인 점검을 통해 문서의 오기를 파악했고 황제에게 예부관리 및 조선 서사관의 처벌을 요청하였다. 순치제는 예부에서 스스로 확인했으므로 처벌을 면제하고 조선국왕에게는 해당 관리를 신칙하게 했다. 이에 조선에서는 해당 관리를 처벌하겠다고 보고하였다.

⑧ 21a~22b : 順治 18년 조선이 청에 보내는 문서에 非禮한 단어를 써 생긴 사안이다. 예부에서는 조선이 보낸 자문에 皇旨를 王旨로 쓴 부분이 있다며 조선국왕의 처벌을 건의했으나 순치제는 일단 처벌을 면제하고 국왕의 신칙을 명령했다. 조선에서는 문장과 격식에 어두워 생긴 일이라며 변명하고는 표문·자문 및 방물을 올렸다.

⑨ 23b~28a : 康熙 18~19년 조선이 청에 보내는 문서에 非禮한 단어를 써 생긴 사안이다. 康熙 18년 조선에서는 동지절을 하례하는 표문을 올렸는데, 강희제는 격식에

어긋난 부분이 있으므로 예부로 하여금 논의하도록 했다. 예부에서는 조선국왕에게 벌금을 부과해야 한다고 했지만, 강희제는 일단 처벌을 면제하도록 했다. 조선에서는 이에 대해 감사를 표하는 문서를 올렸는데, 강희제는 다시금 謝가 賀로 잘못 쓰였음을 지적하여, 다시금 사죄를 한 후 사신과 방물을 보냈다.

⑩ 28a~36a : 康熙 20~21년에 조선이 청에 보내는 문서에 非禮한 단어를 써 생긴 사안이다. 康熙 20년 강희제는 조선에서 올린 표문 중 자신의 旨를 서술한 부분이 원래 旨와 맞지 않음을 지적하고 예부에서 논의하도록 했다. 해당 문제는 일단 이를 넘어갔지만, 康熙 21년 강희제는 앞서 사안과 관련하여 조선에서 보낸 문서에 조선국왕의 이름을 적지 않은 부분을 지적하였고 벌금으로 은 5천 냥을 부과하였다.

⑪ 36b~37b : 康熙 28년 조선이 청에 보내는 문서에 非禮한 단어를 써 생긴 사안이다. 조선국왕은 중전이 된 장씨에게 誥命을 내려달라고 요청하였는데, 청에서는 해당 문서에 避諱할 문자를 쓴 점과 제후국에 맞지 않는 표현이 있는 것을 근거로 벌금은 5천 냥을 부과하였다.

⑫ 40a~40b : 康熙 30년 조선에서 보낸 謝恩 방물을 돌려보내는 사안이다.

⑬ 40b~44a : 康熙 34년 조선이 청에 보내는 문서에 非禮한 단어를 써 생긴 사안이다. 예부에서는 이 사안에 대해 벌금으로 은 1만 냥 및 3년간 하사품을 중지시킬 것을 건의하지만 청 황제는 처벌을 면제시켰다.

⑭ 44a~44b : 康熙 37년 조선이 청에 보내는 문서에 非禮한 단어를 써 생긴 사안이다. 강희제는 조선에서 보낸 문서에 擡頭를 하지 않았다고 지적하며 신칙할 것을 명령하였다.

⑮ 44b~46b : 康熙 49년 조선 사신이 청나라 지역에서 奏本의 副本을 절도당한 사건이다. 강희제는 호송을 담당한 관원들을 처벌하고 해당 지역의 巡撫에게 명령을 내려 도적들을 체포할 할 것을 명령하였다. 또한 奏本을 도둑맞은 관원들은 조선국왕에게 알려 처벌하도록 하였다.

⑯ 47a~49a : 康熙 52년 瀋陽과 鳳凰城을 오간 조선인 짐꾼의 숫자가 맞지 않아 생긴 사안이다. 당시 조선에서 사신을 파견할 때 청에게 올릴 方物을 나르기 위해 조선인

짐꾼(團練使)이 심양까지 파견되었다. 康熙 52년 봉황성 관리는 문서에 적힌 짐꾼과 실제로 오간 짐꾼의 숫자가 맞지 않자 이를 뒤늦게 상부에 알렸다. 그 과정에서 전임 城守尉가 해당 사건을 은닉했던 점과 당시 봉황성 관리들이 조선 수행원의 인원을 제대로 확인하지 않은 사실이 밝혀져 대대적인 처벌이 행해졌다.

⑰ 49b~54b : 조선에서 보낸 문서 중 격식에 맞지 않는 부분이 있이 발생한 사안이다. 乾隆 42년 조선국왕은 청으로 도망간 역적들을 수색·압송해 달라는 내용의 문서를 보냈는데, 건륭제는 이를 흔쾌히 수락하는 동시에 문서 일부 내용을 지적하였다. 조선에서는 이에 사죄를 아뢰는 사신과 문서를 보냈고, 건륭제는 제후의 정성이 드러났다며 상을 하사하였다.

⑱ 54b~57b : 乾隆 45년 청에서 조선사신이 머무는 관소가 불에 탄 사안이다. 조선사신 일행의 실수로 머물고 있던 관소가 불에 탔는데, 황제로부터 받은 詔書까지 소각되었다. 예부에서는 당시 순찰을 제대로 하지 못한 청 관리들을 탄핵했고, 직예성에서 반납된 詔書를 조선사신에게 지급할 것을 요청하여 승인받았다. 아울러 건륭제는 조선 사신의 죄를 면제해 주라는 명령을 내렸다.

2 | 勅諭 :『同文彙考』原編續 (영인본 3702~3711쪽)

① 1a~4a : 嘉慶 4년에 조선으로 파견된 청의 사신들이 가경제의 지시에 따라 조선으로부터 예물을 따로 받지 않자, 조선에서는 사신들에게 예물을 전하기 위하여 이를 압록강까지 가져갔고, 가경제는 조선에 지시하여 이를 다시 거두어가도록 하였다. 하지만 몇 달 후에 조선의 齎咨官 李光稷과 역관 李邦華가 여전히 압록강변에 있었던 예물들을 처리하는 문제에 관하여, 조선국왕에게 보이지 않은 채, 사적으로 청의 부도통에게 서신을 전하였다. 가경제가 신하는 외교를 할 수 없다는 관례를 들어 조선에 이들을 처벌할 것을 요구하자, 조선에서는 그에 따라 이들을 질책했다는 내용이다.

② 4a~5b : 청조가 새로 성립된 베트남의 阮朝에 대해서 避諱에 관한 규정을 전달하면서, 아울러 같이 한자를 사용하는 조선에도 다시 한 번 그 내용을 전하였고, 조선에

서는 이를 확인하였다.

③ 5b~7a : 조선의 사신들이 邊門의 관리들에게 뇌물을 준 사건이 발각되자, 청조에서는 邊門의 관리들을 처벌하였고, 조선의 사신들에 대해서는 직접 처벌하지 않고, 조선국왕으로 하여금 이들에게 주의를 주도록 하였다.

④ 7a~9b : 사신들을 수행하는 조선의 상인들이 邊門에서 행하던 무역에 관한 내용이다. 邊門에서의 무역에서 몇 가지 문제들이 나타나자, 조선에서 이를 금해줄 것을 요청하였지만, 청에서 조사한 후에 이 요구는 先例에 어긋나는 것이라고 결론을 내렸고, 기존의 규정을 잘 따를 것을 지시하였다.

⑤ 9b~10b : 道光帝의 이름에 대한 避諱의 규정을 청에서 조선에 전달한 내용이다.

⑥ 10b~11a : 조선의 사신들이 불법적으로 使臣館을 이탈한 것에 대해 청조에서 항의한 내용이다.

⑦ 11b~12a : 咸豊帝의 이름에 대한 避諱의 규정을 청에서 조선에 전달한 내용이다.

⑧ 12a~12b : 同治帝의 이름에 대한 避諱의 규정을 청에서 조선에 전달한 내용이다.

⑨ 12b~13a : 동치제가 자신의 이름 두 글자 중 두 번째 글자에 대해서만 避諱하도록 한 규정을 철저히 준수하도록 지시한 내용이다.

⑩ 13a~15b : 중국에 謝恩使로 간 사신 일행들이 귀국하던 중, 銀價의 하락으로 인해서 여비가 떨어지자, 盛京將軍衙門으로부터 경비를 빌려 귀국한 사안이다. 조선에서는 곧바로 그 비용을 상환하였고, 경비의 차용을 요청했던 사신단 일행을 처벌하였다.

⑪ 16a~17a : 조선의 사신 李興敏이 예부상서 萬青藜에게 사적으로 서신을 보내어, 근자에 조선 연해에 洋船이 출몰하고 있음을 언급하였다. 萬青藜는 이를 황제에게 보고하였고, 조선에서는 사적으로 서신을 보냈다는 이유로 李興敏을 처벌하였다.

⑫ 18b~19a : 光緒帝의 이름에 대한 避諱의 규정을 청에서 조선에 전달한 내용이다.

3 | 勅諭 : 『同文彙考』 別編 卷3 (영인본 1511~1524쪽)

① 1a~3b : 청 태종의 勅諭들이다. 주로 清軍이 병자년에 조선으로 출병한 이유를 언급하고 있다. 칙유의 내용에 따르면, 정묘년 이후에도 계속된 조선과 明朝의 내

통, 인조와 평안도관찰사가 전쟁 준비와 관련하여 서로 주고받은 편지, 청 태종의 稱帝에 대한 인조의 부정 등이 출병의 이유로 지적되고 있다.

② 3b~5b : 청 태종의 칙유이다. 조선의 변명 및 청원에 대해서 반박하는 내용, 그리고 남한산성에서 나와서 전투에 응할 것을 요구하는 내용이 중심을 이루고 있다.

③ 5b~6a : 청 태종의 칙유이다. 인열왕후의 2주기를 앞두고 조선에서 소현세자와 봉림대군의 일시 귀국을 요청하자, 이를 거절하며 답하는 내용이다.

④ 6a~10b : 조선국왕이 올린 表文과 箋文들이다. 그 내용은 주로 청 태종이 징병을 중지하고 물자를 하사해준 것에 대한 감사, 그리고 세자와 대군의 일시 귀국을 요청했던 것에 대한 사과, 공물을 올리는 것에 대한 表文 등으로 구성되어 있다.

⑤ 10b~12a : 청 태종이 사신을 보내 인조의 병을 문안한 것에 대해서 감사하는 내용의 表文과 箋文이다.

⑥ 12a~17a : 소현세자의 귀국 문제를 둘러싸고 청과 조선 사이에서 주고받은 문서들이다. 인조의 병세가 악화되자, 조선에서는 청에 인질로 머물고 있던 소현세자의 귀국을 요청하였고, 태종은 조선의 화의 위반을 비판하면서도 세자 귀국 요청을 받아들였다. 다만, 소현세자를 보내는 대신, 세자의 조선 체류기간 동안 元孫을 봉황성으로 보내올 것을 요구하였다. 조선에서는 청에서 세자를 보내준 것, 그리고 세자가 다시 돌아간 이후에 원손을 돌려 보내준 것 등에 감사해 하며, 공물들과 함께 그에 관한 表文과 箋文 등을 보냈다.

⑦ 17a~18a : 남한산성에서 두 군대가 대치하고 있을 때, 청 태종이 인조에게 보낸 勅諭이다. 주로 태종이 화의를 제시한 이유, 그리고 척화파 신료들의 인계 및 처벌을 요구한 내용이다.

⑧ 18a~20a : 조선에서 청으로 보낸 문서들로, 주로 청에서 요구한 세 종류의 인력을 차출 및 압송하는 일의 어려움을 호소하는 내용이다.

⑨ 20b~21a : 조선에서 청으로 보낸 咨文이다. 청에서 다섯 명의 척화파 신하들을 義州로 보내준 것에 대해 감사의 뜻을 전하는 내용이다.

⑩ 21a~24a : 조선 신료들의 처분과 관련하여 조선과 청이 주고받은 문서들이다. 청

태종은 조선의 '배은망덕'한 행위를 비판하면서도, 조선의 척화파 신하들 및 명조와 왕래하며 무역을 한 자들에 대하여 비교적 관대한 처분을 지시하였고, 조선에서는 이에 대하여 감사의 뜻을 전하는 공물과 문서들을 보냈다.

⑪ 24a~25a : 조선에서 보낸 인질, 그리고 청 사신의 죽음과 관련하여 주고받은 문서들이다. 조선에서 보내온 인질 중에 부적합한 자들이 많다는 것, 그리고 청의 사신이 조선에서 독살된 것에 대해서 청 태종이 문제를 제기하자, 조선에서는 부적합한 인질들을 교체할 것이며 독살은 있을 수 없다는 내용으로 회신하였다.

⑫ 25a : 청의 사신이 타는 말을 義州에서 잘못 관리하여 사망하자, 조선에서는 義州府尹 황일호를 革職하고 유배 보냈다.

⑬ 25b~26a : 조선의 백성들이 계속하여 명조와 왕래하면서 밀무역을 행하고, 아울러 조선의 수군이 명조의 선박들을 제대로 단속하지 않는 것에 대하여 청에서 항의하자, 조선에서는 담당 지휘관들을 처벌하는 것으로 대응하였다.

⑭ 26a~27b : 조선에서 청으로 보낸 咨文이다. 조선에서 청으로 배를 공물로 보냈는데, 그 공물의 포장상태가 훼손되었다. 청에서 이 사안을 문제 삼자, 조선에서 그 경과를 조사하고 관련자를 처벌한 내용이다.

4 | 犯禁1 : 『同文彙考』原編 卷63 (영인본 1210~1228쪽)

① 1a : 順治 2년에 사은사 일행의 通官 朴璇 등이 인삼을 지니고 와서 판매한 사건이다. 順治 3년에 청 조정에서는 이를 문제 삼아 조선에 이들을 처벌할 것을 요청하였다. 그러나 조선에서는 사신이 인삼을 무역하는 일이 전례에 따른 일이며, 아직 이에 대한 禁令이 없다는 점을 들어 해명하였다. 청에서는 禁令을 내리지는 않았지만 그렇다고 허락한 적도 없으니 朴璇 등을 처벌하라고 요청하였다.

② 1b~5a : 順治 11년에 조선의 通事 閔翠가 鳳凰城 일대에서 貂皮와 인삼을 판매한 것이 적발된 사안이다. 청의 戶部에서 이 사실을 황제에게 보고하고, 아울러 義州의 駐箚官에게 牌文을 보내어 사건을 조사한 후 회보할 것을 요청하였다. 이후의 사건 처리에 관한 문서는 수록되어 있지 않다.

③ 5a~18b : 順治 13년에 麟坪大君이 謝恩使로서 청에 들어갔다가 돌아오는 길에 수행원이었던 金秋立이라는 자가 무역이 금지된 품목이었던 화약을 사서 들어오다가 鳳凰城에서 적발된 사건이다. 이듬해에 順治帝는 사안을 질책하는 勅書와 함께 칙사를 파견하여 사건을 조사할 것을 명령하였다. 孝宗은 칙사 阿魯哈 등과 함께 범인 및 관련인 12명과 正使·副使 및 書狀官 등을 일일이 심문하여 시건 정황을 조사하고, 주범 5인에 참형, 종범 4인에 곤장형에 처하고, 正使 인평대군에게는 罰銀 2천 냥을 부과하며, 부사와 서장관은 각각 減等에 처하기로 확정하여 奏本을 올렸다. 그러나 이 사건이 청에서 사면령이 내려지기 이전에 발생한 일이므로 청에서는 이들의 죄를 사면한다고 통보하였다. 이에 조선에서는 다시 사은사 沈之源을 파견하였다.

④ 18b~19a : 順治 17년에 사은사 일행의 金益同이라는 자가 말 네 필을 샀다가 적발되었다. 청 예부에서는『大淸會典』의 규정을 들어 관련자의 처벌을 요구했고, 이에 조선에서는 金益同에게 장 60대를 치고, 사신들은 유배 보내는 벌을 내렸다고 알렸다. 자세한 내용은 <節使>편에 실려 있다.

⑤ 19a~30a : 順治 17년에 進菓差使 崔守間 일행의 李哲瑞가 유황 2근 10냥을 가지고 귀국하다가 鳳凰城에서 수색에 적발되었다. 연이어 사신단의 수행원이었던 鄭賓性이 말 한 필, 朴成善이 동 20근을 가지고 있다가 盛京에서 적발되었다. 이듬해 청 예부에서는 칙사를 파견하여 처벌할 것을 건의하였으나, 황제는 조선국왕에게 직접 처결하도록 하라고 명령했다. 조선에서는 이 사건과 아울러 전년에 압록강을 건너가 청의 영역에서 삼을 캐다가 적발된 사건의 범인 및 책임자들을 심문하여 중죄로 다스리기로 결정하고 이 사실을 청에 알렸다. 그런데 이 사건들은 順治 18년 9월의 사면령이 내려지기 이전에 발생한 일이므로, 청의 刑部에서는 모두 감형시켜주기로 결정, 황제의 재가를 받아 예부를 통해 조선에 통보하였다. 최종적으로 조선에서는 확정된 형을 집행하고, 감형해 준 데 대한 사은사를 파견하였다.

⑥ 30a~30b : 康熙 2년, 사신단의 수행원으로 왔던 應山과 春金이라는 두 명이 교역할 물품의 목록에 기재되어 있지 않았던 貂皮 100장을 교역하다가 예부 관원에게 적발

되었다. 예부에서는 처벌을 건의했으나, 康熙帝는 이들의 죄를 용서해주고, 앞으로는 조선에서 교역품의 내역을 국왕 명의의 문서로 보낼 필요 없이 다만 예부에 보고하고 회동관에서 교역하며, 금지물품이 있는지 여부만 關에서 조사하라고 지시하였다.

⑦ 30b : 康熙 2년에 마부 許龍과 彦男이 山海關 밖의 連山驛에서 유황 각각 50근과 8근을 사서 가지고 들어오다가 鳳凰城에서 적발되자 조선에서 먼저 이 사실을 청의 예부에 알렸다. 이에 康熙帝는 刑部右侍郎 覺羅勒得洪 등을 칙사로 보내 범인들을 조사하고 형벌을 내리도록 하였다. 국왕과 칙사가 공동으로 심문하여 형벌을 확정한 결과 許龍과 彦男은 참형에 처하고, 이들을 고용해서 데리고 간 李翊臣과 梁孝元도 각각 파직·강등에 처하며, 사신 正副使 모두 파직하는 등의 조치를 취하기로 하고 이를 보고하였다. 다만 조선에서 올린 奏本에 王城을 王京이라고 칭한 것이 예에 합당하지 않다고 康熙帝가 직접 지적하였다.

5 | 犯禁2 :『同文彙考』原編 卷64 (영인본 1228~1245쪽)

① 1a~8a : 크게 두 사건으로 나뉘는데, 우선 첫 번째는 康熙 5년 謝恩使 일행 중 수행인 崔善一이 금지물품인 유황과 초석을 몰래 사서 돌아가던 중 鳳凰城에서 적발된 사건이다. 범인은 다만 허리의 병을 치료하기 위해 구입한 것이었다고 하나 사안이 중하여 斬刑에 처해졌고, 직접적인 감독 책임이 있었던 領將들은 거짓 진술을 한 죄로 유배형에 처해졌다. 한편 두 번째 사건은 淸에서 넘어온 逃人 小二가 義州에서 붙잡혔으나, 朝鮮의 大臣들은 그가 淸으로 끌려간 지 30년 만에 부모를 만나기 위해 왔다는 딱한 사정을 듣고 즉각 압송하지 않고 3년 동안 송환을 보류하다가, 결국 逃人이 다시 탈출하여 도망쳐 버렸다. 淸은 특별히 사신을 파견하여 앞의 사건과 함께 이 사건을 심문하였는데, 영의정 이하 각급 지방관들이 留置의 罪로 삭탈관직과 유배형에 처해지는 등 상당히 무거운 처벌을 받았다.

② 8a~10a : 康熙 8년 冬至使 일행 중 한 商人이『資治通鑑』한 질을 몰래 샀다가 鳳凰城 柵門에서 적발되어 체포된 사건. 상인 梁廷燦은 글자를 알지 못해 그 책이

금지물품 史書인 줄 모르고 은 16량으로 사들여 그저 이를 되팔아 이득을 취할 생각이었다고 자백하였다. 正使 이하 수행 관원들의 처벌도 면하기 어려웠으나, 이 사건이 赦免 전에 발생했으므로 모두 처벌을 면한다는 유지가 내려졌다.

③ 10a~18a : 康熙 16년 年貢 使行이 귀국하던 중 수행 관원 愼行建의 짐 속에서 天下各省地圖가 적발되어 체포된 사건. 자백에 따르면 天下地圖는 朝鮮에 전해진 지 이미 오래고, 특히 그가 소지했던 것은 摹畵本으로 조선에서 제작되어 집에서 소장하고 있었던 것이지 매매한 것은 아니라고 변론하였다. 그러나 지도는 그 자체로 금지물품일 뿐만 아니라, 청 측에서는 朝鮮의 종이를 가져다가 중국에서 轉寫했을 가능성도 의심하였으므로, 이에 조선 측에서는 범인을 充軍시키고 正使 이하 관원들을 모두 革職하였다.

④ 18b~19a : 康熙 30년 年貢의 수행 관원 張燦이 『一統志』를 가지고 돌아오다가 柵門에서 체포된 사건. 張燦은 『일통지』가 금지물품이 아닌 줄 알았다고 변론하였으나, 청 측에서는 이를 이전의 地圖 사건에 비해 훨씬 중하다고 판단하여 그를 유배형으로 처벌하였고, 다만 陪臣들은 사면해 주었다.

⑤ 19a : 康熙 30년 謝恩使의 수행 관원 張炫이 火炮 25개를 가지고 가다가 체포된 사건으로, 張炫은 2級 강등되어 전직되었다. 자세한 정황을 담은 문서는 수록되어 있지 않다.

⑥ 19b~20b : 康熙 38년 年貢 사행이 돌아가던 중 鳳凰城에서 서책 4꾸러미가 적발된 사건. 鳳凰城 城守禦는 서책의 명목을 작성하여 禮部로 보고하였고, 禮部는 비록 금지물품인 史書는 없지만 이를 모두 회수하여 京師로 보낼 것을 지시하였다. 서책을 구매한 관원은 革職되었고, 正使 이하는 모두 2級 강등되어 전직되었다.

⑦ 20b~21b : 康熙 45년 年貢 사행이 돌아가던 중 행장에서 『六經』과 『春秋』 등 서책이 적발된 사건. 『춘추』는 史書에 가깝기 때문에 위의 사건과 마찬가지로 모두 회수하여 禮部로 보내게 하였다. 특히 鳳凰城 城守禦는 범인을 다수인 것으로 보고하였으나, 실은 한 사람의 官司와 職名 등을 발음상 혼돈하여 人名으로 오인한 것으로 밝혀졌다.

⑧ 21b~28b : 康熙 54년 年貢 사행이 돌아가던 중 鳳凰城에서 弓角 360개가 적발된 사건이다. 범인인 驅卒 嚴立과 貴先은 은 63량으로 금지물품인 黑角을 몰래 구입하여 이익을 취하고자 하였다. 두 범인은 責 四十板에 처해지고 유배형은 면제받았으며, 貴先을 고용한 譯官 金有基 및 正使 이하 관원들은 모두 革職당하였다.

⑨ 28b~35b : 乾隆 12년 淸國人 阿爾敦 등이 사행의 수행인이었던 朝鮮人 崔壽萬 등과 공모하여 馬匹을 대신 구매하여 변경 너머로 넘겨주려다가 체포된 사건이다. 阿爾敦은 鳳凰城의 토착 旗人으로 평소 조선의 사행이 鳳凰城을 지나갈 때 교역에 종사하였다. 그러던 중 朝鮮人 崔壽萬 등과 결탁하여 귀국하는 날에 말을 대신 구입해놓고 이를 변경으로 넘겨주고 보수를 받기로 하였다. 阿爾敦은 무리를 규합하여 귀국하는 崔壽萬 등을 마중하여 변경을 넘다가 鳳凰城 邊門의 兵丁들에게 저지당해 鴨綠江邊에서 말 40필과 함께 사로잡혔다. 조선인 崔壽萬 등 11인은 우선 盛京으로 이송되어 조선으로 넘겨져 徒役에 처해졌고, 阿爾敦 등 사건에 가담한 旗人들은 각각 枷號 四十日과 鞭 一百에 처해졌으며, 朝鮮의 正使 이하 관원들은 모두 革職되었다.

6 | 犯禁 : 『同文彙考』 原編續 (영인본 3433~3437쪽)

① 1a~6b : 청인과 몰래 거래한 조선 상인을 체포한 사안이다. 嘉慶 12년 조선의 토포사는 의주 상인들이 장자도에서 청인과 몰래 거래한 정황을 포착하고 이들을 체포하였다. 조선 상인들은 쌀을 팔아 주로 단목과 금속류를 구입했다. 조선 조정은 이를 즉시 청에 알려 이들에 대한 처벌을 요청하는 한편, 압류한 물품들을 청으로 보냈다. 청 조정은 조선의 자발적인 단속을 칭찬하며 물품을 하사하였다.

② 6b~8a : 조선의 재자관이 금지물품을 조선으로 반입하려다 적발된 사건이다. 嘉慶 12년 청의 봉황성 관원이 귀국하는 조선 재자관 일행을 짐을 수색한 결과 史書와 다수의 금속류를 소지하고 있는 것을 적발하였다. 예부는 사신들의 징계를 조선에 요청하였고, 이에 조선에서는 재자관을 파직·처벌하였다.

③ 8b~9b : 조선 사신 일행이 금지물품을 조선으로 반입하다가 적발된 사건이다. 嘉慶

17년 청의 봉황성 관원이 귀국하는 조선 사신일행의 짐에서 다수의 금속제품들을 찾아냈다. 청 예부는 이들 사신의 징계를 조선에 요구하였고, 조선에서는 처벌하겠다고 답변하였다.

7 | 刷還 :『同文彙考』原編 卷65 (영인본 1246~1249쪽)

① 1a~2b : 順治 2년 조선에 왔던 청의 환관들을 돌려보내는 사안이다. 소현세자가 인질로서 청에 억류되었을 당시 청 태종은 세자에게 내시들을 하사하였다. 이후 이 내시들은 소현세자와 함께 조선으로 들어왔는데, 세자가 죽은 이후 관리할 곳이 마땅하지 않고 또 이들이 고향으로 돌아가고 싶어 하자 조선에서는 이러한 상황을 청에 알린 후 환관들을 돌려보냈다.

② 1b : 順治 2년, 청에 표류했던 조선인들을 송환하는 사안이다. 錦州 전투 당시 임경업 등이 이끌고 온 선박 중 일부가 표류하여 청에 도착했는데, 청에서는 이들을 억류하고 있다가 入關 이후 조선으로 돌려보냈다.

③ 1b~2a : 順治 18년 조선 사신 일행 중 달아난 從人을 돌려보내는 사안이다. 사은사 元斗杓를 따라온 從人 최덕상이 寧遠에서 달아났었는데, 청에 이를 체포하여 의주로 송환하였다.

④ 2b~3b : 康熙 2년 조선 사신단 중 일행과 떨어져 다니던 인원을 송환한 사안이다. 進表 사신단 일행 중 하나인 金海巴爾가 풍질로 인해 제정신이 아닌 상태로 혼자서 다니다가 광령지방에서 체포되었다. 청은 그를 조선으로 넘겼고, 조선에서는 병으로 인한 것이라 특별한 처벌 없이 원적으로 되돌려 보냈다.

⑤ 4a~7b : 康熙 5년 조선으로 도망 온 사람들을 청으로 되돌려 보내지 않아 벌금을 받은 사안이다. 병자호란 이후 조선은 청으로 끌려간 조선인이 조선으로 도망 올 경우 반드시 되돌려 보내야 했다. 그런데 이들을 숨겨준 것이 발각되어 은 5천 냥의 벌금을 받게 되었다.

⑥ 7b~8a : 康熙 7~8년 조선으로 도망 온 조선인들을 되돌려 보내는 사안이다. 강희 7년에는 1명을, 8년에는 2명의 도망 온 조선인들을 청으로 쇄환하였다.

⑦ 8a : 康熙 21년 조선에 살고 있는 寧古塔 章京의 모친을 송환한 사안이다. 영고탑 장경 明阿納은 아버지가 조선에 끌려갔다가 자신을 낳았는데, 아버지는 돌아왔지만 어머니는 그대로 조선에 남아 있기에 같이 살 수 있게 해달라고 요청하였다. 이를 받은 예부는 조선에 明阿納의 모친의 송환을 요청했고, 조선에서 그녀를 청으로 보냈다.

8 | 刷還 : 『同文彙考』 別編 卷3 (영인본 1529~1532쪽)

① 37a~38b : 포로 贖還에 관한 사안이다. 병자호란으로 인해 수십만의 조선인이 심양으로 끌려갔고, 청은 이들의 송환에 대해 값을 치르도록 하였다. 조선 조정은 이에 대해 조선 포로를 소유한 淸人들이 값을 올리게 하지 않게끔 명령을 내려 달라고 요청하였다. 그러나 청 조정은 해당문제는 소유주의 권한이라고 하며 조선의 요청을 거절하였다. 이후 조선은 포로 송환을 위해 별도의 사신을 파견하겠다는 것과 조선인 포로 소유주가 포로들을 다른 지역으로 팔지 않도록 해달라는 내용으로 청에게 요청했다. 이에 대한 청의 반응은 확인되지 않는다.

② 38b~39a : 청 조정은 청으로 끌려간 조선인이 조선으로 도망갈 경우, 조선 조정으로 하여금 이들을 다시 청으로 압송하게끔 하였다. 조선은 패전국으로서 어쩔 수 없이 이를 시행하지만, 포로문제가 당시 조선에 심각한 사회문제가 되었던 만큼, 도망온 조선인에 대한 강제 송환을 금지해달라고 요청하였다. 그러나 청에서는 포로는 전쟁의 대가라는 것을 이유로 조선의 요청을 거절하였다. 문서의 세주 부분에는 崇德 2년부터 崇德 7년까지의 조선인 쇄환 내역이 기록되어 있다.

③ 39a~42b : 崇德 3년, 청은 조선에서 죄를 저지른 朴愛京 등 6명을 체포하여 조선으로 돌려보내 주었다. 조선 조정은 이에 대한 표문·전문 및 방물을 올려 감사를 표시하였다.

④ 42b~43a : 崇德 3년 청은 조선에게 병자호란 이후 체결한 조약대로, 조선으로 도망간 漢人 및 올량합의 압송을 강력히 요구하였다. 문서 말미에는 崇德 4년까지의 중국인의 송환내역이 수록되어 있다.

⑤ 43a~43b : 崇德 5년 청의 지방으로 도망 와 거주하고 있던 조선인 6명을 조선으로 송환한 사건이다. 당시 청에서 원적지를 근거로 귀속 여부를 결정했음을 알 수 있다.

○ 각 번역에 대한 역할부담은 다음과 같다

배우성 : 전 분량의 윤독 및 교열

김창수
『同文彙考』 原編 卷41 「勅諭」 : (영인본 774~802쪽)
『同文彙考』 原編續 「犯禁」 : (영인본 3433~3436쪽)
『同文彙考』 原編 卷65 「刷還」 : (영인본 1246~1250쪽)
『同文彙考』 別編 卷3 「刷還」 : (영인본 1529~1533쪽)

이원준
『同文彙考』 別編 卷3 「勅諭」 : (영인본 1511~1525쪽)
『同文彙考』 原編續 「勅諭」 : (영인본 3702~3711쪽)

정동훈
『同文彙考』 原編 卷63 「犯禁一」 : (영인본 1210~1228쪽)

박민수
『同文彙考』 原編 卷64 「犯禁二」 : (영인본 1228~1245쪽)

『同文彙考』原編 卷41

勅諭

수록 문서 목록

*괄호 안은 영인본의 쪽수임

○ 右表進呈咨 原編 卷41 勅諭 7a(777쪽)

○ 皇后方物狀 原編 卷41 勅諭 7a(777쪽)

○ 右狀進呈咨 原編 卷41 勅諭 7a(777쪽)

○ 禮物總單 原編 卷41 勅諭 7a(777쪽)

※ 解送林慶業勅（順治 3年 5月 5日）原編 卷41 勅諭 7a~7b(777쪽)

※ 謝解送林慶業表（順治 3年 9月 3日）原編 卷41 勅諭 7b(777쪽)

※ 方物表 原編 卷41 勅諭 7b~8a(777~778쪽)

○ 右表進呈咨 原編 卷41 勅諭 8a(778쪽)

○ 皇后方物狀 原編 卷41 勅諭 8a(778쪽)

○ 右狀進呈咨 原編 卷41 勅諭 8a(778쪽)

○ 禮物總單 原編 卷41 勅諭 8a(778쪽)

○ 禮部知會謝免運米送船出送漂人解送林慶業表知道查收方物咨 原編 卷41 勅諭 8a(778쪽)

○ 飭貢幣疎玩勅 原編 卷41 勅諭 8a(778쪽)

○ 飭迎勅違禮仍減年貢勅 原編 卷41 勅諭 8a(778쪽)

※ 飭諡祭兼謝禮單欠式倭情徑奏貢布請緩勅（順治 7年 正月 28日）原編 卷41 勅諭 8b~9b(778쪽)

○ 飭虛張倭情勑 原編 卷41 勅諭 9b(778쪽)

○ 辨明倭情勅諭及一表兼謝奏 原編 卷41 勅諭 9b(778쪽)

※ 謝因祭諡兼謝倭情貢布降勑表（順治 7年 5月 21日）原編 卷41 勅諭 9b~10a (778~779쪽)

○ 方物表 原編 卷41 勅諭 10a(779쪽)

○ 右表進呈咨 原編 卷41 勅諭 10a(779쪽)

○ 皇后方物狀 原編 卷41 勅諭 10a(779쪽)

○ 右狀進呈咨 原編 卷41 勅諭 10b(779쪽)

○ 禮物總單 原編 卷41 勅諭 10b(779쪽)

○ 諭李昮等復職李敬輿等原宥勑 原編 卷41 勅諭 10b(779쪽)

○ 遣官査審犯越人劉春立勑 原編 卷41 勅諭 10b(779쪽)

○ 禮部知會起解上國逃人査明義州人越境咨 原編 卷41 勅諭 10b(779쪽)

○ 禮部飭貢幣火燒水濕咨 原編 卷41 勅諭 10b(779쪽)

※ 請收用斥和三臣咨（順治 11年 2月 3日）原編 卷41 勅諭 10b~11b(779쪽)

※ 遣官按査收用斥和三臣勑（順治 11年 5月 23日）原編 卷41 勅諭 11b~12b (779~780쪽)

※ 謝按査斥和臣表（順治 11年 9月 20日）原編 卷41 勅諭 12b~13a(780쪽)

※ 方物表 原編 卷41 勅諭 13a(780쪽)

○ 右表進呈咨 原編 卷41 勅諭 13a(780쪽)

※ 皇太后方物狀（順治 11年 9月 20日）原編 卷41 勅諭 13a~13b(780쪽)

※ 右狀進呈咨（順治 11年 9月 20日）原編 卷41 勅諭 13b~14a(780~781쪽)

○ 皇后方物狀 原編 卷41 勅諭 14a(781쪽)

○ 右狀進呈咨 原編 卷41 勅諭 14a(781쪽)

※ 陳誤請收用奏（順治 11年 9月 20日）原編 卷41 勅諭 14a~15a(781쪽)

※ 右奏進呈咨（順治 11年 9月 20日）原編 卷41 勅諭 15a~15b(781쪽)

※ 方物奏（順治 11年 9月 20日）原編 卷41 勅諭 15b(781쪽)

※ 右奏進呈咨（順治 11年 9月 20日）原編 卷41 勅諭 16a(782쪽)

※ 皇太后方物單（順治 11年 9月 20日）原編 卷41 勅諭 16a(782쪽)

※ 右單進呈咨（順治 11年 9月 20日）原編 卷41 勅諭 16b(782쪽)

※ 皇后方物單（順治 11年 9月 20日）原編 卷41 勅諭 16b~17a(782쪽)

※ 右單進呈咨（順治 11年 9月 20日）原編 卷41 勅諭 17a(782쪽)

※ 禮物總單 原編 卷41 勅諭 17a(782쪽)

※ 申諭斥和臣事勑（順治 11年 12月 21日）原編 卷41 勅諭 17a~18a(782~783쪽)

※ 謝申諭表（順治 12年 4月 12日）原編 卷41 勅諭 18a~18b(783쪽)

※ 方物表 原編 卷41 勅諭 18b(783쪽)

○ 右表進呈咨 原編 卷41 勅諭 18b(783쪽)

○ 皇太后方物狀 原編 卷41 勅諭 18b(783쪽)

○ 右狀進呈咨 原編 卷41 勅諭 18b(783쪽)

○ 皇后方物狀 原編 卷41 勅諭 18b(783쪽)

○ 右狀進呈咨 原編 卷41 勅諭 18b(783쪽)

○ 禮物總單 原編 卷41 勅諭 18b(783쪽)

○ 遣官詳確金忠一犯殺擬議勅 原編 卷41 勅諭 19a(783쪽)

○ 遣官再按原查名官勅 原編 卷41 勅諭 19a(783쪽)

※ 禮部申飭誤寫總單咨 (順治 14年 正月 21日) 原編 卷41 勅諭 19a~20a (783~784쪽)

※ 勘罪誤寫官吏咨 (順治 14年 5月 6日) 原編 卷41 勅諭 20a~20b(784쪽)

○ 頒查審犯買焰硝勅 原編 卷41 勅諭 20b(784쪽)

○ 禮部知會犯買硫黃馬銅及挖蔘各犯查奏咨 原編 卷41 勅諭 21a(784쪽)

○ 禮部知會嚴查劉貴金犯越挖蔘及地方官咨 原編 卷41 勅諭 21a(784쪽)

○ 禮部知會各犯免罪及飭咨內王旨字咨 原編 卷41 勅諭 21a(784쪽)

※ 禮部知會咨內王旨字免議咨 (順治 18年 7月 6日) 原編 卷41 勅諭 21a~21b(784쪽)

※ 回咨 (順治 18年 10月 28日) 原編 卷41 勅諭 21b~22a(784~785쪽)

※ 謝免議表 (順治 18年 11月 1日) 原編 卷41 勅諭 22a~22b(785쪽)

※ 方物表 原編 卷41 勅諭 22b(785쪽)

○ 右表進呈咨 原編 卷41 勅諭 22b(785쪽)

○ 皇太后方物狀 原編 卷41 勅諭 22b(785쪽)

○ 右狀進呈咨 原編 卷41 勅諭 22b(785쪽)

○ 皇后方物狀 原編 卷41 勅諭 22b(785쪽)

○ 右狀進呈咨 原編 卷41 勅諭 22b(785쪽)

○ 禮物總單 原編 卷41 勅諭 22b(785쪽)

○ 禮部查收謝宥犯免議誤犯字及三節方物咨 原編 卷41 勅諭 23a(785쪽)

○ 頒査審犯買硫黃勑 原編 卷41 勅諭 23a(785쪽)

○ 禮部飭斜皮紙張不堪使臣姑從寬免咨 原編 卷41 勅諭 23a(785쪽)

○ 禮部論飭王城稱王京硫黃一案依議咨 原編 卷41 勅諭 23a(785쪽)

○ 禮部申飭犯越咨 原編 卷41 勅諭 23a(785쪽)

○ 頒査審犯買硝黃容隱逃人勑 原編 卷41 勅諭 23a(785쪽)

○ 禮部知會罰銀減半各官寬免咨 原編 卷41 勅諭 23a(785쪽)

○ 禮部知會貢紙不堪免罰及使臣著該國議奏咨 原編 卷41 勅諭 23a(785쪽)

○ 禮部知會節行下役犯買通鑑交該國審奏咨 原編 卷41 勅諭 23a(785쪽)

○ 禮部知會幣品不符議令回奏奉旨寬免咨 原編 卷41 勅諭 23a(785쪽)

○ 禮部知會年貢行員役私帶地圖交該國審奏咨 原編 卷41 勅諭 23b(785쪽)

○ 禮部知會貢布失火使臣免議布匹免補進咨 原編 卷41 勅諭 23b(785쪽)

※ 禮部知會冬至表內犯回避字寬免咨 (康熙 18年 2月 13日) 原編 卷41 勅諭 23b~24a(785~786쪽)

※ 謝寬免表 (康熙 18年 7月 20日) 原編 卷41 勅諭 24a~24b(786쪽)

※ 方物表 原編 卷41 勅諭 24b(786쪽)

○ 右表進呈咨 原編 卷41 勅諭 24b(786쪽)

※ 太皇太后方物狀 (康熙 18年 7月 20日) 原編 卷41 勅諭 24b~25a(786쪽)

※ 右狀進呈咨 (康熙 18年 7月 20日) 原編 卷41 勅諭 25a(786쪽)

○ 皇太后方物狀 原編 卷41 勅諭 25b(786쪽)

○ 右狀進呈咨 原編 卷41 勅諭 25b(786쪽)

※ 謝寬免箋 (康熙 18年 7月 20日) 原編 卷41 勅諭 25b~26a(786~787쪽)

※ 方物箋 (康熙 18年 7月 20日) 原編 卷41 勅諭 26a~26b(787쪽)

※ 右箋進呈咨 (康熙 18年 7月 20日) 原編 卷41 勅諭 26b(787쪽)

○ 禮物總單 原編 卷41 勅諭 26b(787쪽)

※ 禮部知會謝寬免箋知道及申飭箋內訛寫咨 (康熙 18年 10月 15日) 原編 卷41 勅諭 26b~27a(787쪽)

○ 禮部查收賀平復方物發回謝寬免方物咨 原編 卷41 勅諭 27a(787쪽)

※ 勘罪訛寫官吏咨（康熙 19年 正月 22日）原編 卷41 勅諭 27a~27b(787쪽)

※ 禮部免罰官吏咨（康熙 19年 3月 15日）原編 卷41 勅諭 27b~28a(787~788쪽)

○ 遣官審確朴時雄越江取木定罪勑 原編 卷41 勅諭 28a(788쪽)

※ 禮部查議謝寬免表內述旨不符原旨咨（康熙 20年 12月 9日）原編 卷41 勅諭 28a~29a(788쪽)

※ 陳述旨不符原旨事情奏（康熙 21年 7月 1日）原編 卷41 勅諭 29a~29b(788쪽)

○ 右奏進呈咨 原編 卷41 勅諭 29b(788쪽)

○ 方物奏 原編 卷41 勅諭 29b(788쪽)

○ 右奏進呈咨 原編 卷41 勅諭 29b(788쪽)

※ 太皇太后方物單（康熙 21年 7月 1日）原編 卷41 勅諭 29b(788쪽)

※ 右單進呈咨（康熙 21年 7月 1日）原編 卷41 勅諭 29b~30a(788~789쪽)

○ 皇太后方物單 原編 卷41 勅諭 30a(789쪽)

○ 右單進呈咨 原編 卷41 勅諭 30a(789쪽)

※ 皇太子方物啓（康熙 21年 7月 1日）原編 卷41 勅諭 30a~30b(789쪽)

※ 右啓進呈咨（康熙 21年 7月 1日）原編 卷41 勅諭 30b(789쪽)

○ 禮物總單 原編 卷41 勅諭 31a(789쪽)

○ 禮部查收賀討平尊號謝賜緞方物發回陳述旨不符方物咨 原編 卷41 勅諭 31a (789쪽)

※ 禮部知會奏文違式罰銀咨（康熙 21年 10月 8日）原編 卷41 勅諭 31a~31b(789쪽)

※ 謝述旨違式罰銀表（康熙 21年 11月 14日）原編 卷41 勅諭 31b~32a(789~790쪽)

※ 方物表 原編 卷41 勅諭 32a~32b(790쪽)

○ 右表進呈咨 原編 卷41 勅諭 32b(790쪽)

○ 太皇太后方物狀 原編 卷41 勅諭 32b(790쪽)

○ 皇太后方物狀 原編 卷41 勅諭 32b(790쪽)

○ 右狀進呈咨 原編 卷41 勅諭 32b(790쪽)

※ 謝述旨違式罰銀箋 原編 卷41 勅諭 32b~33a(790쪽)

※ 方物箋 原編 卷41 勅諭 33a(790쪽)

○ 右箋進呈咨 原編 卷41 勅諭 33a(790쪽)

○ 禮物總單 原編 卷41 勅諭 33b(790쪽)

※ 進罰銀咨 原編 卷41 勅諭 33b(790쪽)

※ 禮部知會謝免議表知道咨 (康熙 22年 2月 11日) 原編 卷41 勅諭 33b~34a (790~791쪽)

○ 禮部查收謝册封王妃寬免述旨不符及三節方物年貢頒賞咨 原編 卷41 勅諭 34a (791쪽)

※ 禮部查受罰銀及謝罰銀方物咨 原編 卷41 勅諭 34a~34b(791쪽)

○ 禮部知會謝祭箋知道及飭不合字咨 原編 卷41 勅諭 34b(791쪽)

※ 謝字句不合表 (康熙 24年 3月 25日) 原編 卷41 勅諭 34b~35a(791쪽)

※ 方物表 原編 卷41 勅諭 35a(791쪽)

○ 右表進呈咨 原編 卷41 勅諭 35a(791쪽)

○ 太皇太后方物狀 原編 卷41 勅諭 35a(791쪽)

○ 右狀進呈咨 原編 卷41 勅諭 35a(791쪽)

○ 皇太后方物狀 原編 卷41 勅諭 35a(791쪽)

○ 右狀進呈咨 原編 卷41 勅諭 35b(791쪽)

※ 謝字句不合箋 原編 卷41 勅諭 35b(791쪽)

※ 方物箋 原編 卷41 勅諭 35b~36a(791~792쪽)

○ 右箋進呈咨 原編 卷41 勅諭 36a(792쪽)

○ 禮物總單 原編 卷41 勅諭 36a(792쪽)

※ 禮部知會謝字句不合表箋知道咨 (康熙 24年 6月 17日) 原編 卷41 勅諭 36a(792쪽)

○ 禮部查收謝頒詔及飭不合字寬宥犯越方物咨 原編 卷41 勅諭 36a(792쪽)

○ 遣官查擬韓得完等犯殺勑 原編 卷41 勅諭 36b(792쪽)

○ 禮部知會罰銀咨 原編 卷41 勅諭 36b(792쪽)

○ 禮部知會呈文陪臣免嚴拿發與該國治罪咨 原編 卷41 勅諭 36b(792쪽)

○ 禮部知會不許停市及寬免咨 原編 卷41 勅諭 36b(792쪽)

※ 禮部知會准請及奏文違式咨 (康熙 28年 12月 日) 原編 卷41 勅諭 36b~37a(792쪽)

※ 陳謝奏文違式奏 (康熙 29年 5月 12日) 原編 卷41 勅諭 37a~37b(792쪽)

○ 右奏進呈咨 原編 卷41 勅諭 37b(792쪽)

○ 方物奏 原編 卷41 勅諭 37b(792쪽)

○ 右奏進呈咨 原編 卷41 勅諭 37b(792쪽)

○ 皇太后方物單 原編 卷41 勅諭 37b(792쪽)

○ 右單進呈咨 原編 卷41 勅諭 38a(793쪽)

○ 皇太子方物啓 原編 卷41 勅諭 38a(793쪽)

○ 右啓進呈咨 原編 卷41 勅諭 38a(793쪽)

○ 禮物總單 原編 卷41 勅諭 38a(793쪽)

※ 禮部知會陳謝奏知道咨 原編 卷41 勅諭 38a(793쪽)

○ 禮部知會寬免咨 原編 卷41 勅諭 38a(793쪽)

○ 禮部查收賀册謚謝册封方物發回陳奏奏文違式方物咨 原編 卷41 勅諭 38a(793쪽)

※ 謝寬免表 (康熙 29年 11月 4日) 原編 卷41 勅諭 38a~38b(793쪽)

※ 方物表 原編 卷41 勅諭 38b~39a(793쪽)

○ 右表進呈咨 原編 卷41 勅諭 39a(793쪽)

○ 皇太后方物狀 原編 卷41 勅諭 39a(793쪽)

○ 右狀進呈咨 原編 卷41 勅諭 39a(793쪽)

※ 謝寬免箋 原編 卷41 勅諭 39a~39b(793쪽)

※ 方物箋 原編 卷41 勅諭 39b(793쪽)

○ 右箋進呈咨 原編 卷41 勅諭 39b(793쪽)

○ 禮物總單 原編 卷41 勅諭 39b(793쪽)

※ 禮部知會謝寬免表箋知道咨 (康熙 30年 2月 2日) 原編 卷41 勅諭 39b~40a (793~794쪽)

※ 禮部查收三節方物年貢發回謝寬免方物咨 原編 卷41 勅諭 40a(794쪽)

※ 回咨（康熙 30年 閏7月 7日）原編 卷41 勅諭 40a~40b(794쪽)

○ 遣官審擬林仁等犯殺勅 原編 卷41 勅諭 40b(794쪽)

※ 禮部飭謝王妃復位箋內不合字咨 原編 卷41 勅諭 40b(794쪽)

※ 禮部議罰停賞俱從寬免咨（康熙 34年 10月 日）原編 卷41 勅諭 40b~41a(794쪽)

※ 謝寬免議罰停賞表（康熙 35年 7月 25日）原編 卷41 勅諭 41a~42a(794~795쪽)

※ 方物表 原編 卷41 勅諭 42a(795쪽)

○ 右表進呈咨 原編 卷41 勅諭 42a(795쪽)

○ 皇太后方物狀 原編 卷41 勅諭 42a(795쪽)

○ 右狀進呈咨 原編 卷41 勅諭 42a(795쪽)

※ 謝寬免議罰停賞箋 原編 卷41 勅諭 42a~42b(795쪽)

※ 方物箋 原編 卷41 勅諭 42b(795쪽)

○ 右箋進呈咨 原編 卷41 勅諭 43a(795쪽)

○ 禮物總單 原編 卷41 勅諭 43a(795쪽)

※ 謝行遲悞委折咨 原編 卷41 勅諭 43a(795쪽)

※ 禮部知會謝寬免表箋知道咨（康熙 35年 12月 15日）原編 卷41 勅諭 43b(795쪽)

※ 禮部發回謝寬免方物咨 原編 卷41 勅諭 43b~44a(795~796쪽)

※ 禮部知會謝賞米貿米表知道及飭行表內述旨未擡寫咨（康熙 37年 10月 28日）原編 卷41 勅諭 44a(796쪽)

※ 回咨（康熙 38年 10月 29日）原編 卷41 勅諭 44a~44b(796쪽)

○ 禮部知會停查勑今該國審擬具奏咨 原編 卷41 勅諭 44b(796쪽)

○ 禮部知會年貢行犯買史册嗣後嚴禁咨 原編 卷41 勅諭 44b(796쪽)

※ 禮部知會副本被竊使臣寬免咨（康熙 49年 2月 28日）原編 卷41 勅諭 44b~45b(796쪽)

※ 回咨（康熙 49年 10月 29日）原編 卷41 勅諭 45b~46a(796~797쪽)

※ 禮部回使臣寬免及漂人押解咨（康熙 50年 2月 18日）原編 卷41 勅諭 46a~46b

(797쪽)

○ 禮部遣官鳳凰會查李萬枝等殺人地方咨 原編 卷41 勅諭 47a(797쪽)

※ 禮部知會進貢員役人數不符以赦前事免罪咨（康熙 52年 10月 24日）原編 卷41 勅諭 47a~48b(797~798쪽)

○ 回咨 原編 卷41 勅諭 49a(798쪽)

○ 禮部知會犯買黑角一案俟該國查奏再議咨 原編 卷41 勅諭 49a(798쪽)

○ 盛京禮部抄錄議政等原奏及免追上諭咨 原編 卷41 勅諭 49a(798쪽)

○ 盛京禮部抄錄胡嘉珮等賒銀查明推還咨 原編 卷41 勅諭 49a(798쪽)

※ 禮部知會飭諭咨 原編 卷41 勅諭 49a(798쪽)

○ 禮部抄錄戶部原題申飭交易咨 原編 卷41 勅諭 49a(798쪽)

○ 禮部抄錄刑部勘斷犯買馬匹人照例免議咨 原編 卷41 勅諭 49a(798쪽)

○ 禮部知會使行下役誣告失銀及使臣勘處咨 原編 卷41 勅諭 49a(798쪽)

○ 禮部知會刑部及盛京刑部泒員會審金仁述等犯殺咨 原編 卷41 勅諭 49a(798쪽)

○ 禮部知會泒官前往鳳城會同該國官會審趙自永等犯殺咨 原編 卷41 勅諭 49a~49b(798쪽)

○ 禮部知會趙自永供辭互異再行查明咨 原編 卷41 勅諭 49b(798쪽)

○ 禮部知會飭卡倫捲撤查拿逃犯上諭咨 原編 卷41 勅諭 49b(798쪽)

○ 盛京禮部緝捕犯人金鳳守等解送鳳城候訊咨 原編 卷41 勅諭 49b(798쪽)

※ 禮部知會討逆奏文內字句違式咨（乾隆 43年 正月 日）原編 卷41 勅諭 49b~50a (798~799쪽)

※ 陳謝奏文違式奏（乾隆 43年 3月 25日）原編 卷41 勅諭 50a~51b(799쪽)

○ 右奏進呈咨 原編 卷41 勅諭 51b(799쪽)

○ 方物奏 原編 卷41 勅諭 51b(799쪽)

○ 右奏進呈咨 原編 卷41 勅諭 51b(799쪽)

○ 禮物總單 原編 卷41 勅諭 51b(799쪽)

※ 禮部知會奏文知道及嘉獎上諭咨（乾隆 43年 5月 27日）原編 卷41 勅諭 51b~52b

(799~800쪽)

○ 禮部知會移准奏文違式方物咨 原編 卷41 勅諭 52b(800쪽)

※ 禮部頒賞使臣咨（乾隆 43年 6月 15日）原編 卷41 勅諭 52b~53a(800쪽)

※ 謝嘉獎上諭表（乾隆 43年 9月 29日）原編 卷41 53b~54a(800~801쪽)

○ 右表進呈咨 原編 卷41 勅諭 54a(801쪽)

○ 禮物總單 原編 卷41 勅諭 54a(801쪽)

※ 禮部知會謝上諭表知道咨（乾隆 43年 12月 18日）原編 卷41 勅諭 54a~54b(801쪽)

※ 禮部改頒被燒詔旨咨（乾隆 45年 3月 16日）原編 卷41 勅諭 54b~55b(801쪽)

※ 禮部知會使臣具呈請罪奉旨寬免咨 原編 卷41 勅諭 55b(801쪽)

※ 回咨（乾隆 45年 5月 25日）原編 卷41 勅諭 55b~56b(801~802쪽)

※ 謝寬免使臣表（乾隆 45年 5月 25日）原編 卷41 勅諭 56b~57a(802쪽)

※ 方物表 原編 卷41 勅諭 57a~57b(802쪽)

○ 右表進呈咨 原編 卷41 勅諭 57b(802쪽)

○ 禮物總單 原編 卷41 勅諭 57b(802쪽)

※ 禮部知會謝寬免使臣表知道咨（乾隆 45年 8月 28日）原編 卷41 勅諭 57b(802쪽)

표 점

[甲申]

謝世子回韓表[康熙以後表文尾辭中無任二字改置仰望下]

原編 卷41 勅諭 1a~1b(774쪽)

[崇德二年二月淸兵解歸時, 鶴駕與大君及諸臣質子北行駐瀋邸後, 三年三月歸覲, 留四月, 復入瀋. 至順治元年二月復覲, 留一月, 又入瀋. 仍從攝政王入燕京, 六月復還瀋, 八月復入燕. 至二年二月始爲回轉. 製李一相 使李敬輿]

朝鮮國王[臣]姓[諱]言. 順治元年正月二十日, [臣]欽蒙聖慈, 特遣世子及世子婦, 歸省賤疾. [臣]與一國臣民不勝感激, 謹奉表稱謝者. [臣][諱]誠惶誠恐, 稽首稽首.

伏以抱膏肓之夙疾, 每軫聖朝之垂憐. 念骨肉之至情, 特許迷息之來覲. 危衷易激, 感涕先零. 伏念[臣]叨守偏藩, 久嬰灾豎. 山川云邈, 徒切望辰之忱, 父子相離, 難禁倚門之戀. 何圖分外之命, 荐加體下之恩. 成一家之團圓, 乍忘湯砭之苦, 叙積年之契濶, 頓覺煩惱之蘇. 喜極而悲, 恍然如夢.

玆盖伏遇皇帝陛下[黃籤]化覃動植, 德洽裁成, 穆穆皇皇, 鼎新嗣服之慶, 老老幼幼, 咸仰及人之仁, 至令盡室歸寧, 遂致擧國歡忭. [臣]敢不心肝奉上, 頂踵知榮. 子孝臣忠, 期無墜於燕翼, 天從人欲, 庶永戴於洪私. [臣]無任瞻天仰聖激切屛營之至, 謹奉表稱謝以聞.

順治元年二月十一日. 朝鮮國王[臣]姓[諱]謹上表.

方物表[麻布代苧布順治丁亥免豹皮康熙辛卯免]

原編 卷41 勅諭 1b~2a(774~775쪽)

朝鮮國王[臣]姓[諱]. 右伏以天寵偏隆, 感極父子, 土宜雖薄, 誠切心肝, 謹備.
黃細苧布三十匹, 白細苧布三十匹, 黃細綿紬二十匹, 紫細綿紬二十匹, 白細綿紬三十匹, 白細苧布二十匹[黑細麻布二十匹代], 龍文簾席二張, 黃花席一十五張, 滿花席一十五張, 雜彩花席一十五張, 豹皮五張, 白綿紙二千卷.
右件物等製造甚疎, 名般亦尠, 曷足稱於庭實. 聊以表乎享儀. [臣]無任兢惶激切之至, 謹隨表奉進以聞.

順治元年二月十一日. 朝鮮國王[臣]姓[諱]謹上表.

右表進呈咨

原編 卷41 勅諭 2a~2b(775쪽)

朝鮮國王, 爲 謝恩 事.

順治元年正月二十日, 當職欽蒙聖慈, 特遣世子及世子婦, 歸省賤疾, 當職與一國臣民不勝感激. 修撰到謝恩表文並備進獻禮物, 專差陪臣議政府右議政李敬輿議政府右參贊洪茂績等, 齎擎管領, 前赴京師進謝外, 今將禮物開坐, 合行移咨, 請照驗聞奏施行. 須至咨者.
一. 黃細苧布[以下物目見上原表]
右咨禮部.

順治元年二月十一日.

皇后方物狀[麻布代苧布順治丁亥免]

原編 卷41 勅諭 2b(775쪽)

朝鮮國王[臣]姓[諱]謹備中宮殿下[紅籤]進獻禮物.
紅細苧布一十匹白細苧布一十匹白細綿紬
二十匹白細苧布二十匹[黑細麻布二十匹代]滿花席一十張雜彩花席一十張. 右件物等謹奉進以聞.

順治元年二月十一日. 朝鮮國王[臣]姓[諱]

右狀進呈咨

原編 卷41 勅諭 2b~3a(775쪽)

朝鮮國王, 爲 謝恩 事.

順治元年正月二十日, 當職欽蒙聖慈, 特遣世子及世子婦, 歸省賤疾, 當職與一國臣民不勝感激, 專差陪臣議政府右議政李敬輿議政府右參贊洪茂績等, 齎領謝恩表文禮物, 並齎中宮殿下進獻禮物前去. 今將禮物開坐, 合行移咨, 請照驗聞奏施行. 須至咨者.
一. 紅細苧布[以下物目見上原狀]
右咨禮部.

順治元年二月十一日.

禮物總單

原編 卷41 勅諭 3a(775쪽)

朝鮮國差來陪臣議政府右議政李敬輿議政府右參贊洪茂績等呈. 今將世子同還謝恩禮物數目開坐, 合行具呈. 須至呈者.

計開[御前黃細苧布以下物目見上方物表. 中宮紅細苧布以下物目見上方物狀] 右具呈.

順治元年二月十一日. 朝鮮國差來陪臣議政府右議政李敬輿議政府右參贊洪茂績.

[甲申]

斥和諸臣仍前褫職咨

原編 卷41 勅諭 3a~4a(775~776쪽)

朝鮮國王, 爲 罪廢陪臣率爾復官致勤聖旨不勝惶恐 事.

議政府狀啓.

本年四月二十七日, 兩勅使自館所招致臣等, 口傳皇旨內一款.

頃年被罪陪臣李敬輿等, 本國不合遽授官爵. 當初大赦之令只是蕩滌其罪而已, 豈嘗有除職之命乎. 設或除職, 何可遽授以三公六卿乎. 雖或除職, 何可不稟於上國, 任意除授乎. 今後更勿除職爲宜.

等因.

蒙此, 臣等竊念李敬輿等皆負重罪, 被追聽勘, 俱在不測之地, 特荷先皇帝好生大德, 蒙放還國. 而坐此廢錮, 無望復通仕路矣. 新皇帝嗣位之初, 大霈恩赦, 前後名編罪籍者, 擧在蕩滌之中. 我國之法則經赦之後, 被罪罷職者, 例皆叙用. 故此人等初則叙復閒秩, 而緣我國近來舊臣才望之類喪亡殆盡, 公卿有闕, 塡補無人. 議政之任, 必用曾前枚卜擧擬之人, 而敬輿名實當次, 故仍得除授. 敬輿旣已拜命, 其奉使朝京, 亦於循次差遣. 而其他二三宰臣亦皆承乏復官. 此由在朝諸臣不思稟旨上國, 率爾擅擬除授. 今被勅使宣旨責諭之擧, 臣等不敏之罪, 無所逃遁. 合無備將前因咨會該部, 以爲懲前毖後之地, 允爲便益.

等因. 具啓.

據此, 當職竊照前後被罪陪臣獲蒙皇恩生還故國, 已爲大幸矣. 今此不稟上國, 徑先復職, 至授公卿之任, 專由敝邦君臣迷謬不察而致此. 追思愆咎, 惶懼無地, 乃蒙皇上德意加厚, 不施罪罰, 仍令使臣宣旨戒飭, 尤不勝惶悚感激之至. 除將李敬輿等以下已除職人員仍前褫職置散外, 爲此合行移咨, 請照驗施行. 云云.

順治元年五月十五日. [移禮部]

遣歸世子叙用罷黜官員量減歲幣三節倂貢勅[互錮獎 節使]

原編 卷41 勅諭 4b~5a(776쪽)

皇帝勅諭朝鮮國王姓[某].

今朕平定中原, 誕登大位, 欲使恩及九州, 海內欣戴, 特頒詔旨, 大赦天下. 咨爾朝鮮, 沾化已久, 旣列外藩, 宜均大賚. 特布寬恩, 將世子姓[某]遣歸本國, 從前罪犯, 悉皆赦免. 其原奉旨罷黜官員內, 李敬輿·李明漢·李景奭·閔聖徽四員, 因世子乞恩求用, 姑允所請. 其餘仍不許叙用.

念歲貢幣物, 盡屬民膏. 今將舊額苧布四百匹·蘇木二百觔·茶一千包准與全免. 各色綿紬二千匹量減一千匹, 各色木綿一萬匹量減五千匹, 布一千四百匹量感四百匹, 粗布七千匹量減二千匹, 順刀二十口量減十口, 腰刀二十口量減十口. 餘悉照舊輸納. 其元朝·冬至·聖節賀儀亦如舊, 因路途遙遠, 三節表儀具准, 於元朝倂貢, 以彰柔遠之意. 欽哉. 故諭.

順治元年十一月十九日.

謝世子回轅四臣叙用及歲幣量減三節併貢表[互節 製李植 使麟坪大君 渻]

原編 卷41 勅諭 5a~5b(776쪽)

云云. 邦家再造, 寵旣溢於藩封, 骨肉重歡, 恩復推於嗣息, 銘鏤御感, 粉糜思酬. 伏念叨際昌期, 厪延墜緖, 灾荒匝域, 恒慮侯度之或愆, 疢疾纏身, 每歎職事之多曠.
言念家督之入侍, 特紓聖朝之垂憐, 宗祊所關, 久鬱臣民之望, 道路云邈, 難禁朝暮之思. 豈意遣歸之洪私, 遽出生成之大造,
闔門欑祝, 誦綸音以涕零, 擧境讙呼, 仰皇華而額塌. 豈惟陪卿質子之類, 並許隨還, 亦令負罪待命之臣, 均蒙沛宥. 軫行李之遠役, 併供王正, 蠲包茅之薄儀, 務紓民力. 有此隆天重地之施, 無非恤小柔遠之仁.
伏遇德洽羣生, 威加四海. 績千載之正統, 光宅上都, 掃中原之荒屯. 大布寬政. 遂使敝服, 偏沐殊榮, 敢不激昻寸心, 終始一節, 天從人欲, 惟仰賴於黃靈, 父敎子忠, 期無替於世篤. 云云.
[云云並式, 見上甲申謝恩. 後倣此]

順治二年三月十七日.

方物表

原編 卷41 勅諭 5b~6a(776~777쪽)

云云. 天恩罔極, 父子重歡, 壤奠是修, 筐篚敢闕, 謹備. 云云.

[物目同上甲申謝恩方物]

右件物等產從僻陋, 品匪珍奇, 豈足備於上供, 聊自効其中悃. 云云.

[云云並式, 見甲申謝恩. 後倣此]

右表進呈咨[式見甲申謝恩]

原編 卷41 勅諭 6a(777쪽)

皇后方物狀[式見甲申謝恩]

原編 卷41 勅諭 6a(777쪽)

右狀進呈咨[式見甲申謝恩]

原編 卷41 勅諭 6a(777쪽)

禮物總單[式見甲申謝恩行總單後倣此 ○見進賀]

原編 卷41 勅諭 6a(777쪽)

謝大君回還表[製尹絳 使金自點]

原編 卷41 勅諭 6a~6b(777쪽)

[二年禮部侍郎藍所伊等來口宣皇諭, “日今幷許世子大君還國, 願終始永肩向上之心. 云云.” 出通文館志]

云云. 順治二年五月十三日, [臣]欽蒙聖慈, 特遣[臣]子[諱]許歸[臣], 與一國臣民不勝感激, 謹奉表稱謝. 云云. 久嬰灾豎, 倍切離阻之懷, 再逢迷兒, 特蒙旋歸之命, 危衷易激, 感涕先零.

伏念叨守敝封, 僅延墜緖. 顧髮膚而奚惜, 欲報聖恩, 非骨肉之替行, 莫伸卑悃. 採薪之憂轉痼, 舐犢之情難禁. 視逾一家, 垂睿眷於忖度, 許還微息, 慰病抱於團圓. 且喜且悲, 如蒙如寢.

伏遇包荒量廓, 挈矩仁深. 軫宸衷於藩服, 若恫在身, 敷孝理於寰區, 永錫爾類. 苟非字小之洪私, 詎徼及幼之異典. 敢不益思銘篆, 祗期糜涓. 爲臣止忠, 本分當盡於終始, 教子以義, 俟度佇勤於繼承. 云云.

順治二年八月二十四日.

方物表

原編 卷41 勅諭 6b(777쪽)

云云. 天寵偏隆, 感深父子, 土宜雖薄, 誠罄心肝, 謹備. 云云.

[物目同上甲申謝恩方物]

右件物等, 產異楚包, 品慚周篚, 曷足稱於庭實, 聊以表乎享儀. 云云.

右表進呈咨[式見甲申謝恩]

原編 卷41 勅諭 7a(777쪽)

皇后方物狀[式見甲申謝恩]

原編 卷41 勅諭 7a(777쪽)

右狀進呈咨[式見甲申謝恩]

原編 卷41 勅諭 7a(777쪽)

禮物總單[見吏禮]

原編 卷41 勅諭 7a(777쪽)

[丙戌]

解送林慶業勅[謝恩使臣賫來]

原編 卷41 勅諭 7a~7b(777쪽)

皇帝勅諭朝鮮國王姓[某]

朝鮮歸順之後, 林慶業煽惑離間, 潛遣奸細, 私通別國. 及令領舟師, 故意推諉, 致誤軍機. 推問之時, 尙不輸服, 卸責於王, 徑行脫逃, 後與叛逆結黨, 謀害本王, 自知事洩, 竄投明朝, 罪惡多端. 朕先不發慶業回國, 原非姑息, 因平定中原, 施恩大赦, 一應罪惡, 槩行解綱. 今王欲得慶業以靖亂萌, 理所宜然. 卽將慶業發與謝恩陪臣解回. 特諭.

順治三年五月初五日.

謝解送林慶業表[製姜栢年 使柳廷亮]

原編 卷41 勅諭 7b(777쪽)

云云. 邦憲未正, 孽臣在逃, 皇靈荐加, 罪人斯得, 隕結難報, 感戴罙深.

伏念忝履偏封, 壓綿墜緖, 恒軫後至之戒, 守條無違, 顧乏先見之明, 察奸不蚤. 方痛逋囚之假息, 幸蒙奏章之允兪. 綸綍申頒, 欣天聽之孔邇, 械縶遞送, 仰雷威之遐宣. 亂萌自消, 羣情咸快.

伏遇乾道象健, 离光燭微. 近悅遠懷, 澤遍溥於普率, 春生秋殺, 德兼備於弛張, 遂令敝藩, 亦被殊眷, 敢不遙瞻紫極, 益罄丹衷. 申警羣工, 愼保疆土, 寅恭夙夜, 對越顥穹. 云云.

順治三年九月初三日.

方物表

原編 卷41 勅諭 7b~8a(777~778쪽)

云云. 紫誥宣命, 幸獲漏網之俘, 文篚輸忱, 敢効充庭之貢, 謹備. 云云.

[物目同上甲申謝恩方物]

右件物等, 品匪珍異, 產從土宜, 豈足稱於多儀, 聊以表乎微悃. 云云.

右表進呈咨[式見甲申謝恩]

原編 卷41 勅諭 8a(778쪽)

皇后方物狀[式見甲申謝恩]

原編 卷41 勅諭 8a(778쪽)

右狀進呈咨[式見甲申謝恩]

原編 卷41 勅諭 8a(778쪽)

禮物總單[見求請]

原編 卷41 勅諭 8a(778쪽)

禮部知會謝免運米送船出送漂人解送林慶業表

知道查收方物咨[見求請]

原編 卷41 勅諭 8a(778쪽)

[丁亥]

飭貢幣踈玩勅[見節使]

原編 卷41 勅諭 8a(778쪽)

[丁亥]

飭迎勅違禮仍減年貢勅[見節使]

原編 卷41 勅諭 8a(778쪽)

[庚寅]

飭諭祭兼謝禮單欠式倭情徑奏貢布請緩勅[戶部尙書巴哈納等來, 互封典·哀禮·節使·倭情]

原編 卷41 勅諭 8b~9b(778쪽)

皇帝勅諭朝鮮國王姓[某].

前諭祭爾先王, 不曾耑疏謝恩, 兼乏謝獻之儀. 皇父攝政王贈賻, 亦不曾有謝恩. 本章雖具有禮物, 而單上不書皇父攝政王, 此皆失禮之處. 及閱王奏內有云.

倭情萬分可慮, 倘遇警急. 計沒奈何, 欲修築訓練. 又議政府據報云, 如有漂到倭國沿海漢人船隻, 不送於咫尺倭館, 直爲解送上國, 其畜憾於我, 比前必甚.

等語.

其具報官員, 將欲以漢人作倭人而與倭國耶, 抑以爲明朝猶在耶, 抑强欲以朕之漢人而捕送倭國耶. 似此官員, 顯是啓亂壞國之人, 王不將此官挐問重罪而徑奏, 是爾之失也. 卽宜挐問, 加以重罪.

又遣來陪臣李時昉向部臣云, "今歲不收棉, 請緩一年貢布". 部臣爲之轉奏. 朕節次憫念朝鮮苦累, 軫恤爾民, 曾於歲貢之物及饋遺使臣之禮, 大爲裁減, 此豈爲爾有求而然耶. 槩觀情詞, 具奏雖係王本, 而本內語意寔非出於王心, 必由奸臣造意也. 若倭果恃强侵犯爾國, 大兵增援, 斷無遲悞之理.

爾國奸臣料天下未盡平定, 盜賊未盡滅息, 恐調爾國兵馬, 以故預設虛揣, 詐諉倭情耳. 今天下業已混一, 億兆盡歸版圖矣. 向曾有漂到倭船, 朕心惻然, 不忍拘留, 尙且付爾國送還. 爾今欲以所獲朕之漢人船隻, 不送於此, 而送倭館. 又欲修築訓練. 此皆亂臣所出之言也. 思昔爾先王不忘我朝恩德, 竭盡忠誠, 今王豈有不欲竭盡忠誠之理. 不特此一時, 卽爾朝鮮嗣王子子孫孫, 無間世代, 永如山河之不改易, 豈應有渝忘之時乎. 此皆是在下奸臣朋比結黨, 啓無窮之亂源者也. 凡百語言, 悉在遣去大臣面言之. 特諭.

順治七年正月二十八日.

飭虛張倭情勅[見倭情]

原編 卷41 勅諭 9b(778쪽)

辨明倭情勅諭及一表兼謝奏[見倭情]

原編 卷41 勅諭 9b(778쪽)

謝因祭諡兼謝倭情貢布降勅表[製金光煜 使麟坪大君㴭]

原編 卷41 勅諭 9b~10a(778~779쪽)

云云. 小藩缺職, 方深獲戾之憂, 大度包荒, 忽承宥過之命, 十行纔展, 五內若驚. 伏念猥承遺基, 克遵先志. 存亡繼絶, 曾被大帝之洪私, 蕩垢滌瑕, 更叨嗣皇之隆眷.

念惟鉅創以後. 事多荒迷不遑, 諡祭贈賻之榮, 旣欠申謝, 陰雨桑土之備, 且煩冒陳. 是皆愚昧之謬量, 重以使价之失對. 紓民固圉, 縱無他意於其間, 越分犯威, 宜有嚴旨之荐下. 誰知曲全之盛德, 遽及遇誤之微躬.

雖悔曷追, 徒咋舌而惴惴, 匪怒伊敎, 若提耳而諄諄. 雨露雷霆, 莫非長養之道, 顧復嗔責, 均是鞠育之恩. 感極于心, 慚發於面.

伏遇萬物咸囿, 一視同仁. 量廓乾坤, 罔念其舊, 德並舒慘, 皆懷自新.

遂令鯷封, 亦被鴻造. 敢不懲前毖後, 竭忠盡誠. 報答無階, 惟思隕結.

銘鏤在骨, 但祝岡陵. 云云.

順治七年五月二十一日.

方物表[文闕]

原編 卷41 勅諭 10a(779쪽)

右表進呈咨[式見甲申謝恩]

原編 卷41 勅諭 10a(779쪽)

皇后方物狀[式見甲申謝恩]

原編 卷41 勅諭 10a(779쪽)

右狀進呈咨[式見甲申謝恩]

原編 卷41 勅諭 10b(779쪽)

禮物總單[式見甲申謝恩]

原編 卷41 勅諭 10b(779쪽)

諭李㬂等復職李敬輿等原宥勑[尾倭情]

原編 卷41 勅諭 10b(779쪽)

[壬辰]

遣官査審犯越人劉春立勑[見犯越]

原編 卷41 勅諭 10b(779쪽)

[癸巳]

禮部知會起解上國逃人查明義州人越境咨[見犯越]

原編 卷41 勅諭 10b(779쪽)

[癸巳]

禮部飭貢幣火燒水濕咨[見節使]

原編 卷41 勅諭 10b(779쪽)

[甲午]

請收用斥和三臣咨

原編 卷41 勅諭 10b~11b(779쪽)

朝鮮國王, 爲 略陳三臣情 事.

冀蒙矜宥事. 當職爲照本國原任議政李敬輿原任議政李景奭原任判書趙絅等, 粤自先父王在世之日, 俱著忠勤, 服勞多年. 而嚮者爲逆臣李馨長所忤, 與古兒馬紅, 互相締結, 乘時搆毁, 必欲置之不測之地, 倘非皇上明見萬里之外, 則三臣幾不能全其性命矣. 自玆以後, 當職欽仰德意, 益虔侯度, 戒飭臣僚, 罔敢少懈, 此實皇上之所洞燭, 貴部之所曲諒.

而顧彼三臣, 革職閒住, 已有年所. 有罪無罪, 今不敢擧, 而目今日月之明, 無微不照,姦人屛迹. 霈澤屢降, 一隅之泣, 天必鑑臨. 而理難擅自收錄, 欲一露盡衷曲, 仰瀆聖聽. 而事涉煩猥, 含默度日.

不幸比來, 老成舊臣, 相繼殞歿, 唯以二三議政儀賓等官, 互差貢使, 循轉如環. 今以八十老臣謝恩進京, 則乏人之急, 據此可知. 仍念天地有包荒之度, 江海有納汚之量, 遍覆之恩, 終無所不被. 而當職之到今陳籲, 實出於切迫, 煩乞貴部, 曲諒咨內事意, 轉達天聽, 特施曠蕩之典, 俾遂區區之望, 不勝幸甚. 爲此合行移咨, 請照驗施行. 云云.

順治十一年二月初三日. [移禮部]

遣官按查收用斥和三臣勅[刑部尙書巴等來]

原編 卷41 勅諭 11b~12b(779~780쪽)

皇帝勅諭朝鮮國王姓[某].

據禮部奏王咨稱.

> 原任議政李敬輿李景奭原任判書趙絅等, 久著忠勤, 嚮爲逆臣李馨長所忤, 與古兒馬紅, 締結搆毁.
>
> 原任議政 李敬輿, 原任議政 李景奭, 原任判書 趙絅등은 오랫동안 매우 又云.
>
> 三臣革職有年, 有罪無罪, 今不敢擧. 理難擅自收錄, 比來舊臣殞殁, 貢使乏人, 乞施曠蕩之恩, 俾遂區區之望.

等語. 朕覽斯言深異. 王之迷昧前失而復爲是朦朧之請也. 昔爾國交通他國, 違抗本朝, 在廷公憤, 與師問罪. 爾國君臣立見殄滅, 我太宗皇帝赦其罪戾, 仍賜生全, 爾子孫臣庶自當世世感戴, 豈可背旨負恩.

爾國奸臣李敬輿, 欲與蠻國納貢, 其罪甚大, 太宗皇帝有旨不許任用. 又因朦朧復來羈留盛京後以入定中原, 特赦歸國. 此奸重大之罪, 朝廷曲宥之恩, 爾國君臣上下無不悉其始末, 何得佯爲不知冒瀆嘗試. 其李景奭趙絅無故造釁假稱倭患, 欲修築訓練, 陰圖不軌. 又欲以漂到漢人解送倭館, 每懷回測, 屢肆欺罔. 如此奸詭亂國之人, 何得妄稱忠勤.

朕昔緣慶赦姑免其罪, 永不許用, 勅諭昭然, 爾國君臣共宜恪守, 方期悔過疾奸, 益竭誠敬, 胡乃又有此請也. 且不詳開情罪緣由止云, 有罪無罪今不敢擧, 如此語言, 閃爍希圖朦混取旨, 豈人臣勿欺之義乎. 昔爾國先王, 竭誠効順, 原王之心, 豈敢違背朝廷, 自忘根本. 必爲奸宄亂國之輩撥置蒙蔽, 故有此冒請耳. 至於古兒馬紅擧發李敬輿, 有聞卽告, 臣子正理, 今反以爲締結搆毁, 顚到是非, 一至於此. 朝廷屢以寬恩, 宥爾國奸臣不寘重典, 乃返信奸誣直巧言誑欺, 爾國君臣是何心也.

朕待臣下, 素以坦衷, 玆故特遣大臣前往, 與王及爾國衆臣, 面將前後緣由, 逐件察議, 詳確奏聞. 特諭.

順治十一年五月二十三日.

謝按査斥和臣表[製金壽恒 使寧豊君湜]

原編 卷41 勅諭 12b~13a(780쪽)

云云. 仰聖慈而陳辭, 殊甚昏謬. 屈皇華■宣諭, 還極丁寧, 惶懼罙深, 感泣何已. 伏念叨承遺緖, 偏荷洪庥. 恩私曲加, 常有媿於蔑効, 章奏罔間, 盖無願而不諧, 冒達僭妄之言, 莫非迷昧之失. 何意溫綸之誕降, 而致使星之辱臨, 若提耳而諄諄, 匪怒伊敎, 徒咋舌而惴惴, 雖悔曷追. 顧玆察問之音, 寔出寬貸之眷.

伏遇姿挺神武, 德備剛柔, 遠悅邇安, 萬物各得其所, 海涵天覆, 四方咸與維新. 遂令敝藩獲被隆渥, 敢不循涯增惕洗慾圖酬. 敬佩龍光, 無忘訓誨之旨, 倍竭蟻悃, 弗弛朝宗之誠. 云云.

順治十一年九月二十日.

方物表

原編 卷41 勅諭 13a(780쪽)

云云. 自天有命, 旣蒙綸綍之頒, 隨土所宜, 敢闕筐篚之獻, 謹備. 云云.
[物目同上甲申謝恩方物]
右件物等, 產從僻陋, 品非珍奇, 粗効傾葵之忱, 詎合包茅之貢. 云云.

右表進呈咨[式見甲申謝恩]

原編 卷41 勅諭 13a(780쪽)

皇太后方物狀

原編 卷41 勅諭 13a~13b(780쪽)

朝鮮國王[臣]姓[諱]謹備昭聖慈壽恭簡安懿皇太后陛下[黃籤]進獻禮物.
紅細苧布一十匹, 白細苧布一千匹, 白細綿紬二十匹, 滿花席一十張, 雜彩花席一十張.
右件物等謹奉進以聞.

順治十一年九月二十日. 朝鮮國王 姓[諱].

右狀進呈咨

原編 卷41 勅諭 13b~14a(780~781쪽)

朝鮮國王, 爲 謝恩 事.

順治十一年七月十五日, 當職欽奉勑諭.

節該. 李敬輿李景奭趙絅等犯罪重大, 胡乃有此請. 察議聞奏.

等因.

當職欽此欽遵, 與一國臣民不勝兢惶感激, 專差陪臣靈豐君李湜議政府左參贊李時楷等, 齎領謝恩表文禮物赴京, 並齎昭聖慈壽恭簡安懿皇太后陛下進獻禮物前去. 今將禮物開坐, 合行移咨, 請照驗聞奏施行. 須至咨者.

一. 紅細苧布[以下物目見上原狀]

右咨禮部.

順治十一年九月二十日.

皇后方物狀[式見甲申謝恩]

原編 卷41 勅諭 14a(781쪽)

右狀進呈咨[式見甲申謝恩]

原編 卷41 勅諭 14a(781쪽)

陳誤請收用奏[互陳奏]

原編 卷41 勅諭 14a~15a(781쪽)

朝鮮國王[臣]姓[諱]謹奏, 爲 恭承聖旨, 惶恐罔措, 略陳情因, 冀蒙矜恕 事.

本年七月十五日[臣]欽奉勅諭.

節該. 李敬輿李景奭趙絅等罪犯重大, 胡乃有此請. 逐件察議, 詳確聞奏.

等因.

[臣]欽此欽遵. 奉讀未終, 毛髮先竦, 驚惶踧踖, 無地自容.

恭惟太宗皇帝, 德優包荒, 恩深繼絕, 便東土數千里生靈, 咸囿於字育之中.

此先臣之所以至誠事大, 罔愆侯度. 况[臣]曾侍帝庭, 特蒙眷顧, 及至今日, 忝嗣藩服, 御恩撫躬, 莫非皇賜, 夙夜一念, 常思報效.

顧此三臣, 違犯旣重, 罪戾甚大, 幸蒙鴻恩, 尙得保存. [臣]固不當仰干天威猥祈收錄. 而竊念赦命屢頒, 霈澤遍洽, 且歲月旣久, 亦不無懲革自新之理, 故以此錯料, 乃敢妄有所陳, 請於宸極之下. 逮玆使華遠臨, 嚴旨隨降, [臣]震悸怵惕, 精爽飛越, 反身自責, 寧欲鑽地而入. 噬臍咋指, 悔無所及, 憎疾之心, 從此益切, 何敢復萌更爲收錄之意乎. 當初之錯料妄奏, 亦莫非舉國君臣迷冥愚昧之所致, 豈有撥置蒙蔽之人而然哉. 今者察問之時, 立庭諸臣, 衆口齊聲, 皆自服其昏妄無狀, 此實奉使大臣所共覩也. 小邦處事旣謬, 種種皆錯, 聖旨之下, 誠無辭可以逐件自解. 而原其本情有同無知之孩兒只恃父母之慈愛有所啼號全不擇言而發. 罙增悔懼, 五內如焚, 北望叩首, 感涕自零. 所據諭內緣由, [臣]已與小邦[臣]僚奉對於賫勑大臣, 仍爲具本聞奏.

伏惟皇上天地父母, 俯諒愚悃, 特垂矜恕焉. [臣]自今以後, 尤當與擧國臣民, 誓心靡隕, 益殫誠恪, 以報大朝生成之至德. [臣]無任瞻天望聖, 悚蹙戰慄之至. 緣係恭承聖旨, 惶恐罔措, 略陳情因, 冀蒙矜恕事理. 爲此謹具奏聞. 右謹奏聞, 伏俟聖旨.

順治十一年九月二十日. 朝鮮國王[臣]姓[諱].

右奏進呈咨

原編 卷41 勅諭 15a~15b(781쪽)

朝鮮國王, 爲 恭承聖旨, 惶恐罔措, 略陳情因, 冀蒙矜恕 事.

云云. [自"本年七月", 止"戰悚之至". 見上原奏]
爲此另具奏本, 專差陪臣靈豐君李湜議政府左參贊李時楷等, 前赴京師進呈外, 合行移咨前去, 煩乞貴部轉奏天聽施行. 須至咨者. 右咨禮部.

順治十一年九月二十日.

方物奏[豹皮康熙辛卯免]

原編 卷41 勅諭 15b(781쪽)

朝鮮國王[臣]姓[諱] 謹奏, 爲 進獻 事.

謹備進獻禮物, 專差陪臣靈豐君李湜議政府左參贊李時楷等, 賫領進獻外, 今將禮物開坐, 謹具奏聞.
黃細苧布二十匹, 白細苧布二十匹, 黃細綿紬二十匹, 紫細綿紬二十匹, 白細綿紬三十匹, 龍文簾席二張, 黃花席一十張, 滿花席二十張, 雜彩花席一十張, 豹皮五張, 獺皮二十張, 靑黍皮三十張, 白綿紙二千卷, 黃毛筆一百枝, 油煤墨五十錠.
右謹奏聞.

順治十一年九月二十日. 朝鮮國王[臣]姓[諱].

右奏進呈咨

原編 卷41 勅諭 16a(782쪽)

朝鮮國王, 爲 進獻 事.

恭承聖旨, 惶恐罔措, 略陳情因, 冀蒙矜恕事理, 專差陪臣靈豐君李浧議政府左參贊李時楷等, 齎領進獻禮物, 前赴京師進獻外, 今將禮物開坐, 合行移咨, 請照驗聞奏施行. 須至咨者.

一. 黃細苧布[以下物目見上原奏]

右咨禮部.

順治十一年九月二十日.

皇太后方物單

原編 卷41 勅諭 16a(782쪽)

朝鮮國王[臣]姓[諱]謹備昭聖慈壽恭簡安懿皇太后陛下[黃籤]進獻禮物.

紅細苧布一十匹, 白細苧布一十匹, 白細綿紬一十匹, 滿花席一十張, 雜彩花席一十張.

右件物等謹奉進以聞.

順治十一年九月二十日. 朝鮮國王[臣]姓[諱].

右單進呈咨

原編 卷41 勅諭 16b(782쪽)

朝鮮國王, 爲 進獻 事.

恭承聖旨, 惶恐罔措, 略陳情因, 冀蒙矜恕事理, 專差陪臣靈豐君李湜議政府左參贊李時楷等, 齎領實封奏本禮物, 並備昭聖慈壽恭簡安懿皇太后陛下進獻禮物, 前去進獻外, 今將禮物開坐, 合行移咨, 請照驗聞奏施行. 須至咨者.

一. 黃細苧布[以下物目見上原單]

右咨禮部.

順治十一年九月二十日.

皇后方物單

原編 卷41 勅諭 16b~17a(782쪽)

朝鮮國王[臣]姓[諱]謹備中宮殿下[紅籤]進獻禮物.

紅細苧布一十匹, 白細苧布一十匹, 白細綿紬一十匹, 滿花席一十張, 雜彩花席一十張.

右件物等謹奉進以聞.

順治十一年九月二十日. 朝鮮國王[臣]姓[諱].

右單進呈咨

原編 卷41 勅諭 17a(782쪽)

朝鮮國王, 爲 進獻 事.

恭承聖旨, 惶恐罔措, 略陳情因, 冀蒙矜恕事理, 專差陪臣靈豊君李湜議政府左參贊李時楷等, 齎領實封奏本禮物, 並備中宮殿下進獻禮物, 前去進獻外, 今將禮物開坐, 合行移咨, 請照驗聞奏施行. 須至咨者.
一紅細苧布[以下物目見上原單]
右咨禮部.

順治十一年九月二十日.

禮物總單

原編 卷41 勅諭 17a(782쪽)

[謝三臣收用事降勑物目, 及奏誤請收用三臣物目, 並見原表狀及奏單. ○請封世子物目見封典]

申諭斥和臣事勑[刑部尙書巴等來]

原編 卷41 勅諭 17a~18a(782~783쪽)

皇帝勅諭朝鮮國王姓[某].

前因李敬輿李景奭趙絅等罪犯重大, 旣奉太宗皇帝聖旨, 革黜不用. 爾復以爲忠勤, 朦朧奏請, 反稱與古兒馬紅李馨長有讐互相締結乘時搆毁, 是以亂政之憸壬爲可用矣. 以亂政之憸壬爲可用, 其如太宗皇帝之聖旨何如. 爾父數十年之恪守侯度, 何似此朋比啓亂. 朕甚爲爾懼焉. 故遣使特諭, 使爾力加省改. 今覽爾奏有云, "當時錯料妄奏, 亦莫非擧國君臣迷冥愚昧之所致". 爾爲一國之主, 豈可以空言塞責. 果有啓亂憸任, 即當顯行糾擧爲是.

但念爾痛悔前愆, 言詞懇切, 旣願與擧國臣民誓心糜隕, 益殫誠恪, 以報大朝生成之至德, 認罪已明, 姑從寬宥. 今後尤有奏言當一出眞誠, 乃爲可長可久之道. 斷不可輕信憸壬, 重惹事端, 以負朕撫育小邦之意. 爾其欽哉毋怠. 特諭.

順治十一年十二月二十一日.

謝申諭表[使柳廷亮]

原編 卷41 勅諭 18a~18b(783쪽)

云云. 愚迷妄作, 方俟嚴譴之加, 寬裕能容, 特紆溫綸之降, 惶汗纔拭, 感涕交流. 伏念幸際昌期, 厘保先業. 受恩偏隆, 唯思圖報之地, 隨事冒奏, 未覺獲戾于天. 不意查按之餘, 旋荷原宥之典. 垂曲全之惠, 眞同父母之慈, 釋旣往之愆, 何啻雷雨之解. 華軺遠屈, 悅奉咫尺之顔, 御札昭宣, 更承開導之地. 斯爲至化之陶鑄, 寔是希代之遭逢. 伏遇聰明有臨, 神武不殺. 推心置腹, 致四寓之歸仁, 納汚包荒, 無匹夫之抱枉. 遂令異數, 亦及敝封, 敢不彌篤忠貞, 永遵誨諭. 恪守東土, 庶殫朝海之誠, 環拱北辰, 長獻呼嵩之祝. 云云.

順治十二年四月十二日.

方物表

原編 卷41 勅諭 18b(783쪽)

云云. 厚恩如天, 既蒙湯垢之渥, 簿物任上, 敢効執壤之儀, 謹備. 云云.

[物目同上甲申謝恩方物]

右件物等, 製造匪工, 名般不腆, 豈合包芽之貢, 秖表獻芹之忱. 云云.

右表進呈咨[式見甲申謝恩]

原編 卷41 勅諭 18b(783쪽)

皇太后方物狀[式見甲午謝恩]

原編 卷41 勅諭 18b(783쪽)

右狀進呈咨[式見甲午謝恩]

原編 卷41 勅諭 18b(783쪽)

皇后方物狀[式見甲申恩謝]

原編 卷41 勅諭 18b(783쪽)

右狀進呈咨[式見甲申恩謝]

原編 卷41 勅諭 18b(783쪽)

禮物總單[見封典]

原編 卷41 勅諭 18b(783쪽)

[乙未]

遣官詳確金忠一犯殺擬議勑[見犯越]

原編 卷41 勅諭 19a(783쪽)

[丙申]

遣官再按原查名官勑[見犯越]

原編 卷41 勅諭 19a(783쪽)

[丁酉]

禮部申飭誤寫總單咨

原編 卷41 勅諭 19a~20a(783~784쪽)

禮部, 爲 自行檢擧認罪, 特糾進貢朝鮮官員誤開進貢刀數 事.

主客淸吏司案呈.

奉本部送禮科抄出.

該本部題前事內開.

照得, 朝鮮國每歲進貢, 腰刀定數, 原係十把. 今歲所進腰刀亦係十把, 總單內竟誤開百把.

臣等曾向漢啓心郎臣甘文焜徐繼煒說過, 查對該國咨文, 并原定舊案. 於年前具本題交戶曹 及漢啓心郎甘文焜徐繼煒, 令主客司筆帖式哈嗇

馬部 取舊案幷該國咨文 查對.

馬部只取該國總單, 送與甘文焜等看訖. 所以甘文焜徐繼煒止照該國總單內誤開百把之字樣, 繕寫題本, 但失看舊檔咨文. 應勅下吏部議處.

尙書臣恩國泰太子太保尙書臣胡世安左侍郎臣烏黑薛所蘊右侍郎臣祁徹白啓心郎吳馬戶, 亦失於問及甘文焜徐繼煒曾否詳細對看舊檔咨文, 率爾具題, 臣等亦難辭失誤之咎, 應將臣等一倂勅下吏部議處.

又査得, 朝鮮國王表咨並無差誤, 相應免議. 但來京進貢陪臣吏曹判書尹絳·禮曹參判李晢等于送到進貢總單總數, 未行經心對看, 將定數好刀十把, 誤開好刀百把, 實屬怠忽. 相應將此輩, 幷該國書寫進貢總單該衙門官吏, 行文該國王治罪.

又臣等先經具題本內, 照伊總單誤寫百把字㨾, 相應改正十把. 謹題請旨.

順治十四年正月初十日具題, 本月二十一日奉旨.

恩國泰等旣自行檢擧俱免議. 朝鮮國進貢陪臣尹絳等倂該國寫進貢總單官吏姑免罪. 仍行文該王申飭. 先題本誤字着改正.

欽此. 欽遵.

抄出到部送司. 奉此, 相應移咨.

案呈到部. 擬合就行.

爲此合咨貴國, 煩爲遵照題奉旨內事理, 卽將陪臣尹絳等幷該國爲總單官吏, 一倂申飭施行. 須至咨者. 右咨朝鮮國王.

順治十四年正月二十一日.

勘罪誤寫官吏咨

原編 卷41 勅諭 20a~20b(784쪽)

朝鮮國王, 爲 誤開進貢刀數 事.

本年三月初四日, 承奉貴部咨.

節該. 朝鮮國每歲進貢, 腰刀定數原係十把. 今歲所進腰刀, 亦係十把, 總單內誤開百把. 進貢陪臣吏曹判書尹絳禮曹參判李哲等, 實屬怠忽. 相應將此輩並該國書寫進貢禮單該衙門官吏, 行文該國王治罪.

順治十四年正月初十日具題, 本月二十一日奉旨.

朝鮮國進貢陪臣尹絳等, 併該國寫進貢總單官吏, 姑免罪. 仍行文該王申飭. 欽此. 欽遵.

擬合就行. 爲此合咨貴國, 煩爲遵照題奉旨內事理, 卽將陪臣尹絳等幷該國寫總單官吏, 一倂申飭施行.

等因.

據此, 爲照小邦進貢文書等項, 再三查驗, 十分敬謹. 不期總單該寫官吏, 若是失誤, 致勤題奏奉旨. 進貢陪臣尹絳等及該寫官吏, 理宜另加罪罰. 當職亦難免責, 幸賴聖度包容, 特加寬宥, 欽誦溫旨, 罙切惶感. 除將咨內事意, 另加申飭外, 合行咨覆, 煩乞貴部照驗施行. 云云.

順治十四年五月初六日. [移禮部]

[丁酉]

頒查審犯買焰硝勅[見犯禁]

原編 卷41 勅諭 20b(784쪽)

[辛丑]

禮部知會犯買硫黃馬銅及挖蔘各犯查奏咨[見犯禁]

原編 卷41 勅諭 21a(784쪽)

[辛丑]

禮部知會嚴查劉貴金犯越挖蔘及地方官咨[見犯越]

原編 卷41 勅諭 21a(784쪽)

[辛丑]

禮部知會各犯免罪及飭咨內王旨字咨[見犯禁]

原編 卷41 勅諭 21a(784쪽)

禮部知會咨內王旨字免議咨

原編 卷41 勅諭 21a~21b(784쪽)

禮部, 爲 糾叅朝鮮國王 事.

主客淸吏司案呈.

奉本部送禮科抄出.

該本部題前事.

查得, 朝鮮國王姓[某]移咨臣部, '爲查擬各項犯人罪律事', 內開, '有啓奉王旨'. 等語. 該臣等看得. 朝鮮國王姓[某]行部院文內, 亦不合載有王旨. 而況奏疏之內, 有王旨等字, 殊非外國敬事上國之體, 甚屬悖理. 相應將朝鮮國王議處. 謹題請旨.

順治十八年五月二十二日題, 二十五日奉旨.

奏疏內有王旨字樣, 大不合理. 本當議處, 姑從寬免議. 這一次着嚴飭行.

欽此. 欽遵.

抄出到部. 送司.

奉此. 相應嚴飭.

案呈到部.

擬合就行. 爲此合咨前去, 煩爲查照本部題奉旨內事理, 欽遵施行. 云云.

順治十八年七月初六日.

回咨

原編 卷41 勅諭 21b~22a(784~785쪽)

朝鮮國王, 爲 糾叅 事.

本年七月二十四日, 承奉貴部咨.

節該. 云云. [自"主客淸吏司", 止"欽遵施行". 見上原咨]

等因.

奉此, 竊照小邦僻處海外, 文獻無徵, 凡有咨奏文字, 只自依樣上國文移措語下字全昧取舍. 至於奏疏內猥下王旨等字, 向非皇上寬貸之恩, 特出於尋常萬萬, 則當職幾陷不敬之律, 奉審貴部題奉旨內辭意, 驚悚戰慄, 無地自容. 除另差陪臣錦林君李愷胤等, 進京恭謝皇恩外, 仍將右等情節, 合行咨覆, 煩乞貴部照詳恕諒施行. 云云.

順治十八年十月二十八日.

謝免議表[製李天基 使錦林君 愷胤]

原編 卷41 勅諭 22a~22b(785쪽)

云云. 愚迷莫知, 遽陷妄作之罪, 眚灾肆赦, 叨蒙曲貸之恩, 惶汗纔收, 感涕交迸. 伏念粗聞分義, 未習憲章, 每慚文獻之無徵, 率多襲謬之失. 徒効公牒之依據, 詎意悖理之歸. 原其情非敢僭踰, 揆諸法固難逭免. 奉該部之奏議, 始覺自觸嚴誅, 承聖上之德音, 何幸特施寬典. 釋愆尤於既往, 實荷仁愛之天, 垂戒誨於將來, 更示生全之地. 伏遇推誠待下, 建極宅中. 恢大度之包容, 務存恕宥, 諒小邦之迷誤, 輒賜矜憐. 遂令獲戾之身, 猥被蕩垢之澤, 敢不懲前毖後, 舍舊圖新. 洗鄙俚之規, 期臻一變之魯, 礪忠恪之節, 願祝三呼之嵩. 云云.

順治十八年十一月初一日.

方物表

原編 卷41 勅諭 22b(785쪽)

云云. 德既深於棄瑕, 偏紆天眷, 誠自切於執壤, 敢貢土宜, 謹備. 云云.

[物目同上甲申謝恩方物]

右件物等, 產從荒僻, 品匪珍奇, 豈合享上之儀, 聊表由中之悃. 云云.

右表進呈咨[式見甲申謝恩]

原編 卷41 勅諭 22b(785쪽)

皇太后方物狀[式見甲午謝恩]

原編 卷41 勅諭 22b(785쪽)

右狀進呈咨[式見甲午謝恩]

原編 卷41 勅諭 22b(785쪽)

皇后方物狀[式見甲申謝恩]

原編 卷41 勅諭 22b(785쪽)

右狀進呈咨[式見甲申謝恩]

原編 卷41 勅諭 22b(785쪽)

禮物總單[見節使]

原編 卷41 勅諭 22b(785쪽)

禮部查收謝宥犯免議誤犯字及三節方物咨[見節使]

原編 卷41 勅諭 23a(785쪽)

[壬寅]

禮部知會遣官查審濃額必等越江伐木咨[見犯越]

原編 卷41 勅諭 23a(785쪽)

[癸卯]

頒查審犯買硫黃勑[見犯禁]

原編 卷41 勅諭 23a(785쪽)

[癸卯]

禮部飭斜皮紙張不堪使臣姑從寬免咨[見節使]

原編 卷41 勅諭 23a(785쪽)

[甲辰]

禮部諭飭王城稱王京硫黃一案依議咨[見犯禁]

原編 卷41 勅諭 23a(785쪽)

[甲辰]

禮部申飭犯越咨[見犯越]

原編 卷41 勅諭 23a(785쪽)

[丙午]

頒査審犯買硝黃容隱逃人勅[見犯禁]

原編 卷41 勅諭 23a(785쪽)

[丙午]

禮部知會罰銀減半各官寬免咨[見刷還]

原編 卷41 勅諭 23a(785쪽)

[丁未]

禮部知會貢紙不堪免罰及使臣著該國議奏咨[見節使]

原編 卷41 勅諭 23a(785쪽)

[庚戌]

禮部知會節行下役犯買通鑑交該國審奏咨[見犯禁]

原編 卷41 勅諭 23a(785쪽)

[壬子]

禮部知會幣品不符議令回奏奉旨寬免咨[見節使]

原編 卷41 勅諭 23a(785쪽)

[丁巳]

禮部知會年貢行員役私帶地圖交該國審奏咨[見犯禁]

原編 卷41 勅諭 23b(785쪽)

[己未]

禮部知會貢布失火使臣免議布匹免補進咨[見節使]

原編 卷41 勅諭 23b(785쪽)

[己未]

禮部知會冬至表內犯回避字寬免咨

原編 卷41 勅諭 23b~24a(785~786쪽)

禮部, 爲 遵旨議奏 事.

儀制淸吏司案呈.

奉本部送禮科抄出.

該本部題覆.

朝鮮國王姓[某]奏賀康熙十七年十一月初八日冬至令節緣由等因. 康熙十七年十一月初八日, 朝鮮國王[臣]姓[某]謹上表, 康熙十八年正月十一日奉旨.

覽王奏賀. 知道了. 該部知道. 這表內有違式字樣, 着察議具奏. 欽此. 欽遵.

於正月十二日到部, 該臣等查得. 順治十八年正月初八日所頒詔書一通. 在案. 該國王歷年所進慶賀表文, 已經十八載矣. 今進康熙十七年十一月初八日冬至令節表文內有應行迴避字樣, 不行迴避, 殊欠敬愼. (……)

應將朝鮮國王姓[某], 從寬免罪.

欽此欽遵.

抄部送司. 奉此, 相應知會.

云云.

康熙十八年二月十三日.

謝寬免表[使朗原君 偘]

原編 卷41 勅諭 24a~24b(786쪽)

云云. 愚迷速辜, 方切畏威之悃, 聖哲體恕, 特蒙宥過之恩, 攢頌之餘, 隕越靡措. 伏念忝同書軌, 恪守敎條, 唯思自殫其忱誠, 以修職貢, 亦嘗屢剡乎表奏, 尤謹章程. 豈料文字之間, 反失廻避之例, 論其罪果涉不敬, 合被重罪, 謂玆事寔出無情, 俾貰輕罰, 旣贖鍰之幸免, 第感佩之罙增.
伏念建極宅中, 推心待下. 綏懷遠邇, 悉囿生成, 舒慘陰陽, 皆歸造化. 遂令遐服獲霑殊私, 敢不撫躬省愆, 銘骨圖報. 懲前毖後, 期永賴於皇靈, 盡節輸忠, 庶無替於侯度.
云云.

康熙十八年七月二十日.

方物表

原編 卷41 勅諭 24b(786쪽)

云云. 厚德如天, 旣承棄瑕之澤, 薄物任土, 庸修執琛之儀, 謹備. 云云.
[物目同上順治甲申謝恩方物]
右件物等, 名品匪珍, 製造亦陋, 豈合包茅之貢, 聊表獻芹之誠. 云云.

右表進呈咨[式見順治甲申謝恩]

原編 卷41 勅諭 24b(786쪽)

太皇太后方物狀

原編 卷41 勅諭 24b~25a(786쪽)

朝鮮國王[臣]姓[諱], 謹備昭聖慈壽恭簡安懿章慶敦惠溫莊康和太皇太后陛下[黃籤]進獻禮物.

紅細苧布一十匹, 白細苧布一十匹, 白細綿紬二十匹, 滿花席一十張, 雜彩花席一十張.

右件物等, 謹奉進以聞.

康熙十八年七月二十日. 朝鮮國王[臣]姓[諱].

右狀進呈咨

原編 卷41 勅諭 25a(786쪽)

朝鮮國王 爲 謝恩 事.

康熙十八年四月十八日, 當職承准進貢陪臣福平君李㮆回自京師齎到貴部咨.

節該. 云云. [自"儀制淸吏", 止"相應知會". 見上禮部犯回避字寬免咨]

等因.

奉此, 當職與一國臣民, 不勝兢惶感激, 專差陪臣朗原君李偘禮曹判書吳斗寅等, 齎領謝恩表文禮物赴京, 並齎昭聖慈壽恭簡安懿章慶敦惠溫莊康和太皇太后陛下進獻禮物前去. 今將禮物開坐, 合行移咨, 請照驗聞奏施行. 須至咨者.
一. 紅細苧布[以下物目見上原狀]
右咨禮部.

康熙十八年七月二十日.

皇太后方物狀[見識順治甲午謝恩]

原編 卷41 勅諭 25b(786쪽)

右狀進呈咨[見識順治甲午謝恩]

原編 卷41 勅諭 25b(786쪽)

謝寬免箋

原編 卷41 勅諭 25b~26a(786~787쪽)

朝鮮國王[臣]姓[諱]言. 康熙十八年四月十八日, [臣]承准進貢陪臣福平君李㮆回自京師齎到禮部咨.

節該. 云云. [自"儀制淸吏", 止"相應知會". 見上禮部犯回避字寬免咨]
等因.

[臣]欽此欽遵, 與一國臣民不勝兢惶感激, 謹奉箋稱謝者. [臣][諱]誠惶誠恐, 稽首稽首. 伏以愚昧犯科, 方自訟於愆戾, 仁恕卹罪, 幸荐紆乎寬恩, 驚汗纔收, 感涕隨隕. 伏念[臣]叨際昌會, 厘守偏封, 常遵十行之詔條, 靡敢少忽, 苟有一時之詿謬, 每荷包容. 向緣失察於文字之間, 輒復垂宥於奏當之際. 惟此矜免之寵命, 莫非贊導之殊私. 玆盖伏遇皇太子殿下[紅籤]姿挺覃訏, 祥叶暉潤. 躬三朝之禮, 達孝盡倫, 繫萬國之

心, 元良德著. 爰俾遐服, 亦囿洪庥. [臣]敢不縻紛爲期, 銘鏤圖效. 鯷岑跡滯, 縱阻玉帛之班, 鶴籞神馳, 第切岡陵之祝. [臣]無任瞻仰激切屛營之至, 謹奉箋稱謝以聞.

康熙十八年七月二十日. 朝鮮國王[臣]姓[諱]謹上箋.

方物箋

原編 卷41 勅諭 26a~26b(787쪽)

朝鮮國王[臣]姓[諱]. 右伏以天眷旣隆, 獲荷殊典, 土物雖薄, 敢效微誠, 謹備.

白細苧布二十匹, 滿花席一十張, 雜彩花席一十張, 白綿紙五百卷, 黃毛筆五十枝, 油煤墨五十錠.

右件物等, 產匪楚包, 品媿周篚, 秪備執壤之奠, 詎合旅庭之供.

[臣]無任兢惶激切屛營之至, 謹隨箋奉進以聞.

康熙十八年七月二十日. 朝鮮國王[臣]姓[諱].

右箋進呈咨

原編 卷41 勅諭 26b(787쪽)

朝鮮國王, 爲 謝恩 事.

康熙十八年四月十八日, 當職承准進貢陪臣福平君李㮒回自京師賫到貴部咨.

節該. 云云. [自止, 見上謝箋]

等因.

奉此, 當職與一國臣民不勝兢惶感激, 修撰到謝恩箋文, 並備進獻禮物, 專差陪臣朗原君李偘禮曹判書吳斗寅等, 齎擎管領前赴京師進獻外, 今將禮物開坐, 合行移咨, 請照驗聞啓施行. 須至咨者.

一. 白細苧布[以下物目見上原箋]

右咨禮部.

康熙十八年七月二十日.

禮物總單[見進賀]

原編 卷41 勅諭 26b(787쪽)

禮部知會謝寬免箋知道及申飭箋內訛寫咨

原編 卷41 勅諭 26b~27a(787쪽)

禮部 爲 知會 事.

(……)

禮科抄出.

朝鮮國王姓[某]爲表文違式罰銀寬免, 進箋謝恩緣由, 康熙十八年七月二十日奏, 九月二十八日奉旨.

覽王奏謝. 知道了. 該部知道. 這箋內謝字訛寫賀字, 着飭行.

欽此. 欽遵.

相應知會.

爲此合咨前去, 煩爲查照施行. 云云.

康熙十八年十月十五日.

禮部査收賀平復方物發回謝寬免方物咨[見進賀]

原編 卷41 勅諭 27a(787쪽)

勘罪訛寫官吏咨

原編 卷41 勅諭 27a~27b(787쪽)

朝鮮國王, 爲 飭罰訛寫箋文官吏 事.

上年十一月二十九日, 承奉謝恩陪臣朗原君李偘等齎到貴部咨.

節該. 云云. [自"禮科抄出", 止"査照施行". 見上原咨]

等因.

據此, 爲照小邦凡於事大儀節, 靡不致其敬愼盡其嚴畏, 其於齎奉文書, 夫豈敢有一毫怠忽. 而前者賀表旣已誤犯廻避字樣, 今於謝箋又復訛謝爲賀, 雖極敬之地, 例多失措, 至謹之事, 且易做錯. 而曚不覺察, 至經奏御, 前後咎諐, 俱在當職. 不意玆者獲蒙皇上慈仁, 輒賜寬貸, 秖令小邦着飭該掌, 欽誦溫旨, 罙切惶感. 除當該寫箋官吏, 並行査罰外, 合行咨覆, 專差司僕寺正李世璜副司正金時徵等, 齎咨前去, 煩乞貴部照詳, 轉奏施行. 云云.

康熙十九年正月二十二日. [移禮部]

禮部免罰官吏咨

原編 卷41 勅諭 27b~28a(787~788쪽)

禮部, 爲 飭罰訛寫箋文官吏 事.

(……)

禮科抄出.

該本部題前事內開.

准朝鮮國咨開.

云云. [自"上年十一月", 止"轉奏施行". 見上原咨]

等因. 前來.

該臣等議得. 朝鮮國王姓[某]奏皇太子謝恩箋文於康熙十八年七月二十日奏, 九月二十八日奉旨.

覽王奏謝. 知道了. 該部知道. 這箋內謝字訛寫賀字, 着敕行.

欽此. 欽遵. 咨行在案. 今朝鮮國王姓[某]咨稱, 將訛寫官吏查罰等語. 但已經奉旨, 寬免飭行, 相應將訛寫箋文官吏, 着免罰可也.

等因.

康熙十九年三月初六日題, 本月初八日奉旨.

依議.

欽此. 欽遵.

相應移咨.

爲此合咨前去, 煩爲查照本部題奉旨內事理, 欽遵施行. 云云.

康熙十九年三月十五日.

[庚申]

遣官審確朴時雄越江取木定罪敕[見犯越]

原編 卷41 勅諭 28a(788쪽)

[辛酉]

禮部查議謝寬免表內述旨不符原旨咨[互犯越]

原編 卷41 勅諭 28a~29a(788쪽)

禮部, 爲 遵旨議奏 事.

主客淸吏司案呈.

奉本部送禮科抄出.

該本部題前事內開等因.

康熙二十年九月初三日上表, 十一月初五日奉旨.

覽王奏謝. 知道了. 該部知道. 表內述旨與原旨不符, 着察明議奏.

欽此. 欽遵.

於十一月初六日到部, 隨問正使昌城君李佖·副使禮曹判書尹堦.

本部先經議題奉旨, "姓[某]着從寬免罪." 伱們謝恩表內稱, 奉旨, "朝鮮國王着減罰銀一萬兩", 與原旨不符, 是何緣故.

李佖·尹堦供稱.

今奏表文內述旨與原旨不符, 俺等有何供處.

該臣等議得. 査本年二月內, 臣部'爲朝鮮國違禁越江取木皮做繩事', 將朝鮮國王姓[某]罰銀一萬兩. 等因. 具題. 奉旨, "姓[某]着從寬免罰". 欽此. 欽遵. 咨行朝鮮國. 在案.

今朝鮮國王姓[某]謝恩表內述旨, "朝鮮國王着減罰銀一萬兩", 與原奉旨甚爲不符. 其述旨舛錯情由, 應勑下該國王明白回奏. 到日査議可也.

等因.

康熙二十年十一月二十四日題, 本月二十九日奉旨.

依議.

欽此. 欽遵.

抄出到部, 送司.

奉此. 相應移咨.

爲此合咨前去, 煩爲査照旨內事理, 欽遵施行. 云云.

康熙二十年十二月初九日.

陳述旨不符原旨事情奏[互陳奏 使瀛昌君 沉]

原編 卷41 勅諭 29a~29b(788쪽)

朝鮮國王[臣]姓[諱]謹奏, 爲 備陳述旨與原旨不符情節祇俟裁處 事.

本年正月內, 承准禮部咨.

節該. 云云. [自“主客淸吏”, 止“欽遵施行”. 見上禮部原咨]

等因. [臣]欽此.

伏以[臣]守國無狀, 邊氓觸法, 苟從吏議, 理不全貸, 幸蒙大度包荒, 曲加寬免, 天地洪私, 報答無路. 披露悃愊, 只憑文字, 其於表文修撰之際, 非不盡心. 第緣小邦僻陋, 文學鹵莽, 免減二字, 訓議自別, 而使用失宜, 辭旨乖錯. [臣]亦昏不覺察, 致勤明旨, 驚愧悚惕, 無所容措. 緣係備陳述旨與原旨不符情節, 祇俟裁處事理. 云云.

康熙二十一年七月初一日.

右奏進呈咨[式見順治甲午陳奏]

原編 卷41 勅諭 29b(788쪽)

方物奏[式見順治甲午陳奏]

原編 卷41 勅諭 29b(788쪽)

右奏進呈咨[式見順治甲午陳奏]

原編 卷41 勅諭 29b(788쪽)

太皇太后方物單

原編 卷41 勅諭 29b(788쪽)

朝鮮國王[臣]姓[諱]謹備昭聖慈壽恭簡安懿章慶敦惠溫莊康和仁宣弘靖太皇太后陛下[黃籤].

紅細苧布一十匹, 白細苧布一十匹, 白細綿紬一十匹, 滿花席一十張, 雜彩花席一十張.

右件物等謹奉進以聞.

康熙二十一年七月初一日.

右單進呈咨

原編 卷41 勅諭 29b~30a(788~789쪽)

朝鮮國王, 爲 進獻 事,

備陳述旨與原旨不符情節祇俟裁處事理, 專差陪臣瀛昌君李沉禮曹判書尹以濟等, 齎領實封奏本禮物, 並備昭聖慈壽恭簡安懿章慶敦惠溫莊康和仁宣弘靖太皇太后陛下進獻禮物前去進獻外, 今將禮物開坐, 合行移咨, 請照驗聞奏施行. 須至咨者.
一. 紅細苧布[以下物目見上原單]
右咨禮部.

康熙二十一年七月初一日.

皇太后方物單[式見順治甲午陳奏]

原編 卷41 勅諭 30a(789쪽)

右單進呈咨[式見順治甲午陳奏]

原編 卷41 勅諭 30a(789쪽)

皇太子方物啓[豹皮康熙辛卯免]

原編 卷41 勅諭 30a~30b(789쪽)

朝鮮國王[臣]姓[諱]謹啓, 爲 進獻 事.

備陳逑旨與原旨不符情節祇俟裁處事理, 專差陪臣瀛昌君李沉禮曹判書尹以濟等, 齎領實封奏本禮物, 並備進獻禮物前去進獻外, 今將禮物開坐, 謹具啓聞.
白細苧布二十匹, 白細綿紬二十匹, 滿花席一十張, 雜彩花席一十張, 豹皮二張, 白綿紙五百卷, 黃毛筆四十枝, 油煤墨四十錠.
右謹啓聞.

康熙二十一年七月初一日. 朝鮮國王[臣]姓[諱].

右啓進呈咨

原編 卷41 勅諭 30b(789쪽)

朝鮮國王, 爲 進獻 事.

備陳述旨與原旨不符情節祇俟裁處事理, 專差陪臣瀛昌君李沉禮曹判書尹以濟等, 齎領實封奏本禮物, 並備皇太子殿下進獻禮物, 前去進獻外, 今將禮物開坐, 合行移咨, 請照驗聞啓施行. 須至咨者.
一. 白細苧布[以下物目見上原啓]
右咨禮部.

康熙二十一年七月初一日.

禮物總單[見進賀]

原編 卷41 勅諭 31a(789쪽)

禮部查收賀討平尊號謝賜緞方物發回陳述旨不符方物咨[見進賀]

原編 卷41 勅諭 31a(789쪽)

禮部知會奏文違式罰銀咨

原編 卷41 勅諭 31a~31b(789쪽)

禮部, 爲 備陳述旨與原旨不符情節祇俟裁處 事.

主客淸吏司案呈.

奉本部送禮科抄出.

該部題覆朝鮮國王姓[某]奏前事內開.

該臣等議得.

查朝鮮國王謝恩表內述旨, "朝鮮國王著減罰銀一萬兩", 與原旨甚爲不符. 其述旨舛錯情由, 應勑下該國, 明白回奏, 到日查議可也.

等因. 具題. 在案.

今朝鮮國王回奏疏內稱.

小邦僻陋, 文學鹵莽. 免減二字, 訓義自別, 而使用失宜, 辭旨乖錯. 臣亦昏不覺察, 致勤明旨. 驚愧悚惕, 無所容措.

等語.

其先疏述旨舛錯, 雖在康熙二十年十二月二十四日赦前, 今回奏疏內述姓[某]著從寬免罰之旨, 不將姓名字寫出, 而稱奉旨朝鮮國王著從寬免罰, 殊屬不合. 應將朝鮮國王姓[某]罰銀五千兩可也.

等因.

康熙二十一年九月二十四日題, 本月二十九日奉旨.

姓[某]罰銀五千兩.

欽此. 欽遵.

抄出到部, 送司.

奉此, 相應移咨.

爲此合咨前去, 煩爲查照旨內事理, 欽遵施行. 云云.

康熙二十一年十月初八日.

謝逑旨違式罰銀表[題沈攸 使金錫胄]

原編 卷41 勅諭 31b~32a(789~790쪽)

云云. 康熙二十一年十一月二十日, 謝恩陪臣瀛昌君李沉等回自京師賫捧到禮部咨.

節該. 云云. [自“今朝鮮”, 止“欽遵施行”. 見上禮部知會罰銀咨]

等因. 奉此.

[臣]於回奏疏內, 誤犯不察之罪. 皇恩曲貸, 特施惟輕之典, [臣]與一國臣民, 不勝兢惶感激, 謹奉表稱謝. 云云.

愚迷不察, 既負自作之愆, 寬大有容, 乃蒙惟輕之典, 曷勝驚惕, 罙增感銘.

伏念猥守偏封, 僅保遺業. 雖在儀節之末, 亦嘗恪恭, 至於章奏之間尤加敬愼, 只緣未嫺於辭義, 罔覺致違於程規. 王法具嚴, 寧逃三尺之律, 詔旨許贖, 特恕一眚之辜. 薄罰纔止於納鍰, 洪造實出於含垢.

伏遇化洽柔遠, 量恢包荒. 日月所臨, 無幽弗燭, 雷雨作解, 與物皆春. 遂使敝藩, 仍霑渙澤, 敢不終始勿替, 隕結爲期. 對越天威, 幸被漸東之化, 歌詠帝德, 敢忘拱北之誠. 云云.

康熙二十一年十一月十四日.

方物表

原編 卷41 勅諭 32a~32b(790쪽)

云云. 天眷有加, 幸蒙寬典, 土宜雖薄, 聊伸謝忱, 謹備. 云云.

[物目同上順治甲申謝恩方物]

右件物等, 製造匪精, 名般亦尠, 豈合供獻之禮, 秪效酬報之誠. 云云.

右表進呈咨[式見順治甲申謝恩]

原編 卷41 勅諭 32b(790쪽)

太皇太后方物狀[式見己未謝恩]

原編 卷41 勅諭 32b(790쪽)

皇太后方物狀[式見順治甲午謝恩]

原編 卷41 勅諭 32b(790쪽)

右狀進呈咨[式見順治甲午謝恩]

原編 卷41 勅諭 32b(790쪽)

謝逑旨違式罰銀箋[製吳道一]

原編 卷41 勅諭 32b~33a(790쪽)

云云. 職在藩封, 自觸失誤之罪, 罰止金贖, 實荷贊導之恩. 惶愧罙深, 拜稽以謝. 伏念幸逢盛際, 叨守敝基. 常謹事大之儀, 豈敢廢墜. 偏蒙字小之惠, 每恃包容. 旣犯進牘不察之科, 乃施納鍰惟輕之典. 衆情寔出於睿度, 知我者天, 宥過亦頼於离明, 曲爲之地. 受賜至此, 圖報何由.

伏遇望屬謳歌, 姿挻岐嶷. 少海波潤, 咸仰澤物之功, 貳極星輝, 克著主鬯之義. 爰俾外服, 亦囿洪庥, 敢不無負殊私, 益勵微悃. 嘉與父老, 共獻祝於岡陵, 誓及子孫, 期盡節於屛翰. 云云.

方物箋

原編 卷41 勅諭 33a(790쪽)

云云. 厚德如天, 旣承棄瑕之澤, 薄物任土, 庸修執琛之儀, 謹備. 云云.

[物目同上己未謝恩方物]

右件物等, 名品匪珍, 製造亦陋, 豈合包茅之貢, 聊表獻芹之誠. 云云.

右箋進呈咨[式見己未謝恩]

原編 卷41 勅諭 33a(790쪽)

禮物總單[見節使]

原編 卷41 勅諭 33b(790쪽)

進罰銀咨

原編 卷41 勅諭 33b(790쪽)

朝鮮國王, 爲 進獻罰銀 事.

康熙二十一年十月十二日, 謝恩陪臣瀛昌君李沉等回自京師, 齎捧到貴部咨.

節該. 云云. [自"今朝鮮", 止"欽遵施行". 見上禮部知會罰銀咨]

等因. 奉此.

除將罰銀五千兩, 專差陪臣議政府右議政金錫胄禮曹判書柳尙運等, 齎奉進獻外, 爲此合行咨覆, 煩乞貴部照數收捧, 轉奏施行. 云云.

[移禮部]

禮部知會謝免議表知道咨

原編 卷41 勅諭 33b~34a(790~791쪽)

禮部, 爲 知會 事.

(……)

禮科抄出.

朝鮮國王姓[某]奏謝疏內誤犯字免議緣由, 康熙二十二年正月二十日奉旨.

覽王奏謝. 知道了. 該部知道.

欽此. 欽遵.

相應知會.

爲此合咨前去, 煩爲查照施行. 云云.

康熙二十二年二月十一日.

禮部查收謝册封王妃寬免述旨不符及三節方物年貢頒賞咨[見節使]

原編 卷41 勅諭 34a(791쪽)

禮部查受罰銀及謝罰銀方物咨

原編 卷41 勅諭 34a~34b(791쪽)

禮部, 爲 進獻罰銀 事.

主客淸吏司案呈.

本部送禮科抄出.

該本部題前事內開.

該臣等議得. 朝鮮國王姓[某]先因回奏疏內未將伊名開寫緣由, 進到罰銀五千兩, 相應交送總管內務府照數查收. 又爲從寬罰銀謝恩進到禮物, 査康熙六年朝鮮國王爲容隱逃人罰銀謝恩禮物, 已有收過之例. 今謝恩所進禮物, 亦應交送總管內務部, 照數査收可也.

等因.

康熙二十二年正月二十六日題, 本月二十七日奉旨.

依議.

欽此. 欽遵.

抄出到部. 送司.

奉此, 將朝鮮國王進獻罰銀五千兩及從寬罰銀謝恩禮物, 已經交送總管內務部, 照數査收訖. 相應知會.

合咨前去, 査照施行. 云云.

[乙丑]

禮部知會謝祭箋知道及飭不合字咨[見哀禮]

原編 卷41 勅諭 34b(791쪽)

謝字句不合表[製任相元 使朴弼成]

原編 卷41 勅諭 34b~35a(791쪽)

云云. 偏藩失辭, 宜被顯罰, 聖朝藏疾, 幸叨優恩, 愧悔何追, 敬感若隕.

伏念誠懸魏闕, 業綿箕封. 秉職貢之常儀, 罔敢少怠, 修箋奏之故事, 猶恐或譽. 豈料舛誤之菲飼, 猥蒙寬假之洪渥. 陳言沿襲, 微忠只切於揄揚, 睿鑑照臨, 溫諭至勤於開示. 顧玆譴謫之曲免, 寔賴庇庥之特深.

伏遇化洽建中, 道光無外, 遵三代之治迹, 裕後光前, 得萬國之歡心, 柔遠能邇, 遂推異數以及小邦, 敢不益堅素忱毋負殊遇, 譬星宿之拱北, 永肩始終, 沾聲敎之漸東, 勉殫稱塞. 云云.

康熙二十四年三月二十五日.

方物表

原編 卷41 勅諭 35a(791쪽)

云云. 天眷至厚, 旣承棄瑕之恩, 土宜載修, 庸遵執壤之禮, 謹備. 云云.

[物目同上順治甲申謝恩方物]

右件物等, 名般寡薄, 製造麤疎, 詎合及物之儀, 聊表獻御之悃. 云云.

右表進呈咨[式見順治甲申謝恩]

原編 卷41 勅諭 35a(791쪽)

太皇太后方物狀[式見己未謝恩]

原編 卷41 勅諭 35a(791쪽)

右狀進呈咨[式見己未謝恩]

原編 卷41 勅諭 35a(791쪽)

皇太后方物狀[式見順治甲午謝恩]

原編 卷41 勅諭 35a(791쪽)

右狀進呈咨[式見順治甲午謝恩]

原編 卷41 勅諭 35b(791쪽)

謝字句不合箋[製李■]

原編 卷41 勅諭 35b(791쪽)

云云. 小邦不嫺於辭命, 恐罹罪辜, 大朝特恕其遇迷, 猥蒙寬貸. 罔非贊導, 曷勝感惶. 伏念忝殿藩維, 恪遵侯度, 雖處要荒之外, 自幸同文, 每於咨奏之間, 益加致敬, 豈料上箋之於未免下字之差 聖度包容, 縱含垢而曲赦, 恩諭勤摯, 寔省咎而多慚.奚但九重之殊私, 抑賴貳極之遠庇.

伏遇姿稟溫睿, 譽彰仁明. 德允協於元良, 久繫人望, 慶方衍於暉潤, 密助乾功. 遂令遐陬至被異數, 敢不祗奉訓誨罙篤忠貞. 逖守箕東, 敢弛宗海之戀, 遙瞻斗北, 願頌洊雷之祥. 云云.

方物箋

原編 卷41 勅諭 35b~36a(791~792쪽)

云云. 聖恩如天之大, 曲荷導宣, 薄物任土之宜, 實表申謝, 謹備. 云云.

[物目同上己未謝恩方物]

右件物等, 品匪珍奇, 產從遐荒, 惟恭敬之是將, 豈儀文之徒事. 云云.

右箋進呈咨[式見己未謝恩]

原編 卷41 勅諭 36a(792쪽)

禮物總單[見進賀]

原編 卷41 勅諭 36a(792쪽)

禮部知會謝字句不合表箋知道咨

原編 卷41 勅諭 36a(792쪽)

禮部, 爲 知會 事.

(……)

禮科抄出.

朝鮮國王姓[某]奉旨箋內字句有不合處着飭行奉表箋稱謝緣由, 康熙二十四年五月二十九日奉旨.

覽王奏謝. 知道了.

欽此. 欽遵.

相應知會.

爲此合咨前去, 煩爲查照施行. 云云.

康熙二十四年六月十七日.

禮部查收謝頒詔及飭不合字寬宥犯越方物咨[見進賀]

原編 卷41 勅諭 36a(792쪽)

[乙丑]

遣官查擬韓得完等犯殺勅[見犯越]

原編 卷41 勅諭 36b(792쪽)

[乙丑]

禮部知會罰銀咨[見犯越]

原編 卷41 勅諭 36b(792쪽)

[乙丑]

禮部知會呈文陪臣免嚴拿發與該國治罪咨[見犯越]

原編 卷41 勅諭 36b(792쪽)

[乙丑]

禮部知會不許停市及寬免咨[見貿易]

原編 卷41 勅諭 36b(792쪽)

[己巳]

禮部知會准請及奏文違式咨[見封典]

原編 卷41 勅諭 36b~37a(792쪽)

禮部, 爲 知會 事.

主客淸吏司案呈.

(……)

本部題前事內開.

臣等議得. 朝鮮國王姓[某]奏稱.

副室張氏禮合進位, 特命該部誕降誥命.

等因.

照例給與誥命, 封爲朝鮮國王妃, 另行請旨. 該國王奏請本內, 應行廻避字樣, 不行回避. 又稱德冠後官, 俱屬違例, 殊欠敬愼. 應將朝鮮國王姓[某]罰銀五千兩可也.

等因.

康熙二十八年十一月二十日題, 本月十七日奉旨.

這違例之處着該國王姓[某]明白回奏. 餘依議.

欽此. 欽遵.

到部. 奉此. 相應移咨可也.

云云.

康熙二十八年十二月　日.

陳謝奏文違式奏[互陳奏 製閔■ 使全城君混]

原編 卷41 勅諭 37a~37b(792쪽)

朝鮮國王[臣]姓[諱]謹奏, 爲 遣辭做錯致勤聖命敢暴微情以竢嚴誅 事.

本年正月初五日, 承准禮部咨.

節該. 云云. [自“臣等議得”, 止“移咨可也”. 見上原咨]

等因. [臣]欽此.

除欽遵外, 竊照小邦偏荷大朝帡幪之恩, 獲保藩屛, 皆大朝之賜也. 小邦凡於事大之禮, 靡不盡心, 而至于咨奏文字尤加謹焉, 別設一司愼簡, 仍僚俾掌其事.

每當使行前期, 撰出臣僚, 齊會再三査准逮. 至拜表之日, 更査于慕華館, 少無差謬然後, 始敢封進.

每當使行前期, 撰出臣僚, 齊會再三査准. 逮至拜表之日, 更査于慕華館, 少無差謬然後, 始敢封進.

今此奏文中以字應廻避, 又稱, “德冠後官”, 俱屬違例, 禮部有罰銀之議. 而不料聖明反下明白回奏之命, [臣]始焉驚惶繼而感激. 有以見 皇上明見 萬里無微不燭, 開小邦自暴之路也.

奏聞文字固當致謹, 而昏不覺察至敬之地, 未免錯誤, 此固出於僻陋寡聞之致. 雖曰無情, 終涉不謹, 戰灼震駭, 無所容措. 緣係遣辭做錯, 致勤聖命, 敢暴微情, 以竢嚴誅事理. 云云.

康熙二十九年五月十二日.

右奏進呈咨[式見順治甲午陳奏]

原編 卷41 勅諭 37b(792쪽)

方物奏[式見順治甲午陳奏]

原編 卷41 勅諭 37b(792쪽)

右奏進呈咨[式見順治甲午陳奏]

原編 卷41 勅諭 37b(792쪽)

皇太后方物單[式見順治甲午陳奏]

原編 卷41 勅諭 37b(792쪽)

右單進呈咨[式見順治甲午陳奏]

原編 卷41 勅諭 38a(793쪽)

皇太子方物啓[式見壬戌陳奏]

原編 卷41 勅諭 38a(793쪽)

右啓進呈咨[式見壬戌陳奏]

原編 卷41 勅諭 38a(793쪽)

禮物總單[見封典]

原編 卷41 勅諭 38a(793쪽)

禮部知會陳謝奏知道咨

原編 卷41 勅諭 38a(793쪽)

云云. 奉旨, 這回奏情節知道了. 云云.
[出通文館志]

禮部知會寬免咨[文闕]

原編 卷41 勅諭 38a(793쪽)

禮部查收賀冊謚謝冊封方物發回陳奏奏文違式方物咨[見進賀]

原編 卷41 勅諭 38a(793쪽)

謝寬免表[製姜鋧 使瀛昌君沉]

原編 卷41 勅諭 38a~38b(793쪽)

云云. 自速愆郵, 方竢罪戾之至, 曲垂寬貸, 猥蒙恩渥之偏, 慚悔莫追, 感惶交摯. 伏念久涵聖澤, 僅保遺基. 凡於咨奏之間, 常如致謹, 處此要荒之外, 尙多不嫺. 誰料舛誤之詞. 特荷優容之典, 志每存於敬愼, 竟坐妄疎, 孼難逭於譴何, 反承開導. 盖恕無情而下語, 曷堪有篆於中心.
伏遇日月照臨, 乾坤覆燾, 均邇遐而一視, 德洽懷綏, 囿動植而同春, 功侔造化. 遂推異數亦及陋邦, 敢不益篤忠貞勉思徽毖. 戰兢夙夜, 庶殫對越之誠, 激勵始終, 期答庇庥之眷. 云云.

康熙二十九年十一月初四日.

方物表

原編 卷41 勅諭 38b~39a(793쪽)

云云. 天眷至隆, 旣荷匪瑕之澤, 土宜雖薄, 敢輸執壤之誠, 謹備. 云云.
[物目同上順治甲申謝恩方物]
右件物等, 製造匪精, 名般不腆, 豈堪藏於內府, 聊以表乎下悰. 云云.

右表進呈咨[式見順治甲申謝恩]

原編 卷41 勅諭 39a(793쪽)

皇太后方物狀[式見順治甲午謝恩]

原編 卷41 勅諭 39a(793쪽)

右狀進呈咨[式見順治甲午謝恩]

原編 卷41 勅諭 39a(793쪽)

謝寬免箋[製趙涏]

原編 卷41 勅諭 39a~39b(793쪽)

云云. 遙瞻鶴禁, 方切願戴之誠, 顯被龍光, 濫荷宣導之寵, 銘佩不忘, 省顧何安. 伏念幸保藩封, 莫非帝力, 恐有負於職守, 益勵小心, 終自速於愆尤, 恭俟厚責. 豈意使价之返, 忽蒙渙汗之恩. 天覆海涵, 夬施宥過之典, 春生秋斂, 偏示育物之私. 寔賴元良之贊成, 叨此恩數之優異.

伏遇謨承燕翼, 慶膺鴻圖. 貳極居尊, 允叶謳歌之望, 萬民延頸, 早著仁孝之誠. 故令獲戾之遐蹤, 亦沾曠世之盛渥, 敢不戰兢夙夜, 酬報涓挨. 長拱前星, 第伸岡陵之忱, 期策後日, 敢弛淵谷之懷. 云云.

方物箋

原編 卷41 勅諭 39b(793쪽)

云云. 天眷無前, 曲荷密贊之渥, 土宜雖薄, 敢效申謝之忱, 謹備. 云云.

[物目同上己未謝恩方物]

右件物等, 製造匪精, 名般甚尠, 秖表由中之悃, 豈曰享上之儀. 云云.

右箋進呈咨[式見己未謝恩]

原編 卷41 勅諭 39b(793쪽)

禮物總單[見節使]

原編 卷41 勅諭 39b(793쪽)

禮部知會謝寬免表箋知道咨

原編 卷41 勅諭 39b~40a(793~794쪽)

禮部, 爲 知會 事.

(……)

禮科抄出.

朝鮮國王姓[某]上表箋謝恩緣由, 康熙三十年正月二十日奉旨.

覽王奏謝. 知道了. 該部知道.

欽此. 欽遵.

相應知會.

爲此合咨前去, 煩爲查照施行. 云云.

康熙三十年二月初二日.

禮部查收三節方物年貢發回謝寬免方物咨[互節使]

原編 卷41 勅諭 40a(794쪽)

禮部, 爲 頒賞 事.

(……)

(……)

准朝鮮國爲冬至正朝萬壽聖節年貢及謝恩恭進禮物到部. 除謝恩禮物照例不收, 令來使帶回外, 其餘禮物已經驗明彙奏, 咨送總管內務府, 查收訖. 本部具題照例頒賞等因, 奉旨.

依議.

欽此. 欽遵.

將此賞賜之物, 相應知會朝鮮國王查收可也.

爲此合咨前去, 煩爲查照施行. 云云.

回咨

原編 卷41 勅諭 40a~40b(794쪽)

朝鮮國王, 爲 恭謝恩命 事.

本年三月十四日, 承奉貴部咨.

節該. 云云. [自"准朝鮮國", 止"查照施行". 見上原咨]

等因.

得此, 當職竊念奉承恩命, 恭進幣物, 乃臣子享上之忱. 而仰惟大朝特念下國之凋瘵, 不許查收, 仍令帶回, 不勝惶感之至. 除將所有回送謝恩禮物欽依祗領外, 爲此合行咨覆, 煩乞貴部照詳轉奏施行. 云云.

康熙三十年閏七月初七日.

[庚午]

遣官審擬林仁等犯殺勅[見犯越]

原編 卷41 勅諭 40b(794쪽)

[乙亥]

禮部飭謝王妃復位箋內不合字咨[互封典]

原編 卷41 勅諭 40b(794쪽)

云云. 謝恩箋內有幹蠱字不合用, 殊欠敬愼, 題議罰銀一萬兩, 奉旨, "免議". 云云. [出通文館志]

禮部議罰停賞俱從寬免咨

原編 卷41 勅諭 40b~41a(794쪽)

禮部, 爲 遵旨議奏 事.

(……)

禮科抄出.

(……)

朝鮮國王姓[某]奏前事等因, 康熙三十四年七月十三日箋, 九月三十日奉旨.

覽王奏謝. 知道了. 該部知道. 這箋內用字不合, 殊欠敬愼, 着察議具奏. 欽此. 欽遵.

于十月初一日到部, 該臣等議得. 朝鮮國王姓[某]所奏謝恩箋內用字不合. 表箋所關甚重, 理宜詳愼, 今該國王所奏箋內用字不合, 殊失敬愼之道. 應將朝鮮國王姓[某]議罰銀一萬兩. 再于該王每年進貢時, 將例行賞賜該王等物, 裁革三年可也.

等因.

康熙三十四年十月初七日題, 本月初十日奉旨.

姓[某]議罰停賞, 俱從寬免.

欽此. 欽遵.

相應知會.

爲此合咨前去查照施行. 云云.

康熙三十四年十月　日.

謝寬免議罰停賞表[製洪受■ 使臨昌君焜]

原編 卷41 勅諭 41a~42a(794~795쪽)

云云. 康熙三十四年十二月初三日, 謝恩陪臣全城君李混等回自京師准禮部咨.

節該. 云云. [自"誠臣等議得", 止"查照施行". 見禮部原咨]

等因.

[臣]竊念小邦事大盡禮, 惟恐有失, 至若表箋尤加勤愼.

今此箋內不能覺察, 用字不合, 禮部有罰銀停賞之議. 而聖明垂矜, 反施寬免之典, [臣]與一國臣民不勝惶隕感激之至, 謹奉表稱謝. 云云.

蕪詞觸憲, 宜被譴何之加, 聖德包荒, 濫紆恩典之曁, 曷勝感戴第切兢惶.

伏念偏承寵靈, 僅保基緖, 常期享上之儀節, 庶殫誠忱, 豈意事大之交書, 反失敬愼. 原其心縱出無妄, 揆諸法敢曰非辜. 觀該部之品題, 旣從末減, 荷曠度之矜恕, 盖察本情. 爰命罰鍰之特收, 又叨例賞之仍給. 仁天丕冒, 覺受賜之如新, 睿澤旁流, 思與物而更始. 省躬增惕, 銘骨知榮.

伏遇運撫雍熙, 功叅造化, 陽開陰闔, 致兆民之允懷, 日照月臨, 仰萬里之明見. 肆恢納汚之量, 亦貸獲戾之身, 敢不益勵忠勤少效報答. 僻處東海, 愧乏禮儀之稱, 遙拱北辰, 願頌治敎之盛. 云云.

康熙三十五年七月二十五日.

方物表

原編 卷41 勅諭 42a(795쪽)

云云. 天鑑孔昭, 濫蒙滌垢之典, 土宜雖賤, 敢申執琛之儀, 謹備. 云云.

[物目同上順治甲申謝恩方物]

右件物等, 製造匪工, 名般不腆, 只效野芹之獻, 曷稱楚茅之供. 云云.

右表進呈咨[式見順治甲申謝恩]

原編 卷41 勅諭 42a(795쪽)

皇太后方物狀[式見順治甲午謝恩]

原編 卷41 勅諭 42a(795쪽)

右狀進呈咨[式見順治甲午謝恩]

原編 卷41 勅諭 42a(795쪽)

謝寬免議罰停賞箋[製兪得一]

原編 卷41 勅諭 42a~42b(795쪽)

云云. 小邦不嫺於辭令, 自速譴何, 洪度特推於寬仁, 猥蒙原宥, 曷勝感戢彌切惶慚. 伏念幸除聖時, 叨守侯服. 每於事大之禮, 罔敢怠荒, 至於奏御之文, 允致敬謹. 豈料上箋之語未免下字之差. 含垢匿瑕, 淵鑑雖恕於無妄, 黴鍰寢賞, 顯罰宜勘於有司. 顧玆全貸之殊私, 亦賴貳極之遠庇.

伏遇祥叶暉潤, 望屬謳歌. 繫萬國之心, 譽隆遐邇, 躬三朝之養, 歡洽怡愉.
遂令庸姿獲霑優渥, 敢不勉思懲毖罙篤忠貞, 少海澄流, 庶沐漸濡之澤, 离明普照, 益殫傾嚮之誠. 云云.

方物箋

原編 卷41 勅諭 42b(795쪽)

云云. 贊導所加, 旣荷天眷, 忱誠攸激, 敢效土宜, 謹備. 云云.
[物目同上己未謝恩方物]
右件物等, 産自陋邦, 製匪珍品, 詎稱庭旅之實, 聊表壤奠之儀. 云云.

右箋進呈咨[式見己未謝恩]

原編 卷41 勅諭 43a(795쪽)

禮物總單[謝寬免罰銀物目見原表狀箋]

原編 卷41 勅諭 43a(795쪽)

謝行遲悞委折咨

原編 卷41 勅諭 43a(795쪽)

朝鮮國王, 爲 奉使陪臣累次遞易程期遲悞冒陳曲折冀蒙恕察 事.

康熙三十四年十二月初三日, 欽承宥過恩命, 開差謝恩使臣一行員役, 賫擎表文方物發程之際, 正使副使等或以罪遞或以病遞, 累次改差, 今始拜表賫進赴京謝恩外. 仍念小邦自速罪戾, 獲蒙寬恩, 稱謝之禮不容少緩. 而不幸使臣累次遞易, 自至稽延, 雖異於無故緩忽, 其在恪謹事大之道有難辭咎, 委屬惶隕. 爲此合行移咨, 煩乞貴部照詳施行. 云云. [移禮部]

禮部知會謝寬免表箋知道咨

原編 卷41 勅諭 43b(795쪽)

禮部, 爲 知會 事.

(……)

禮科抄出.

朝鮮國王姓[某]奉表箋謝恩緣由, 康熙三十五年十一月二十九日奉旨.

覽王奏謝. 知道了. 該部知道.

欽此.

相應知會.

爲此合咨前去, 煩爲查照施行. 云云.

康熙三十五年十二月十五日.

禮部發回謝寬免方物咨

原編 卷41 勅諭 43b~44a(795~796쪽)

禮部, 爲 恭進禮物 事.

主客淸吏司案呈.

奉本部送禮科抄出.

該本部題前事內開.

該臣等議得.

朝鮮國王姓[某]差陪臣臨昌君李焜等, 恭進謝恩禮物, 照例停其收受, 仍交付來使帶回, 俟命下之日, 移文知會朝鮮國王可也.

等因.

康熙三十五年十一月二十日題, 十二月初一日奉旨.

依議.

欽此. 欽遵.

抄出到部, 送司奉此. 相應移咨朝鮮國王可也.

爲此合咨前去, 查照旨內事理欽遵施行. 云云.

[戊寅]

禮部知會謝賞米貿米表知道及飭行表內述旨未擡寫咨[互交易]

原編 卷41 勅諭 44a(796쪽)

禮部, 爲 知會 事.

(……)

禮科抄出.

朝鮮國王姓[某]欽受賞賜米石奉表稱謝緣由, 康熙三十七年十月十三日奉旨.

覽王奏謝. 知道了. 該部知道. 這各表內述旨未擡寫着飭行.

欽此. 欽遵.

相應知會.

爲此合咨前去, 煩爲查照施行. 云云.

康熙三十七年十月二十八日.

回咨

原編 卷41 勅諭 44a~44b(796쪽)

朝鮮國王, 爲 表文欠式惶恐謝罪 事.

康熙三十七年十二月十二日, 謝恩陪臣判敦寧府事徐文重等回自京師齎到貴部咨.

云云. [自"禮科抄出", 止"查照施行". 見上禮部原咨]

等因.

據此, 竊照小邦僻處海外, 未嫺儀節, 事大之禮非不飭謹, 而每患疎昧. 至於表文繕寫, 自有常式, 而矇不覺察, 未免違繆, 雖出無情, 事涉欠敬. 不料皇上輒許寬貸, 着令飭行, 惶感之極, 莫知容措. 惟當勉遵聖敎, 益加敬謹. 合行咨覆, 煩乞貴部照詳轉奏施行. 云云.

康熙三十八年十月二十九日.

[甲申]

禮部知會停查勑今該國審擬具奏咨[見犯越]

原編 卷41 勅諭 44b(796쪽)

[■■]

禮部知會年貢行犯買史册嗣後嚴禁咨[見犯禁]

原編 卷41 勅諭 44b(796쪽)

[庚寅]

禮部知會副本被竊使臣寬免咨

原編 卷41 勅諭 44b~45b(796쪽)

禮部, 爲 請旨 事.

主客司案呈.

奉本部送禮科抄出.

該本部題前事內開.

朝鮮國所奏副本被竊緣由, 臣部具綠頭牌啓奏, 奉旨.

著嚴拿.

欽此.

隨行文直隷巡撫, 嚴行緝獲. 但此賊竊去外國奏本, 甚屬可惡, 不得照竊盜例完結. 相應行文該撫, 將疎防官等査叅, 將此賊勒限, 務期嚴査拿獲. 若踰限不獲, 將承拿官員, 從重議處.

再, 迎送官顧巴達供稱.

朝鮮國來使, 初自鳳凰城, 泒官一員·兵十名送起. 沿途更換官兵, 送至永平府, 永平府官兵接送. 去年十二月二十四日, 行至玉田縣. 玉田縣帶管驍騎校一名·被甲人十名承守, 不意是夜被竊. 沿途照例止有滿洲官兵跟送, 并無綠旅官兵.

等語.

玉田縣官兵承守, 不行嚴査謹防, 以致被竊, 甚屬怠玩. 相應將玉田縣帶管驍騎校兵丁解送, 交與刑部, 從重治罪. 迎送官顧巴達, 伊身將朝鮮來使領來, 不行嚴査看守兵丁, 以致被竊. 將顧巴達交與吏部, 照例議處. 朝鮮國正使趙泰耉·副使任舜元·書狀官具萬里等供內雖稱, "只有副本被竊, 行李私物並無被竊." 但親奉伊王所奏表文, 不行謹愼, 以致副本被竊, 殊屬不敬. 相應行文朝鮮國王, 照例治罪可也.

等因. 康熙四十九年二月初三日題, 本月十一日奉旨.

依議. 朝鮮國使臣趙泰耉等遠路進貢, 已到內地, 副本被盜, 從寬免, 交該王治罪.

欽此. 欽遵.

抄出到部, 送司.

奉此, 相應知會朝鮮國王可也.

等因. 呈堂奉批. 爲此合咨前去, 煩爲查照施行. 云云.

康熙四十九年二月二十八日.

回咨

原編 卷41 勅諭 45b~46a(796~797쪽)

朝鮮國王, 爲 祗謝恩命 事.

康熙四十九年四月十六日, 承奉冬至陪臣趙泰耉等齎來貴部咨.

節該. 云云. [自"禮部爲請旨", 止"查照施行". 見上原咨]

等因.

得此, 照詳奏御表文, 至敬且重. 今此陪臣等不謹賫領, 致令副本中道被竊, 揆諸王憲, 罪在罔赦. 幸蒙聖度包容, 曲加寬免, 擧國君臣, 惶感罔措.

仍竊伏念

皇上一視同仁之澤, 無遠不届, 至於東藩, 偏受隆私. 前後陪臣, 妄觸罪辜, 輒垂宥貸, 此出於眷顧小邦, 恩及下价, 感祝之忱, 報答無階, 瞻天望日, 糜粉是期. 爲此合行咨覆, 煩乞貴部轉奏施行. 云云.

康熙四十九年十月二十九日.

禮部回使臣寬免及漂人押解咨[互漂民]

原編 卷41 勅諭 46a~46b(797쪽)

禮部, 爲　咨覆　事.

主客淸吏司案呈.

　　據朝鮮國王咨稱.

　　　　云云. [自"康熙四十九年", 止"轉奏施行". 見上回禮部咨]

　　等語.

　　又咨稱.

　　　　云云. [自"康熙四十九年七月", 止"照詳轉奏". 見漂民謝發回漂民咨]

　　等因. 前來.

　　査康熙四十六年正月內, 朝鮮國王咨稱.

　　　　小邦久沐大朝陶鎔之恩, 凡有罪過, 輒荷寬免, 至若封進薄儀, 實出於區區享上之忱. 而亦復有發回之溫命, 前後聖眷, 若是隆重, 惶感之極, 益切隕越. 煩乞轉奏.

　　等情. 具咨前來.

本部以此案於去年正月內, 具題完結, 不便屢瀆天聽. 相應咨覆朝鮮國王, 嗣後如此等已結之案, 不必再請轉奏. 等因. 咨行在案.

今朝鮮國陪臣趙泰耈等免議及送還漂民高道弼等, 俱係已經具題完結之案, 不便瑣瀆奏聞. 該國王所請轉奏之處, 俱毋庸議, 相應咨覆可也.

等因. 呈堂奉批. 准行, 爲此合咨前去, 查照施行. 云云.

康熙五十年二月十八日.

[辛卯]

禮部遣官鳳凰會查李萬枝等殺人地方咨

原編 卷41 勅諭 47a(797쪽)

[癸巳]

禮部知會進貢員役人數不符以赦前事免罪咨

原編 卷41 勅諭 47a~48b(797~798쪽)

禮部, 爲 題叅 事.

(……)

本部送禮科抄出.

該本部等衙門題覆.

盛京禮部侍郎 蘇爾得 等 題前事內開.

據盛京禮部侍郎 蘇爾得 等 疏稱.

本年四月內, 鳳凰城主客官勝宗文呈稱.

康熙五十一年十一月內, 朝鮮國進貢正使金昌集·大通官朴東和等報文內開.

等語.

於康熙五十一年十二月內出邊時, 同章京等稽查, 只有三百零一員名, 尙少人六十二名. 因問張玉文稱說, "自邊回去".

等情. 其人數原係朴東和所報. 因此我待朴東和三月內回時問他稱說, "報單所開數目甚明." 等情. 我欲呈報, 城守尉不給用印.

等因. 具呈前來.

隨行查鳳凰城原任城守尉賽必兎去後, 據咨覆內開.

我往盛京去, 於十二月二十一日回來, 據署印章京邁兎主客官勝宗文并監看方出官員等稱說.

署印章京 邁兎, 主客官 勝宗文 및 監看方出 官員들이 高麗出邊時, 少人六十二名, 因此我行查義州府尹, 據府尹咨呈.

此六十二人自邊關回去, 不曾缺少.

等語.

所以不曾呈報. 其勝宗文呈報時, 因彼時封印, 不曾給用印.

問署印禦邁兎等回稱.

朝鮮國進年貢, 其進京朝鮮及自盛京回去的朝鮮

各牽馬馱, 照管入邊關時, 不便查數. 因此照朝鮮報文呈報.

等因.

將官員撥什庫等職名, 開送前來.

咨行部議去後, 准部咨覆.

關係邊境之事重大, 俟題叅到日再議.

等因. 前來.

查得, 稽查朝鮮國人員出入邊關之事, 俱係鳳凰城城守尉官兵專任. 去年將朝鮮國進貢高麗等放入邊關, 並不照朝鮮報文查對, 及自盛

京回去人數不符之處又不卽行報明, 以致遲延, 互相推諉, 殊屬不合. 其主客官勝宗文, 伊身亦係專管朝鮮事體之員, 其公同監看出入, 而不卽行查明, 又不呈報, 以待朴東和, 以致遲延, 始行具呈亦不合. 此怠玩各員, 失於覺察, 且關係稱說, 朝鮮國六十二人不曾出關之事, 伏祈勑該部, 一併查議.

等語.

查稽朝鮮人員出入邊關, 俱係鳳凰城官兵專任. 去年將朝鮮國進貢員役放入邊關時, 並不查數, 竟照朝鮮報文呈報, 及放出邊人數不符之處, 彼時不卽行呈報, 互相推諉, 以致遲延, 殊屬不合.

其城守尉賽必兎, 已經病故不議外, 將署城守尉印防禦正藍旗邁兎·當月防禦正白旗堪帶·防禦廂黃旗布思海·正黃旗麥秋·正紅旗卓佛賀·廂藍旗常住·驍騎校廂黃旗巴格·正白旗羊格·正紅旗阿必大·廂白旗三格·廂紅旗薩克素·廂藍旗厄爾奔·主客官廂白旗勝宗文·迎送官正黃旗牙圖·八品高麗通事廂白旗徐禎明·當月撥什庫廂黃旗常保住·搜檢撥什庫正藍旗薩哈·練守邊關門撥什庫廂藍旗帶蟬, 俱應議處. 但此案係本年三月十八日萬壽大慶赦前, 亦應免交與該部治罪. 其朝鮮國六十二人, 義州府尹旣稱, "自邊回去, 不曾缺少", 應毋庸議.

等因.

於康熙五十二年十月初六日題, 本月初八日奉旨.

依議.

欽此. 欽遵.

抄出到部. 相應移咨朝鮮國王可也.

爲此合咨前去, 查照施行. 云云.

康熙五十二年十月二十四日.

回咨[文闕]

原編 卷41 勅諭 49a(798쪽)

[乙■]

禮部知會犯買黑角一案俟該國査奏再議咨[見犯禁]

原編 卷41 勅諭 49a(798쪽)

[丁未]

盛京禮部抄錄議政等原奏及免追上諭咨[見推徵]

原編 卷41 勅諭 49a(798쪽)

[丁未]

盛京禮部抄錄胡嘉珮等賒銀査明推還咨[見推徵]

原編 卷41 勅諭 49a(798쪽)

[戊申]

禮部知會飭諭咨[見推徵]

原編 卷41 勅諭 49a(798쪽)

[乙卯]

禮部抄錄戶部原題申飭交易咨[見交易]

原編 卷41 勅諭 49a(798쪽)

[戊辰]

禮部抄錄刑部勘斷犯買馬匹人照例免議咨[見犯禁]

原編 卷41 勅諭 49a(798쪽)

[戊辰]

禮部知會使行下役誣告失銀及使臣勘處咨[見推徵]

原編 卷41 勅諭 49a(798쪽)

[庚午]

禮部知會刑部及盛京刑部泒員會審金仁述等犯殺咨[見犯越]

原編 卷41 勅諭 49a(798쪽)

[丁丑]

禮部知會泒官前往鳳城會同該國官會審趙自永等犯殺咨[見犯越]

原編 卷41 勅諭 49a~49b(798쪽)

[丁丑]

禮部知會趙自永供辭互異再行查明咨[見犯越]

原編 卷41 勅諭 49b(798쪽)

[壬午]

禮部知會飭卡倫捲撤查拿逃犯上諭咨[見犯越]

原編 卷41 勅諭 49b(798쪽)

[甲申]

盛京禮部緝捕犯人金鳳守等解送鳳城候訊咨[見犯越]

原編 卷41 敕諭 49b(798쪽)

[戊戌]

禮部知會討逆奏文內字句違式咨[見陳奏]

原編 卷41 敕諭 49b~50a(798~799쪽)

禮部, 爲 咨行 事.

儀制淸吏司案呈.

乾隆四十二年十二月二十九日, 准朝鮮國來咨, 並奏摺一件, 經本部代爲恭進, 奉聖旨.

覽王奏. 該國有不幸之事. 而該國王所辦, 極爲允協, 朕心嘉慰. 至摺內措詞, 有不合式之處, 該部咨王知之. 其所請內地邊境, 爲該國王詰緝餘黨一節, 已諭盛京將軍·山東巡撫, 實力妥辦矣.

欽此.

本部細看原奏內有儲君及國王嗣位等語, 未爲合式. 盖此等語, 在該本國自稱原屬不禁, 而叙以上告, 則乖體制. 且該國前此請立世孫及國王嗣爵, 皆係請命天朝, 遵奉勑旨而行. 可見儲君及嗣位之語, 斷不宜列於奏牘中. 皇帝因該國素稱恭順, 其措詞不合, 自由外邦未識中朝體式, 亦姑弗深究, 特諭本部咨知該國王. 嗣後一切表奏辭意, 務留心檢點, 毋再違舛.

爲此合咨朝鮮國王, 遵奉施行可也. 云云.

乾隆四十三年正月　日.

陳謝奏文違式奏[互陳奏 製徐命膺 使蔡濟恭]

原編 卷41 勅諭 50a~51b(799쪽)

朝鮮國王[臣]姓[諱]謹奏, 爲 仰謝皇恩俯諒辜愆 事.

本年三月二十日, 進賀陪臣河恩君李垙等, 回自京師, 承准禮部咨.

節該. 云云. [自“乾隆四十二年”, 止“施行可也”. 見上禮部原咨]

等因. [臣]欽此欽遵. 竊照小邦 世守藩封, 前後皇恩, 淪浹肌髓. 蠲弛之典, 每出特眷, 控籲之奏, 輒蒙曲副. 施及[臣]身, 叨襲封爵, 唯皇旨, 誥印煒煌, 惟皇旨, 賜賚便蕃. 亦唯皇旨, 歷選前史遭逢之盛, 未有若斯者也.

[臣]雖顓蒙叨守未久, 然其拱北之誠, 根于秉彝之天. 享上之體, 得之家庭之訓. 凡諸奏御文字, 別設一司, 簡畀乃僚, 每當使行, 前期撰次, 齊會陪臣八九查准, 焚香而拜表, 出郊而送使. 其所以致敬盡禮, 靡不用極者, 一惟成法, 罔敢荒墜. 則豈敢於遣辭之際, 有一毫之未盡, 甘自取其違越之罪也哉.

惟是小邦, 壤地僻陋, 見聞謏寡. 謏寡則以非禮爲禮, 僻陋則以非敬爲敬. 倘微我大朝如天地之覆燾而善惡並育, 如山藪之包涵而瑕瑜俱藏, 則小邦之自底郵罰, 必無幸矣.

顧玆小邦逆孽之詗緝, 雖據古例敢有所請, 然語則支蔓, 事涉瀆屑, 方以僭猥踰濫, 是恐是懼. 乃蒙皇上特降明勑, 布諭於盛京·山東等處, 使之查詰其潛逸, 盤獲其竄入. 皇威一播, 邊關震肅. 唯此尺紙詔命, 其爲小邦之幈幪, 果如何哉. 北望九頓, 已不勝其感結之私.

而至其所上奏文, 不覺字句之襲謬, 自歸體制之違式, 雖被譴何, 所不敢辭. 今我皇上以柔遠之德·推庇物之仁, 不唯不加之罪, 乃命該部, 譬解誨諭, 以警來後. 從古藩邦, 得此異數於天朝者, 未知有幾. 命下之日, 小邦臣民聚首攢祝, 益仰皇賜之迥越常格也. 雖然包荒之大度愈恢, 而惶愧之私心采切, 何者. 使小邦 若能博考中外之儀式, 通曉文字之體段, 則豈有是哉. 秖緣委巷之擎跽, 乖明延進退之節, 窮谷之言辭, 失公門達順之理, 終自陷於違式之科. [臣]於是含恩畏義, 不遑寧處. 謹敢復差陪臣, 刻日裝發, 披露誠悃, 冒瀆崇高, 一以頌天朝曲庇之寵, 一以追小邦謬妄之罪焉. [臣]翹首雲天, 無任兢惶悚慄之至, 緣係仰謝皇恩俯訟辜愆事理. 云云.

乾隆四十三年三月二十五日.

右奏進呈咨[式見順治甲午陳奏]

原編 卷41 勅諭 51b(799쪽)

方物奏[式見順治甲午陳奏]

原編 卷41 勅諭 51b(799쪽)

右奏進呈咨[式見順治甲午陳奏]

原編 卷41 勅諭 51b(799쪽)

禮物總單[見陳奏]

原編 卷41 勅諭 51b(799쪽)

禮部知會奏文知道及嘉獎上諭咨

原編 卷41 勅諭 51b~52b(799~800쪽)

禮部, 爲 知照 事.

主客司案呈.

本部具奏內開.

本月十五日, 據朝鮮國王姓[某]差使臣判中樞府事蔡濟恭等賫到謝恩表文, 謹遵例繕寫綠頭牌具奏, 交內閣繙譯具題外, 再該國王另有進呈奏摺一件, 具有副摺. 臣等查閱情詞, 係因, "該國逆臣洪麟漢等業經伏法, 恐有餘黨潛逸竄入內地, 蒙皇上特諭, 將軍弘晌巡撫國泰於盛京山東地方, 與朝鮮接界邊隘海口, 嚴飭所屬留心察詰." 並該國王原摺內措詞有不合式之處, 遵旨由臣部行文該國王去後. 今該國王, "感恩畏義, 不遑寧處, 謹差陪臣披露誠悃. 頌天朝曲庇之寵, 追小邦謬妄之罪."等情. 臣等理合將該國王原奏, 並照抄一摺, 一並恭呈御覽.

等因.

於乾隆四十三年五月十六日奏, 本日奉旨.

覽王奏謝. 知道了. 該國王以前摺措詞有不合式之處, 深自引咎. 感激陳情, 誠懇可嘉. 朕素不以語言文字罪人, 而該國王如此遇事知儆, 益見其恭順, 自將足以永受恩眷, 深爲該國慶幸也.

欽此.

相應知照朝鮮國王可也.

云云.

乾隆四十三年五月二十七日.

禮部知會移准奏文違式方物咨[見節使]

原編 卷41 勅諭 52b(800쪽)

禮部頒賞使臣咨

原編 卷41 勅諭 52b~53a(800쪽)

禮部, 爲 頒賞 事.

主客司案呈.

禮科抄出.

本部具題前事內開.

議得. 朝鮮國王姓[某]爲謝恩陳奏等事, 恭進禮物前來, 正使判中樞府事蔡濟恭·副使吏曹判書鄭一祥二員, 應照例賞大緞各一匹, 帽緞各一匹, 彭緞各一匹, 綢各一匹, 紡絲各一匹, 銀各五十兩, 毡襪綠斜皮牙縫一等靴各一雙, 漆鞍全備三等馬各一匹. 書狀官一員, 應照例賞大緞一匹, 彭緞一匹, 綢一匹, 銀五十兩, 毡襪綠斜皮牙縫二等靴一雙. 大通官三員, 應照例賞大緞各一匹, 綢各一匹, 銀各三十兩, 毡襪馬皮靴各一雙. 押物官十八員, 應照例賞彭緞各一匹, 綢各一匹, 銀各二十兩, 毡襪牛皮靴各一雙. 從人二十四名, 應照例各賞銀五兩.

其賞賜緞綢等物, 俱由內務府移取, 鞍馬靴襪銀兩等物, 於各該衙門移取, 均照例在午門前賞給. 臣等預先驗看, 如有不合式者, 卽行題叅. 其來使等筵宴之處, 此次應請停止.

等因.

於乾隆四十三年六月初九日題, 本月十一日奉旨.

依議.

欽此. 欽遵.

到部. 相應移咨朝鮮國王査照可也.

云云.

乾隆四十三年六月十五日.

謝嘉奬上諭表[願付謝恩使 製鄭述祚 使河恩君垙]

原編 卷41 勅諭 53b~54a(800~801쪽)

云云. 乾隆四十三年七月初二日, [臣]承准禮部咨.

節該. 云云. [自"今該國", 止"知照可也." 見上禮部知會嘉奬上諭咨]

竊伏惟念小邦壤地僻陋, 聞見寡昧, 未曉奏御之儀式, 自歸辭語之謬妄. 訟愆陳悃, 震悚靡措, 伏蒙天地包荒之大度, 不惟不加威罰, 而反下嘉奬之旨. 十行諄複, 撫綏愈摯. [臣]與一國臣民, 欽承德音, 不勝兢惶感激之忱, 謹奉表稱謝. 云云. 辭涉僭猥, 馳一介而訟愆, 德厚寬容, 頒十行而垂奬, 微衷見諒, 私心增惶.

伏念智乏燭奸, 才漸戡難. 禍亂初定, 實籍威靈之遠彰, 文字仰陳, 全昧句語之惟謹. 憑使軺而譴罰恭俟, 宣恩綸而慰諭旋隆. 山藪之量特恢, 旣示曠蕩之意, 屛翰之誠曲察, 更沛褒嘉之音, 愧汗方收, 感涕交迸.

伏遇推心待下, 建極宅中. 體天地之至仁, 宥過無大, 譬日月之普燭, 視遠惟明. 遂令荒陬, 亦被異數, 敢不循省匪懈, 報答爲期. 造化生成, 敢忘字惠之 澤, 春秋賀聘, 庶殫朝享之忱. 云云.

乾隆四十三年九月二十九日.

右表進呈咨[式見順治甲申謝恩]

原編 卷41 勅諭 54a(801쪽)

禮物總單[見錫賚]

原編 卷41 勅諭 54a(801쪽)

禮部知會謝上諭表知道咨

原編 卷41 勅諭 54a~54b(801쪽)

禮部, 爲 知照 事.

主客司案呈.

禮科抄出.

朝鮮國王姓[某]爲陳奏摺內, 措詞不合, 深自引咎, 感激陳情, 欽奉諭旨嘉獎, 具表稱謝. 乾隆四十三年九月二十九日題, 十二月初四日奉旨.

覽王奏謝. 知道了. 該部知道.

欽此. 欽遵.

到部. 相應知照朝鮮國王可也.

云云.

乾隆四十三年十二月十八日.

[庚子]

禮部改頒被燒詔旨咨[互進賀]

原編 卷41 勅諭 54b~55b(801쪽)

禮部, 爲 知照 事.

儀制司案呈.

本部具奏內開.

二月二十三日戌刻, 臣部滿檔房傍書吏住房三間失火. 臣等卽時赴署救護撲滅. 隨查起火緣由, 因該吏廚房爨火外出, 爐火未盡, 被風延燒. 檢查檔案, 燒去吏部會稿一件及臣部尋常稿案數件. 臣部查明行文該處, 補送辦理.

正在查辦間, 至亥初時, 東江米巷高麗館火起, 臣等隨往救護. 緣朝鮮國使臣, 於二十二日領賞, 二十三日在臣部筵宴後, 定於二十四日起程, 本日戌正封門後, 其住宿第三層西廂房內, 該國從人燈火燃燒窻紙, 以致延燒正房及東西廂房共十一間. 並未損傷人口, 其賞賜各物, 俱未燒燬. 惟是臣部奏明, 交該使臣帶回恩詔一道, 該國人等搶護不及, 該使臣等惶懼請罪.

臣等伏查恩詔, 於頒發各省後, 仍行繳回, 現有直隷省繳到恩詔一道. 臣等公同商酌. 卽行頒發, 令該使臣賫回, 並咨明該國王. 所有該使臣暫留一二日, 料理齊備, 令其起程外. 再查臣部當月主事和錦, 在衙署住宿, 並不留心稽查防範. 及高麗館監督那蘭泰·並通官大使等於朝鮮國使臣人衆在館, 不能加意防範, 以致燒燬官房, 實屬怠忽. 相應叅奏請旨, 交部議處. 再, 臣等平時不能督率, 咎亦難辭. 應請旨交部察議. 爲此謹奏請旨.

等因.

乾隆四十五年三月初一日奉旨.

交該部議處.

欽此.

相應知照朝鮮國王可也.

云云.

乾隆四十五年三月十六日.

禮部知會使臣具呈請罪奉旨寬免咨

原編 卷41 勅諭 55b(801쪽)

禮部, 爲 知照 事.

主客司案呈.

本部具奏內開.

二月二十三日亥時高麗館內失火, 當經臣等恭摺奏明, 已將直隷省繳到恩詔頒給該國王該使臣等, 遲留一二日料理起程. 在案.

今該使臣黃仁點等, 料理完竣, 於二十七日起程回國. 所有惶恐俟譴情詞, 懇請轉奏, 謹抄錄原呈, 恭俟御覽, 理合一併奏聞.

等因.

於乾隆四十五年二月三十日發報具奏, 三月十五日報回奏旨.

著寬免.

欽此.

相應知照朝鮮國王遵照可也.

云云.

回咨

原編 卷41 勅諭 55b~56b(801~802쪽)

朝鮮國王, 爲 欽奉聖旨恭伸謝悃 事.

乾隆四十五年四月初一日, 承准貴部咨.

節該. 云云. [自"主客司", 止"遵照可也". 見上禮部奉旨寬免使臣咨]

等因.

得此, 本年五月初九日, 又承准貴部咨.

節該. 云云. [自"儀制司案呈", 止"知照可也". 見上禮部改頒詔旨咨].

等因.

准此. 竊照陪臣黃仁點等忽於防愼, 滲不檢飭, 昏夜失火, 延燒舍館, 以致莫重恩詔不能奉護者. 事係無前, 罪關罔赦, 揆以昭憲, 合施當律. 而伏蒙皇上特軫矜恤之聖念, 爰降寬免之德音. 當職欽遵皇旨, 姑逭重典. 仰惟我大朝宥眚之仁, 包荒之度, 恢洪曠蕩, 與天同大, 惶感交至, 靡所容措.

竊又念諸大人憫憐賤价, 救護商酌, 靡不用極, 以至監督諸員請旨部議, 亶出於仰體皇上柔遠之德意. 而其在小邦事大之道, 自顧踧踖, 罙增慚悚. 謹將欽依旨內事理, 欽奉施行外, 爲此合行咨覆, 煩乞貴部照詳施行. 云云.

乾隆四十五年五月二十五日.

謝寬免使臣表[順付進賀使 使朴明源]

原編 卷41 勅諭 56b~57a(802쪽)

云云. 乾隆四十五年四月初一日, [臣]承准禮部咨.

節該. 云云. [自"主客司", 止"遵照可也". 見上禮部奉旨寬免使臣咨]
奉此, [臣]竊伏念陪臣黃仁點等慢不防範, 旣致公館之延燒, 忽於敬謹, 罔念恩詔之奉護, 若論不職之罪, 當抵難赦之律. 不料玆者伏蒙皇上曲軫矜恤之德意, 仍降寬免之溫音, [臣]仰體隆恩, 姑蠲重勘. 而生成之澤, 無微不霑. 兢惶之忱, 愈往益激, [臣]與一國臣民, 不勝感戴頌祝, 謹奉表稱謝. 云云. 使邸値回祿之災, 遙切悚惕之悃, 恩勑宥行人之罪, 遽紆原恕之音, 循省何安, 惶感交至.
伏念叨守緖業, 偏荷寵靈. 侯度粗修於筐篚, 徒仰薄海漸被之化, 皇詔莫護於灰燼, 曷任擧國震驚之心. 豈料包容之盛衷, 特降寬免之溫命. 盖館中失火之事, 謂旡妄而弗誅, 以聖上如天之仁, 雖大過而亦貰. 曲侈肆赦之典, 倍激九頓之忱.
伏遇運撫一淸, 治隆五紀. 柔遠能邇, 咸囿雨露之私, 蕩垢滌瑕, 並恢山藪之量. 遂令遐服, 獲霑洪庥, 敢不銘佩德音, 殫竭微效. 東流萬折, 敢忽江漢之朝, 北望三時, 聊獻岡陵之祝. 云云.

乾隆四十五年五月二十五日.

方物表

原編 卷41 勅諭 57a~57b(802쪽)

云云. 自天有命, 猥荷棄瑕之恩, 任土所宜, 粗效獻琛之悃, 謹備. 云云.
[物目同上順治甲申謝恩方物]
右件物等, 產從荒遠, 品非珍奇, 聊修執壤之儀, 詎合充庭之實. 云云.

右表進呈咨[式見順治甲申謝恩]

原編 卷41 勅諭 57b(802쪽)

禮物總單[見進賀]

原編 卷41 勅諭 57b(802쪽)

禮部知會謝寬免使臣表知道咨

原編 卷41 勅諭 57b(802쪽)

禮部, 爲 知照 事.

主客司案呈.

乾隆四十五年八月十四日, 禮科抄出.

朝鮮國王因使臣等在館失火具呈請罪奉旨寬免具表稱謝. 於乾隆四十五年五月二十五日題, 八月十四日奉旨.

覽王奏謝. 知道了. 該部知道.

欽此. 欽遵.

到部, 相應知照朝鮮國王可也.

云云.

乾隆四十五年八月二十八日.

한글 번역

[甲申]

謝世子回轅表[康熙以後表文尾辭中無任二字改置仰望下]

原編 卷41 勅諭 1a~1b(774쪽)

[崇德 2년 2월 淸兵이 포위를 풀고 돌아갈 때 왕세자와 대군 및 여러 신료들의 질자들이 심양의 관저에 들어간 후, (崇德) 3년 3월에 돌아와 임금을 뵙고는 4개월을 머문 후 다시 심양으로 들어갔다. 順治 원년 2월에 다시 돌아와 뵙고는 1개월을 머문 후 또 심양으로 들어갔다. 그리고 攝政王을 따라 燕京에 갔다가 6월에 다시 심양으로 돌아와 8월에 다시 연경으로 들어갔다. (順治) 2년 2월에 비로소 (조선으로) 돌아왔다. 製 李一相, 使 李敬輿]

[조선국왕] 조선국왕이 말씀드립니다. 順治 원년 정월 20일에 臣에게 황제께서 은혜를 내려 세자 부부를 특별히 보내 저의 병[賤疾]을 살피게 하셨으니, 臣은 온 나라의 臣民들과 함께 감격스러움을 가누지 못하고 삼가 표문을 올려 감사를 아룁니다. 臣은 진실로 황공하여 머리를 조아리고 또 조아립니다.

삼가 (저의) 오래된 병을 생각해주셔서 매번 聖朝께서 안타까워하셨는데, 골육의 지극한 정을 생각하시어 우매한 자식이 돌아올 수 있게 특별히 허락해주시니, 마음속 깊이 감격하여 저도 모르게 눈물이 흐릅니다.

생각건대, 臣은 외람되이 구석진 藩國을 맡았지만 오랫동안 병마를 끼고 살았습니다. 산천도 아득한 곳에서 다만 事大의 정성에 최선을 다 했지만 부자가 서로 떨어져 있어 자식을 기다리는 마음을 금할 수 없었습니다. 그런데 뜻밖에 분수에 넘치는 명령으로 아랫사람을 생각하는 은혜를 거듭 내려주셨습니다. 이에 한 집안 식구들이 단란하게 모여 잠시나마 치료[湯砭]하는 고통을 잊을 수 있었으며, 몇 년 동안의 살아온 이야기를 하면서 저도 모르게 번뇌가 사라졌습니다. 기쁨은 커지고 슬픔은 어슴푸레하여 마치 꿈만 같았습니다.

황제 폐하의 교화는 동물과 식물에까지 미치고 은덕은 적재적소에 흘러듭니다. 아름답고도 훌륭하셔서 경사스럽게도 새로이 제위에 오르셨고 노인을 대우하고 아이들을 품어주시니 모두들 타인에게까지 미치는 仁을 우러릅니다. 심지어 온 가족을 모이게 해 주시어 모든 나라 사람들이 기뻐하며 손뼉을 치게 되었습니다. 따라서 臣이 마음속 깊이 받들어 온몸이 가루가 된다 한들 어찌 감히 이 영예를 잊겠습니까! 자식으로 효도하고 신하로 충성하여 후손의 복을 바라는 마음[燕翼]에서 멀어지지 않도록 기필하겠으며, 하늘같은 황제께서 저의 사적인 바람을 허락해주셨으니 크신 은혜를 영원히 칭송하겠습니다. 臣은 하늘을 바라보고 황제를 우러러 너무나도 떨리는 마음을 가누지 못하고 삼가 表文을 올리며 謝恩하며 아룁니다.

順治 원년 2월 11일. 조선국왕이 삼가 표문을 올립니다.

方物表[麻布代苧布順治丁亥免豹皮康熙辛卯免]

原編 卷41 勅諭 1b~2a(774~775쪽)

[조선국왕] 조선국왕이 아룁니다. 삼가 하늘과 같은 은총이 너무나도 융성하여 저희 부자를 깊이 감동시키니, 방물이 비록 형편없지만 진실된 마음으로 삼가 갖추었습니다. 黃細苧布 30匹, 白細苧布 30匹, 黃細綿紬 20匹, 紫細綿紬 20匹, 白細綿紬 30匹,

白細苧布 20匹[黑細麻布 20匹로 대신한다], 龍文簾席 2張, 黃花席 15張, 滿花席 15張, 雜彩花席 15張, 豹皮 5張, 白綿紙 2천 卷.
이상의 물건들은 품질이 매우 성글고 가짓수도 또한 적으니 어찌 황제의 조정에 어울리겠습니까마는 다만 제후의 의례를 표현할 따름입니다. 臣은 누렵고 떨리는 마음을 가누지 못하고 삼가 표문에 수반하여 (방물을) 올리며 아뢰니다.

順治 원년 2월 11일. 조선국왕이 삼가 표문을 올립니다.

右表進呈咨

原編 卷41 勅諭 2a~2b(775쪽)

발신: 조선국왕
사유: 사은합니다.

[조선국왕] 조선국왕이 말씀드립니다. 順治 원년 정월 20일에 황제께서 臣에게 은혜를 내려 세자 부부를 특별히 돌려보내 저의 병[賤疾]을 살피게 하셨으니, 臣은 온 나라의 臣民들과 함께 감격스러움을 가누지 하였습니다. 이에 표문을 만들고 아울러 진헌할 예물을 갖추어 陪臣議政府右議政 李敬輿와 議政府右參贊 洪茂績을 파견하여 (표문과 예물을) 가지고 북경으로 가서 올리며 사은하는 외, 지금 예물목록을 열거하여 마땅히 자문으로 보내니 확인하고 상주해주시기 바랍니다.
一. 黃細苧布[이하 물건목록은 위 表文에서 보인다]
이상 예부에 자문을 보냅니다.

順治 원년 2월 11일.

皇后方物狀[麻布代苧布順治丁亥免]

原編 卷41 勅諭 2b(775쪽)

조선국왕이 삼가 중궁전하께 진헌할 예물을 다음과 같이 준비했습니다.
紅細苧布 10匹, 白細苧布 10匹, 白細綿紬 20匹, 白細苧布 20匹[黑細麻布 20匹로 대체], 滿花席 10張, 雜彩花席 10張.

順治 원년 2월 11일. 조선국왕.

右狀進呈咨

原編 卷41 勅諭 2b~3a(775쪽)

발신: 조선국왕
사유: 사은합니다.

[조선국왕] 조선국왕이 말씀드립니다. 順治 원년 정월 20일에 황제께서 臣에게 은혜를 내려 세자 부부를 특별히 돌려보내 저의 병[賤疾]을 살피게 하셨으니, 臣은 온 나라의 臣民들과 함께 감격스러움을 가누지 못하고, 陪臣 議政府右議政 李敬輿와 議政府右參贊 洪茂績 등을 파견하여 표문과 예물 및 중궁전하께 진헌할 예물을 가지고 북경으로 보냈습니다. 지금 예물목록을 열거하여 마땅히 자문으로 보내니 확인하고 상주해주시기 바랍니다.
一. 紅細苧布[이하 물건목록은 위의 狀文에 보인다]
이상 예부에 자문을 보냅니다.

順治 원년 2월 11일.

禮物總單

原編 卷41 勅諭 3a(775쪽)

朝鮮國差來陪臣 議政府右議政 李敬輿와 議政府右參贊 洪茂績 등이 다음과 같이 아룁니다. 지금 세자를 돌려보내 주신 것에 대한 예물의 수량과 목록을 열거하여 마땅히 아룁니다.
목록[御前黃細苧布, 이하 물건목록은 위의 方物表에 보인다. 中宮紅細苧布, 이하 물건목록은 위의 方物狀에 보인다]

順治 원년 2월 11일, 朝鮮國差來陪臣 議政府右議政李敬輿, 議政府右參贊洪茂績.

[甲申]

斥和諸臣仍前褫職咨

原編 卷41 勅諭 3a~4a(775~776쪽)

발신: 조선국왕
사유: 죄를 지어 파직한 배신들을 경솔히 복직시켰다가 수고롭게도 聖旨가 내려오게 되었으니 황공함을 가누지 못하고 있습니다.

[조선국왕] 議政府에서 다음과 같이 장계를 올렸습니다.

[의정부] 본년 4월 27일에 두 분의 칙사께서 臣들을 관소로 불러 구두로 皇旨를 전달하셨는데, 그 내용은 다음과 같았습니다.

[칙사] 지난해 죄를 지은 陪臣 李敬輿 등에 대해 조선에서 갑자기 관직을 주는 것은 마땅하지 않다. 당초 대사령은 단지 그 죄를 씻어줄 뿐이었으니, 언제 관직에 제수하라는 명을 내렸는가? 설혹 관직을 주더라도 어떻게 갑자기 三公 六卿(의

직)을 줄 수 있는가? 또 어떻게 상국에게 아뢰지 않고 임의로 관직을 주는가? 지금 이후 다시는 관직을 주지 않는 것이 마땅하다.

[의정부] 臣들은 생각하기를, 이경여 등이 모두 중죄를 저지르고 체포되어 조사를 받고는 어떻게 될지 모르는 운명이었는데, 특별히 先 황제의 好生大德에 힘입어 본국으로 돌아올 수 있었습니다. 그러나 이 문제로 인해 금고형을 받고 다시는 관직을 바랄 수 없었습니다. 그런데 새 황제께서 제위에 오르신 이후 은혜로운 사면령을 크게 내려 과거 죄적에 오른 자들이 대부분 죄를 탕감 받았습니다. 조선의 법에는 사면을 받으면 죄를 저질러 파직된 경우 의례히 모두 서용하기 때문에 이경여 등이 비로소 한직으로 복직되었던 것입니다. 근래 我國의 舊臣 중 재주와 명망이 있는 자들의 태반이 죽어 公卿 자리가 비어 있어도 보충할 사람이 없었습니다. 議政의 직임은 반드시 이전에 추천되었던 사람을 쓰는데, 이경여는 名實이 그에 해당하기 때문에 관직을 준 것입니다. 이경여가 이미 관직을 받았으므로 그가 사신으로 경사에 가서 조근한 것은 또한 순서에 따라 파견한 것이며, 기타 재신 2~3명은 또한 모두 빈자리를 채우고자 시킨 것이지만, 이는 조선의 여러 신료들이 상국께 여쭈어볼 생각을 하지 못하고 경솔히 멋대로 관직을 준 것입니다. 지금 칙사께서 聖旨를 선포하며 꾸짖고 하교하셨는데, 臣들의 불민한 죄는 달아나 숨길 수 없습니다. 마땅히 앞의 사유를 갖추어 該部로 자문을 보내오니, 이 일을 거울삼아 앞일을 경계하는 바탕으로 삼는 것이 진실로 마땅할 것입니다.

[조선국왕] 제가 삼가 생각건대, 전에 죄를 저지른 陪臣들이 皇恩을 받고 고국으로 돌아온 것은 이미 큰 행운입니다. 지금 상국에게 아뢰지도 않고 경솔하게 먼저 복직시켰으며 심지어 공경의 직임을 준 것은 오로지 폐방의 군신들이 미혹되고 어리석었기 때문에 생긴 결과입니다. 지난 잘못을 생각하면 황송하고 두려워 어쩔 줄 몰랐는데, 이내 황상께서 덕스러운 마음을 두터이 내려주셔서 형벌을 시행하지 않고 칙사를 통해 문책하시는 聖旨를 선포하셨으니 황공하면서도 감격스러운 마음을 더욱 가눌 수 없었습니다. 이경여 이하 관직을 수여한 인원들에 대해 이전처럼 체직하고 산질에 두는 외, 이에 마땅히 자문을 보내오니 살펴서 시행해주시기 바랍니다. 운운.

順治 원년 5월 15일. [예부로 보내다]

遣歸世子叙用罷黜官員量減歲幣三節併貢勅[五躅槳 節使]

原編 卷41 勅諭 4b~5a(776쪽)

발신: 황제

사유: 조선국왕에게 칙유를 내린다.

[황제] 지금 朕이 중원을 평정하고 황제의 자리에 올랐으니, 은혜를 九州에 미쳐서 온 천하가 기뻐할 수 있도록 특별히 詔旨를 반포하여 천하에 大사면령을 내린다. 너의 조선은 교화를 입은 지 오래되어 이미 外藩의 반열에 들었으니, 의당 그 은혜를 (海內와) 똑같이 해야 할 것이다. 이에 특별히 너그러운 은혜를 선포하여 세자를 본국으로 돌려보내며, 종전의 죄인들을 모두 사면한다. 이전의 칙지에 의해 파직된 관원 중에서 李敬輿·李明漢·李景奭·閔聖徽 네 명은 세자가 은혜를 내려 서용해주기를 요청했으므로 우선 그 청한 바를 윤허한다. 그 나머지에 대해서는 이전처럼 그대로 서용을 허락하지 않는다.

그리고 歲貢과 幣物은 모두가 백성의 피땀에서 나온 것이므로, 지금 예전 액수인 苧布 4백 匹, 蘇木 2백 斤, 茶 1천 包는 모두 면제한다. 각 綿紬는 2천 匹에서 1천 匹을 감하며, 각색 木綿은 1만 匹에서 5천 匹을 감하고, 布는 1천 4백 匹에서 7백 匹을 감하며, 粗布는 7천 匹에서 2천 匹을 감하고, 順刀는 20口에서 10口를 감하고 腰刀는 20口에서 10口를 감한다. 그 나머지는 모두 예전처럼 수납하라. 그리고 元朝·冬至·聖節의 賀儀는 예전과 같이 하되, 길이 워낙 멀기 때문에 三節(원조·동지·성절)에 표문으로 올리는 의례는 모두 원조에 함께 합쳐서 올림으로써, 먼 곳의 나라를 돌보아 주는 뜻을 드러내노라. 삼가 받들도록 하라. 때문에 敎諭한다.

順治 원년 11월 19일.

謝世子回轅四臣叙用及歲幣量減三節併貢表[互節 製李植 使麟坪大君 㴭]

原編 卷41 勅諭 5a~5b(776쪽)

운운. 나라를 다시 만들어 주시어 은총은 이미 조선에서 넘쳐흐르고 부자를 다시금 기쁘게 해주셔서 은혜가 (저의) 자식에게까지 미쳤으니, 가슴 속에 새길 정도로 감격스러워 뼛가루가 될 때까지 보은을 생각합니다. 삼가 창성한 시기에 즈음하여 쇠락한 사직을 이어나가며, 戰火로 인해 나라가 황폐해졌지만 항상 제후의 법도에 혹 잘못이 있을까 염려하였는데 병마가 온몸을 감싸고 있어 매번 직무를 처리하지 못함을 탄식합니다.

맏아들이 들어와 봉양하기를 생각하고 있었는데, 聖朝께서 안타까워하시는 마음을 내려주셨습니다. (장자는) 종사에 관계된 바라 오랫동안 臣民들의 바람을 우울하게 만들었고 거리가 아득해 조석으로 생각하는 마음을 금하기 어려웠습니다. 그런데, (세자를) 귀국시킨다는 큰 은혜가 갑자기 생명을 이루어주시는 크신 功德으로부터 나올 줄 어찌 생각이나 했겠습니까! 예를 갖추어 송축하되 윤음을 읽는 사이에 눈물이 흐르고, 온 나라에서 환호하며 칙사를 우러러 고개를 숙입니다. 또한 陪卿 質子들을 아울러 귀국시켜주시고 또 죄를 저지른 신하들을 모두 용서해주셨습니다. 그리고 먼 곳에서 운반하는 노역을 걱정하셔서 元朝에만 (조공을) 바치도록 하시고 부박한 방물을 줄여주어 民力을 배려를 하셨습니다. 이러한 하늘처럼 높고 땅처럼 넓은 시혜는 小國을 진휼하고 먼 곳을 품어주시는 인자함이 아님이 없습니다.

삼가 은덕이 뭇 생물들에게 흘러들고 위엄은 세상을 덮는 때를 만났습니다. 천 년의 正統을 쌓아 上都에서 눈부시게 자리를 잡았고 중원의 황량한 둔토를 일소하여 관대한 정사를 크게 펼치셨습니다. 이에 폐방으로 하여금 특별한 영예를 유달리 받게 해주셨으니, 미천한 마음이 감격하여 종시토록 절의를 지키지 않을 수 있겠습니까! 천자께서 저의 바람을 들어주셨으니 황제의 영령을 우러를 것이며 아비는 가르치고 자식은 충성하여 세세토록 충순함이 변치 않을 것을 기필합니다. 운운.

["운운"투식은 위의 甲申년 謝恩表文 이후 이를 모사했다]

順治 2년 3월 17일.

方物表

原編 卷41 勅諭 5b~6a(776~777쪽)

운운. 天恩은 망극하여 부자가 만남의 기쁨을 나누게 되었으니, 방물의 의례를 감히 빠뜨릴 수 없이 삼가 갖추었습니다. 운운.

[물건목록은 위의 甲申년 謝恩方物과 같다]

이상의 물건은 벽지에서 생산되었고 품질이 좋지 않으니 어찌 올리기에 적합하겠습니까마는 다만 마음속의 정성이 드러나길 바랄 뿐입니다. 운운.

["운운"투식은 위의 甲申년 謝恩 이후 이를 모방했다]

右表進呈咨[式見甲申謝恩]

原編 卷41 勅諭 6a(777쪽)

皇后方物狀[式見甲申謝恩]

原編 卷41 勅諭 6a(777쪽)

右狀進呈咨[式見甲申謝恩]

原編 卷41 勅諭 6a(777쪽)

禮物總單[式見甲申謝恩行總單後倣此 ○見進賀]

原編 卷41 勅諭 6a(777쪽)

謝大君回還表[製尹絳 使金自點]

原編 卷41 勅諭 6a~6b(777쪽)

[2년 禮部侍郞 藍所伊 등이 와서 황제의 유지를 전하길, “지금 세자와 대군의 귀국을 허락하니 종시토록 상국을 섬기는 마음을 견지하라. 운운.”『通文館志』에 나온다]

운운. 順治 2년 5월 13일에 皇上께서 臣에게 은혜를 내려 특별히 臣의 자식을 귀국하도록 해주시니, 온 나라의 신민들과 함께 감격스러움을 가누지 못하고 表文을 올려 감사드립니다. 운운. 오랫동안 자식을 만나지 못해 이별의 회한이 더욱 절절해졌는데 다시금 우둔한 아들을 만나도록 귀국하라는 명령을 특별히 내려주셨으니, 마음속 깊이 격앙되어 흐느끼는 와중에 저도 모르게 눈물이 흐릅니다.
외람되이 폐방을 지키며 겨우 쇠락한 사직을 이어나가고 있습니다. 제 몸을 아끼지 않고 聖恩에 보답하고자 하나 부자가 교대로 행하지 않으면 미천한 정성을 올릴 수 없었습니다. 병은 점점 깊어지고 자식을 보고픈 마음은 금할 수 없었는데, (저희) 일가를 살피시어 저의 마음을 헤아려 주시고는 미천한 자식의 귀국을 허락하여 가족의 재회로 병을 위로하게 해주셨으니, 한편으로는 기쁘고 한편으로는 슬프기도 하여 마치 꿈만 같았습니다.

광명정대한 도량은 하해와 같고 사람들을 선행으로 이끄는 仁은 매우 깊습니다. 안타까워하는 마음을 藩服에 내리셔서 마치 (황제) 자신처럼 아파하시고 효의 이치를 세상에 펼치셔서 '(효자에게) 영원히 선한 복을 주겠다'(는 詩經의 취지를 보이셨습니다.) 진실로 소국을 사랑해주시는 큰 은혜가 아니라면 어찌 어린 저의 자식에게까지 특별한 은전이 이르렀겠습니까! 삼가 온몸이 가루가 되어 사라질 때까지 한층 더 가슴 속 깊이 새겨 기억하지 않을 수 있겠습니까! 신하가 되었으니 忠을 행하여 직분을 마땅히 종시토록 다할 것이며 자식에게 義를 가르쳐 제후의 법도를 오랫동안 삼가 계승토록 하겠습니다. 운운.

順治 2년 8월 24일.

方物表

原編 卷41 勅諭 6b(777쪽)

운운. 하늘같은 은총이 심히 융성하여 부자를 깊게 감동시키셨으니, 토산물이 비록 형편없지만 진실로 마음을 다해 삼가 갖추었습니다. 운운.
[물건목록은 위의 甲申년 謝恩方物과 같다]
이상의 물건들은 벽지에서 생산되었고 품질 또한 좋지 않으니, 어찌 황제의 조정에 걸맞겠습니까마는 오로지 제후의 의례를 드러내기를 바랄 뿐입니다. 운운.

右表進呈咨[式見甲申謝恩]

原編 卷41 勅諭 7a(777쪽)

皇后方物狀[式見甲申謝恩]

原編 卷41 勅諭 7a(777쪽)

右狀進呈咨[式見甲申謝恩]

原編 卷41 勅諭 7a(777쪽)

禮物總單[見衷禮]

原編 卷41 勅諭 7a(777쪽)

[丙戌]

解送林慶業勅[謝恩使臣賫來]

原編 卷41 勅諭 7a~7b(777쪽)

발신: 황제

사유: 조선국왕에 勅諭하노라.

조선이 귀순한 뒤에도 林慶業은 이간질을 하고 몰래 첩자를 보내 사사로이 다른 나라와 통교했다. 또 수군[舟師]을 거느렸을 때는 고의로 책임을 미루어 군기를 그르치게 만들었다. 신문받을 때에도 순순히 자복하지 않고 책임을 국왕에게 떠넘긴 채 곧바로 도망하였으며, 뒤에는 반역자들과 결탁하여 조선국왕을 해치려 꾀했다가 일이 누설된 것을 스스로 알고서는 명나라 조정으로 달아나 몸을 숨겼으니, 죄악이 한두 가지가 아니다.

짐이 앞서 임경업을 귀국시키지 않았던 것은 본디 고식적인 계책에서가 아니라, 중원을 평정시킨 뒤 크게 용서하는 은전을 베풀어 일체의 죄악을 법망에서 풀어주려는 의도에서였다. 그런데 지금 조선국왕이 임경업을 데려다가 환란의 싹을 잠재우려 하니 사리에 합당하다. 즉시 임경업을 사은하러 온 陪臣에게 넘겨 돌려보낸다. 이에 특별히 유시한다.

順治 3년 5월 5일.

謝解送林慶業表[製姜栢年 使柳廷亮]

原編 卷41 勅諭 7b(777쪽)

운운. 나라의 법률을 제대로 시행하지 못해 사악한 신하가 도망쳤는데, 皇靈이 임하여 죄인을 잡을 수 있게 되었으니, 죽어서도 은혜를 갚기 어려워 감격과 기쁨이 더욱 깊어집니다.
삼가 구석진 封國을 맡아 쇠락한 사직을 겨우 이어나가는 와중에, 항상 뒤따라 올 견책을 생각하여 제후의 법도에 어긋남이 없게 했고 (저에게) 先見之明이 없음을 고려하여 간적들을 살핌에 밤낮이 없었습니다. 마침, 달아난 죄인이 살아 있는 것을 분통해 하고 있는 참에 다행히 上奏를 통해 (송환을) 허락받았습니다. 윤음이 거듭 반포되니 天聽이 가까이 있음에 기뻐했고 (죄인을) 결박하여 보내 주시니 뇌성과 같은 위엄이 멀리서 선포됨을 우러렀습니다. 이에 환란의 싹이 자연히 소멸되어 뭇 사람들의 마음이 모두 통쾌해졌습니다.
삼가 세상의 도리가 새롭게 시작하고 밝은 덕이 미천한 존재에게까지 미치는 때를 만났습니다. 가까운 이들은 기쁘게 하고 먼 곳은 품어주시어 은택이 천하에 펼쳐지고, 하늘의 이치를 펼치셔서 덕이 더욱더 멀리까지 구비되었습니다. 이에 폐방으로 하여금 또한 특별한 돌봄을 받게 해주셨으니, 멀리서 皇上을 우러르며 더욱 충심을 다하지 않을 수 있겠습니까! 뭇 신료들을 신칙하여 강토를 삼가 보존하겠으며, 밤낮으로 공경히 보좌하며 크신 하늘을 우러르겠습니다. 운운.

順治 3년 9월 3일.

方物表

原編 卷41 勅諭 7b~8a(777~778쪽)

운운. 조서[紫誥]가 내려져 법망에서 빠져나간 죄인을 다행히 얻게 되었으니, 방물[文篚]을 정성껏 가져가 황제의 조정에 보탬이 되고자 하는 마음을 드러내고자 갖추었습니다. 운운.

[물건목록은 위의 甲申년 謝恩方物과 같다]

이상의 물건들은 품질이 특별하지 않고 벽지에서 생산되었으니 어찌 여러 의례에 적합하겠습니까마는 미천한 정성을 드러내길 바랄 뿐입니다. 운운.

右表進呈咨[式見甲申謝恩]

原編 卷41 勅諭 8a(778쪽)

皇后方物狀[式見甲申謝恩]

原編 卷41 勅諭 8a(778쪽)

右狀進呈咨[式見甲申謝恩]

原編 卷41 勅諭 8a(778쪽)

禮物總單[見求請]

原編 卷41 勅諭 8a(778쪽)

禮部知會謝免運米送船出送漂人解送林慶業表知道查收方物咨[見求請]

原編 卷41 勅諭 8a(778쪽)

[丁亥]

飭貢幣疎玩勅[見節使]

原編 卷41 勅諭 8a(778쪽)

[丁亥]

飭迎勅違禮仍減年貢勅[見節使]

原編 卷41 勅諭 8a(778쪽)

[庚寅]

飭諡祭兼謝禮單欠式倭情徑奏貢布請緩勅[戶部尙書巴蛤納等來, 互封典·哀禮·節使·倭情]

原編 卷41 勅諭 8b~9b(778쪽)

발신: 황제

사유: 조선국왕에게 칙유하노라.

[**황제**] 전에 그대의 先王에게 시호를 내렸는데도 그대는 공경히 사은을 아뢰지 않았을 뿐더러 사은예물도 바치지 않았다. 皇叔 攝政王이 부의를 보냈는데도 또한 사은하지 않았다. 이번 공문에서는 비록 예물을 갖추었지만 單子에 皇父 攝政王이라고 쓰지 않았으니 이는 모두 예를 잃은 것이다. 그리고 왕의 주문을 보니 다음과 같은 내용이 있었다.

[**조선국왕**] 왜구의 정황이 정말로 우려할 만합니다. 혹시라도 위급한 일을 당하면 어떻게 할 방법이 없으니 성지를 수축하고 군사를 훈련시키고자 합니다. 또 의정부로부터 보고를 받았는데, "만일 왜국 연해로부터 표류해온 漢人선박이 있을 경우 가까운 왜관으로 보내지 않고 바로 상국으로 송환한다면 우리에게 쌓이는 감정이 예전보다 심할 것입니다."라고 하였습니다.

[**황제**] 그런 보고를 한 관원은 앞으로 한인을 왜인으로 만들어 왜국으로 보내겠다는 것인가, 아니면 明朝가 아직도 있다고 여겨서인가, 그것도 아니면 朕의 한인을 강제로 왜국으로 보내고자 하는 것인가? 이러한 관원은 분명히 환난을 만들어 나라를 망칠 사람인 듯한데, 국왕은 그런 관원을 잡아다 중죄로 다스리지는 않고 도리어 곧장 (그 내용으로) 상주하였으니 이는 그대의 과실이다. 즉시 잡아다 국문해서 중죄를 내려라. 또 보내온 陪臣 李時昉은 該部의 신하에게 "금년은 綿을 걷지 못하였으니 올해의 貢布를 줄여 달라."고 하여 部臣이 대신 상주하였다. 짐은 여러 차례 조선의 고통을 근심하고 너희 나라 백성을 진휼하여, 일찍이 歲貢할 물품과 칙사의 접대를 크게 줄여 주었는데, 이것이 어찌 그대가 요구해서 그렇게 된 것이었겠는가! 대체로 실정과 어투를 보건대 주문은 비록 왕의 奏本이지만 주본의 말은 실로 왕의 마음에서 나온 것이 아니라 필시 간신이 만들어 낸 뜻일 것이다. 만일 왜국이 강함을 믿고 그대 나라를 침입한다면 대국의 병사가 도와줄 것이며 결단코 지체하거나 잘못될 리가 없다.
그대 나라의 간신이, 천하가 아직 다 평정되지 못하고 도적이 아직 모두 사라지지 않았다고 생각하고는 그대 나라의 兵馬를 조발할까 걱정하여 일부러 미리 있지도 않은 단서를 만들어 거짓으로 왜인의 실정을 핑계 댄 것일 따름이다. 그러나 이제 천하가 이미 하나가 되었고 모든 백성이 우리의 영역으로 귀속되었다. 지난날 표류해온 왜선은

짐이 측은하게 여겨 차마 구류하지 못하고 도리어 그대 나라를 통해 송환하였다. 그런데 그대는 이번에 짐의 백성인 한인의 배를 이곳으로 보내지 않고 왜관으로 보내고자 한다. 또 성을 수축하고 병사를 훈련하고자 한다. 이는 모두 亂臣에게서 나온 말이다. 생각건대 지난날 그대의 先王은 우리 조정의 은덕을 잊지 못하고 충성을 다하였는데 지금의 왕이 충성을 다하려 하지 않을 까닭이 있는가! 이번만이 아니라 그대 조선의 이후 왕들도 자자손손 세대와 상관없이 영원토록 山河와 같이 변함이 없을 것이니 응당 (이를) 잊을 때가 있겠는가! 이는 모두 아래의 간신들이 자기편을 두둔하고 당을 만들어 끝없는 환난의 근원을 열어놓는 것이다. 모든 말은 떠나보낸 대신이 직접 말할 것이다. 이에 특별히 유시한다.

順治 7년 정월 28일.

飭虛張倭情勑[見倭情]

原編 卷41 勅諭 9b(778쪽)

辨明倭情勅諭及一表兼謝奏[見倭情]

原編 卷41 勅諭 9b(778쪽)

謝因祭諡兼謝倭情貢布降勑表[製金光煜 使麟坪大君㴭]

原編 卷41 勅諭 9b~10a(778~779쪽)

운운. 小邦이 직무를 제대로 수행하지 못해 바야흐로 벌을 받을 근심을 하고 있었는데, 크신 도량이 하해와 같아 잘못을 용서해주시는 명을 받았으니, 10줄의 조서에는 따뜻한 뜻[展]이 있었지만 제 마음은[五內] 두려웠습니다.

삼가 남은 터를 외람되이 계승하여 선왕의 뜻을 준수해 왔습니다. 나라가 망하지 않은 것은 일찍이 大帝의 크신 은혜를 받았기 때문이고, 잘못을 깨끗이 씻어 주신 것은 다시금 새 황제로부터 두터운 돌봄을 외람되이 받았기 때문입니다. 선왕이 돌아가신[鉅創] 이후 경황이 없는 일이 많아, 시호를 내리시고 부의를 보내준 영광에 대해 사은을 빠뜨렸으며, 군비를 갖추어야 한다는 내용으로 또한 번거롭게 감히 아뢰었습니다. 이는 모두 우매한 제가 그릇되게 헤아린 것인데 더하여 使臣이 잘못 응답하기까지 했습니다. 민력을 쉬게 하고[紓民] 국방을 단단히 하려는 것[固圉]이었지 그 과정에 다른 뜻은 없었지만, 분수를 넘어 (황상의) 위엄을 범했으니 마땅히 엄중한 칙지가 내려오는 것이 당연할 것입니다. 그런데 곡진하신 盛德을 내려주셔서 잘못을 저지른 미천한 저에게 미칠 줄 알았겠습니까!

비록 후회한들 되돌릴 수 없기에 다만 혀를 물고 벌벌 떨고 있었는데, 怒氣가 없는 하교를 내리셨으니 마치 저의 귀를 가져다 간곡히 달래주시는 것 같았습니다. 雨露와 雷霆은 모두 길러주는 도리가 아님이 없으니, 키워주시는 것[顧復]과 꾸짖어주신 것[嗔責] 또한 모두 길러주시는 은혜일 것입니다. 때문에 마음 속 깊이 감격하면서도 얼굴에는 부끄러움이 드러났습니다.

만물이 모두 포용되어 一視同仁하는 때를 만났습니다. (황상의) 도량은 하늘과 같아서 옛 허물을 잊어주셨고, 덕으로서 상벌을 내려 모두 스스로 새로워지라며 감싸주셨습니다. 이에 마침내 구석진 藩邦 또한 크신 은혜를 입게 되었으니 어찌 이 일을 거울삼아 앞일을 경계하며 충성을 다하지 않을 수 있겠습니까! 보답하려고 해도 방법이 없으니 죽어서도 보은할 것을 생각할 뿐입니다. 뼛속까지 (은혜를) 새기고 다만 國運이 장구하기[岡陵]를 축원합니다. 운운.

順治 7년 5월 21일.

方物表[文闕]

原編 卷41 勅諭 10a(779쪽)

右表進呈咨[式見甲申謝恩]

原編 卷41 勅諭 10a(779쪽)

皇后方物狀[式見甲申謝恩]

原編 卷41 勅諭 10a(779쪽)

右狀進呈咨[式見甲申謝恩]

原編 卷41 勅諭 10b(779쪽)

禮物總單[式見甲申謝恩]

原編 卷41 勅諭 10b(779쪽)

諭李㬗等復職李敬輿等原宥勅[尾倭情]

原編 卷41 勅諭 10b(779쪽)

[壬辰]

遣官查審犯越人劉春立勅[見犯越]

原編 卷41 勅諭 10b(779쪽)

[癸巳]

禮部知會起解上國逃人查明義州人越境咨[見犯越]

原編 卷41 勅諭 10b(779쪽)

[癸巳]

禮部飭貢幣火燒水濕咨[見節使]

原編 卷41 勅諭 10b(779쪽)

[甲午]

請收用斥和三臣咨

原編 卷41 勅諭 10b~11b(779쪽)

발신: 조선국왕
사유: 三臣의 실정을 대략 아뢰닙니다.

불쌍히 여기셔서 용서해주시기 바랍니다. 제가 생각건대, 본국의 原任議政 李敬輿, 原任議政 李景奭, 原任判書 趙絅 등은 先 부왕이 통치할 때부터 충성과 근면함이 드러났고 관직에서 노고를 바친 지가 여러 해였습니다. 그런데 과거에 逆臣 李馨長에게 미움을 받아 (이형장이) 古兒馬紅[정명수]과 서로 결탁하여 때를 틈타 (무함하여) 얽어 넣고 필히 불측한 지경으로 몰아넣으려고 했는데, 아마도 皇上의 만 리 밖을 보시는 明見이 아니었다면 세 신하는 그 목숨을 부지하지 못했을 것입니다. 이 이후 저는 皇上의 德意를 삼가 우러르며 제후의 법도에 더욱 힘쓰고 신료들을 신칙하며 조금도 나타함이 없도록 했으니, 이는 실로 황상께서 밝게 비추어 주신 것이자 貴部에서 곡진히 헤아려 주신 바입니다.

그런데 생각해보면 저 세 신하는 파직되어 한가히 있은 지가 이미 수년이 지났습니다.

죄가 있고 없고는 지금 감히 거론할 수 없으나, 지금 日月의 밝음이 미천한 곳까지 비추지 않음이 없어 간신들이 자취를 감추었고, 또한 은택이 여러 번 내려져 구석진 폐방의 泣訴에도 하늘같은 명령은 반드시 임하셨습니다. 그러나 이치상 멋대로 (이들을) 복직시키기 어려워 마음을 모두 드러내 황제께 아뢰고자 하였지만 사안이 외람된 일이라 침묵하며 세월을 보냈습니다.
불행히도 최근 나이가 든 舊臣들이 연이어 세상을 떠나 오직 2~3명의 議政과 儀賓 등의 관원들만이 서로 使臣으로 파견되며 고리처럼 순환하고 있습니다. 지금 80세의 老臣들이 사은을 위해 북경으로 가는 것을 보면 사람이 몹시 급하다는 것을 알 수 있을 것입니다. 또한 생각건대, 천지는 세상을 포용하는 도량을 가졌고 江海는 더러운 물까지 받아들이는 그릇을 가지고 있으니 두루 품어주는 은혜는 결국 이르지 않는 바가 없을 것입니다. 제가 지금 와서 아뢰는 것은 실로 절박한 마음에서 나온 것이니 번거롭겠지만 貴部에서는 자문의 의도를 곡진히 살펴서 황제께 대신 상주해주시고, (죄를) 두루 탕감해주는 은전을 베푸셔서 미천한 저의 바람을 이루게 해주신다면 매우 다행일 것입니다. 이에 마땅히 자문을 보내오니 살펴서 시행해주십시오. 운운.

順治 11년 2월 3일. [예부로 보냄]

遣官按查收用斥和三臣勑[刑部尙書巴等來]

原編 卷41 勅諭 11b~12b(779~780쪽)

발신: 황제
사유: 조선국왕에게 칙유를 내린다.

[황제] 예부에서 조선국왕의 자문을 상주했는데, 그 내용은 다음과 같았다.

[조선국왕] 原任議政 李敬輿, 原任議政 李景奭, 原任判書 趙絅 등은 오랫동안 매

우 충성스럽고 근면했는데, 과거에 逆臣 李馨長에게 미움을 받아 (이형장이) 古兒馬紅[정명수]과 서로 결탁하여 무함으로 엮었습니다.

[황제] 또 다음과 같이 말하였다.

[조선국왕] 세 신하가 파직된 지 오래되었는데 죄가 있고 없고는 지금 감히 거론할 수 없습니다. 이치상 멋대로 복직시켜선 안 되지만 최근 舊臣들이 세상을 떠나 사신으로 보낼 사람이 부족하니 (죄를) 탕감해주시는 은전을 베풀어 미천한 저의 바람을 이루어주십시오.

[황제] 짐이 이 말을 보고는 매우 이상하게 여겼다. 국왕이 우매해서 전에 잘못을 저지르고 다시 이렇게 말이 안 되는 청을 하는가! 과거 그대의 나라는 타국과 통교를 하면서 本朝에 대항해 조정의 공분을 샀기에 군사를 거느리고 그 죄를 물었었다. 그대 나라의 군신은 가만히 서서 모두 사라질 뻔했는데, 우리 태종황제께서 그 죄를 용서해주시고 살아갈 수 있게 해주셨으니, 그대의 자손과 신민들은 마땅히 세세토록 감격하고 감사해야 하는데 어찌 諭旨를 어기고 은혜를 저버리는가!

그대 나라의 간신 이경여는 蠻國에 조공을 하고자 했기에 그 죄가 매우 커 태종황제께서 旨를 내려 영원토록 서용하지 말라고 하셨다. 또 (이경여가) 말을 못 알아듣고 잘못을 저질렀기에 다시 盛京으로 불러와 억류시켰다가 중원을 평정한 이후 특별히 용서하여 본국으로 돌려보냈다. 이 간신이 저지른 중죄와 우리 조정에서 곡진히 용서해준 은혜에 대해, 그대 나라의 君臣 모두가 그 시말을 알지 못함이 없을 터인데 어째서 마치 모르는 것처럼 꾸미고 감히 번거롭게 시험해 보는가! 그 이경석과 조경은 까닭없이 문제를 만들어 왜구의 환란을 거짓으로 칭하며 성지수축과 군사훈련을 하고자 하여 음지에서 불법적인 짓을 도모했다. 또 표류한 한인들을 왜관으로 보내려고 하면서 매번 불측한 생각을 품어 여러 차례 방자하게 기만했다. 이렇게 간사하고 나라를 어지럽히는 사람을 어떻게 충성스럽고 근면하다고 망령되이 말하는가!

짐이 예전에 경사가 있었기에 사면령을 내려 일단 그 죄를 용서하되 영원히 서용하지 말라고 했다. 칙유가 명확하니 그대 나라의 군신들은 모두 응당 각별히 준수하여 잘못을 뉘치고 간신들을 꾸짖어 더욱 정성과 공경을 다해야 할 터인데, 어떻게 또 이러한 청을 하는가! 그리고 (이경여 등이) 죄를 받은 정황과 이유에 대해서는 상세히 말하지 않고 다만, "죄가 있든 없든 지금 감히 거론할 수 없습니다."라고 하였는데, 이러한 말은 짧은 찰나에 諭旨를 혼란스럽게 하려는 것이니, 어찌 人臣이 (군주를) 속이지 말아야 하는 義(에 합당하겠는가!) 과거 그대 나라의 선왕은 정성을 다하며 충순을 바쳤는데 지금 국왕의 마음은 어째서 감히 조정을 거스르고 근본을 망각하는가! 이는 필시 난신적자들이 속이고 기만하여 이렇게 감히 청했을 것이다. 심지어 古兒馬紅[정명수]이 이경여를 폭로하여 들은 바를 즉시 알린 것은 신하의 바른 도리인데, 지금 오히려 결탁해서 무함했다고 하니, 시비를 뒤집는 것이 한결같이 이 지경에 이르는구나! 조정에서 여러 차례 관대한 은혜를 내려 그대 나라의 간신을 중벌에 처하지 않고 용서해주었는데, 도리어 간신들의 무함을 믿고서 곧장 말을 꾸며 속이고 있으니, 그대 나라의 군신들은 도대체 무슨 마음인가!

짐이 신하들을 대할 때 평소 마음을 터놓고 지내기에, 지금 대신을 파견해 국왕 및 그대 나라의 중신을 직접 만나 전후 사정을 낱낱이 검토하여 논의한 후 명확히 보고하게 하였다. 이에 특별히 유시하노라.

順治 11년 5월 23일.

謝按查斥和臣表[製金壽恒 使寧豊君湜]

原編 卷41 勅諭 12b~13a(780쪽)

운운. 황제의 은혜를 바라며 아뢰었지만 매우 우둔하고 그릇되었습니나. 이에 수고롭게도 칙사가 오셔서 諭旨를 선포하시되 도리어 매우 간곡하셨으니, 황송하고 두려운 마음은 점점 깊어지고 감격의 눈물은 그치질 않습니다.

삼가 遺業을 외람되이 계승하여 큰 보살핌을 지나치게 받아왔습니다. 은혜를 곡진히 내려주시니 충성을 다하지 못한 것을 항상 부끄러워했고 어떤 상소에도 관계없이 원하는 것은 들어주지 않음이 없으셨는데, (이번에는) 감히 참람된 말을 아뢰었으니 어리석은 잘못이 아님이 없습니다. 그런데 생각지 못하게 온화한 윤음을 내려주시고 수고롭게도 칙사를 보내주셨습니다. 마치 귀를 끌어다 타이르시는 것 같은 怒氣 없는 하교를 내리셨으니, 저는 혀를 깨물고 두려워했습니다만 후회한들 어찌 잘못을 바로잡을 수 있겠습니까! 생각해보면 살피고 확인하라는 聖音은 실로 관대히 용서해주시는 마음에서 나온 것입니다.

삼가 황제의 자태는 神武를 구비하고 덕은 강유를 갖추셨으니, 먼 곳은 기쁘게 하고 가까운 곳은 편안하게 하여 만물이 각기 그 있을 바를 얻게끔 해주시며, 바다와 하늘처럼 품어주시어 사방이 모두 새롭게 태어나게 되는 때를 만났습니다. (이에) 끝내 폐방으로 하여금 융성한 보살핌을 받게 하였으니 감히 물가를 걷듯 더욱 조심하며 허물을 씻고 (은혜에) 보답하지 않을 수 있겠습니까! 공경히 눈부신 영광을 품고 훈계하신 諭旨를 잊지 않겠으며, 미천한 정성을 더욱 다하여 事大하는 정성에 소홀히 하지 않겠습니다. 운운.

順治 11년 9월 20일.

方物表

原編 卷41 勅諭 13a(780쪽)

운운. 하늘에서 명령이 내려와 윤음의 반포를 받았으니, 특산물을 준비하는 것은 진헌할 방물에 해당하기에 삼가 갖추었습니다. 운운.

[물건목록은 위의 甲申년 謝恩方物과 같다]

이상의 물건은 벽지에서 생산되어 품질이 뛰어나지 않으니 대략 事大하는 정성을 드러낼 뿐이지 어찌 제대로 된 방물에 마땅하겠습니까! 운운.

右表進呈咨[式見甲申謝恩]

原編 卷41 勅諭 13a(780쪽)

皇太后方物狀

原編 卷41 勅諭 13a~13b(780쪽)

조선국왕이 昭聖慈壽恭簡安懿皇太后陛下의 進獻禮物을 삼가 다음과 같이 갖추었습니다.

紅細苧布 10匹, 白細苧布 10匹, 白細綿紬 20匹, 滿花席 10張, 雜彩花席 10張.

이상 물건을 삼가 올리며 아룁니다.

順治 11년 9월 20일에 조선국왕.

右狀進呈咨

原編 卷41 勅諭 13b~14a(780~781쪽)

발신: 조선국왕

사유: 사은합니다.

[조선국왕] 順治 11년 7월 15일에 저는 다음과 같은 칙유를 받았습니다.

> **[황제]** ……. 李敬輿·李景奭·趙絅 등은 저지른 잘못이 중대한데 어찌 이러한 청을 할 수 있는가! 검토하여 논의한 후 아뢰어라.

[조선국왕] 저는 이를 삼가 받들고는 온 나라의 臣民들과 두렵고도 감격스러움을 가누

지 못하고 陪臣 靈豐君 李湜 및 議政府左參贊 李時楷 등을 파견해 사은표문 및 예물을 가지고 북경으로 보냈고, 아울러 昭聖慈壽恭簡安懿皇太后陛下께 진헌할 예물도 보냈습니다. 지금 예물의 목록을 열거하여 마땅히 자문으로 보내니 살펴보고 상주해주시기 바랍니다.

一. 紅細苧布[이하 물건목록은 위의 原狀에 보인다]

이상 예부로 자문을 보냅니다.

順治 11년 9월 20일.

皇后方物狀[式見甲申謝恩]

原編 卷41 勅諭 14a(781쪽)

右狀進呈咨[式見甲申謝恩]

原編 卷41 勅諭 14a(781쪽)

陳誤請收用奏[互陳奏]

原編 卷41 勅諭 14a~15a(781쪽)

발신: 조선국왕

사유: 공경히 聖旨를 받들고는 황공하여 몸 둘 바를 모르지만 대략 사정을 아뢰면서 용서를 바랍니다.

[조선국왕] 본년 7월 15일에 臣은 삼가 다음과 같은 칙유를 받들었습니다.

[황제] ……. 李敬輿·李景奭·趙絅 등은 저지른 죄가 중대한데 어떻게 이러한 요청을

할 수 있는가! 낱낱이 조사하여 의논한 후 자세하고 확실히 상주하라.

[조선국왕] 臣은 이를 삼가 받들고는 채 끝까지 읽기도 전에 모골이 송연해지고 두려워 떨면서 스스로 몸 둘 바를 몰랐습니다.

공경히 생각건대 태종황제께서는 덕은 세상을 포용할 정도이고 은혜는 깊고도 면면히 이어져, 東土 수천 리의 백성들이 모두 아끼고 길러주시는 품으로 들어갔으니, 이는 선왕이 지성으로 사대하며 제후의 법도에 있어 잘못을 저지르지 않았기 때문입니다. 더구나 臣은 일찍이 황제의 조정에서 시위하며 특별히 보살핌을 받았고, 오늘날에 이르러서는 외람되어 藩服을 계승하였는데 은혜를 내려 어루만져 주시니 황상의 시혜가 아님이 없어 밤낮으로 보답할 것을 항상 생각했습니다.

돌아보건대, 이 세 신하들은 저지른 범죄가 중하고 죄악이 매우 큼에도 다행히 鴻恩을 받아 겨우 목숨을 부지할 수 있었습니다. 이에 臣은 진실로 天威를 범하여 멋대로 복직시키지 않았습니다.

그런데 생각해보니, 사면령이 여러 차례 내려져 은택이 두루 미쳤고 또 세월이 이미 오래되어 개과천선하지 않을 리가 없기 때문에, 이를 가지고 잘못 생각하여 이내 망령되이 황제폐하께 청하였던 것입니다. 이에 칙사가 멀리서 임하시고 엄격한 諭旨가 뒤이어 내려지니 臣은 너무나 두렵고 떨려 정신이 멀리 날아갔고, 돌이켜 자책하며 차라리 땅속으로 들어가고 싶었습니다. 아무리 후회해도 소용이 없어 (스스로) 미워하고 괴로워하는 마음이 이 때문에 더욱 절실해지니, 어찌 감히 다시 복직시킬 생각을 할 수 있겠습니까!

당초 잘못 헤아리고 망령되이 상주한 것은 또한 온 나라의 군신들이 우둔하고 어리석었던 결과이지 어찌 (일을) 숨기거나 속이는 사람이 있어 그랬던 것이겠습니까! 지금 조사할 즈음에 조정에 있는 신하들이 모두 한목소리로 (자신들의) 어리석고 망령됨을 스스로 인정했는데, 이것은 실로 칙사 대신께서 모두 목도한 바입니다. 小邦에서 일을 처리한 것이 이미 오류가 있어서 여러 가지가 잘못되었으므로, (이제) 성지가 내려진 마당에 진실로 (그 잘못들에 대해) 건마다 해명할 수는 없습니다. 그러나 애초에 그 본심은 무지한 어린아이가 부모의 사랑을 믿고서 말을 가리지 못하고 이야기한 것과 같습니다. 후회와 두려움이 점점 깊어져 속마음이 타들어 가는 것 같아, 북쪽을 바라보고 고개를 숙이며 흐느끼는 와중에 저도 모르게 눈물이 흐릅니다. 보내신 諭旨의 내용에 대해서는 臣이 이미 小邦의 신료들과 칙사 대신께 삼가 답변을 했고 또한 주문을 갖추어 아뢰도록 하겠습니다.
삼가 천지부모와 같은 皇上께서 어리석은 마음을 헤아려 주시고 특별히 용서를 내려주시기 바랍니다. 臣은 이후 마땅히 온 나라의 신민들과 함께 죽을 때까지 가슴에 맹세하며 한층 더 성심을 다함으로써 大朝께서 생명을 살려주신 지극한 덕에 보답하겠습니다. 臣은 하늘과 皇上을 우러러 두렵고 떨리는 마음을 가누지 못하고 있습니다. 공경히 聖旨를 황송하고 두려운 마음에 몸 둘 바를 모르겠지만, 정황을 대략 아뢰며 용서를 받기를 바랍니다. 이에 삼가 奏聞을 갖추었습니다. 이상을 삼가 아뢰며 聖旨를 기다립니다.

順治 11년 9월 20일. 조선국왕.

右奏進呈咨

原編 卷41 勅諭 15a~15b(781쪽)

발신: 조선국왕
사유: 공경히 聖旨를 받들고는 황공하여 몸 둘 바를 모르지만 대략 사정을 아뢰면서 용서를 바랍니다.

운운. ["本年七月"부터, "戰慄之至"까지. 위의 原奏를 보라]
이에 별도로 奏本을 갖추어 陪臣靈豐君 李滉 및 議政府左參贊 李時楷를 북경으로 보내 아뢰는 외, 마땅히 자문을 보내오니 번거롭겠지만 貴部에서 대신 황제께 상주해 주십시오. 이상 禮部로 보냅니다.

順治 11년 9월 20일.

方物奏[豹皮康熙辛卯免]

原編 卷41 勅諭 15b(781쪽)

발신: 조선국왕

사유: 進獻합니다.

삼가 진헌할 예물을 구비하여 陪臣 靈豐君 李湜 및 議政府左參贊 李時楷를 파견해 (이를) 가지고 진헌하게 하는 외, 지금 예물 목록을 열거하여 삼가 아룁니다.

黃細苧布 20匹, 白細苧布 20匹, 黃細綿紬 20匹, 紫細綿紬 20匹, 白細綿紬 30匹, 龍文簾席 2張, 黃花席 10張, 滿花席 20張, 雜彩花席 10張, 豹皮 5張, 獺皮 20張, 青黍皮 30張, 白綿紙 2천 권, 黃毛筆 1백 枝, 油煤墨 50錠.

이상을 아룁니다.

順治 11년 9월 20일에 조선국왕.

右奏進呈咨

原編 卷41 勅諭 16a(782쪽)

발신: 조선국왕

사유: 진헌합니다.

공경히 聖旨를 받들고는 황공하여 몸 둘 바를 모르지만 대략 사정을 아뢰면서 용서를 바라는 일로, 陪臣 靈豐君 李湜 및 議政府左參贊 李時楷를 파견해 진헌예물을 가지고 북경으로 가서 진헌하게 하는 외, 지금 예물 목록을 열거하여 마땅히 자문으로 보내오니 살펴보시고 상주하여 시행해주십시오. 삼가 아룁니다.

一. 黃細苧布[이하 물건목록은 위의 原奏를 보라]
이상 예부에 자문을 보냅니다.

順治 11년 9월 20일.

皇太后方物單

原編 卷41 勅諭 16a(782쪽)

조선국왕이 삼가 昭聖慈壽恭簡安懿皇太后陛下께 진헌할 禮物을 다음과 같이 갖추었습니다.
紅細苧布 10匹, 白細苧布 10匹, 白細綿紬 10匹, 滿花席 10張, 雜彩花席 10張.
이상의 물건들을 삼가 올리며 아룁니다.

順治 11년 9월 20일. 조선국왕.

右單進呈咨

原編 卷41 勅諭 16b(782쪽)

발신: 조선국왕
사유: 진헌합니다.

공경히 聖旨를 받들고는 황공하여 몸 둘 바를 모르지만 대략 사정을 아뢰면서 용서를 바라는 일로, 陪臣 靈豐君 李湜 및 議政府左參贊 李時楷를 파견해 동봉된 奏本과 예물 및 昭聖慈壽恭簡安懿皇太后陛下께 진헌할 禮物을 구비하여 보내는 외, 지금 예물 목록을 열거하여 마땅히 자문으로 보내오니 살펴보시고 상주하여 시행해주십시오.
一. 黃細苧布[이하 물건목록은 위의 原單에 보인다]
이상 예부로 자문을 보냅니다.

順治 11년 9월 20일.

皇后方物單

原編 卷41 勅諭 16b~17a(782쪽)

조선국왕이 삼가 中宮殿下께 진헌할 禮物을 다음과 같이 갖추었습니다.
紅細苧布 10匹, 白細苧布 10匹, 白細綿紬 10匹, 滿花席 10張, 雜彩花席 10張.
이상의 물건들을 삼가 올리며 아뢰니다.

順治 11년 9월 20일. 조선국왕.

右單進呈咨

原編 卷41 勅諭 17a(782쪽)

발신: 조선국왕
사유: 진헌합니다.

공경히 聖旨를 받들고는 황공하여 몸 둘 바를 모르지만 대략 사정을 아뢰면서 용서를 바라는 일로, 陪臣 靈豐君 李湜 및 議政府左參贊 李時楷를 파견해 동봉된 奏本과 예물 및 중궁전하께 진헌할 禮物을 구비하여 보내는 외, 지금 예물 목록을 열거하여 마땅히 자문으로 보내오니 살펴보시고 상주하여 시행해주십시오.

一. 紅細苧布[이하 물건목록은 위의 原單에 보인다]

이상 예부로 자문을 보냅니다.

順治 11년 9월 20일.

禮物總單

原編 卷41 勅諭 17a(782쪽)

[세 신하의 복직으로 인해 칙지를 내려 준 것에 사은하는 물건목록 및 세 신하의 복직을 그릇되게 요청한 상주에 대한 물건목록은 모두 원 表文·狀文 및 奏文單子에 보인다. ○世子의 책봉을 청한 것에 대한 물건목록은 封典에 보인다]

申諭斥和臣事勅[刑部尙書巴等來]

原編 卷41 勅諭 17a~18a(782~783쪽)

발신: 황제

사유: 조선국왕에게 칙유를 내리노라.

전에 李敬輿·李景奭·趙絅 등의 범죄가 중대하여 이미 태종황제의 聖旨를 받들어 파직하고 서용하지 않게 했다. 그런데 네가 다시금 충성스럽고 근면하다고 여겨 모호하게 주청을 하였고, 도리어 古兒馬紅[정명수] 및 李馨長과 원한이 있어 (정명수 등이) 서로 결탁하여 때를 틈타 무고하게 모함했다고 했는데, 이는 정사를 어지럽힌 간신을 등용할 수 있다고 여기는 것이다. 정사를 어지럽힌 간신을 등용할 수 있다고 여긴다면,

태종황제의 聖旨는 어떻게 되는가! 그대의 아비는 수십 년 동안 제후의 법도를 신중히 지켜왔는데, 이러한 무리가 환란을 일으키는 것은 무슨 이유에서인가! 짐이 심히 그대를 위해 걱정한다. 때문에 칙사를 보내 특별히 유시하여 그대로 하여금 반성하고 고치도록 했다. 그런데 지금 그대의 奏文을 보니, "낭시 잘못 헤아리고 망령되이 상주한 것은 또한 온 나라의 군신들이 어리석고 우매한 소치가 아님이 없습니다."라고 하였다. 그대는 일국의 군주가 되어 어찌 흰소리로 문책을 막는가! 끝내 환란을 일으키는 간신이 있다면 즉시 분명하게 처벌하는 것이 옳다.

다만 생각건대, 그대가 전의 잘못을 몹시 후회하고 있고 또 언사가 매우 간절하며, 온 나라의 신민들과 죽을 때까지 맹세하여 한층 더 성심을 다함으로써 大朝에서 생명을 살려주신 지극한 덕에 보답하겠다고 하며 죄를 분명히 인정했으니 일단 관대하게 용서한다. 지금 이후 奏文의 내용은 마땅히 모두 진정한 성의로 올리는 것이 長久할 수 있는 방법이 될 것이며, 단연코 경솔하게 간신을 믿고 더하여 사단을 야기해 짐이 小邦을 감싸주는 마음을 저버려서는 안 된다. 그대는 삼가 공경히 받들고 소홀히 하지 말라. 이에 특별히 유시하노라.

順治 11년 12월 21일.

謝申諭表[使柳廷亮]

原編 卷41 勅諭 18a~18b(783쪽)

운운. 어리석고 미혹되어 망령되이 (죄를) 저질러 바야흐로 엄한 견책을 기다리고 있었는데, 관대하고도 넉넉히 수용해주시어 특별히 따뜻한 윤음을 내려주셨으니, 황공해서 흐르는 땀을 겨우 닦자마자 감격의 눈물이 바로 흘러내렸습니다.

삼가 생각건대, 운 좋게도 창성한 시기를 만나 근근이 先業을 보존하였습니다. 융성한 은혜를 받았기에 오직 보은할 방법만을 생각했는데, 일 때문에 함부로 상주했다가 생각지 못하게 황제께 죄를 얻었습니다. 그런데 뜻하지 않게 조사를 마치신 뒤에 곧이어 용서하시는 은전을 받게 되었습니다. 곡진하게 살펴주시는 은혜를 내리시니 진실로 부모의 사랑과 같고, 기왕의 허물을 용서해주시니 진노를 풀어주신 것뿐이겠습니까! 칙사가 수고롭게도 멀리서 오시어 황송하게도 지척에서 안색을 마주했고, 聖旨가 밝게 선포되어 다시금 개도해주시는 바를 받들었습니다. 이는 지극한 교화가 만들어준 것이며 진실로 세상에 드문 사건일 것입니다.

삼가 총명으로 임하시고 神武로써 살생하지 않는 때를 만났습니다. 성심으로 남을 대우하시니 四海가 모두 인자함에 귀의했고, 하해와 같이 더러움까지도 받아주시니 필부들마저도 억울한 일이 없었습니다. 이에 특별한 은혜를 폐방에게까지 이르게 하셨으니 더욱 충정을 다하며 타일러 주신 諭旨를 영원토록 준수하지 않을 수 있겠습니까! 東土를 삼가 수호하며 사대의 정성을 다하겠으며, 뭇 별들이 북극성을 바라보듯 황제에 대한 송축을 오래도록 바치겠습니다. 운운.

順治 12년 4월 12일.

方物表

原編 卷41 勅諭 18b(783쪽)

운운. 두터운 은혜가 하늘과 같아 이윽고 허물을 씻어 주시는 돌봄을 받았으니 부박한 토산물이지만 어찌 方物의 의례를 드러내지 않을 수 있겠습니까! 운운.

[물건목록은 甲申년 謝恩方物과 같다]

이상의 물건들은 제조가 정밀하지 않고 가짓수가 많지 않으니, 어찌 조공 물품에 합당하겠습니까마는 다만 方物을 올리는 정성을 드러낼 따름입니다. 운운.

右表進呈咨[式見甲申謝恩]

原編 卷41 勅諭 18b(783쪽)

皇太后方物狀[式見甲午謝恩]

原編 卷41 勅諭 18b(783쪽)

右狀進呈咨[式見甲午謝恩]

原編 卷41 勅諭 18b(783쪽)

皇后方物狀[式見甲申恩謝]

原編 卷41 勅諭 18b(783쪽)

右狀進呈咨[式見甲申恩謝]

原編 卷41 勅諭 18b(783쪽)

禮物總單[見封典]

原編 卷41 勅諭 18b(783쪽)

[■未]

遣官詳確金忠一犯殺擬議勅[見犯越]

原編 卷41 勅諭 19a(783쪽)

[丙申]

遣官再按原査名官勅[見犯越]

原編 卷41 勅諭 19a(783쪽)

[丁酉]

禮部申飭誤寫總單咨

原編 卷41 勅諭 19a~20a(783~784쪽)

발신: 예부

사유: 스스로 점검하여 죄를 인정하며 조선 관원이 進貢할 刀의 수량을 잘못 적은 것을 찾아냈습니다.

[예부] 主客司에서 案呈을 올렸는데, 그 내용은 다음과 같았습니다.

[주객사] 본부에서 보낸 禮科의 抄出을 받들었는데, 그 내용은 다음과 같았습니다.

[예과] 該 본부에서 앞의 사유로 題를 올렸는데, 그 내용은 다음과 같았습니다.

[예부] 살펴보건대, 조선에서 매해 공물을 올리는데 腰刀의 정해진 수량은 원래 10把입니다. 올해 올린 요도 또한 10把인데, 總單에서는 잘못하여 100把라고 적었습니다. 臣들은 일찍이 漢 啓心郎 甘文焜과 徐繼煒에게 조선의 자문과 아울러 원래 정한 舊案을 함께 검토하라고 했습니다. 그리고 작년에도 문서를 갖추어 (조선의) 戶曹 및 漢 啓心郎 甘文焜·徐繼煒에 題本

을 넘겼고, 主客司 筆帖式 哈凿馬部로 하여금 舊案 및 該國의 자문을 가져다 확인하라고 했습니다. 그런데 馬部는 단지 該國의 總單만을 취하여 확인하고는 甘文焜에게 보내버렸습니다. 그래서 甘文焜 및 徐繼煒 등은 該國의 總單에 100把라고 잘못 적은 글자를 근거로 題本을 작성하였고 舊案과 (조선의) 자문을 보지 못했습니다. 마땅히 吏部에게 명령을 내려 처벌을 논의케 해야 합니다.

尙書 臣 恩國泰·太子太保 尙書 臣 胡世安·左侍郎 臣 烏黑薛所蘊·右侍郎 臣 祁徹白·啓心郎 吳馬戶 또한 甘文焜·徐繼煒에게 舊檔과 자문을 상세히 확인했는지 묻지 않고 경솔하게 題本을 올렸으므로 臣들 또한 잘못을 확인하지 못한 허물을 변명하기 어려우니, 응당 臣들에 대해 吏部에게 명령하여 처벌을 논의케 해야 합니다.

또 살펴보건대, 조선국왕의 표문과 자문은 모두 착오가 없으니 마땅히 처벌을 면제해야 합니다. 다만 북경에 온 進貢陪臣吏曹判書 尹絳·禮曹參判 李晢 등이 進貢總單의 總數를 보내왔는데, 성심으로 확인하지 않고 정해진 수량의 好刀 10把를 好刀 100把로 잘못 적은 것은 실로 태만했기 때문입니다. 마땅히 이들 및 조선에서 進貢總單을 작성한 該 아문의 관리에 대해, 조선국왕에게 공문을 보내 치죄하게 해야 합니다.

또 臣들이 앞서 올린 題本 중 그 총단에 근거하여 잘못 적은 100把라는 단어를 마땅히 10把라고 고쳐야 합니다. 이에 삼가 題本을 올려 旨를 청합니다.

[예과] (本部에서) 順治 14년 정월 10일에 題를 올려 본월 21일에 旨를 받들었는데, 그 내용은 다음과 같았습니다.

[황제] 恩國泰 등이 이미 스스로 점검을 행했으니 모두 처벌은 면제한다. 朝鮮國 進貢陪臣 尹絳 및 총단을 작성해서 올린 관리들은 일단 죄를 면제한다. 그리고 조선국왕에게 자문을 보내 신칙하게 하라. 앞선 제본의 오자는 개정하라.

[주객사] 抄出한 것이 本司에 도착했습니다. 마땅히 咨文을 보내야 합니다.

[**예부**] 이에 마땅히 貴國으로 자문을 보내니, 번거롭겠지만 題를 통해 받든 旨의 내용에 따라 즉시 陪臣 尹絳 및 총단을 작성한 관리를 모두 신칙하시기 바랍니다. 이상 조선국왕에게 자문을 보냅니다.

順治 14년 정월 21일.

勘罪誤寫官吏咨

原編 卷41 勅諭 20a~20b(784쪽)

발신: 조선국왕

사유: 進貢할 刀의 수량을 잘못 적었습니다.

[**조선국왕**] 본년 3월 4일에 貴部의 자문을 받았는데, 그 내용은 다음과 같았습니다.

[**예부**] ……. 조선에서 매해 공물을 올리는데 腰刀의 정해진 수량은 원래 10把입니다. 올해 올린 요도 또한 10把인데, 總單에서는 잘못하여 100把라고 적었습니다. 進貢陪臣 吏曹判書 尹絳·禮曹參判 李晢 등이 실로 태만했기 때문입니다. 마땅히 이들 및 조선에서 進貢總單을 작성한 該 아문의 관리에 대해, 조선국왕에게 공문을 보내 치죄하게 해야 합니다.

順治 14년, 정월 10일에 題를 올렸고 본월 21일에 旨를 받들었는데, 그 내용은 다음과 같았습니다.

[**황제**] 조선국의 進貢陪臣 尹絳 및 進貢總單을 작성한 관리는 일단 죄를 면제한다. 그리고 조선국왕에게 자문을 보내 신칙하게 하라.

[**예부**] 이에 마땅히 貴國으로 자문을 보내니, 번거롭겠지만 題를 통해 받든 旨의 내용에 따라 즉시 陪臣 尹絳 등 및 總單 작성 관리를 모두 신칙하시기 바랍니다.

[**조선국왕**] 小邦에서는 進貢문서의 항목들에 대해 여러 차례 검토하여 매우 공경히

조심합니다. 그런데 該 서사 관리가 이처럼 잘못을 저질러 題本을 올려 旨를 받들게 될 줄은 생각지 못했습니다. 進貢陪臣 尹絳 등과 該寫 官吏는 마땅히 별도로 형벌에 처해야 합니다. 저 또한 책임을 면하기 어려운데 다행히 하해와 같은 황제의 도량에 힘입어 특별히 관대하게 용서를 받았으니 따뜻한 諭旨를 읽는 와중에 황공함과 감격은 더욱 깊어졌습니다. 자문의 내용에 따라 별도로 신칙하는 외, 마땅히 자문으로 답하오니 번거롭겠지만 貴部에서는 살펴서 시행해주시기 바랍니다. 운운.

順治 14년 5월 6일. [예부로 보냄]

[丁酉]

頒查審犯買焰硝勅[見犯禁]

原編 卷41 勅諭 20b(784쪽)

[辛丑]

禮部知會犯買硫黃馬銅及挖蔘各犯查奏咨[見犯禁]

原編 卷41 勅諭 21a(784쪽)

[辛丑]

禮部知會嚴查劉貴金犯越挖蔘及地方官咨[見犯越]

原編 卷41 勅諭 21a(784쪽)

[辛丑]

禮部知會各犯免罪及飭咨內王旨字咨[見犯禁]

原編 卷41 勅諭 21a(784쪽)

禮部知會咨內王旨字免議咨

原編 卷41 勅諭 21a~21b(784쪽)

발신: 예부

사유: 조선국왕을 처벌해야 합니다.

[예부] 主客司에서 案呈을 올렸는데, 그 내용은 다음과 같았습니다.

[주객사] 본부에서 보낸 禮科의 抄出을 받았는데, 그 내용은 다음과 같았습니다.

[예과] 該 본부에서 앞의 사유로 題를 올렸는데, 그 내용은 다음과 같았습니다.

[예부] 살펴보건대, 조선국왕이 '각 범인의 형벌을 결정했습니다'라는 사유로 臣部에 자문을 보냈는데, 그 중 '王旨를 받들었다'라는 말이 있었습니다. 該臣들을 다음과 같이 생각합니다. 조선국왕이 部·院에 보내는 공문 중에도 王旨라고 적는 것은 또한 마땅하지 않습니다. 그런데 하물며 奏疏의 내용에 王旨라는 글자가 있는 것은 外國이 상국을 공경하는 사체가 아니며 대단히 패악한 일에 속합니다. 마땅히 조선국왕의 처벌을 논의해야 합니다. 삼가 題를 올려 旨를 청합니다.

[예과] (본부에서) 順治 18년 5월 22일에 題하여 25일에 旨를 받들었는데, 그 내용은 다음과 같았습니다.

[황제] 奏疏 중에 王旨라는 글자가 있는 것은 대단히 마땅하지 않다. 본래 마땅히 처벌해야 하나 일단 관대히 처벌을 면해준다. 이번에는 엄히 신칙을 행하도록 하라.

[**주객사**] 마땅히 엄히 신칙해야 합니다.

[**예부**] 이에 자문을 보내오니, 번거롭겠지만 본보에서 題를 통해 받든 旨의 내용에 따라 삼가 준수하십시오. 운운.

順治 18년 7월 6일.

回咨

原編 卷41 勅諭 21b~22a(784~785쪽)

발신: 조선국왕

사유: 처벌해야 한다는 사안에 대해서입니다.

[**조선국왕**] 본년 7월 24일에 貴部의 자문을 받았는데, 그 내용은 다음과 같았습니다.

[**예부**] ……. 운운. ["主客淸吏司"부터, "欽遵施行"까지. 위의 原咨를 보라]

[**조선국왕**] 삼가 小邦이 구석진 바다 밖에 있기에 참고할 문헌이 없으니, 무릇 자문과 주문의 문장은 단지 상국에서 보낸 문서를 따를 뿐이며 말을 만들거나 글자를 정선하는 일[下字]에 대해서는 전혀 취사선택할 줄 모릅니다. 奏疏에서 외람되게도 王旨 등의 글자를 썼으니, 지난번 皇上께서 관대히 용서하는 은혜를 특별히 내려주시지 않았다면 저는 불경한 죄에 빠질 뻔했으니, 貴部에서 받든 旨의 내용을 살펴보고는 두렵고 떨려 몸 둘 바를 몰랐습니다. 陪臣 錦林君 李愷胤 등을 별도로 북경에 보내 皇恩을 공경히 사은하는 외, 이상의 정황을 마땅히 자문으로 답하오니 번거롭겠지만 貴部에서 살펴보시고 너그럽게 헤아려주십시오. 운운.

順治 18년 10월 28일.

謝免議表[製李天基 使錦林君 愷胤]

原編 卷41 勅諭 22a~22b(785쪽)

운운. 우매하여 아무것도 모르고 망령되이 (문서를) 작성한 죄를 저질렀는데 분수에 넘치게 사면받아 외람되게도 곡진히 용서하는 은혜를 내려주셨으니, 황송해하며 흘린 땀을 겨우 수습하자마자 감격스러워 눈물이 교차로 흘러내렸습니다.

생각건대 분수에 맞는 도리에 대해 대략 알고 있었지만 憲章을 제대로 익히지 못했기에, 매번 참고할 문헌이 없어 부끄러워했고 경솔히 잘못된 문장을 베끼는 짓을 자주 저질렀습니다. 다만 (상국의) 공문서를 베끼는 정도였는데 생각지 못하게 패악한 일을 해버렸습니다. 원래 제 마음은 참월하려고 했던 것은 아니지만 법률을 살펴보면 진실로 (처벌을) 면하기 어려웠습니다. 該部에서 상주하여 논의한 것을 받아보고는 비로소 엄한 형벌을 야기했다는 것을 알았는데, 聖上의 德音을 받아보니 정말로 다행스럽게 용서하는 은전을 특별히 베푸셨습니다. 지난 일의 잘못을 용서해주셨으니 실로 하늘같은 인자함과 사랑을 받은 것이며, 앞으로의 일에 훈계와 타이름을 내려주셨으니 생명을 온전히 해주시는 바탕을 보여주신 것입니다.

삼가 정성으로 아래 사람들을 대하시고 세상에 법칙을 세우신 때를 만났습니다. 크신 도량으로 포용해주시어 힘써 용서해주시고, 小邦의 우매한 잘못을 헤아려주시어 안타까워하는 마음을 내려주셨습니다. 이에 죄를 저지른 몸으로 하여금 잘못을 씻어주는 은택을 입게 해주셨으니, 지난 일을 거울삼아 앞일을 조심하여 옛 허물을 버리고 새로움을 도모하지 않을 수 있겠습니까! 무식한 습속을 씻고 魯나라와 같은 문명국으로 바뀔 것을 기필하겠으며, 충성하고 삼가는 예절에 힘써 모든 백성이 황제를 추앙하고 있음을 송축하고자 합니다. 운운.

順治 18년 11월 1일.

方物表

原編 卷41 勅諭 22b(785쪽)

운운. 덕이 깊고도 깊어 잘못을 잊어주시어 하늘같은 보살핌을 두터이 받게 되었으니, 진실로 제후의 도리를 다해야 하겠기에 감히 방물을 올리며 삼가 갖추었습니다. 운운.

[물건목록은 甲申년 謝恩方物과 같다]

이상의 물건들은 벽지에서 생산되었고 품질이 뛰어나지 않으니 어찌 조공하는 의례에 적합하겠습니까마는 오로지 마음속의 정성을 드러내고자 할 따름입니다. 운운.

右表進呈咨[式見甲申謝恩]

原編 卷41 勅諭 22b(785쪽)

皇太后方物狀[式見甲午謝恩]

原編 卷41 勅諭 22b(785쪽)

右狀進呈咨[式見甲午謝恩]

原編 卷41 勅諭 22b(785쪽)

皇后方物狀[式見甲申謝恩]

原編 卷41 勅諭 22b(785쪽)

右狀進呈咨[式見甲申謝恩]

原編 卷41 勅諭 22b(785쪽)

禮物總單[見節使]

原編 卷41 勅諭 22b(785쪽)

禮部查收謝宥犯免議誤犯字及三節方物咨[見節使]

原編 卷41 勅諭 23a(785쪽)

[壬寅]

禮部知會遣官查審濃額必等越江伐木咨[見犯越]

原編 卷41 勅諭 23a(785쪽)

[癸卯]

頒查審犯買硫黃勅[見犯禁]

原編 卷41 勅諭 23a(785쪽)

[癸卯]

禮部飭斜皮紙張不堪使臣姑從寬免咨[見節使]

原編 卷41 勅諭 23a(785쪽)

[甲辰]

禮部諭飭王城稱王京硫黃一案依議咨[見犯禁]

原編 卷41 勅諭 23a(785쪽)

[甲辰]

禮部申飭犯越咨[見犯越]

原編 卷41 勅諭 23a(785쪽)

[丙午]

頒査審犯買硝黃容隱逃人勑[見犯禁]

原編 卷41 勅諭 23a(785쪽)

[丙午]

禮部知會罰銀減半各官寬免咨[見刷還]

原編 卷41 勅諭 23a(785쪽)

[丁未]

禮部知會貢紙不堪免罰及使臣著該國議奏咨[見節使]

原編 卷41 勅諭 23a(785쪽)

[庚戌]

禮部知會節行下役犯買通鑑交該國審奏咨[見犯禁]

原編 卷41 勅諭 23a(785쪽)

[壬子]

禮部知會幣品不符議令回奏奉旨寬免咨[見節使]

原編 卷41 勅諭 23a(785쪽)

[丁巳]

禮部知會年貢行員役私帶地圖交該國審奏咨[見犯禁]

原編 卷41 勅諭 23b(785쪽)

[己未]

禮部知會貢布失火使臣免議布匹免補進咨[見節使]

原編 卷41 勅諭 23b(785쪽)

[己未]

禮部知會冬至表內犯回避字寬免咨

原編 卷41 勅諭 23b~24a(785~786쪽)

발신: 예부

사유: 旨에 따라 논의하여 상주했습니다.

[예부] 儀制淸吏司에서 案呈을 올렸는데, 그 내용은 다음과 같았습니다.

[의제사] 본부에서 보낸 禮科의 抄出을 받았는데, 그 내용은 다음과 같았습니다.

[예과] 該 본부에서 題를 올려 답하였는데, 그 내용은 다음과 같았습니다.

[예부] 조선국왕이 康熙 17년 11월 8일에 冬至 令節에 賀禮한다는 사유로 상주하였습니다. 康熙 17년 11월 8일에 조선국왕이 삼가 표문을 올렸고 康熙 18년 정월 11일에 旨를 받들었는데, 그 내용은 다음과 같았습니다.

[황제] 왕이 상주하여 하례한 것을 보았다. 알았다. 該部는 알려라. 이 표문 중에 격식에 어긋난 글자가 있으니 검토하여 논의한 후 상주하라.

[예부] 정월 12일에 (旨가) 본부에 도착하여 該 臣들이 조사해보니, 順治

18년 정월 8일에 반포한 詔書 한 통이 있었습니다. 조선국왕은 여러 해 동안 慶賀하는 표문을 올린 지가 이미 18년이나 되었습니다. 지금 康熙 17년 11월 8일 동지 영절의 표문 중에는 마땅히 회피해야 하는 글자가 있는데도 그러지 않았으니 공경함과 신중함이 매우 부족합니다.

(……)

[황제] 마땅히 조선국왕에 대해 관대히 죄를 면제하라.

[의제사] 抄出이 본부를 통해 本司로 보내졌습니다. 마땅히 (조선국왕에게) 알려야 합니다.

운운.

康熙 18년 2월 13일.

謝寬免表[使朗原君 偘]

原編 卷41 勅諭 24a~24b(786쪽)

운운. 우매하여 큰 죄를 저질렀기에 벌을 받을 생각에 떨고 있었는데 聖哲로써 잘 헤아려주시고는 과실을 용서하는 은혜를 특별히 내리셨으니, 기뻐하며 송축하는 와중에도 몸 둘 바를 몰랐습니다.

외람되이 같은 書軌의 영역에서 敎條를 삼가 지키며, 오직 스스로 정성을 다할 것만을 생각하여 職貢을 수행하고 또한 여러 차례 표문과 주문을 작성하면서 더욱 문서작성을 조심히 했습니다. 그런데 생각지 못하게 문장 중에 피휘하지 못한 일이 생겼으니, 그 죄를 논하면 불경죄에 해당하므로 마땅히 중벌을 받아야하는데 (황제께서) 이 일은 별 뜻 없이 저질렀다고 생각하시고 용서하여 가벼운 벌을 내리시고는, 이윽고 은량으로 속죄하는 것도 다행히 면제해주셨으니 제가 받은 감격이 더욱 깊어집니다.

삼가 근엄한 법칙을 세상에 세우시고 자신의 마음을 미루어 아랫사람을 대우하시는 때를 만났습니다. 가까운 곳과 먼 곳을 모두 품어주시고 살아 있는 존재를 다 거두어 주시어, 음양의 도리로 다스려 모두 조화지경으로 귀의시켰습니다. 이에 마침내 먼 곳의 藩服으로 하여금 특별한 은혜를 받게 하였으니, 스스로 허물을 반성하고 뼈에 새겨 보답을 도모하지 않을 수 있겠습니까! 전의 일을 거울삼아 앞일을 경계하되 영원히 皇靈께 의지할 것을 기필하겠으며 절의와 충성을 다 바쳐 제후의 법도를 무너뜨리지 않겠습니다. 운운.

康熙 18년 7월 20일.

方物表

原編 卷41 勅諭 24b(786쪽)

운운. 두터운 덕이 하늘과 같아 잘못을 눈감아 주시는 은택을 입었으니 부박한 토산물이지만 제후의 의례를 행하여 삼가 갖추었습니다. 운운.
[물건목록은 위의 順治 甲申년 謝恩方物과 같다]
이상 물건들은 품질이 진귀하지 못하고 제조가 또한 벽지에서 이루어졌으니 어찌 조공품에 적합하겠습니까마는 다만 사대의 정성이 드러나길 바랄 뿐입니다. 운운.

右表進呈咨[式見順治甲申謝恩]

原編 卷41 勅諭 24b(786쪽)

太皇太后方物狀

原編 卷41 勅諭 24b~25a(786쪽)

조선국왕이 昭聖慈壽恭簡安懿章慶敦惠溫莊康和太皇太后陛下께 진헌할 禮物을 삼가 갖추었습니다.

紅細苧布 10匹, 白細苧布 10匹, 白細綿紬 20匹, 滿花席 10張, 雜彩花席 10張.

이상의 물건들을 삼가 올리며 아룁니다.

康熙 18년 7월 20일에 조선국왕.

右狀進呈咨

原編 卷41 勅諭 25a(786쪽)

발신: 조선국왕

사유: 사은합니다.

康熙 18년 4월 18일에 저는 進貢陪臣 福平君 李㮒이 북경에서 가져온 貴部의 자문을 받았는데, 그 내용은 다음과 같았습니다.

……. 운운. [“儀制淸吏”부터, “相應知會”까지. 위의 禮部犯回避字寬免咨를 보라] 저는 온 나라의 신민들과 두렵고 감격스러운 마음을 가누지 못하고 陪臣 朗原君 李偘 및 禮曹判書 吳斗寅을 파견하여 謝恩表文과 禮物을 북경으로 보내고 아울러 昭聖慈壽恭簡安懿章慶敦惠溫莊康和太皇太后陛下께 진헌할 禮物도 보냅니다. 지금 예물 목록을 열거하여 자문으로 보내니, 살펴보시고 상주해주십시오.

一. 紅細苧布[이하 물건목록은 原狀을 보라]

이상 예부에 자문을 보냅니다.

康熙 18년 7월 20일.

皇太后方物狀[見識順治甲午謝恩]

原編 卷41 勅諭 25b(786쪽)

右狀進呈咨[見識順治甲午謝恩]

原編 卷41 勅諭 25b(786쪽)

謝寬免箋

原編 卷41 勅諭 25b~26a(786~787쪽)

조선국왕이 말씀드립니다. 康熙 18년 4월 18일에 저는 進貢陪臣 福平君 李㮒이 북경에서 가져온 貴部의 자문을 받았는데, 그 내용은 다음과 같았습니다.

……. 운운. ["儀制淸吏"부터, "相應知會"까지. 위의 禮部犯回避字寬免咨를 보라]

臣은 이를 삼가 받들고는, 온 나라의 신민들과 두렵고도 감격스러움을 가누지 못하여 삼가 箋文을 올려 감사를 칭합니다. 臣은 진실로 황공하여 머리를 조아리고 또 조아립니다.

삼가 우매하여 죄를 저질렀기에 바야흐로 잘못을 아뢰고 벌을 기다리고 있었는데, 인자하고 너그럽게도 허물을 가엽게 여기시어 관대히 용서하는 은전을 입게 되었으니, 놀라서 흐르는 땀이 채 마르기도 전에 감격의 눈물이 뒤따라 흐릅니다.

외람되이 창성한 때를 만나 겨우 구석진 封國을 맡아서, 항상 10줄의 詔條를 준수하며 잠시도 소홀함이 없게 했건마는 종종 잘못을 저지를 때마다 매번 포용해주셨습니다. 과거에 문자를 제대로 살피지 못했을 때에도 상주할 때마다 매번 용서해주셨으니, 생각건대 이는 불쌍히 여기셔서 죄를 면제해 주시는 은총일 것이며 찬찬히 이끌어 주시는 큰 은혜가 아님이 없습니다.

황태자 전하께서는 태생이 비범하시고 상서로움이 밝게 빛나십니다. 하루에 세 번 문안[三朝]하는 예를 몸소 실천하시니 효가 彝倫을 다하였고, 만국의 마음을 지고 있으니 황태자의 덕이 드러났습니다. 이에 먼 藩服 또한 크신 보살핌으로 감싸주시니, 臣이 (그 은혜를) 죽을 때까지 기억하여 가슴 깊이 새겨 보답하지 않을 수 있겠습니까! 小邦[鰈城]까지 자취가 이르시니 감히 방물을 보내며 (제 마음은) 궁궐로 달려가 다만 만수무강하기를 절실히 축원합니다. 臣은 우러러 감격스럽고도 떨리는 마음을 가누지 못하며, 삼가 箋文을 올려 사은하며 아룁니다.

康熙 18년 7월 20일. 조선국왕이 삼가 전문을 올림.

方物箋

原編 卷41 勅諭 26a~26b(787쪽)

조선국왕이 아룁니다. 삼가 하늘같은 돌보심을 융성히 내려주셔서 특별한 은전을 받게 되었으니 토산물이 비록 부박하지만, 감히 미천한 정성을 바쳐 삼가 갖추었습니다. 白細苧布 20匹, 滿花席 11張, 雜彩花席 10張, 白綿紙 500卷, 黃毛筆 50枝, 油煤墨 50錠.

이상의 물건들은 벽지에서 생산되어 방물로 올리기에는 부끄러운 품질이므로, 다만 조공의 예를 갖추었을 뿐이고 어찌 조정의 올리기에 적합하겠습니까! 臣은 삼가 두렵고도 떨리는 마음을 가누지 못하고 箋文에 수반하여 (방물을) 올리며 아룁니다.

康熙 18년 7월 20일. 조선국왕.

右箋進呈咨

原編 卷41 勅諭 26b(787쪽)

발신: 조선국왕

사유: 사은합니다.

康熙 18년 4월 18일에 저는 進貢陪臣 福平君 李㮒이 북경에서 가져온 貴部의 자문을 받았는데, 그 내용은 다음과 같았습니다.

……. 운운. [위의 謝箋을 보라]

저는 온 나라의 신민들과 두렵고 감격스러운 마음을 가누지 못하고 謝恩箋文을 작성하고 아울러 진헌할 예물을 갖추어 陪臣 朗原君 李偘 및 禮曹判書 吳斗寅을 파견하여 북경으로 보내 올리게 하는 외, 지금 예물목록을 열거하여 자문으로 보내니, 살펴보시고 상주해주십시오.

一. 白細苧布[이하 물건목록은 위의 原箋에 보인다]

이상 예부로 자문을 보냅니다.

康熙 18년 7월 20일.

禮物總單[見進賀]

原編 卷41 勅諭 26b(787쪽)

禮部知會謝寬免箋知道及申飭箋內訛寫咨

原編 卷41 勅諭 26b~27a(787쪽)

발신: 예부

사유: 알립니다.

(……)

[주객사] 禮科에서 抄出한 것을 받았는데, 그 내용은 다음과 같았습니다.

[예부] 表文을 잘못 써서 罰銀을 받았다가 용서해주셨으니 箋文을 올려 사은한다는 사유로 조선국왕이 康熙 18년 7월 20일에 奏하여 9월 28일에 旨를 받들었

는데, 그 내용은 다음과 같았습니다.

[황제] 왕이 상주하여 사은한 것을 보았다. 알았다. 該部는 알려라. 이 箋文 중에 謝자가 賀자로 잘못 쓰였으니, 신칙을 행하라.

[주객사] 마땅히 알려야 합니다.

[예부] 이에 마땅히 자문을 보내니, 번거롭겠지만 살펴서 시행하십시오. 운운.

康熙 18년 10월 15일.

禮部查收賀平復方物發回謝寬免方物咨[見進賀]

原編 卷41 勅諭 27a(787쪽)

勘罪訛寫官吏咨

原編 卷41 勅諭 27a~27b(787쪽)

발신: 조선국왕

사유: 箋文을 잘못 쓴 관리를 신칙하고 벌주었습니다.

[조선국왕] 작년 11월 29일에 謝恩陪臣 朗原君 李偘 등이 가져온 貴部의 咨文을 받았는데, 그 내용은 다음과 같았습니다.

[예부] ……. 운운. ["禮科抄出"부터, "查照施行"까지. 위의 原咨를 보라]

[조선국왕] 생각건대 小邦은 무릇 事大의 의절에 대해 공경하고 신중히 하며 엄정히 두려워하는 마음을 다했으니, 올리는 문서에 대해 어찌 터럭만큼이라도 소홀했겠습니까! 그러나 전에 하례 표문을 올릴 때 회피해야 할 글자를 적었으며 지금 사은 전문에 또 謝자를 賀자로 잘못 적었으니, 지극히 공경해야 할 사안에 의례히 실수가 많고 지극히 조심해야 할 일에 또 잘못을 저지르기 쉽다고는 하더라도, 어리석어 이를 확인

도 못하고 심지어 어전에 상주하기까지 했으니 일련의 잘못은 모두 저에게 있습니다. 그런데 생각지 못하게 이번에 황상의 은혜로운 인자함을 받아 바로 관대히 용서해주시고 다만 小邦으로 하여금 해당 담당자를 신칙하게 해주시니, 따뜻한 諭旨를 읽는 동안 황송함과 감격스러움은 더욱 깊어졌습니다. 해당 관리를 조사·처벌하는 외, 마땅히 자문으로 답하여 司僕寺正 李世璜 및 副司正 金時徵을 파견해 자문을 보내니, 번거롭겠지만 貴部에서는 살펴보시고 대신 상주해주십시오. 운운.

康熙 19년 정월 22일. [예부로 보내다]

禮部免罰官吏咨

原編 卷41 勅諭 27b~28a(787~788쪽)

발신: 예부

사유: 箋文을 잘못 쓴 관리를 처벌했다는 사안에 대해서입니다.

(……)

[주객사] 禮科의 抄出을 받았는데, 그 내용은 다음과 같았습니다.

[예과] 該 본부에서 앞의 사유로 題하였는데, 그 내용은 다음과 같았습니다.

[예부] 조선의 자문을 받았는데, 그 내용은 다음과 같았습니다.

[조선국왕] 운운. ["上年十一月"부터, "轉奏施行"까지. 위의 原咨를 보라]

[예부] 該臣들은 논의하여 다음과 같이 결론을 내렸습니다. 조선국왕이 황태자께 謝恩하는 箋文을 康熙 18년 7월 20일에 상주하여 9월 28일에 다음과 같은 旨를 받들었습니다.

[황제] 왕이 상주하여 謝恩 것을 보았다. 알았다. 該部는 알려라. 이

箋文 중에 謝자가 賀자로 잘못 쓰였으니, 신칙을 행하라.

[예부] 이상을 내용을 삼가 받들어 (조선국왕에게) 자문으로 보낸 바 있습니다. 지금 조선국왕이 자문을 보내, (箋文을) 잘못 작성한 관리를 조사·처벌하겠다고 했습니다. 그런데 이미 旨를 받들어 관대히 용서하고 신칙하라고 하셨으니, 마땅히 전문을 잘못 쓴 관리에 대해 벌을 면해주어야 합니다.

[예과] (본부에서) 康熙 19년 3월 6일에 題하여 본월 8일에 旨를 받들었는데, 그 내용은 다음과 같았습니다.

[황제] 의논한 대로 하라.

[주객사] 마땅히 자문을 보내야 합니다.

[예부] 이에 마땅히 자문을 보내오니, 번거롭겠지만 본부에서 題를 통해 받는 旨의 내용에 따라 삼가 준수하여 시행하십시오. 운운.

康熙 19년 3월 15일.

[庚申]

遣官審確朴時雄越江取木定罪勅[見犯越]

原編 卷41 勅諭 28a(788쪽)

[辛酉]

禮部查議謝寬免表內述旨不符原旨咨[互犯越]

原編 卷41 勅諭 28a~29a(788쪽)

발신: 예부

사유: 旨를 받들어 논의한 후 상주했습니다.

[예부] 主客司에서 案呈을 올렸는데, 그 내용은 다음과 같았습니다.

[주객사] 본부에서 보낸 禮科의 抄出을 받들었는데, 그 내용은 다음과 같았습니다.

[예과] 該 본부에서 앞의 사유로 題를 올렸는데, 그 내용은 다음과 같았습니다.

[예부] 康熙 21년 9월 3일에 表를 올려 11월 5일에 旨를 받들었는데, 그 내용은 다음과 같았습니다.

[황제] 왕이 상주하여 사은한 내용을 보았다. 알았다. 該部는 알려라. 표문 내에 旨를 서술한 부분이 원래 旨와 부합하지 않으니 명확히 확인하고 논의하여 상주하라.

[예부] 11월 6일에 旨가 본부에 도착하여, 곧장 正使 昌城君 李佖·副使 禮曹判書 尹堦에게 다음과 같이 물었습니다.

[예부] 本部에서 상의하여 題를 올렸을 때, "姓[某]에 대해 관대히 죄를 면제하라."라는 旨를 받들었는데, 너희들은 사은 표문 중에 "조선국왕에 대해 벌은 1만 냥으로 감하도록 한다."라는 旨를 받들었다고 서술하였으니 원래 旨와 부합하지 않는다. 이는 무슨 까닭인가?

[예부] 李佖·尹堦가 다음과 같이 공술하였습니다.

[이필 등] 지금 표문 중 旨를 서술한 부분이 원래 旨하고 부합하지 않으니, 저희들이 무어라 드릴 말씀이 있겠습니까?

[예부] 該臣들은 논의하여 다음과 같이 결론을 내렸습니다. 살펴보건대 본년 2월 중 臣部에서, '조선에서 금령을 어기고 강을 건너와 목피를 채취해 做繩한 일' 때문에, 조선국왕 姓[某]에게 벌은 1만 냥을 내려야 한다고 題를 올렸고, "姓[某]에 대해 관대히 벌을 면제하라."라고 旨를 내리셨습니다. 이상을 자문으로 조선에게 보낸 바 있습니다.

지금 조선국왕이 사은 표문 내에서 "조선국왕은 벌은 1만 냥으로 감한다."라며 旨를 서술한 것은 원래 받든 旨와 매우 맞지 않습니다. 旨를 잘못 서술한 이유에 대해 該 국왕에게 명령을 내려 명백히 답을 하도록 하고 그때 조사하여 논의하겠습니다.

[예과] (본부에서) 康熙 20년 11월 24일에 題를 올려 본월 29일에 旨를 받들었는데, 그 내용은 다음과 같았습니다.

[황제] 의논한 대로 하라.

[주객사] 마땅히 자문을 보내야 합니다.

[예부] 이에 마땅히 자문을 보내오니 旨의 내용을 살펴서 삼가 시행하십시오. 운운.

康熙 20년 12월 9일.

陳述旨不符原旨事情奏[互陳奏 使瀛昌君 沉]

原編 卷41 勅諭 29a~29b(788쪽)

발신: 조선국왕

사유: (이번에) 서술한 旨와 원래 旨가 부합하지 않은 사유에 대해 아뢰며 공경히 처리를 기다립니다.

[조선국왕] 본년 정월쯤에 禮部의 자문을 받았는데, 그 내용은 다음과 같았습니다.

[예부] ……. 운운. ["主客淸吏"부터, "欽遵施行"까지. 위의 禮部原咨를 보라]

[조선국왕] 나라를 다스리는 것이 형편없어 변경의 백성들이 법규를 어겼으니, 진실로 吏部의 논의대로 마땅히 용서받을 수 없었는데, 다행히 하해와 같은 도량으로 곡진히 관대한 용서를 내려주셨으니 천지와 같은 큰 은혜에 보답할 길이 없었습니다. 저의 진실한 마음을 드러낼 때 단지 문자에 의지해왔으니, 표문을 작성할 때 마음을 다하지 않은 것은 아니었지만 小邦이 벽지에 위치하여 문장과 학문이 형편없으니, 免과 減은 뜻이 분명히 다른데도 잘못 사용하여 旨의 의미를 어지럽히고 혼란스럽게 만들었습니다. 臣 또한 어리석어 그것을 살피지 못해 밝은 旨를 또 내리시게 하였으니, 부끄럽고 죄송스러워 몸 둘 바를 모르겠습니다. (이번에) 서술한 旨와 원래 旨가 부합하지 않은

사유에 대해 아뢰며 공경히 처리를 기다립니다. 운운.

康熙 21년 7월 1일.

右奏進呈咨[式見順治甲午陳奏]

原編 卷41 勅諭 29b(788쪽)

方物奏[式見順治甲午陳奏]

原編 卷41 勅諭 29b(788쪽)

右奏進呈咨[式見順治甲午陳奏]

原編 卷41 勅諭 29b(788쪽)

太皇太后方物單

原編 卷41 勅諭 29b(788쪽)

조선국왕이 삼가 昭聖慈壽恭簡安懿章慶敦惠溫莊康和仁宣弘靖太皇太后陛下께 (진헌할 예물을 다음과 같이 갖추었습니다.)

紅細苧布 10匹, 白細苧布 10匹, 白細綿紬 10匹, 滿花席 10張, 雜彩花席 10張.

이상의 물건들을 삼가 올리며 아뢰옵니다.

康熙 21년 7월 1일.

右單進呈咨

原編 卷41 勅諭 29b~30a(788~789쪽)

발신: 조선국왕

사유: 진헌합니다.

(이번에) 서술한 旨와 원래 旨가 부합하지 않은 사유에 대해 아뢰며 공경히 처리를 기다리는 사안으로, 陪臣 瀛昌君 李沉과 禮曹判書 尹以濟를 파견해 동봉한 奏本 및 예물, 그리고 昭聖慈壽恭簡安懿章慶敦惠溫莊康和仁宣弘靖太皇太后陛下께 진헌할 예물을 가져가 올리는 외, 지금 예물 목록을 열거하여 자문으로 보내오니 살펴보시고 상주해주시기 바랍니다.

一. 紅細苧布[이하 물건목록은 原單에 보인다]

이상 예부에 자문을 보냅니다.

康熙 21년 7월 1일.

皇太后方物單[式見順治甲午陳奏]

原編 卷41 勅諭 30a(789쪽)

右單進呈咨[式見順治甲午陳奏]

原編 卷41 勅諭 30a(789쪽)

皇太子方物啓[豹皮康熙辛卯免]

原編 卷41 勅諭 30a~30b(789쪽)

발신: 조선국왕

사유: 진헌합니다.

(이번에) 서술한 旨와 원래 旨가 부합하지 않은 사유에 대해 아뢰며 공경히 처리를 기다리는 사안으로, 陪臣 瀛昌君 李沉과 禮曹判書 尹以濟를 파견해 동봉한 奏本 및 예물, 그리고 진헌할 예물을 가지고 가서 올리는 외, 지금 예물 목록을 열거하여 아뢵니다.

白細苧布 20匹, 白細綿紬 20匹, 滿花席 10張, 雜彩花席 10張, 豹皮 2張, 白綿紙 500卷, 黃毛筆 40枝, 油煤墨 40錠.

이상을 삼가 아뢵니다.

康熙 21년 7월 1일에 조선국왕.

右啓進呈咨

原編 卷41 勅諭 30b(789쪽)

발신: 조선국왕

사유: 진헌합니다.

(이번에) 서술한 旨와 원래 旨가 부합하지 않은 사유에 대해 아뢰며 공경히 처리를 기다리는 사안으로, 陪臣 瀛昌君 李沉과 禮曹判書 尹以濟를 파견해 동봉한 奏本 및 예물, 그리고 진헌할 예물을 가지고 가서 올리는 외, 지금 예물 목록을 열거하여

자문으로 보내오니, 살펴보시고 아뢰어주시길 바랍니다.

一. 白細苧布[이하 물건 목록은 위의 原啓를 보라]

이상 예부로 자문을 보냅니다.

康熙 21년 7월 1일.

禮物總單[見進賀]

原編 卷41 勅諭 31a(789쪽)

禮部查收賀討平尊號謝賜緞方物發回陳述旨不符方物咨[見進賀]

原編 卷41 勅諭 31a(789쪽)

禮部知會奏文違式罰銀咨

原編 卷41 勅諭 31a~31b(789쪽)

발신: 예부

사유: (조선에서) 서술한 旨와 원래 旨가 부합하지 않은 사유에 대해 아뢰며 공경히 처리를 기다리는 사안에 대해서입니다.

[예부] 主客司에서 案呈을 올렸는데, 그 내용은 다음과 같았습니다.

[예과] 본부에서 보낸 禮科의 抄出을 받았는데, 그 내용은 다음과 같았습니다.

[예부] 본부에서 조선국왕이 앞의 사유로 상주한 것에 대해 題覆하였는데, 그 내용은 다음과 같았습니다.

[예부] 該臣들이 의논하여 다음과 같이 결론을 내렸습니다.

[**예부**] 조사해보니, 조선국왕이 사은 표문 내에서 "조선국왕은 벌은 1만 냥으로 감한다."라며 旨를 서술한 것은 원래 받든 旨와 매우 맞지 않습니다. 旨를 잘못 서술한 이유에 대해 該 국왕에게 명령을 내려 명백히 답을 하도록 하고 그때 조사하여 논의하도록 해야 합니다.

[**예부**] 이상의 내용으로 題를 올린 바가 있습니다.

지금 조선국왕이 회답하는 상주를 올렸는데, 그 중 다음과 같은 내용이 있었습니다.

[**조선국왕**] 小邦이 벽지에 위치하여 문장과 학문이 형편없으니, 免과 減은 뜻이 분명히 다른데도 잘못 사용하여 旨의 뜻을 어지럽히고 혼란스럽게 만들었습니다. 臣 또한 어리석어 그것을 살피지 못해 밝은 旨를 또 내리시게 하였으니, 부끄럽고 죄송스러워 몸 둘 바를 모르겠습니다.

[**예부**] 앞선 疏에서 旨를 서술할 때 잘못한 것은 비록 康熙 20년 2월 24일 사면령 전에 있어 (용서할 수 있지만), 지금 회답 奏文 속에서 "姓[某]에 대해 관대히 벌을 면제해주어라."라는 旨를 서술할 때 (조선국왕의) 姓名을 적지 않고 "조선국왕에 대해 관대히 벌을 면제해주어라."라고 서술하였으니, 매우 마땅하지 않습니다. 응당 조선국왕 姓[某]에 대해 벌은 5천 냥에 처해야 합니다.

[**예과**] (본부에서) 康熙 21년 9월 24일에 題하여 본월 29일에 旨를 받들었는데, 그 내용은 다음과 같았습니다.

[**황제**] 姓[某]은 벌은 5천 냥에 처하라.

[**주객사**] 마땅히 자문을 보내야 합니다.

[**예부**] 이에 마땅히 자문을 보내니, 번거롭겠지만 旨내의 내용에 따라 삼가 준수하여 시행하십시오. 운운.

康熙 21년 10월 8일.

謝逑旨違式罰銀表[題沈攸 使金錫冑]

原編 卷41 勅諭 31b~32a(789~790쪽)

운운. 康熙 21년 11월 20일에 謝恩陪臣 瀛昌君 李沉 등이 북경에서 가져온 예부의 자문을 받았는데, 그 내용은 다음과 같았습니다.

……. 운운. ["今朝鮮"부터, "欽遵施行"까지. 위의 禮部知會罰銀咨를 보라]

臣이 回奏하는 중에 제대로 확인하지 못한 죄를 저질렀는데, 皇恩으로 곡진하게 용서하시고 특별히 가벼운 벌을 내려주시니, 臣은 온 나라의 신민들과 몹시도 두려워하면서 감격을 가눌 수 없어, 삼가 表文을 올려 감사를 칭합니다.

우매하여 제대로 살피지 못했기에 이미 스스로 죄를 저질렀는데 관대하게도 포용해주시고 이내 가벼운 벌만을 내려주시니, 어찌 놀랍고 두려워하면서도 감명하지 않을 수 있겠습니까!

삼가 외람되이 구석진 藩封을 맡아 겨우 遺業을 보존하고 있습니다. 비록 제후의 반열 중 말석에 위치하지만 또한 삼가고 공손했으며 章奏를 올릴 때는 더욱 공경하고 조심했습니다. 다만 文意에 익숙지 않아 저도 모르게 격식을 어기게 되었습니다. 왕법은 엄정하니 어찌 三尺의 법률로부터 달아날 수 있겠습니까마는, 詔書를 내려 속죄를 허락하시고 특별히 큰 잘못을 용서해주셨습니다. 가벼운 형벌로 겨우 罰銀에 그쳤으니 크신 은혜는 허물을 잊어주시는 데서 나왔을 것입니다.

삼가 교화는 먼 지역을 품어주는 데까지 무젖고, 크신 도량으로 四海를 포용해주시는 때를 만났습니다. 日月이 임하는 바는 幽冥까지 밝히지 않음이 없고, (천지의 기운이 순조롭게 순환해) 뇌우가 일어나니 만물이 모두 봄을 맞이합니다. 이에 폐방으로 하여금 밝으신 은택에 젖게 해주셨으니, 종시토록 변하지 않고 보답할 것을 기필하지 않을 수 있겠습니까! 天威를 우러러 동쪽으로 흘러오는 교화를 다행으로 여기겠으며, 황제의 덕을 구가하며 사대의 정성을 잊지 않도록 하겠습니다. 운운.

康熙 21년 11월 14일.

方物表

原編 卷41 勅諭 32a~32b(790쪽)

운운. 하늘같은 보살핌이 내려져 다행히 관대한 은전을 입게 되었으니, 토산물이 비록 부박하지만 다만 감사하는 마음을 드러내고자 삼가 갖추었습니다. 운운.

[물건목록은 위의 順治 甲申년 謝恩方物과 같다]

이상의 물건들은 제조가 정교하지 못하고 가짓수가 또한 적으니 어찌 조공의 의례에 적합하겠습니까마는 다만 보답하는 마음을 바칠 따름입니다. 운운.

右表進呈咨[式見順治甲申謝恩]

原編 卷41 勅諭 32b(790쪽)

太皇太后方物狀[式見己未謝恩]

原編 卷41 勅諭 32b(790쪽)

皇太后方物狀[式見順治甲午謝恩]

原編 卷41 勅諭 32b(790쪽)

右狀進呈咨[式見順治甲午謝恩]

原編 卷41 勅諭 32b(790쪽)

謝述旨違式罰銀箋[製吳道一]

原編 卷41 勅諭 32b~33a(790쪽)

운운. 藩封에서 직무를 수행하며 스스로 그릇된 죄를 저질렀는데 형벌이 罰銀에 그쳐 실로 이끌어 주시는 은혜를 받았기에, 황공하며 두려운 마음이 너무나 깊어져 절을 하며 고개를 숙여 감사드립니다.

생각건대 운 좋게도 융성한 시기를 만나 외람되어 구석진 나라를 맡게 되었습니다. 항상 사대의 의례를 근면히 하며 감히 소홀히 하는 일을 생각하지도 않았는데, 字小해 주시는 은혜를 두터이 받아 매번 포용해주심을 믿게 되었습니다. 문서를 보낼 때 제대로 살피지 못한 죄를 저질렀는데 이내 가벼이 벌금형이라는 은전을 내려주셨습니다. 벌을 주신 마음은 실로 훌륭한 도량에서 나왔을 것이니 나를 아는 분은 하늘이며, 허물을 용서하시는 것은 또한 밝으신 통찰에 힘입었으리니 곡진히 위해주시는 바탕이 됩니다. (제가) 내려받은 것이 이에 이르는데 무엇으로 보답할 수 있겠습니까!

삼가 백성의 바람이 구가되고 (황태자의) 자태는 산악과 같이 위엄 있는 때를 만났습니다. 少海가 물결처럼 흘러들어 가니 만물을 윤택하게 한 공을 우러르고, 황태자께서 별빛처럼 빛나니 계승자의 의리를 분명히 드러내고 있습니다. 이에 해외의 藩服으로 하여금 또한 크신 보살핌을 받게 하였으니 어찌 특별한 은혜를 저버리지 않고 더욱 미천한 정성을 다하지 않을 수 있겠습니까! 부로들과 기쁨을 함께하여 다 같이 영원히 구가될 것을 축원하고, 자손 대대로 맹세하여 藩屛의 절의를 다하도록 기필하겠습니다. 운운.

方物箋

原編 卷41 勅諭 33a(790쪽)

운운. 두터운 덕이 하늘과 같아 이미 허물을 잊어주시는 은택을 받았으니 부박한 토산물이지만 다만 조공을 올리는 의례를 시행하여 삼가 갖추었습니다. 운운.
[물건목록은 己未년 謝恩方物과 같다]
이상의 물건들은 품질이 진귀하지 않고 제조가 또한 벽지에서 이루어졌으니, 어찌 조공품에 합당하겠습니까마는 다만 사대하는 정성을 드러내고자 할 따름입니다. 운운.

右箋進呈咨[式見己未謝恩]

原編 卷41 勅諭 33a(790쪽)

禮物總單[見節使]

原編 卷41 勅諭 33b(790쪽)

進罰銀咨

原編 卷41 勅諭 33b(790쪽)

발신: 조선국왕
사유: 벌은을 진헌합니다.

[조선국왕] 康熙 21년 10월 12일에 謝恩陪臣 瀛昌君 李沉 등이 가져온 貴部의 자문을 받았는데, 그 내용은 다음과 같았습니다.

[예부] ……. 운운. [“今朝鮮”부터, “欽遵施行”까지. 위의 禮部知會罰銀咨를 보라]

[조선국왕] 罰銀 5천 냥을 陪臣議政府右議政 金錫冑와 禮曹判書 柳尚運을 파견하여 가지고 가서 올리는 외, 이에 마땅히 자문으로 답하오니, 번거롭겠지만 貴部에서는 수량을 확인해보시고 수령한 다음 대신 상주해주십시오. 운운.
[예부에 보내다]

禮部知會謝免議表知道咨

原編 卷41 勅諭 33b~34a(790~791쪽)

발신: 예부
사유: 알립니다.

(……)

[주객사] 禮科의 抄出을 받았는데, 그 내용은 다음과 같았습니다.

[예부] 조선국왕이, 문건 안에서 글자를 잘못 쓴 것에 대해 처벌을 면제해주시니 이에 謝恩을 아뢰었고, 康熙 22년 정월 20일에 旨를 받들었는데, 그 내용은 다음과 같았습니다.

[황제] 왕이 상주하여 謝恩한 것을 보았다. 알았다. 該部에 알려라.

[주객사] 마땅히 알려야 합니다.

[예부] 이에 마땅히 자문으로 보내니, 번거롭겠지만 살펴서 시행하십시오. 운운.

康熙 22년 2월 11일.

禮部查收謝册封王妃寬免述旨不符及三節方物年貢頒賞咨[見節使]

原編 卷41 勅諭 34a(791쪽)

禮部查受罰銀及謝罰銀方物咨

原編 卷41 勅諭 34a~34b(791쪽)

발신: 예부

사유: 벌은을 진헌하는 일에 대해서입니다.

[예부] 主客司에서 案呈을 올렸는데, 그 내용은 다음과 같았습니다.

[주객사] 本部에서 보낸 禮科의 抄出을 받았는데, 그 내용은 다음과 같았습니다.

[예과] 본부에서 앞의 사유로 題를 올렸는데, 그 내용은 다음과 같았습니다.

[예부] 該臣들은 논의하여 다음과 같이 결론을 내렸습니다. 조선국왕은 앞서 회답 奏疏에서 자신의 이름을 쓰지 않았기 때문에 벌은 5천 냥을 진헌했으니, 마땅히 總管 內務府로 보내 수량을 확인한 후 수령하게 해야 합니다. 또 관대히 벌은을 내리신 것에 대해 사은하는 예물을 보냈는데, 조사해보니 康熙 6년 조선국왕이 도망인을 받아주었다가 벌은을 받고 이에 사은하는 예물을 보냈었는데 이를 수령했었던 전례가 있습니다. 지금 사은으로 인해 보낸 예물 또한 마땅히 總管 內務府로 보내 수량을 확인한 후 수령해야 합니다.

[예과] (본부에서) 康熙 22년 정월 26일에 題하여 본월 27일에 旨를 받들었는데, 그 내용은 다음과 같았습니다.

[황제] 의논한 대로 하라.

[주객사] 조선국왕이 진헌한 벌은 5천 냥 및 관대히 벌은을 내린 것에 대한 사은예물은 이미 總管 內務府로 넘겨 수량을 확인 후 수령하였습니다. 이를 마땅히 (조선국왕에게) 알려야 합니다.

[예부] 마땅히 자문을 보내니, 살펴서 시행하십시오. 운운.

[乙丑]

禮部知會謝祭箋知道及飭不合字咨[見■禮]

原編 卷41 勅諭 34b(791쪽)

謝字句不合表[製任相元 使朴弼成]

原編 卷41 勅諭 34b~35a(791쪽)

운운. 구석진 藩國에서 문장을 잘못 썼으니 마땅히 큰 벌을 받아야 하는데, 聖朝께서 잘못을 덮어 주시고 다행스럽고 외람되게도 큰 은혜를 내리시니, 부끄럽고 후회스러운 마음 가눌 수 없지만 공경히 감격하며 그 은혜에 보답하고자 했습니다.

삼가 생각건대 황제가 계신 곳[魏闕]으로 정성을 바치며 기자의 封國을 면면히 이어 왔습니다. 마땅한 조공의 의례를 수행함에 감히 조금의 소홀함도 없게 했고, 고사를 인용하여 箋文·奏文을 작성할 때에 혹시라도 문제가 있을까 걱정했습니다. 어찌 문장을 잘못 써서 외람되게도 관대히 용서해주시는 큰 보살핌을 받게 될 줄 알았겠습니까! 아뢰었던 말들은 전례를 인용한 것으로 다만 미천한 충성심을 드러내고자 했을 뿐이었으니, 현명하고 밝게 살피셔서 따뜻한 유지가 내려졌습니다. 돌아보면 이번에 쫓겨날 정도의 죄를 곡진히 면제받은 것은 실로 감싸주시는 마음이 깊었던 것에 힘입은 바일 것입니다.

교화가 세상을 무젖게 하고 도리가 내외 없이 비추는 때입니다. 三代의 치적을 본받아 후손을 넉넉하게 하고 조상을 빛냈으며, 만국민의 환심을 얻어 먼 곳은 회유하고 가까운 곳은 위무하셨습니다. 이에 마침내 특별한 은혜를 小邦에게까지 내려주셨으니 한층 더 평소의 정성을 다하여 특별히 대우해주심을 저버리지 말아야 할 것입니다. 뭇 별들이 북극성을 향하듯 (충성심을) 영원히 종시토록 간직해야 하고, 동쪽으로 흘러오는 聲敎에 무젖어 진력을 다하여 은혜에 보답하겠습니다. 운운.

康熙 24년 3월 25일.

方物表

原編 卷41 勅諭 35a(791쪽)

운운. 하늘같은 보살핌이 지극히 두터워 이슥고 허물을 잊어주시는 은혜를 받게 되었으니, 토산물을 올려 다만 조공의 의례를 시행하고자 삼가 갖추었습니다. 운운.

[물건목록은 順治 甲申년 謝恩方物과 같다]

이상의 물건들은 가짓수가 매우 적고 상태가 추루하니 어찌 격식에 어울리겠습니까마는 다만 사대하는 정성을 나타낼 따름입니다. 운운.

右表進呈咨[式見順治甲申謝恩]

原編 卷41 勅諭 35a(791쪽)

太皇太后方物狀[式見己未謝恩]

原編 卷41 勅諭 35a(791쪽)

右狀進呈咨[式見己未謝恩]

原編 卷41 勅諭 35a(791쪽)

皇太后方物狀[式見順治甲午謝恩]

原編 卷41 勅諭 35a(791쪽)

右狀進呈咨[式見順治甲午謝恩]

原編 卷41 勅諭 35b(791쪽)

謝字句不合箋[製李■]

原編 卷41 勅諭 35b(791쪽)

운운. 小邦이 황제께 올리는 문장을 잘못 써 아마노 죄를 받게 되었는데 大朝께서 특별히 저의 우매함을 용서하시고 외람되이 관대한 용서를 받게 해주셨습니다. (이는) 친절히 이끌어주신 것이니 어찌 감격스럽고도 황송한 마음을 감당할 수 있겠습니까! 외람되이 藩服을 맡아 제후의 법도를 각별히 준수하여 비록 아득히 먼 지역[要荒之外]에 위치해 있지만 스스로 同文임을 다행스럽게 여겨, 매번 咨文과 奏文을 올릴 때 더욱 공경히 작성해 왔습니다. 그런데 箋文을 올릴 때 글자를 잘못 쓸 줄을 어찌 생각이나 했겠습니까! 성인 같은 도량으로 포용해주셔서 허물을 잊고 곡진히 용서해주셨으니, 은혜로운 유지를 삼가 받아보고는 실로 허물을 반성하면서도 몹시 부끄러웠습니다. 이는 九重의 특별한 은혜일 뿐 아니라 황태자께서 멀리서 보살펴 주시는 마음에 힘입은 결과일 것입니다.

삼가 온유하고 명석한 자질을 갖추셔서 인자하고도 밝다는 명성이 자자한 때를 만났습니다. 황태자께서는 덕이 넘치시어 많은 이들의 여망에 부합하셨으며 경사스럽게도 바야흐로 책봉을 받으시어 황제의 정사를 도우셨습니다. 이에 먼 곳의 小邦으로 하여금 특별한 은혜를 받게 해주셨으니, 삼가 타이름을 받들어 더욱 忠貞을 독실이 하지 않을 수 있겠습니까! 아득히 동쪽 기자의 땅을 지키며 사대하는 마음을 소홀히 하지 않겠으며 멀리 북두를 바라보며 태자의 자리에 계신 상서로운 존재를 송축하고자 합니다.

方物箋

原編 卷41 勅諭 35b~36a(791~792쪽)

운운. 聖恩이 하늘과 같이 커서 곡진히 이끌어 주시는 旨를 내려주시니 부박한 특산물이지만 진실로 감사를 드러내며 삼가 갖추었습니다. 운운.

[물건목록은 위의 己未년 謝恩方物과 같다]

이상의 물건들은 품질은 진귀하지 않고 벽지에서 생산되었지만, 오직 공경하는 마음을 따른 것 공허한 의례이겠습니까! 운운.

右箋進呈咨[式見已未謝恩]

原編 卷41 勅諭 36a(792쪽)

禮物總單[見進賀]

原編 卷41 勅諭 36a(792쪽)

禮部知會謝字句不合表箋知道咨

原編 卷41 勅諭 36a(792쪽)

발신: 예부
사유: 알립니다.

(……)

[주객사] 禮科에서 抄出한 것을 받았는데, 그 내용은 다음과 같았습니다.

[예부] 조선국왕이, 箋文 중에 字句가 마땅하지 않은 문제에 대해 신칙하라는 旨를 받들고는 표문과 전문을 올려 사은하는 이유로, 康熙 24년 5월 29일에 旨를 받들었는데, 그 내용은 다음과 같았습니다.

[황제] 왕이 상주하여 謝恩한 내용을 보았다. 알았다.

[주객사] 마땅히 알려야 합니다.

[예부] 이에 마땅히 자문을 보내오니 번거롭겠지만 살펴서 시행하십시오. 운운.

康熙 24년 6월 17일.

禮部查收謝頒詔及飭不合字寬宥犯越方物咨[見進賀]

原編 卷41 勅諭 36a(792쪽)

[乙丑]

遣官查擬韓得完等犯殺勑[見犯越]

原編 卷41 勅諭 36b(792쪽)

[乙丑]

禮部知會罰銀咨[見犯越]

原編 卷41 勅諭 36b(792쪽)

[乙丑]

禮部知會呈文陪臣免嚴拿發與該國治罪咨[見犯越]

原編 卷41 勅諭 36b(792쪽)

[乙丑]

禮部知會不許停市及寬免咨[見貿易]

原編 卷41 勅諭 36b(792쪽)

[己巳]

禮部知會准請及奏文違式咨[見封典]

原編 卷41 勅諭 36b~37a(792쪽)

발신: 예부

사유: 알립니다.

[예부] 主客司에서 案呈을 올렸는데, 그 내용은 다음과 같았습니다.

(……)

[예과] 本部에서 앞의 사유로 題를 올렸는데, 그 내용은 다음과 같았습니다.

[예부] 臣들은 논의하여 다음과 같이 결론을 내렸습니다. 조선국왕 姓[某]이 다음과 같이 상주했습니다.

[조선국왕] 副室 張氏가 의례상 합당하게 자리에 올랐으니 該部에 특별히 명령을 하셔서 誥命을 내려주십시오.

[예부] 전례를 살펴보니 고명을 발급하여 조선국 왕비를 책봉할 때 별도로 旨를 청하였습니다. 그런데 조선국왕이 奏請한 문서 중에 마땅히 회피해야 하는 문자를 회피하지 않았습니다. 또 '德이 후궁 중 으뜸[德冠後官]'이라고 한 것도 예에 맞지 않고 매우 신중하지 못한 것입니다. 마땅히 조선국왕 姓[某]에게 벌은 5천 냥을 내려야 합니다.

[예과] (본부에서) 康熙 28년 11월 20일에 題하여 본월 17일에 旨를 받들었는데, 그 내용은 다음과 같았습니다.

[황제] 이번에 전례를 어긴 것에 대해 조선국왕으로 하여금 명확히 回奏하게 하라. 나머지는 논의한 대로 하라.

[주객사] 마땅히 자문을 보내야 합니다.

운운.

康熙 28년 12월 일.

陳謝奏文違式奏[互陳奏 製閔■ 使全城君混]

原編 卷41 勅諭 37a~37b(792쪽)

발신: 조선국왕

사유: 문장을 잘못 써 聖命이 나오게 하였으니, 감히 미천한 저의 마음을 아뢰며 엄한 벌을 기다립니다.

[조선국왕] 본년 정월 5일에 禮部의 자문을 받았는데, 그 내용은 다음과 같았습니다. ……. 운운. ["臣等議得"부터, "移咨可也"까지. 위의 原咨를 보라]

[조선국왕] 삼가 준수하는 외, 小邦이 大朝에서 감싸주시는 은혜를 두터이 받았으니 나라를 보존한 것은 모두 大朝께서 내려주신 것입니다. 이에 小邦은 무릇 事大의 예에 대해 진심을 다하지 않음이 없었으며, 자문과 주문의 내용에 이르러서는 더욱 신중히 하여, 별도로 관사를 설치하고 관원을 정선하여 그 일을 담당하게 했습니다.

매번 사행 기간 전에 신료들을 뽑아 함께 모여 여러 차례 검토하였으며 표문에 숙배하는 날에 이르러서는 다시 한 번 모화관에서 확인하고 조금의 오류도 없게 한 연후에 비로소 封하여 올리는 것입니다.

지금 이번 奏文 중에 마땅히 회피해야하는 글자가 있고 또 "德이 후궁 중에 으뜸이다[德冠後宮]."라는 것이 모두 전례에 맞지 않아 예부에서 벌은을 내려야 한다고 논의했습니다. 그런데 생각지 못하게 황제께서는 오히려 분명하게 回奏하라는 명령을 내리셨으니, 신은 처음에는 놀라 당황하다가, 이내 감격했습니다. 이는 황상의 밝으신 안목이 먼 곳의 미물까지 살피지 않음이 없으시어 小邦에게 스스로 아뢸 길을 열어 주신 것입니다.

아뢰는 문자는 진실로 신중해야 하는데 우매하게도 지극히 공경해야 할 바를 살피지 못하고 착오를 면치 못했으니, 이는 실로 벽지에 거처하여 과문한 데서 나온 결과일 것입니다. 그러나 비록 의도가 없었다고 해도 결국 신중하지 못했던 것이니 전전긍긍 두려워하며 어찌할 줄을 모르고 있습니다. 이상, 문장을 잘못 써 聖命이 나오게 하였으니, 감히 미천한 저의 마음을 아뢰며 엄한 벌을 기다린다는 사안입니다. 운운.

康熙 29년 5월 12일.

右奏進呈咨[式見順治甲午陳奏]

原編 卷41 勅諭 37b(792쪽)

方物奏[式見順治甲午陳奏]

原編 卷41 勅諭 37b(792쪽)

右奏進呈咨[式見順治甲午陳奏]

原編 卷41 勅諭 37b(792쪽)

皇太后方物單[式見順治甲午陳奏]

原編 卷41 勅諭 37b(792쪽)

右單進呈咨[式見順治甲午陳奏]

原編 卷41 勅諭 38a(793쪽)

皇太子方物啓[式見壬戌陳奏]

原編 卷41 勅諭 38a(793쪽)

右啓進呈咨[式見壬戌陳奏]

原編 卷41 勅諭 38a(793쪽)

禮物總單[見封典]

原編 卷41 勅諭 38a(793쪽)

禮部知會陳謝奏知道咨

原編 卷41 勅諭 38a(793쪽)

운운. "이번 回奏의 내용은 잘 알았다." 운운.
[『通文館志』에 나온다]

禮部知會寬免咨[文闕]

原編 卷41 勅諭 38a(793쪽)

禮部查收賀冊諡謝冊封方物發回陳奏奏文違式方物咨[見進賀]

原編 卷41 勅諭 38a(793쪽)

謝寬免表[製姜鋧 使瀛昌君沉]

原編 卷41 勅諭 38a~38b(793쪽)

운운. 스스로 잘못을 使臣을 통해 아뢰고는 형벌이 이를 것을 기다리고 있었는데 곡진히 관대히 용서하시어 외람되게도 우악한 은혜를 내려주시니, 후회한들 어쩌겠습니까마는 감격과 죄송함이 교차했습니다.

삼가 생각건대, 오랫동안 성은에 무젖어 겨우 유산을 보존하고 있었습니다. 무릇 咨文·奏文에 대해 항상 극히 신중했지만 이러한 벽지에 거처하여 여전히 (문자에) 익숙하지 못한 일이 많았습니다. 그런데 뜻하지 않게 잘못된 말을 사용해버렸지만 특별히 넉넉하게 포용해주시는 은전을 받게 되었습니다. 마음은 항상 경건하고 신중히 하는 것에 있었지만 끝내 망령되이 소홀히 처리하게 되었으니, 그 잘못은 처벌을 면하기 어려웠음에도 도리어 개도해주심을 받게 되었습니다. 일부러 하지 않았기에 용서한다고 말씀해주시니 어찌 가슴 속 깊이 새기지 않을 수 있겠습니까!

삼가 日月같이 밝게 비추시고 천지와 같이 덮어 주시어, 먼 곳과 가까운 곳을 하나로 보아 德으로 품어주시고 살아있는 모든 존재를 편안히 감싸줘 함께 봄을 맞이하게 하니 功이 조화지경에 이르는 때를 만났습니다. 마침내 특별한 은혜를 폐방에게까지 이르게 주셨으니 더욱 돈독히 忠貞을 바쳐 이 일을 거울삼아 앞의 일을 경계하지 않을 수 있겠습니까! 밤낮으로 전전긍긍하며 사대의 정성을 다하겠으며, 종시토록 노력하여 품어주신 돌봄에 보답하겠습니다. 운운.

康熙 29년 11월 4일.

方物表

原編 卷41 勅諭 38b~39a(793쪽)

운운. 하늘같은 돌봄이 지극히 융성하여 이윽고 허물을 잊어주시는 은택을 받게 되었으니, 토산물이 비록 부박하지만 사대하는 정성을 실행해 삼가 갖추었습니다. 운운.
[물건목록은 위의 順治 甲申년 謝恩方物과 같다]
이상의 물건들은 정교하게 제작되지 않았고 가짓수도 적으니 어찌 內府에서 사용하기에 적합하겠습니까마는 오로지 아랫사람의 정성을 드러낼 뿐입니다. 운운.

右表進呈咨[式見順治甲申謝恩]

原編 卷41 勅諭 39a(793쪽)

皇太后方物狀[式見順治甲午謝恩]

原編 卷41 勅諭 39a(793쪽)

右狀進呈咨[式見順治甲午謝恩]

原編 卷41 勅諭 39a(793쪽)

謝寬免箋[製趙淀]

原編 卷41 勅諭 39a~39b(793쪽)

운운. 멀리서 황태자의 거처[鶴禁]를 우러러 추대하려는 마음을 다하고 있었는데 훌륭하신 덕성[龍光]에 힘입어 외람되게도 선도해주시는 은총을 입게 되었으니, 명심하며 잊지 않겠지만 돌이켜 보면 어찌 편안하기만 하겠습니까!

생각건대, 다행히 藩封을 보존한 것은 황제의 힘이 아님이 없었으니, 직무를 제대로 수행하지 못할까 걱정하여 저의 마음을 더욱 면려했는데 끝내 스스로 허물을 아뢰며 공경히 무거운 견책을 기다리게 되었습니다. 그런데 使臣이 돌아와 문득 형벌을 거두어 주시는 은혜를 받게 될 줄 알았겠습니까! 하늘과 바다같이 덮어 주어 용서하는 은전을 흔쾌히 내려주시고 봄에는 자라나게 하고 가을에는 거두는 것처럼 만물을 길러 주시는 은혜를 두터이 보이셨습니다. 실로 태자의 도움에 힘입어 이렇게 우악한 은혜를 받게 되었습니다.

자손을 복되게 하는 일을 훌륭히 계승하시고 원대한 국정에 기쁘게 응하시는 때를 만났습니다. 황태자가 존귀한 자리에 있으니 謳歌하는 바람에 允協하고 만백성의 바람대로 일찍부터 인자함과 효성스러운 마음을 보이셨습니다. 때문에 죄를 지은 먼 곳의 小邦 또한 세상을 빛내는 융성한 은혜를 받게 되었으니, 밤낮을 전전긍긍하며 허물을 덮어 주신 은혜에 보답하지 않을 수 있겠습니까!

장구하게 태자[前星]를 우러르며 다만 영원할 마음을 바치겠으며 반드시 앞으로도 지속적으로 조심하는 마음이 해이해지지 않도록 하겠습니다. 운운.

方物箋

原編 卷41 勅諭 39b(793쪽)

운운. 하늘같은 돌봄이 전에 없어 태자[密贊]의 은혜를 받게 되었으니 토산물이 비록 부박하지만 감히 감사하는 마음을 바치고 삼가 갖추었습니다. 운운.

[물건목록은 己未년 謝恩方物과 같다]

이상 물건들은 제조가 정선되지 못하고 가짓수가 매우 적으니, 다만 마음의 정성을 바칠 따름이지 어찌 조공의 의례라고 할 수 있겠습니까! 운운.

右箋進呈咨[式見已未謝恩]

原編 卷41 勅諭 39b(793쪽)

禮物總單[見節使]

原編 卷41 勅諭 39b(793쪽)

禮部知會謝寬免表箋知道咨

原編 卷41 勅諭 39b~40a(793~794쪽)

발신: 예부

사유: 알립니다.

(……)

[주객사] 禮科에서 抄出하였는데, 그 내용은 다음과 같았습니다.

[예부] 조선국왕이 표문과 箋文을 올려 사은하는 이유로, 康熙 30년 정월 20일에 旨를 받들었는데, 그 내용은 다음과 같았습니다.

[황제] 왕이 상주하여 사은한 것을 보았다. 알았다. 該部는 알려라.

[주객사] 마땅히 알려야 합니다.

[예부] 이에 마땅히 자문을 보내니, 번거롭겠지만 살펴서 시행하십시오. 운운.

康熙 30년 2월 2일.

禮部查收三節方物年貢發回謝寬免方物咨[互節使]

原編 卷41 勅諭 40a(794쪽)

(……)

(……)

[예부] 조선국왕이 보낸 冬至·正朝·萬壽聖節年貢 및 謝恩예물을 본부에서 받았습니다. 사은예물은 例에 따라 수령하지 않고 (북경에) 온 조선사신에게 가지고 가게 하는 외, 그 나머지 예물은 명확히 확인하여 함께 상주한 후 總管內務府로 보내 수량을 확인해서 수령시켰습니다. 본부에서 例에 따라 賞을 줘야 한다고 題하였고, 이에 대해 다음과 같은 旨를 받들었습니다.

[황제] 의논한 대로 하라.

[주객사] 이번에 상으로 내리는 물건들을 마땅히 조선국왕에게 알려 확인해서 수령하게 해야 합니다.

[예부] 이에 마땅히 咨文을 보내니, 번거롭겠지만 확인하십시오. 운운.

回咨

原編 卷41 勅諭 40a~40b(794쪽)

발신: 조선국왕

사유: 은혜로운 명령에 공경히 감사합니다.

[조선국왕] 본년 3월 14일에 貴部의 자문을 받았는데, 그 내용은 다음과 같았습니다.

……. 운운. ["准朝鮮國"부터, "査照施行"까지. 위의 原咨를 보라]

[조선국왕] 은혜로운 명령을 받들고서 공경히 幣物을 올리는 일은 바로 臣子가 윗사람을 섬기는 정성입니다. 그런데 大朝께서 小國의 빈곤을 염려하여 수령하지 않으시고는 그대로 돌려보내셨으니 지극히 황송하고 감격스러운 마음을 가눌 수 없습니다. 돌려보

낸 사은예물을 (皇旨에) 따라 공경히 수령하는 외, 이에 마땅히 자문으로 답하오니, 번거롭겠지만 貴部에서 확인하시고 대신 상주해주십시오. 운운.

康熙 30년 윤7월 7일.

[庚午]

遣官審擬林仁等犯殺勅[見犯越]

原編 卷41 勅諭 40b(794쪽)

[乙亥]

禮部飭謝王妃復位箋內不合字咨[互封典]

原編 卷41 勅諭 40b(794쪽)

[예부] 운운. (조선국왕이 보낸) 謝恩 箋文 중에 '幹蠱'라는 글자는 쓰기에 마땅하지 않고 삼가 공경함을 크게 잃었기에 題를 올려 벌은 1만 냥에 처해야 한다고 했는데, "처벌을 면제하라."는 旨를 받들었습니다. 운운.
[『通文館志』에 나온다]

禮部議罰停賞俱從寬免咨

原編 卷41 勅諭 40b~41a(794쪽)

발신: 예부

사유: 旨를 받들어 논의한 후 상주했습니다.

(……)

[주객사] 禮科의 抄出을 받았는데, 그 내용은 다음과 같았습니다.

(……)

[예부] 조선국왕 姓[某]이 앞의 사유로 康熙 34년 7월 13일에 箋文을 올렸고 9월 30일에 旨를 받들었는데, 그 내용은 다음과 같았습니다.

[황제] 조선국왕이 상주하여 사은한 것을 보았다. 알았다. 該部는 알려라. 이 箋文에 사용한 글자 중 마땅하지 않은 것이 있는데 공경함과 신중함이 매우 부족하니 확인하여 논의한 후에 상주하라.

[예부] (諭旨가) 11월 1일에 본부 도착했고 該臣들은 논의하여 다음과 같이 결론을 내렸습니다. 조선국왕이 상주한 謝恩 箋文 중에 사용한 글자가 마땅하지 않았습니다. 표문과 전문은 관계된 바가 매우 중대하므로 응당 매우 신중했어야 하는데, 지금 조선국왕이 올린 箋文 중에 사용한 글자가 마땅하지 않은 것은 공경과 신중히 하는 도리에 있어 매우 잘못되었습니다. 마땅히 조선국왕에 대해 벌은 1만 냥을 내릴 것으로 논의하였습니다. 더하여 조선국왕이 매년 공물을 올릴 때 의례히 국왕에게 상으로 내렸던 물건을 3년 동안 중지해야 합니다.

[예과] (본부에서) 康熙 34년 10월 7일에 題하여 본월 10일에 旨를 받들었는데, 그 내용은 다음과 같았습니다.

[황제] (조선국왕) 姓[某]에 대해 벌을 내리고 상을 중지시키자고 논의했는데, 모두 관대히 면하도록 한다.

[주객사] 마땅히 알려야 합니다.

[예부] 이에 마땅히 자문을 보내니, 살펴서 시행하십시오. 운운.

康熙 34년 10월 일.

謝寬免議罰停賞表[製洪受■ 使臨昌君焜]

原編 卷41 勅諭 41a~42a(794~795쪽)

운운. 康熙 34년 12월 3일에 謝恩陪臣 全城君 李混 등이 북경에서 가지고 온 禮部의 자문을 받았는데, 그 내용은 다음과 같았습니다.

……. 운운. [“誠臣等議得”부터, “査照施行”까지. 禮部의 原咨를 보라]

小邦은 事大에 예를 다하며 오직 실수가 있을까 걱정해왔고 가령 表·箋文에 대해서는 더욱 신중함을 기했습니다.

지금 이번 箋文에 제대로 살피지 못하여 사용한 글자가 마땅하지 않았기에, 禮部에서 벌은을 내리고 賞을 중지시켜야 한다고 논의했습니다. 그러나 황제께서는 불쌍히 여기시고 도리어 관대히 면제한다는 은전을 베푸셨으니, 臣은 일국의 신민들과 황송하고도 감격스러움을 가누지 못하고 삼가 표문을 올려 감사를 말씀드립니다. 운운. 무식한 글자로 憲章을 범했으니 마땅히 견책을 받아야 했는데 황상의 덕이 너무나 커서 외람되게도 은전을 내려주셨으니, 감격하여 송축하면서도 죄송한 마음 더욱 깊어집니다.

삼가 은총을 두터이 받아 겨우 遺業을 이어갈 수 있었으니, 항상 사대하는 의례를 준수하여 마음을 다해 왔는데 사대문서에서 신중함을 잃게 될 줄 어찌 생각했겠습니까! 그 마음을 살펴보면 의도하지 않은 것에서 나왔으나 法을 확인해보면 죄는 없어도 벌은 받아야[非辜] 한다고 감히 말할 수 있을 것입니다. 그런데 예부에서 올린 題를 보면 이미 형벌을 매우 낮춰주었고 (황제께서는) 불쌍히 여겨 용서해주셨으니 대개 저의 본래 마음을 살피셨기 때문일 것입니다. 이에 명령을 내려 벌은을 취소시키시고 또한 외람되게도 賞을 그대로 지급하게 하셨습니다. 인자한 하늘께서 크게 감싸주시니 내려주신 (명을) 받고 (스스로) 새로워짐을 느꼈고 밝은 은택이 흘러내려 오니 다른 이들과 함께 혁신[更始]할 것을 생각했습니다. 자신을 돌이켜보면 떨리는 마음이 더욱 깊어지지만 뼈에 새겨 (내려 준) 영예를 기억하겠습니다.

삼가 시운은 태평성세를 품고 공적은 조화지경에 이르러, 음양으로 다스려주시니 억조창생이 진심으로 귀의[允懷]하고 日月처럼 밝게 비추시니 만 리까지 보시는 明見을 우러르는 때를 만났습니다. 이에 더러움을 용납하는 도량으로 또한 죄를 저지른 몸을 용서해주시니, 더욱 忠勤하며 조금이라도 보답하지 않을 수 있겠습니까!
구석진 동쪽 바다에 거처하며 의례가 갖추어지지 못함을 부끄러워하지만, 아득히 황상의 별을 바라보며 다스림과 교화가 융성함을 송축하고자 합니다. 운운.

康熙 35년 7월 25일.

方物表

原編 卷41 勅諭 42a(795쪽)

운운. 하늘처럼 밝게 살피시고 외람되게도 허물을 씻어주는 은전을 내려주셨으니 토산물이 비록 형편없지만 감히 조공의 정성을 펼치고자 삼가 갖추었습니다. 운운.
[물건목록은 위의 順治 甲申년 謝恩方物과 같다]
이상의 물건들은 제조가 정교하지 못하고 가짓수가 많지 않으니, 다만 조공하는 정성을 바칠 뿐이지 어찌 조공물품에 합당하겠습니까! 운운.

右表進呈咨[式見順治甲申謝恩]

原編 卷41 勅諭 42a(795쪽)

皇太后方物狀[式見順治甲午謝恩]

原編 卷41 勅諭 42a(795쪽)

右狀進呈咨[式見順治甲午謝恩]

原編 卷41 勅諭 42a(795쪽)

謝寬免議罰停賞箋[製命得一]

原編 卷41 勅諭 42a~42b(795쪽)

운운. 小邦이 사대문서에 익숙하지 않아 스스로 죄를 짓고는 벌을 기다리고 있었는데 넓으신 도량으로 관대하고 인자하게 보아주시어 용서를 받게 되었으니, 감격스러우면서도 부끄러운 마음 더욱 깊어졌습니다.

삼가 성인의 시기를 운 좋게 만나 외람되이 제후의 藩服을 지키게 되었습니다. 매번 사대의 예에 대해 감히 해이하지 않았고 어전에 올리는 상주문에 대해서는 더욱 공경함을 다했습니다. 그런데 올린 箋文에서 글자를 잘못 쓰는 일이 생길 줄 어찌 생각했겠습니까! 황태자[淵鑑]께서는 허물과 잘못을 잊어주시어 비록 아무 생각 없이 저질렀다고 용서해주셨지만, 분명히 벌을 내려 罰銀을 징수하고 賞을 중단시켜야 한다는 有司의 논의도 당연합니다. 생각해보면 이번에 완전히 용서해주신 특별한 은혜는 또한 태자께서 멀리서 돌봐주심에 힘입은 바입니다.

황태자의 상서로움이 밝게 빛나시어 백성들의 바람이 구가되는 때를 만났습니다. 만국민의 마음을 품으니 그 영예가 먼 곳과 가까운 곳에 융성하게 미치고 몸소 하루에 세 번 문안하니 즐거움이 기쁜 마음으로 바뀌었습니다. 이에 마침내 보잘것없는 저로 하여금 우악한 은혜를 받게 해주셨으니 이 일을 거울삼아 앞일을 경계하며 더욱 충정을 독실히 하지 않을 수 있겠습니까! 少海[황태자]가 맑게 흐르니 아마도 점점 젖어오는 은택을 입게 될 것이고 日月과 같은 밝음[황태자]이 세상을 비추니 더욱 온몸을 바치는 정성을 다하도록 하겠습니다. 운운.

方物箋

原編 卷41 勅諭 42b(795쪽)

운운. 친절히 인도해주시어 이윽고 하늘같은 보살핌을 받게 되었으니 마음이 감격되었기에 감히 토산물을 바치고자 삼가 갖추었습니다. 운운.

[물건목록은 위의 己未년 謝恩方物과 같다]

이상의 물건들은 벽지에서 생산되고 상태는 진귀한 것이 아니니 어찌 조정에 올리기에 마땅하겠습니까마는 다만 조공의 의례를 드러낼 따름입니다. 운운.

右箋進呈咨[式見己未謝恩]

原編 卷41 勅諭 43a(795쪽)

禮物總單[謝寬免罰銀物目見原表狀箋]

原編 卷41 勅諭 43a(795쪽)

謝行遲悞委折咨

原編 卷41 勅諭 43a(795쪽)

발신: 조선국왕

사유: 奉使陪臣이 여러 차례 바뀌면서 일정이 지체되었으니 감히 그 곡절을 아뢰며 용서를 바랍니다.

康熙 34년 12월 3일에 잘못을 용서해주시는 恩命을 삼가 받들고는, 謝恩使臣을 차정해 표문과 방물을 가지고 출발할 즈음에, 정사와 부사가 혹은 죄로 인해 체직되고 혹은 병으로 체직되어 여러 차례 다시 선발했다가 지금에서야 비로소 拜表하고 서둘러 북경으로 보내 사은하게 했습니다. 이외에 생각건대 小邦은 스스로 죄를 저질렀지만 관대한 은전을 받았으니, 사은을 아뢰는 의례는 조금도 늦추는 것이 용납될 수 없습니다. 그러나 불행히 사신이 여러 차례 교체되면서 계속 지연되었으니 비록 이유 없이 연기하며 소홀히 하는 것과는 다르지만 그 事大를 성실히 하는 도리에 있어서는 죄를 변명할 말이 없으니 매우 황송합니다. 이에 마땅히 자문을 보내니, 번거롭겠지만 貴部에서 살펴서 시행하십시오. 운운.

[예부로 보내다]

禮部知會謝寬免表箋知道咨

原編 卷41 勅諭 43b(795쪽)

발신: 예부

사유: 알립니다.

(……)

    [주객사] 禮科에서 抄出하였는데 그 내용은 다음과 같았습니다.

        [예과] 조선국왕이 표문과 전문을 올려 謝恩하였기에 康熙 35년 11월 29일에 旨를 받들었는데, 그 내용은 다음과 같았습니다.

            [황제] 왕이 상주하여 사은한 것을 보았다. 알았다. 該部는 알려라.

    [주객사] 마땅히 알려야 합니다.

[예부] 이에 마땅히 자문을 보내니, 번거롭겠지만 살펴서 시행하십시오. 운운.

康熙 35년 12월 15일.

禮部發回謝寬免方物咨

原編 卷41 勅諭 43b~44a(795~796쪽)

발신: 예부

사유: 공손히 예물을 올립니다.

[예부] 主客淸吏司에서 案呈을 올렸는데, 그 내용은 다음과 같았습니다.

[주객사] 본부에서 보낸 禮科의 抄出을 받들었는데, 그 내용은 다음과 같았습니다.

[예과] 該 본부에서 앞의 사유로 題를 올렸는데, 그 내용은 다음과 같았습니다.

[예부] 該臣들은 논의하여 다음과 같이 결론을 내렸습니다.

조선국왕이 陪臣 臨昌君 李焜 등을 보내 공경히 예물을 올렸는데 例에 따라 받지 않고 이번에 온 조선사신에게 가지고 돌아가도록 하고, 명령이 내려오는 날을 기다렸다가 조선국왕에게 자문을 보내야 합니다.

[예과] (본부에서) 康熙 35년 11월 20일에 題하여 12월 1일에 旨를 받들었는데, 그 내용은 다음과 같았습니다.

[황제] 의논한 대로 하라.

[주객사] 마땅히 조선국왕에게 자문을 보내야합니다.

[예부] 이에 마땅히 자문을 보내니, 旨의 내용을 살펴보고 삼가 준수해서 시행하십시오. 운운.

[戊寅]

禮部知會謝賞米貿米表知道及飭行表內述旨未擡寫咨[互交易]

原編 卷41 勅諭 44a(796쪽)

발신: 예부

사유: 알립니다.

(……)

[주객사] 禮科에서 抄出하였는데, 그 내용은 다음과 같았습니다.

[예과] 조선국왕이 삼가 상으로 내린 쌀을 받고서 표문을 올려 사은하여 康熙 37년 10월 13일에 旨를 받들었는데, 그 내용은 다음과 같았습니다.

[황제] 왕이 상주하여 사은한 내용을 보았다. 알았다. 該部는 알려라. 이번 각 표문 중 旨를 서술한 부분에 擡頭를 적용하지 않았으니 신칙하게 하라.

[주객사] 마땅히 알려야 합니다.

[예부] 이에 마땅히 자문을 보내니, 번거롭겠지만 살펴서 시행하십시오. 운운.

康熙 37년 10월 28일.

回咨

原編 卷41 勅諭 44a~44b(796쪽)

발신: 조선국왕

사유: 표문에 違式이 있으니 황공해하며 용서를 빕니다.

[조선국왕] 康熙 37년 12월 12일에 謝恩陪臣 判敦寧府事 徐文重 등이 북경에서 가져온 貴部의 자문을 받았는데, 그 내용은 다음과 같았습니다.

운운. ["禮科抄出"부터, "查照施行"까지. 위의 禮部原咨를 보라]

[조선국왕] 삼가 생각건대, 小邦이 해외의 구석진 곳에 위치하여 儀節에 대해 미숙하니, 事大의 의례를 조심하고 신중히 하지 않은 것은 아니지만 매번 문제가 생길까 걱정했습니다. 표문의 작성에 대해서는 본디 정해진 격식이 있는데, 어리석어서 제대로 살피

지 못해 잘못을 면치 못하니 비록 생각 없이 한 일이지만 不敬을 저질렀습니다. 그런데 생각지 못하게 황상께서 바로 관대히 용서해주시고 신칙을 행하라고 하셨으니, 너무나도 황송하고 감격스러워 몸 둘 바를 모르겠습니다. 오직 聖教를 준수하는 데 힘써 더욱 공경하고 신중히 하겠습니다. 마땅히 자문으로 답하오니, 번거롭겠지만 貴部에서 대신 상주해주십시오. 운운.

康熙 38년 10월 29일.

[甲申]

禮部知會停查勅今該國審擬具奏咨[見犯越]

原編 卷41 勅諭 44b(796쪽)

[■■]

禮部知會年貢行犯買史册嗣後嚴禁咨[見犯禁]

原編 卷41 勅諭 44b(796쪽)

[庚寅]

禮部知會副本被竊使臣寬免咨

原編 卷41 勅諭 44b~45b(796쪽)

발신: 예부

사유: 旨를 청합니다.

[예부] 主客司에서 案呈을 올렸는데, 그 내용은 다음과 같았습니다.

[주객사] 본부에서 보낸 禮科의 抄出을 받들었는데, 그 내용은 다음과 같았습니다.

[예과] 該 본부에서 앞의 사유로 題하였는데, 그 내용은 다음과 같았습니다.

[예부] 조선국 상주문의 副本을 절도 당했다는 연유로 臣部에서 綠頭牌를 갖추어 상주하여 旨를 받들었는데, 그 내용은 다음과 같았습니다.

[황제] 엄정히 잡아들여라.

[예부] 곧 直隸巡撫에게 공문을 보내 엄히 수사하여 체포하라고 했습니다. 다만 이들 도적은 외국의 奏本을 훔쳤으니 매우 패악하므로 절도죄에 비추어 처리해서는 안 됩니다. 마땅히 該 巡撫에게 문서를 보내 방비를 소홀히 한 관원들을 조사하여 처벌하고, 이 도적들에 대해서는 기간을 정해 엄히 조사하여 체포하는 데 전력을 기울이게 해야 합니다. 만일 정해진 기간이 지나도 잡지 못하면 명령을 받든 관원을 무겁게 처벌해야 합니다.

한편, 迎送官 顧巴達이 다음과 같이 공술하였습니다.

[迎送官] 조선국의 사신에 대해 최초 鳳凰城에서 관원 1원, 兵 10명을 파견해 출발했습니다. 여정 중에서 다시 관병을 교체하여 永平府로 보냈고 영평부 관병이 호송했습니다. 작년 12월 24일에 옥전현에 이르렀습니다. 옥전현의 帶管 驍騎校 1명과 被甲人 10명이 이어서 지켰는데 생각지 못하게 이날 밤 절도를 당했습니다. 연도에 관한 조례에는 다만 滿洲官兵이 호송한다고만 되어 있고, 漢人[綠旅=綠營] 官兵에 대한 내용은 없습니다.

[예부] 옥전현 관병은 守直을 담당했으면서도 엄히 살피고 신중히 방비하지 못해 절도를 당하게 했으니 매우 태만하고 소홀히 한 것입니다. 마땅히 옥전현의 帶管 驍騎校 및 兵丁을 압송하여 형부로 넘겨 무겁게 죄를 다스려야 합니다. 迎送官 顧巴達은 몸소 조선사신을 데리고 오면서도 병정들을 엄히 살펴서 간수하지 못해 절도를 당하게 했습니다. 顧巴達은 吏部에 넘겨 例에 따라 처벌해야 합니다.

조선 正使 趙泰耉·副使 任舜元·書狀官 具萬里 등이 공술하길, “다만

副本을 도둑맞았을 뿐 여행용품과 화물은 모두 절도당하지 않았습니다."라고 했지만, 단 그 국왕의 상주하는 표문을 친히 받들고서도 신중함을 기하지 못해 副本을 도둑맞았으니 매우 불경한 일입니다. 마땅히 조선국왕에게 공문을 보내 例에 비추어 치죄해야 합니다.

[예과] (본부에서) 康熙 49년 2월 3일에 題하여 본월 11일에 旨를 받들었는데, 그 내용은 다음과 같았습니다.

[황제] 의논한 대로 하라. 조선국 사신 趙泰耇 등은 먼 길을 와서 공물을 올리고자 내지로 왔다가 副本을 도둑맞았으니, (죄를) 관대히 면제하되 조선국왕에게 넘겨 치죄하도록 하라.

[주객사] 마땅히 조선국왕에게 알려야 합니다.

[예부] 이에 마땅히 자문을 보내니, 번거롭겠지만 살펴서 시행하십시오. 운운.

康熙 49년 2월 28일.

回咨

原編 卷41 勅諭 45b~46a(796~797쪽)

발신: 조선국왕

사유: 恩命에 공경히 감사를 아룁니다.

[조선국왕] 康熙 49년 4월 16일에 冬至陪臣 趙泰耇 등이 가져온 貴部의 자문을 받았는데, 그 내용은 다음과 같았습니다.

……. 운운. ["禮部爲請旨"부터, "査照施行"까지. 위의 原咨를 보라]

[조선국왕] 생각건대 어전으로 상주하는 표문은 지극히 공경해야 하고 또 중대합니다. 지금 이들 陪臣이 신중하게 가져가지 못해서 副本을 중도에 도둑맞았으니, 王憲을

살펴보면 용서받지 못할 죄에 해당합니다. 그런데 다행히 聖人의 도량으로 포용해주시고 곡진히 관대한 면벌을 내리셨으니 온 나라의 군신들이 황공하고 감격스러워 몸 둘 바를 알지 못하였습니다.

삼가 생각건대, 皇上의 一視同仁의 은택이 먼 곳에도 흐트러짐이 없어 동쪽 藩邦에서도 융성한 은혜를 크게 받았습니다. 이에 앞뒤의 陪臣들이 망령되이 죄를 저질렀지만 바로 용서해주셨는데, 이는 小邦을 감싸주시는 마음에서 나와 그 은혜가 사신에게까지 미친 것이니 감격하여 송축하지만 보답할 방법이 없어 하늘과 해를 우러르며 (온몸이) 가루가 될 때까지 기필하였습니다. 이에 마땅히 자문으로 답하오니 번거롭겠지만 貴部에서 대신 상주하여 시행하십시오. 운운.

康熙 49년 10월 29일.

禮部回使臣寬免及漂人押解咨[互漂民]

原編 卷41 勅諭 46a~46b(797쪽)

발신: 예부

사유: 자문으로 답합니다.

[**예부**] 主客淸吏司에서 案呈을 올렸는데, 그 내용은 다음과 같았습니다.

[**주객사**] (본부에서) 조선국왕의 자문을 받았는데, 그 내용은 다음과 같았습니다.

운운. ["康熙四十九年"부터, "轉奏施行"까지. 위의 回禮部咨를 보라]

[**주객사**] (본부에서) 또 다음과 같은 자문을 받았습니다.

운운. ["康熙四十九年七月"부터, "照詳轉奏". 見漂民謝發回漂民咨까지]

[**주객사**] 살펴보니 康熙 46년 정월쯤에 조선국왕이 자문에서 다음과 같이 말하였습니다.

[**조선국왕**] 小邦은 大朝의 포용해주시는 은혜를 오랫동안 받아와, 무릇 잘못이 있을 때마다 즉시 관대히 용서해주셨으니 이에 부박한 방물을 올린 것은 실로 윗사람을 섬기는 마음에서 나온 것입니다. 그런데 또한 (방물을) 돌려보내라는 따뜻한 명을 내리셨으니 연이은 聖上의 보살핌이 이와 같이 융성하고 두터워 황송하고 감격스러운 마음 더욱 깊어집니다. 번거롭겠지만 대신 상주해주십시오.

[**주객사**] 본부에서는, 이 사안은 작년 정월쯤에 題로 올려 완결 지었으므로 天聽을 번거롭게 하는 것은 불편하다고 생각하여, 응당 조선국왕에게 자문으로 답하길, 앞으로 이와 같이 이미 완결된 사안에 대해서는 대신 상주해달라고 요청할 필요가 없다는 내용으로 자문을 보낸 바 있습니다.

지금 조선국 陪臣 趙泰耈 등에 대해 죄를 면하게 한 것 및 표류민 高道弼 등을 송환한 일은 제본을 갖추어 완결된 사안이므로 일일이 주문하는 것은 불편하니, 조선국왕이 전주해달라고 청한 문제에 대해서는 모두 다시 논의할 필요가 없으며, (이 사실을) 조선국왕에게 알려주는 것이 좋겠습니다.

[**예부**] 이에 마땅히 자문을 보내니, 살펴서 시행하십시오. 운운.

康熙 50년 2월 18일.

[辛卯]

禮部遣官鳳凰會查李萬枝等殺人地方咨

原編 卷41 勅諭 47a(797쪽)

[癸巳]

禮部知會進貢員役人數不符以赦前事免罪咨

原編 卷41 勅諭 47a~48b(797~798쪽)

발신: 예부

사유: 題를 올려 탄핵합니다.

(……)

[주객사] 본부에서 禮科의 抄出을 보냈는데, 그 내용은 다음과 같았습니다.

[예과] 該 본부 등의 아문에서 題를 올려 답하였는데, 그 내용은 다음과 같았습니다.

[예부] 盛京禮部侍郎 蘇爾得 등이 앞의 사유로 題를 올렸는데, 그 내용은 다음과 같았습니다.

盛京禮部侍郎 蘇爾得 등이 올린 疏를 받았는데, 그 내용은 다음과 같았습니다.

[성경예부시랑] 본년 4월쯤 鳳凰城 主客官 勝宗文이 다음과 같이 아뢰었습니다.

[봉황성 주객관] 康熙 51년 11월쯤에 조선국 進貢正使 金昌集·大通官 朴東和 등이 다음과 같이 보고했습니다.

[조선사신] 團練使 張玉文이 (방물을 조선에서) 성경까지 나른 후 데리고 올 인원은 363명입니다.

[봉황성 주객관] 康熙 51년 12월에 (조선 단련사들이 성경에다 짐을 놓고 돌아와) 변문을 나설 때 章京들과 같이 조사했는데 301명만 있었고 62명이 모자랐습니다. 그래서 장옥문에게 물었더니, "(그 62명은 봉황성으로 들어오지 않고) 변문에서 돌아갔습니다." 그 인원수는 박동화가 보고한 바와 같았습니다.

이 때문에 박동화가 3월쯤 돌아올 때를 기다려 그에게 물으니, "報單에 수록된 인원수(363명)가 정확합니다."라고 하였습니다. 저는 (숫자가 차이나는 것에 대해) 보고하려 하였으나, 성수위가 확인도장을 찍어주지 않았습니다.

[성경예부] 즉시 鳳凰城 原任城守尉 賽必兎에게 문서를 보내 조사했는데, 곧 다음과 같은 咨覆을 받았습니다.

[봉황성 前 성수위] 저는 盛京에 갔다가 12월 21일에 돌아왔는데, 署印章京 邁兎, 主客官 勝宗文 및 출입을 관리하는 관원들이 다음과 같이 보고하였습니다.

[봉황성 관원들] 조선인들이 변문을 나설 때 62명이 모자랐기에, 의주부윤에게 문서를 보냈는데, 다음과 같이 자문으로 알려왔습니다.

[의주 부윤] 62인은 邊關에서 돌아왔으니, (사람이) 줄어든 것이 아닙니다.

[봉황성 前 성수위] 그래서 알리지 않았습니다. 승종문이 보고하려 했을 때, 그때가 (춘절 즈음이라) 공무를 쉬는 시기여서 확인도장을 찍어주지 않았습니다.

[성경예부시랑] 署印禦 邁兎 등에게 물어보니 다음과 같이 답했습니다.

[署印禦] 조선에서 年貢을 올리는데, 北京으로 가는 조선인 및 성경에서 돌아오는 조선인들이 각기 짐말을 끌고 오는데, 변경의 관문으로 들어오는 것을 점검할 때 숫자를 확인하기가 어려워 이 때문에 조선에서 보낸 문서를 근거로 보고했습니다.

[성경예부시랑] 官員과 撥什庫 등의 직명을 열거하여 보냈습니다. 該部로 자문을 보내 논의하게 한 후, 該部의 답을 받았는데, 그 내용은 다음과 같았습니다.

변경의 일은 중대하니 題를 올려 탄핵하면 다시 의논하겠다.

살펴보건대 조선국 인원이 변관을 출입하는 일은 모두 봉황성 城守尉 官兵의 전담임무입니다. 작년에 조선국에서 공물을 올리는 조선인들을 변관에 들였지만, 조선이 보고한 문서에 비추어 확인하지 않았다가 성경에서 돌아가는 숫자가 맞지 않았음에도 또한 즉시 보고를 하지 않아 지연시켰고 서로 책임을 미루니 매우 마땅하지 않습니다. 그 主客官 승종문은 직무가 조선 관련 사무를 담당하는 관원으로서 출입을 공동으로 감독하는 것인데 (조선관원이 들어올 때) 즉시 명확하게 조사하지 않았고 또 보고하지도 않고 박동화를 기다리며 일을 지체시켰다가 비로소 보고를 했으니 마땅하지 않습니다. 이 나태한 각 관원들은 제대로 살피지 못했고 또 조선인 62인이 邊關을 나서지 않은 문제와 관계되므로, 삼가 바라건대 該部에 명령을 내려 일체 조사한 후 처벌을 논의해야 합니다.

[예부] 조사해보니, 조선인이 邊關이 출입하는 것은 모두 봉황성 관병의 전담임무입니다. 그런데 작년 조선국의 進貢 員役들이 邊關을 출입할 때 인원수를 전혀 확인하지 않았고, 끝내 조선이 보낸 문서에 비추어 보고했다가 변문을 나선 인원수와 맞지 않는 문제가 생기자 그 당시 즉시 보고하지 않고 서로 책임을 미루며 질질 끌었으니 매우 마땅하지 않습니다.

城守尉 賽必兎는 이미 병으로 죽었으니 논의하지 않는 외, 署城守尉 印防禦 正藍旗 邁兎·해당 기간의 防禦 正白旗 堪帶·防禦 廂黃旗 布思海·正黃旗 麥秋·正紅旗 卓佛賀·廂藍旗 常住·驍騎校 廂黃旗 巴格·正白旗 羊格·正紅旗 阿必大·廂白旗 三格·廂紅旗 薩克素·廂藍旗 厄爾弃·主客官 廂白旗 勝宗文·迎送官 正黃旗 牙圖·八品 高麗通事 廂白旗 徐禎明·해당 기간의 撥什庫 廂黃旗 常保住·搜檢 撥什庫 正藍旗 薩哈·練守邊關門 撥什庫 廂藍旗 帶蟬 등을 모두 마땅히 처벌해야 합니다. 다만 이 사안은 본년 3월 18일 萬壽大慶의 사면 전에 있었으므로 마땅히

該部로 넘겨 죄를 다스려야 합니다. 그 조선인 62명은 義州府尹이 이미, "(성경으로 가지 않고) 변문에서 돌아갔으므로 인원수가 모자라지 않습니다."라고 하였으니 처벌을 논의할 필요가 없습니다.

[예과] (본부에서) 康熙 52년 10월 6일에 題하여 본월 8일에 旨를 받들었는데, 그 내용은 다음과 같았습니다.

[황제] 논의한 대로 하라.

[주객사] 마땅히 조선국에 알려야 합니다.

[예부] 이에 마땅히 자문을 보내니, 살펴서 시행하십시오. 운운.

康熙 52년 10월 24일.

回咨[文闕]

原編 卷41 勅諭 49a(798쪽)

[乙未]

禮部知會犯買黑角一案俟該國查奏再議咨[見犯禁]

原編 卷41 勅諭 49a(798쪽)

[丁未]

盛京禮部抄錄議政等原奏及免追上諭咨[見推徵]

原編 卷41 勅諭 49a(798쪽)

[丁未]

盛京禮部抄錄胡嘉珮等賠銀査明推還咨[見推徵]

原編 卷41 勅諭 49a(798쪽)

[戊申]

禮部知會飭諭咨[見推徵]

原編 卷41 勅諭 49a(798쪽)

[乙卯]

禮部抄錄戶部原題申飭交易咨[見交易]

原編 卷41 勅諭 49a(798쪽)

[戊辰]

禮部抄錄刑部勘斷犯買馬匹人照例免議咨[見犯禁]

原編 卷41 勅諭 49a(798쪽)

[戊辰]

禮部知會使行下役誣告失銀及使臣勘處咨[見推徵]

原編 卷41 勅諭 49a(798쪽)

[庚午]

禮部知會刑部及盛京刑部泒員會審金仁述等犯殺咨[見犯越]

原編 卷41 勅諭 49a(798쪽)

[丁丑]

禮部知會泒官前往鳳城會同該國官會審趙自永等犯殺咨[見犯越]

原編 卷41 勅諭 49a~49b(798쪽)

[丁丑]

禮部知會趙自永供辭互異再行查明咨[見犯越]

原編 卷41 勅諭 49b(798쪽)

[壬午]

禮部知會飭卡倫捲撤查拿逃犯上諭咨[見犯越]

原編 卷41 勅諭 49b(798쪽)

[甲申]

盛京禮部緝捕犯人金鳳守等解送鳳城候訊咨[見犯越]

原編 卷41 勅諭 49b(798쪽)

[戊戌]

禮部知會討逆奏文内字句違式咨[見陳奏]

原編 卷41 勅諭 49b~50a(798~799쪽)

발신: 예부

사유: 자문을 보냅니다.

[**예부**] 儀制清吏司에서 案呈을 올렸는데, 그 내용은 다음과 같았습니다.

[**의제사**] 乾隆 42년 12월 29일에 조선에서 보낸 자문과 奏摺 한 건을 받고 본부에서 대신 아뢰어 聖旨를 받들었는데, 그 내용은 다음과 같았습니다.

[**황제**] 왕의 奏文을 보았다. 조선국왕에게 불행한 일이 생겼으나 조선국왕이 마련한 바는 극히 타당하니, 짐의 마음이 매우 기쁘다. 그런데 奏摺의 문장 중 격식에 맞지 않는 곳이 있으니 該部에서는 자문을 보내 조선국왕에게 알려라. 조선국왕을 위해 내지 변경에서 나머지 일당을 체포해달라고 요청한 문제는 이미 성경장군과 산동순무에게 諭旨를 내려 마음을 다해 처리하도록 했다.

[**의제사**] 본부에서 原奏를 자세히 살펴보니 儲君 및 國王嗣位 등의 어휘는 격식에 맞지 않습니다. 이러한 말들을 조선국왕이 스스로 칭하는 것은 원래 금지되지 않았지만 윗사람에게 알릴 때 사용하면 체제를 무너뜨리게 됩니다. 또한 조선은 전에도 이렇게 世孫 및 國王嗣爵를 세워줄 것을 요청했는데 모두 天朝에 명을 청한 후 칙지를 준수하여 행했습니다. 이를 통해 儲君 및 嗣位라는 말은 확실히 奏文에 쓰기에 적합하지 않다는 것을 알 수 있습니다. 황제께서는 조선이 평소 공순하다고 칭해지므로 그 어휘가 마땅하지 않은 것은 外邦이 中朝의 체제를 알지 못했기 때문이니 일단 심하게 문책하지 않으시고 특별히 본부에 유시하시어 조선국왕에게 알리라고 하셨습니다. 앞으로 일체 표문과 주문의 어휘는 마음을 다해 점검하여 다시는 문제가 생겨서는 안 될 것입니다.

[**예부**] 이에 마땅히 조선국왕에게 자문을 보내니, 삼가 받들어서 시행하십시오. 운운.

乾隆 43년 정월 일.

陳謝奏文違式奏[互陳奏 製徐命膺 使蔡濟恭]

原編 卷41 勅諭 50a~51b(799쪽)

발신: 조선국왕
사유: 皇恩에 감사하며 허물을 아뢰옵니다.

[조선국왕] 본년 3월 20일에 進賀陪臣 河恩君 李垙 등이 북경에서 가져온 예부의 자문을 받았는데, 그 내용은 다음과 같았습니다.

……. 운운. ["乾隆四十二年"부터, "施行可也"까지. 위의 禮部原咨를 보라]

[조선국왕] 가만히 살펴보건대, 小邦이 대대로 藩封을 지켜 왔는데 전후에 내린 황제의 은덕이 골수까지 젖어들었습니다. (큰 죄를) 용서해 주시는 은전은 매번 돌보아 주시는 마음에서 특별히 나왔고, 아뢰는 일이 있을 때마다 곧장 곡진히 호응해주셨습니다. 臣의 몸에 이르러서는 외람되이 封爵을 세습하게 된 것도 皇旨에 있을 뿐이며, 誥命과 印章이 찬란하게 빛나고 있는 것도 皇旨가 있었기 때문이며, 내려주신 물건이 풍부한 것도 또한 오직 皇旨 때문이니, 과거에 (은혜를) 융성하게 받았던 사례를 일일이 살펴봐도 이와 같은 경우는 없습니다.

臣이 비록 나라를 맡은 지가 오래지는 않았습니다마는, 그러나 상국을 우러르는 정성은 도리를 실천하는 皇上에게 근본한 것이며 윗사람을 섬기는 예절은 家庭의 가르침에서 체득한 것입니다. 무릇 어전에 아뢰는 문자에 있어서는 별도의 관사를 설치하여 臣僚들을 선발하여 맡게 하였고, 매양 使行 때가 되면 기일에 앞서 작성한 후 陪臣들이 모여 8~9번이나 검토하도록 하였으며, 분향 후 표문에 숙배를 하고 郊外까지 나가 使臣을 전송했습니다. 그 공경과 예의를 다하기를 극진히 하지 않음이 없었던 것은 일단 법으로 정해지면 감히 소홀히 할 수 없었기 때문인 즉, 어찌 문서를 보낼 때 조금이라도 미진한 구석이 있어 저 스스로 참월하다는 죄를 받고자 했겠습니까!

다만 小邦은 벽지에 위치하여 견문이 좁습니다. 견문이 좁으니 예가 아닌 것을 예로 여기고 벽지에 있으니 공경이 아닌 것을 공경으로 여겼습니다. 아마도 찬란한 우리

大朝에서 천지처럼 덮어 주시어 善惡을 다 같이 길러 주고, 山藪처럼 포용하여 허물을 모두 잊어주지 않으셨다면 小邦이 자연히 칙사를 통해 벌을 받아 필시 가망이 없게 되었을 것입니다.

생각해보건대, 이번에 小邦의 역적들을 체포하는 일에 대해 비록 옛 규례에 근거해 감히 주청했지만, 말은 산만하고 일은 번잡스러운 것이었으니 바야흐로 참람하고 외람되어 두려워 떨고 있었습니다. 그런데 皇上께서 특별히 밝은 칙유를 내리어 盛京과 山東에 유시하여 몰래 달아난 놈들을 수사하고 그 몰래 숨어들어 온 놈들을 체포하게 하였습니다. 황상의 위엄이 한번 전파되자 변경의 관문은 엄숙하게 되었습니다. 오직 이 한 자의 종이로 된 詔命이 小邦의 방풍막 됨이 과연 어떠했겠습니까? 북쪽을 바라보며 아홉 번이나 머리를 조아려도 이미 그 감격되어 (가슴에) 맺히는 마음을 가눌 수 없었습니다.

한편 아뢴 奏文에서 字句를 잘못 사용하는 습관을 알아차리지 못하고 스스로 체제를 어그러뜨리게 되었으니, 비록 어떠한 견책을 받게 되더라도 감히 피할 수 없었습니다. 그런데 지금 우리 황상께서 먼 지역을 품어주는 덕과 만물을 덮어 주는 仁을 펼치시어, 죄를 주지 않았을 뿐 아니라 바로 該部에 명하여, 알아듣게 타일러서 앞으로의 일을 경계하게 하셨으니, 옛적부터 藩邦으로서 天朝로부터 이처럼 특별한 은전를 입게 된 나라가 몇이나 있었는지 알지 못하겠습니다. 명이 내리던 날에 小邦의 臣民들이 머리를 맞대고 두 손 모아 송축하며 크고도 특별한 황상의 恩賜를 한 층 더 우러렀습니다. 비록 그렇기는 하나, 넓으신 도량으로 더욱 품어주실수록 황송하고 부끄러워지는 심정이 더욱 깊어지니, 왜이겠습니까. 가령 소방이 만일 중외의 의식을 널리 고찰하여 문자의 격식을 환히 알았다면 어찌 이런 일이 있게 되었겠습니까? 다만 委巷에서나 하는 의례 때문에 밝은 조정의 예절을 어그러뜨렸고 궁벽진 곳의 언사로 인해 公門의 순리에 실수하여, 마침내 스스로 격식을 무너뜨렸다는 죄에 빠지게 된 것입니다. 臣이 이에 은덕을 음미하고 의리를 두렵게 여기면서 한가로이 편안히 있을 수 없기에, 삼가 감히 陪臣을 다시 선발하여 서둘러 행장을 꾸려 떠나보내어, 저의 마음을 털어놓고자 황제를 번거롭게 하였습니다. 한편으로는 天朝께서 곡진히 감싸 주신 은총을 송축하고 한편으로는 小邦에서 망령되이 잘못한 죄를 후회하고 있습니다. 臣이 머리를 들고 구름 낀 하늘을 바라보매 부끄럽고도 두려운 마음을 가누지 못하며, 위로는 皇恩에 감사하고 아래로는 잘못을 아룁니다. 운운.

乾隆 43년 3월 25일.

右奏進呈咨[式見順治甲午陳奏]

原編 卷41 勅諭 51b(799쪽)

方物奏[式見順治甲午陳奏]

原編 卷41 勅諭 51b(799쪽)

右奏進呈咨[式見順治甲午陳奏]

原編 卷41 勅諭 51b(799쪽)

禮物總單[見陳奏]

原編 卷41 勅諭 51b(799쪽)

禮部知會奏文知道及嘉奬上諭咨

原編 卷41 勅諭 51b~52b(799~800쪽)

발신: 예부

사유: 알립니다.

[예부] 主客司에서 案呈을 올렸는데, 그 내용은 다음과 같았습니다.

[주객사] 本部에서 상주하였는데, 그 내용은 다음과 같았습니다.

[예부] 본월 15일에 조선국왕이 判中樞府事 蔡濟恭을 통해 보내온 謝恩表文을 받았기에 삼가 例에 따라 綠頭牌에 적어 상주하고 內閣에 넘겨 번역하여 題하는 외, 한편 조선국왕이 별도로 奏摺 한 건을 올렸는데 (그 주접에는) 부접이 갖추어져 있었습니다. 臣들이 내용을 살펴보니, "조선의 역신 홍인한 등은 이미 사형을 당했지만 잔당이 중국으로 몰래 들어갈까 걱정되었는데, 皇上께서 (성경)장군 弘晌 및 巡撫 國泰에게 특별히 유시하시어 조선과 접하고 있는 邊隘와 海口에서 소속 관원들을 엄히 신칙하여 마음을 다해 체포하라."고 하신 내용이었습니다. 아울러 조선국왕의 원 奏摺 중에 격식에 맞지 않는 부분에 대해서는 旨를 준수하여 臣部를 통해 조선국왕에 알렸는데, 지금 조선국왕이, "은혜에 감격하고 의리를 두렵게 여기면서 한가로이 편안히 있을 수 없기에, 삼가 陪臣을 선발하여 저의 마음을 드러냅니다. 天朝께서 곡진히 감싸 주신 은총을 송축하고, 小邦에서 망령되이 잘못한 죄를 후회하고 있습니다."라고 하였습니다. 臣들은 마땅히 조선국왕의 原奏 및 초록한 奏摺을 모두 공경히 어람에 올립니다.

[주객사] 乾隆 43년 5월 16일 상주하여 본일 旨를 받들었는데, 그 내용은 다음과 같았습니다.

[황제] 왕이 상주하여 사은한 것을 보았다. 알았다. 조선국왕이 전의 奏摺에서 격식에 맞지 않는 부분이 있는 것 때문에 매우 깊이 스스로 허물하다가 감격하여 실정을 아뢰니 마음이 매우 훌륭하다. 짐은 평소에 말과 문자를 가지고 죄를 주지 않는데, 조선국왕이 이처럼 일을 당하여 조심할 줄을 알아 그 공순함을 더욱 드러내므로, 스스로 영원히 은혜로운 돌봄을 받을만하니 진정으로 조선을 위한 경사이자 행운일 것이다.

[주객사] 마땅히 조선국왕에게 알려야 합니다.

운운.

乾隆 43년 5월 27일.

禮部知會移准奏文違式方物咨[見節使]

原編 卷41 勅諭 52b(800쪽)

禮部頒賞使臣咨

原編 卷41 勅諭 52b~53a(800쪽)

발신: 예부

사유: 상을 내렸습니다.

[예부] 主客司에서 案呈을 올렸는데, 그 내용은 다음과 같았습니다.

[주객사] 禮科에서 抄出하였는데, 그 내용은 다음과 같았습니다.

[예과] 본부에서 앞의 사유로 題하였는데, 그 내용은 다음과 같았습니다.

[예부] 논의하여 다음과 같이 결론을 내렸습니다. 조선국왕이 사은과 陳奏 때문에 공손히 예물을 올렸으니, 正使 判中樞府事 蔡濟恭·副使 吏曹判書 鄭一祥 등 2員에게는 응당 例에 따라 大緞 각 1匹, 帽緞 각 1匹, 彭緞 각 1匹, 綢 각 1匹, 紡絲 각 1匹, 銀 각 50兩, 毡襪綠斜皮로 만든 1등靴 각 1雙, 漆鞍이 완전히 구비된 3등馬 각 1匹을 상으로 내려야 합니다. 서장관 1員에게는 응당 例에 따라 大緞 1匹, 彭緞 1匹, 綢 1匹, 銀 50兩, 毡襪綠斜皮로 만든 2등靴 1雙을 상으로 내려야 합니다. 大通官 3員에게는 大緞 각 1匹, 綢各 각 1匹, 銀 각 30兩, 毡襪馬皮靴 각 1雙을 상으로 내려야 합니다. 押物官 18員에게는 응당 例에 따라 彭緞 각 1匹, 綢 각 1匹, 銀 각 20兩, 毡襪牛皮靴 각 1雙을 상으로 내려야 합니다. 從人 24名에게는

응당 例에 따라 각 銀 5兩을 상으로 내려야 합니다.

그 상으로 내릴 緞·綢 등의 물건은 모두 內務府에서 가져오겠으며 鞍馬·靴·襪·銀 등의 물건은 각각 該 아문에서 가져와 모두 例에 따라 午門 앞에서 상을 지급하겠습니다. 臣들은 미리 확인하고 혹시 격식에 맞지 않은 것이 있으면 즉시 題를 올려 탄핵하겠습니다. 북경으로 온 사신들의 연회에 대한 것은 이번에는 마땅히 정지할 것을 청합니다.

[예과] 乾隆 43년 6월 9일에 題하여 본월 11일에 旨를 받들었는데, 그 내용은 다음과 같았습니다.

[황제] 의논한 대로 하라.

[주객사] 마땅히 조선국왕에게 자문을 보내야 합니다.

운운.

乾隆 43년 6월 15일.

謝嘉奬上諭表[順付謝恩使 製鄭述祚 使河恩君垙]

原編 卷41 勅諭 53b~54a(800~801쪽)

[조선국왕] 운운. 乾隆 43년 7월 3일에 예부의 자문을 받았는데, 그 내용은 다음과 같았습니다.

……. 운운. [“今該國”부터, “知照可也.”까지. 위의 禮部知會嘉奬上諭咨를 보라]

[조선국왕] 小邦이 구석진 곳에 위치하여 견문이 어두우니, 어전에 상주하는 儀式을 알지 못해 망령되이 문장을 잘못 쓴 죄를 스스로 저질렀습니다. 허물을 아뢴 후 두렵고 떨려 몸 둘 바를 알지 못하였는데, 삼가 천지와 같은 도량으로 형벌을 내리지 않았을 뿐 아니라 오히려 기뻐하며 장려하는 旨를 주셨습니다. 10줄의 (칙지에는) 타이름이 가득했고 어루만져 주심이 너무 도타웠으니, 臣과 온 나라의 신민들은 덕스러운 음성을 받들며 황송하면서도 감격스러운 마음을 가누지 못하고 삼가 표문을 올려 감사를 아뢰

니다. 운운. 글이 외람되었기에 사신을 보내 허물을 아뢰었는데, 덕이 두터워 관대히 포용해주시고는 10줄의 (칙지를) 반포하여 장려하는 마음을 내려주시니, 미천한 마음을 헤아려주시어 제 마음은 더욱 황송해집니다.

생각건대, (저의) 지혜가 간신을 알아보기에 부족하여 겨우 나라를 진정시켰습니다. 환난이 초기에 진정된 것은 실로 황제의 위엄이 멀리까지 빛났기 때문인데 奏文을 올림에 문자를 신중히 쓰는 일에 완전히 어두웠습니다. 이에 사신을 보내서 공경히 견책을 기다리고 있었는데, 따뜻한 윤음을 선포하시어 위로해 주시는 칙유가 곧 융성해졌습니다. 산수와 같은 도량으로 특별히 품어주시어 이윽고 크게 용서해주시는 뜻을 보이셨고 제후국의 마음을 곡진히 살피셔서 칭찬하는 윤음을 내리셨으니, 부끄러워 흘린 땀을 수습하자마자 감격의 눈물이 흘러내립니다.

삼가 자신의 마음을 미루어 아랫사람을 대하고 훌륭한 원리를 세상에 세우신 때를 만났습니다. 천지의 지극한 仁을 본받아 더없이 큰 죄도 용서하시고 日月과 같이 온 세상을 비추시니 먼 곳도 밝게 보셨습니다. 이에 끝내 황폐한 小邦에게 특별한 은혜를 주셨으니, 스스로 반성하여 나태해지지 않고 보은을 기약하지 않을 수 있겠습니까! (황상의) 造化에 힘입어 생명이 이루어졌으니 어찌 돌봐주신 은택을 잊겠으며, 春秋에 하례 사절을 보내 조공의 정성을 다하겠습니다. 운운.

乾隆 43년 9월 29일.

右表進呈咨[式見順治甲申謝恩]

原編 卷41 勅諭 54a(801쪽)

禮物總單[見錫賚]

原編 卷41 勅諭 54a(801쪽)

禮部知會謝上諭表知道咨

原編 卷41 勅諭 54a~54b(801쪽)

발신: 예부

사유: 알립니다.

[예부] 主客司에서 案呈을 올렸는데, 그 내용은 다음과 같았습니다.

[주객사] 禮科에서 抄出하였는데, 그 내용은 다음과 같았습니다.

[예과] 조선국왕이, 아뢰는 奏摺에서 문장이 마땅하지 않아 스스로 깊이 허물하고는 진심을 담아 사정을 말씀드렸는데, (황제께서) 기뻐하시고 장려하는 聖旨를 내리셨기에 때문에 표문을 갖추어 사은하였습니다. 乾隆 43년 9월 28일에 題하여 12월 4일에 旨를 받들었는데, 그 내용은 다음과 같았습니다.

[황제] 왕이 상주하여 사은한 것을 보았다. 알았다. 該部는 알려라.

[주객사] 마땅히 조선국왕에게 알려야 합니다.

운운.

乾隆 43년 12월 18일.

[庚子]

禮部改頒被燒詔旨咨[互進賀]

原編 卷41 勅諭 54b~55b(801쪽)

발신: 예부

사유: 알립니다.

[예부] 儀制司에서 案呈을 올렸는데, 그 내용은 다음과 같았습니다.

[의제사] 본부에서 상주하였는데, 그 내용은 다음과 같았습니다.

[예부] 2월 23일에 戌刻에 臣部의 滿檔房傍 書吏의 住房 3칸에 불이나 臣들은 즉시 관서로 달려가 구호하고 불을 껐습니다. 곧 발화의 원인을 조사하니, 該吏가 주방에서 밥을 짓고 외출했는데 화로의 불이 완전히 꺼지지 않아 바람이 불자 옮겨붙은 것이었습니다. 당안을 확인해 보니 吏部의 會稿 1건 및 臣部의 일반적인 稿案 몇 건이 불에 탔습니다. 臣部에서는 명확히 조사를 가하고 그곳에 문서를 보내 보충할 당안을 보내서 처리하도록 했습니다.

막 조사하여 처리하는 사이에 亥初時 무렵 東江 米巷의 高麗館에서 불이나 臣들은 곧바로 가서 구호했습니다. 조선국 사신은 22일에 상을 받고 23일에 臣部에서 연회를 베푼 후 24일에 출발하기로 정했기에 그 날 戌時에 봉문한 후 住宿 제3층 西廂房에서 조선 종인이 등불에 창호지를 태우다가 불이 옮겨 붙어 正房 및 東西廂房 모두 11칸을 태웠습니다. 다친 사람은 없고, 상으로 받은 각 물건들도 모두 타지 않았습니다. 다만 臣部에서 상주하여 조선사신에게 가지고 가도록 넘겨준 恩詔 1통을 조선인들이 가지고 나오지 못해, 조선사신들은 황공해하며 죄를 청하고 있습니다.

臣들이 恩詔를 확인해 보니 각 성에 반포하였다가 반납하도록 하였는데, 현재 直隸성으로부터 반납된 恩詔 한 통이 있습니다. 이에 臣들은 함께 모여 다음과 같이 상의했습니다. 즉시 (恩詔를) 발급하여 조선사신들이 가져가게 하고 아울러 조선국왕에게도 자문을 보내 명확히 알려야 합니다. 모든 조선사신들은 하루이틀 정도 머물게 하면서 정비한 후 출발하게 해야 합니다. 이외 다시 조사해 보건대, 臣部의 당시 主事 和錦은 관서에서 숙식하면서 결코 마음을 다해 순찰·방범하지 않았습니다. 또 高麗館 監督 那蘭泰 및 通官 大使 등은 조선국 사신 일행이 고려관에 있을 때 신경을 써서 방범하지 않아 官房이 불에 타는 결과를 낳았으니 실로 태만했습니다. 마땅히 탄핵하는 奏를 올려 旨를 청하오니, 該部로 넘겨 처벌해야 합니다. 한편 臣들은 평소 감독을 제대로 하지 못했으므로 그 잘못을 변명하기 어렵습니다. 마땅히 旨를 청하오니, 該部로 넘겨 처벌해야 합니다. 이에 삼가 아뢰며 旨를 청합니다.

乾隆 45년 3월 1일에 旨를 받들었는데, 그 내용은 다음과 같았습니다.

[황제] 該部에 넘겨 처벌을 논의하라.

[주객사] 마땅히 조선국왕에게 알려야 합니다.

운운.

乾隆 45년 3월 16일.

禮部知會使臣具呈請罪奉旨寬免咨

原編 卷41 勅諭 55b(801쪽)

발신: 예부

사유: 알립니다.

[예부] 主客司에서 案呈을 올렸는데, 그 내용은 다음과 같았습니다.

[주객사] 본부에서 상주하였는데, 그 내용은 다음과 같았습니다.

[예부] 2월 23일 亥時에 고려관에서 불이 났기에 臣들이 삼가 상주하여 直隷성으로부터 반환된 恩詔를 조선사신들에게 발급해주고 하루 이틀 머물면서 출발을 준비시켜야 한다고 한 바 있습니다.

지금 조선사신 黃仁點 등이 준비가 끝나 27일에 출발하여 돌아갔습니다. (이들은) 황공해하며 견책을 기다린다는 내용으로 대신 상주해줄 것을 간절히 청했기에, 삼가 原呈을 초록하여 공경히 어람을 기다리며 마땅히 모두 아뢰니다.

乾隆 45년 2월 30일에 보고를 통해 상주하였고 3월 15일에 旨를 회보 받았는데, 그 내용은 다음과 같았습니다.

[**황제**] 관대히 형벌을 면하게 하라.

[**주객사**] 마땅히 조선국왕에게 알려 준수하게 해야 합니다.
운운.

回咨

原編 卷41 勅諭 55b~56b(801~802쪽)

발신: 조선국왕
사유: 聖旨를 삼가 받들고는 공손히 감사하는 마음을 아룁니다.

[**조선국왕**] 乾隆 45년 4월 1일에 貴部의 자문을 받았는데, 그 내용은 다음과 같았습니다.

……. 운운. ["主客司"부터, "遵照可也"까지. 위의 禮部奉旨寬免使臣咨를 보라]
[**조선국왕**] 본년 5월 9일에 또 貴部의 자문을 받았는데, 그 내용은 다음과 같았습니다.

……. 운운. ["儀制司案呈"부터, "知照可也"까지. 위의 禮部改頒詔旨咨를 보라]
[**조선국왕**] 삼가 陪臣 黃仁點 등이 신중히 방비하지 않고 단속을 제대로 하지 못해 밤중에 불이나 관사에 옮겨붙어 막중한 恩詔를 받들어 가지고 오지 못했습니다. 이러한 일은 전에 없는 것이라 죄를 용서할 수 없으니, 昭憲으로 헤아려 보면 마땅히 형률을 시행해야 합니다. 그런데 皇上께서 특별히 불쌍히 여기시는 마음으로 (벌을) 관대히 면해준다는 德音을 내려주셨으니, 저는 皇旨를 삼가 준수하여 일단 중벌을 받지 않게 했습니다. 우러러 생각건대, 우리 大朝께서 허물을 용서해주시는 仁과 河海와 같은 도량으로 훌륭하고도 훌륭하게 죄를 씻어주심이 하늘과 같이 위대하여 황송하고 감격스러움이 교차하니 몸 둘 바를 모르겠습니다.
또한 여러 大人께서 천한 저희 사신들을 불쌍하게 여겨 구호해주시고 (恩詔발급을) 숙고하여 (고려관의) 감독 관원들에 대해 該部에서 처벌할 것을 旨로 청한 것은 오로

지 皇上께서 먼 곳을 품어주시는 德音을 본받는 것에서 나왔을 것입니다. 그러나 小邦이 事大하는 도리에 있어 스스로의 허물을 생각해보면 부끄럽고 죄송한 마음이 더욱 깊어집니다. 삼가 旨의 내용에 따라 받들어 시행하는 외, 이에 마땅히 자문으로 답하오니 번거롭겠지만 貴部에서 살펴보시고 시행하십시오. 운운.

乾隆 45년 5월 25일.

謝寬免使臣表[順付進賀使 使朴明源]

原編 卷41 勅諭 56b~57a(802쪽)

운운. 乾隆 45년 4월 1일에 禮部의 咨文을 받았는데, 그 내용은 다음과 같았습니다.

……. 운운. ["主客司"부터, "遵照可也"까지. 위의 禮部奉旨寬免使臣咨를 보라]

삼가 생각건대 陪臣 黃仁點 등이 해이하여 단속하지 못해 공관이 불에 탔고 공경하고 신중히 하는 데 소홀하여 恩詔를 보호할 생각을 하지 못했으니, 만일 직무를 제대로 수행하지 못한 죄를 논한다면 마땅히 용서받지 못할 형률에 저촉될 것이었습니다. 그런데 생각지 못하게 皇上으로부터 곡진히 불쌍하게 여기는 德音을 받아 관대히 형벌을 면제하라는 따뜻한 윤음을 내리셨으니, 臣은 융성한 은혜를 본받아 일단 중벌을 면하게 해주었습니다. 한편으로는 생명을 이루어주시는 은택이 미천한 존재까지 적셔주시지 않음이 없으니 황송한 마음은 갈수록 더해져 臣은 온 나라의 신민들과 감격하고 송축하는 마음을 가누지 못하고 삼가 표문을 올려 감사를 아룁니다. 운운. 사신의 숙소가 불에 타는 재난을 당했으니 멀리서 죄송하고 두려운 마음이 깊어졌는데, 은혜로운 칙유로 사신들의 죄를 용서하시고 헤아려주시는 윤음을 내리셨으니, 스스로를 돌아보건대 어찌 편안하겠으며 황송함과 감격이 번갈아 이릅니다.

외람되게도 遺業을 지키면서 은총을 지나치게 받아 왔습니다. 제후의 법도를 대략이나마 수행하면서 다만 온 세상에 젖어드는 교화를 우러르고 있었는데, 皇詔를 불길에서

구하지 못했으니 온 나라가 놀라고 떨리는 마음을 어찌 가눌 수 있었겠습니까! 따라서 포용해주시는 융성한 마음으로 관대히 형벌을 면제한다는 따듯한 명령을 특별히 내려주실 줄 알았겠습니까! 대개 공관의 화재에 대해 의도하지 않았다[无妄]고 여기어 처벌하지 않았고 聖上의 하늘과 같은 인자함으로 비록 큰 잘못이지만 또한 용서해주셨습니다. 용서해주시는 은전이 곡진하고도 넘치니 아홉 번을 조아리는 저의 마음은 더욱 감격스럽습니다.

시운이 한결같이 맑고 치세가 역대로 가장 융성한 때를 만났습니다. 먼 곳을 품어주시고 가까운 이를 들어 쓰시어 모두 (황상의) 雨露와 같이 양육해주시는 은혜로 아울러주시고, 허물을 씻어주시어 산수와 같은 도량으로 포용해주셨습니다. 마침내 먼 지역의 藩服으로 하여금 큰 돌봄을 받게 하였으니, 그 德音을 명심하여 미천한 정성을 바치지 않을 수 있겠습니까! (은혜가) 만 번을 굽이쳐 동쪽으로 흘러오니 제후의 직분에 감히 소홀히 하지 않겠으며, 하루 세 번 북쪽을 바라보며 오로지 장구하시길 바라는 마음을 바칩니다. 운운.

乾隆 45년 5월 25일.

方物表

原編 卷41 勅諭 57a~57b(802쪽)

운운. 하늘로부터 명령이 내려와 외람되게도 잘못을 잊어주시는 은혜를 받게 되었으니 토산물을 가지고 대략이나마 조공의 정성을 바치고자 삼가 갖추었습니다. 운운.

[물건목록은 위의 順治 甲申년 謝恩方物과 같다]

이상의 물건들은 황량하고 먼 곳에서 생산되었고 품질이 뛰어나지 않으니 다만 조공의 의례를 행할 뿐 어찌 황제의 조정에 올리기에 마땅하겠습니까! 운운.

右表進呈咨[式見順治甲申謝恩]

原編 卷41 勅諭 57b(802쪽)

禮物總單[見進賀]

原編 卷41 勅諭 57b(802쪽)

禮部知會謝寬免使臣表知道咨

原編 卷41 勅諭 57b(802쪽)

발신: 예부

사유: 알립니다.

[예부] 主客司에서 案呈을 올렸는데, 그 내용은 다음과 같았습니다.

[주객사] 乾隆 45년 8월 14일에 禮科에서 抄出하였는데, 그 내용은 다음과 같았습니다.

[예과] 조선국왕이, 사신들이 관소에서 화재를 내 죄를 청하였는데 '관대히 형벌을 면제하라.'라는 旨를 받들었기에 표문을 갖추어 謝恩을 청했습니다. 乾隆 45년 5월 25일에 題하여 8월 14일에 旨를 받들었는데, 그 내용은 다음과 같았습니다.

[황제] 왕이 상주하여 사은한 것을 보았다. 알았다. 該部는 알려라.

[주객사] 마땅히 조선국왕에게 알려야 합니다.

운운.

乾隆 45년 8월 28일.

『同文彙考』 原編續

勅諭

수록 문서 목록

*괄호 안은 영인본의 쪽수임

○ 禮部知會粧船鐵物幷非違禁上諭咨 原編續 勅諭 5b(3704쪽)

※ 盛京將軍衙門知會毋許私備門規擅相餽遺咨（嘉慶 16年 10月 30日）原編續 勅諭 5b~6b(3704쪽)

※ 回咨（嘉慶 16年 12月 15日）原編續 勅諭 6b~7a(3704~3705쪽)

※ 盛京禮部知會邊門交易仍遵舊定章程咨（嘉慶 17年 2月 初4日）原編續 勅諭 7a~9b(3705~3706쪽)

※ 回咨（嘉慶 17年 3月 初10日）原編續 勅諭 9b(3706쪽)

※ 禮部知會諱名避寫咨（道光 元年 3月）原編續 勅諭 9b~10a(3706쪽)

※ 回咨（道光 元年 5月 25日）原編續 勅諭 10a~10b(3706쪽)

※ 禮部知會賫咨官從人擅離館舍申飭咨（道光 3年 11月 初10日）原編續 勅諭 10b(3706쪽)

※ 回咨（道光 4年 正月 23日）原編續 勅諭 11a(3707쪽)

○ 禮部知會拿送犯越人時奉上諭檄諭咨 原編續 勅諭 11a(3707쪽)

○ 禮部知會討平回疆頒給勅諭咨 原編續 勅諭 11a(3707쪽)

○ 禮部知會拿送犯越人時抄錄諭旨咨 原編續 勅諭 11b(3707쪽)

○ 盛京禮部知會上土鎭越邊巡查時抄錄諭旨咨 原編續 勅諭 11b(3707쪽)

○ 盛京禮部知會江界越邊巡查奉上諭咨 原編續 勅諭 11b(3707쪽)

○ 盛京禮部知會江界越邊田廬平毁奉上諭咨 原編續 勅諭 11b(3707쪽)

○ 盛京禮部知會江界越邊善後章程奉上諭咨 原編續 勅諭 11b(3707쪽)

※ 禮部知會諱名避寫咨（道光 30年 2月）原編續 勅諭 11b~12a(3707쪽)

○ 回咨 原編續 勅諭 12a(3707쪽)

○ 禮部知會陳奏奉上諭咨 原編續 勅諭 12a(3707쪽)

○ 禮部知會黃海道沿海漁採禁斷奉上諭咨 原編續 勅諭 12a(3707쪽)

○ 盛京將軍衙門知會賜扁額奉上諭咨 原編續 勅諭 12a(3707쪽)

○ 禮部知會皇太貴妃尊崇時抄錄諭旨咨 原編續 勅諭 12a(3707쪽)

※ 禮部知會諱名避寫咨（咸豊 11年 7月 23日）原編續 勅諭 12a~12b(3707쪽)

○ 回咨 原編續 勅諭 12b(3707쪽)

○ 禮部知會母后皇后及聖母尊崇爲皇太后抄錄諭旨咨 原編續 勅諭 12b(3707쪽)

※ 禮部知會諱名避寫咨（同治 3年 5月 25日）原編續 勅諭 12b~13a(3707~3708쪽)

○ 回咨 原編續 勅諭 13a(3708쪽)

※ 盛京禮部知會使行盤纏銀子貸用咨（同治 4年 正月 22日）原編續 勅諭 13a~14a (3708쪽)

※ 回咨（同治 4年 3月 初3日）原編續 勅諭 14a~14b(3708쪽)

※ 盛京禮部知會使行盤纏貸用銀子查收歸款咨（同治 4年 3月 22日）原編續 勅諭 14a~15b(3708~3709쪽)

○ 回咨 原編續 勅諭 16a(3709쪽)

※ 禮部知會本國信函轉奏天聽咨（同治 5年）原編續 勅諭 16a~16b(3709쪽)

※ 回咨（同治 5年 11月 12日）原編續 勅諭 16a~17a(3709~3710쪽)

○ 禮部知會偸越匪類嚴拿懲辦並覈本國慶興越邊俄人結屋處所奉上諭咨 原編續 勅諭 17a(3710쪽)

○ 禮部知會鴨江越邊私墾地畝查勘時奉上諭咨 原編續 勅諭 17b(3710쪽)

○ 禮部知會禁斷柵外蓋墾據咨轉奏奉上諭咨 原編續 勅諭 17b(3710쪽)

○ 禮部知會鴨江界限各節迅速咨覆奉上諭咨 原編續 勅諭 17b(3710쪽)

○ 禮部知會嚴禁流民蔓延柵路轉奏奉上諭咨 原編續 勅諭 17b(3710쪽)

○ 禮部知會原野平濶處劃界愈貴稍遠轉奏奉上諭咨 原編續 勅諭 17b(3710쪽)

○ 禮部知會逃越俄界民人飭令本國邊界官領回奉上諭咨 原編續 勅諭 17b(3710쪽)

○ 禮部知會碧潼犯越懲辦奉上諭咨 原編續 勅諭 17b(3710쪽)

○ 禮部知會逃越琿春李東吉等拿獲解交奉上諭咨 原編續 勅諭 17b(3710쪽)

○ 禮部知會拿送犯越流民暨匪民投留慢書稽查辦理奉上諭咨 原編續 勅諭 18a (3710쪽)

○ 禮部知會大婚時兩宮皇太后加上尊號奉上諭咨 原編續 勅諭 18a(3710쪽)

○ 禮部知會沿江匪民越界侵擾據咨轉奏奉上諭咨 原編續 勅諭 18a(3710쪽)

○ 禮部知會抄錄兩宮皇太后加上尊號勅諭咨 原編續 勅諭 18a(3710쪽)

○ 禮部知會皇上親政典禮敬謹預備奉懿旨咨 原編續 勅諭 18a(3710쪽)

○ 禮部知會親政時兩宮皇太后加上尊號奉上諭咨 原編續 勅諭 18a(3710쪽)

○ 禮部知會晌馬賊船侵擾情形據咨轉奏奉上諭咨 原編續 勅諭 18a~18b(3710쪽)

○ 禮部知會抄錄兩宮皇太后加上尊號勅諭咨 原編續 勅諭 18b(3710쪽)

○ 禮部知會因義州和賣唐船剿除據資轉奏奉上諭咨 原編續 勅諭 18b(3710쪽)

※ 禮部知會諱名避寫咨（同治 13年 12月 12日）原編續 勅諭 18b~19a(3710~3711쪽)

○ 回咨 原編續 勅諭 19a(3711쪽)

○ 禮部知會抄錄登極後兩宮皇太后尊號典禮敬謹詳議勅諭咨 原編續 勅諭 19a(3711쪽)

○ 禮部知會抄錄垂簾後兩宮皇太后尊號典禮敬謹詳議勅諭咨 原編續 勅諭 19a(3711쪽)

○ 禮部知會押送進香貢物員弁奉旨嚴懲咨 原編續 勅諭 19a(3711쪽)

○ 禮部知會抄錄諭旨咨 原編續 勅諭 19a(3711쪽)

○ 盛京禮部知會大東溝流民編籍設官奉上諭咨 原編續 勅諭 19a~19b(3711쪽)

○ 禮部知會因禁斷漁採船據咨轉奏奉上諭咨 原編續 勅諭 19b(3711쪽)

○ 禮部知會派遣欽差並恭錄裁减餽遺上諭咨 原編續 勅諭 19b(3711쪽)

○ 禮部知會土門江東北岸一帶荒地招民懇墾種卽著咨會奉上諭咨 原編續 勅諭 19b(3711쪽)

표 점

[己未]

禮部知會勅使儀物奉上諭咨

嘉慶 4年 10月 13日

原編續 勅諭 1a~2a(3702쪽)

禮部, 爲 欽奉 事.

主客司案呈.

嘉慶四年十月初九日, 內閣抄出.

本月初八日, 奉上諭.

本年正月內, 遣副都統張承勳爲正使, 禮部右侍郎恒傑爲副使, 恭頒高宗純皇帝遺詔於朝鮮. 時, 朕曾面諭張承勳等, 以此次奉使朝鮮, 非如常時之勅封國王及世子可比, 如該國王有餽送使臣禮儀, 不得收受.

是以張承勳等, 將國王餽送禮物, 却而不受. 復經該國王, 將原奉高宗純皇帝准收正禮諭旨, 呈出閱看, 伊等仍不敢收受. 然不應, 令差人, 將禮物賫至鴨綠江濱, 囑令原使帶回, 以致該國賫送禮物人員, 遠道携隨, 徒勞馹站, 辦理殊屬錯悞.

因將張承勳恒傑, 交部議處, 並將拘泥錯誤緣由, 降旨論知該國王. 又令軍機大臣, 當面傳諭該國使臣, 知悉該國王, 自應欽遵朕旨, 將禮物收回. 乃事隔數月, 該國差備譯官李邦華, 携帶私書, 令賫咨官李光稷, 向副都統張承勳宅內投遞, 經張承勳將李邦華原書進呈. 朕閱書內所敍情形, 其前此賫送土儀物件, 似尙在江邊守候, 殊屬非是. 李邦華此信, 或係未經呈明該國王, 竟自携帶來京. 而天朝法令森嚴, 人臣從無外交之事, 斷不敢將屬國陪臣書信, 匿不奏聞. 亦無將已却之土儀, 又復私相授受之禮.

該國王應將李邦華李光稷, 各加嚴飭, 並約束陪臣, 嗣後不得帶呈私書. 至所留土物, 卽遵前諭收回, 不必再瀆. 俟該國遇有喜慶事件, 遣使到彼, 該國王仍可敬遵高宗純皇帝諭旨辦理, 以盡事大之禮也.

欽此. 欽遵.

抄出到部. 相應移咨朝鮮國王, 可也.

須至咨者.

右咨朝鮮國王.

嘉慶四年十月十三日.

報李光稷等勘處咨

嘉慶 5年 2月 初8日

原編續 勅諭 2a~2b(3702쪽)

朝鮮國王, 爲 咨覆 事.

嘉慶四年十二月二十四日, 承准貴部咨.

節該. 云云. [自“主客司案呈”, 止“朝鮮國王可也云云”. 見上原咨]

等因.

奉此. 竊念, 小邦義同內服, 所被者, 皇朝之恩渥, 所奉者, 皇朝之命令. 一國臣民, 感戴恪遵, 皇朝之所鑑諒也.

向者, 皇華之返, 粗修行贐之故事, 庸寓遠將之常儀. 及奉前下上諭, 且惶且感. 卽令邊臣, 從便收貯. 不意, 譯官李邦華李光稷等, 肆犯禁條, 私行簡問, 辭意妄恣, 事理乖舛. 不有弊職之誡飭, 敢干天朝之典憲. 居恒若加檢束, 幺麼譯舌, 焉敢蔑法.

乃爾聞來震駭, 惶汗浹背. 今我皇上特垂庇覆, 誨諭備至, 諄諄德音, 曲費造化, 包含若山藪, 布施如雨露. 自訟之餘, 感祝益切. 上項李邦華李光稷等罪狀, 一依法文, 亟加勘斷. 私書挾帶, 國有當律, 而今又欽奉皇旨, 申明約飭於赴京陪臣等處, 毋敢更或違犯, 自抵重辟. 義州府所在禮物諸件, 亦卽收回.

爲此, 專差司譯院正金景瑋, 齎咨前去, 煩乞貴部, 俯諒衷悃, 善爲導達施行. 云云.

嘉慶五年二月初八日.

禮部知會李光稷等勘罪知道咨

嘉慶 5年 3月 27日

原編續 勅諭 2b~3a(3702~3703쪽)

禮部, 爲 知照 事.

主客司案呈.

　　本部具奏.

　　　　朝鮮國王姓, 差賫咨官司譯院正金景瑋等, 賫送該國王咨文, 到部. 臣等查閱來咨, 緣上年該國差來領時憲書之賫咨官李光稷, 携帶李邦華私書, 前赴副都統張承動宅內投遞, 經張承動將李邦華原書進呈, 欽奉諭旨申飭. 業經臣部, 行文該國王. 在案.

今該國王接奉諭旨, 不勝悚感. 除欽遵辦理外, 特遣賫咨官, 來京咨覆到部, 懇乞據情上達. 臣等謹抄錄原咨, 恭呈御覽. 所有賞賚該賫咨官金景璋等, 臣部另行照例具題.

等因.

於嘉慶五年三月初六日, 奏. 本日, 奉旨.

是.

欽此.

相應移咨朝鮮國王, 可也.

云云.

嘉慶五年三月二十七日.

禮部知會賫咨官入送緣由知道咨

嘉慶 5年 4月 初5日

原編續 勅諭 3a~3b(3703쪽)

禮部, 爲 咨覆 事.

主客司案呈.

據朝鮮國王姓咨稱.

譯官李邦華李光稷等, 肆犯禁條, 私行簡問, 伊等罪狀, 一依法文, 並加勘斷. 私書挾帶, 國有當律. 並約飭於赴京陪臣等處, 毋敢更惑違犯, 自抵重辟. 義州府所在禮物諸件, 亦即收回. 爲此, 專差司譯院正金景璋, 賫咨前去, 煩乞俯諒衷悃, 善爲導達.

等因.

前來. 本部除據咨轉奏外, 相應咨覆朝鮮國王, 可也.

云云.

嘉慶五年四月初五日.

禮部知會賫咨官頒賞咨

嘉慶 5年 4月 初5日

原編續 勅諭 3b~4a(3703쪽)

禮部, 爲 頒賞 事.

主客司案呈.

查, 朝鮮國王欽奉諭旨, 辦理李光稷携帶私書一案, 特差賫咨官前來. 本部題准, 賞賜該賫咨官金景瑋一員銀三十兩, 小通事一名銀八兩, 從人三名銀各四兩. 相應知照朝鮮國王, 可也.

云云.

嘉慶五年四月初五日.

禮部知會賫咨官筵宴停止咨

嘉慶 5年 3月 27日

原編續 勅諭 4a(3703쪽)

禮部, 爲 知照 事.

主客司案呈.

查, 朝鮮國王欽奉諭旨, 辦理李光稷携帶私書一案, 差賫咨官, 賫咨前來. 所有恩宴之處, 此次應行照例停止. 相應知照朝鮮國王, 可也.

云云.

嘉慶五年三月二十七日.

[辛酉]

禮部知會陳奏奉上諭咨[見陳奏]

原編續 勅諭 4a(3703쪽)

[癸亥]

禮部知會諱名避寫咨

嘉慶 8年 8月

原編續 勅諭 4a~5a(3703~3704쪽)

禮部, 爲 咨行 事.

儀制司案呈.

准行在禮部咨, 本部左侍郎莫等奏稱.

竊照, 安南一國, 內屬已久, 而越南阮福映, 來從農耐國, 係新立, 恐未必卽能知天朝諱名之義. 昨令通官, 向其陪价詢問, 果皆未能明白. 臣等擬於該貢使回國時, 由臣衙門, 敬謹將應行避寫代字樣, 開具淸單, 知照該國. 於嗣後所進表文內, 知所遵循, 留心檢點, 以著下國敬事之誠, 以昭四海同文之治. 是否有當, 伏祈睿鑑, 訓示施行.

等因.

一摺, 于嘉慶八年八日初八日, 具奏. 本日, 奉旨.

除緬甸, 不識漢字各國外, 其用漢字表文朝鮮等國, 著查前于嘉慶元年, 如未經通行知照, 此次着一併行知.

欽此. 欽遵.

到部. 謹査, 聖祖仁皇帝聖諱上一字, 爲書經'元德升聞'句內首一字, 應以元字恭代. 下一字左從火, 右從華, 應以煜字恭代. 世宗憲皇帝聖諱上一字, 爲詩經'永錫祚允'句內第四字, 應以允字恭代. 下一字左從示, 右從眞, 應以禎字恭代. 高宗純皇帝聖諱, 上一字爲易經'舍宏光大'句第二字, 應以宏字恭代. 下一字爲書經'歷象日月星辰'句內首一字, 應以歷字恭代. 皇上御名, 上一字爲易經'有孚顒若'句內第三字, 應將頁字偏旁, 缺寫一撇一點. 下一字爲書經'宏璧琬琰在東序'句內第四字, 應將右旁第二火字改寫. 又字至聖諱, 加有偏旁之字, 無論音義是否相諧, 俱敬缺一筆. 相應知照朝鮮國王, 欽遵敬避, 可也.

云云.

嘉慶八年八月　日.

回咨

嘉慶 8年 9月

原編續 勅諭 5a~5b(3704쪽)

朝鮮國王, 爲 咨覆 事.

嘉慶八年十一月二十日, 承准貴部咨.

節該. 云云. [自"儀制司案呈", 止"欽遵敬避可也". 見上原咨]

等因.

得此. 除將貴部咨內事意, 嗣後所進表文, 避寫代寫字樣, 恪遵敬避施行外, 爲此, 合行咨覆, 煩乞貴部, 照詳施行. 云云.

嘉慶八年九月　日.

[癸亥]

禮部知會報搜捕犯越時奉上諭咨[見犯越]

原編續 勅諭 5b(3704쪽)

[甲子]

盛京將軍衙門知會解送犯境人時奉上諭咨[見犯越]

原編續 勅諭 5b(3704쪽)

[乙丑]

盛京將軍衙門知會越境人會審後奉上諭咨[見犯越]

原編續 勅諭 5b(3704쪽)

[乙丑]

盛京將軍衙門知會特賜木植奉上諭咨[見賜賚]

原編續 勅諭 5b(3704쪽)

[乙丑]

禮部知會賜扁額奉上諭咨[互問安 錫賚]

原編續 勅諭 5b(3704쪽)

[丙寅]

禮部知會貢包雇車代爲雇覓奉上諭咨[見蠲獎]

原編續 勅諭 5b(3704쪽)

[丁卯]

禮部知會查報犯禁時特賞奉上諭咨[見錫賚互犯禁]

原編續 勅諭 5b(3704쪽)

[己巳]

禮部知會粧船鐵物幷非違禁上諭咨[見漂民]

原編續 勅諭 5b(3704쪽)

[辛未]

盛京將軍衙門知會毋許私備門規擅相餽遺咨

嘉慶 16年 10月 30日

原編續 勅諭 5b~6b(3704쪽)

鎭守盛京等處將軍衙門, 爲 知會嚴行曉諭 事.

照得, 朝鮮國王每年遣使臣朝貢, 及請領憲書進京, 向由鳳凰城邊門行走, 入內地時, 例有守門官吏等, 查驗放行, 沿途一路, 均派有妥協領官兵, 照料護送進京, 由來已久. 此係天朝懷柔遠人之至意.

現在查出, 守門官吏竟有收受遣來使臣餽送門規銀兩等事, 經本處已參辦革職治罪矣. 但思, 此項陋規餽送銀兩, 原屬違例, 自係遣來之使臣及隨從人等, 私行備送, 該國王必不知悉. 相沿已久, 朦混成此陋習.

惟是, 天朝定例, 凡得受私餽, 獲咎之犯, 與者受者同科, 立法至公, 著令甚嚴. 今大皇帝, 因係外藩陪臣, 容或未諳事例, 是以此次, 並未深究與者之罪. 實係大皇帝聖明遠照, 恩施格外. 蓋, 緣該國王恭順有年之所致也. 凡守土之臣, 理宜感激, 倍加敬畏. 嗣後貴國王每於遣使朝貢, 請領憲書等事, 務須嚴行告誡該使臣等, 毋許私備門規, 擅相餽遺. 將此預爲移會貴國王, 嚴行曉諭遣來使臣等, 務令恪遵奉行. 若仍踏從前陋習, 是知而故犯, 與者必至同罹罪愆, 斷不能更爲寬貸. 此, 天朝法紀所關, 共宜凜遵. 爲此, 預行知會, 望即查照一切奉行, 可也. 云云.

嘉慶十六年十月三十日.

回咨

嘉慶 16年 12月 15日

原編續 勅諭 6b~7a(3704~3705쪽)

朝鮮國王, 爲 咨覆 事.

嘉慶十六年十一月二十九日, 承准貴衙門咨.

節該. 云云. [自"照得朝鮮國王", 止"一切奉行可也". 見上原咨]

等因.

准此. 竊伏念, 小邦世受皇恩, 凡係大小事情, 靡不曲護. 而至於朝京陪臣及請領憲書賫咨等官, 抵邊門時餽遺銀兩於官吏等事. 特行禁斷, 喻之以與受同科, 申之以法令至嚴. 倘非貴衙門仰體皇上至意, 安能獲此. 從今以後, 嚴禁陋習, 曉喩於朝京使臣等處, 一依咨內事意, 恪遵天朝法紀, 永爲奉行. 爲此, 合行咨覆, 請照詳施行. 云云.

嘉慶十六年十二月十五日.

[壬申]

盛京禮部知會邊門交易仍遵舊定章程咨

嘉慶 17年 2月 初4日

原編續 勅諭 7a~9b(3705~3706쪽)

盛京禮部, 爲 知照 事.

左司案呈.

　准盛京將軍衙門咨開.

　　左戶司案呈.

　　　准嘉慶十七年正月十三日, 准禮部咨開.

　　　　爲 咨覆 事. 主客司案呈.

　　　　　嘉慶十四年十一月, 據朝鮮國恭祝萬壽大通官尹得運等呈稱.

　　　　　　向來, 進貢謝恩及請領憲書咨員役來京, 於事竣後, 將帶來貨物, 在館貿易, 嚴飭小邦商人, 年清年款, 毋令賒欠, 致滋事端. 近來, 小邦使臣到邊境, 有都京商人在邊門守候, 與小邦商人, 互相貿易. 預定價直均需 躭延日期, 仍恐滋事. 呈請飭遵舊規, 在館貿易.

等語.

旋據該商人梁貴士等呈稱.

邊門爲各省商民所集, 該處與朝鮮商民交易, 非止伊等數人. 且朝鮮貨物, 有不願在邊門售賣者, 原係隨同進京入館. 若槪令在京抵兌, 則中江稅務, 不能符合國課. 且朝鮮商民, 三月季到邊, 皆係專于生理, 例不進京. 呈請仍照現行事例辦理.

等語.

當經咨查盛京將軍, 邊門交易實在情形, 咨覆過部. 去後, 復於嘉慶十五年二月, 據朝鮮國進貢大通官李命聃呈稱.

近年以來, 內地商人, 每年使价之往回, 暗輸雜貨, 於柵上, 與小邦邊民, 彼此兌換. 呈請禁止.

前來. 玆准盛京將軍咨稱.

前准禮部咨.

查朝鮮商人與內地商人交易章程, 將乾隆二年欽奉上諭二道, 抄錄淸字, 粘單咨部, 核議咨覆.

等因.

伏讀上諭, 係指每年春秋兩市, 本城兵丁, 與朝鮮, 在中江沿, 互相貿易, 並無'行商交易'等語. 又據咨稱.

向來, 朝鮮商人每年貿易三次. 一係請領憲書, 一係進貢. 一係進貢次年三月分回還時, 朝鮮商民携帶貨物前來, 與內地商民貿易, 例不進京. 其二次請領憲書 年終進貢隨帶貨物, 有進京貿易者, 有在邊門, 與內地商民, 互相貿易者. 其進京貨物, 中江稅務監督處, 並不征收稅銀, 與稅課亦不關碍, 似無躭延日期. 且接季派員, 前往彈壓內外各商, 搜查內地商人, 不許發賣違禁等物,久經辦理, 在案.

各等因.

前來. 詳核來咨, 所有二八月中江沿貿易, 均係現照舊定章程奉行, 並無變更成例之處. 至邊門行商貿易, 據稱每年三次, 但係起自何年, 亦希檢查咨覆.

嗣查, 幷無存有朝鮮商人每年貿易三次, 係起自何年之原案, 將查出雍正十三年禮部詳淸轉行之原案粘單前來, 係盛京禮部郎中管理. 鳳凰城中江稅務祿謙呈稱.

中江一稅, 每年設立監督一員, 額定稅銀四千八百餘兩. 每年於十一月內, 朝鮮領取時憲書人員, 回至邊門客商貿易, 收稅一次. 二月中江貿易, 收稅一次. 三月內進貢人員, 回至邊門貿易, 收稅一次. 八月中江貿易, 收稅一次. 至於謝恩跑報等事, 有無不定. 迄今歷有多年. 今職於上年十月接任, 去冬朝鮮領取時憲書人員, 不在邊門貿易, 伊邦商人, 亦未前進. 今歲二月, 中江除八旗台站兵丁等, 貿換牛隻海蔘等物外, 又無客商貿易. 額定不足, 國帑攸關. 職係微員, 實爲掣肘, 不得不上懇大部, 轉行朝鮮國王, 遵飭伊國客商, 照例貿易.

等因.

本部詳核來咨原案, 可見邊門交易奉行, 已七十餘年, 經歷任該管各官, 遵例妥辦, 從無不便之處, 自宜永遠遵行. 所有朝鮮國大通官疊具呈詞, 請行禁止邊門貿易之處, 查與向例不符, 應無庸議.

爲此, 移咨盛京將軍, 仍遵舊定章程, 屆期派員, 嚴行稽查, 俾內外商民, 各淸各款, 毋致拖欠, 滋生獘端, 可也.

等因.

前來. 相應箚飭鳳凰城城守尉, 遵照部文, 屆期派員, 嚴行稽查, 俾內外商民各款, 毋致拖欠滋生弊端外, 并移咨盛京戶禮二部查照, 可也.

等因.

前來. 相應箚飭鳳凰城城守尉, 遵照部文, 屆期派員, 照舊辦理外, 并知照朝鮮國王, 可也.

云云.

嘉慶十七年二月初四日.

回咨

嘉慶 17年 3月 初10日

原編續 勅諭 9b(3706쪽)

朝鮮國王, 爲 邊門交易, 遵舊章程, 咨覆 事.

嘉慶十七年二月二十三日, 承准貴部咨.

節該. 云云. [自"左司案呈", 止"朝鮮國王可也". 見上原咨]

等因.

得此. 竊伏念, 小邦偏被洪化, 徒懷敬畏之心, 粗有恪守之忱. 廼者, 邊門交易, 全昧舊定章程, 至有通官之呈詞. 蓋緣僻陋, 自歸濫妄, 悶悚之極, 莫知爲喩. 幸賴諸大人遵達, 特垂諒恕, 俾卽覺悟, 諭之以照例, 申之以永遵, 感激銘佩. 使以獲此, 謹當一依咨內辭意, 永久奉行.

爲此, 合行咨覆, 煩乞照詳施行. 云云.

嘉慶十七年三月初十日.

[辛巳]

禮部知會諱名避寫咨

道光 元年 3月

原編續 勅諭 9b~10a(3706쪽)

禮部, 爲 知照 事.

儀制司案呈.

前經內閣抄出.

奉上諭.

乾隆四十一年, 恭奉皇祖高宗純皇帝諭旨.

綿字爲民生衣被常稱, 尢難廻避. 將來繼體承緒者, 當以綿作旻, 則係不經用之字, 缺筆亦易.

等因.

准此. 今朕欽遵成命, 將御名上一字敬改, 至臣下循例敬避. 上一字, 着缺一點, 書作'旻'字. 下一字, 將心字改寫一劃一撇, 書作'寕'字. 其奉旨以前所刻書籍, 俱毋庸追改.

欽此. 欽遵.

到部. 相應行知朝鮮國王遵照, 可也.

云云.

道光元年三月　日.

回咨

道光 元年 5月 25日

原編續 勅諭 10a~10b(3706쪽)

朝鮮國王, 爲 咨覆 事.

道光元年五月十六日, 承准貴部咨.

節該. 云云. [自"儀制司案呈", 止"遵照可也". 見上原咨]

等因.

奉此. 除將旨內辭意, 欽奉謹遵外, 爲此, 合行咨覆, 煩乞貴部, 照詳施行. 云云.

道光元年五月二十五日.

[癸未]

禮部知會賫咨官從人擅離館舍申飭咨

道光 3年 11月 初10日

原編續 勅諭 10b(3706쪽)

禮部, 爲 知照 事.

主客司案呈.

准四譯館付稱.

朝鮮領時憲書賫咨官韓相瑀帶來從人, 車志賢金與仁安得文三人, 於十月二十一日申刻出館, 至二十二日巳刻, 始行回館.

等因.

前來. 查, 該國從人來京, 在館居住, 應由該管官約束, 毋許任意在外住宿. 今從人車志賢金與仁安得文三人, 擅離館舍, 在外逗遛一夜, 誠恐滋生事端. 致干未便. 相應知照朝鮮國王查照, 并嗣後該國差官來京, 務宜勅令, 將帶來從人, 嚴行約束, 可也.

云云.

道光三年十一月初十日.

回咨

道光 4年 正月 23日

原編續 勅諭 11a(3707쪽)

朝鮮國王, 爲 咨覆 事.

道光四年正月十九日, 承准貴部咨.

節該. 云云. [自"主客司案呈", 止"嚴行約束可也". 見上原咨]

等因.

准此. 竊念, 小邦從人輩擅離館舍, 經夜始回等情, 致煩移咨前來. 伊等以蟻蝨至賤, 恣意行走, 逗遛一宿, 放肆無嚴, 誠極通惋. 當該時憲書賫咨官韓相瑀, 稽忽檢束, 合行飭警, 另行革職論勘. 該從人車志賢等三名, 嚴刑重繩. 嗣後毋得如前恣意住宿別處, 更加嚴行約束.

爲此, 合行咨覆, 請照驗施行. 云云.

道光四年正月二十三日.

[丁亥]

禮部知會拿送犯越人時奉上諭檄諭咨[見犯越]

原編續 勅諭 11a(3707쪽)

[戊子]

禮部知會討平回疆頒給勅諭咨[見進賀]

原編續 勅諭 11a(3707쪽)

[辛卯]

禮部知會拿送犯越人時抄錄諭旨咨[見犯越]

原編續 勅諭 11b(3707쪽)

[壬寅]

盛京禮部知會上土鎭越邊巡查時抄錄諭旨咨[見疆界]

原編續 勅諭 11b(3707쪽)

[丁未]

盛京禮部知會江界越邊巡查奉上諭咨[見疆界]

原編續 勅諭 11b(3707쪽)

[同年]

盛京禮部知會江界越邊田廬平毀奉上諭咨[見疆界]

原編續 勅諭 11b(3707쪽)

[同年]

盛京禮部知會江界越邊善後章程奉上諭咨[見疆界]

原編續 勅諭 11b(3707쪽)

[庚戌]

禮部知會諱名避寫咨

道光 30年 2月

原編續 勅諭 11b~12a(3707쪽)

禮部, 爲 知照 事.

儀制司案呈.

道光三十年正月十九日, 內閣抄出.

十七日, 奉上諭.

道光二十六年三月, 皇考特降諭旨.

以'二名不偏諱', 將來繼體承緒者, 上一字仍舊毋庸改避, 亦毋庸缺筆. 其下一字, 應如何缺筆之處, 臨時酌定. 以是著爲令典.

等因. 欽此.

今朕謹遵成命, 將御名上一字, 仍舊書寫, 毋庸改避. 下一字, 缺寫末一筆, 書作'詝'字, 以示改避之意. 其奉旨以前所刻書籍, 俱毋庸議.

欽此. 欽遵.

抄出到部. 相應行知朝鮮國王, 一體遵照, 可也.

云云.

道光三十年二月 日.

回咨[式如例]

原編續 勅諭 12a(3707쪽)

[辛亥]

禮部知會陳奏奉上諭咨[見陳奏]

原編續 勅諭 12a(3707쪽)

[壬子]

禮部知會黃海道沿海漁採禁斷奉上諭咨[見犯越]

原編續 勅諭 12a(3707쪽)

[癸丑]

盛京將軍衙門知會賜扁額奉上諭咨[見錫賚]

原編續 勅諭 12a(3707쪽)

[乙卯]

禮部知會皇太貴妃尊崇時抄錄諭旨咨[見進賀]

原編續 勅諭 12a(3707쪽)

[辛酉]

禮部知會諱名避寫咨

咸豊 11年 7月 23日

原編續 勅諭 12a~12b(3707쪽)

禮部, 爲 通行 事.

儀制司案呈.

咸豊十一年七月二十一日, 內閣抄出.

十八日, 奉上諭.

道光二十六年三月, 皇祖特降諭旨.

以'二名不偏諱', 將來繼體承緖者, 上一字仍舊毋庸改避, 亦毋庸缺筆. 其下一字, 應如何筆之處, 臨時酌定. 以是著爲令典.

等因. 欽此.

今朕敬遵成憲, 將御名上一字, 仍舊書寫, 毋庸改避. 下一字, 毋庸缺筆, 凡臣工奏章內, 遇有此字, 著用涫字改避. 其奉旨以前所刻書籍, 俱毋庸議.

欽此. 欽遵.

抄出到部. 相應通行朝鮮國王, 一體敬謹遵照, 可也.

云云.

咸豊十一年七月二十三日.

回咨[式如例]

原編續 勅諭 12b(3707쪽)

[同年]

禮部知會母后皇后及聖母尊崇爲皇太后抄錄諭旨咨

原編續 勅諭 12b(3707쪽)

[甲子]

禮部知會諱名避寫咨

同治 3年 5月 25日

原編續 勅諭 12b~13a(3707~3708쪽)

禮部, 爲 通行 事.

儀制司案呈.

同治三年五月二十日, 內閣抄出.

本月十七日, 奉上諭.

御史陳廷經奏, '詩文敬避御名, 請毋庸兼避偏旁.' 等語. 朕御極之初, 曾經降旨, 將御名上一字, 毋庸改避, 下一字, 凡臣工章奏, 著用淳字改避. 本未嘗諭令兼避他字偏旁.

玆覽該御史所奏, 近來各省奏牘及考試詩文, 凡字之偏旁從享字, 一概改作言字. 殊與前降諭旨不符. 嗣後, 諸臣章奏及各項考試文字, 於御名下一字, 仍祗敬避本字.

欽此. 欽遵.

到部. 相應通行朝鮮國王, 可也.

云云.

同治三年五月二十五日.

回咨[式如例]

原編續 勅諭 13a(3708쪽)

[乙丑]

盛京禮部知會使行盤纏銀子貸用咨[互封典]

同治 4年 正月 22日

原編續 勅諭 13a~14a(3708쪽)

盛京禮部, 爲 知照 事.

左司案呈.

准盛京將軍衙門咨開.

左禮司會案呈.

於同治四年正月初十日, 據朝鮮國大通官朴逌性等謹呈.

爲 敢陳悶隘之狀, 冀蒙矜諒 事. 竊職等謝恩使一行, 去年十二月二十二日, 由京回發, 昨日方抵此地. 而路上所用之往回盤纏, 現因換錢之無前踊貴, 所賫銀貨, 罄竭如洗. 且值新年之初, 外國客蹤之途中借貸, 非所可論. 則此去邊門, 尙有五百里之遠, 以若事勢, 萬無前進之望. 悶隘之極, 罔知攸措.

玆敢不避屑越, 冒瀆崇聽. 伏乞將軍大人, 仰體柔遠之恩, 俯垂矜憐之澤, 毋論何項銀子二白兩, 特許貸下, 濟此涸轍之窮. 則今十五日到邊門, 卽當如數交納於鳳凰城衙門. 以待處分矣, 並賜體諒焉. 爲此, 謹呈.

等情.

據此. 查該通官朴逌性所稱, 自係實在情形. 應俯如所請, 通融接濟, 以彰柔遠之典. 除由'當商生息'項下, 發借銀子二白兩, 以利遄行外, 相應箚飭鳳凰城城守尉遵照, 以俟朝鮮使臣送還銀兩時, 卽行接收, 送省歸款. 塡寫預用空白, 知照禮部, 並咨行盛京禮部, 可也.

等因.

前來. 相應知照朝鮮國王, 可也.

云云.

同治四年正月二十二日.

回咨

同治 4年 3月 初3日

原編續 勅諭 14a~14b(3708쪽)

云云. 同治四年二月二十六日, 承準貴部咨.

節該. 云云. [自"左司案呈", 止"朝鮮國王可也". 見上原咨]

等因.

奉此. 竊照, 小邦因事行文, 在法當謹, 恒所戒飭, 罔或濫屑. 詎意, 謝恩使之回到盛京, 以盤纏匱乏, 乃有呈文將軍衙門, 請貸銀貨之擧. 幸蒙諒恤, 得免淹滯, 莫非仰體我皇上柔遠之德意. 誠不勝萬萬感頌.

第念, 行資之中途告罄, 實非裝送之始慮攸及. 而苟能先事檢束, 豈至臨時冒瀆. 所貸銀貨, 雖已送還, 自顧愧恧, 莫知云喩. 該通官朴逌性之以此微細, 肆然呈陳, 致煩酬應, 極涉猥越. 卽將革職示警. 繼自今益申飭勵於赴京人役等, 凡係預備之事, 毋敢疎虞, 妄有干請事理.

爲此, 合行咨覆, 煩乞貴部, 照詳施行.

云云.

同治四年三月初三日.

盛京禮部知會使行盤纏貸用銀子查收歸款咨

同治 4年 3月 22日

原編續 勅諭 14b~15b(3708~3709쪽)

盛京禮部, 爲 知照 事.

左司案呈.

准盛京將軍衙門咨開.

左禮司案呈.

於本年三月初十日, 准左戶司移開.

爲 移付 事. 同治四年二月二十七日, 准左禮司移開.

爲 移付 事. 本年二月十九日, 據鳳凰城城守尉呈稱.

爲 呈報 事. 同治四年正月二十九日, 遵衙門箚開.

爲 箚飭 事. 左禮司會案呈.

於同治四年正月初十日, 據朝鮮國大通官朴逌性等謹呈.

爲 敢陳悶隘之壯, 冀蒙矜諒 事. 竊職等謝恩使一行, 去年十二月二十二日, 由京回發, 作日方抵此地. 而路上所用之往回盤纏, 現因換錢之無前踊貴, 所賫銀貨, 罄竭如洗. 且值新年之初, 外國客蹤之途中借貨, 非所可論. 則此去邊門, 尙有五百里之遠, 以若事勢, 萬無前進之望. 悶隘之際, 罔知攸措.

玆敢不避屑越, 冒瀆崇聽. 伏乞將軍大人, 仰體柔遠之恩, 俯垂矜憐之澤, 毋論何項銀子貳百兩, 特許貸下, 濟此涸轍之窮. 則今十五日到邊門, 卽當如數交納於鳳凰城衙門. 以待處分矣, 伏賜體諒焉. 爲此, 謹呈.

等情.

據此. 査該通官朴逌性所稱, 自係實在情形. 應俯如所請, 通融接濟, 以彰柔遠之典. 除由'當商生息'項下, 發借銀貳百兩, 以利遄行外, 相應箚飭鳳凰城城守尉遵照, 以俟朝鮮使臣送還銀兩時, 卽行接收, 送省歸款, 可也.

等因.

奉此. 遵査, 朝鮮使臣由京回還到省, 缺乏盤費, 借使省平銀貳百兩, 已經該國通事, 照數呈送前來. 理應包封, 專差送省呈交.

前來.

除將鳳凰城差官, 送到本司前, 由'當商生息'項下, 借與朝鮮使臣銀貳百兩, 照數査收歸款外, 相應箚飭鳳凰城城守尉遵照, 並付知左禮司, 可也.

等因.

移付前來. 相應知照盛京禮部, 可也.

等因.

前來. 相應知照朝鮮國王, 可也.

云云.

同治四年三月二十二日.

回咨[式如例]

原編續 勅諭 16a(3709쪽)

[丙寅]

禮部知會本國信函轉奏天聽咨[互洋船情形]

同治 5年

原編續 勅諭 16a~16b(3709쪽)

禮部, 爲 知照 事.

主客司案呈.

本部尙書臣萬跪奏.

爲 奏聞 事. 竊, 朝鮮國上年年貢正使李興敏來京, 臣適官禮部, 例得接見, 因與之有一面之識. 前日, 有該國領時憲書使人, 著人送信一函於臣宅. 臣自署歸來, 始行拆閱, 書內所言, 乃近時洋船情形, 核與該國王咨請代奏之語, 大略相同. 臣不敢壅於上聞, 除將原函封送軍機處外, 謹照來書原式, 抄呈御覽, 伏祈聖鑑. 謹奏.

一摺, 於同治五年十月十五日, 具奏. 本日, 奉旨.

知道了. 著査照十月初六日總理各國事務衙門所奏酌辦情形, 與此次萬所奏, 一併由禮部, 咨行該國王妥辦. 該衙門知道. 原信著留中.

欽此. 欽遵.

除總理各國事務衙門所奏酌辦情形, 業經本部於十月十一日, 移咨該國王遵辦外, 相應鈔錄本部尙書萬原奏, 並該使人送到原信, 一併行知朝鮮國王, 査照體察情勢, 妥爲辦理, 無負朝廷眷顧東土之意, 可也.

云云.

同治五年　月　日.

回咨

同治 5年 11月 12日

原編續 勅諭 16b~17a(3709~3710쪽)

朝鮮國王, 爲 致謝 事.

同治五年十一月初十日, 承准貴部咨.

節該. 云云. [自"主客司案呈", 止"東土之意可也". 見上原咨]

等因.

奉此. 竊念, 弊職伏荷皇朝撫綏包容, 視同內服之洪恩盛德, 貴部大人懇到周摯之信義, 不勝攢手感戢.

詳會事由, 究問於李興敏, 則以爲, "煩充年貢使臣, 例得接見於禮部, 厚被眷恤. 歸, 因時憲書賫咨便, 略修候問一函, 以伸海外慕嚮之心. 時値洋舶來擾, 本國多事, 另陳形實. 卽由中外無間之情義. 豈意至登摺奏. 已經乙覽, 不勝惶恐待罪." 云矣.

竊惟, 貴部大人之據實摺奏, 亶出於仰體字小之聖恩. 況玆原信之留中, 尤蒙寵渥之迴殊. 而小邦陪臣之遙陳私書於皇朝大人, 終涉屑越. 故論之以皇朝曲庇之澤, 責之以信函僭率之失, 已施興敏譴罷之典. 煩乞貴部大人, 終始垂惠, 隨事開導, 俾小邦君臣, 含恩戴德, 永保藩職, 不勝幸甚.

爲此, 合行咨覆. 云云.

同治五年十一月十二日.

[丁卯]

禮部知會偸越匪類嚴拿懲辦並覈本國慶興越邊

俄人結屋處所奉上諭咨[見犯越上國人]

原編續 勅諭 17a(3710쪽)

[同年]

禮部知會𤅷江越邊私墾地畝查勘時奉上諭咨[見疆界]

原編續 勅諭 17b(3710쪽)

[己巳]

禮部知會禁斷柵外蓋墾據咨轉奏奉上諭咨[見疆界]

原編續 勅諭 17b(3710쪽)

[同年]

禮部知會𤅷江界限各節迅速咨覆奉上諭咨[見疆界]

原編續 勅諭 17b(3710쪽)

[同年]

禮部知會嚴禁流民蔓延柵路轉奏奉上諭咨[見疆界]

原編續 勅諭 17b(3710쪽)

[同年]

禮部知會原野平濶處劃界愈貴稍遠轉奏奉上諭咨[見疆界]

原編續 勅諭 17b(3710쪽)

[同年]

禮部知會逃越俄界民人飭令本國邊界官領回奉上諭咨
[見犯越上國人]

原編續 勅諭 17b(3710쪽)

[庚午]

禮部知會碧潼犯越懲辦奉上諭咨[見犯越上國人]

原編續 勅諭 17b(3710쪽)

[同年]

禮部知會逃越琿春李東吉等拿獲解交奉上諭咨
[見犯越上國人]

原編續 勅諭 17b(3710쪽)

[辛未]

禮部知會拿送犯越流民暨匪民投留慢書稽查辦理
奉上諭咨[見犯越上國人]

原編續 勅諭 18a(3710쪽)

[壬申]

禮部知會大婚時兩宮皇太后加上尊號奉上諭咨

[見進賀]

原編續 勅諭 18a(3710쪽)

[同年]

禮部知會沿江匪民越界侵擾據咨轉奏奉上諭咨

[見疆界]

原編續 勅諭 18a(3710쪽)

[同年]

禮部知會抄錄兩宮皇太后加上尊號勅諭咨[見進賀]

原編續 勅諭 18a(3710쪽)

[同年]

禮部知會皇上親政典禮敬謹預備奉懿旨咨[見進賀]

原編續 勅諭 18a(3710쪽)

[同年]

禮部知會親政時兩宮皇太后加上尊號奉上諭咨

[見進賀]

原編續 勅諭 18a(3710쪽)

[同年]

禮部知會晌馬賊船侵擾情形據咨轉奏奉上諭咨
[見疆界]

原編續 勅諭 18a~18b(3710쪽)

[同年]

禮部知會抄錄兩宮皇太后加上尊號勅諭咨[見進賀]

原編續 勅諭 18b(3710쪽)

[癸酉]

禮部知會因義州和賣唐船剿除據資轉奏奉上諭咨
[見犯越上國人]

原編續 勅諭 18b(3710쪽)

[甲戌]

禮部知會諱名避寫咨

同治 13年 12月 12日

原編續 勅諭 18b~19a(3710~3711쪽)

禮部, 爲 通行 事.

儀制司案呈.

同治十三年十二月初六日, 內閣抄出.

奉上諭.

道光二十六年三月, 皇祖宣宗成皇帝特降諭旨.

以'二名不偏諱', 將來繼體承緒者, 上一字仍舊毋庸改避, 亦毋庸缺筆. 其下一字, 應如何缺筆之處, 臨時酌定. 以是著爲令典.

等因. 欽此.

今朕敬遵成憲, 將御名上一字, 仍舊書寫, 毋庸改避. 下一字, 著缺寫末一筆, 書作'湉'字, 以示改避之意. 其奉旨以前所刻書籍, 俱毋庸議.

欽此. 欽遵.

抄出到部. 相應知照朝鮮國王, 敬謹遵照, 可也.

云云.

同治十三年十二月十二日.

回咨[式如例]

原編續 勅諭 19a(3711쪽)

[乙亥]

禮部知會抄錄登極後兩宮皇太后尊號典禮敬謹詳議勅諭咨 [見進賀]

原編續 勅諭 19a(3711쪽)

[同年]

禮部知會抄錄垂簾後兩宮皇太后尊號典禮敬謹詳議勅諭咨 [見進賀]

原編續 勅諭 19a(3711쪽)

[同年]

禮部知會押送進香貢物員弁奉旨嚴懲咨[見陳慰]

原編續 勅諭 19a(3711쪽)

[同年]

禮部知會抄錄諭旨咨[見錫奬 互封典]

原編續 勅諭 19a(3711쪽)

[同年]

盛京禮部知會大東溝流民編籍設官奉上諭咨[見疆界]

原編續 勅諭 19a~19b(3711쪽)

[庚辰]

禮部知會因禁斷漁採船據咨轉奏奉上諭咨

[見犯越上國人]

原編續 勅諭 19b(3711쪽)

[辛巳]

禮部知會派遣欽差並恭錄裁減餽遺上諭咨[見陳慰]

原編續 勅諭 19b(3711쪽)

[同年]

禮部知會土門江東北岸一帶荒地招民懇(→墾)種
卽著咨會奉上諭咨[見疆界]

原編續 勅諭 19b(3711쪽)

한글 번역

[己未]

禮部知會勅使儀物奉上諭咨

嘉慶 4年 10月 13日

原編續 勅諭 1a~2a(3702쪽)

발신: 예부

사유: 삼가 (諭旨를) 받든 사안입니다.

[예부] 主客司에서 다음과 같은 案呈을 올렸습니다.

[주객사] 嘉慶 4년 10월 9일에 內閣으로부터 다음과 같은 내용이 抄出되어 왔습니다.

[내각] 이번 달 8일에 다음과 같은 上諭를 받들었습니다.

[황제] 올해 정월에 副都統 張承勳을 正使로 삼고, 禮部右侍郎 恒傑을 副使로 파견하여, 高宗純皇帝의 遺詔를 조선에서 삼가 반포하도록 하였다. 그때, 짐은 일찍이 張承勳 등을 만나 이르기를, 이번의 조선 使行은 평상시에 국왕이나 세자를 책봉하는 것에는 비할 바가 아니므로, 만약에 該 國王이 사신들에게 예물을 보내려 한다면, 받아서는 안 된다고 하였다.

그래서 張承勳 등은 국왕이 보낸 예물을 물리치고 받지 않았다. (그러자) 該 國王은 다시 예전에 받들었던, 정규 예물을 받아도 된다는 高宗純皇帝

의 諭旨를 올려 보여주었는데, 그들은 여전히 받으려 하지 않았다. 하지만 (국왕은) 따르지 않고, 差人으로 하여금 예물을 압록강 강변까지 가져가서 사신들에게 가져가라고 부탁하게 하였으니, 예물을 가져간 該國의 人員들이 먼 길을 운반하였고, 驛站에서는 불필요하게 수고하게 되었으니, 그 (사신들의) 일처리가 매우 잘못된 것이었다.

따라서 張承勳과 恒傑은 部로 넘겨 처벌을 논의하도록 하고, 아울러 그릇되게 고집을 부린 緣由에 대해서는, 諭旨를 내려 該 國王에게 알리도록 하였다. 또한, 軍機大臣에게 명하여, 該國의 사신들을 만나 짐의 지시를 전하고, (이를) 該 國王에게 알려 마땅히 짐의 뜻에 따라 예물을 거두도록 하였다. 그런데 그 일이 있고 나서 몇 달이 지났는데, 該國에서 파견해온 역관 李邦華가 불법적인 서신을 갖고서, 賫咨官 李光稷으로 하여금 副都統 張承勳의 가택으로 가서 (그 서신을) 전하게 했는데, 張承勳은 李邦華의 원 서신을 (짐에게) 올렸다. 짐이 서신 속에 서술된 내용을 보아하니, 이전에 (사신들에게 예물로) 보내온 토산물 등이 아직도 (압록강) 강변에서 대기 중인 것 같은데, 이는 정말 잘못된 것이다. 李邦華의 이 서신은 아마도 該 國王에게 올려 알리지 않고 멋대로 京師로 가져온 것일 것이다. 天朝의 법령은 삼엄하고, 신하는 외교를 수행할 수 없으니, 결코 屬國 陪臣의 서신을 숨겨둔 채 보고하지 않을 수 없었을 것이다. 또한 이미 물리친 토산품을 다시 사적으로 주고받는 법은 없다.

該 國王은 마땅히 李邦華와 李光稷을 각각 엄히 신칙하고, 아울러 陪臣들을 단속하여 앞으로는 불법적인 서신을 가져와 올리지 못하게 해야 할 것이다. 남겨둔 토산품은 곧바로 (짐의) 이전 諭旨에 따라 거두어 가고, 다시는 번거롭게 하지 말라. 該國에 경사로운 일이 있을 때 그곳으로 사신을 파견하면, 그때 該 國王은 高宗純皇帝의 諭旨를 삼가 따라서 처리하여, 事大의 예를 다해도 좋다.

[주객사] (이상의 내용이) 抄出되어 部에 도착하였습니다. 마땅히 조선국왕에게 咨文

을 보내는 것이 좋겠습니다.

嘉慶 4년 10월 13일.

報李光稷等勘處咨

嘉慶 5年 2月 初8日

原編續 勅諭 2a~2b(3702쪽)

발신: 조선국왕

사유: 咨文을 보내 답합니다.

[조선국왕] 嘉慶 4년 12월 24일, 貴部의 다음과 같은 咨文을 이어 받았습니다.

……. 운운. ["主客司案呈"에서 "朝鮮國王可也云云"까지. 위의 원 咨文을 보라]

[조선국왕] 엎드려 생각해보건대, 의리로서 小邦을 內服과 같이 여겨주셨는데, 받은 바는 皇朝의 우악한 은혜였고 받든 것은 皇朝의 명령이 이었으니, 온 나라의 신민들이 (은혜를) 칭송하고 (명령을) 준수한 것은, 皇朝께서 잘 아시는 바일 것입니다.

그동안 황제폐하의 사절이 돌아갈 때에는 대략이나마 전별하는 舊禮를 시행했고 부족하나마 멀리까지 전송하는 의례[遠將]를 갖추었습니다. 일전에 내려온 上諭를 받들기에 이르러, 당황스럽고 또 감격하였습니다. 곧바로 변방의 신하에게 명하여 (예물을) 거두어 보관하라고 하였습니다. 뜻밖에도, 譯官 李邦華와 (재자관) 李光稷 등이 함부로 금령을 어기고 불법적으로 서신을 보냈는데, 그 언사가 망령스럽고 사리 또한 잘못된 것이었습니다. 弊職의 지시사항을 무시하고 감히 天朝의 법도를 어겼습니다. 일상적으로 단속을 행했다면, 보잘것없는 역관이 어찌 감히 법을 어겼겠습니까.

근자에 (소식을) 듣고 놀라서, 당황스러워 땀이 등을 적십니다. 지금 우리 폐하께서 특별히 감싸주시어, 훈계하시는 諭旨가 도달했는데, 간절하게 타이르는 말씀으로 곡진히 만물을 화육하게 해 주셨으니, 그 관용해주시는 바가 숲과 같으며 베풀어주시는 은혜가 雨露와 같습니다. (이에) 스스로를 탓하면서, 또한 (은덕을) 감축하는 마음은 더욱 절실해집니다. 李邦華, 李光稷 등의 위의 죄상에 대해서는, 모두 법조문에 따라서 신속히 판결하여 처벌하겠습니다. 불법적인 서신을 몰래 지니고 간 것에 대해서는 국가에서 이에 상응하는 刑律이 있는데다가, 지금 또한 황상의 諭旨를 삼가 받들었으니, 京師로 간 陪臣들에게 단단히 질책하여, 다시는 (규정을) 어겨 스스로 죄를 짓지 못하게 하겠습니다. 義州府에 있는 예물들도 또한 곧바로 거두어들이겠습니다. 이에 司譯院正 金景瑋를 파견하여 咨文을 보내오니, 번거롭겠지만 貴部에서는 이러한 정성을 굽어살피시어, 황상께 잘 전해주시어 시행해주시기 바랍니다. 운운.

嘉慶 5년 2월 8일.

禮部知會李光稷等勘罪知道咨

嘉慶 5年 3月 27日

原編續 勅諭 2b~3a(3702~3703쪽)

발신: 예부

사유: 알립니다.

[예부] 主客司에서 다음과 같은 案呈이 올라왔습니다.

[주객사] 本部에서 다음과 같은 상주문을 올렸습니다.

[예부] 조선국왕 姓 某가 賫咨官 司譯院正 金景瑋 등을 파견하여 該 國王의 咨文을 보내온 것이 本部에 도달하였습니다. 臣 등이 도착한 咨文을 읽어보았더니, 작년에 該國에서 時憲書를 수령하러 파견해온 賫咨官 李光稷이 李邦華의 불법적인 서신을 갖고서 副都統 張承勳의 가택으로 가서 전했다가, 張承勳이

李邦華의 원 서신을 (황상께) 올려, 삼가 諭旨를 받들어 훈계한 일에 관한 내용이었습니다. (이에 대해서는) 이미 臣의 部에서 該 國王에게 문서를 보낸 바 있습니다.

지금 該 國王은 諭旨를 전해 받들고서는 당황스러움과 감격스러움을 감당하지 못하고 있습니다. 삼가 (諭旨를) 따라서 처리하는 외에도, 특별히 賫咨官을 파견하여 京師로 와서 本部에 咨文으로 회신하였는데, 정황을 황상께 전해줄 것을 간절히 원하고 있습니다. 臣 등은 삼가 원 咨文을 抄錄하여, 열람하실 수 있도록 삼가 올립니다. 該 賫咨官 金景瑋 등에게 상을 내리는 것에 대해서는, 臣의 部에서 따로 例에 따라서 題本을 올리겠습니다.

(本部에서) 嘉慶 5년 3월 6일에 上奏하였습니다. 그날, 다음과 같은 諭旨를 받들었습니다.

[황제] 알았다.

[주객사] 마땅히 조선국왕에게 咨文을 보내는 것이 좋겠습니다.

운운.

嘉慶 5년 3월 27일.

禮部知會賫咨官入送緣由知道咨

嘉慶 5年 4月 初5日

原編續 勅諭 3a~3b(3703쪽)

발신: 예부

사유: 咨文을 보내 답합니다.

[예부] 主客司에서 다음과 같은 案呈이 올라왔습니다.

[주객사] (本部에서) 조선국왕 姓 某의 咨文을 받았는데, 그 내용은 다음과 같았습니다.

[조선국왕] 譯官 李邦華와 (齎咨官) 李光稷 등은 멋대로 금령을 어기고 불법적으로 서신을 보냈으니, 그들의 죄상은 모두 법조문에 따라서 처리하고, 아울러 판결하여 처벌하겠습니다. 불법적인 서신을 몰래 지니고 간 것에 대해서는 국가에서 이에 상응하는 刑律이 있습니다. 아울러, 京師로 간 陪臣들에게 단단히 질책하여, 다시는 미혹되어 (규정을) 어겨 스스로 죄를 짓지 못하게 하겠습니다. 義州府에 있는 예물들은 또한 곧바로 거두어들이겠습니다. 이에 司譯院正 金景瑋를 파견하여 咨文을 갖고 가게 하오니, 번거롭겠지만 정성을 굽어살피시어 황상께 잘 전해주시기 바랍니다.

[주객사] 이상과 같은 내용이 도착했습니다. 本部에서는 咨文에 따라 (황상께) 전하여 上奏하는 외에도, 마땅히 조선국왕에게 咨文을 보내 회신하는 것이 좋겠습니다. 운운.

嘉慶 5년 4월 5일.

禮部知會賫咨官頒賞咨

嘉慶 5年 4月 初5日

原編續 勅諭 3b~4a(3703쪽)

발신: 예부

사유: 상을 내립니다.

[예부] 主客司에서 다음과 같은 案呈을 올렸습니다.

[주객사] 살펴보니, 조선국왕이 諭旨를 삼가 받들고서, 李光稷이 불법적인 서신을 갖고 온 사안을 처리하기 위해서, 齎咨官을 특별히 파견해왔습니다. (이에) 本部에서는 題本을 올려, 該 賫咨官 金景瑋 1명에게는 은 30냥, 小通事 1명에게는 은 8냥, 수행원 3명에게는 각자 은 4냥을 하사하기로 허가받았습니다. 마땅히 조선국왕에게

알리는 것이 좋겠습니다.

운운.

嘉慶 5년 4월 5일.

禮部知會賫咨官筵宴停止咨

嘉慶 5年 3月 27日

原編續 勅諭 4a(3703쪽)

발신: 예부

사유: 알립니다.

[예부] 主客司에서 다음과 같은 案呈을 올렸습니다.

[주객사] 살펴보니, 조선국왕이 諭旨를 삼가 받들고서, 李光稷이 불법적인 서신을 갖고 온 사안을 처리하기 위해서, 賫咨官을 파견하여 咨文을 가져왔습니다. 은혜로 베푸는 연회에 대해서는, 이번에는 마땅히 예에 비추어 정지해야 할 것입니다. 마땅히 조선국왕에게 알리는 것이 좋겠습니다.

운운.

嘉慶 5년 3월 27일.

[辛酉]

禮部知會陳奏奉上諭咨[見陳奏]

原編續 勅諭 4a(3703쪽)

[癸亥]

禮部知會諱名避寫咨

嘉慶 8年 8月

原編續 勅諭 4a~5a(3703~3704쪽)

발신: 예부

사유: 咨文을 보냅니다.

[예부] 儀制司에서 다음과 같은 案呈을 올렸습니다.

[의제사] 行在禮部의 咨文을 받았는데, 本部의 左侍郎 莫 등은 다음과 같이 上奏하였습니다.

[예부좌시랑] 삼가 헤아려보건대, 安南이라는 나라는 內屬한 지 이미 오래되었지만, 越南의 阮福映은 農耐國 출신으로서 새로 세워졌기 때문에, 아마도 天朝의 避諱제도를 곧바로 알지 못했을 것입니다. 어제 통역관으로 하여금 그 수행원들에게 물었더니, 과연 모두 명확히 알지 못했습니다. 臣 등은 該 사신이 귀국할 때를 헤아려, 臣의 衙門에서 삼가 마땅히 피해서 쓰거나 대신해야 할 글자들에 대해서, 목록을 작성하여 該國에 알리고자 합니다. (그리하여) 이후에 올리는 表文에서는, 그 따라야 할 바를 알고 유심히 점검하도록 하여, 下國이 (上國을) 섬기는 정성이 드러나게 하고, 천하에 同文의 치세를 밝히고자 합니다. 적절한지 아닌지, 황상께서 검토해주시기를 엎드려 기원하며, 훈시를 내려주시면 시행하겠습니다.

[의제사] (行在禮部에서) 이러한 내용의 奏摺 1건을 嘉慶 8년 8월 8일에 上奏하였습니다. 그날, 다음과 같은 諭旨를 받들었습니다.

[황제] 緬甸과 한자를 알지 못하는 나라들 외에도, 한자를 사용하여 表文을 올리는 조선 등의 나라에 대해서도, 조사해봐서 예전에 嘉慶 원년에 통보하여 알리지 않았다면, 이번에 함께 문서를 보내서 알리도록 하라.

[의제사] 이상의 내용이 部에 도착하였습니다. 삼가 조사해보니, 聖祖仁皇帝의 존함에서 첫 글자는 『書經』의 '元德升聞' 구절(원래 '玄德升聞'인데, 이 문서 자체에서 避諱를 하면서 '元'으로 사용한 것으로 보인다—역자 주)에 있는 첫 글자['玄']는 마땅히 '元'자로 삼가 대신해야 합니다. 다음 글자는 왼쪽에 '火'자가 있고 오른쪽에 '華'가 있는 글자['燁']인데, 마땅히 '煜'자로 삼가 대신해야 합니다. 世宗憲皇帝의 존함에서 첫 글자는 『詩經』의 '允錫祚胤' 구절(원래 '永錫祚胤'인데, 이 문서 자체에서 避諱를 하면서 '允'으로 사용한 것으로 보인다—역자 주)에 있는 네 번째 글자['胤']는 마땅히 '允'자로 삼가 대신해야 합니다. 다음 글자는 왼쪽에 '示'가 있고 오른쪽에 '眞'이 있는 글자['禛']인데, 마땅히 '禎'자로 삼가 대신해야 합니다. 高宗純皇帝의 존함에서 첫 글자는 『易經』의 '宏弘光大' 구절(원래 '含弘光大'인데, 이 문서 자체에서 避諱를 하면서 '宏'으로 사용한 것으로 보인다—역자 주)에서 두 번째 글자인데, 마땅히 '宏'자로 삼가 대신해야 합니다. 다음 글자는 『書經』의 '歷象日月星辰' 구절(원래 '曆象日月星辰'인데, 이 문서 자체에서 避諱를 하면서 '歷'으로 사용한 것으로 보인다—역자 주)의 첫 번째 글자['曆']인데, 마땅히 '歷'자로 삼가 대신해야 합니다. 황상의 존함에서 첫 글자는 『易經』의 '有孚顒若' 구절의 세 번째 글자['顒']인데, 마땅히 偏旁 '頁'자에서 한 획과 한 점을 빼고 써야 합니다. 다음 글자는 『書經』의 '宏璧琬琰, 在東序' 구절(원래 '弘璧琬琰, 在東序'인데, 이 문서 자체에서 避諱를 하면서 '宏'으로 사용한 것으로 보인다—역자 주)의 네 번째 글자['琰']인데, 마땅히 우측의 두 번째 '火'자를 고쳐 써야 합니다. 아울러, 황상의 존함에 偏旁을 더한 글자는 그 음과 뜻이 서로 통하든 통하지 않든 간에, 모두 삼가 한 획을 뺍니다. 마땅히 조선국왕에게 알려서 삼가 따라서 避諱하게 하는 것이 좋겠습니다.

운운.

嘉慶 8년 8월 일.

回咨

嘉慶 8年 9月

原編續 勅諭 5a~5b(3704쪽)

발신: 조선국왕

사유: 咨文을 보내 답합니다.

[조선국왕] 嘉慶 8년 11월 20일에 貴部의 다음과 같은 咨文을 전해 받았습니다.

……. 운운. ["儀制司案呈"에서 "欽遵敬避可也"까지. 위의 원 咨文을 보라]

[조선국왕] 貴部의 咨文에 담긴 내용에 따라서, 앞으로 올리는 表文에서는 피해 쓰거나 대신해서 써야 할 글자들을 삼가 따라서 避諱하여 시행하는 외에도, 이에 마땅히 咨文을 보내 회신하오니, 번거롭겠지만 貴部에서는 이에 비추어 시행해주십시오. 운운.

嘉慶 8년 9월 일.

[癸亥]

禮部知會報搜捕犯越時奉上諭咨[見犯越]

原編續 勅諭 5b(3704쪽)

[甲子]

盛京將軍衙門知會解送犯境人時奉上諭咨[見犯越]

原編續 勅諭 5b(3704쪽)

[乙丑]

盛京將軍衙門知會越境人會審後奉上諭咨[見犯越]

原編續 勅諭 5b(3704쪽)

[乙丑]

盛京將軍衙門知會特賜木植奉上諭咨[見賜賚]

原編續 勅諭 5b(3704쪽)

[乙丑]

禮部知會賜扁額奉上諭咨[互問安 錫賚]

原編續 勅諭 5b(3704쪽)

[丙寅]

禮部知會貢包雇車代爲雇覓奉上諭咨[見蠲獘]

原編續 勅諭 5b(3704쪽)

[丁卯]

禮部知會查報犯禁時特賞奉上諭咨[見錫賚互犯禁]

原編續 勅諭 5b(3704쪽)

[己巳]

禮部知會粧船鐵物幷非違禁上諭咨[見漂民]

原編續 勅諭 5b(3704쪽)

[辛未]

盛京將軍衙門知會毋許私備門規擅相餽遺咨

嘉慶 16年 10月 30日

原編續 勅諭 5b~6b(3704쪽)

발신: 성경장군아문

사유: 엄히 曉諭할 것을 알립니다.

조선국왕이 매년 사신을 보내 조공을 바치거나 曆書를 청해 받으러 京師로 올 때, 줄곧 鳳凰城의 邊門을 통해 이동하였으며, 內地로 들어올 때에는, 邊門을 지키는 관리 등이 (사신들을) 검사하여 통과시키고, (그 다음부터는) 적합한 協領과 官兵을 연도에 파견하여 (사신들을) 돌봐주고 호송하면서 京師로 들어오도록 하는 例가 있는데, 그 유래가 이미 오래되었습니다. 이는 天朝에서 먼 곳의 백성들을 회유하시는 지극한 뜻입니다.

(그런데) 지금, 邊門을 지키는 관리가 파견되어온 사신이 보내온 뇌물을 [받은 일이 적발되어, 本處에서 이미 (해당 관리를) 탄핵하여 革職하고 처벌하였습니다. 다만 생각해보건대, (邊門의 관리들에게) 은화를 보내는 이 낡은 관행은 본래 例를 어긴 것이지만, 분명히 파견되어온 사신과 수행원들이 사적으로 갖추어 보낸 것일 것이므로, 該 國王은 반드시 (이를) 알지 못했을 것입니다. (이러한 관행이) 오래도록 답습되어 암암리에 이러한 누습이 형성되었을 것입니다.

생각해보건대, 天朝의 定例에서는 불법적인 뇌물을 받아 죄를 짓는 범인에 대해서는, 준 사람과 받은 사람을 똑같이 처벌하고 있으니, 그 법을 세움이 지극히 공정하며, 그 명령 또한 매우 엄격합니다. (하지만) 지금의 대황제께서는 外藩의 陪臣이 혹시 事例를 잘 몰랐을 수도 있으므로, 이번에는 (뇌물을) 준 사람에 대한 죄는 깊이 추궁하지 않겠다고 하셨습니다. 실로 대황제의 聖明함이 먼 곳을 비추시어, 특별한 은혜를 베풀어주신 것입니다. (이는) 모두 該 國王이 오랫동안 공순했기 때문입니다. 무릇 봉토를 지키는 신하로서, 마땅히 감격하여 배로 敬畏해야 할 것입니다.

앞으로 귀 국왕께서는 사신을 보내 조공하거나 曆書를 청해 받는 일이 있을 때마다, 모름지기 該 사신들에게 엄히 훈계하여, 사사롭게 인삽을 만들어 함부로 (뇌물을) 보내지 못하게 해야 할 것입니다. 이 내용을 미리 귀 국왕께 문서로 보내 알리는 바이니, 파견되어오는 사신들에게 엄히 曉諭하여 (그들이) 삼가 따라서 받들어 시행하게 하도록 힘쓰시기 바랍니다. 만약에 (사신들이) 종전의 누습을 답습한다면, 이는 알고서도 고의로 죄를 지은 것으로서, (뇌물을) 준 사람도 같은 죄목에 걸리는 것이므로, 결코 다시는 관대히 용서할 수 없습니다. 이는 天朝의 法紀와 관련된 것이므로, 함께 마땅히 엄격히 준수해야 할 것입니다.

이에 미리 문서를 보내 알리오니, 바라건대 이에 비추어 일체 받들어 시행하는 것이 좋겠습니다. 운운.

嘉慶 16년 10월 30일.

回咨

嘉慶 16年 12月 15日

原編續 勅諭 6b~7a(3704~3705쪽)

발신: 조선국왕

사유: 咨文을 보내 회신합니다.

[조선국왕] 嘉慶 16년 11월 29일에 귀 아문의 咨文을 전해 받았습니다.

……. 운운. [“照得朝鮮國王”에서 “一切奉行可也”까지. 위의 원 咨文을 보라]

[조선국왕] (이상의 내용을) 받았습니다. 엎드려 생각해보건대, 小邦은 대대로 황은을 받아, 크고 작은 모든 일에서 굽어살펴 주시지 않은 것이 없습니다. 경사로 조회에

참여하러 간 배신과 역서를 청해 받으러 간 재자관 등이 변문에 이르렀을 때 (변문을 지키는) 관리에게 은량을 준 일에 대해 특별히 금지시키시고, (뇌물을) 준 사람과 받은 사람이 똑같이 처벌받는다는 것을 깨우쳐 주시며 법령이 지엄하다는 것을 알려 주셨으니, 만일 귀 아문에서 황상의 지극한 뜻을 체현하지 않으셨다면 어찌 이렇게 될 수 있었겠습니까. 이제부터는 누습을 엄금하여, 京師로 가는 사신들에게 曉喩하여, 하나같이 咨文의 내용에 따라 天朝의 法紀를 삼가 준수하여 영원토록 받들어 행하게 하겠습니다. 이에 마땅히 咨文을 보내 회신하는 바이오니, 이에 비추어 시행해주시기 바랍니다. 운운.

嘉慶 16년 12월 15일.

[壬申]

盛京禮部知會邊門交易仍遵舊定章程咨

嘉慶 17年 2月 初4日

原編續 勅諭 7a~9b(3705~3706쪽)

발신: 성경예부

사유: 알립니다.

[성경예부] 左司에서 다음과 같은 案呈을 올렸습니다.

[성경예부좌사] 盛京將軍衙門의 咨文을 받았는데, 그 내용은 다음과 같았습니다.

[성경장군] 左戶司에서 다음과 같은 案呈을 올렸습니다.

[좌호사] 嘉慶 17년 정월 13일에 禮部의 咨文을 받았는데, 그 내용은 다음과 같았습니다.

[예부] 咨文으로 회신합니다. 主客司에서 다음과 같은 案呈이 올라왔

습니다.

[주객사] (本部에서) 嘉慶 14년 11월, 萬壽節을 慶賀드리러 온 조선의 大通官 尹得運 등이 올린 呈文을 받았는데, 그 내용은 다음과 같았습니다.

[조선통역관] 그동안 조공사나 사은사 및 역서를 청해 받으러 오는 재자관들이 京師에 오면, 업무를 마친 후에 가져온 화물들을 館에서 교역해왔는데, (이때) 小邦의 상인들에게 엄히 지시하여, 대금 지불을 해마다 완납하여 외상으로 사서 사단이 발생하는 일이 없도록 하였습니다. (그런데) 근래에는 小邦의 사신들이 변경에 도달했을 때, 京師의 상인들이 邊門에서 기다리다가 小邦의 상인들과 서로 교역하고 있습니다. 그런데 미리 정해 놓은 가격을 요구하며 한없이 일정을 연기시키니 혹시라도 사단이 발생할까 염려됩니다. 기존의 규정에 따라서 館에서(만) 무역하게 해주실 것을 청합니다.

[주객사] (본부에서) 곧이어 該 상인 梁貴士 등이 올린 呈文을 받았는데, 그 내용은 다음과 같았습니다.

[중국상인] 邊門은 각 省의 상인들이 모이는 곳으로, 그곳에서 조선의 상인들과 교역하는 것은 저희 몇 명만이 아닙니다. 또한 조선의 화물을 邊門에서 판매하기를 원하지 않는 경우에는, 원래 (사신들과) 함께 京師로 가서 館에 가도록 하고 있습니다. 만약에 전부 京師로 가서 교역하게 한다면, 中江의 징세로는 (할당된) 세금을 충당하지 못할 것입니다. 아울러, 조선의 상인들은 3월 말에 변경에 도착하는데, 대체로 장사만을 도모하여 京師로 가려 하지 않습니다. 계속해서 현재의 事例에 따라서 처리해주실 것을 청합니다.

[주객사] (본부에서는) 이에 盛京將軍에게 咨文을 보내 邊門 교역

의 실제 정황을 조사하여 本部에 咨文으로 회신하도록 하였습니다. 그 후 다시 嘉慶 15년 2월에, 조공을 바치러 온 조선의 大通官 李命聃이 올린 呈文을 받았는데, 그 내용은 다음과 같았습니다.

[조선대통관] 근년 이래, 內地의 상인들은 매년 사절들이 왕래할 때 몰래 雜貨를 가져와서, 邊柵에서 小邦의 邊民들과 서로 교역하고 있습니다. 금지해주실 것을 청합니다.

[주객사] (본부는) 이번에 盛京將軍의 咨文을 받았는데, 그 내용은 다음과 같았습니다.

[성경장군] 이전에 다음과 같은 禮部의 咨文을 받았습니다.

[예부] 조선 상인과 內地 상인의 교역에 관한 章程을 조사하여, 乾隆 2년에 삼가 받든 上諭 2통을 精書해서 만주어로 초록·첨부하여 貴部에 咨文으로 보내오니, 검토하고 咨文으로 회신해주십시오.

[성경장군] 엎드려 上諭를 읽어보니, 매년 봄과 가을의 두 차례 교역에서, 本城의 兵丁들이 조선인들과 中江 강가에서 서로 교역하는 것에 관한 내용이었으며, '행상들이 교역한다'는 말은 결코 없었습니다. 또한, 咨文에는 다음과 같은 내용이 있었습니다.

[예부] 그동안 조선의 상인들은 매년 세 차례 교역을 해왔습니다. 한 가지는 曆書를 청해 받을 때이고, 한 가지는 조공을 바칠 때입니다. 진공차 (온 사절이) 3월쯤 돌아갈 때 조선의 상인들이 화물을 가지고 와서 內地의 상인들과 교역하는데, 이 경우는 (상인들이) 으레 京師로 들어가지 않습니다. (그리고) 曆書를 청해 받으러 올 때와 연말에 조공을 바치러 올 때의 두 차례에 걸쳐 가져오는 화물은, 京師로 가서 교역을 하는 것이 있고, 邊門에서 內地의

상인들과 서로 교역하는 것도 있습니다. 京師로 가는 화물에 대해서는 中江稅務 監督處에서 결코 세금을 징수하지 않으므로, 징세에는 아무런 문제가 없으며, 시일이 지체되는 것도 없는 것 같습니다. 또한, 계절마다 관원을 파견하여 내외의 각 상인들을 단속하고, 內地의 상인들이 금지된 물건을 판매하지 못하도록 오랫동안 처리해온 바 있습니다.

[성경장군] 이상의 내용이 도착하였습니다. 도착한 咨文을 자세히 검토해보니, 2월과 8월에 中江 강가에서 행하는 무역은 모두 현재 기존의 章程에 따라서 받들어 시행하고 있으며, 관례를 변경한 경우는 결코 없었습니다. (그런데) 邊門에서 행상들이 무역하는 것에 대해서는, 매년 3차례이지만 다만 어느 해부터 시작되었는지 조사해서 咨文으로 회신해달라고 했습니다.

이어 조사해보았더니, 조선의 상인들이 매년 세 차례 교역하는 것이 언제부터 시작되었는지를 (규정한) 원 문건은 없었지만, 雍正 13년에 禮部에서 전달해줄 것을 청하며 원 문건을 첨부해온 것을 찾아냈는데, 盛京禮部 郎中이 관리하고 있었습니다. 鳳凰城의 中江稅務 祿謙이 呈文을 올렸는데, 그 내용은 다음과 같았습니다.

[中江 세무관] 中江에서의 징세는 매년 監督 1명을 두고 있고, 세액으로 은 4,800여 량이 할당되어 있습니다. 매년 11월 중에 時憲書를 받은 조선의 인원들이 邊門으로 돌아와 객상들이 무역할 때 한 차례 징세를 합니다. 2월에 中江에서 무역을 할 때에도 한 차례 징세를 합니다. 3월 중에 조공을 바치러 온 인원들이 邊門으로 돌아와 무역할 때, 또 한 차례 징세를 합니다. 8월에 中江에서 무역을 할 때에도 한 차례 징세를 합니다. 謝恩이나 긴급한 보고 등의

일이 있을 때에는 (징세가) 있기도 하고 없기도 하여 정해지지 않았습니다. (이러한 상황이) 지금에 이르기까지 여러 해 동안 이어졌습니다.

저는 작년 10월에 부임했는데, 지난겨울에 時憲書를 받은 조선의 인원들이 邊門에서 교역하지 않았으며, 그 나라의 상인들도 지나가지 않았습니다. 올해 2월에도 中江에서는 八旗 臺站(역참)의 兵丁들이 소와 해삼 등의 물건을 교역한 것 이외에는, 객상들이 무역한 일이 없었습니다. 할당된 세액에 부족한 것은 국고와 관계가 됩니다. 저는 미천한 관원이지만 실로 상황에 쫓겨, 어쩔 수 없이 大部께 간청하옵건대, 조선국왕에게 문서를 보내 그 나라의 객상들에게 例에 따라서 무역하도록 훈계하게 해주십시오.

[주객사] 本部에서 도착한 咨文의 원 문건을 자세히 검토해보니, 邊門에서의 교역을 받들어 행한 지가 이미 70여 년이 되었고, (업무를) 관장한 역대 각 관원들이 例에 따라 적절히 시행하여 그동안 문제가 된 부분이 없었으므로, 마땅히 영원토록 따라서 시행해야 할 것입니다. 조선의 大通官이 누차 올린 呈文에서 邊門에서의 무역을 금지해달라고 요청한 사안은, 검토해보건대 기존의 例에 부합하지 않으므로, 다시 논의할 필요가 없을 것입니다.

이에 盛京將軍에게 咨文을 보내어, 계속해서 기존의 章程에 따라서 시기마다 관원을 파견하여 단속을 엄히 시행하여, 내외의 상인들이 각자 대금지불을 완납하게 함으로써, 체납이 발생하여 폐해가 생기는 데 이르지 않도록 하는 것이 좋겠습니다.

[좌호사] 이상의 내용이 도착했습니다. 마땅히 鳳凰城 城守尉에게 箚文을 보내 지시하여, 禮部의 문서에 따라 기한에 맞추어 관원을 파견하여 단속을 엄히 시행함으로써, 내외 상인들의 각 자금이 체불로 인하여 폐단이 발생하

지 않도록 하는 외에도, 아울러 盛京戶部와 盛京禮部의 두 部로 咨文을 보내어 참고하도록 하는 것이 좋겠습니다.

[성경예부좌사] 이상의 내용이 도착했습니다. 마땅히 鳳凰城 城守尉에게 箚文을 보내 지시하여, 예부의 문서에 따라 기한에 맞추어 관원을 파견하여 예전대로 처리하는 외에도, 아울러 조선국왕에게도 알리는 것이 좋겠습니다.

운운.

嘉慶 17년 2월 4일.

回咨

嘉慶 17年 3月 初10日

原編續 勅諭 9b(3706쪽)

발신: 조선국왕

사유: 邊門에서의 교역을 기존의 章程에 따라 (행하는 것)에 대하여, 咨文을 보내 회신합니다.

[조선국왕] 嘉慶 17년 2월 23일에 貴部의 다음과 같은 咨文을 전해 받았습니다.

……. 운운. [“左司案呈”에서 “朝鮮國王可也”까지. 위의 원 咨文을 보라]

[조선국왕] 이상의 내용을 받았습니다. 삼가 엎드려 생각해보건대, 小邦은 특별히 황상의 교화를 받아, 오로지 경외하는 마음을 품고 미흡하게나마 (가르침을) 삼가 지키는 정성을 유지해 왔습니다. 그런데 邊門에서의 교역과 관련하여, 기존의 章程을 전혀 알지 못한 채 通官이 呈文을 올리는 일이 발생했습니다. 이는 궁벽한 곳에 있으면서 스스로 망령되이 행한 것이니, 너무나도 황송하여 어찌 말씀드릴 바를 모르겠습니다. 다행히도 여러 大人들께서 아뢰어주심에 힘입어 (황상께서) 특별히 용서를 베풀고

즉시 깨우쳐 주시되, 例에 따르라고 타일러주시고 영원토록 준수하라고 알려주셨으니, 감격하며 가슴 깊이 새기기를 여기에 이르게 하시었습니다. 삼가 마땅히 오로지 咨文의 내용에 따라서 영원토록 받들어 시행해야 할 것입니다. 이에 마땅히 咨文을 보내 회신하오니, 번거롭겠지만 이에 비추어 시행해주십시오. 운운.

嘉慶 17년 3월 10일.

[辛巳]

禮部知會諱名避寫咨

道光 元年 3月

原編續 勅諭 9b~10a(3706쪽)

발신: 예부

사유: 알립니다.

[예부] 儀制司에서 다음과 같은 案呈이 올라왔습니다.

[의제사] 이전에 內閣에서 다음과 같은 문건을 抄出해왔습니다.

[내각] 다음과 같은 上諭를 받들었습니다.

[황제] 乾隆 41년에 皇祖인 高宗純皇帝의 다음과 같은 諭旨를 삼가 받들었다.

[황제] '綿'자는 민생의 옷가지나 이부자리와 관련되어 일상적으로 사용되는 것으로, 廻避하기가 매우 어렵다. 장차 계통을 잇는 자는 마땅히 '綿'을 '旻'으로 고쳐야 할 것인데, 이는 자주 사용되는 글자가 아닐 뿐만 아니라 필획을 생략하기도 쉽기 때문이다.

[황제] (예전에) 건륭 황제의 命을 삼가 따라서 御名('綿寧')의 첫 글자를

('旻'자로) 고쳤으며, 신하들은 例에 따라서 삼가 廻避하게 되었다. 지금 짐은 첫 글자에서는 점 하나를 생략하여 '旻'자를 '旻'자로 쓰도록 한다. 다음 글자에서는 '心'자를 고쳐서 한 획으로 만들고 한 획을 더하여 '寧'자로 쓰도록 하라. 이 諭旨를 받들기 이전에 인쇄한 서적들에 대해서는 모두 소급하여 수정할 필요는 없다.

[의제사] 이상의 내용이 本部에 도착하였습니다. 마땅히 조선국왕에게 문서를 보내 알리는 것이 좋겠습니다.

운운.

道光 원년 3월 일.

回咨

道光 元年 5月 25日

原編續 勅諭 10a~10b(3706쪽)

발신: 조선국왕

사유: 咨文을 보내 회신합니다.

[조선국왕] 道光 원년 5월 16일에 貴部의 다음과 같은 咨文을 전해 받았습니다.

……. 운운. ["儀制司案呈"에서 "遵照可也"까지. 위의 원 咨文을 보라]

[조선국왕] 이상의 내용을 받들었습니다. 諭旨 내의 내용을 삼가 받들어 따르는 외에도, 이에 마땅히 咨文을 보내 회신하오니, 번거롭겠지만 貴部에서는 이에 비추어 시행해주십시오. 운운.

道光 원년 5월 25일.

[癸未]

禮部知會賫咨官從人擅離館舍申飭咨

道光 3年 11月 初10日

原編續 勅諭 10b(3706쪽)

발신: 예부

사유: 알립니다.

[예부] 主客司에서 다음과 같은 案呈이 올라왔습니다.

[주객사] 四譯館에서 보낸 문건을 받았는데, 그 내용은 다음과 같았습니다.

[四譯館] 조선에서 時憲書를 받으러 온 賫咨官 韓相瑀가 데려온 수행원인 車志賢과 金興仁, 安得文 3명은 10월 21일 申時에 館을 나가서, 22일 巳時에 館으로 돌아왔습니다.

[주객사] 이상의 내용이 도착했습니다. 살펴보건대, 該國의 수행원들은 京師에 오면 四譯館에 머물면서, 담당 관원이 통제하여 함부로 밖에서 투숙하지 못하게 해야 합니다. 지금 수행원 車志賢과 金興仁, 安得文 3인이 함부로 館舍를 떠나서 밖에서 하룻밤을 지냈으니, 혹시 사단을 일으켜 미편한 일에 연루될까 염려됩니다. 마땅히 조선국왕에게 알려서 이를 확인하도록 해야 하며, 아울러 앞으로는 該國에서 관원을 파견하여 京師로 올 때는, 데려온 수행원들에 대해서 마땅히 엄히 단속하도록 훈계하는 데 힘쓰게 하는 것이 좋겠습니다.

유유.

道光 3년 11월 10일.

回咨

道光 4年 正月 23日

原編續 勅諭 11a(3707쪽)

발신: 조선국왕

사유: 咨文을 보내 회신합니다.

[조선국왕] 道光 4년 정월 19일에 貴部의 다음과 같은 咨文을 전해 받았습니다.

……. 운운. ["主客司案呈"에서 "嚴行約束可也"까지. 위의 원 咨文을 보라]

[조선국왕] 이상의 내용을 받았습니다. 삼가 생각해보건대, 小邦의 수행원들이 함부로 館舍를 이탈하여 밤을 보낸 후에야 돌아온 일로 인하여, (貴部에) 수고를 끼쳐 咨文을 보내게 하였습니다. 그들은 벌레같이 지극히 천한 자들로서 함부로 다니면서 하룻밤을 (밖에서) 머물렀으니, 그 방자하고 무엄함이 실로 통탄할 만합니다. 당시 時憲書를 받으러 간 賫咨官 韓相瑀는 (수행원) 단속에 소홀했기 때문에, 마땅히 질책을 행하되 별도로 革職한 후 논의하여 처벌해야 할 것입니다. 해당 수행원 車志賢 등 3명에 대해서는 엄격히 다스리도록 하겠습니다. 앞으로는 예전처럼 멋대로 다른 곳에서 투숙하지 못하게 하고, 더더욱 엄히 단속하도록 하겠습니다. 이에 마땅히 咨文을 보내 회신하오니, 이에 비추어 시행해주시기 바랍니다. 운운.

道光 4년 정월 23일.

[丁亥]

禮部知會拿送犯越人時奉上諭檄諭咨[見犯越]

原編續 勅諭 11a(3707쪽)

[戊子]

禮部知會討平回疆頒給勅諭咨[見進賀]

原編續 勅諭 11a(3707쪽)

[辛卯]

禮部知會拿送犯越人時抄錄諭旨咨[見犯越]

原編續 勅諭 11b(3707쪽)

[壬寅]

盛京禮部知會上土鎭越邊巡查時抄錄諭旨咨[見疆界]

原編續 勅諭 11b(3707쪽)

[丁未]

盛京禮部知會江界越邊巡查奉上諭咨[見疆界]

原編續 勅諭 11b(3707쪽)

[同年]

盛京禮部知會江界越邊田盧平毁奉上諭咨[見疆界]

原編續 勅諭 11b(3707쪽)

[同年]

盛京禮部知會江界越邊善後章程奉上諭咨[見疆界]

原編續 勅諭 11b(3707쪽)

[庚戌]

禮部知會諱名避寫咨

道光 30年 2月

原編續 勅諭 11b~12a(3707쪽)

발신: 예부

사유: 알립니다.

[예부] 儀制司에서 다음과 같은 案呈이 올라왔습니다.

[의제사] 道光 30년 정월 19일에 內閣에서 다음과 같은 내용이 抄出되었습니다.

[내각] 17일에 다음과 같은 上諭를 받들었습니다.

[황제] 道光 26년 3월, 돌아가신 아버님께서 특별히 다음과 같은 諭旨를 내리셨다.

[先帝] '두 자로 된 이름은 두 자를 모두 避諱하지는 않는다.'는 것에 따라서, 장차 계통을 이을 자는 (이름의) 첫 글자는 그대로 사용하여 고쳐 避諱할 필요가 없으며, 필획을 탈락시킬 필요도 없다. 두 번째 글자에 대해서 어떻게 필획을 탈락시킬 것인지, 그때 헤아려 정하도록 한다. 이것으로써 법도를 삼도록 하라.

[황제] 지금 짐은 삼가 이 命을 따라서, 이름(奕詝)의 첫 글자는 그대로 쓰도록 하고 避諱하지 않아도 되게 할 것이다. 두 번째 글자는 끝의 한 획을 탈락시켜 '詝'자로 쓰도록 하여 避諱하는 뜻을 보이도록 할 것이다. 이 諭旨

를 받들기 이전에 인쇄된 서적에 대해서는, 모두 (그 수정을) 논의할 필요 없다.

[의제사] 이상의 내용이 抄出되어 本部에 도착했습니다. 마땅히 조선국왕에게 문서를 보내 알려서, 모두 따라 시행하도록 하는 것이 좋겠습니다.

운운.

道光 30년 2월 일.

回咨[式如例]

原編續 勅諭 12a(3707쪽)

[辛亥]

禮部知會陳奏奉上諭咨[見陳奏]

原編續 勅諭 12a(3707쪽)

[壬子]

禮部知會黃海道沿海漁採禁斷奉上諭咨[見犯越]

原編續 勅諭 12a(3707쪽)

[癸丑]

盛京將軍衙門知會賜扁額奉上諭咨[見錫賚]

原編續 勅諭 12a(3707쪽)

[乙卯]

禮部知會皇太貴妃尊崇時抄錄諭旨咨[見進賀]

原編續 勅諭 12a(3707쪽)

[辛酉]

禮部知會諱名避寫咨

咸豊 11年 7月 23日

原編續 勅諭 12a~12b(3707쪽)

발신: 예부

사유: 문서를 보내 알립니다.

[예부] 儀制司에서 다음과 같은 案呈이 올라왔습니다.

[의제사] 咸豊 11년 7월 21일, 內閣에서 다음과 같은 내용이 抄出되었습니다.

[내각] 18일에 다음과 같은 上諭를 받들었습니다.

[황제] 道光 26년 3월, 돌아가신 할아버님께서 특별히 다음과 같은 諭旨를 내리셨다.

[先帝] '두 자로 된 이름은 두 자를 모두 避諱하지는 않는다.'는 것에 따라서, 장차 계통을 잇는 자는 (이름의) 첫 글자는 그대로 사용하여 고쳐 避諱할 필요가 없으며, 필획을 탈락시킬 필요도 없다. 두 번째 글자에 대해서 어떻게 필획을 탈락시킬 것인지, 그때 헤아려 정하도록 한다. 이것으로써 법도를 삼도록 하라.

[황제] 지금 짐은 삼가 이 법도를 따라서, 이름(載淳)의 첫 글자는 그대로 쓰도록 하여, 고쳐 避諱하지 않아도 되게 할 것이다. 그 다음 글자에 대해서도 필획을 탈락시킬 필요는 없으며, 신료들이 상주문을 올리면서 이 글자를

쓰게 되면, '淯'자로 고쳐 避諱하도록 하라. 이 諭旨를 받들기 이전에 인쇄된 서적에 대해서는, 모두 (그 수정을) 논의할 필요 없다.

[의제사] 이상의 내용이 抄出되어 本部에 도착했습니다. 마땅히 조선국왕에게 문서를 보내 알려서, 모두 삼가 따라 시행하도록 하는 것이 좋겠습니다.

운운.

咸豊 11년 7월 23일.

回咨[式如例]

原編續 勅諭 12b(3707쪽)

[同年]

禮部知會母后皇后及聖母尊崇爲皇太后抄錄諭旨咨

原編續 勅諭 12b(3707쪽)

[甲子]

禮部知會諱名避寫咨

同治 3年 5月 25日

原編續 勅諭 12b~13a(3707~3708쪽)

발신: 예부

사유: 문서를 보내 알립니다.

[예부] 儀制司에서 다음과 같은 案呈을 올렸습니다.

[의제사] 同治 3년 5월 20일에 內閣에서 다음과 같은 내용이 抄出되었습니다.

[내각] 이번 달 17일에 다음과 같은 上諭를 받들었습니다.

[황제] 御史 陳廷經이 上奏하기를, '시문에서 御名을 삼가 避諱함에 있어서, 청하옵건대 그 偏旁까지도 避諱하지는 않아도 되게 해주십시오.'라 하였다. 짐은 즉위 초기에 일찍이 諭旨를 내려서, 이름의 첫 글자는 고쳐 避諱하지 않도록 하고, 두 번째 글자는 신료들의 章奏에서 '湻'자로 고쳐 避諱하도록 하였다. 원래부터 다른 글자의 偏旁까지 避諱하라고 지시한 적이 없다. 이번에 該 御史가 上奏한 것을 보니, 근래에 각 省의 上奏文과 과거시험, 시문 등에서, '享'자가 偏旁으로 있는 모든 글자는 ('享'자를) 일률적으로 '亯'자로 고쳐 쓴다고 한다. 이는 이전에 내린 諭旨와 정말로 부합하지 않는 것이다. 앞으로는 여러 신료들의 章奏와 각종 과거시험 등의 문자에서, 내 이름의 두 번째 글자에 대해서만 계속해서 본 글자만을 삼가 避諱하도록 하라.

[의제사] 이상의 내용이 本部에 도착했습니다. 마땅히 조선국왕에게 문서를 보내 알리는 것이 좋겠습니다.

운운.

同治 3년 5월 25일.

回咨[式如例]

原編續 勅諭 13a(3708쪽)

[乙丑]

盛京禮部知會使行盤纏銀子貸用咨[互封典]

同治 4年 正月 22日

原編續 勑諭 13a~14a(3708쪽)

발신: 성경예부
사유: 알립니다.

[성경예부] 左司에서 다음과 같은 案呈을 올렸습니다.

[성경예부좌사] 盛京將軍 衙門에서 보낸 咨文을 받았는데, 그 내용은 다음과 같았습니다.

[성경장군] 左禮司에서 마침 다음과 같은 案呈을 올렸습니다.

[좌례사] 同治 4년 정월 10일에 조선의 大通官 朴遹性 등이 삼가 올린 呈文을 받았는데, 그 내용은 다음과 같았습니다.

[조선대통관] 감히 (저희의) 난처한 상황에 대해 아뢰오니, 동정을 베풀어주시기 바랍니다. 저희 謝恩使 일행은 작년 12월 22일에 京師로부터 귀국길에 올라, 어제서야 비로소 이곳에 도달하였습니다. 그런데 이동 중에 사용해야 할 왕복 여비에서, 현재 (銀과 바꾸어야 할) 錢의 가격이 전례 없이 뛰어올라서, 가져온 銀이 남김없이 고갈되었습니다. 게다가 새해 초가 되다 보니, 외국에서의 여행길 도중에 (경비를) 빌린다는 것이 가능하지 않습니다. 이곳에서 邊門까지 아직도 500리나 남아 있는데, 이러한 추세라면 절대로 도달할 수 있는 가능성이 없습니다. 너무나 난처하여 어찌할 바를 모르겠습니다.

이에 감히 부끄러움을 무릅쓰고 무례하게 말씀을 올립니다. 엎드려 바라옵건대, 將軍大人께서는 먼 곳의 백성들을 회유하시는 (황상의) 은혜를 삼가 살펴주시고, 또한 (만민을) 가련히 여기시는 (황상의) 은혜를 굽어 베풀어주심으로써, 어떤 항목의 은이라도 200냥을 특별히 빌려주시어, 이 곤경으로부터 구제해주십시오. 이번 15일에 邊門에 도달하면, 곧바로 전액을 鳳凰城 衙門에 납부하겠습니다. (將軍의) 처분, 그리고 아량을 베풀어주실 것을 기다리겠습니다. 이에 삼가 呈文을 올립니다.

[성경좌례사] 이상의 내용을 받았습니다. 該 通官 朴逌性의 말을 검토해보면, 실제 상황임이 분명합니다. 마땅히 (그들이) 요청한 대로 (아량을) 베풀어 돈을 빌려주어 도와줌으로써, 먼 곳의 백성들을 회유하는 (황상의) 은혜가 빛나게 해야 할 것입니다. '當商生息'의 예산항목에서 은 200냥을 내어 빌려주어 (그들이) 서둘러 떠날 수 있도록 도와주는 외에도, 마땅히 鳳凰城城守尉에게 箚文을 보내 따르도록 지시하여, 조선의 사신이 은을 보내오면 곧바로 받아서 盛京으로 보내 예산을 메우게 해야 할 것입니다. 비워둔 공란을 기입하여 禮部에 알리고, 아울러 盛京禮部에도 咨文을 보내는 것이 좋겠습니다.

[성경예부좌사] 이상의 내용이 도착했습니다. 마땅히 조선국왕에게 알리는 것이 좋겠습니다.

운운.

同治 4년 정월 22일.

回咨

同治 4年 3月 初3日

原編續 勅諭 14a~14b(3708쪽)

[조선국왕] 운운. 同治 4년 2월 26일에 貴部의 다음과 같은 咨文을 전해 받았습니다. ……. 운운. ["左司案呈"에서 "朝鮮國王可也"까지. 위의 원 咨文을 보라]

[조선국왕] 이상의 내용을 받들었습니다. 삼가 생각해보건대, 小邦에서 일에 따라 문서를 보낼 때에는, 그 법도를 지킴에 있어 마땅히 삼가야 하며, 언제나 경계하여 혹시라도 벗어나는 일이 없도록 해야 할 것입니다. (그런데) 謝恩使들이 盛京으로 돌아왔을 때 여비가 떨어져서 將軍의 衙門에까지 呈文을 올려 은을 빌려줄 것을 청하는 일이 있을 것이라 어찌 생각이나 했겠습니까. 다행스럽게도 헤아려 도와주셔서 발이 묶이는 것을 면할 수 있었으니, 이는 모두 먼 곳의 백성들을 회유하시는 우리 황상의 덕을 몸소 체현하신 덕분입니다. 실로 헤아릴 수 없이 感頌할 수밖에 없습니다.
다만 생각해보건대, 여비가 중도에서 고갈될 줄은 처음에 (사신들을) 보낼 때는 정말 생각하지도 못했던 것입니다. 하지만 정말로 사전에 잘 점검할 수 있었다면, 어찌 그때를 당하여 무례한 행동을 하기에 이르렀겠습니까. 비록 빌린 은은 이미 돌려보냈지만, 스스로를 돌아보니 부끄러워 무슨 말을 해야 할지 모르겠습니다. 該 通官 朴遹性은 이러한 자질구레한 일로 방자하게 呈文을 올려 (사정을) 아뢰어, 번거로우시게도 (將軍께서) 상대해주시게 이르렀으니, 이는 지극히 외람된 것입니다. (朴遹性을) 곧바로 革職하여 여럿에게 경고하도록 하겠습니다. 그리고 이후부터는 京師로 가는 人役들에게 더욱 훈계하여, 미리 준비해야 할 일들에 대해서는 감히 (이를) 소홀히 하여 망령되이 (將軍께) 부탁을 드리는 일이 없도록 하겠습니다. 이에 마땅히 咨文을 보내 회신하는 바이오니, 번거롭겠지만 貴部에서는 이에 비추어 시행해주십시오. 운운.

同治 4년 3월 초삼일.

盛京禮部知會使行盤纏貸用銀子查收歸款咨

同治 4年 3月 22日

原編續 勅諭 14b~15b(3708~3709쪽)

발신: 성경예부

사유: 알립니다.

[성경예부] 左司에서 다음과 같은 案呈을 올렸습니다.

[성경예부좌사] 盛京將軍衙門의 咨文을 받았는데, 그 내용은 다음과 같았습니다.

[성경장군] 左禮司에서 다음과 같은 案呈을 올렸습니다.

[좌례사] 올해 3월 10일에 左戶司에서 보낸 移文을 받았는데, 그 내용은 다음과 같았습니다.

[좌호사] 移文을 보냅니다. 同治 4년 2월 27일에 左禮司에서 보낸 移文을 받았는데, 그 내용은 다음과 같았습니다.

[좌례사] 移文을 보냅니다. 올해 2월 19일에 鳳凰城 城守尉가 올린 呈文을 받았는데, 그 내용은 다음과 같았습니다.

[봉황성 성수위] 呈文을 올려 보고합니다. 同治 4년 정월 29일에 將軍衙門에서 보낸 箚文을 삼가 받들었는데, 그 내용은 다음과 같았습니다.

[성경장군] 箚文을 보내 지시한다. 左禮司에서 다음과 같은 案呈을 올렸다.

[좌례사] 同治 4년 정월 10일에 조선의 大通官 朴逌性 등이 삼가 올린 呈文을 받았는데, 그 내용은 다음과 같았습니다.

[조선대통관] 감히 (저희의) 난처한 상황에 대해 아뢰오니, 동정을 베풀어주시기 바랍니다. 저희

謝恩使 일행은 작년 12월 22일에 京師로부터 귀국길에 올라, 어제서야 비로소 이곳에 도달하였습니다. 그런데 이동 중에 사용해야 할 왕복 여비에서, 현재 (銀과) 바꾸어야 할 錢의 가격이 전례없이 뛰어올라서, 가져온 銀이 남김없이 고갈되었습니다. 게다가 새해 초가 되다 보니, 외국에서의 여행길 도중에 (경비를) 빌린다는 것이 가능하지 않습니다. 이곳에서 邊門까지 아직도 500리나 남아 있는데, 이러한 추세라면 절대로 도달할 수 있는 가능성이 없습니다. 난처한 때를 당하여 어찌할 바를 모르겠습니다.

이에 감히 부끄러움을 무릅쓰고 무례하게 말씀을 올립니다. 엎드려 바라옵건대, 將軍大人께서는 먼 곳의 백성들을 회유하시는 (황상의) 은혜를 삼가 살펴주시고, 또한 (만민을) 가련히 여기시는 (황상의) 은혜를 굽어 베풀어주심으로써, 어떤 항목의 은이라도 200냥을 특별히 빌려주시어, 이 곤경으로부터 구제해주십시오. 이번 15일에 邊門에 도달하면, 곧바로 전액을 鳳凰城 衙門에 납부하겠습니다. (將軍의) 처분, 그리고 아량을 베풀어주실 것을 기다리겠습니다. 이에 삼가 呈文을 올립니다.

[좌례사] 이상의 내용을 받았습니다. 該 通官 朴道性의 말을 검토해보면, 실제 상황임이 분명합니다. 마땅히 (그들이) 요청한 대로 (아량을) 베풀어 돈을 빌려주어 도와줌으로써, 먼 곳의 백성들을 회유하

는 (황상의) 은혜가 빛나게 해야 할 것입니다. '當商生息'의 예산항목에서 은 200냥을 내어 빌려주어 (그들이) 서둘러 떠날 수 있도록 도와주는 외에도, 마땅히 鳳凰城 城守尉에게 箚文을 보내 따르도록 지시하여, 조선의 사신이 은을 보내오면 곧바로 받아서 盛京으로 보내 예산을 메우게 하는 것이 좋겠습니다.

[봉황성 성수위] 이상의 내용을 받들었습니다. (箚文에) 따라서 조사해보니, 조선의 사신들이 京師에서 돌아와 盛京에 이르렀을 때, 여비가 고갈되어 省平銀 200냥을 빌려 사용했는데, 이미 該國의 通事가 전액을 보내왔습니다. 마땅히 (은을) 포장하고 (담당자)를 파견하여 盛京으로 보내서 올리도록 하겠습니다.

[좌호사] 鳳凰城에서 파견된 관원을 本司(左戶司) 앞으로 보내와서, '當商生息' 항목에서 조선의 사신들에게 빌려준 200냥을 전액 검수하고 접수하여 예산항목을 메우는 외에도, 마땅히 鳳凰城 城守尉에게 箚文을 보내 따르도록 지시하고, 아울러 左禮司에도 (移文을) 보내 알리는 것이 좋겠습니다.

[좌례사] 이상의 내용이 移文으로 보내져 왔습니다. 마땅히 盛京禮部에 알리는 것이 좋겠습니다.

[성경예부좌사] 이상의 내용이 도착했습니다. 마땅히 조선국왕에게 알리는 것이 좋겠습니다.

운운.

同治 4년 3월 22일.

回咨[式如例]

原編續 勅諭 16a(3709쪽)

[丙寅]

禮部知會本國信函轉奏天聽咨[互洋船情形]

同治 5年

原編續 勅諭 16a~16b(3709쪽)

발신: 예부

사유: 알립니다.

[예부] 主客司에서 다음과 같은 案呈을 올렸습니다.

[주객사] 本部의 尙書 臣 萬靑藜가 삼가 다음과 같은 상주문을 올렸습니다.

[예부상서] 上奏하여 아뢥니다. 조선의 작년 年貢 사절단의 正使 李興敏이 京師에 왔을 때, 臣은 마침 예부의 관리로 있었기 때문에 例에 따라 그들과 접견하였고, 그리하여 그와 일면식을 갖게 되었습니다. (그런데) 일전에, 時憲書를 받으러 온 該國의 사신이 사람을 시켜 서신 한 통을 臣의 집으로 보내왔습니다. 臣이 관아에서 (집으로) 돌아와서 (서신을) 뜯어 읽어보았더니, 서신에서는 근래 洋船이 (출현하는) 정황에 대해서 언급하고 있었고, 검토해보았더니 이는 該 國王이 (황상께) 대신 上奏해달라고 咨文을 보내와 요청한 내용과 대략 같았습니다. 臣은 감히 위로 보고하지 않을 수 없었기에, 원 서신을 봉하여 軍機處로 보내는 외에도, 도착한 서신의 원 형식에 따라서 抄錄하여 열람하실 수 있도록 올리는 바이오니, 황상께서 살펴봐 주실 것을 엎드려 바라옵니다. 삼가 上奏합니다.

(본부에서 이러한 내용의) 奏摺 1건을 同治 5년 10월 15일에 上奏하였습니다. 그날 다음과 같은 諭旨를 받들었습니다.

[황제] 알았다. 10월 엿샛날에 총리각국사무아문에서 上奏하여 헤아려 처리한 내용과 이번에 萬靑藜가 上奏한 내용을, 함께 禮部를 통해서 該 國王에게 咨文으로 보내어, 적절히 처리하게 하도록 하라. 該 衙門에 알려라. 원 서신은 조정에 남겨두어라.

[주객사] 총리각국사무아문에서 上奏하여 헤아려 처리한 내용은 이미 本部에서 10월 11일에 該 國王에게 咨文으로 보내어 (그에) 따라서 처리하도록 한 외에, 마땅히 本部 尙書 萬靑藜의 원 상주문과 該 사신이 보내온 원 서신을 다 함께 조선국왕에게 문서로 보내 알려서, 그에 비추어 정세를 살피고 적절히 처리하여, 東土를 돌봐주시는 朝廷의 뜻에 어긋나지 않게 하는 것이 좋겠습니다.

운운.

同治 5년 월 일.

回咨

同治 5年 11月 12日

原編續 勅諭 16b~17a(3709~3710쪽)

발신: 조선국왕

사유: 사의를 표합니다.

[조선국왕] 同治 5년 11월 10일에 貴部의 다음과 같은 咨文을 전해 받았습니다.

……. 운운. ["主客司案呈"에서 "東土之意可也"까지. 위의 원 咨文을 보라]

[조선국왕] 위의 내용을 받들었습니다. 삼가 생각해보건대, 저는 皇朝께서 편안히 어루만져 주시고 포용해주시어, (저희를) 內服과 같이 봐주시는 큰 恩德을 입었고, 貴部 大人의 간절하고 두터운 신의를 받았으니, 손을 모아 감사드리지 않을 수 없습니다.

사안에 대해서 보고를 받고 알게 되어, 李興敏에게 추궁하였더니 이르기를, "힘들게 年貢 사신이 되어 例에 따라 예부에서 접견을 받았는데, 두터운 보살핌을 받았습니다. (이에) 돌아와서 時憲書 齎咨官 편으로 안부를 묻는 편지 한 통을 간단히 작성해 보내서, 海外에서 그리는 마음을 전하고자 하였습니다. 때마침 洋船들이 와서 소요를 일으키는 등 본국에 일이 많았으니, 따로 그 형편을 아뢴 것은 中外의 친밀한 정에 따른 것입니다. 어찌 (서신이) 奏摺에 올라 上奏될 줄 알았겠습니까. 이미 황상께서 열람하셨으니, 황공하여 처벌을 기다릴 뿐입니다."라 하였습니다.

삼가 생각해보건대, 貴部의 大人께서 사실대로 上奏하신 것은 실로 字小之恩을 몸소 체현하신 것입니다. 게다가 원 서신이 朝廷에 남겨진 것은 더더욱 특별하게 두터운 은총을 입은 것입니다. 하지만 小邦의 陪臣이 皇朝의 大人께 멀리 사적인 서신을 보낸 것은 분에 넘친 것입니다. 따라서 皇朝에서 굽어살펴주시는 은혜에 대해서 논하고, 서신을 함부로 보낸 잘못에 대해서 꾸짖어, 이미 李興敏에게 꾸짖어 罷職의 처벌을 내렸습니다. 번거롭겠지만 貴部의 大人께서 계속해서 은혜를 베풀어주시고, 사안이 있을 때마다 이끌어주시어, 小邦의 君臣들로 하여금 그 은혜를 머금고 덕을 받들어 영원토록 藩職을 지킬 수 있게 해주신다면, 실로 다행일 것입니다. 이에 마땅히 咨文을 보내 회신합니다. 운운.

同治 5년 11월 12일.

[丁卯]

禮部知會偸越匪類嚴拿懲辦並襃木國慶興越邊 俄人結屋處所奉上諭咨[見犯越上國人]

原編續 勅諭 17a(3710쪽)

[同年]

禮部知會鬖江越邊私墾地畝查勘時奉上諭咨[見疆界]

原編續 勅諭 17b(3710쪽)

[己巳]

禮部知會禁斷栅外蓋墾據咨轉奏奉上諭咨[見疆界]

原編續 勅諭 17b(3710쪽)

[同年]

禮部知會鬖江界限各節迅速咨覆奉上諭咨[見疆界]

原編續 勅諭 17b(3710쪽)

[同年]

禮部知會嚴禁流民蔓延栅路轉奏奉上諭咨[見疆界]

原編續 勅諭 17b(3710쪽)

[同年]

禮部知會原野平濶處劃界愈貴稍遠轉奏奉上諭咨[見疆界]

原編續 勅諭 17b(3710쪽)

[同年]

禮部知會逃越俄界民人飭令本國邊界官領回奉上諭咨
[見犯越上國人]

原編續 勅諭 17b(3710쪽)

[庚午]

禮部知會碧潼犯越懲辦奉上諭咨[見犯越上國人]

原編續 勅諭 17b(3710쪽)

[同年]

禮部知會逃越琿春李東吉等拿獲解交奉上諭咨
[見犯越上國人]

原編續 勅諭 17b(3710쪽)

[辛未]

禮部知會拿送犯越流民暨匪民投留慢書稽查辦理
奉上諭咨[見犯越上國人]

原編續 勅諭 18a(3710쪽)

[壬申]

禮部知會大婚時兩宮皇太后加上尊號奉上諭咨
[見進賀]

原編續 勅諭 18a(3710쪽)

[同年]

禮部知會沿江匪民越界侵擾據咨轉奏奉上諭咨
[見疆界]

原編續 勅諭 18a(3710쪽)

[同年]

禮部知會抄錄兩宮皇太后加上尊號勅諭咨[見進賀]

原編續 勅諭 18a(3710쪽)

[同年]

禮部知會皇上親政典禮敬謹預備奉懿旨咨[見進賀]

原編續 勅諭 18a(3710쪽)

[同年]

禮部知會親政時兩宮皇太后加上尊號奉上諭咨
[見進賀]

原編續 勅諭 18a(3710쪽)

[同年]

禮部知會晌馬賊船侵擾情形據咨轉奏奉上諭咨
[見疆界]

原編續 勅諭 18a~18b(3710쪽)

[同年]

禮部知會抄錄兩宮皇太后加上尊號勅諭咨[見進賀]

原編續 勅諭 18b(3710쪽)

[癸酉]

禮部知會因義州和賣唐船剷除據咨轉奏奉上諭咨 [見犯越上國人]

原編續 勅諭 18b(3710쪽)

[甲戌]

禮部知會諱名避寫咨

同治 13年 12月 12日

原編續 勅諭 18b~19a(3710~3711쪽)

발신: 예부

사유: 문서를 보내 알립니다.

[예부] 儀制司에서 다음과 같은 案呈이 올라왔습니다.

[의제사] 同治 13년 12월 6일에 內閣에서 다음과 같은 내용이 抄出되었습니다.

[내각] 다음과 같은 上諭를 받들었습니다.

[황제] 道光 26년 3월, 돌아가신 선조 宣宗成皇帝께서 특별히 다음과 같은 諭旨를 내리셨다.

[先帝] '두 자로 된 이름은 두 자를 모두 避諱하지는 않는다.'는 것에 따라서, 장차 계통을 잇는 자는 (이름의) 첫 글자는 그대로 사용하여

고쳐 避諱할 필요가 없으며, 필획을 탈락시킬 필요도 없다. 두 번째 글자에 대해서 어떻게 필획을 탈락시킬 것인지, 그때 헤아려 정하도록 한다. 이것으로써 법도를 삼도록 하라.

[황제] 지금 짐은 삼가 이 법도를 따라서, 이름[戴湉]의 첫 글자는 그대로 쓰도록 하여, 고쳐 避諱하지 않아도 되게 할 것이다. 두 번째 글자는 끝의 한 획을 탈락시켜 '湉'자로 쓰도록 하여 避諱의 뜻을 보이도록 할 것이다. 이 諭旨를 받들기 이전에 인쇄된 서적에 대해서는, 모두 (그 수정을) 논의할 필요 없다.

[의제사] 이상의 내용이 抄出되어 本部에 도착했습니다. 마땅히 조선국왕에게 문서를 보내 알려서, 삼가 따르도록 하는 것이 좋겠습니다.

운운.

同治 13년 12월 12일.

回咨[式如例]

原編續 勅諭 19a(3711쪽)

[乙亥]

禮部知會抄錄登極後兩宮皇太后尊號典禮敬謹詳議勅諭咨 [見進賀]

原編續 勅諭 19a(3711쪽)

[同年]

禮部知會抄錄垂簾後兩宮皇太后尊號典禮敬謹詳議勅諭咨

[見進賀]

原編續 勅諭 19a(3711쪽)

[同年]

禮部知會押送進香貢物員弁奉旨嚴懲咨[見陳慰]

原編續 勅諭 19a(3711쪽)

[同年]

禮部知會抄錄諭旨咨[見蠲獎 互封典]

原編續 勅諭 19a(3711쪽)

[同年]

盛京禮部知會大東溝流民編籍設官奉上諭咨[見疆界]

原編續 勅諭 19a~19b(3711쪽)

[庚辰]

禮部知會因禁斷漁採船據咨轉奏奉上諭咨

[見犯越上國人]

原編續 勅諭 19b(3711쪽)

[辛巳]

禮部知會派遣欽差並恭錄裁減餽遺上諭咨[見陳慰]

原編續 勅諭 19b(3711쪽)

[同年]

禮部知會土門江東北岸一帶荒地招民懇(→墾)種
卽著咨會奉上諭咨[見疆界]

原編續 勅諭 19b(3711쪽)

『同文彙考』別編 卷3

勅諭

수록 문서 목록

*괄호 안은 영인본의 쪽수임

○ 右狀進呈咨 別編 卷3 勅諭 11b(1516쪽)

※ 謝問上候箋 別編 卷3 勅諭 11b(1516쪽)

※ 方物箋 別編 卷3 勅諭 12a(1517쪽)

○ 右箋進呈咨 別編 卷3 勅諭 12a(1517쪽)

○ 禮物總單 別編 卷3 勅諭 12a(1517쪽)

※ 請許世子歸省申文（崇德 4年 12月 27日）別編 卷3 勅諭 12a~13a(1517쪽)

※ 世子歸省元孫替送勅（崇德 5年 五月 12日）別編 卷3 勅諭 13a~14a(1517~1518쪽)

※ 謝世子回韓表（崇德 5年 3月 22日）別編 卷3 勅諭 14a~14b(1518쪽)

※ 方物表 別編 卷3 勅諭 14b~15a(1518쪽)

○ 右表進呈咨 別編 卷3 勅諭 15a(1518쪽)

○ 皇后方物狀 別編 卷3 勅諭 15a(1518쪽)

○ 右狀進呈咨 別編 卷3 勅諭 15a(1518쪽)

※ 謝世子回韓箋 別編 卷3 勅諭 15a~15b(1518쪽)

※ 方物箋 別編 卷3 勅諭 15b(1518쪽)

○ 右箋進呈咨 別編 卷3 勅諭 15b(1518쪽)

○ 禮物總單 別編 卷3 勅諭 15b(1518쪽)

※ 謝元孫回韓表（崇德 5年 9月 16日）別編 卷3 勅諭 15b~16a(1518~1519쪽)

※ 方物表 別編 卷3 勅諭 16a(1519쪽)

○ 右表進呈咨 別編 卷3 勅諭 16b(1519쪽)

○ 皇后方物狀 別編 卷3 勅諭 16b(1519쪽)

○ 右狀進呈咨 別編 卷3 勅諭 16b(1519쪽)

※ 謝元孫回韓箋 別編 卷3 勅諭 16b(1519쪽)

※ 方物表 別編 卷3 勅諭 17a(1519쪽)

○ 右箋進呈咨 別編 卷3 勅諭 17a(1519쪽)

○ 禮物總單 別編 卷3 勅諭 17a(1519쪽)

※ 諭執送斥和臣書（崇德 2年 正月 20日）別編 卷3 勅諭 17a~18a(1519~1520쪽)

※ 陳難刷三色人伸辨斥和臣奏（崇德 5年 12月 20日）別編 卷3 勅諭 18a~20a (1520~1521쪽)

※ 右奏進呈咨（崇德 5年 12月 20日）別編 卷3 勅諭 20a(1521쪽)

※ 斥和臣安置義州咨（崇德 7年 3月 2日）別編 卷3 勅諭 20b~21a(1521쪽)

※ 諭囚斥和臣等斬高忠元等勑（崇德 8年 3月）別編 卷3 勅諭 21a~22b(1521~1522쪽)

○ 量減年貢原釋囚縶人歸本國勑 別編 卷3 勅諭 22b(1522쪽)

※ 謝寬宥諸臣表 別編 卷3 勅諭 22b~23a(1522쪽)

※ 方物表 別編 卷3 勅諭 23a~23b(1522쪽)

○ 右表進呈咨 別編 卷3 勅諭 23b(1522쪽)

○ 皇后方物狀 別編 卷3 勅諭 23b(1522쪽)

○ 右狀進呈咨 別編 卷3 勅諭 23b(1522쪽)

※ 謝寬宥諸臣箋 別編 卷3 勅諭 23b~24a(1522~1523쪽)

※ 方物箋 別編 卷3 勅諭 24a(1523쪽)

○ 右箋進呈咨 別編 卷3 勅諭 24a(1523쪽)

○ 禮物總單 別編 卷3 勅諭 24a(1523쪽)

※ 查質子混冒及勑使毒死勑（崇德 5年 2月 13日）別編 卷3 勅諭 24a~24b(1523쪽)

※ 陳黜配冒人辨明毒死奏（崇德 5年）別編 卷3 勅諭 24b~25a(1523쪽)

※ 以留養馬傷損查勘義州府尹咨（崇德 5年 3月 4日）別編 卷3 勅諭 25a(1523쪽)

○ 飭崔孝一通書事勑 別編 卷3 勅諭 25b(1523쪽)

※ 遣使至界查按私通明朝勑（崇德 7年 10月 6日）別編 卷3 勅諭 25b(1523쪽)

※ 私通明朝人分等科罪咨（崇德 7年）別編 卷3 勅諭 25b~26a(1523~1524쪽)

※ 查勘封梨不潔諸官咨（崇德 7年 正月 11日）別編 卷3 勅諭 26a~27b(1524쪽)

표 점

[丙子]

諭我國官民書

崇德 元年 12月 初2日

別編 卷3 勅諭 1a~2a(1511~1512쪽)

大淸國寬溫仁聖皇帝, 誥諭朝鮮官民人等知道.

朕此畨來征, 原不爲嗜殺貪得. 本欲常相和好, 奈爾國君臣不願太平, 而先啓釁端故耳. 朕與爾國, 從來邊境接壤, 豪無仇隙. 爾國於己未年, 協助明朝, 起兵害我, 爾國兵將, 被我國殺者殺, 擒者擒, 釋者釋. 雖然朕尙欲全隣國之道, 不肯輕動干伐. 及得遼東之後, 爾國復助明朝, 招納我叛亡而獻之, 復容彼人於爾地, 給以糧餉, 協謀圖我, 朕赫斯怒. 丁卯年義師之擧, 職此故也. 然朕猶念隣國, 兵不深入, 竟從盟好而歸. 此時非爾國兵强將勇, 能退我師也. 盖朕見生民塗炭, 終惜隣交, 故敦和好而歸耳.

邇來十年之間, 爾國君臣納我叛亡, 獻之明朝. 至於明朝之孔耿二將來投, 爾國興兵堵截, 及我援兵至彼, 爾兵猶放鎗砲對敵. 是弄兵之端, 又先起於爾國. 明朝索船侵我, 爾國隨卽付之. 及朕索船欲征明朝, 輒靳不肯發. 爾旣爲中間之國, 理應兩不附. 船與明朝, 而不與我國, 是特助明朝, 而圖害我也.

且信使不令見王, 國書竟不開視. 朕之使臣, 見爾國敗盟, 返國之日, 偶得爾國王與平安道觀察使洪姓之密書. 內有, '丁卯之變, 不得已權許羈縻, 今以正義斷決, 閉關修備外, 更無他策. 卿其曉諭列邑, 使忠義之士, 各効策略, 勇敢之人, 自願從征.' 等語. 其他辭難以悉數.

朕以此故, 特擧義兵. 爾等塗炭, 實非予願, 爾國君臣, 自令汝輩遭殃耳. 然爾等但安家樂業, 切毋妄自逬逃, 罹我鋒鏑. 若拒者必戮, 順者必懷, 逃者必俘. 其在城在野, 有傾心歸順者, 秋毫無犯, 必重養之. 諭爾, 有衆咸使聞知.

崇德元年十二月初二日.

責敗盟書[丁丑]

崇德 2年 正月 初2日

別編 卷3 勅諭 2a~3b(1512쪽)

大淸國寬溫仁聖皇帝, 詔諭朝鮮國王.

我兵先年東征兀良哈時, 爾國起兵邀擊後, 又協助明朝, 荼毒我國. 然我猶念隣好, 竟不介意. 及得遼地, 爾復招納吾民, 獻之明朝. 朕赫斯怒, 丁卯興師伐爾者. 以此曾亦恃强凌弱, 無故而興師者乎. 邇來, 何故反諭爾邊臣, 有'不得已權許羈縻, 令以正義斷決, 卿其曉諭列邑, 使忠義之士, 各効策略, 勇敢之人, 自願從征.' 等語. 今朕親統大兵來征爾, 何不令智謀者効策, 勇敢者從征, 而身當一戰哉.

朕旣不恃强大, 毫不相犯, 爾以弱小之國, 反擾我邊境, 採蔘圍獵者, 何故. 朕有逃民, 爾輒納而獻之明朝. 及明朝之孔耿二將來歸, 朕兵至彼應接, 爾兵放鎗砲截戰者, 何故. 是弄兵之端, 又啓於爾國也.

朕之弟姪諸王, 致書於爾, 何故云, '從來無通書之例.' 丁卯來征之時, 爾遁島中, 耑使求成. 往來致書者, 非諸王, 其誰耶. 朕之弟姪, 何不如爾. 又外蕃諸王, 致書於爾, 爾竟拒而不納. 彼乃大元皇帝之後, 何不如爾. 大元時, 爾朝鮮納貢不絕, 今何一朝自高如是也. 其不納來書者, 爾之昏暗驕傲, 至此極矣.

爾朝鮮, 與遼金元三朝, 年年奉貢, 世世稱臣. 自古以來, 曾有不北面事人, 而任其自便者乎. 朕既以弟待爾國, 爾愈作背違, 自成仇敵, 陷生民於塗炭, 抛城郭, 棄宮殿, 致令妻子分離, 不能相顧. 僅以一身, 遁入山城, 縱命延千年, 有何益哉. 欲湔丁卯之辱, 壞目前安樂, 自招其禍, 以致遺笑於後世. 似此之辱, 又將何以湔之乎. 既欲湔丁卯之辱, 爲何縮頸不出, 甘效婦人之處閨闈也. 爾雖潛身此城, 意欲偸生, 朕豈肯縱爾乎.

朕之內外諸王及文武諸臣, 勸進朕以帝號, 爾聞之乃云, “是豈我國君臣, 所忍聞者?” 何故. 夫帝號之定否, 不在爾也. 天祐之, 則匹夫可爲天子, 天禍之, 則天子卽爲獨夫. 爾之出此言也, 亦甚肆妄矣. 且背盟條築城垣, 待使臣之禮頓衰. 又今去使見爾宰臣, 欲說計擒繫者, 何故. 父事明朝, 圖謀害我者, 又何故.

此特數其罪之大者耳. 其餘小嫌, 更難枚擧矣. 今朕提大兵而來, 以勦爾之八道, 試觀爾父事之明朝. 將何以救爾乎. 豈有子急倒懸, 而父不之救者. 不然, 是自陷其民於水火之中耳, 億兆之衆, 寧不飮恨於爾哉. 爾若有詞, 不妨明告.

崇德二年正月初二日.

諭出城書

崇德2年 正月 17日

別編 卷3 勅諭 3b~5b(1512~1513쪽)

大淸國寬溫仁聖皇帝, 詔諭朝鮮國王.

來書云, ‘責之太嚴, 反有乖於兄弟之義. 豈不爲上天之所怪乎.’ 朕以丁卯盟誓爲重, 曾以爾國敗盟之事, 屢加申諭. 爾不畏上天, 不恤生靈之塗炭, 先背盟好. 與爾邊臣之書, 爲朕使臣英俄兒代等所得, 始實知爾國有搆兵之意. 朕輒對爾春秋二信使及衆商人云, '爾國如此無狀, 今將往征. 可歸語爾王以下, 至於庶人.' 盖明諭而遣之, 非以詭譎興師者也. 且備書爾敗盟啓釁之事, 告之於天, 然後擧兵. 朕若似, 爾負盟, 自畏天譴也. 爾實背盟, 故降之災殃, 爾何反似漠不相關之人, 猶以'天'之一字, 强相附會哉. 又云, '小邦僻在海隅, 惟事詩書, 不習兵革.' 曩者己未之歲, 爾無故侵我, 朕以爲爾國必諳兵事. 今又啓釁, 爾兵必更精練矣. 孰意猶以爲未習耶. 然爾固好兵者, 倘志猶未已, 今而後更加操練可也.

又云, '壬辰之難, 朝夕且亡, 神宗皇帝動天下之兵, 拯濟生靈於水火之中.' 天下大矣, 天下之國亦多矣, 救爾難者, 止明朝一國耳, 天下諸國之兵, 豈盡至耶. 明朝與爾國, 誕妄無忌, 終不能已. 今旣困守山城, 命在朝夕, 猶不知耻, 出此空言, 何益哉.

又云, '惟快一朝之忿, 務窮兵力, 傷兄弟之恩, 閉自新之路, 以絕諸國之望, 其在大國, 恐亦未爲長計. 以皇帝之高明, 何慮不及此.' 然爾欲壞兄弟之好, 謀動干戈. 練兵繕城, 修路造車, 預備軍器, 惟俟朕西征之日, 乘間竊發, 欲荼毒我國耳. 豈有施惠於我國者哉. 凡若此者, 爾自以謂不絕衆望也, 自以謂高明也, 自以謂長計也, 朕亦以謂誠哉. 其爲長計也.

又云, '皇帝方以英武之略, 撫定諸國, 而新建大號, 首揭'寬溫仁聖'四字. 盖將以體天地之道, 而恢霸王之業.' 朕之內外諸王大臣, 固以此尊號上我矣. 然朕非不恢霸王之業, 無故興兵, 圖滅爾國, 圖害爾民也. 興兵之故, 正欲伸理曲直耳. 且天地之道, 福善禍淫, 至公無私. 朕體天之道, 傾心歸命者優養之, 望風請降者安全之, 逆命者奉天討之, 黨惡攖鋒者誅之, 頑民不順者俘之. 務令崛强者知警, 狡詐者詞窮. 今爾與朕爲敵, 我故興兵至此. 若爾國盡入版圖, 朕豈有不生養安全, 字之若赤子者乎.

且爾所言與所行, 甚不相同. 內外前後往來文移, 爲我兵所得者, 往往呼我兵爲奴賊. 此盖爾之君臣, 素號我兵爲賊, 故啓口之間, 不覺至此也. 但聞潛身竊取之謂賊, 我果爲賊, 爾何不擒捕之, 而置之不問耶. 爾之以口舌詈人. 諺所云'羊質虎皮者', 誠爾之謂也. 我國俗有云, '凡人行貴敏, 而言貴遜.' 故我國每以行之不逮, 言之不怍爲戒. 孰若爾國, 欺罔狡詐, 奸僞虗誑, 佡佡日深, 恬不知愧, 如此其妄談無忌憚者哉. 今爾欲生耶. 亟宜出城歸命. 欲戰耶. 亦宜亟出一戰, 兩兵相接, 上天自有處分矣.

崇德二年正月十七日.

[丁丑]

定約條及年貢諭[見節使]

別編 卷3 勅諭 5b(1513쪽)

不許歸省勅[聖節使賫來]

崇德 2年 12月 18日

別編 卷3 勅諭 5b~6a(1513~1514쪽)

[是年上候未寧, 仁烈王后再朞迫近, 請還世子大君緣由, 具奏順付謝恩使. 出通文館志]

皇帝勅諭朝鮮國王姓某.

覽王奏具悉, 父子情切, 等語. 又云, '君臣猶父子, 苟有情願, 理宜畢達.' 此語誠然, 朕不以爲非. 但王之二子, 朕非左右乏人, 而籍之爲侍衛也, 非有利師行, 而取之以坐鎭也. 更非王本意內附, 而令子來也. 言及於此, 不幾誤歟. 王果抒誠圖報, 渾忘彼此之時, 不待奏請, 聽其自往自來. 這纔是兩國一家的光景. 今旣言君臣猶父子, 兩國猶一家, 而復有返國之請者, 又似仍在異國也. 萬一朕心稍疑, 則如之何. 王子若未諳事宜, 而興此念, 王應訓之云, '吾等忠誠未著, 胡爲不候上命, 便有歸省之思, 以啓君父之疑哉.' 如此責成, 乃爲義方之訓云. 爾特諭.

崇德二年十二月十八日.

謝賜物停徵兵不許歸覲勅表[互節使軍務]

[製 李景奭 使 申景禛]

崇德 3年 正月 18日

別編 卷3 勅諭 6a~7a(1514쪽)

朝鮮國王臣姓諱言.

崇德二年十二月十八日, 謝恩陪臣議政府左議政崔鳴吉等, 賫捧到勅諭.

云云. [自"朕諭", 止"故諭". 見節使聖節頒賞勅]

臣欽此.

臣又欽奉勅諭.

云云. [自"朕諭", 止"故諭". 見節使冬至頒賞勅]

臣欽此.

臣又欽奉勅諭.

云云. [自"覽王", 止"故諭". 見軍務量勢徵兵勅]

臣欽此.

臣又欽奉勅諭.

云云. [自"覽奏", 止"特諭". 見上不許歸省勅]

臣欽此.

欽遵祗領外, 與一國臣民, 不勝感激, 謹奉表稱謝者. 臣諱誠惶誠恐, 稽首稽首. 伏以雨露洊降, 旣嘉執壤之誠, 日月俯臨, 特副籲天之懇. 歡聲雷動, 喜氣雲騰. 伏念, 臣智昧炳幾, 性實無僞. 自蒙洪造, 惟効忠之是期. 仰憑皇靈, 常有恃而竊幸. 曷或衷曲之少隱, 輒擬疾痛之必呼.

頃因輸忱, 兼敢煩籲, 寒威挾纊, 濫沐申錫之恩, 溫語如綸, 更承丁寧之旨. 曲軫凋瘵, 終始仁民, 過獎愚庸, 反覆垂戒. 夫何眷顧之此極. 莫不蹈舞而胥欣. 至如迷息之請還, 盖亦私情之所蔽. 匪怒伊敎, 若提耳而諄諄, 雖悔曷追, 徒齚舌而惴惴. 拜寵貺而感激, 奉明命而涕洟.

玆盖伏遇寬溫仁聖皇帝陛下[黃籤], 磢垢滌瑕, 卹灾釋難, 惡貪墨使之聞, 慮或害於小邦, 返髦倪復厥居, 致咸囿於大德, 遂令駑劣, 偏荷鴻私. 臣敢不爲臣勿欺, 敎子惟謹, 被東漸之化. 永世何忘, 殫北拱之心, 晩節益勉. 臣無任望天仰聖, 激切屛營之至. 謹奉表稱謝以聞.

崇德三年正月十八日. 朝鮮國王臣姓諱, 謹上表.

方物表

崇德 3年 正月 18日

別編 卷3 勅諭 7a(1514쪽)

朝鮮國王臣姓諱, 右伏以疏恩流澤, 擧切鼇抃之歡, 伸謝殫誠, 爰奉龍墀之獻. 謹備黃細苧布三十匹, 白細苧布三十匹, 黃細綿紬二十匹, 紫細綿紬二十匹, 白細綿紬三十匹, 黑細麻布二十匹, 龍文簾席二張, 黃花席一十五張, 滿花席一十五張, 雜彩花席一十五張, 豹皮五張, 白綿紙二千卷. 右件物等, 深慚不腆, 粗效多儀, 敢云鴻渥之仰酬. 盖亦蟻悃之俯竭, 臣無任兢惶激切之至. 謹隨表奉進以聞.

崇德三年正月十八日. 朝鮮國王臣姓諱, 謹上表.

右表進呈咨

崇德 3年 正月 18日

別編 卷3 勅諭 7b(1514쪽)

朝鮮國王, 爲 謝恩 事.

崇德二年十二月十八日, 謝恩陪臣議政府左議政崔鳴吉等, 賫到勅諭.

云云. [自止見上原表]

當職欽此.

當職又欽奉勅諭.

云云. [自止見上原表]

當職欽此.

當職又欽奉勅諭.

云云. [自止見上原表]

當職欽此.

當職又欽奉勅諭.

云云. [自止見上原表]

當職欽此.

除欽遵祗領外, 與一國臣民, 不勝感激, 修撰到謝恩表文, 幷備進獻禮物, 專差陪臣議政府右議政申景禛, 漢城府判尹李後遠等, 賫擎管領, 前赴京師進謝外, 今將禮物開坐, 合行移咨. 請照驗聞奏施行.

須至咨者.

一. 黃細苧布[以下物目, 見上原表]

右咨禮部.

崇德三年正月十八日.

皇后方物狀

崇德 3年 正月 18日

別編 卷3 勅諭 7b~8a(1514~1515쪽)

朝鮮國王臣姓諱, 謹備中宮殿下[紅籤]進獻禮物, 紅細苧布一十匹, 白細苧布一十匹, 白細綿紬二十匹, 黑細麻布二十匹, 滿花席一十張, 雜彩花席一十張. 右件物等, 謹奉進以聞.

崇德三年正月十八日. 朝鮮國王臣姓諱.

右狀進呈咨

崇德 3年 正月 18日

別編 卷3 勅諭 8a~8b(1515쪽)

朝鮮國王, 爲 謝恩 事.

崇德二年十二月十八日, 謝恩陪臣議政府左議政崔鳴吉等, 齎到勅諭.

云云. [自止見上原表]

當職欽此.

當職又欽奉勅諭.

云云. [自止見上原表]

當職欽此.

當職又欽奉勅諭.

云云. [自止見上原表]

當職欽此.

當職又欽奉勅諭.

　　云云. [自止見上原表]

當職欽此.

除欽遵祗領外, 與一國臣民, 不勝感激, 專差陪臣議政府右議政申景禛, 漢城府判尹李後遠等, 齎領謝恩表文禮物, 並齎中宮殿下進獻禮物前去. 今將禮物開坐, 合行移咨. 請照驗聞奏施行.

須至咨者.

一. 紅細苧布[以下物目, 見上原狀]

右咨禮部.

崇德三年正月十八日.

謝賜物停徵兵不許歸覲勅箋

崇德 3年 正月 18日

別編 卷3 勅諭 8b~9a(1515쪽)

朝鮮國王臣姓諱言.

崇德二年十二月十八日, 謝恩陪臣議政府左議政崔鳴吉等, 齎到勅諭.

　　云云. [自止見上御前表]

臣欽此.

臣又欽奉勅諭.

　　云云. [自止見上御前表]

臣欽此.

臣又欽奉勅諭.

云云. [自止見上御前表]

臣欽此.

臣又欽奉勅諭.

云云. [自止見上御前表]

臣欽此.

欽遵祇領外, 與一國臣民, 不勝感激, 謹奉箋稱謝者. 臣諱誠惶誠恐, 稽首稽首. 伏以如春雨之沛澤, 歸功于何. 惟震索之承乾, 無物不遂, 荐被榮寵, 第切感銘. 伏念, 臣忝守敝封, 厪延殘緖. 始用腐儒之計, 噬臍而莫追. 終荷神武之恩, 肉骨於旣朽. 寔賴少海之仁愛, 克贊大德而生成, 錫賚便蕃, 波及亡狀. 詔諭勤懇, 哀此孑遺.

念豚犬之相離, 猥陳衷悃, 果父母之不怒, 曲賜包容. 豈但微臣之拜嘉. 方與庶民而延頸. 玆盖伏遇皇太子殿下[紅籤], 習若天性, 道盡人倫, 繼體重明, 至和協於百福, 問寢視膳, 盛譽著於三朝, 遂令顚擠之餘, 偏蒙覆燾之化. 臣敢不常懷結草, 益虔包茅. 環拱北辰, 指後天而祈壽, 藩衛東土, 仰前星而馳心. 臣無任瞻仰激切屛營之至, 謹奉箋稱謝以聞.

崇德三年正月十八日. 朝鮮國王臣姓諱, 謹上箋.

方物箋

崇德 3年 正月 18日

別編 卷3 勅諭 9a~9b(1515쪽)

朝鮮國王臣姓諱, 右伏以承天之寵, 祇奉絲綸之十行, 任土所宜, 敢効菲薄於貳極. 謹備白細苧布二十匹, 黑細麻布二十匹, 滿花席一十張, 雜彩花席一十張, 白綿紙五百卷, 黃毛筆五十枝, 油煤墨五十錠. 右件物等, 名般不腆, 製造匪精, 聊伸享上之誠, 庶鑑由中之懇. 臣無任兢惶激切之至. 謹隨箋奉進以聞.

崇德三年正月十八日. 朝鮮國王臣姓諱, 謹上箋.

右箋進呈咨

崇德 3年 正月 18日

別編 卷3 勅諭 9b~10a(1515~1516쪽)

朝鮮國王, 爲 謝恩 事.

崇德二年十二月十八日, 謝恩陪臣議政府左議政崔鳴吉等, 賫到勅諭.

云云. [自止見上謝表]

當職欽此.

當職又欽奉勅諭.

云云. [自止見上原箋]

當職欽此.

當職又欽奉勅諭.

云云. [自止見上謝表]

當職欽此.

當職又欽奉勅諭.

云云. [自止見上謝表]

當職欽此.

除欽遵祇領外, 與一國臣民, 不勝感激, 修撰到謝恩箋文, 並備進獻禮物, 專差陪臣議政府右議政申景禛, 漢城府判尹李後遠等, 齎擎管領, 前赴京師進獻外, 今將禮物開坐, 合行移咨. 請照驗聞啓施行.

須至咨者.

一. 白細苧布[以下物目, 見上原箋]

右咨禮部.

崇德三年正月十八日.

禮物總單[互封典]

崇德 3年 正月 18日

別編 卷3 勅諭 10a~10b(1516쪽)

朝鮮國差來陪臣, 議政府右議政申景禛, 漢城府判尹李後遠等呈.

今將欽奉勅諭謝恩禮物, 冊封賜物謝恩禮物數目開坐, 合行具呈.
須至呈者.

計開.
欽奉勅諭謝恩禮物.[御前, 黃細苧布以下物目, 見方物表. 中宮, 紅細苧布以下物目, 見方物狀. 皇太子, 白細苧布以下物目, 見方物箋]
冊封賜物謝恩禮物.[御前·中宮·皇太子物目, 見封典表狀箋]
右具呈.

崇德三年正月十八日. 朝鮮國差來陪臣, 議政府右議政申景禛, 漢城府判尹李後遠.

謝問上候表[已卯]

[製 李景奭 使 崔鳴吉]

崇德 4年 11月 25日

別編 卷3 勅諭 10b~11a(1516쪽)

[滿月介奉旨來, 問上候違豫. 出通文館志]

云云. 欽蒙皇上特命, 遣使俯賜問疾, 臣與一國臣民, 不勝感激, 謹奉表稱謝. 云云. 辛苦沉痾, 已經時日之久. 丁寧寵問, 忽荷使星之臨. 涕自霑襟, 病若去體. 伏念, 賦質素弱, 禀氣寂虛, 百疾交侵, 非如風露之偶感. 二豎爲祟, 難望朝夕之得蘇, 未收湯劑之功, 徒費刺家之術. 何意宸念之曲軫, 至遣大官而委來. 兼程疾馳, 體皇慈而奄辱. 夾路爭覩, 手衆額而胥欣. 一息僅存, 莫伸拜稽之禮貌. 千里不遠, 恍瞻咫尺之威顏, 溫語初傳, 寒栗欲遍. 恩隆榮極, 庶有喜於乃瘳. 福過災生, 俄復加於少愈, 惟恃天地之德, 益切葵藿之誠.

伏遇博施仁深, 並育澤洽. 含齒戴髮, 孰不囿於休和, 浹骨淪肌, 擧皆悅於淳化. 遂令殘喘亦被殊私, 敢不雖在採薪, 罙思結草. 維屛維翰, 期殫侯度之虔. 如崗如陵, 竊效封人之祝. 云云.

崇德四年十一月二十五日.

方物表

別編 卷3 勅諭 11a(1516쪽)

云云. 愛欲其生, 使華勤宜於天寵, 儀及於享, 包茅竊效於土宜, 謹備. 云云.

[物目同上戊寅謝恩方物]

右件物等, 豈合旅庭. 唯供執壤粗, 伸美芹之志, 冀照傾葵之心. 云云.

右表進呈咨[式見戊寅謝恩]

別編 卷3 勅諭 11a(1516쪽)

皇后方物狀[式見戊寅謝恩]

別編 卷3 勅諭 11b(1516쪽)

右狀進呈咨[式見戊寅謝恩]

別編 卷3 勅諭 11b(1516쪽)

謝問上候箋

[製 南老星]

別編 卷3 勅諭 11b(1516쪽)

云云. 纏綿宿恙, 方深採薪之憂, 贊導皇恩, 獲蒙行李之問. 驚惶靡定, 省循何安. 伏念, 左海小邦, 東藩敝服, 荷再造之厚澤, 奠乃有民, 致六氣之偏淫, 忽其所愼. 豈意宸念特軫沉痾. 天語遙傳, 威顔不違於咫尺, 星軺遠降. 異數逈出於尋常. 感極于心, 慙發於面.

伏遇姿挺岐嶷, 譽洽元良. 羽籥干戈, 功益多於講習, 詩書禮樂, 學亦就於緝熙. 凡玆寵綏之隆, 罔非奉揚之渥. 敢不銘肝圖報, 没齒毋忘. 俾熾俾昌, 竊效魯史之祝, 重暉重潤, 庶賡漢人之歌. 云云.

方物箋

別編 卷3 勅諭 12a(1517쪽)

云云. 密贊天心, 旣垂恩於鰈域. 祇修壤奠, 敢陳謝於銅闈. 謹備, 云云.

[物目同上戊寅謝恩方物]

右件物等, 惟供土宜, 豈稱庭實. 庶諒芹曝之悃, 俯收塵露之微. 云云.

右箋進呈咨[式見戊寅謝恩]

別編 卷3 勅諭 12a(1517쪽)

禮物總單[式見戊寅行總單後倣此○見節使]

別編 卷3 勅諭 12a(1517쪽)

請許世子歸省申文

崇德 4年 12月 27日

別編 卷3 勅諭 12a~13a(1517쪽)

朝鮮國議政府謹申, 爲寡君病候一向彌留, 懇乞特許世子歸省 事.

竊照, 寡君證患, 非如一時遇感之比. 源委深重, 積有年所, 每到寒節, 輒復加重. 今年則自八月以後, 轉成沉痼, 灼焫鍼藥, 靡所不至, 曾無寸效. 眞元益敗, 乃於十月十五日夜, 痰火上升, 證勢危劇, 急用藥物, 僅得少歇. 自是以來, 氣力尤憊, 火證乘虛, 進退無常, 脹氣日甚, 渴候兼苦. 喘嗽寒縮, 諸證迭作. 雖當暖日, 不得開戶, 寢食都廢, 長在床褥. 擧國臣民, 憂遑煎迫, 曷有其極.

久欲具由以聞, 于下執事, 而寡君欽誦崇德二年十一月十八日勅諭, 以止之曰, '當勗義方之訓, 以竢恩命. 何敢以賤疾, 輒煩陳達.' 寡君之意如此, 卑職等不得擅行委報矣. 今者日月已久, 歲行垂盡, 而病候彌留, 差復未易. 諸醫相顧, 計無所出. 卑職等竊伏惟念, 父子至情, 出於天倫, 病裏思戀, 理所難抑. 寡君縱不自言, 病懷宜復如何. 倘於此際, 得蒙皇恩, 特遣世子, 則歡欣鼓舞之中, 跛躄皆起, 寡君沉痾, 庶幾或痊. 世子嘗藥, 可盡其職.

皇上之大德, 如陽春一噓, 而萬物生色, 小邦臣民, 益復感戴於無窮矣. 皇上於寡君之疾軫念, 亦云已至委遣大官, 辱賜俯問, 繼以依衾之錫. 又出心貺, 榮光所加, 孰不聳觀固知. 皇慈天覆, 睿聰日昭, 皇旨之誕降, 無待於小邦之呼籲, 而事急不暇徐步, 痛極不容緩聲, 輒瀝血懇, 無所敢隱. 亦惟皇朝視同一家之義是恃. 伏乞大部, 備將申內情節, 轉奏天聽, 特垂仁閔, 以副一國日夜之顒望. 不勝大願至禱. 爲此, 專差都摠府都事洪有量, 馳赴京師. 合行具申, 伏請照驗轉奏施行.

須至申者.

右謹具申禮部.

崇德四年十二月二十七日.

世子歸省元孫替送勅[世子回轅時賫來][庚辰]

崇德 5年 五月 12日

別編 卷3 勅諭 13a~14a(1517~1518쪽)

皇帝勅諭朝鮮國王姓某知道.

禮部來奏, 爾議政府有申文到部云, 國王證候漸加, 欲求世子某歸省. 朕以爲不歸之故, 爾實致之也. 其故安在朕. 原以爾國反覆不常, 質王二子. 爾若能恪遵朕命, 兀良哈人戶, 盡行刷送, 逃亡者, 盡行縛還, 凡有徵調, 不致稽遲, 爾縱不得親來朝覲, 遣所留在彼之子, 稽首君父之前, 如是則朕旣見爾之忠誠, 疑心自釋, 王之二子, 朕必令之往來無間矣. 然則二子之不歸, 非朕不使之歸, 因爾自疑以致朕疑, 故不令之歸耳. 近又違朕前旨, 擅修南漢平壤, 蓄積粮草. 凡別處城池, 類此修繕者, 朕烏得以知之. 且朕旣全爾, 爾圖報不誠, 朕應疑爾. 今朕不疑王, 王反疑朕, 是何心哉. 王之土地, 朕已得之矣, 王之甲兵, 朕已敗之矣. 王之身, 王之妻子諸臣之身, 及諸臣之妻子, 朕已全收而復置之矣. 今亦何所利, 而再起兵端乎.

王之疑朕, 朕不勝其怪異. 若爾之忠誠實著, 則不特世子遣歸, 卽諸兒子之在此在彼, 庸何傷哉. 雖然今仍遣世子歸省, 爾可將在彼所留之子, 及世子某之子, 速發至鳳凰城. 朕亦卽勅世子, 至鳳凰城相會, 俟世子歸省病勢而來, 其在此之子, 亦令還國. 朕待爾毫無疑心, 欲令諸兒互相往來耳. 愼毋背天, 而違朕命也. 特諭.

崇德五年正月十二日.

謝世子回轅表

[使 李聖求]

崇德 5年 3月 22日

別編 卷3 勅諭 14a~14b(1518쪽)

[鶴駕三月初七日入京, 四月初二日回程, 而元孫卽爲回轅. 出通文館志]

云云. 崇德五年三月初七日, 臣欽蒙聖慈, 特遣世子歸省賤疾. 臣與一國臣民, 不勝感激, 謹奉表稱謝. 云云. 布天地之殊渥, 睿想每軫於沉痾, 諒父子之至情, 隆旨特許其展誠. 罙增感戴, 秖切鏤銘.

伏念, 未答生成, 忽遘厲虐. 骨肉離索, 雖抱倚門之思, 封壃阻修, 敢望嘗藥之暇. 何圖聖眷之沓降, 復使微息而歸寧. 閱年所而重逢, 病若去體, 疑夢寐於相對, 涕自霑襟. 有此恩榮, 何由酬報. 伏遇及人之幼, 與物爲春, 量廓包荒, 洞萬里之明見, 心敦字小, 推一視之同仁, 遂令偏藩, 荐膺異數. 敢不孤光拱北, 細流必東, 恪守彝章, 至雲仍而毋替. 恭承嘉命, 與臣庶而共歡. 云云.

崇德五年三月二十二日.

方物表

別編 卷3 勅諭 14b~15a(1518쪽)

云云. 天寵偏隆, 感極父子. 土宜雖薄, 誠切心肝, 謹備, 云云.
[物目同上戊寅謝恩方物]
右件物等, 製造甚疎, 名般亦尠, 曷足稱於庭. 實聊以表乎享儀. 云云.

右表進呈咨[式見戊寅謝恩]

別編 卷3 勅諭 15a(1518쪽)

皇后方物狀[式見戊寅謝恩]

別編 卷3 勅諭 15a(1518쪽)

右狀進呈咨[式見戊寅謝恩]

別編 卷3 勅諭 15a(1518쪽)

謝世子回轅箋

[製 柳碩]

別編 卷3 勅諭 15a~15b(1518쪽)

云云. 不幸有疾, 方深提抱之思, 無止猶來, 特紆導宣之渥, 榮逾始望, 病欲復蘇. 伏念, 蔑效翰藩, 久嬰災竪. 晨昏隔遠, 詎堪父子之情. 宗祏孤危, 重貽臣民之懼. 不圖皇恩之普博, 特許儲嗣之歸寧.

伏遇睿知夙成, 溫文日就, 永錫爾類, 咸仰挈(→絜)矩之仁, 若痌在身, 俾伸嘗藥之願. 豈惟微衷之感惕. 實關擧國之歡欣, 敢不懷德淩兢, 撫心銘鏤, 拱前星之末照, 益罄丹衷, 需少海之餘波, 恪守青社. 云云.

方物箋

別編 卷3 勅諭 15b(1518쪽)

云云. 父子重歡, 荷天之寵, 君臣交慶, 任土攸宜, 謹備. 云云.

[物目同上戊寅謝恩方物]

右件物等, 創殘之餘, 名品不腆, 豈曰享上之儀. 聊表由中之忱. 云云.

右箋進呈咨[式見戊寅謝恩]

別編 卷3 勅諭 15b(1518쪽)

禮物總單[謝世子回轅物目見原表狀箋]

別編 卷3 勅諭 15b(1518쪽)

謝元孫回轅表

[製 趙緯韓 使 懷恩君 德仁]

崇德 5年 9月 16日

別編 卷3 勅諭 15b~16a(1518~1519쪽)

云云. 崇德五年八月初四日, 臣欽蒙聖慈, 命還穉孫, 臣與一國臣民, 不勝感激, 謹奉表稱謝. 云云. 骨肉離居, 方深思想之念, 孩提返國, 遽紆渙汗之恩, 非所敢望, 何以爲謝. 伏念, 僅延墜緖, 叨守敝藩, 歸命聖朝, 幸際乘龍之運. 沉痾積歲, 徒懷舐犢之心. 那知日邊之鴻私, 特還乳下之微命. 手摩膝置, 疑夢寐之相看. 春去秋歸, 喜驅馳之無恙, 團圓有日, 報答何堦.

伏遇更化爲治, 及人之幼, 許弱息之省疾, 榮極寧親. 念偏荒之阽危, 仁洽字小, 遂推帡幪之丕覆, 亦及襁褓之穉孫, 敢不永戴天休, 益勤侯度. 雲仍傳業, 訓縱昧於貽謀. 斗極懸誠, 忠不渝於事大. 云云.

崇德五年九月十六日.

方物表

別編 卷3 勅諭 16a(1519쪽)

云云. 承天之寵, 特還穉孫, 任土所宜, 恭修薄禮, 謹備, 云云.

[物目同上戊寅謝恩方物]

右件物等, 名般甚尠, 製造亦疎. 聊以表乎由中, 曷足稱於享上. 云云.

右表進呈咨[式見戊寅謝恩]

別編 卷3 勅諭 16b(1519쪽)

皇后方物狀[式見戊寅謝恩]

別編 卷3 勅諭 16b(1519쪽)

右狀進呈咨[式見戊寅謝恩]

別編 卷3 勅諭 16b(1519쪽)

謝元孫回賚箋

[製 趙重呂]

別編 卷3 勅諭 16b(1519쪽)

云云. 職忝藩服, 悃愊長遡於前星. 恩及提孩, 骨肉重逢於今日, 如夢如寐, 且喜且悲. 伏念, 深荷洪私, 僅存墜緒, 一心雖在於感戴, 報答何堦. 二子相繼而歸寧, 往來無阻. 豈意天上之寵, 又返乳下之孫.

伏遇譽洽元良, 姿挺岐嶷, 尊居鶴禁, 夙著仁孝之聲, 密贊鴻猷, 允繫謳歌之望, 故令離索之抱, 翻成會合之歡, 敢不彌篤忠貞, 弗替終始. 仰离明於貳極, 恒祝齊天. 傳雲仍於小邦, 益虔執壤. 云云.

方物表

別編 卷3 勅諭 17a(1519쪽)

云云. 祖孫相見, 莫非導宣. 儀物雖微, 敢伸謝悃, 謹備, 云云.
[物目同上戊寅謝恩方物]
右件物等, 名般甚寡, 製造亦疎, 粗效傾葵之忱, 詎合包茅之貢. 云云.

右箋進呈咨[式見戊寅謝恩]

別編 卷3 勅諭 17a(1519쪽)

禮物總單[見節使]

別編 卷3 勅諭 17a(1519쪽)

[丁丑]

諭執送斥和臣書

崇德 2年 正月 20日

別編 卷3 勅諭 17a~18a(1519~1520쪽)

大淸國寬溫仁聖皇帝, 詔諭朝鮮國王.

爾違天背盟, 故朕赫斯怒, 統兵來征, 志在不赦. 今爾困守孤城, 見朕手詔切責, 方知悔罪, 屢屢上書求免. 朕開宏度, 許爾自新者, 非力不能攻取, 勢不能環圍招之使來也. 此城, 攻固可得. 不然, 困爾芻粮, 食兵秣馬, 令爾自窮, 困亦可得. 似此蕞爾小城, 旣不能取, 將何以下幽燕哉.

命爾出城面朕者, 一則見爾誠心悅服, 二則樹恩於爾復以主國, 旋師後示仁信於天下耳. 若以計誘爾, 則朕方承天眷, 撫定四方, 正欲赦爾前愆, 以爲南朝標榜. 若以詭計取爾, 天下之大, 能盡譎詐取之乎. 是自絕來歸之路矣. 斯固無智愚之所共識者也. 爾若猶豫不出, 則地方蹂躪, 芻糧罄盡, 生靈塗炭, 灾苦日增, 誠不容時刻緩者也. 爾首謀敗盟之臣, 朕初意欲盡戮之, 而後已今爾果能出城歸命, 可先縛送首謀二三臣, 朕當梟示, 以儆後人. 誤朕西征之大計, 陷爾生靈於水火者, 非此人而誰歟. 若不預送首謀, 於爾旣歸之後, 始行索取, 朕不爲也. 爾若不出, 縱諄諄祈請, 朕不聽矣. 特諭.

崇德二年正月二十日.

陳難刷三色人伸辨斥和臣奏[互刷還] [庚辰]

[使 懷恩君 德仁]

崇德 5年 12月 20日

別編 卷3 勅諭 18a~20a(1520~1521쪽)

朝鮮國王臣姓諱謹奏, 爲 仰陳切迫事情, 冀蒙聖明矜恕 事.

臣欽蒙皇上大恩, 再全宗社, 擧國臣民, 各保身家. 其爲感戴之誠, 與天無極. 一自歸命之後, 皇上念此外藩民生, 如保一家之幼稚. 初年退歲貢之限, 次年弛六軍之徵, 今又特減九千包之貢米. 大朝覆育之恩至矣, 盡矣. 惟是小邦人情習俗, 政事法令, 與大朝不同, 在小邦雖盡心竭力, 專意承奉, 而自大朝視之, 則有若違悞干犯者然, 致有今日査究刷出之擧. 此皆臣不敏之罪也. 臣誠惶悶踧蹙, 無地自容.

第此三色人刷出之難, 前已屢煩咨奏. 元非臣吝惜容匿, 而敢違皇旨也. 今被大臣委臨境上, 刻期催刷, 諸道承風畏怯, 一齊搜括, 不暇區別, 其係應刷之類, 曾已潛匿, 委難訪得, 不應刷者, 自在奠居, 反不免橫罹之患. 未渡江走回者, 原係敕條免刷之類, 而渡江前後造次之間, 有難詳査.

或有逃散民兵, 詭稱被擄, 要免一時徵役, 復業之後, 因以被擄爲名者. 或有在我地贖放, 而未有文券者, 或有渡江後贖還, 而失其文券者, 皆不免混被究刷. 該司急於期會, 督迫入送, 冤號徹天. 至於追捕拘囚及於族隣, 以一連十, 以十連百. 惶駭離散, 有鄕里盡空之處. 而亦不遑恤逃漢人.

亦有征倭時落留, 娶我民爲妻生子者. 向化人等, 來投已久, 遠在百年之前, 其後孫已爲我民. 或有避役愚民, 曾前冒稱向化者, 或有接居於逃故, 向化舊里者, 皆枉被抑勒拘送. 惟彼詭詐冒托之類, 罪則有之, 而法不應刷, 故發送之際, 怨咨盈路, 言多不測. 此輩入往之後, 歸怨本國, 或有構誣之端, 未可知也, 國人以此益懼. 如此等事情, 臣亦今始察覺, 不及報知於大臣前, 而先送刷人, 已聞渡江. 自此以後, 當係於皇上處分. 臣若不自陳達, 則皇上何從而察之乎.

上國籍法明整, 無所容匿. 此逃來人等, 必有主戶. 渡江前後被擄, 眞僞可以識別. 如蒙皇上仁恤, 特許刷正, 庶幾冤枉者獲免, 而國人亦有奠居之望, 咸囿於覆燾之內, 其感祝欣戴, 當如何哉.

且小邦人心浮薄, 好傳訛言. 又有得罪失志之奸人, 謀欲交搆, 巧做讒說, 流聞上國, 大非其實. 苟非上國寬假之恩, 則小邦之得罪已久矣. 金尙憲淸介不羣, 素與年少輩, 論議不合, 丙子歲彌縫和事, 被劾遞職. 丁丑以後, 又爲臺官所攻, 加以老病廢放, 無除拜官職之事, 未有辭避不受情節. 雖有疏陳所懷之言, 又非干預廟堂之議, 如前日斥和者之類也. 曹漢英·蔡以恒等上疏, 在於舟師打發之後, 非干異議, 而申得淵以傳聞之言, 倉卒發告. 國人曾不知此等人, 有橫議敗事之罪, 而見其一時拿去, 胆掉股慄, 大小惴惴, 若不保朝夕, 慮亦非細.

臣竊思, 雷霆之爲威, 不如雨露之爲澤. 震之以威, 使人慴慄畏服, 豈如施之以仁, 使其心悅而誠服, 世世仰德哉. 今玆拿究陪臣之擧, 實國人之所創見. 大小惴惴, 如不自保, 臣固不敢辭釋於嚴威之下矣. 第臣忝守藩服, 所有臣民, 皆是皇上之臣民. 宣上德而達下情, 乃臣之職也. 今見民生騷動之患, 國人洶懼之情, 而不自吐露上聞, 則亦臣有罪焉. 心之悃愊, 事之曲折, 有難以文字盡達, 玆敢委差親近重臣, 前赴京師, 口陳天陛之下, 庶幾皇上天地之大, 日月之明, 有所採納, 而憐恕焉. 臣不勝惶悶切迫之至. 緣係仰陳切迫事情, 冀蒙聖明矜恕事理. 云云.

崇德五年十二月二十日.

右奏進呈咨

崇德 5年 12月 20日

別編 卷3 勅諭 20a(1521쪽)

朝鮮國王, 爲 仰陳切迫事情, 冀蒙聖明矜恕 事.

當職, 云云.[自“欽蒙皇上”, 止“矜恕事理”. 見上原奏]
爲此, 另具奏本, 專差陪臣懷恩君李德仁, 前赴京師進呈外, 爲此, 合行移咨, 煩乞貴部轉奏天聽, 明降施行.
須至咨者. 右咨禮部.

崇德五年十二月二十日.

斥和臣安置義州咨[壬午]

崇德 7年 3月 初2日

別編 卷3 勅諭 20b~21a(1521쪽)

朝鮮國王, 爲 安置五臣, 兼陳感戴情節 事.

本年正月初六日, 據世子陪從臣李景奭等馳啓.
節該. 上年十二月二十一日, 四博氏等官及鄭譯, 口宣聖旨.

節該. 金尙憲等, 着令出送本國, 拘留義州.

欽此.

具啓. 據此. 行據議政府狀啓.

金尙憲等特蒙皇上寬典, 許令出送灣上, 此實五臣旣死復生之秋, 而大朝若保之恩, 好生之德, 出於尋常萬萬也. 合着本道觀察使及本府節制使等官, 拘留府內. 仍將感戴情節, 移咨該部, 轉奏天聰, 允爲便益.

等因.

具啓. 據此. 爲照, 所據五臣等情犯, 聖朝旣已洞燭, 秋肅春生. 帝德如天, 特賜赦宥, 許令出送, 至寬其圜籬之律. 渙汗之典. 一至於此, 理宜具奏, 以謝萬一, 而事涉煩瀆, 除將五臣等, 令本道本府等官, 如法安置外, 煩乞貴部, 查照轉奏施行. 云云.

崇德七年三月初二日.[移禮部]

諭囚斥和臣等斬高忠元等勅[癸未]

[戶部郞布太平古來]

崇德 8年 3月

別編 卷3 勅諭 21a~22b(1521~1522쪽)

皇帝勅諭朝鮮國王及官民人等知道.

朕於三田渡受降之處, 自王以至於諸臣百姓, 俱保全其身家而生養之者, 非獨爲一時計也. 一則欲爾國之感恩, 戴同天地, 歷萬禩而不斁. 一則欲昭功德於無窮, 垂令名於不朽耳. 詎意爾國違旨, 出邊挖蔘, 潛與明朝買賣, 令僧人名獨夫者, 往返通書, 遺之以銀蔘糧米, 奸細出入, 亂行不絶. 明朝船至, 故縱不擒, 及朕降旨, 令發舟師, 則遷延日月, 以悞期限, 所指信地, 竟不到而還, 豈非忘恩背德之明驗歟. 然此皆主弱臣强之所致也. 從來主太剛, 則國不免於亂, 主太柔, 則臣必至於簒矣. 若王之法令嚴明, 誰敢有如此妄作者哉. 王之法令果嚴, 而奸臣妄作, 朕於此輩, 豈有輕貸之理.

爾朝鮮初事大遼, 及大金繼興, 則事大金, 後事大元. 及至明朝强盛, 爾之始祖則事明朝. 後因日本兵侵, 明朝出師援之, 遂退其兵. 爾之應報明朝者, 此也. 然此特前代事, 朕亦素知之. 爾之先王欲竭力報之, 故己未年杜松劉挺等四路出師攻我之時, 爾國遣兵協助. 彼時我朝, 豈與爾國有隙耶. 若爾國得勝, 豈肯若我之生全爾國者, 而使我朝至今日乎. 爾之所以報明朝者, 亦至矣, 盡矣. 我之兩次興兵伐罪者, 此也. 豈似爾國無故而興兵哉. 雖然朕猶開弘度, 而生全之. 朕之恩德, 乃王之身, 王之臣, 與民親受之, 自應安樂與共, 患難與同者也. 設使朕果不敵明朝, 爾猶應出死力以報効, 豈可身受恩而身背之乎.

以朕之施恩於爾等者, 與明朝較, 則朕之恩, 爾等身受之, 猶生身之父也. 明朝之施, 在前代猶遠祖. 然且爾之不絶明朝者, 豈亦未達天時, 謂明朝決無破壞之理乎. 以朕觀之, 明朝有必壞之勢. 內地流賊土賊, 蜂起聚衆, 有百萬者, 有三四十萬者, 隳名城據要地, 勢不能禁, 力不能守. 平日所仗者, 不過祖大壽與松錦之兵耳. 昨我兵未下松錦時, 洪承疇來援, 各省精兵, 隨已覆沒. 今雖欲招補兵數, 縱有, 豈能彎弓執戟哉. 況我之兵鋒所向, 固已無敵. 明朝兵將, 又自殺其民, 而奪其財物, 饋遺當道, 掩敗飾功, 內外大臣, 賄賂公行. 競尙詐僞, 閉主聰明, 無罪者罰, 無功者賞. 其破壞, 豈不彰明較著哉.

朕自保全爾國以來, 每不忍妄害一人, 爾等不自安守, 屢屢妄作, 若明知而不置之於法. 恐漸致滋蔓, 將干大法. 今將遣奸細之罪臣崔鳴吉, 惑衆誤國之罪臣金尙憲, 下之於獄, 其往來登州寧遠及島中貿易之高忠元·申金等八人, 斬以儆衆外, 其前與明朝往來, 及厚遺貿易之人, 一切免宥. 此後有犯前項罪名, 及船至而不擒者, 定置於法, 決不姑恕. 特諭.

崇德八年三月　日.

量減年貢原釋囚繫人歸本國勅[見節使]

別編 卷3 勅諭 22b(1522쪽)

謝寬宥諸臣表

[使 沈器遠]

別編 卷3 勅諭 22b~23a(1522쪽)

云云. 守藩孤恩, 方竢譴罰之典, 赦過宥罪, 特紆綸綍之榮. 惶汗纔收, 感涕先迸. 伏念, 叨奉先業, 幸遇昌辰, 舍舊圖新, 志已專於享上, 以小事大, 心肯弛於儆前. 不圖恪恭之忱, 反陷昏謬之罪, 席藁待命, 忘痼疾之在身, 戴盆望天, 痛湔洗之無路. 豈意查按之際, 遽蒙沛宥之加, 星文遠敷, 威顔怳近咫尺, 天札昭揭, 德音不啻丁寧. 豈惟蕩瑕刮垢, 盡釋旣往之咎, 而且導迷開愚, 丕示可全之道, 斯爲至化之陶鑄, 實是希代之遭逢.

伏遇, 寬裕有容, 神武不殺, 春生秋歛. 摠是育物之仁, 岳鎭海涵, 罔非包荒之量. 遂令異數, 亦及偏封. 敢不戰兢如臨, 夙夜匪懈, 不憂不懼. 惟仰賴於洪私, 知柔知剛, 庶毋怠於嘉訓. 云云.

崇德八年五月十五日.

方物表

別編 卷3 勅諭 23a~23b(1522쪽)

云云. 厚恩如天, 旣蒙逮下之典. 薄物任土, 肆表由中之誠, 謹備, 云云.
[物目同上戊寅謝恩方物]
右件物等, 產是荒菲, 品匪珍寶, 敢擬包茅之貢, 冀照獻芹之心. 云云.

右表進呈咨[式見戊寅謝恩]

別編 卷3 勅諭 23b(1522年)

皇后方物狀[式見戊寅謝恩]

別編 卷3 勅諭 23b(1522年)

右狀進呈咨[式見戊寅謝恩]

別編 卷3 勅諭 23b(1522年)

謝寬宥諸臣箋

別編 卷3 勅諭 23b~24a(1522~1523年)

云云. 离明垂耀, 環率土而允懷, 渙渥流徽, 勤使星之遠降, 隕結難報, 銘篆徒深. 伏念, 叨守偏封, 久沐洪化, 春秋匪懈, 恒懼職守之虧, 治理乖宜, 自速迷誤之罪, 方竢譴何之及, 遽覩誥諭之頒, 洗滌釁郵, 布雷雨之霈澤, 丁寧誡飭, 播金玉之德音. 惟玆恩數之超常, 寔由元良之協贊.

伏遇謨承燕翼, 慶膺鴻圖, 孝敬盡於三朝, 遠近延頸, 謳歌匝於四裔, 動植歸仁. 遂令疎蹤, 預蒙殊眷. 敢不恪居鯷服, 對越虎闈, 午門綴班, 迹雖阻於遙謝, 甲觀繫望, 誠豈渝於顒瞻. 云云.

方物箋

別編 卷3 勅諭 24a(1523年)

云云. 承天札之十行, 濫蒙殊渥. 執壤奠於貳極, 敢伸薄儀, 謹備, 云云.

[物目同上戊寅謝恩方物]

右件物等, 產從土宜, 製匪珍品, 曷稱筐篚之實. 秪效葵藿之忱. 云云.

右箋進呈咨[式見戊寅謝恩]

別編 卷3 勅諭 24a(1523쪽)

禮物總單[謝降勑]

[物目見原表狀箋]

別編 卷3 勅諭 24a(1523쪽)

[庚辰]

查質子混冒及勑使毒死勑[梧木道來]

崇德 5年 2月 13日

別編 卷3 勅諭 24a~24b(1523쪽)

皇帝勑諭朝鮮國王姓某知道.

王曩者詣見時, 朕芥蒂盡釋, 卽與之坐, 而解衣衣之, 推食食之. 眷愛如此, 豈有不思圖報之理. 故于王毫無所疑也. 惟慮王之臣僚諸人, 以巧詐讒言, 從中離間, 王或信之. 又聞諸臣質子內, 多有庶出螟蛉, 及族中遠房之子姪. 然此事王豈知之. 盖諸臣將朕與王, 俱朦朧耳. 王其詳勘而細察焉.
至于常往爾國使臣馬付達, 通事刀里, 同病而死, 京中諸醫, 言受慢毒. 此醫者之言, 但眞與假, 安從知之. 朕想來, 或官中有惡念之小人, 兵間被害之仇家, 報怨肆毒, 亦未可必. 然此事, 王亦烏得而知. 特降此勑, 使聞于王. 王其留意可也. 故諭.

崇德五年二月十三日.

陳黜配冒人辨明毒死奏

[使 李聖求]

崇德 5年

別編 卷3 勅諭 24b~25a(1523쪽)

云云. 將質子混冒人, 次第黜配, 而慢毒事, 萬無其理, 等情, 具奏. 云云. [出通文館志]

崇德五年　月　日.

[庚辰]

以留養馬傷損查勘義州府尹咨

崇德 5年 3月 初4日

別編 卷3 勅諭 25a(1523쪽)

朝鮮國王, 爲 科斷罪犯 事.

本年二月十九日, 據宰臣申得淵狀啓.

> 本月十三日, 衙門着鄭譯傳言, "以義州府尹黃一皓所犯事, 奏奉皇旨. '節該. 令本國定罪咨稟, 以憑區處.'"

等因.

據此. 爲照, 上項黃一皓, 以本府長官, 上國使臣留養騎馬, 見有倒損. 則所當謹守待檢, 而察任不謹, 致令監守下人, 私自割肉. 當職殊極驚駭, 已於今年正月分, 即令拿推究問, 議擬革職發配遠道. 去後, 玆承分付, 當有咨稟. 除將黃一皓科斷罪名, 從實具咨, 順差知中樞府事張禮忠賫去, 恭俟大朝處置外, 爲此, 合行移咨. 云云.

崇德五年三月初四日.[移戶部]

[辛巳]

飭崔孝一通書事勑[文闕]

別編 卷3 勅諭 25b(1523쪽)

[陽叙博氏等, 因逃在陣督府, 灣人崔孝一書札事, 宣諭勘斷. 前府尹黃一皓仍頒赦. 出通文館志]

[壬午]

遣使至界查按私通明朝勑[李馨長賫回]

崇德 7年 10月 初6日

別編 卷3 勅諭 25b(1523쪽)

皇帝勑諭朝鮮國王姓某知道.

數年以來, 爾國與明朝, 往來貿易, 私通不絕. 王之諸臣, 何爲知而不禁. 王亦何爲失于稽查. 朕念, 爾國臣服之後, 每欲保全, 不擾一民, 似此事情, 朕知而不問. 恐漸致滋蔓, 遣使究問, 復慮搔擾, 故令世子固山厄(→額)眞英俄兒代, 戶部承政車兒格, 國史院正噶林, 院副洛碩等, 至界上一應事情, 着速問明回奏. 特諭.

崇德七年十月初六日.

私通明朝人分等科罪咨

崇德 7年

別編 卷3 勅諭 25b~26a(1523~1524쪽)

云云. 據陪從宰臣韓享吉等狀啓.

奉旨.

前監司沈演, 前兵使金應海, 摠領舟師, 手下有兵, 而往來漢船, 不得捕捉, 其罪果重. 並前宣川府使洪頤性, 宣沙浦僉使趙克健, 自本國分輕重科罪. 潛商劉今男等, 厥罪可殺, 然減死處置.

仍將沈金削黜, 洪趙革職, 今男等絕島定配.

云云. [出通文館志]

崇德七年 月 日.[移禮部]

[壬午]

查勘封梨不潔諸官咨

崇德 7年 正月 11日

別編 卷3 勅諭 26a~27b(1524쪽)

朝鮮國王, 爲 御供封進該官, 查送待罪 事.

本年正月初六日, 據世子陪從臣李景奭等馳啓.

節該. 十二月二十一日, 欽奉鄭譯口宣聖旨.

本國封進生梨, 以破絮封裹. 慢忽至此, 是何道理.

欽此.

二十二日, 欽奉本譯口宣聖旨.

破絮褁梨, 事極可駭. 封進官查出, 入送于世子館所, 究問治罪.

欽此.

不勝驚駭.

等因.

具啓. 據此. 本月初十日, 據議政府狀啓.

封進生梨, 例着平安道觀察使等官, 十分揀擇品味絕好者, 封裹入送. 而不意今者, 封進之官, 不加檢飭, 至以不潔破絮封褁進御, 致勤聖旨. 莫重進獻之物, 不爲敬謹之狀, 委屬驚愕. 合着平安道觀察使, 上緊査究.

等因.

具啓. 據此. 行間, 續據平安道觀察使鄭太和馳啓.

上年十二月初一日, 臣在義州, 着令平壤庶尹盧協, 另揀體大色好, 不凍不朽生梨, 內褁新絮, 外封獐皮, 好生封進, 毋得破調埋没. 去後, 今奉世子陪從臣李景奭等箚付. 所據生梨破絮封裹一節, 殊甚驚愕. 査問得, 其時盧協病勢危苦, 不能視事, 着令本府監官, 代察封褁. 未免差誤之失, 則不謹之罪, 臣亦難逭.

等因.

具啓. 再着議政府議得, 本府狀啓.

今見李景奭等所送破絮, 則果是汚陋不潔之物. 揆之事體, 殊無敬謹之意. 觀察使以下封進官吏, 理宜並究. 而第惟觀察使鄭太和, 時在義州, 固難親封, 義州官吏, 則不過結裹載送, 而亦不可全肰不究. 並加重考, 以責其不謹之罪. 至於盧協, 則病勢雖重, 不可不親審封褁. 而付諸監官, 致有此失, 怠慢之責, 自有所歸. 合着本官, 入往請罪, 仍將所有情節, 移咨該部, 允爲便益.

等因.

具啓. 據此. 爲照, 當職忝守藩服, 至誠事大, 凡干進獻方物, 莫不親自看品, 以盡享上之道. 而不期, 外方官吏, 不遵當職之心, 自陷怠慢之罪. 苟非聖明寬仁含垢之大德, 則當職亦何以得逃不能檢飭之罪. 當職尤不勝兢惶, 隕越之至. 除將觀察使等官, 並加重究, 仍着貴部處分外, 爲此, 合行移咨, 煩乞查照施行. 云云.

崇德七年正月十一日. [移禮部]

한글 번역

[丙子]

諭我國官民書

崇德 元年 12月 初2日

別編 卷3 勅諭 1a~2a(1511~1512쪽)

大淸國의 寬溫仁聖皇帝가 조선의 관민들에게 깨우쳐 알린다.

짐이 이번에 정벌하러 온 것은, (짐이) 원래 살인을 좋아하거나 이익을 탐해서가 아니다. 본래는 서로 잘 지내기를 원하였지만, 너희 나라의 군신들이 평화를 원하지 않아 먼저 문제를 일으켰기 때문이다. 짐과 너희 나라는 이전부터 변경을 맞대고 있었지만, 조금의 악감정도 없었다. (하지만) 너희 나라는 기미년(1619)에 明朝를 도와 병사를 일으켜 우리를 공격하였으므로, 너희 나라의 병사와 장수들에 대해 우리나라에서 죽일 자는 죽이고 사로잡아야 할 자는 사로잡았으며 석방할만한 자는 석방하였지만, 짐은 그래도 이웃 나라의 도리를 지켜 가벼이 병력을 일으키지는 않았다. (그런데 우리가) 遼東을 획득한 후에 너희 나라는 다시 명조를 도와, 우리의 배신자와 도망자들을 불러들여 (명조에) 바쳤고, 또한 그들을 너희 땅에 수용하여 양식을 제공하면서 (명조와) 함께 우리를 도모할 것을 협력하였으니, 짐은 이에 크게 분노하게 되었다. 정묘년(1627)에 군대를 일으킨 조치는 바로 이 때문이다. 하지만 짐은 그래도 이웃 나라를 생각하여 병력을 깊이 침투시키지는 않았고, 결국 잘 지내기로 한 맹약에 따라 돌아왔다. 이때 너희 나라의 병력이 강하거나 장령들이 용감해서 우리 군대를 물리칠 수 있었던 것이 아니다. 모두 짐이 백성들이 도탄에 빠진 것을 보고, 이웃 나라와의 우호를 끝내 안나까워했기 때문에, 따라서 평화를 돈독히 하고 돌아온 것일 뿐이다.
최근 10여 년간, 너희 나라의 군신들은 우리의 배신자와 도망자들을 받아들여 명조에 바쳤다. (그리고) 명조의 孔有德과 耿仲明 두 장군이 (우리에게) 투항하러 왔을 때, 너희 나라는 병사를 일으켜 이를 차단하였고, 우리의 지원병이 그곳에 도달했을 때, 너희 병사들은 총포를 쏘며 대적하였다. 이는 곧 병력을 사용하게 만든 단서가, 또한 너희 나라에서 먼저 생겨난 것이다. 또한, 이전에 명조에서 너희 나라에게 우리를 침략하기 위한 배를 요구했을 때 너희 나라는 곧바로 그것을 내주더니 짐이 명조를 정벌하려고 배를 요구했을 때에는, 번번이 고집하며 내어주지 않으려 하였다. 너희는 가운데 있는 나라로서, 마땅히 양쪽 모두에 편들어서는 안 되었는데도 명조에는 배를 주고, 우리나라에는 주지 않았으니, 이는 다만 명조를 도와 우리에게 해를 가하기 위함이다. 게다가, (우리의) 사신들에게는 국왕을 만나지 못하게 하고, 국서는 끝내 열어보지도 않았다. 짐의 사신들은, 너희 나라가 맹약을 지키지 않는 것을 본 후 귀국하는 길에 우연히 너희 국왕이 平安道觀察使 洪아무개에게 준 밀서를 얻었다. (그런데) 그 안에는, '정묘년의 변란에서는 제압되는 것을 어쩔 수 없이 일시적으로 인정할 수밖에 없었지만, 지금은 정의로써 결단하여 관문을 닫고 전비를 닦는 것 말고는 다른 방도가 없다. 경은 列邑에 효유하여, 충의로운 선비들로 하여금 각자 책략을 (마련하는 데) 힘쓰도록 하고, 용감한 자들로 하여금 자발적으로 전투에 나서게 하라.'라는 내용이 있다. 그 밖의 말들은 다 열거하기도 어렵다.
이러한 연유로 짐은 특별히 의병을 일으켰다. 너희가 도탄에 빠지는 것은 실로 내가 원하는 바가 아니며, 너희 나라의 군신들이 스스로 너희로 하여금 재앙을 당하게 한 것이다. 그러나 너희들은 다만 편안히 거처하고 직무에 충실하며 절대로 함부로 도망가다가 우리의 창끝에 걸리지 말라. 저항하는 자는 반드시 도륙할 것이고, 따르는 자는 반드시 품을 것이며, 도망가는 자는 반드시 사로잡을 것이다. 성 안에서든 밖에서든,

마음을 바꿔 귀순하려는 자가 있다면, 털 끝 하나도 건드리지 않고 반드시 길러줄 것이다. 너희에게 이르노니, 여러 사람들에게 알리도록 하라.

崇德 원년 12월 2일.

責敗盟書[丁丑]

崇德 2年 正月 初2日

別編 卷3 勅諭 2a~3b(1512쪽)

大淸國의 寬溫仁聖皇帝가 조선국왕에게 詔書를 내려 훈계하노라.

우리 군대가 몇 해 전에 동쪽으로 兀良哈을 공격했을 때, 그대의 나라에서는 병사를 일으켜 (우리를) 맞아 공격하였고, 이후 또 明朝에 협조하여 우리나라에 피해를 주었다. 하지만 나는 이웃 나라와 잘 지내는 것만을 생각하여 끝내 개의치 않았다. (우리가) 遼東지방을 획득하기에 이르러서는, 그대가 다시 우리 백성들을 초유하여 명조에 바쳤다. 짐은 이에 크게 분노하여 정묘년(1627)에 병사를 일으켜 너를 정벌한 것이다. 이로써 보건대, 일찍이 (짐이) 강함만을 믿고 약자를 괴롭히거나, 아무 이유 없이 병사를 일으킨 적이 있는가. 근래에 (그대는) 어찌하여 변방의 신하에게 지시하면서, '어쩔 수 없이 일시적으로 통제를 받았으나, 정의로써 결단해야 할 것이니, 경은 列邑에 효유하여 충의로운 선비들로 하여금 각자 책략을 (마련하는 데) 힘쓰게 하고, 용감한 자들은 자발적으로 전투에 나서게 하라.'는 말을 하였느냐. 지금 짐이 친히 대군을 이끌고 그대를 정벌하러 왔는데, 어찌하여 지혜로운 자들에게 책략을 마련하게 하지 않고, 용감한 자들에게는 전투에 나서 일전을 감당하게 하지 않는가.

짐은 강대함에 의지하지 않으면서 터럭만큼이라도 침범하지 않았는데, 그대는 약소국으로서 도리어 우리 변경을 어지럽혀 인삼을 채취하고 사냥을 하였으니, 왜 그리하였는

가. 짐에게는 도망간 백성들이 있는데, 그대는 그때마다 (그들을) 받아들여 명조에 바쳤다. 그리고 명조의 孔有德, 耿仲明 두 장군이 투항하러 왔을 때 짐의 병사들이 응접하러 그곳에 이르렀는데, 그대의 병사들이 총포를 발사하며 막아 싸웠으니, 왜 그리하였는가. 이는 곧 병력을 사용하게 된 계기가, 또한 그대의 나라에서 비롯되었다는 것이다.

짐의 弟姪인 諸王들이 그대에게 문서를 보냈을 때, 어찌하여 '종래 문서를 주고받은 예가 없습니다.'라고 말하였는가. 정묘년에 (우리가) 정벌하러 왔을 때, 그대는 섬 속에 숨어 있으면서 오로지 화의가 이루어지기만을 바랐다. (이때) 왕래하며 문서를 주고받은 것이 諸王들이 아니면 누구란 말인가. 짐의 弟姪들이 어찌 그대보다 못하단 말인가. 또한, 外蕃의 諸王들이 그대에게 문서를 보냈을 때, 그대는 끝내 거절하며 받지 않았다. 그들은 大元 황제의 후예인데, 어찌 그대보다 못하단 말인가. 대원 시기에 그대의 조선은 계속해서 조공을 바쳤는데, 지금 어찌 하루아침에 이처럼 스스로를 높인단 말인가. 보내온 문서를 받지 않는다는 것은, 곧 그대의 우매하고 교만함이 이처럼 극에 달했다는 것이다.

그대의 조선은 遼·金·元 세 왕조에 해마다 조공을 바치면서 대대로 신하를 칭하였다. 옛날부터 北面하여 남을 섬기지 않으면서, 멋대로 하고 싶은 대로 한 적이 있는가. 짐은 이미 그대의 나라를 아우로 대하고 있는데, 그대는 오히려 (우리를) 배신하고 스스로 원수가 되어, 백성들을 도탄에 빠트려 성곽을 버리고 궁전을 버리게 하여, 마침내는 처자식들을 떼어놓아 서로 돌보지 못하게 하였다. 오로지 일신만을 산성 속에 숨어 있으면서, 설령 천 년이 이어진다 한들, 무슨 도움이 되겠는가. 정묘년의 치욕을 씻고자 하여 목전의 안락함을 파괴하고 스스로 그 재앙을 불러들였으니, 후세에 웃음거리를 남기게 되었다. 이러한 치욕은 또 어떻게 씻을 것인가. 정묘년의 치욕을 씻고자 한다면, 또 어찌하여 목을 움츠리고 나오지 않으면서, 부인들이 규방에 있는 것을 기꺼이 따라 하는가. 그대는 비록 이 산성에 몸을 숨기면서 구차하게 살고자 하지만, 짐이 어찌 그대가 하고 싶은 대로 기꺼이 놔두겠는가.

짐의 내·외 諸王들과 문무 신료들이 짐에게 황제의 칭호를 권하였을 때, 그대는 이를 듣고, “우리나라의 군신이 어찌 (이를) 듣고 참을 수 있겠는가?”라 말하였는데, 왜 그리하였느냐. 무릇 황제의 칭호를 결정할 수 있는 (권한은) 그대에게 있는 것이 아니다. 하늘이 도우면 필부라 하더라도 천자가 될 수 있고, 하늘이 벌하면 천자라도 필부가 될 수 있는 것이다. 그대가 이런 말을 한 것은 또한 심히 방자한 것이다. 게다가, (그대는) 맹약을 어기고 성벽을 수축하였고, 사신을 대하는 예도 무너뜨렸다. 지금 (짐이) 보낸 사신이 그대의 신료들을 보았는데, (그들은) 계략을 꾸며 (사신들을) 사로잡으려 하였으니, 왜 그리하였느냐. 명조를 아버지처럼 받들면서 우리를 해치려 도모하였으니, 또한 왜 그리하였느냐.

이는 단지 그 죄 중의 큰 것만을 열거한 것이다. 나머지 작은 혐의들은 더욱 일일이 열거하기 힘들다. 지금 짐이 대군을 이끌고 와서 너희 팔도를 공격하고자 하는데, 그대가 아버지처럼 받드는 명조를 보아라. 어떻게 그대를 구할 수 있겠는가. 어찌 자식이 극도의 위기에 처하게 되었는데, 아버지가 구해주지 않는단 말이냐. 구해주지 않는다면 이는 스스로 백성을 물불에 빠뜨리는 것이니, 수많은 백성들이 어찌 그대에게 원한을 갖지 않겠는가. 그대가 만약에 할 말이 있다면, 분명하게 이야기해도 좋다.

崇德 2년 정월 2일.

諭出城書

崇德2年 正月 17日

別編 卷3 勅諭 3b~5b(1512~1513쪽)

大淸國의 寬溫仁聖皇帝가 조선국왕에게 詔書를 내려 훈계하노라.

보내온 문서에 이르기를, ‘너무 혹독하게 견책하시면, 도리어 형제간의 의리에 어긋나는 바가 있습니다. 어찌 하늘이 괴이하게 여기지 않겠습니까.’라 하였다. 짐은 정묘년의 맹약을 중시하여, 일찍이 그대의 나라가 맹약을 배신한 일에 대해서 누차 훈계를 하였다. (하지만) 그대는 하늘을 두려워하지 않고, 백성들이 도탄에 빠지는 것을 걱정하지 않으면서, 먼저 잘 지내기로 한 맹약을 어겼다. 그대가 변방 관리에게 보낸 문서가 짐의 사신인 英俄兒代 등에 의해 확보되었고, 비로소 짐은 그대의 나라에서 전쟁을 하려는 뜻을 갖고 있다는 사실을 알게 되었다. 짐은 빈번히 그대의 봄·가을의 두 사신들과 여러 상인들에게, '너희 나라에서 이처럼 무례하게 군다면, 지금 가서 정벌할 것이다. 돌아가서 너희 국왕 이하 서인에 이르는 (모든 사람들에게) 말해도 좋다.'고 말하였다. 그들에게 분명하게 훈계하고 보냈으니, 속임수로써 병사를 일으킨 것이 아니다. 게다가, 그대가 맹약을 어기고 문제를 일으킨 사안을 글로 작성하여 하늘에 아뢴 연후에 병사를 일으켰다. 짐이 이처럼 했을진대, 그대가 맹약을 어겼으면 응당 천벌을 두려워했어야 한다. 그대가 실제로 맹약을 어겼기 때문에 재앙이 내려진 것인데도, 그대는 어찌하여 아무 상관도 없는 사람처럼, 도리어 '하늘'이라는 한 글자를 사용하며 견강부회하는 것인가.

또한 이르기를, '小邦은 후미진 해안가에 위치하여 오로지 詩書만을 익혔고, 전쟁에 대해서는 익히지 않았습니다.'라 하였다. (하지만) 최근 기미년에 그대는 이유 없이 우리를 공격하였고, 짐은 이로써 그대의 나라에서 군사를 익히고 있다는 것을 분명히 알았다. 지금 또 문제를 일으켰으니, 그대의 병사는 반드시 다시 조련하고 있을 것이다. 누가 그래도 (그대들이 전쟁을) 익히지 못했다고 생각하겠는가. 그대들 중 전쟁을 좋아하는 자들이 만약 아직도 뜻을 접지 않았다면, 지금 이후에도 다시 조련할 수 있는 것이다.

또한 이르기를, '임진년(1592)의 난을 당하여 망하기 직전에, 神宗황제께서 천하의 병사를 동원하시어 (저희) 백성들을 물불 속에서 구해주셨습니다.'라 하였다. 천하는 넓고, 천하의 나라도 많지만, 그대의 어려움을 구해준 것이 명조 한 나라뿐이었으니, 천하 여러 나라의 병사들이 어찌 모두 갈 수 있었겠느냐. 명조와 그대의 나라는 거리낌 없이 거짓된 말만 하며 그칠 줄 모른다. 지금 산성을 힘겹게 지키고 있으면서 국운이 아침저녁으로 불안한데, 그럼에도 부끄러움을 알지 못하고 이런 빈말을 내뱉으니, (그대들에게) 무슨 도움이 되겠는가.

또한 이르기를, '일시의 분노를 풀기 위해서만 병력을 힘써 발휘하여, 형제 사이의 인정을 해쳐 自新의 길을 막고 뭇 나라들의 바람을 끊는다면, 이는 대국의 입장에서는 장기적인 계책이 되지 못할 것입니다. 황제 폐하의 고명함으로써 어찌 여기까지 생각하시지 못하셨단 말입니까.'라 하였다. 하지만 그대는 형제 사이의 우호적인 관계를 파괴하고, 전쟁을 일으키는 것을 꾀하려 하였다. 병사를 조련하고 성을 보수하였으며, 길을 닦고 수레를 준비하였고, 군용물자를 준비하면서, 오로지 짐이 西征을 떠나는 날만 기다렸다가, 틈을 노려 몰래 도발해서 우리나라를 해치려 하였으니, 어찌 우리나라에 은혜를 베푼 것이 있다 할 것인가. 이런 것들을 두고 너는 스스로 '뭇 사람의 바람을 끊어서는 안 된다'하고, 스스로 '고명하다' 하며, 스스로 '장구한 계책'이라 하니, 내 생각하기에는 너희가 그 장구한 계책으로 삼는 것이 정말이지 대단도 하구나.

또한 이르기를, '황제께서는 바야흐로 용맹한 지략으로 여러 나라들을 제압하시고 새로운 帝號를 정하시어, 앞머리에 '관대하고 온화하며 어질고 성스러운'이라는 네 글자를 붙이셨습니다. 이는 천지간의 도리를 체현하시어 패왕의 위업을 회복하시기 위함입니다.'라 하였다. 짐의 내·외 諸王과 대신들이 분명히 이 尊號를 나에게 바쳤다. 그러나 짐이 패왕의 위업을 회복하지 않으려는 것은 아니라 해도 이유 없이 병사를 일으킨다면 그대의 나라를 멸하고 그대의 백성을 해치는 것이니, 병사를 일으킨 까닭에 대해 이제 시비를 밝히는 것이다. 아울러, 천지간의 도리는 선한 자에게 복을 주고 악한 자에게 재앙을 내리니, 지극히 공평하고 치우침이 없다. 짐은 하늘의 도리를 체현하여, 마음을 돌려 명령을 따르는 자는 우대해주고, 대세를 따라 항복하는 자에게는 안전을 보장해줄 것이며, (반대로) 명령을 거스르는 자는 하늘의 뜻을 받들어 토벌하고, 악한 무리로서 창끝에 맞서는 자는 주살하며, 완고한 백성으로서 순종하지 않는 자들은 사로잡을 것이다. (그럼으로써) 교만하여 굴복하지 않는 자들에게는 경계의 뜻을 알게 하고, 교활하고 거짓된 자는 할 말이 없게 만들 것이다. 지금 그대가 짐에게 맞섰기 때문에 우리가 병사를 일으켜 이곳에 이른 것이다. 만약에 그대의 나라가 모두 (우리의) 판도에 들어온다면, 짐이 어찌 부양하고 안전하게 하여, 갓난아기처럼 돌봐주지 않겠는가.

게다가 그대가 말하는 바와 행동하는 바는 심히 일치하지 않는다. 전후로 내·외간에 왕래한 문서들 중에서 우리 병사들이 확보한 것에는, 종종 우리 병사들을 '奴賊'이라고 부르고 있다. 이는 그대의 군신들이 평소에 우리 병사들을 도적이라고 부르기 때문에, 말을 하다가 무지불식간에 이렇게 된 것이다. (짐은) 몸을 숨기면서 몰래 (남의 것을) 취하는 자들을 도적이라고 부른다고만 들었는데, 우리가 정말 도적이라면, 그대는 어찌하여 우리를 포획하지 않고 놔두는 것인가. 그대는 입으로만 남을 욕할 뿐이다. 속담에서 말하는 '겉은 호랑이지만 속은 양'은 바로 그대를 일컫는 것이다. 우리나라의 속언에 이르기를, '무릇 사람의 행동에 대해서는 민첩함을 중시하고, 말에 대해서는 겸손함을 중시한다.'라 하였다. 그리하여 우리나라는 항상 행동을 실천하지 못하는 것이나, 말을 부끄럼 없이 하는 것을 경계한다. 누가 그대의 나라처럼 기망하고 교활하며, 간사하고 위선적이며, 나날이 더욱 두려워하면서도 평안하여 부끄러움을 몰라, 이처럼 거리낌 없이 망령된 말을 한단 말인가. 지금 그대는 살고 싶은가. 그렇다면 신속히 성에서 나와 명에 따르라. 싸우고 싶은가. 그렇다면 역시 신속히 우리와 한 번 맞붙자. 두 군사가 서로 충돌하면, 하늘에서 응당 처분이 있을 것이다.

崇德 2년 정월 17일.

[丁丑]

定約條及年貢諭[見節使]

別編 卷3 勅諭 5b(1513쪽)

不許歸省勅[聖節使賫來]

崇德 2年 12月 18日

別編 卷3 勅諭 5b~6a(1513~1514쪽)

[이 해 임금께서 건강이 좋지 않으셨고, 仁烈王后의 再朞가 다가오자, 세자와 대군의 귀환을 요청하는 내용으로 주접을 갖추어 사은사에게 주어 보냈다.『通文館志』에 나온다]

황제가 조선국왕 姓 某에게 칙유를 내린다.

왕이 상주한 것을 열람하였고, 부자간의 인정에 관한 이야기도 모두 알겠다. 또한 이르기를, '君臣(관계는) 父子(관계와) 같으니, 진실로 소망하는 바가 있다면 마땅히 모두 아뢰어야 합니다.'라 하였다. 이 말은 실로 그러하니, 짐도 그것이 틀렸다고 생각하지 않는다. 다만, 왕의 두 아들들은, 짐이 주변에 사람이 없어서 그들을 이용하여 시위로 삼으려는 것도 아니고, (또한) 군사작전에 유리해서 그들을 취하여 주둔하며 지키게 하는 것도 아니다. (게다가) 왕이 본래 복속해오기 위해서 자식들을 보내온 것은 더더욱 아니다. 이상의 언급한 내용은 거의 틀림이 없지 않은가. 왕이 정말 진심을 다하여 보은을 꾀하면서, 서로 간의 구별을 잊게 되었을 때에는, 주청하지 않아도 자유롭게 왕래하는 것을 허용할 것이다. 이것이야말로 비로소 두 나라가 한 가정이 된 모습일 것이다. 지금 군신(관계가) 부자(관계와) 같고, 두 나라가 한 가정과 같다고 말하면서도, 다시 귀국을 요청했다는 것은, 또한 여전히 (서로가) 다른 나라와 같은 것이다. 만약에 짐의 마음이 조금이라도 의심했다면 어찌하려는가. 왕자들이 만약에 사리를 잘 모르고 이런 생각을 했다면, 왕은 응당 그들을 타일러, '우리의 충심이 아직 두드러지지 않을진대, 어찌 황상의 명을 기다리지 않고 귀성길에 오를 생각을 하여 君父의 의심을 낳으려 하느냐.'라 했어야 한다. 이렇게 꾸짖는 것이야말로 정당한 도리에 맞는 훈계가 될 것이다. 그대에게 특별히 이르노라.

崇德 2년 12월 18일.

謝賜物停徵兵不許歸覲勅表[互節使軍務]

[製 李景奭 使 申景禛]

崇德 3年 正月 18日

別編 卷3 勅諭 6a~7a(1514쪽)

조선국왕 臣 姓 諱가 아룁니다.

崇德 2년 12월 18일, 謝恩使로 간 陪臣 의정부 좌의정 최명길 등이 다음과 같은 칙유를 받들어 왔습니다.

운운. [“朕諭”에서 “故諭”까지. 節使聖節頒賞勅을 볼 것]

신은 또 다음과 같은 칙유도 받들었습니다.

운운. [“朕諭”에서 “故諭”까지. 節使冬至頒賞勅을 볼 것]

신은 또 다음과 같은 칙유도 받들었습니다.

운운. [“覽王”에서 “故諭”까지. 軍務量勢徵兵勅을 볼 것]

신은 또 다음과 같은 칙유도 받들었습니다.

운운. [“覽奏”에서 “特諭”까지. 위의 不許歸省勅을 볼 것]

(이상의 칙유들을) 삼가 따라서 공경히 받드는 외에, 일국의 신민들과 함께 감격에 겨워 삼가 表文을 받들어 감사의 뜻을 아룁니다. 臣은 진심으로 황공한 마음으로 머리를 조아립니다. 엎드려 생각해보건대, (황상의) 은혜가 내려져 즐겁게 方物의 정성을 다하였고, 황상께서 굽어 임하시어, 하늘을 향해 호소하는 간절함에 특별히 기울여주셨습니다. 기쁨의 소리가 요동치고, 즐거움의 기운이 구름처럼 피어납니다. 엎드려 생각해보건대, 신은 우매하지만 성품에 실로 거짓이 없습니다. 스스로 큰 은혜를 입어 오로지 충성을 다할 것을 생각하였으며, 황상을 우러러 의지하여 늘 믿는 바가 있어 행운을

탐하였습니다. 어찌 조금이라도 마음을 감춘 채 번번이 아픈 흉내를 내겠습니까. 근래에 저의 정성을 바치면서 아울러 감히 번거로운 요청을 드렸는데, 추위에 솜으로 품어주시듯 하시니 후사해주는 은혜를 입었으며, 따뜻한 말씀을 내려주시니 다시 사려 깊은 유지를 받들게 되었습니다. 곤궁한 백성들을 어루만져주시고 줄곧 백성들을 사랑해주셨으며, (또한) 어리석고 범용한 (저를) 지나치게 격려해주시며 반복하여 타일러 주셨습니다. 그 어떤 돌보아주심이 이처럼 지극하겠습니까. 춤을 추며 모두가 기뻐하지 않는 이가 없습니다. 미혹한 자식의 귀국을 요청한 것은 대체로 사사로운 정에 (판단력이) 가려진 것이었습니다. 화를 내지 않으시고 가르쳐주시며 성심으로 타일러 주셨으니, (제 자식의 귀국을 요청한 일은) 후회한들 어찌 되돌릴 수 있겠습니까, 다만 혀를 깨물며 두려워할 뿐입니다. 폐하의 은혜에 감사하며 감격하여, 밝은 명을 받들어 눈물을 흘렸습니다.

이번에 저는 삼가 寬溫仁聖皇帝 폐하께서 허물을 씻어주시고 재난에서 구해주시며, (조선)사신의 부당한 청원을 믿지 않으시고, 小邦에 혹 해가 되지 않을까 염려하시어, 늙은이와 어린이들을 그 거처로 돌려보내 주시어, 모두가 큰 덕을 받을 수 있게 되었으니, 마침내 아둔하고 못난 (저에게) 특별히 큰 은혜를 베풀어주셨습니다. 신은 신하됨에 속임이 없게 하고 자식을 가르침에 더욱 삼가겠습니다. 동쪽으로 전해주신 교화를 입은 것을 영원히 잊지 않을 것이며, 황제 섬기는 마음을 다하는 일을 만년에도 더욱 힘쓸 것입니다. 신은 감히 하늘을 우러러 폐하를 바라볼 수가 없으며, 진심으로 지극히 황공할 따름입니다. 삼가 표문을 받들어 감사를 표하며 아룁니다.

崇德 3년 정월 18일. 조선국왕이 삼가 표문을 올립니다.

方物表

崇德 3年 正月 18日

別編 卷3 勅諭 7a(1514쪽)

조선국왕이 말씀드립니다. 은혜가 통하여 흘러내리니 기쁜 마음이 간절하여, 감사와 정성의 마음을 다하여, 황상의 대궐 계단으로 바치고자 합니다.

黃細苧布 30匹, 白細苧布 30匹, 黃細綿紬 20匹, 紫細綿紬 20匹, 白細綿紬 30匹, 黑細麻布 20匹, 龍文簾席 2張, 黃花席 15張, 滿花席 15張, 雜彩花席 15張, 豹皮 5張, 白綿紙 2천 卷을 삼가 갖추었습니다.

위의 물건들은 심히 부끄러운 것들로 많지도 않으며, 거칠게 여러 의례를 흉내 낸 것으로, 감히 큰 은혜에 대한 보답이라고 할 수 없는 것들입니다. 대개 미미한 정성을 쏟아 부은 것으로, 신은 지극한 두려움과 당황스러움을 감당할 수 없습니다. 삼가 표문에 따라 (방물을) 바치며 아룁니다.

崇德 3년 정월 18일. 조선국왕이 삼가 표문을 올립니다.

右表進呈咨

崇德 3年 正月 18日

別編 卷3 勅諭 7b(1514쪽)

발신: 조선국왕

사유: 은혜에 감사드립니다.

崇德 2년 12월 18일, 사은사로 간 陪臣 議政府 左議政 崔鳴吉 등이 다음과 같은 칙유를 가져왔습니다.

운운. [범위는 위의 원 표문을 볼 것]

저는 또한 다음과 같은 칙유도 삼가 받들었습니다.

운운. [범위는 위의 원 표문을 볼 것]

저는 또한 다음과 같은 칙유도 삼가 받들었습니다.

운운. [범위는 위의 원 표문을 볼 것]

저는 또한 다음과 같은 칙유도 삼가 받들었습니다.

운운. [범위는 위의 원 표문을 볼 것]

삼가 (유지를) 따라 받드는 외에, 일국의 신민과 더불어 감격을 누를 수 없어 은혜에 감사드리는 표문을 작성하였으며, 아울러 진헌할 예물을 갖추어, 陪臣 議政府 右議政 申景禛, 漢城府判尹 李厚源 등에게 임무를 맡겨 (표문과 예물을) 가지고 京師로 가서 올려 감사드리도록 한 것 외에도, 지금 예물을 열거하여 마땅히 咨文으로 보내는 바입니다. 이에 비추어 上奏하여 시행해주십시오.

一. 黃細苧布[이하의 품목에 대해서는 위의 원 표문을 볼 것]

위의 내용을 예부에 咨文으로 보냅니다.

崇德 3년 정월 18일.

皇后方物狀

崇德 3年 正月 18日

別編 卷3 勅諭 7b~8a(1514~1515쪽)

조선국왕이 삼가 中宮殿下[紅籤]께 올릴 예물, 紅細苧布 10匹, 白細苧布 10匹, 白細綿紬 20匹, 黑細麻布 20匹, 滿花席 10張, 雜彩花席 10張을 삼가 갖추었습니다.

위의 물건들을 삼가 바치며 아룁니다.

崇德 3년 정월 18일. 조선국왕.

右狀進呈咨

崇德 3年 正月 18日

別編 卷3 勅諭 8a~8b(1515쪽)

발신: 조선국왕

사유: 은혜에 감사드립니다.

崇德 2년 12월 18일, 謝恩使로 간 陪臣 議政府 左議政 崔鳴吉 등이 다음과 같은 칙유를 가져왔습니다.

운운. [범위는 위의 원 표문을 볼 것]

저는 또한 다음과 같은 칙유도 삼가 받들었습니다.

운운. [범위는 위의 원 표문을 볼 것]

저는 또한 다음과 같은 칙유도 삼가 받들었습니다.

운운. [범위는 위의 원 표문을 볼 것]

저는 또한 다음과 같은 칙유도 삼가 받들었습니다.

운운. [범위는 위의 원 표문을 볼 것]

삼가 (유지를) 따라 받드는 외에, 일국의 신민들과 더불어 감격을 누를 수 없어, 陪臣 議政府右議政 申景禛, 漢城府判尹 李厚源 등에게 임무를 맡겨, 사은의 표문과 예물, 그리고 中宮殿下께 바치는 예물을 가지고 가게 하였습니다. 지금 예물을 열거하여 마땅히 咨文으로 보내는 바입니다. 이에 비추어 上奏하여 시행해주십시오.

一. 紅細苧布[이하의 품목에 대해서는 위의 원 문서를 볼 것]

이상의 내용을 예부에 咨文으로 보냅니다.

崇德 3년 정월 18일.

謝賜物停徵兵不許歸覲勅箋

崇德 3年 正月 18日

別編 卷3 勅諭 8b~9a(1515쪽)

조선국왕이 아룁니다.

崇德 2년 12월 18일, 사은사로 간 陪臣 議政府 左議政 崔鳴吉 등이 다음과 같은 칙유를 가져왔습니다.

운운. [범위는 어전에 올린 위의 표문을 볼 것]

신은 또한 다음과 같은 칙유도 삼가 받들었습니다.

운운. [범위는 어전에 올린 위의 표문을 볼 것]

신은 또한 다음과 같은 칙유도 삼가 받들었습니다.

운운. [범위는 어전에 올린 위의 표문을 볼 것]

신은 또한 다음과 같은 칙유도 삼가 받들었습니다.

운운. [범위는 어전에 올린 위의 표문을 볼 것]

(이상의 칙유들을) 삼가 따라서 공경히 받드는 외에, 일국의 신민들과 함께 감격에 겨워 삼가 箋을 올려 감사의 뜻을 아룁니다. 신은 진심으로 황공한 마음으로 머리를 조아립니다. 엎드려 생각해보건대, (제가) 봄비와도 같은 큰 은혜를 입게 되었으니, 그 공은 어디에 있겠습니까. 오로지 황태자께서 제위를 이으시게 되어 만물이 따르게 되었고, 거듭 폐하의 은총을 입게 되어 마음속에 깊이 새겼기 때문일 것입니다. 엎드려 생각해보건대, 신은 미천한 임지를 욕되게 지키면서, 무너져가는 (왕실의) 실마리를 겨우 이어가고 있었습니다. 처음에 완고한 선비의 (잘못된) 방편을 사용하였다가, (지금은) 후회해도 돌이킬 수 없게 되었습니다. (하지만) 끝내 하늘의 은혜를 입게 되어, 이미 썩은 육신에서 뼈에 다시 살이 붙게 되는 큰 은혜를 입게 되었습니다. 이는 실로 태자께서 인애하심으로 능히 대덕을 도와 만물을 양육해주신 덕분입니다. 하사품은 곧 藩屛에 전해져, 무례한 자들에게도 미치게 되었습니다. 詔書의 上諭도 매우 간절하

여, 이 살아남은 백성들을 가련히 여겨주셨습니다.
생각해보니, (제가) 자식과 떨어져 있어서 외람되이 속마음을 털어놓게 되었는데, (폐하께서는) 과연 부모의 마음으로, 성내지 않으시고 굽어살피시어 포용해주셨습니다. 이것이 어찌 단지 미천한 臣만의 기쁨이겠습니까. 뭇 백성들과 함께 우러를 따름입니다. 엎드려 생각하건대, 황태자께서는 천성의 품성과 인륜의 덕행을 갖추시어, 후계자가 되심에 화협함이 백복에 이르게 하시고 황상을 봉양함에 명성이 조정에 두드러지게 되었으니, 마침내 넘어진 자를 일으켜 세우신 나머지 저까지도 교화의 은혜를 입게 되었습니다. 이에 신이 어찌 감히 항상 결초보은할 마음을 품으면서 조공의 의례를 더욱 정성스럽게 준비하지 않을 수 있겠습니까. 뭇 별들이 북극성을 중심으로 하듯 황태자[後天]을 가리켜 기도하겠으며, 東土를 제후로서 지키면서 황태자[前星]를 우러러 진심을 바치겠습니다. 신은 (하늘을) 우러러봄에 감격스럽고도 황공한 마음을 가눌 수 없어 삼가 箋文을 받들어 감사드리며 아뢰니다.

崇德 3년 정월 18일. 조선국왕이 삼가 箋文을 올립니다.

方物箋

崇德 3年 正月 18日

別編 卷3 勅諭 9a~9b(1515쪽)

조선국왕이 (말씀드립니다.) 삼가 하늘에 닿는 은총을 입어 조칙을 삼가 받들었으니, 토신물을 갖추어, 감히 보잘것없는 것이라도 황태자께 다하고자 합니다.
白細苧布 20匹, 黑細麻布 20匹, 滿花席 10張, 雜彩花席 10張, 白綿紙 500卷, 黃毛筆 50把, 油煤墨 50錠을 삼가 갖추었습니다.
위의 물건들은 종류가 많지도 않고, 품질도 정교하지 못하지만, 황상께 바치는 정성을 나타내려 한 것이니, 그 속의 간절한 마음을 살펴주시기 바랍니다. 신은 너무나도 진심으로 황공하여 어찌할 줄 모르겠습니다. 삼가 箋文에 따라서 (위의 것들을) 바치며 아룁니다.

崇德 3년 정월 18일. 조선국왕이 삼가 箋文을 올립니다.

右箋進呈咨

崇德 3年 正月 18日

別編 卷3 勅諭 9b~10a(1515~1516쪽)

발신: 조선국왕
사유: 은혜에 감사드립니다.

崇德 2년 12월 18일, 사은사로 간 陪臣 議政府左議政 崔鳴吉 등이 다음과 같은 칙유를 가져왔습니다.

운운. [범위는 위의 감사 표문을 볼 것]

저는 또 다음과 같은 칙유도 삼가 받들었습니다.

운운. [범위는 위의 원 箋文을 볼 것]

저는 또 다음과 같은 칙유도 삼가 받들었습니다.

운운. [범위는 위의 감사 표문을 볼 것]

저는 또 다음과 같은 칙유도 삼가 받들었습니다.

운운. [범위는 위의 감사 표문을 볼 것]

(이상의 칙유를) 삼가 따라서 공경히 받드는 외에, 일국의 신민들과 함께 감격에 겨워 은혜에 감사드리는 箋文을 작성하고, 또한 헌상할 예물을 갖추어, 陪臣 議政府右議政 申景禛과, 漢城府判尹 李厚源 등에게 임무를 맡겨, (箋文과 예물들을) 가지고 京師로 가서 바치도록 하는 외에, 지금 예물의 품목을 열거하여 마땅히 咨文으로 보내는 바입

니다. 이에 비추어 상주하여 시행해주십시오.
一. 白細苧布[이하의 품목에 대해서는, 위의 원 箋文을 볼 것]
위의 내용을 예부에 咨文으로 보냅니다.

崇德 3년 정월 18일.

禮物總單[互封典]

崇德 3年 正月 18日

別編 卷3 勅諭 10a~10b(1516쪽)

조선에서 파견되어온 陪臣 議政府右議政 申景禛, 漢城府判尹 李厚源 등이 呈文을 올립니다.

삼가 받든 칙유에 대한 사은의 예물과, 책봉 및 하사품에 대한 사은의 예물의 품목을 지금 열거하여, 마땅히 呈文을 갖추어 보내야 할 것입니다.

목록.
삼가 받든 칙유에 대한 사은의 예물. [황제께 보내는 것으로서, 黃細苧布 이하의 품목에 대해서는 (앞의) 方物表를 볼 것. 중궁전에 보내는 것으로서, 紅細苧布 이하의 품목에 대해서는 (앞의) 方物狀을 볼 것. 황태자께 보내는 것으로서, 白細苧布 이하의 품목에 대해서는 (앞의) 方物箋을 볼 것]
책봉 및 하사품에 대한 사은의 예물. [황제 및 중궁전, 황태자께 보내는 품목에 대해서는 책봉에 관한 (앞의) 表·狀·箋을 볼 것]
이상의 내용을 呈文으로 갖추었습니다.

崇德 3년 정월 18일. 조선에서 파견되어온 陪臣 의정부우의정 신경진, 한성부판윤 이후원.

謝問上候表[己卯]

[製 李景奭 使 崔鳴吉]

崇德 4年 11月 25日

別編 卷3 勅諭 10b~11a(1516쪽)

[滿月介가 諭旨를 받들고 와서, 왕의 병세에 대해 問候하였다. 『通文館志』에 나온다] 운운. 황상께서 특명을 내리시어 사신을 보내 (저의) 병세를 굽어살펴주시니, 신과 일국의 신민들은 감격에 겨워 삼가 表文을 받들어 감사드립니다. 운운. 병이 고질이 된 지 이미 오래되었는데도 (황상께서) 세심히 은총을 내려 (병세를) 물어주시어, 갑작스럽게 사신을 맞이하게 되었으니 눈물이 저절로 흘러 옷깃을 적시며, 병세가 마치 사라진 것 같습니다. 엎드려 생각해보니, (신은) 타고난 체질이 평소 허약하고 기력도 약합니다. 여러 질환이 끊이지 않았으며, (이번 병도) 일시적으로 風寒에 걸린 것이 아니며, (신의) 병마는 귀신의 해코지에 의한 것으로, 하루아침에 낫기를 바라기 어려우니 탕약의 효과를 볼 수도 없으며 剌家의 기술도 쓸모없습니다. 황제께서 마음을 써주시어, 大官을 파견하여 (이곳에) 오게 하실 줄 어찌 생각이나 했겠습니까. (사신께서) 하루에 이틀 치 거리를 달리어 신속히 오셨으니, 황상의 인자함을 본받아 수고로움을 피하지 않은 것입니다. (사람들은) 도로 양편에 늘어서 다투어 바라보았으며, 수많은 인파들이 서로 기뻐하였습니다. 신은 숨이 간신히 붙어 있는 상태라 배계의 예도 행하지 못했지만, 천 리도 멀지 않을 처지에 지척에서 위엄 있는 얼굴을 멍하니 뵈었으니, 따뜻한 말씀이 처음 전해질 때도 寒氣에 소름이 돋아 (몸에) 퍼질 정도였습니다. 은혜가 크고 영예가 극에 달하니, 거의 병이 나은 것처럼 기쁘지만, 복이 지나치면 재앙이 생기므로 잠시나마 다시 조금 쾌차하였으니, 오직 천지간의 덕에 의지하며 해바라기와 같은 충심을 더욱 절실히 할 뿐입니다.

황상께서 깊은 사랑을 널리 베풀어주시고, 길러주시고 윤택하게 해 주시니, 누군들 (베풀어주신) 은혜에 감사하지 않겠습니까. 모두들 두터운 가르침에 기뻐하고 있습니다. 마침내 겨우 붙어 있는 (신의) 목숨도 폐하의 특별한 은총을 받게 되었으니 비록 병중에 있지만 결초보은의 뜻을 깊이 생각하지 않을 수 있겠습니까! 藩屛의 직무를 생각하고 또 생각하여 제후의 법도를 정성을 다해 완수할 것이며, 영원히 장구하시길 바라며 封國의 사람이 축원을 바칩니다. 운운.

崇德 4년 11월 25일.

方物表

別編 卷3 勅諭 11a(1516쪽)

운운. 사랑으로 그 생명을 살리고자 하셔서 칙사를 보낸 하늘과 같은 은총을 선포하였으니, 의례에 있어 토산물로 조공을 해야 하기에, 삼가 갖추었습니다. 운운.

[품목은 위의 무인년 謝恩方物과 같다]

이상의 물건들이 어찌 폐하의 조정에 적합하겠습니까. 오직 조잡한 토산물이라도 갖추어, 微物이라도 바치는 뜻을 펼치고자 하오니, (해를) 향하는 해바라기의 마음이 드러나기를 바랄 뿐입니다. 운운.

右表進呈咨[式見戊寅謝恩]

別編 卷3 勅諭 11a(1516쪽)

皇后方物狀[式見戊寅謝恩]

別編 卷3 勅諭 11b(1516쪽)

右狀進呈咨[式見戊寅謝恩]

別編 卷3 勅諭 11b(1516쪽)

謝問上候箋

[製 南老星]

別編 卷3 勅諭 11b(1516쪽)

운운. 앓아오던 병이 최근에는 더욱 심해지던 터에 황상의 은혜를 입어 칙사들의 문병을 받게 되었으니, 놀랍고 당황하여 진정이 되지 않았고 보살펴 주심을 어찌 편안하게 여기겠습니까! 엎드려 생각해보건대, 左海의 小邦은 東藩으로 복속하고 있었는데, 再造해주신 두터운 은택을 입어 이내 백성들을 다스릴 수 있었지만 기운이 치우치고 잘못되어 그 삼가야 할 것들에 소홀했었으니, 어찌 태자께서 배려해주시어 특별히 (신의) 병세를 살펴주실 줄 어찌 생각했겠습니까. 황상의 말씀은 먼 곳에서 전해져오지만 위엄 있는 얼굴은 지척만큼도 떨어져 있지 않으며, 사신들이 멀리 왔으니 그 특별하게 예우해 주신 것은 일반적인 것을 크게 벗어납니다. 마음속에서는 감사함이 극에 달하고, 얼굴에서는 부끄러움이 나타납니다.

태자께서는 어렸을 때부터 총명하시고 큰 덕을 베풀어오셨습니다. 자연의 섭리를 익히는 일[羽籥干戈] 그 공이 강습에서 더욱 나타나고, 시서와 예악은 그 학문이 빛나게 되었습니다. 이번에 융성한 은혜를 내려주신 것은 모두가 (신을) 특별히 칭찬해주신 것입니다. 감히 (이 은혜를) 가슴속에 새겨 보답을 꾀하여 이가 없어질 만큼 늙어서도 잊지 않겠습니다. 더욱 창성하게 춘추의 정신에 힘쓰고, 이를 더욱 빛나고 윤택하게 하여 漢人의 노래를 잇고자 합니다. 운운.

方物箋

別編 卷3 勅諭 12a(1517쪽)

운운. (서희가) 天心을 면밀히 보좌하여, 이미 (황제께서) 우리나라에 은혜를 베풀어주셨습니다. 삼가 토산물을 준비하여 바쳐서, 감히 감사의 뜻을 황태자께 아뢰고자 합니다. (다음과 같은 것들을) 삼가 갖추었습니다. 운운.

[품목은 위의 무인년 謝恩方物과 같다]

위의 물건들은 단지 토산물을 올린 것으로서, 어찌 조정에서 진열하는 물품에 비하겠습니까. 미천한 물건이라도 바치는 정성을 헤아려주시어, 부족한 물품들을 굽어 거두어주시기를 바랄 뿐입니다. 운운.

右箋進呈咨[式見戊寅謝恩]

別編 卷3 勅諭 12a(1517쪽)

禮物總單[式見戊寅行總單後倣此○見節使]

別編 卷3 勅諭 12a(1517쪽)

請許世子歸省申文

崇德 4年 12月 27日

別編 卷3 勅諭 12a~13a(1517쪽)

발신: 조선 의정부

사유: 寡君의 병세가 계속해서 호전되지 않으니, 특별히 세자께서 돌아와 만나 뵐 수 있게 해주시길 간절히 요청합니다.

삼가 살펴보건대, 조선국왕[寡君]의 병증은 일시적으로 감기에 걸린 것에 비할 바가 아닙니다. 그 근원은 매우 깊어 몇 해 동안 누적되었으며, 매번 추운 시기가 되면 번번이 더욱 심해졌습니다. 올해에는 8월 이후부터 고질병이 되어, 침과 약을 사용하며 해보지 않은 것이 없지만, 조금의 효과도 없었습니다. 원기는 더욱 허해졌고, 마침내 10월 15일 밤에는 痰火가 올라 증세가 위급해졌고, 급히 약물을 써서 겨우 조금 안정을 찾았습니다. 이 이후로 기력은 더욱 떨어졌고, 그로 인해 火證이 수시로 올랐다가 가라앉았으며, 脹症도 나날이 심해져 消渴症도 함께 앓고 계십니다. 숨을 헐떡이고 기침을 하며 추위에 몸을 움직이지 못하시는 등, 여러 증세가 번갈아 나타나고 있습니다. 따뜻한 날이라 하더라도 문을 열 수가 없고, 寢食을 모두 폐하시고 오랫동안 침상에만 계십니다. (이러하니) 온 나라의 신민들이 근심하며 애태우는 바가 어찌 그 끝이 있겠습니까.

오랫동안 이러한 사유를 갖춰 (황상께) 아뢰고자 하였고, 아래에서 일을 추진하고 있었는데, 寡君께서 崇德 2년 11월 18일의 칙유를 삼가 읽어보시고서는 (일을) 중단시키시며 말씀하시기를, '응당 의로운 가르침을 따르는 데 힘쓰면서, 은혜로운 명을 기다려야 한다. 어찌 감히 보잘것없는 병을 가지고 번거로우시게 번번이 아뢴다는 말인가.'라 하셨습니다. 寡君의 뜻이 이러한데, 저희가 마음대로 보고를 올릴 수는 없었습니다. 지금 시간이 많이 흘러 한 해가 끝나가고 있는데, 병세는 호전되지 않아 회복이 쉽지 않습니다. 여러 의원들이 서로 살피고 있지만, 방도가 나오지 않고 있습니다. 저희가 삼가 엎드려 생각해보건대, 부자간의 지극한 정은 천륜에서 나온 것으로, 병환 중에서 그리워하는 것은 억누르기 어려운 것이 이치입니다. 寡君께서 직접 말씀하시지는 않지만, 병환 중의 마음이 어떠하겠습니까. 만약에 이때 황은을 내리시어 특별히 세자를 보내주신다면, 즐거운 마음에 춤을 추다가 앉은뱅이와 절름발이도 모두 일어나게 될 것이며, 寡君의 깊은 병도 혹시 호전될 수도 있습니다. 세자께서도 어버이의 약을 먼저 맛봄으로써 그 의무를 다할 수 있을 것입니다.

황상의 큰 덕이 봄날의 햇살처럼 한 번 불어오면 만물이 생기를 띠게 될 것이니, 小邦의 신민들은 더욱 끝없이 감격하여 (황상을) 떠받들게 될 것입니다. 황상께서 寡君의 병세에 대해 염려해주시고, 또한 이르기를, 이미 대관을 파견하시어 고생스럽게 (병세를) 굽어살피시고, 이어서 依裘를 하사해주셨다고 들었습니다. 또다시 마음을 써주시어 영광을 더해주시니, 누군들 명확히 보고 분명히 알 수 없겠습니까! 황상의 인자하심은 하늘을 뒤덮고 그 총명하심은 해처럼 밝으니, 小邦에서 청원하기 전에 황상의 諭旨가 내려지리라는 것을 잘 알고 있지만, 하지만 사안이 급하여 느긋하게 걸을 여유가 없고, 병세가 위독하여 느린 소리를 받아들일 수 없으니, 피를 토하는 심정으로 간청하며 감히 숨기는 바가 없었습니다. 오로지 皇朝의 一視同仁의 의리만을 믿을 뿐입니다. 大部께 간청하오니, 이 申文 내의 내용을 황상께 전하여 상주하여, (황상께서) 특별히 인자한 위문을 허락해주심으로써, 한 나라의 밤낮으로 기원하는 바람에 부응할 수 있도록 해주십시오. 큰 소원이 성취되는 (기쁨을) 감당할 수 없을 것입니다. 이에 摠府都事 洪有量에게 전담시켜 京師로 신속히 가게 하겠습니다. 마땅히 申文을 갖추는 바이오니, 이 내용에 비추어 전하여 상주해서 시행해주시기 바랍니다.
위의 내용을 삼가 禮部에 申文으로 보냅니다.

崇德 4년 12월 27일.

世子歸省元孫替送勅[世子回轅時賚來][庚辰]

崇德 5年 五月 12日

別編 卷3 勅諭 13a~14a(1517~1518쪽)

황제가 조선국왕 姓 某에게 칙유를 내려 알리노라.

禮部에서 와서 상주하기를, 그대의 議政府에서 예부로 申文을 보내와, 국왕의 병세가 점점 위중해지니 세자가 돌아가 문안을 할 수 있게 해달라고 요청했다고 들었다. 짐이 (세자를) 돌려보내지 않으려는 이유는 실은 모두 그대에게 있는 것이다. 그 까닭이 어찌 짐에게 있겠는가. 원래 그대의 나라에서 끊임없이 (태도를) 번복했기 때문에 왕의 두 아들들을 인질로 삼은 것이다. 그대가 만약에 짐의 명령을 공손히 따라서, 兀良哈 백성들을 모두 돌려보내고, 도망간 자들은 모두 사로잡아 송환하며, 모든 징발 조치에 대해서 늦지 않게 했고, 설령 그대가 직접 와서 (짐을) 알현하지는 못한다 하더라도 그곳에 있는 아들을 보내서 짐의 앞에서 머리를 조아리게 했다면, 짐은 확실히 그대의 충성을 보고 의심이 저절로 풀렸을 것이니, 왕의 두 아들들에 대해서 짐은 반드시 그들이 끊임없이 왕래할 수 있게 할 것이다. 그러므로 (그대의) 두 아들들이 돌아가지 못하는 것은 짐이 못하게 해서가 아니라, 그대가 스스로 의심하여 짐이 의심하게 되었기 때문에 (그들이) 돌아가지 못하게 된 것이다.

근래에는 또다시 짐의 이전 諭旨를 어기고, 南漢山城과 平壤城을 수리하고 군량을 축적하였다. 다른 곳의 성곽과 해자도 이처럼 보수했을지, 짐이 어찌 알 수 있겠는가. 게다가 짐은 그대를 보전시켜주었지만, 그대는 보답을 도모함에 있어 성실하지 못하였으니, 짐은 응당 그대를 의심하게 되는 것이다. 지금 짐이 왕을 의심하지 않거늘, 왕이 도리어 짐을 의심하니, 이것이 무슨 심산인가. 왕의 토지를 짐은 이미 획득하였고, 왕의 군대는 짐이 이미 굴복시켰다. 왕의 몸과 왕의 처자식들, 그리고 여러 신료들의 몸과 그 처자들에 이르기까지, 짐은 이미 모두 거두어들여 다시 살려주었다. 지금 무슨 이득이 있어 다시 전쟁의 단서를 일으키려 하는가.

왕이 짐을 의심하는 것에 대해서 짐은 이상하다는 생각을 지울 수 없다. 만약 그대의 충성이 진실하고 두드러진다면, 세자를 돌려보내는 것뿐만 아니라, 여러 아들들이 이곳에 있건 그곳에 있건, 무슨 문제가 되겠는가. 지금 세자에게 돌아가 문안을 하도록 보낼 것이지만, 그대는 그곳에 남겨둔 아들과 세자의 아들을 신속히 鳳凰城으로 보내도록 하라. 그러면 짐 역시 세자에게 명하여 봉황성으로 가서 서로 만나게 할 것이며, 세자가 돌아가 병문안을 하고 돌아온 다음에, 이곳에 있는 아들들을 귀국시키도록 할 것이다. 짐은 그대를 대함에 있어 조금의 의심도 없으며, 여러 자식들이 서로 왕래하게 해주고 싶을 따름이다. 신중히 하여, 하늘을 배신하고 짐의 명령을 어기지 않도록 하라. 특별히 勅諭를 내리노라.

崇德 5년 정월 12일.

謝世子回轅表

[使 李聖求]

崇德 5年 3月 22日

別編 卷3 勅諭 14a~14b(1518쪽)

[세자께서 3월 초칠일에 入京하시고 4월 2일에 다시 돌아가셨으며, 원손께서는 곧바로 돌아오셨다.『通文館志』에 나온다]

운운. 崇德 5년 3월 초칠일, 신은 삼가 황상의 사랑을 받게 되었으니, 특별히 세자를 보내시어 臣의 병을 문안할 수 있게 해주셨습니다. 신과 일국의 신민들은 감격에 겨워 삼가 표문을 받들어 감사를 표합니다. 운운. 천지를 뒤덮는 특별한 은혜를 베풀어주시어, 황제께서 매번 (신의) 병세에 마음을 써주셨으며, 부자간의 지극한 정도 헤아려 주시어, 隆旨를 내려 특별히 그 정성을 펼칠 수 있게 해주셨습니다. 더욱 감격하여 떠받드는 바이며, 절실히 가슴속에 새기겠습니다.

엎드려 생각해보건대, 생성의 은혜에 보답하지도 못했는데 갑자기 지독한 병에 걸렸습니다. (게다가) 골육과도 헤어져 있어, 문에 기대어 자식이 돌아올 것을 기다리면서도, 封疆이 가로막고 있으니 감히 자식이 아비에게 약이라도 올릴 수 있는 기회라도 바라게 되었습니다. 어찌 황상께서 은혜를 내리시어, 다시 미천한 (신의) 자식으로 하여금, 돌아와 아비를 만나게 해주실 것을 의도했겠습니까. 몇 해가 지나 다시 만나니 병이 사라진 듯하고, 꿈속에서처럼 서로 마주하니 눈물이 흘러 옷깃을 적십니다. 이러한 은혜를 주셨으니 어떻게 보답해야 할까요. 저는 (제 자식에게 하듯이) 남의 자식에게 하시고, 만물에 봄과 같은 따뜻함을 주시며, 관대한 도량으로 먼 곳을 포괄하시고, 만 리를 명석하게 통찰하시며, 큰마음으로 작은 것을 기르시고, (모두에게) 똑같이 동일한 사랑을 펼치시는 은혜를 입게 되었고, 마침내 구석진 (저희) 藩屛으로 하여금 거듭 특별한 대우를 받게 해주셨습니다. 감히, 한 줄기 빛이 늘 북극성을 향하고 황하의 물줄기는 반드시 동쪽으로 흘러가듯이, (황상의) 법도를 삼가 지키며 먼 후대에 이르기까지 변하지 않지 않을 수 있겠습니까. 정중하게 기쁜 명을 받들어 뭇 신료와 백성들이 함께 즐거워하고 있습니다. 운운.

崇德 5년 3월 22일.

方物表

別編 卷3 勅諭 14b~15a(1518쪽)

운운. 황상의 은총이 (저희에게) 특별히 지극하여 부자가 감격하게 되었습니다. 토산물이라 비록 미흡하지만, 진심으로 절절한 마음을 담아 (다음과 같은 것들을) 삼가 갖추었습니다. 운운.

[품목은 위의 무인년 謝恩方物과 같다]

위의 물건들은 매우 엉성하게 만들어졌고 그 수도 적으니, 어찌 조정에서 쓰는 것에 족하겠습니까. 실로 부족하게나마 享儀에 올리고자 하는 것일 뿐입니다. 운운.

右表進呈咨[式見戊寅謝恩]

別編 卷3 勅諭 15a(1518쪽)

皇后方物狀[式見戊寅謝恩]

別編 卷3 勅諭 15a(1518쪽)

右狀進呈咨[式見戊寅謝恩]

別編 卷3 勅諭 15a(1518쪽)

謝世子回韓箋

[製 柳碩]

別編 卷3 勅諭 15a~15b(1518쪽)

운운. 불행히도 병이 있어 바야흐로 자식을 보고자 하는 마음이 깊어졌는데, 언젠가 살아서 돌아오기만 바라는 처지에 특별히 (일시귀국을 허락해주신) 은혜를 입었으니, 그 영광은 처음에 바라던 것 이상이며, 병세도 다시 회복되려 하고 있습니다. 엎드려 생각해보건대, (신은) 힘없는 제후로서, 오랫동안 병을 앓았습니다. (게다가) 아침저녁으로 (자식과) 떨어져 있으니, 어찌 부자간의 정을 감내할 수 있겠습니까. (또한) 종묘가 위태로워졌으니 뭇 신료와 백성들의 큰 걱정을 끼치게 되었습니다. 황은을 널리 베풀어주실 것을 꾀한 것은 아니었지만, 특별히 세자가 돌아와 문병하는 것을 허락해주셨습니다.

삼가 (황태자의) 지혜가 일찍부터 뛰어나셨고, 나날이 온화한 마음을 갖으시며, 영원토록 복을 내려주시고, 자신의 처지에 비추어 남을 헤아려 주시는 사랑을 모두가 우러러 받들고 있는 때를 만나, 몸에 병이 들어 자식이 아비에게 약을 먹일 수 있는 바람을 전하게 펼치게 되었으니, 어찌 변변치 못한 (저만) 놀랐겠습니까. 실로 온 나라의 백성들이 기뻐하는 바이니, 감히 그 덕을 마음에 품고 전율하면서, 마음을 어루만지며 가슴속에 새기지 않을 수 있겠습니까! 멀리서 황태자의 은덕을 우러러 더욱 충성을 다하고, 교화를 받들어 삼가 종사를 지키겠습니다. 운운.

方物箋

別編 卷3 勅諭 15b(1518쪽)

운운. 부자가 함께 기뻐하며 황상의 은총을 입었기에, 군신들이 서로 경하해하며, 任地의 토산물을 삼가 갖추었습니다. 운운.

[품목은 위의 무인년 謝恩方物과 같다]

위의 물건들은 변변치 못하게 만들어졌고, 품목의 수도 많지 않으니, 어찌 황상의 제의에 올린다고 하겠습니까. 단지 마음속의 정성을 표하는 것입니다. 운운.

右箋進呈咨[式見戊寅謝恩]

別編 卷3 勅諭 15b(1518쪽)

禮物總單[謝世子回轅物目見原表狀箋]

別編 卷3 勅諭 15b(1518쪽)

謝元孫回轅表

[製 趙緯韓 使 懷恩君 德仁]

崇德 5年 9月 16日

別編 卷3 勅諭 15b~16a(1518~1519쪽)

운운. 崇德 5년 8월 4일, 신은 황상께서 (저의) 어린 손자를 돌려보내라 명해주시는 은혜를 입었으니, 신과 일국의 신민들이 감격에 겨워 삼가 표문을 받들어 감사드립니다. 운운. 골육과 떨어져 지내느라 바야흐로 보고 싶은 마음이 깊어가던 차에 손자가 귀국하는 문제에 대해 갑작스럽게 조칙을 내려주시는 은혜를 입게 되었으니, 감히 바라지도 못하던 바라 어찌 감사를 드려야 할지 모르겠습니다.
엎드려 생각해보건대, (저희는) 근근이 왕통을 이어오며 외람되이 폐번을 지키고 있습니다. 성조의 명령을 따르며 다행스럽게 용이 승천하는 운세를 만나게 되었으나, 병이 해마다 깊어지면서 단지 자식을 생각하는 마음만을 품어왔습니다. 그런데 어찌 하늘에 닿을 만큼 큰 은혜를 입게 되어, 특별히 어린 손자의 보잘것없는 생명을 돌려보내 주실 줄 알았겠습니까. 손을 어루만지고 밤새 얘기하니 마치 꿈속에서 만난 듯하고, 봄이 가고 가을이 와도 말달려 돌아가게 될 근심이 없음을 기뻐하였으니, 둥근 태양과 같은 황상의 은혜에 어찌하면 보답할 수 있겠습니까.
(황상께서) 어진 정치를 새로 행하시고 (지신의 자식을 대하듯) 남의 자식을 대해 주시어, (지난번에는) 저의 아들이 문병하는 것을 허락하시고 너무나 영광스럽게도 부모 봉양에 전념하게 하시었습니다. 번병이 어려움에 닥치자 어진 마음으로 약자를 사랑해 주셨는데, (이제) 마침내 큰 은혜로 감싸주심이 강보 속의 어린 손자에게까지 미쳤으니, 감히 황상의 은혜를 영원토록 떠받들면서 제후로서의 도리에 더욱 힘쓰지 않을 수 있겠습니까. 후손들이 왕조를 이어갈 때 훈계하여 은혜를 잊지 않게 하고, 황상께 정성을 바치며 충성을 다해 사대에 충실하겠습니다. 운운.

崇德 5년 9월 16일.

方物表

別編 卷3 勅諭 16a(1519쪽)

운운. 황상께서 은총을 내려주시어 특별히 어린 손자를 돌려보내 주셨으니, 任地의 토산물로써 공손히 비천한 예물이라도 갖추고자 (다음과 같은 것들을) 삼가 갖추었습니다. 운운.
[품목은 위의 무인년 謝恩方物과 같다]

위의 물건들은 품목의 수도 매우 적고, 품질도 또한 엉성합니다. 단지 마음속의 뜻을 나타내고자 할 뿐이니, 어찌 올리기에 족한 것들이겠습니까. 운운.

右表進呈咨[式見戊寅謝恩]

別編 卷3 勅諭 16b(1519쪽)

皇后方物狀[式見戊寅謝恩]

別編 卷3 勅諭 16b(1519쪽)

右狀進呈咨[式見戊寅謝恩]

別編 卷3 勅諭 16b(1519쪽)

謝元孫回轅箋

[製 趙重呂]

別編 卷3 勅諭 16b(1519쪽)

운운. 저는 외람되이 번복에 있으면서 정성을 다해 오랫동안 황태자를 따랐는데, (이번에) 그 은혜가 어린아이에게까지 미쳐 오늘날 골육끼리 다시 만나게 되었으니, 지금 마치 꿈속인 듯하며 즐겁고도 슬픕니다. 엎드려 생각해보건대, (신은) 큰 은혜를 많이 받아 근근이 왕조를 이어가고 있습니다. 온 마음으로 감사드리며 우러르고 있지만 보답할 길을 찾지 못하였는데, 두 아들이 연이어 돌아와 문병하며 막힘없이 왕래하였습니다. 어찌 황상께서 은총을 베푸시어, 어린 손자까지 다시 돌아오게 될 줄 알았겠습니까. 덕이 크신 황태자께서는 태생이 비범하시니, 궁전에 계심에 인효의 명성이 높으시고 큰 계책을 도우심에 (사방에서) 진실로 그 덕을 찬미하였으니, 홀로 외로이 지내는 저의 심정을 조우의 기쁨으로 바꾸어 주셨습니다. 감히 충정을 두텁게 하기를 한결같이 하지 않을 수 있겠습니까. 황태자의 명철함을 우러러 늘 장수를 기원드리며, 소방의 후손들에게 전하여 더욱 정성스럽게 임무를 다하겠습니다. 운운.

方物表

別編 卷3 勅諭 17a(1519쪽)

운운. 할아버지와 손자가 서로 만났으니, 모두 황상의 말씀에 따른 것입니다. 예물이 비록 보잘것없지만, 감히 감사의 뜻을 펼쳐 (다음과 같은 것들을) 삼가 준비하였습니다. 운운.

[품목은 위의 무인년 謝恩方物과 같다]

위의 물건들은 품목의 수도 매우 적고, 품질도 매우 엉성하여, 해바라기와 같은 정성을 대략이나마 나타내고자 한 것이니, 어찌 包茅의 공물에 합당하겠습니까. 운운.

右箋進呈咨[式見戊寅謝恩]

別編 卷3 勅諭 17a(1519쪽)

禮物總單[見節使]

別編 卷3 勅諭 17a(1519쪽)

[丁丑]

諭執送斥和臣書

崇德 2年 正月 20日

別編 卷3 勅諭 17a~18a(1519~1520쪽)

大淸國의 寬溫仁聖皇帝가 조선국왕에게 詔書를 내려 훈계하노라.

그대가 하늘을 위반하고 맹약을 어겼기 때문에 짐이 이처럼 분노하여 군사를 이끌고 와서 정벌하게 되었으니, 결코 용서하지 않을 것이다. 지금 그대는 힘겹게 외딴 성을 지키다가, 짐의 꾸짖는 詔書를 보고서야 죄를 뉘우쳐야 함을 알고, 누차 문서를 올려 용서를 구하였다. 짐이 큰 아량을 베풀어 그대가 改過할 수 있도록 허락한 것은, (성을) 공격해서 취할 힘이 없거나, (계속) 포위할 수가 없어서 (그대를) 불러들인 것이 아니다. 이 성은 공격하는 방법으로 취할 수 있다. 그렇게 하지 않는다 해도 너희의 건초와 양식을 부족하게 하여, 군사를 먹이고 말을 먹이다가 너 스스로 버티지 못하게 만든다면, 곤궁하게 만드는 전략으로도 또한 취할 수 있다. 이처럼 보잘것없는 그대의 작은 성도 취하지 못한다면, 어찌 장차 명나라[幽燕]의 성을 함락할 수 있겠는가.

그대로 하여금 성을 나와 직접 짐을 만나게 한 것은, 첫째는 그대가 진심으로 복종하였음을 보기 위해서이고, 둘째는 그대에게 은혜를 베풀어 다시 국사를 주관하게 함으로써, 철수한 후에 천하에 (짐의) 인자함을 보이기 위해서이다. (짐이) 계책으로 그대를 유인하려는 것이라고 한다면, 짐은 바야흐로 하늘의 보살핌을 받아 사방을 평정하게 될 것이니, 정말로 그대의 옛 죄를 용서하여 명나라[南朝]의 본보기로 삼고자 하는 것이다. 만약에 거짓된 계책으로써 그대를 취한다면, 천하는 넓을진대 모두 거짓 계책으로 취할 수 있겠는가. 이는 (짐이) 스스로 (그대가) 항복해 올 길을 끊는 것이다. 이는 실로 지혜로운 자이든 무지한 자이든 모두 아는 바이다.

그대가 만약에 주저하면서 나오지 않는다면, 지방은 유린당하고 군량은 소진될 것이며, 백성들은 도탄에 빠지고 재난은 나날이 심해질 것이니, 실로 시간을 지체할 여유가 없다. 맹약을 배신할 것을 주도한 그대의 신하들을 짐은 처음에 모두 도륙하려 하였지만, 지금 그대가 과연 성에서 나와 명을 따르고, 주모자 2~3명의 신하들을 먼저 포박하여 보내온다면, 짐은 (그 밖의 인물들에 대해서는 더 이상 문제 삼지 않고) 응당 (그들을) 효시하여 후인들에게 본보기로 삼을 것이다. 西征에 대한 짐의 大計를 그르치고, 백성들의 목숨을 물불 속에 빠트린 자가, 이 자들이 아니면 누구겠는가. 만약에 주모자들을 먼저 보내오지 않고, 그대가 항복한 후에야 색출하려 한다면, 짐은 그렇게 하지 않을 것이다. 그대가 만약에 (성에서) 나오지 않으면서 간절히 요청만 한다면, 짐은 이를 듣지 않을 것이다. 특별히 훈계하노라.

崇德 2년 정월 20일.

陳難刷三色人伸辨斥和臣奏[互刷還] [庚辰]

[使 懷恩君 德仁]

崇德 5年 12月 20日

別編 卷3 勅諭 18a~20a(1520~1521쪽)

조선국왕이, 절박한 사정을 삼가 아뢰오니 황상의 밝으신 덕으로 용서해주시기를 기원하는 사안으로, 삼가 上奏합니다.

신은 황상의 큰 은혜를 입어, 다시 宗社를 보전할 수 있게 되었고, 온 나라의 신민들도 각자 身家를 유지할 수 있게 되었습니다. (황상을) 감격하여 받드는 진심은 하늘처럼 끝이 없습니다. (저희가) 복종한 이후로 줄곧 황상께서는 이 外藩의 민생을 염려하시어, 한집안의 갓난아이를 보호하듯이 해주셨습니다. 첫해에는 歲貢의 기한을 연기해주셨고, 그 다음 해에는 六軍의 징발을 늦춰주셨으며, 이번에는 또 9천 包의 貢米를 특별히 줄여주셨습니다. 大朝께서 (저희를) 길러주시는 은혜가 지극합니다. 다만, 小邦

의 인정과 풍속, 정사와 법령이 大朝와 다르기 때문에, 小邦에서는 비록 마음을 기울여 힘을 다해서 오로지 (황상을) 받드는 것만을 생각함에도 불구하고, 大朝께서 보실 때에는 마치 어기고 위반하는 바가 있는 것처럼 보일 것입니다. 그렇기 때문에 오늘날 (세 종류의 백성들을) 조사해서 찾아내라고 하시기에 이르렀을 것입니다. 이는 모두 신이 불민한 탓입니다. 신은 실로 두려워하며 종종걸음 치면서 몸 둘 바를 모르겠습니다. 다만, 이 세 종류의 사람들을 색출하는 일의 어려움에 대해서는, 이전에도 이미 누차 번거로우시게 咨文을 보내 上奏한 바 있습니다. 결코 신이 (이들을) 아껴 숨겨줌으로써 감히 皇旨를 어기고자 하는 것이 아닙니다. 지금 대신께서 국경에 머물러 계시면서 기한을 지켜 차출할 것을 독촉하고 계시니, 諸道에서는 소식을 듣고 두려움에 떨며 일제히 수색하여 (대상자를) 구별하느라 겨를이 없습니다만, 응당 색출되어야 할 무리들은 일찍이 잠적하여 찾아내기가 어려우니, 색출되지 말아야 할 사람들이 스스로 정착해서 살고 있다가 도리어 뜻밖의 재앙을 피하기 어렵게 되었습니다. 강을 건너 달아나지 않은 사람들은 원래 조칙으로 차출이 면제된 부류인데다가 도강을 전후한 잠깐 사이의 일에 대해서 (그들을) 자세히 조사하기도 어렵습니다.

간혹 逃散한 민병들 중에서 포로로 잡혔다고 거짓말을 하면서, 일시적으로 징역을 면제받기 위하여 생업을 회복한 이후에도 계속해서 포로로 잡혔다고 주장하는 자들도 있습니다. 혹 우리 땅에서 贖罪하여 풀려났지만 증빙문서가 없는 자도 있고, 도강한 후에 贖罪하여 돌아왔지만 증빙문서를 잃어버린 자들도 있는데, 이들은 모두 뒤섞여 차출되는 것을 피할 수 없습니다. 담당 관리들은 기한이 다가오는 것에 조급하여 다그치며 차출하니, 원성의 소리가 하늘을 찌르게 되었습니다. 친족과 이웃들까지 추포하여 감금함에 이르러서는, 한 명이 열 명으로 늘어나고, 열 명이 백 명으로 늘어나게 되었습니다. (백성들이) 두려움에 떨며 흩어지면서, 향리 중에 텅 비게 된 곳도 생겼으니, (이런 상황에서 저희가) 도망쳐온 한인들을 도와줄 리가 있겠습니까.

또한, 왜인을 토벌할 때 (이곳에) 남겨졌다가 우리의 백성을 아내로 맞이하여 자식을 낳은 자들도 있습니다. 귀화인들이 귀의한 지는 이미 오래되어, 멀리 백 년 전으로 거슬러 올라가니, 그 후손들은 이미 우리의 백성이 되었습니다. 혹은 요역을 피하려는 우매한 백성들 중에서 일찍이 귀화했다고 거짓말을 하는 자들도 있고, 또는 도망가거나 죽어서 비어있는 집에서 일시 체류하다가 고향에서 귀화한 자도 있으니, 이들은 모두 억울하게 억지로 구류되어 압송되는 자들입니다. 생각건대 저 거짓으로 둘러대는 무리들에게 죄가 있는 것은 사실이지만, (그것은) 법리상 쇄환되어야 할 이유는 아니었으므로 (그들을) 보낼 때 원성이 길을 가득 메우고, 불측한 말들이 많았습니다. 이 무리들이 (大朝로) 들어간 후에 본국을 원망하며 혹 모함을 할지도 모르니, 國人들이 이 때문에 더욱 두려워하고 있습니다. 이러한 사정에 대해서 신은 이번에야 알게 되었으며, 미처 대신께 보고하여 알리지 못했습니다만, 먼저 차출해 보낸 자들이 이미 강을 건넜다고 들었습니다. 앞으로는 응당 황상의 처분에 따라야 할 것입니다. 신이 만약에 나서서 아뢰지 않는다면, 황상께서 어찌 이런 사실을 살피실 수 있겠습니까.
상국은 호적 제도가 분명히 갖추어져 있어서 은닉할 수 없을 것입니다. 이 (색출해 보낸) 도래인 등에게는 (그들이 진실로 도래인이라면) 반드시 (호적상의) 주호가 있었을 것이니, 도강 전후에 붙잡혔는지 그 진위를 식별할 수 있을 것입니다. 만약에 황상께서 어진 마음으로 구제해주시어, 바로잡는 것을 특별히 허락해주신다면, 억울한 자들은 벗어날 수 있게 될 것이고, 國人들 역시 편안히 생활할 수 있는 기대를 가지고 모두 황상의 은혜를 받게 되리니, 그 감축드리며 기뻐하는 것이 어떻겠습니까.
또한, 小邦의 인심이 경박하여 말을 잘 와전합니다. 아울러, 죄를 지어 제정신이 아닌 간사한 사람들이 서로 모함을 하려고 교묘하게 참람한 말을 만들어내어, (결국) 上國에까지 흘러들어 가게 되었으니, (그 말들은) 결코 사실이 아닙니다. 실로 上國에서 관대한 은혜를 베풀어주시지 않았다면, 小邦에서는 이미 오래전에 죄를 짓게 되었을 것입니다. 김상헌은 남들보다 특별히 청렴하고 강직한 인물로서, 평소 젊은 무리들과 의견이 잘 맞지 않았는데, 병자년에 화의를 제대로 맺지 못한 일로 탄핵을 당하여 遞任되었습니다. 정축년 이후에는 또다시 臺官들로부터 공격을 받은데 더하여 노환까지 겹쳐 조정에서 쫓겨났으며, (이후 그에게) 관직을 제수한 일도 없고, (그가) 관직을 사양하며 받지 않은 적도 없습니다. 비록 가슴속에 품은 말을 진술하기는 했지만, 이는 과거의 척화파들처럼 조정의 논의에 개입하는 것도 아니었습니다. 曹漢英과 蔡以恒 등의 상소는 수군을 파견한 이후에 있었고, 이의를 제기하는 것도 아니었지만, 申得淵이 전해들은 말을 창졸간에 발고한 것입니다. 國人들은 이런 사람들이 도리에 어긋난 말을 하며 일을 그르친 죄가 있는지 알지 못하다가, 일시에 (이들이) 잡혀가는 모습을 보고는, 몸을 부르르 떨고 모두가 두려워하며 마치 저녁의 일도 보장할 수 없는 듯 불안해하니, (국인들이 불안해하는 이 현실은) 근심되는 바가 적지 않습니다.

신이 삼가 생각해보건대, 천둥과 같은 위엄은 비와 이슬의 은혜만 못합니다. 위엄으로써 제압하여 사람들로 하여금 두려워하며 복종하게 하는 것이, 어찌 사랑을 베풀어 마음으로부터 기뻐하여 진심으로 복종하게 함으로써 대대로 덕을 우러러보게 하는 것만 하겠습니까. 이번에 陪臣들을 데려다 추궁하신 조치는 실로 國人들이 처음 보는 바입니다. 모두가 두려움에 떨며 스스로 어찌할 줄 모르니, 신도 감히 엄혹한 위엄 앞에서 변명을 늘어놓지 못하겠습니다. 다만, 신이 외람되이 藩服을 지키고 있으므로, 저의 신민은 모두가 황상의 신민이기도 합니다. 위의 덕을 아래로 펼치고, 아래의 사정을 위로 전달하는 것이 바로 신의 직분일 것입니다. 이번에 민생이 동요하는 우환과 國人들이 두려움에 떨고 있는 사정을 보면서, 스스로 이야기하여 황상께 보고하지 않는다면, 이 또한 신으로서는 죄가 되는 것입니다. 제 마음의 진심과 사안의 곡절을 글로 모두 전달하기는 어려우므로, 이에 감히 아끼는 중신을 파견하여, 京師로 가서 황상께 구두로 보고하게 할 것이오니, 황상께서 천지와 같은 넓은 마음과 일월과 같은 밝음으로써, (제 의견을) 채택해주시어 용서해주시기를 바랍니다. 신은 두렵고 절박한 마음을 주체할 수 없습니다. 절박한 사정을 아뢰어 황상께서 용서해주시기를 바라는 사안입니다. 운운.

崇德 5년 12월 20일.

右奏進呈咨

崇德 5年 12月 20日

別編 卷3 勅諭 20a(1521쪽)

발신: 조선국왕

사유: 절박한 사정을 아뢰오니 황상께서 용서해주시기 바랍니다.

저는 (다음과 같이 말하였습니다.) 운운. [“欽蒙皇上”에서 “矜恕事理”까지. 위의 원奏文을 볼 것]

이에 따로 상주문을 작성하여 陪臣 懷恩君 李德仁에게 따로 임무를 맡겨 京師로 가서 올리도록 하는 외에, 이에 마땅히 咨文을 보내는 바이오니, 貴部에서는 번거로우시겠지만 황상께 전하여 상주해주시고, 諭旨가 내려오면 시행해주십시오. 위의 내용을 禮部에 咨文으로 보냅니다.

崇德 5년 12월 20일.

斥和臣安置義州咨[壬午]

崇德 7年 3月 初2日

別編 卷3 勅諭 20b~21a(1521쪽)

발신: 조선국왕

사유: 다섯 신하들을 安置하고, 아울러 감사하며 떠받드는 마음을 아뢥니다.

[조선국왕] 올해 정월 6일, 세자를 수행한 신하 李景奭 등이 다음과 같이 긴급히 올린 狀啓를 받았습니다.

[이경석] ……. 작년 12월 21일, 네 명의 博氏 등 관원과 역관 鄭命壽가 다음과 같은 聖旨를 낭독하였습니다.

[황제] ……. 金尙憲 등을 본국으로 보내고, 義州에 구류시키도록 하라.

[조선국왕] 이상의 내용을 狀啓로 올렸습니다. 이에 議政府로 문서를 보냈고, 그에 대한 다음과 같은 狀啓를 받았습니다.

[의정부] 김상헌 등은 특별히 황상의 관대한 은전을 입었으니, (황상께서) 의주로 보내도록 허락하셨습니다. 이는 실로 다섯 신하들이 죽었다가 살아난 것이며, 갓난아이처럼 돌봐주시는 大朝의 은혜와 생명을 사랑하시는 그 덕은 평소보다도 훨씬 두드러졌습니다. 本道의 觀察使와 本府의 節制使 등의 관리들로 하여금 (그들을) 府 내에 구류시키도록 해야 할 것입니다. 그리고 감사드리며 받드는 마음을 該部에 咨文으로 보내어, 황상께 전하여 상주하도록 하는 것이 실로 적절하겠습니다.

[조선국왕] 이상의 내용을 狀啓로 보내왔습니다. 헤아려보건대, 다섯 신하들의 보고된 죄상에 대하여 聖朝에서는 이미 명확히 판단하여 엄격히 처벌하시되 목숨을 살려주셨습니다. 황상의 덕이 하늘과 같아서 특별히 용서를 베풀어주시어, (죄인들의) 귀국을 허락하시고 관대하게도 圍籬安置하는 형벌을 적용해주시기까지 하셨습니다. 엄정한 조칙을 이렇듯 너그러이 해 주셨으니 마땅히 주문을 갖추어 조금이나마 감사를 드려야 합니다. 사안이 황제께 아뢰는 일에 관계되므로, 다섯 신하들에 대해서 本道와 本府의 관리들로 하여금 규정대로 安置시키는 외에, 번거로우시겠지만 貴部에서는 이에 비추어 전하여 上奏해서 시행해주십시오. 운운.

崇德 7년 3월 2일. [禮部로 보내다]

諭囚斥和臣等斬高忠元等勅[癸未]

[戶部郞布太平古來]

崇德 8年 3月

別編 卷3 勅諭 21a~22b(1521~1522쪽)

황제가 조선국왕과 官民들에게 칙유를 내려 알린다.

짐이 三田渡에서 항복을 받고, 왕 이하 여러 신하와 백성들에 대해서 모두 그 일신과 가문을 보전해준 것은, 단지 일시적인 계책이었던 것만은 아니다. 한 가지 이유는 너희 나라로 하여금, 은혜에 감격하여 하늘처럼 (짐을) 떠받들고, 오래도록 변하지 않게 하기 위해서이다. 또 한 가지 이유는 (짐의) 공덕을 끝없이 드러냄으로써, 영원히 영예로운 이름을 떨치기 위해서이다. 너희 나라에서 諭旨를 어기고 변경으로 나아가 인삼을 캐서 몰래 明朝와 무역을 하면서, 獨夫라는 이름의 승려로 하여금 왕래하며 문서를 주고받게 하고, (또한 그들에게) 은량과 인삼, 양식 등을 전해주며, 간사한 자들이 출입하며 끊임없이 난행을 부리게 할 줄 어찌 알았겠는가. 명조의 선박이 도착했을 때에는 일부러 놔두고 단속하지 않으면서, 짐이 諭旨를 내려 수군을 보내라고 했을 때에는 시간을 끌면서 기한을 어기고, 지정한 주둔지에는 가지도 않고 귀환했으니, 이 어찌 은혜를 잊고 덕을 배반한 명백한 증거가 아니겠는가. 이는 모두 군주가 약하고 신하가 강해서 일어난 일이다. 예전부터 군주가 너무 강하면 나라가 어지러워지는 것을 피할 수 없었고, 군주가 너무 약하면 신하가 반드시 찬탈하기에 이르렀다. 만약에 국왕의 법령이 엄명했다면, 누가 감히 이렇게 망령된 행동을 했겠는가. 국왕의 법령이 정말 엄했음에도 간사한 신하들이 망령된 행동을 했다면, 짐이 이 무리들에 대해서 어찌 가벼이 용서할 수 있겠는가.

너희 조선은 처음에 大遼를 섬겼고, 이어서 大金이 발흥하기에 이르러서는 곧 大金을 섬겼으며, 나중에는 大元을 섬겼다. 明朝가 강성해지기에 이르자, 너희의 시조는 곧 명조를 섬겼다. 나중에 일본이 침략하자 명조에서 군대를 보내 도와주었고, 마침내 일본의 병사들을 물리치게 되었다. 너희가 명조에 보답해야 하는 것은 바로 이 때문이었다. 하지만 이는 전대의 일이며, 짐도 역시 평소에 잘 알고 있었다. 너희 선왕은 힘을 다해 (명조에) 보답하려 하였고, 그렇기 때문에 (명조가) 기미년에 杜松·劉挺 등 네 갈래로 나누어 우리를 공격할 때, 너희 나라에서도 병사를 보내 협력했던 것이다. 그때 우리 조정이 너희 나라와 어찌 갈등이 있었을 것인가. (하지만) 만약에 (그때) 너희 나라가 이겼다면, 어찌 우리가 너희 나라를 보전해준 것처럼 (우리에게) 해주어, 우리 왕조로 하여금 오늘에 이를 수 있게 해주었겠는가. 너희가 명조에 보답하는 바는 실로 지극하지만, 내가 두 차례에 걸쳐 병사를 일으켜 죄를 물은 것은 (바로) 이 때문이다. 어찌 너희 나라에서 아무 까닭 없이 병사를 일으킨 것과 같겠는가. 그럼에도 불구하고, 짐은 특별히 넓은 은혜를 베풀어 너희를 보전해주었다. 짐의 은덕은 국왕 본인과 국왕의 신하들이, 백성들과 함께 직접 받은 것이니, (너희는) 응당 (우리와) 안락과 환난을 함께해야 할 것이다. 설사 짐이 명조에 상대가 되지 못한다 하더라도, 너희는 그래도 죽을힘을 다해 은혜를 갚아야 할진대, 어찌 은혜를 직접 받았으면서도 그것을 배신할 수 있단 말인가.

짐이 너희에게 베푼 은혜를 명조의 그것과 비교해보면, 짐의 은혜는 너희가 직접 받은 것으로서, 마치 몸을 낳아준 어버이의 (은혜와) 같다. (반면) 명조에서 베푼 은혜는 전대의 것으로, 마치 먼 조상의 (은혜와) 같다. 그런데도 너희가 명조와 단절하지 않은 것은 또한 天時를 알지 못한 채 명조가 결코 무너질 리 없다고 생각하기 때문일 것이다. 짐이 보건대, 명조는 반드시 무너지게 되어 있다. 내지에서는 流賊과 土賊들이 무리 지어 봉기하여, 100만에 달하기도 하고 30~40만에 달하기도 하는데, (이들은) 견고한 성을 함락하고 요충지에 의거하고 있으니, (명조의) 위세로는 이들을 막을 수 없고, 그 힘으로는 (스스로를) 지킬 수도 없다. 평소에 의지하는 것이라고는 조대수와 松山·錦州의 병력뿐이다. 이전에 우리 병사들이 松山과 錦州를 함락하기 전에 洪承疇가 지원하러 왔는데, (이때) 각 省의 정예 병력은 결국 모두 패멸되었다. 지금 (그들이) 병력을 보충하려 하고 있지만, 설사 그렇게 된다 하더라도 (그들이) 어찌 활시위를 당기고 창을 잡을 수 있겠는가. 게다가 우리 병사들의 칼끝이 향하는 곳은 이미 적수가 없다.

명조의 兵將들은 또한 스스로 그 백성들을 죽이고 재물을 빼앗으며, 권력자에게 선물을 보내면서 (자신의) 패배를 숨기고 공적을 치장하며, 내외의 대신들 사이에는 뇌물이 공공연히 행해진다. 서로가 앞다투어 거짓을 행하고 군주의 총명함을 가리어, 죄가 없는 자들을 벌하고, 공적이 없는 자들을 포상한다. 명조의 붕괴가 어찌 두드러지게 명확하지 않겠는가.

짐은 너희 나라를 보전해준 이래로, 항상 차마 한 사람이라도 함부로 해칠 수가 없었는데, 너희들은 스스로 본분을 지키지 않고 누차 망령된 행동을 하였으며, 이를 분명히 알고도 법으로 처벌하지 않았다. (이러한 행동이) 점차 만연하여 장차 조정의 法紀를 어기게 될까 염려된다. 지금 간사한 罪臣 崔鳴吉과 군중을 미혹하고 국정을 그르친 罪臣 金尙憲을 보내어 옥에 가두도록 하고, 登州와 寧遠을 왕래하면서 섬에서 무역을 한 高忠元·申金 등 8명은 참수형에 처하여 군중들에게 경계로 삼도록 하는 외에, 이전에 명조와 왕래하면서 많은 물자를 건네준 사람들은 모두 죄를 면하여 용서해줄 것이다. 이후로 이러한 죄를 짓거나, (명조의) 선박이 왔는데도 단속하지 않는 자가 있다면, 반드시 법으로 처벌하고 결코 조금이라도 용서하지 않을 것이다. 특별히 諭旨를 내린다.

崇德 8년 3월 일.

量減年貢原釋囚繫人歸本國勅[見節使]

別編 卷3 勅諭 22b(1522쪽)

謝寬宥諸臣表

[使 沈器遠]

別編 卷3 勅諭 22b~23a(1522쪽)

운운. 藩屛을 지키면서 은혜를 저버려 견책의 처벌을 기다리고 있던 중에, (신의) 과오와 죄를 용서해주시고, 특별히 諭旨를 내려주시는 영광을 받게 되었습니다. 두려움에 흘리던 땀을 겨우 닦아내고, 감격의 눈물이 쏟아져 나옵니다. 엎드려 생각해 보건대, 외람되이 선대의 유업을 이어받아 다행스럽게도 창성한 시대를 만났으나, 옛것을 버리고 새로운 것을 도모함에 이미 조공을 드리는 것만을 오로지 생각하였고, 소국으로서 대국을 섬김에 마음속으로 과거의 잘못을 경계하는 데 게을리하였습니다. 정성을 다하다가 도리어 어리석은 죄를 짓게 되리라고는 생각지도 못하였으니, 거적을 깔고 엎드려 명을 기다림에 몸에 병이 있다는 것도 잊었으며 동이를 머리에 이고 하늘을 바라볼 수 없듯이 허물을 씻어낼 길이 없음을 아파하였습니다. 따라서 조사하는 과정에서 갑자기 크게 용서해 주실 것은 생각조차 하지 못했으니, 별빛은 먼 곳을 비추는데 위엄스러운 얼굴은 가까이 있으며, 보내주신 문서가 밝게 걸려 있으니 황상의 덕음은 너무나 진실하셨습니다. 허물과 때를 씻어 주시고 과거의 죄를 모두 용서해 주실 줄을 생각조차 하지 못했지만, 미혹되고 우매한 저희를 이끌어 주시어 온전하게 보전할 수 있는 길을 보여주시기까지 하시었으니, 이는 (저희가) 지극한 교화의 도치를 받게 된 것으로서 실로 매우 드문 행운을 만난 것입니다.

황상께서는 관대하게 아량을 베푸시고, 길흉화복으로 천하를 제압하고 형살을 가하지 않으셨습니다. 봄에 낳게 하고 가을에 거두게 하시니 모두 만물을 기르는 인자함이요, 산처럼 누르시고 바다처럼 보듬어 주시니 궁벽한 곳까지 포괄하는 도량이 아닌 것이 없습니다. 마침내 특별한 대우가 궁벽한 봉토에까지 미치게 하셨습니다. 감히 직접 임하신 것처럼 전전긍긍하면서 아침저녁으로 부지런하게 하지 않을 수 있겠습니까. 근심하지 않고 두려워하지 않은 채 오직 황상의 은혜를 우러러 바라보며, 부드러움을 알고 굳셈을 알아서 훌륭한 가르침을 따르는 데 게을리하지 않겠습니다. 운운.

崇德 8년 5월 15일.

方物表

別編 卷3 勅諭 23a~23b(1522쪽)

운운. 두터운 은혜가 하늘과 같아, 이미 내려주신 은전을 입었습니다. 빈약한 물품들이지만 토산품을 갖추어, 외람되이 가슴속의 정성을 표하기 위하여, 삼가 (다음과 같은 것들을) 갖추었습니다. 운운.

[품목은 위의 무인년 謝恩方物과 같다]

위의 물건들은 남루한 곳에서 산출된 것으로서 진귀한 보물은 아니지만, 감히 조공하는 도리를 행하여, 미흡한 것이라도 올리고자 하는 마음을 드러내고자 합니다. 운운.

右表進呈咨[式見戊寅謝恩]

別編 卷3 勅諭 23b(1522쪽)

皇后方物狀[式見戊寅謝恩]

別編 卷3 勅諭 23b(1522쪽)

右狀進呈咨[式見戊寅謝恩]

別編 卷3 勅諭 23b(1522쪽)

謝寬宥諸臣箋

別編 卷3 勅諭 23b~24a(1522~1523쪽)

운운. 日月과 같은 밝음으로 빛을 내리시니, 온 천하가 귀의하였으며, 帝王의 은택이 널리 퍼져, 사신을 보내시어 멀리 내려오게 하셨으니, 결초보은해야 할 은혜는 보답하기 어려울 정도이며, 가슴 깊이 새기고 있습니다. 엎드려 생각해보건대, 외람되이 궁벽한 곳의 封土를 지키면서 오랫동안 큰 은혜를 입었으니, 항시 게을리하지 않으면서 직분을 다하지 못할까 두려워하였으나, (臣의) 다스림이 온당함에서 벗어나 스스로 미혹되어 오류를 범하는 죄를 짓게 되었습니다. 바야흐로 어떤 견책이 이를 것을 기다리고 있던 차에 갑자기 황상께서 고유를 반포하시니, 허물을 씻어주시고 번개 같은 은택을 내려주시며, 세심한 훈계로 금과옥조와 같은 德音을 퍼뜨려주셨습니다. 생각해보건대, 이번의 은혜가 특별히 컸던 것은 실로 태자전하께서 도와주신 덕분입니다. 자손을 복되게 하는 일을 훌륭히 계승하시고 원대한 국정에 기쁘게 응하셨으니 효성스러운 사람들이 三朝에 가득 차고, 먼 곳과 가까운 곳에서 모두 목을 내밀어 덕을 칭송하며, 사방의 가장자리까지 널리 만물이 자애로움에 귀의하는 때를 만났습니다. 마침내 (덕이) 통하도록 하심으로써, (신이) 특별한 도움을 입게 되었습니다. 감히 조선에 거주하면서 대궐을 우러르지 않을 수 있겠습니까. 남문에서 반열을 지으니 그 자취가 비록 사은하기에는 멀지만, 우러러 처소를 바라보니 그 정성은 공경하기에 부족하지 않을 것입니다. 운운.

方物箋

別編 卷3 勅諭 24a(1523쪽)

운운. 황상의 서찰을 받아 큰 은혜를 넘치도록 받게 되었습니다. 토산물을 갖추어 황태자께 올려, 감히 빈약한 예물이라도 올리고자 (다음과 같은 것을) 삼가 갖추었습니다.

운운.

[품목은 위의 무인년 謝恩方物과 같다]

위의 물건들은 현지에서 산출된 것으로서 품질이 진귀한 물건은 아니기 때문에, 어찌 진정한 공물이라 할 수 있겠습니까. 다만, 해바라기와도 같은 정성을 드러내고자 할 뿐입니다. 운운.

右箋進呈咨[式見戊寅謝恩]

別編 卷3 勅諭 24a(1523쪽)

禮物總單[謝降勑]

[物目見原表狀箋]

別編 卷3 勅諭 24a(1523쪽)

[庚辰]

査質子混冒及勑使毒死勑[梧木道來]

崇德 5年 2月 13日

別編 卷3 勅諭 24a~24b(1523쪽)

황제가 조선국왕에게 칙유를 내려 알리노라.

왕이 일전에 알현했을 때, 짐은 (그동안의) 반감을 모두 풀고, 자리를 함께하여 옷을 벗어 입혀주었으며, 나의 음식을 먹여주었다. 이처럼 보살펴 주었을진대, 어찌 보답할 생각을 하지 않을 수 있단 말인가. 예전에는 왕에 대해서 조금의 의심도 없었다. 단지, 왕의 신료와 여러 백성들이 교활한 언사로 참언을 올려 이간질을 하여, 왕이 혹시라도 그것을 믿지 않을까 염려하였다. 또한 듣기로는, 볼모로 잡은 여러 신료들의 자식들 중에, 서출과 양자, 그리고 그 친족 중 먼 친척의 자손인 자가 많다고 하였다. 하지만 이 일을 왕이 어찌 알았겠는가. 여러 신료들이 짐과 왕 모두를 눈속임한 것일 뿐이다. 왕은 자세히 조사하고 세밀히 살펴보아라.
(한편) 늘 그대의 나라에 사신으로 갔던 馬付達과 通事 刀里가 같은 병으로 사망한 것에 대해서는, 京師의 여러 의원들이 만성 독을 당하였다고 말한다. 이는 의원들의 말로서, 그것이 진실인지 거짓인지, 어찌 그것으로 알 수 있겠는가. 짐이 생각해보니, 혹시 관리들 중에서 나쁜 생각을 품은 小人이나, 전쟁 중에 피해를 입어 원한을 품은 자들이, 원한을 갚기 위해 독을 썼을 수도 있을 것이다. 하지만 이 일을 왕이 어찌 알 수 있었겠는가. 특별히 이 칙유를 내려 왕에게 보고하도록 하는 바이다. 왕은 이에 유념하는 것이 좋을 것이다. 이에 칙유를 내리노라.

崇德 5년 2월 13일.

陳黜配冒人辨明毒死奏

[使 李聖求]

崇德 5年

別編 卷3 勅諭 24b~25a(1523쪽)

[조선국왕] 운운. 볼모로 간 자들 중에서 잘못 들어간 자들은 차차 솎아낼 것이고, 만성 독을 당한 사안에 있어서는, 절대 그럴 리가 없다는 내용으로, 상주문을 올렸습니다. 운운.
[『通文館志』에 나온다]

崇德 5년 월 일.

[庚辰]

以留養馬傷損查勘義州府尹咨

崇德 5年 3月 初4日

別編 卷3 勅諭 25a(1523쪽)

발신: 조선국왕

사유: 죄를 판정하였습니다.

[조선국왕] 올해 2월 19일, 재상 申得淵의 다음과 같은 狀啓를 받았습니다.

> **[신득연]** 이번 달 13일, 아문에서 역관 鄭命壽로 하여금 말씀을 전하도록 하여 이르기를, "義州府尹 黃一皓가 지은 죄에 대하여 上奏하여 다음과 같은 皇旨를 받았습니다. '……. 본국으로 하여금 죄를 판정하여 咨文을 보내 보고하도록 하고, 그로써 근거를 삼아 처벌하라.'"고 하였습니다.

[조선국왕] 살펴보건대, 위의 황일호는 本府의 장관으로서, 상국의 사신께서 남겨 돌보도록 하신 말이 죽은 것을 보았습니다. 그러면 응당 삼가 기다려 검사를 받았어야 하는데, 임무를 신중히 살피지 못하고, (말을) 관리하던 아랫사람에게 시켜 함부로 (말의) 살을 베어내게 하였습니다. 저는 크게 놀라 당황하였고, 이미 올해 정월에 곧바로 잡아들여 추궁하게 하였고, (황일호를) 혁직하고 遠道로 유배보내기로 논의하였습니다. 그 후 이번에 (황상의) 분부를 받게 되었으니, 응당 咨文을 보내 보고 드려야 할 것입니다. 황일호의 죄를 판정한 것을 사실대로 咨文으로 작성하여, 知中樞府事 張禮忠에게 명하여 (咨文을) 가져가서 삼가 太朝의 처분을 기다리도록 하는 외에, 이에 마땅히 咨文을 보내는 바입니다. 운운.

崇德 5년 3월 4일. [戶部로 보내다]

[辛巳]

飭崔孝一通書事勑[文闕]

別編 卷3 勅諭 25b(1523쪽)

[陽博氏·叙博氏 등을 (통해) 陣督府로 도망한 義州의 백성 崔孝一의 서찰에 관한 諭旨를 내려 판결하셨다. 전 義州府尹 黃一皓는 다시 사면하셨다. 『通文館志』에 나온다]

[壬午]

遣使至界査按私通明朝勑[李馨長賫回]

崇德 7年 10月 初6日

別編 卷3 勅諭 25b(1523쪽)

황제가 조선국왕에게 칙유를 내려 알리노라.

지난 수년간 그대의 나라와 明朝는 왕래하며 무역을 하면서, 끊임없이 몰래 내통하였다. 왕의 여러 신료들은 어찌 알면서도 금지하지 않았는가. 왕은 또한 어찌하여 제대로 단속하지 못했는가. 짐이 생각해보건대, 그대의 나라가 (짐에게) 신하로서 복종한 이후로, (짐은) 항상 (조선을) 보전해주고자 하였고, 한 명의 백성도 괴롭히지 않았으며, 위와 같은 사정에 대해서 짐은 알면서도 추궁하지 않았다. 점차 사안이 확산될 것을 염려하여 사신을 보내 추궁하게 되었는데, (그러면서도) 다시 소요를 일으킬까 걱정하여, 태자 固山 額眞, 英俄兒代, 戶部 承政 車兒格, 國史院正 噶林, 院副 洛碩 등으로 하여금, 국경지대에서 사정을 살피면서, 신속히 명확하게 조사하고 돌아와 上奏하도록 하였다. 이에 특별히 칙유를 내리노라.

崇德 7년 10월 6일.

私通明朝人分等科罪咨

崇德 7年

別編 卷3 勅諭 25b~26a(1523~1524쪽)

[조선국왕] 운운. (세자를) 수행해간 재상 韓享吉 등의 다음과 같은 狀啓를 받았습니다.

[한향길] 다음과 같은 諭旨를 받들었습니다.

[황제] 전 監司 沈演과 전 兵使 金應海는 수군을 지휘하면서 수하에 병력을 갖고 있는데, 왕래하는 明朝의 선박에 대하여 체포하지 못하였으니, 그 죄는 실로 크다. 전 宣川府使 洪頤性, 宣沙浦僉使 趙克健과 함께, 본국에서 경중을 구분하여 죄를 판정하도록 하라. 밀무역 상인 劉今男 등에 대해서는, 그 죄는 가히 죽음에 처할 만한 것이지만, 죽음은 면해주어 처벌하도록 하라.

[조선국왕] 그리하여 심인과 김응해는 관직을 삭탈하고 도성 밖으로 좇아내고, 홍이성과 조극건은 革職하였으며, 유금남 등은 외딴 섬에 유배 보냈습니다.

운운.

[『通文館志』에 나온다]

崇德 7년 월 일. [禮部로 보내다]

[壬午]

査勘封梨不潔諸官咨

崇德 7年 正月 11日

別編 卷3 勅諭 26a~27b(1524쪽)

발신: 조선국왕

사유: 황상께 진상하는 물건을 올리는 해당 관리를 조사한 후 압송하여, 처벌을 기다리게 하였습니다.

[조선국왕] 올해 정월 6일, 세자를 수행한 李景奭 등이 긴급하게 보내온 다음과 같은 狀啓를 받았습니다.

[이경석] ……. 12월 21일, 역관 鄭命壽가 구두로 낭독한 다음과 같은 聖旨를 삼가 받들었습니다.

[황제] 본국에서 배를 올렸는데, 찢어진 상태로 밀봉하였다. 나태함과 소홀함이 이 지경에 이르렀으니, 이 어찌 된 도리인가.

[이경석] 22일, 본 역관이 구두로 낭독한 다음과 같은 聖旨를 삼가 받들었습니다.

[황제] 포장된 밀봉이 뜯어진 것은 극히 놀랄 만한 사안이다. (배를) 올린 관원을 조사하여 찾아내서, 태자의 관소로 보내어 추궁하고 처벌하도록 하라.

[이경석] (이상의 내용을) 받들고서는 너무나도 놀랍고 당혹스러웠습니다.

[조선국왕] 이상의 내용을 狀啓로 보내왔습니다. 이번 달 10일 議政府로부터 다음과 같은 狀啓를 받았습니다.

[의정부] 배를 진상할 때에는, 규정상 平安道觀察使 등의 관원들이 맛과 빛깔이 좋은 것들을 신중히 골라서 밀봉하여 보내도록 되어있습니다. 그런데 뜻밖에도 오늘날, (배를) 진상하는 관원들이 관리감독을 하지 않아서, 불결하고 찢어진 상태로 밀봉하여 진상되기에 이르러, (황상께서) 번거로우시게도 聖旨를 내리시게 되었습니다. 진상하는 물건은 더없이 중요한데, 경건하고 삼가는 모양새를 갖추지 못하게 되었으니, 실로 경악스럽습니다. 마땅히 평안도 관찰사를 긴급히 조사하여 추궁해야 할 것입니다.

[조선국왕] 이상의 내용을 狀啓로 보내왔습니다. 문서를 보낸 사이, 이어서 평안도 관찰사 鄭太和가 긴급하게 올린 다음과 같은 狀啓를 받았습니다.

[평안 감사] 작년 12월 1일, 신은 義州에서 平壤庶尹 盧協으로 하여금, 크고 빛깔이 좋은, 얼지도 않았고 상하지도 않은 배를 따로 골라서, 안쪽 주머니는 새로 덧대고, 겉에는 노루가죽으로 포장하여, 정성껏 진상하도록 하였고, 깨지거나 패여서는 안 된다고 하였습니다. 그 후, 지금 세자를 수행해간 신하 이경석 등이 보낸 箚文을 받들었습니다. 배가 포장된 밀봉이 뜯어졌다는 내용을 받았는데, 실로 너무나도 경악스럽습니다. 조사해보니, 그때 盧協의 병세가 위중하여 일을 관리할 수 없어서, 本府의 監官

으로 하여금 대신 포장을 살피도록 했다고 합니다. (하지만) 일을 그르친 책임을 피할 수는 없으므로, 신중하지 못했던 죄는 臣도 역시 피하기 어려울 것입니다.

[조선국왕] 이상의 내용을 狀啓로 보내왔습니다. 이에 다시 의정부에 논의하라 하였고, 本府에서는 다음과 같은 狀啓를 올렸습니다.

[의정부] 지금 이경석 등이 보내온 뜯긴 포장을 보니, 과연 더럽고 깨끗하지 않은 물건들이었습니다. 사리에 비추어 볼 때, 실로 공경의 뜻에 어긋납니다. 관찰사 이하 진상 담당 관리들에 대해서는 마땅히 모두 추궁해야 합니다. 다만, 관찰사 정태화는 그때 의주에 있었기 때문에 직접 포장하기는 분명히 어려웠고, 의주의 관리들은 포장하여 운반만 한 것에 불과하지만, 그렇다고 모두 용서해주어 추궁하지 않을 수는 없습니다. 모두 엄하게 심리하여, 신중하지 못했던 죄를 물어야 할 것입니다. 노협은 병세가 비록 위중했지만, (공물의) 포장을 직접 감시하지 않을 수는 없습니다. 하지만 (그는) 여러 감관들에게 맡겼고, 이러한 실수가 발생하기에 이르렀으니, 그 태만의 책임 소재는 분명합니다. 마땅히 本官으로 하여금 (大朝로) 가서 죄를 청하게 해야 하며, 그리고 모든 사정을 咨文으로 該部에 보내는 것이 실로 좋겠습니다.

[조선국왕] 이상의 내용을 狀啓로 보내왔습니다. 살펴보건대, 저는 외람되이 藩服을 지키면서 지성으로 대국을 섬겨왔으며, 진상하는 모든 방물에 대해서는 모두 직접 물건을 살펴보아, 상국에 올리는 도리를 다하였습니다. 그런데 예기치 못하게, 변방의 관리가 저의 (이러한) 마음을 따르지 않고, 스스로 태만에 빠지는 죄를 범하였습니다. 명찰하시고 관대하시며, 허물을 씻어주시는 (황상의) 큰 덕이 아니었다면, 제가 어찌 검사하지 못한 죄에서 벗어날 수 있었겠습니까. 저는 더더욱 두렵고 당황스러워, 지극히도 황공하옵니다. 관찰사 등의 관리들을 모두 엄히 추궁하고, 아울러 貴部에서 처리하도록 하는 외에, 이에 마땅히 咨文을 보내오니, 번거로우시겠지만 이에 비추어 시행해주십시오. 운운.

崇德 7년 정월 11일. [禮部로 보내다]

『同文彙考』原編 卷63

犯禁一

수록 문서 목록

*괄호 안은 영인본의 쪽수임

※ 右奏進呈咨（順治 14年 5月 6日）原編 卷63 犯禁一 15a(1217쪽)

※ 皇太后方物單（順治 14年 5月 6日）原編 卷63 犯禁一 15a~15b(1217쪽)

※ 右單進呈咨（順治 14年 5月 6日）原編 卷63 犯禁一 15b(1217쪽)

※ 皇后方物單（順治 14年 5月 6日）原編 卷63 犯禁一 15b~16a(1217~1218쪽)

※ 右單進呈咨（順治 14年 5月 6日）原編 卷63 犯禁一 16a(1218쪽)

※ 禮物總單（順治 14年 5月 6日）原編 卷63 犯禁一 16b(1218쪽)

※ 禮部知會各犯減死使臣免罪咨（順治 14年 月 日）原編 卷63 犯禁一 17a(1218쪽)

※ 謝各犯减死使臣免罪表（順治 14年 10月 28日）原編 卷63 犯禁一 17a~18a (1218~1219쪽)

※ 方物表（順治 14年 10月 28日）原編 卷63 犯禁一 18a(1219쪽)

○ 右表進呈咨（順治 14年 10月 28日）原編 卷63 犯禁一 18a(1219쪽)

○ 皇太后方物狀（順治 14年 10月 28日）原編 卷63 犯禁一 18a(1219쪽)

○ 右狀進呈咨（順治 14年 10月 28日）原編 卷63 犯禁一 18a(1219쪽)

○ 皇后方物狀（順治 14年 10月 28日）原編 卷63 犯禁一 18b(1219쪽)

○ 右狀進呈咨（順治 14年 10月 28日）原編 卷63 犯禁一 18b(1219쪽)

○ 禮物總單（順治 14年 10月 28日）原編 卷63 犯禁一 18b(1219쪽)

○ 禮部知會查收三節及謝宥犯方物頒賞咨 原編 卷63 犯禁一 18b(1219쪽)

※ 禮部知會謝恩行員役犯買馬匹咨（順治 17年 月 日）原編 卷63 犯禁一 18b(1219쪽)

※ 報犯人杖配使臣遞職咨（順治 17年 月 日）原編 卷63 犯禁一 18b~19a(1219쪽)

※ 禮部知會犯買硫黃馬銅及挖蔘各犯查審具奏咨（順治 18年 2月 30日）原編 卷63 犯禁一 19a~20a(1219~1220쪽)

※ 報各項犯人查審擬律咨（順治 18年 3月 27日）原編 卷63 犯禁一 20a~23b(1220~1221쪽)

※ 禮部知會各犯原免及飭改正王旨字咨（順治 18年 7月 6日）原編 卷63 犯禁一 23b~25b(1221~1222쪽)

※ 報各犯遵旨免罪咨（順治 18年 11月 1日）原編 卷63 犯禁一 25b~29a(1222~1224쪽)

※ 謝寬免犯禁犯越各犯表 (順治 18年 11月 1日) 原編 卷63 犯禁一 29a~29b(1224쪽)

※ 方物表 (順治 18年 11月 1日) 原編 卷63 犯禁一 29b(1224쪽)

○ 右表進呈咨 (順治 18年 11月 1日) 原編 卷63 犯禁一 29b(1224쪽)

○ 皇太后方物狀 (順治 18年 11月 1日) 原編 卷63 犯禁一 29b(1224쪽)

○ 右狀進呈咨 (順治 18年 11月 1日) 原編 卷63 犯禁一 29b(1224쪽)

○ 皇后方物狀 (順治 18年 11月 1日) 原編 卷63 犯禁一 29b(1224쪽)

○ 右狀進呈咨 (順治 18年 11月 1日) 原編 卷63 犯禁一 29b(1224쪽)

○ 禮物總單 (順治 18年 11月 1日) 原編 卷63 犯禁一 30a(1225쪽)

○ 部査收賀尊謚謝赦犯越寬免誤犯字及三節方物頒賞咨 原編 卷63 犯禁一 30a (1225쪽)

※ 禮部知會寬宥貂皮犯禁咨 (康熙 2年 月 日) 原編 卷63 犯禁一 30a~30b(1225쪽)

○ 謝寬免歲幣不堪豹皮犯禁表 (康熙 2年 月 日) 原編 卷63 犯禁一 30b(1225쪽)

○ 禮部査收賀尊號謝頒詔賜緞宥犯越犯禁歲幣不堪方物咨 (康熙 2年 月 日) 原編 卷63 犯禁一 30b(1225쪽)

※ 報犯買硫黃咨 (康熙 2年 月 日) 原編 卷63 犯禁一 30b(1225쪽)

※ 頒遣官査審犯買硫黃勑 (康熙 2年 9月 19日) 原編 卷63 犯禁一 31a(1225쪽)

※ 謝降勑査審表 (康熙 3年 2月 13日) 原編 卷63 犯禁一 31a~31b(1225쪽)

※ 方物表 (康熙 3年 2月 13日) 原編 卷63 犯禁一 31b(1225쪽)

○ 右表進呈咨 (康熙 3年 2月 13日) 原編 卷63 犯禁一 32a(1226쪽)

※ 太皇太后方物狀 (康熙 3年 2月 13日) 原編 卷63 犯禁一 32a(1226쪽)

※ 右狀進呈咨 (康熙 3年 2月 13日) 原編 卷63 犯禁一 32a~32b(1226쪽)

○ 皇太后方物狀 (康熙 3年 2月 13日) 原編 卷63 犯禁一 32b(1226쪽)

○ 右狀進呈咨 (康熙 3年 2月 13日) 原編 卷63 犯禁一 32b(1226쪽)

○ 皇后方物狀 (康熙 3年 2月 13日) 原編 卷63 犯禁一 32b(1226쪽)

○ 右狀進呈咨 (康熙 3年 2月 13日) 原編 卷63 犯禁一 32b(1226쪽)

※ 陳科斷買硫黃人擬律使臣奏 (康熙 3年 2月 13日) 原編 卷63 犯禁一 32b~35b

(1226~1227쪽)

○ 右奏進呈咨(康熙 3年 2月 13日) 原編 卷63 犯禁一 35b(1227쪽)

○ 方物奏(康熙 3年 2月 13日) 原編 卷63 犯禁一 35b(1227쪽)

○ 右奏進呈咨(康熙 3年 2月 13日) 原編 卷63 犯禁一 35b(1227쪽)

※ 太皇太后方物單(康熙 3年 2月 13日) 原編 卷63 犯禁一 35b(1227쪽)

※ 右單進呈咨(康熙 3年 2月 13日) 原編 卷63 犯禁一 35b~36a(1227~1228쪽)

○ 皇太后方物單(康熙 3年 2月 13日) 原編 卷63 犯禁一 36a(1228쪽)

○ 右單進呈咨(康熙 3年 2月 13日) 原編 卷63 犯禁一 36a(1228쪽)

○ 皇后方物單(康熙 3年 2月 13日) 原編 卷63 犯禁一 36a(1228쪽)

○ 右單進呈咨(康熙 3年 2月 13日) 原編 卷63 犯禁一 36a(1228쪽)

○ 禮物總單(康熙 3年 2月 13日) 原編 卷63 犯禁一 36a(1228쪽)

※ 禮部查收謝降勑及陳奏方物咨(康熙 3年 5月 3日) 原編 卷63 犯禁一 36a~36b (1228쪽)

※ 禮部飭王城稱王京及硫黃一案依議咨(康熙 3年 月 日) 原編 卷63 犯禁一 36b (1228쪽)

표 점

[丙戌]

戶部知會帶蔘進京人擬罪咨[互交易]

原編 卷63 犯禁一 1a(1210쪽)

云云. 去年, 謝恩使臣大君來時, 通官朴璇等, 携帶人蔘來賣, 旣無咨報, 合行擬罪. 云云.

[出通文館志]

順治三年 月 日.

回咨

原編 卷63 犯禁一 1a(1210쪽)

云云. 朴璇等供稱.

自前, 赴京員人, 例帶人蔘買賣. 玆者, 不知新有禁令, 誤爲賫去.

竊查律文, 潛商禁物, 重者絞, 私托物貨, 貿易唐貨者, 杖一百徙邊. 今事在禁令之前,恭俟裁處, 緣由咨報. 云云.
[出通文館志]

順治三年　月　日.

戶部回咨

原編 卷63 犯禁一 1a~1b(1210쪽)

云云. 奉旨.

貢使貨蔘, 明朝或有之, 本朝不准挾帶, 豈得云禁前. 朴璇等, 姑從輕杖徙. 云云.
[出通文館志]

順治三年　月　日.

[甲午]

刑部移義州查問通官悶翠私販貂皮果否牌文

原編 卷63 犯禁一 1b(1210쪽)

刑部, 爲 首告 事.

湖廣淸吏司案呈.

奉本部送, 刑科抄出.

該本部題.

鑲白旗駐箚鳳城高麗通事悶翠家人猛愓告, 悶翠等將貂皮, 私自販賣緣由.

順治十一年三月十八日, 奉旨.

依議.

欽此. 欽遵.

抄部送司. 奉此, 相應抄錄原疎, 牌行朝鮮國厄州行査.

爲此, 牌仰該州, 遵奉聖旨, 及査照牌內事理, 卽將孟愓所告閰翠等貂・蔘, 果否是實事, 明報部. 須至咨者.

計粘抄原疏臺紙.

右牌仰朝鮮國厄州駐箚官.

准此, 順治十一年四月初八日定限, 本月二十日繳.

原題

原編 卷63 犯禁一 2a~5a(1211~1212쪽)

抄疏.

刑科抄出.

刑部尙書張秉貞等題, 爲首告事.

湖廣淸吏司案呈.

奉本部送.

據盛京昂邦章京葉可泷淸字咨文內開.

據鳳凰城大人阿兒住申稱.

鑲白旗波衣大式暇駐箚鳳城高麗通事閰翠家人猛愓告稱.

有愓主閰翠, 同正白旗迎送官烏兒呼達目鳳凰城送朝鮮進貢人到牛庄沿路, 朝鮮進貢人將貂皮・人蔘私自販賣, 每一馱要銀二兩. 愓主同烏兒呼達, 向高麗需索貂皮, 有金高麗回在鳳凰城, 夜間送與收受訖.

烏兒呼達分兩分, 紬子六十匹, 貂皮四十張, 銀四十七兩, 悶翠分一分, 紬子三十匹, 貂皮二十張等情. 並將悶翠所分貂皮十五張・紅紬一匹・白羅六匹・白紡絲紬三匹・藍紗二匹・白綾二匹・綠紬一匹・藍紬一匹・青閃紬一匹.

出首到職. 該職卽向烏兒呼達家搜出銀四十七兩, 醬色紬二匹・白紡絲紬一匹・閃紬一匹・紅紬一匹・藍紬一匹. 理合申解.

等情. 到盛京. 審據悶翠供稱.

我護送高麗馱子到牛庄, 交與迎送官, 將空馬帶回. 高麗沿途並沒販賣東西, 我也不曾向販子高麗要銀緞貂皮.

又問.

旣無需索, 紬子, 貂皮是那裏的.

據悶翠供稱.

我的姐姐有義州夾山住人紅惕里娶去. 貂皮十五張, 龍年八月內, 有一不知姓名高麗送祭昭陵的菓子, 是我姐姐着他帶來與我的是實. 不許私賣貂皮・人蔘, 禁約已久, 我豈敢要貂皮. 紬子, 我在北京時, 有道士往南京去做買賣, 我給他銀二十兩買穿的紬子, 卯年我到北京, 與我綠紬一匹・藍紬一匹・紅紬一匹・藍緞一匹・白羅一匹・白紡綠六匹, 計銀二十兩與我的. 又有本王子家家人裁縫李三義借我十兩銀子, 後計與我藍紗一匹・白紡紗一匹・白綾一匹・青閃紬子一匹. 本牛最掌倉的高麗外郎是我哥, 與我穿的白紡絲一匹・藍紗一匹. 李皮匠與我白綾一匹.

等情. 烏兒呼達供稱.

白紡絲一匹·閃紬一匹·藍紬一匹·紅紬一匹, 又毛青並紬子, 馬上馱着, 白赤客妻打北京來, 是我兒子小布湖與我帶來的, 沒有貂皮.

等情.

據此, 烏兒呼達·悶翠旣不招成, 煩貴部問烏兒呼達兒子少布湖, 與伊父親緞匹是何顔色, 多少數目. 問白赤客的妻同烏兒呼達兒子少布湖·家裏的人, 帶過紬子·毛青布是實否. 再問道士·李三義·外郎·李皮匠與了多少, 是何顔色. 烏兒呼達要四十個貂皮, 他不應承. 阿兒住·興葛禮搜他家裏人沒有.

猛愓又供, 烏兒呼達子拿往北京去了, 可去一搜金高麗與緞匹情由, 貴部可行文朝鮮, 一査白赤客的妻·道士·李三義·李皮匠·外郎等, 問他的口供, 並朝鮮回文, 送一咨文回來.

等情, 到部. 送司.

奉此, 差滿洲理事官索爾密同本司郎中劉芳聲, 審問鳳凰城住的接送朝鮮官正白旗李監牛彔下烏兒呼達的兒子少布湖.

伱曾稍甚麽東西與伱父親否.

據供.

各樣紬子·靑布·深藍布·藍布, 馱在一個馬上, 着家人小五子送去是實.

又問.

有伴同去. 是伱家一個人自去.

據供.

鑲白旗駱駝牛彔下白赤客妻同去.

又問.

紬子是多少, 甚麽顔色, 那年那月帶去了.

據供.

紬子顔色·數目, 日子久了不記得, 紬子有十四五箇, 是我在江西出兵回來那一年帶去, 分記不得.

又問白赤客妻.

正白旗季監牛彔下烏兒呼達的兒子少布湖, 與伊父親, 帶一黃馬上馱了兩個皮箱, 一個少厮步行跟去是實麽.

據供.

少布湖帶我說, 皮箱裏紬子·紡紗·綾子·毛青布·深藍布, 蠻子衣服也有. 我恐怕被人偸去, 着我家人看收帶去, 交與他父母是實.

又問道士的妻.

伱曾帶甚麽東西與悶翠否.

據供.

我的丈夫往南京做買賣, 他曾送銀二十兩. 後來我丈夫回來, 悶翠又送高麗時, 與他䩠紬一匹·青緞一匹·紡綠綾子十匹是實. 紬子顔色, 日子久了, 記不得.

又問裁縫李三義.

伱有甚東西與悶翠否.

據供.

我借悶翠銀三十兩, 還他二十兩, 欠十兩. 悶翠送高麗來向我要銀, 我還他紡絲二匹, 綾一匹, 紗一匹, 日子久了, 顔色記不得.

又問高麗外郎.

悶翠是伱兄, 是實麽.

據供.

原是同鄕人, 就拜了弟兄, 不是親兄. 他送高麗來, 我與他紡絲一匹·紗一匹是實·日子久了, 物件顔色記不得.

等情.

據此, 去搜少布湖家, 貂皮無有.

又問.

少布湖, 伱曾往伱父親跟前去來麼.

據供稱.

順治十年八月十三日到父親那裏去來. 將我帶去馬賣了, 買碎貂子皮十個・水猫皮十個, 于十二月帶回來. 嗒哈讒與兩個水猫皮, 輿葛禮・章京與一個水猫皮, 我的父與一個水猫皮・碎貂皮二十個與我是實.

等情. 呈堂覆審無異. 該臣等看得猛惕告稱朝鮮國住人金高麗年例進貢回去, 與烏兒呼達・悶翠二人銀緞貂皮.

等情. 及審悶翠, 據供.

義州夾山居住紅惕里係悶翠姐夫, 與貂皮十五個.

等情. 應行朝鮮國義州, 查金高麗・紅惕里與悶翠貂皮果否是實. 相應請旨, 以便遵行.

等因. 具題.

順治十一年三月十八日奉旨.

依議.

[丁酉]

頒遣官查審犯買焰硝勅[多兒吉昂邦阿魯哈等來互勅諭]

原編 卷63 犯禁一 5a~5b(1212쪽)

皇帝勅諭朝鮮國王姓[某]

禁買貨物, 定例昭然, 向經禮部咨行爾國. 昨爾弟李淯, 因寬宥越境殺人之罪, 謝恩來京, 理宜痛改前非, 益盡忠敬. 乃事畢回還, 隨行員役, 違禁擅買硝藥, 行至鳳凰城,被城守章京搜獲. 據稱, 李㴭不肯縛送私買之人, 反哀求容隱. 李㴭先時未能禁約, 事發又求隱蔽, 亦難辭咎.

今特遣多兒吉昂邦阿魯哈・少傅兼太子太傅內翰林國史院太學士額色黑・太子少保都察院左參政能吐・吏部左侍郎千代, 前往該國, 同王察審私買情獘, 詳確議罪, 具奏特諭.

順治十四年二月十八日.

謝降勅查審表[康熙以後表文尾辭中無任二字改置仰聖下 使元斗杓]

原編 卷63 犯禁一 5b~6a(1212~1213쪽)

朝鮮國王[臣]姓[諱]言.

順治十四年三月二十八日, [臣]欽奉勅諭.

云云. [自"禁買貨物", 止"具奏特諭". 見上原勅]

[臣]欽此. 除欽遵外, 與一國臣民, 不勝兢惶感激. 謹奉表稱謝者.

[臣諱]誠惶誠恐, 稽首稽首. 伏以私商冒禁, 方竢譴罰之加, 溫旨宣恩, 忽覩絲綸之降, 驚汗未拭, 感淚先零. 伏念, [臣]叨除昌期, 厪延遺緖, 率循侯度, 敢忘覆燾之仁. 申嚴教條, 每存防閑之戒, 詎意頑蠢之犯.

越而致使价之來臨, 帝命孔昭, 奚啻提耳而諄切. 臣罪自識, 秖增撫躬而兢惶. 幸承察審之音, 益知寬大之典. 玆盖伏遇皇帝陛下[黃籤]誕膺景運, 丕振皇靈. 陰闔陽開, 體天地之造化, 春噓日照, 囿品物於生成. 故令敝邦, 亦奉聖諭, [臣]敢不弗替終始, 彌篤忠貞. 策勵後圖, 永戴包荒之德, 謹守先業, 庶殫拱極之忱. [臣]無任望天仰聖, 激切屛營之至, 謹奉表稱謝以聞.

順治十四年五月初六日. 朝鮮國王[臣]姓[諱]謹上表.

方物表[貂皮康熙辛卯免]

原編 卷63 犯禁一 6a~6b(1213쪽)

朝鮮國王[臣]姓[諱], 右伏以自天有命, 倍激微衷, 任土所宜, 恭修舊例, 謹備黃細苧布三十匹・白細苧布三十匹・黃細綿紬二十匹・紫細綿紬二十匹・白細綿紬三十匹・龍文簾席二張・黃花席一十五張・滿花席一十五張・雜彩花席一十五張・豹皮五張・白綿紙二千卷.

右件物等, 名般不腆, 製造匪工, 秪表獻芹之誠, 曷稱包茅之貢. [臣]無任兢惶激切之至, 謹隨表奉進以聞.

順治十四年五月初六日. 朝鮮國王[臣]姓[諱]謹上表.

右表進呈咨

原編 卷63 犯禁一 6b(1213쪽)

朝鮮國王, 爲 謝恩 事.

順治十四年三月二十八日, 當職欽奉勅諭.

云云. [自止同上原表]

當職, 欽此, 欽遵外, 與一國臣民, 不勝兢惶感激, 修撰到謝恩表文, 幷備進獻禮物, 專差陪臣議政府右議政元斗杓・議政府右參贊嚴鼎耈等, 齎擎管領, 前赴京師進謝外, 今將禮物開坐, 合行移咨, 請照驗聞奏施行. 須至咨者.

一黃細苧布. [以下物目, 見上原表]
右咨禮部.

順治十四年五月初六日.

皇太后方物狀

原編 卷63 犯禁一 7a(1213쪽)

朝鮮國王[臣]姓[諱], 謹備昭聖慈壽恭簡安懿章慶皇太后陛下, [黃籤] 紅細苧布一十匹・白細苧布一十匹・白細綿紬二十匹・滿花席一十張・雜彩花席一十張. 右件物等, 謹奉進以聞.

順治十四年五月初六日. 朝鮮國王[臣]姓[諱]

右狀進呈咨

原編 卷63 犯禁一 7a~7b(1213쪽)

朝鮮國王, 爲 謝恩 事.

順治十四年三月二十八日, 當職欽奉勅諭.

云云. [自止見上謝表]

當職, 欽此, 欽遵外, 與一國臣民, 不勝兢惶感激, 專差陪臣議政府右議政元斗杓・議政府右參贊嚴鼎耈等, 齎領謝恩表文禮物赴京, 幷齎昭聖慈壽恭簡安懿章慶皇太后陛下進獻禮物前去. 今將禮物開坐, 合行移咨, 請照驗聞奏施行. 須至咨者.

一紅細苧布. [以下物目, 見上原狀]
右咨禮部.

順治十四年五月初六日.

皇后方物狀

原編 卷63 犯禁一 7b(1213쪽)

朝鮮國王[臣]姓[諱], 謹備中宮殿下, [紅籤] 進獻禮物, 紅細苧布一十匹・白細苧布一十匹・白細綿紬二十匹・滿花席一十張・雜彩花席一十張. 右件物等, 謹奉進以聞.

順治十四年五月初六日. 朝鮮國王[臣]姓[諱]

右狀進呈咨

原編 卷63 犯禁一 7b~8a(1213~1214쪽)

朝鮮國王, 爲 謝恩 事.

順治十四年三月二十八日, 當職欽奉勅諭.
云云. [自止見上謝表]
當職, 欽此, 欽遵外, 與一國臣民, 不勝兢惶感激, 專差陪臣議政府右議政元斗杓・議政府右參贊嚴鼎耉等, 齎領謝恩表文禮物赴京, 幷齎昭聖慈壽恭簡安懿章慶皇太后陛下進獻禮物前去. 今將禮物開坐, 合行移咨, 請照驗聞奏施行. 須至咨者.
一. 紅細苧布. [以下物目, 見上原狀]

右咨禮部.

順治十四年五月初六日.

陳科斷買硝各犯擬律使臣奏[互陳奏]

原編 卷63 犯禁一 8a~14a(1214~1217쪽)

朝鮮國王[臣]姓[諱]謹奏, 爲 欽奉聖諭 公同勅使 按問各犯 明査擬罪 事.

本年三月二十八日, 欽奉勅使賫捧到宣諭聖旨.

禁買貨物, 定例昭然, 向經禮部咨行爾國. 昨爾弟李淯, 寬宥越境殺人之罪, 謝恩來京, 理宜痛改前非, 益盡忠敬. 乃事畢回還, 隨行員役, 違禁擅買硝藥, 行至鳳凰城, 被城守章京搜獲. 據稱, 李淯不肯縛送私買之人, 反哀求容隱. 李淯先時未能禁約, 事發又求隱蔽, 亦難辭咎.

今特遣多兒吉昂邦阿魯哈・少傅兼太子太傅內翰林國史院太學士額色黑・太子少保都察院左參政能吐・吏部左侍郎千代, 前往該國, 同國王察審私買情獘, 詳確議罪, 具奏特諭.

等因.

欽此. 欽遵外, 即將犯人金豆里松・金秋立・金孝男・崔振男・恵金・金忠立・金乃泓・朴庚仁・龠同・河得・宋所都只・劉義立等, [臣]與勅使, 公同査問, 得犯人金豆里松供稱.

俺以金秋立驅馬從人. 進京去後回還時, 秋立買得焰硝, 將紅氊四張, 寢衾一領, 教俺堅褁. 俺依其言, 堅褁載來, 到柵門, 果被驗發. 將俺監囚義州, 秋立使其婢子, 做飯供饋. 將赴京獄, 秋立乘昏密, 將潞紬一端・銀子十兩二錢・小帽子十頂, 給與仍令勿擧渠名. 同囚人宋所都只・金孝男・河得等三人, 俱見.

等情.

得此, 仍將金秋立査問, 得秋立說稱.

　　豆里松, 元非俺家僮. 有何爲俺, 替受死罪情理. 在柵門, 到義州, 皆以自犯現招, 今乃變辭. 銀子・潞紬潛給之說, 尤爲謊詐.

等情.

得此, 又將豆里松問得說稱.

　　秋立主放一行粮料, 載持馬匹, 皆其所管. 焰硝買來, 實是秋立所爲.

等情.

得此, 另加盤問, 得秋立說稱.

　　馬匹雖俺所管, 焰硝買來, 俺實不知.

等情.

得此, 又問豆里松說稱.

　　秋立誘俺, "你是賤隷, 雖稱有犯罪, 止笞杖. 你勿擧我. 我當厚報." 俺實愚迷, 不知輕重, 果於伊時, 以自犯現招.

等情.

得此, 又將見證宋所都只等三人, 究問供稱.

　　秋立給賂時, 雖不見. 豆里松說稱, 秋立所給, 出示潞紬一匹・銀子三片・小帽子十頂. 俺等叅見. 是實.

得此, 又將秋立, 査問焰硝買處賣主, 秋立抵死牢諱.

又將豆里松問得說稱.

　　行到寧遠衛, 秋立乘夜, 帶俺迤從曲巷, 以銀子買得. 賣的似是漢人. 觀其容狀, 非老非少. 其家在東門內北邊. 其人姓名, 雖不得知, 見其面可知.

等情.

得此, 又將金孝男・崔振男・悊金等問, 得孝南說稱.

　　俺以驅馬人. 載持鄭人衣裝入往, 所持馬匹, 在北京病斃, 回還時, 雇車載來, 到鳳凰城, 替載來迎之馬, 先到柳田. 有通官崔振男, 緣渠從人悊金, 被搜現發, 以俺所雇車子指稱, 焇硝所載, 將俺結縛, 解放恚金. 情實寃痛.

等情.

得此, 次將崔振男責問, 所據緣由, 振男說稱.

孝男載持鄭人衣裝, 暗藏焇硝在裏. 到柵門搜驗時, 孝男恐其現發, 棄車先出. 恚金適於其時, 失馬奔走, 仍過車傍, 誤被執捉.

得此, 又問搜驗時, 將何姓名現告. 振男說稱.

恚金自來耳聾. 又甚愚迷, 以金姓他名, 誤爲現告.

等情.

得此, 又將孝男責問.

你言與振南所供相左. 你其從實直招.

孝男說稱.

焇硝所載, 實是振男之車.

得此, 又問振男.

招辭本無車子, 孝男招辭, 你亦有焇硝所載車子. 焇硝買處賣主, 你宜直告.

振男答稱.

原無所買. 何以得知.

得此, 又問恚金.

你果是振男行李載來從人乎.

恚金說稱.

俺的是振男從人. 只將白絲一馱載來. 及到柵門, 搜驗時分, 俺失馬, 走過孝男所棄車傍. 車中暗載焇硝, 覆以衣服不見. 驅車人謂俺爲主, 遽加結縛. 及至柳田, 査出車主, 果是孝男, 俺卽蒙放.

等情.

得此, 又問恚金, 當初驗出時, 告以何名. 恚金說稱.

誤以金成吉現告.

得此, 仍加栲問.

果是金孝男焰硝, 何以錯告. 此皆護主之計. 你其直告實狀.

恚金說稱.

崔振南從人金男買給. 若問金男, 可知實狀.

等情.

得此, 即將金男查問, 得金男說稱.

俺是行中帳幕載持馬夫. 本非振男從人. 恚金所供, 實是虛誣.

得此, 將恚金與金男面詰, 恚金說稱.

栲訊之下, 發明無辭. 果爲誣引.

得此, 又問金孝男.

何以縛你.

說稱.

通官崔振男, 乘夜來縛, 勒令自當. 俺實寃屈.

得此, 又將金忠立・金乃泓等查問, 得忠立說稱.

俺是金乃泓所騎馬夫. 俺馬旣屬乃泓, 或騎或載, 一任其所爲. 及至柵門搜驗時, 焰硝載在其馬, 實是乃泓之物.

等情.

得此, 將金乃泓查問, 得乃泓說稱.

焰硝買來, 非俺所爲.

又問.

彼忠立, 是你從人, 馬匹是你所騎, 豈有載持從人之物, 於所騎馬, 而終始不知者乎. 所買地方, 從實直招.

乃泓說稱.

更問於忠立, 則可知其實狀.

等情.

得此, 又問忠立.

焰硝雖是乃泓之物, 你是從人, 焰硝出處, 你必詳知. 從實現告.

忠立說稱.

只記關內, 不知某地. 乃泓夜持靑布三匹, 自往買得. 俺留主家, 只喂養馬匹, 一依乃泓之言載來. 是實.

等情.

得此, 又問乃泓.

你罪今旣歸一. 買處從實直告.

仍加栲問, 乃泓說稱.

所買處, 卽宿豐潤, 行一日止宿之堡, 漢人家, 草幕三間. 容貌則夜暗不能知. 俺果以靑布一匹換買, 緣價値稍劣, 將忠立匙子一柄, 添價買來. 是實.

等情.

得此, 又問朴庚仁.

你犯禁情節, 今難掩覆. 焰硝從何買得.

庚仁說稱.

寧遠衛庄頭稱號人家, 將銀一兩買得.

又問.

庄頭姓名, 你其値告.

庚仁說稱.

買賣時日, 已昏黑, 庄頭自外而還, 未辨容狀, 不知姓名. 其家僮二人容狀, 猶可記得.

又問.

其家在何坊.

庚仁說稱.

住在城裏, 鐘樓西邊小巷隅.

又問.

龕同亦同你買得否.

庚仁說稱.

龕同原無所買, 俺冀其嬴利, 冒犯買來. 罪實難免.

又問.

你是李澌從人. 爾主李澌, 先使行出來時, 曾說買焰硝否.

庚仁說稱.

李澌只言善護行. 李不說買焰硝.

又問.

買焰硝銀子, 得之何處.

庚仁說稱.

從龕同貸得.

又問龕同.

庚仁買焰硝價銀, 你果假貸否.

龕同說稱.

庚仁要買粮米, 求貸銀子, 俺果許貸. 買焰硝, 非俺所知.

又問庚仁.

旣稱龕同元不買換, 初何援引.

庚仁說稱.

從龕同貸銀, 因此援引.

等情.

得此, 又將河得問.

你犯禁情節, 今難掩覆. 焰硝從何處買取.

河得說稱.

俺爲人僕隷, 持馬受雇, 得十五兩銀子, 給與家主, 又將何物, 買得焰硝. 俺來到鳳凰城, 焰硝二斗, 許所盛布帒, 棄在路傍, 俺拾取來, 出柵時發覺.

又問.

你焰硝拾取時, 曾聞有搜驗之說否.

河得說稱.

微聞搜驗, 未能詳知, 欲棄不棄, 仍爲載來.

又問.

你言拾得, 詐也. 買焰硝處, 你宜直告.

仍加栲問, 河得說稱.

得諸路上, 安知買處.

又問.

你初引所都只, 何意.

河得說稱.

當初焰硝拾取時, 所都只在前先行, 意謂所道只所棄, 以此投引.

又問所都只.

柵門搜驗, 及柳田・義州查問時, 皆已自當. 到今推諉於河得, 是何事情.

所都只說稱.

柵門搜驗時, 河得將俺名字換告. 在柳田, 在義州, 俱無自當.

等情.

得此, 又問劉義立.

上項所都只・河得等, 俱是從人. 兩人中, 果誰所犯.

義立說稱.

兩人皆俺從人. 有何愛憎第. 當初發覺時, 河得泣說, "此乃所都只所犯. 俺實無罪" 一向稱冤. 俺輕信其言, 換縛所都只. 去後到今, 細聞的實, 河得所犯.

等情.

得此, 又將正使大君李湆查問.

一行員役, 休買禁物, 曾有嚴飭否. 及至柵門現發, 何以哀求隱蔽.

說稱.

一行員役, 非不嚴飭. 小邦人心, 本來頑詐貪利, 忘生冒犯禁令. 勅使親問, 尙且欺隱, 不遵俺約束, 據此可知. 至於哀求之說, 非敢有隱蔽之意. 俺進赴京師, 特蒙皇上寬宥諸臣之罪, 感恩誇榮, 歡欣抃躍, 急於歸報國王, 促鞭回程. 員役犯禁,忽出意外, 將何顔面, 更入帝京, 又以何辭, 歸告國王. 念及於此, 精爽飛越, 急遽之間, 茫然不覺陷罪. 旋復思惟, 不告皇上, 及求容隱, 負罪尤重. 卽將各犯, 監囚義州, 馳報國王, 移咨該部. 俺之本情, 惶恐無他.

等情.

得此, 次問副使金南重・書狀官鄭麟卿, 合辭供稱.

一行員役, 非不嚴飭, 犯禁現發, 乃至於此. 竢罪之外, 更無他達. 哀求等情, 與大君無異.

等情.

得此. [臣]將各犯等, 與諸勅使, 公同確審得.

金秋立, 係是義州人. 冒犯法禁, 敢爲偸賣焰硝, 及其事發, 推諉豆里松, 使代己罪. 其在義州獄中, 賂以潞紬・銀子・小帽等物, 要匿其名. 所都只等三人證對, 亦甚明白. 金秋立議擬斬罪.

崔振男, 職係通官. 將自己所犯, 教其從人, 稱以他人所帶, 使之變名, 瞞告買焰硝, 是實. 崔振南議擬斬罪.

朴庚仁, 冒犯法禁, 偸賣焰硝, 自服其罪. 朴庚仁議擬斬罪.

河得, 自己犯禁, 旣偸買焰硝, 欲脫己罪, 推諉他人, 又詐稱路拾, 罪犯明著. 河得議擬斬罪.

金乃泓, 係是營吏, 冒犯法禁, 偸買焰硝, 欲脫己罪, 推諉馬夫, 奸狀所露, 終乃自服. 金乃泓議擬斬罪.

金豆里松, 以秋立管下馬夫, 偸買焰硝, 知情不告. 議擬決棍四十.

㐥金, 聽其主振男囑付, 欲掩主罪, 詐名成吉, 又變其辭. 議擬決棍四十.

金忠立, 以乃泓所騎馬夫, 偸買焰硝, 知情不告. 議擬決棍四十.

劉義立, 職係寫字官, 從人有犯, 旣不能檢飭, 就信河得詐言, 換告無罪所都只. 議擬決棍三十

金孝男, 緣振男圖脫從人, 替被縛去, 㒅同, 其主李沔出來後四日, 與庚仁併行, 貸與銀子, 因此被引, 宋所都只, 爲河得誣告. 這三人, 俱無其罪, 議宜宥免.

大君李淯, 進京不能檢飭, 致有員役, 犯禁偸買焰硝, 及其事發, 又求容隱. 因此, 議罰銀二千兩.

副使金南重, 書狀官鄭麟卿等, 不能嚴飭員役, 以致生事, 又與大君, 哀求容隱. 因此, 金南重議降五級, 鄭麟卿降四級.

仍竊伏念, [臣]叨守敝藩, 奉職無狀, 以致臣民, 觸犯昭憲, 幸賴皇上寬仁, 輒垂原宥. [臣]仰戴洪造, 惶感交極. 委遣[臣]第李淯等, 一同進京, 恭謝皇恩, 不期帶行員役, 又犯禁令, 使臣亦不能盡心檢飭, 致勤皇上特遣大臣, 勅諭査問. [臣]聞命震惕, 罔知攸措. [臣]爲兄, 不能敎其弟, 爲君, 不能率其下, 罪實在[臣]. 皇上不加譴罰, 只令査奏, 曠蕩之德, 包容之量, 與天同大. 翹首北望, 感涕自零. [臣]對勅使, 公同査問擬罪. 除將此事意, 仰瀆天聽, 恭竢皇上裁處外, 緣係欽奉聖諭, 公同按問各犯, 明査擬罪事理, 爲此, 謹具奏聞.

右謹奏聞, 伏候聖旨.

順治十四年五月初六日. 朝鮮國王[臣]姓[諱]

右奏進呈咨

原編 卷63 犯禁一 14a~14b(1217쪽)

朝鮮國王, 爲 欽奉聖諭 公同勅使 按問各犯 明査擬罪 事.

云云. [自"本年三月", 止"皇上裁處". 見上原奏]

外爲此, 另具奏本, 專差陪臣議政府右議政元斗杓·議政府右參贊嚴鼎耉等, 前赴京師進呈外, 合行移咨前去, 煩乞貴部, 轉奏天聽施行. 須至咨者.

右咨禮部.

順治十四年 五月初六日.

方物奏[豹皮康熙辛卯免]

原編 卷63 犯禁一 14b~15a(1217쪽)

朝鮮國王[臣]姓[諱]謹奏, 爲 進獻 事.

謹備進獻禮物, 專差陪臣議政府右議政元斗杓·議政府右參贊嚴鼎耉等, 賫領進獻外, 今將禮物開坐, 謹具奏聞.
黃細苧布二十匹·白細苧布二十匹·黃細綿紬二十匹·紫細綿紬二十匹·白細綿紬三十匹·龍文簾席二張·黃花席一十張·滿花席二十張·雜彩花席一十張·豹皮五張·獺皮二十張·靑黍皮三十張·白綿紙二千卷·黃毛筆一百枝·油煤墨五十錠.
右謹奏聞.

順治十四年五月初六日. 朝鮮國王[臣]姓[諱]

右奏進呈咨

原編 卷63 犯禁一 15a(1217쪽)

朝鮮國王, 爲 進獻 事.

欽奉聖諭, 公同勅使, 按問各犯, 明查擬罪事理, 專差陪臣議政府右議政元斗杓·議政府右參贊嚴鼎耉等, 賫領進獻禮物, 前赴京師進獻外, 今將禮物開坐, 合行移咨, 請照驗聞奏施行. 須至咨者.
一. 黃細苧布[以下物目, 見上原奏]
右咨禮部

順治十四年五月初六日.

皇太后方物單

原編 卷63 犯禁一 15a~15b(1217쪽)

朝鮮國王[臣]姓[諱], 謹備昭聖慈壽恭簡安懿章慶皇太后陛下[黃籤]進獻禮物, 紅細苧布一十匹·白細苧布一十匹·白細綿紬一十匹·滿花席一十張·雜彩花席一十張. 右件物等, 謹奉進以聞.

順治十四年五月初六日.

右單進呈咨

原編 卷63 犯禁一 15b(1217쪽)

朝鮮國王, 爲 進獻 事.

欽奉聖諭, 公同勅使, 按問各犯, 明查擬罪事理, 專差陪臣議政府右議政元斗杓·議政府右參贊嚴鼎耉等, 齎領實封奏本·禮物, 並備昭聖慈壽恭簡安懿章慶皇太后陛下進獻禮物, 前去進獻外, 今將禮物開坐, 合行移咨, 請照驗聞奏施行. 須至咨者.
一. 紅細苧布[以下物目, 見上原單]
右咨禮部

順治十四年五月初六日.

皇后方物單

原編 卷63 犯禁一 15b~16a(1217~1218쪽)

朝鮮國王[臣]姓[諱], 謹備中宮殿下[紅籤]進獻禮物, 紅細苧布一十匹·白細苧布一十匹·白細綿紬一十匹·滿花席一十張·雜彩花席一十張. 右件物等, 謹奉進以聞.

順治十四年五月初六日.

右單進呈咨

原編 卷63 犯禁一 16a(1218쪽)

朝鮮國王, 爲 進獻 事.

欽奉聖諭, 公同勅使, 按問各犯, 明查擬罪事理, 專差陪臣議政府右議政元斗杓·議政府右參贊嚴鼎耈等, 賫領實封奏本·禮物, 幷備中宮殿下進獻禮物, 前去進獻外, 今將禮物開坐, 合行移咨, 請照驗聞奏施行. 須至咨者.
一. 紅細苧布[以下物目, 見上原單]
右咨禮部

順治十四年五月初六日.

禮物總單

原編 卷63 犯禁一 16b(1218쪽)

朝鮮國差來陪臣, 議政府右議政元斗杓·議政府右參贊嚴鼎耈等呈.

今將皇太后尊號進賀禮物·頒詔賜物謝恩禮物·諸臣赦宥謝恩禮物·犯禁事降勅謝恩禮物·陳奏禮物數目開坐, 合行具呈. 須至呈者.

計開.
進賀禮物. [御前·皇太后·中宮物目, 並見進賀方物表狀]
頒詔謝恩禮物. [御前·皇太后·中宮物目, 並見進賀方物表狀]
諸臣赦宥射恩禮物. [御前·皇太后·中宮物目, 並見犯越方物表狀]
犯禁事降勅使恩禮物. [御前, 黃細苧布以下物目, 見方物表. 皇太后·中宮, 紅細苧布以下物目, 並見方物狀]
陳奏禮物. [御前, 黃細苧布以下物目, 見方物奏. 皇太后·中宮, 紅細苧布以下物目, 並見方物單]
右具呈.

順治十四年五月初六日, 朝鮮國差來陪臣, 議政府右議政元斗杓·議政府右參贊嚴鼎耉.

禮部知會各犯減死使臣免罪咨

原編 卷63 犯禁一 17a(1218쪽)

云云. 本部知會.
據刑部, 准三法司核議.
　　事係赦前犯人, 俱減死一等, 所買焰硝, 收解盛京, 大君以下, 交與該部議處.
本部題.
　　雖係赦前, 難以同下役, 相應仍如欽遣大臣同擬.
奉旨.
　　罪同議異不合. 另議更奏.

該臣等覆議.

大君等, 罪關重大, 原應照議治罪. 但係赦前, 其應死者旣免, 大君等亦免罪, 以布浩蕩之恩.

奉旨.

依議.

云云.

[出通文館志]

順治十四年　月　日.

謝各犯減死使臣免罪表[製金壽興使沈之源]

原編 卷63 犯禁一 17a~18a(1218~1219쪽)

云云. 順治十四年十月二十日, [臣]承准禮部咨.

節該. 焰硝犯禁, 金秋立·崔振南·朴庚仁·河得·金乃泓, 事犯在順治十三年二月恩赦之前, 減死一等, 各責四十板, 流三千里. 金豆里松·金忠立·㖀金, 各責四十板, 劉義立, 責三十板, 各犯事在赦前, 俱應免責. 金孝男·夞同·宋所都只, 屢審無干, 相應免罪. 正副使及書狀官, 亦應免罪, 以布朝廷浩蕩之恩.

等因. 奉此, [臣]與一國臣民, 不勝感激, 謹奉表稱謝. 云云.

賤价冒法, 恭竢譴責之加, 大度包荒, 幸蒙原宥之渥, 曷勝感戴, 罙積兢惶.

伏念, 獲際昌辰, 厘保遺業, 顧頑民屢犯邦憲, 省躬何安. 而聖德特寬形章, 遣弟以謝, 不料行李之返更, 干禁令之嚴.

屈皇華而詳查, 要在明審, 許微臣而叅問, 亦出隆私. 分輕重之差, 罰鍰奪級, 定首從之律, 折獄論囚. 詎意天地之仁, 忽承雷雨之解. 恩深赦過, 俾全當罪之身, 澤洽蘇枯, 復延將絕之命. 叡念寔由於生育, 輿情舉切於懽欣.

伏遇化孚恤窮, 量恢藏疾. 陽開陰闔, 混萬彙而同休, 日照月臨, 無一物之抱枉. 爰推鴻造, 邃及鯷封, 敢不恪遵科條, 謹飭官吏. 懲前毖後, 靡替警惕之心, 竭忠殫誠, 惟期隕結之報. 云云.
[云云並式, 見丁酉謝恩. 後倣此]

順治十四年十月二十八日.

方物表

原編 卷63 犯禁一 18a(1219쪽)

云云. 天眷有加, 猥被恩典. 壤奠雖薄, 聊申謝忱. 謹備. 云云.
[物目同上丁酉謝恩方物]
右件物等, 製造匪精, 名般不腆. 但表及物之儀, 曷稱充庭之實.
云云.
[云云並式見丁酉謝恩. 後倣此]

右表進呈咨[式見丁酉謝恩]

原編 卷63 犯禁一 18a(1219쪽)

皇太后方物狀[式見丁酉謝恩]

原編 卷63 犯禁一 18a(1219쪽)

右狀進呈咨[式見丁酉謝恩]

原編 卷63 犯禁一 18a(1219쪽)

皇后方物狀[式見丁酉謝恩]

原編 卷63 犯禁一 18b(1219쪽)

右狀進呈咨[式見丁酉謝恩]

原編 卷63 犯禁一 18b(1219쪽)

禮物總單[式見丁酉謝恩行總單後倣此 見節使]

原編 卷63 犯禁一 18b(1219쪽)

禮部知會查收三節及謝宥犯方物頒賞咨[見節使]

原編 卷63 犯禁一 18b(1219쪽)

[庚子]

禮部知會謝恩行員役犯買馬匹咨[見節使]

原編 卷63 犯禁一 18b(1219쪽)

云云. 據鳳凰城守禦報稱.

　謝恩使夥內, 金益同等, 買馬四匹.

查會典開載, 將馬騾私度關津者, 杖六十. 查故麟坪大君來京, 要買淸馬, 題准在案, 其餘員役, 並無准買之例. 合行咨該國議處. 奉旨.

依議.

云云.

[出通文館志]

順治十七年　月　日.

報犯人杖配使臣遞職咨

原編 卷63 犯禁一 18b~19a(1219쪽)

云云. 金益同等, 杖六十編, 配陪臣遞職. 云云.

[出通文館志]

順治十七年　月　日.

[辛丑]

禮部知會犯買硫黃馬銅及挖蔘各犯查審具奏咨[互犯越]

原編 卷63 犯禁一 19a~20a(1219~1220쪽)

禮部, 爲 查明 事.

(……)

禮科抄出.

本部題前事, 內開.

節該. 准兵部咨開.

據盛京住副都統大都咨稱.

據鳳凰城城守衛阿爾珠報稱.

朝鮮國進菓差使官崔守間等, 於十月十五日出關, 搜出李哲瑞密帶硫黃二斤十兩. 隨問差官崔守間, 回言, 不知.

到部. 查得, 會典開載, 私販硝黃, 與外彝及邊海賊寇者, 不拘多寡, 比照私將軍器出境律, 爲首者處斬, 爲從者邊衛充軍. 又查得, 順治十四年正月內, 朝鮮國員役, 盜買焰硝, 帶去搜出, 遣官前往該國, 審明擬罪. 今又盜買硫黃帶去, 相應遣官前往朝鮮國, 將買賣緣由, 嚴審具奏. 臣等未敢擅便, 謹題請旨.

順治十七年十二月十七日題, 本月二十日奉旨.

依議.

次准朝鮮國王咨開.

云云. [自"爲查報冒法", 止"轉奏天聽". 見犯越, 報朴風等越境採蔘咨]

次准兵部咨開.

准鎭守盛京總管吳庫禮咨稱.

朝鮮國進鷹太監陸後立下從役鄭賓性, 夾帶馬一匹, 又有朴成善, 買銅二十斤, 夾帶前來, 已被搜獲.

等因. 到部. 送司. 相應具題.

案呈到部. 臣等議得.

盜買硫黃, 越江挖蔘, 盜買馬銅, 歷歷違禁. 若不治以重罪, 恐往返員役, 盜買益多. 相應遣官, 前往朝鮮國, 將以上三事, 一併嚴審, 分別擬罪. 具奏可也, 謹題請旨.

順治十八年二月二十一日題, 二十四日奉旨.

這奏內事情, 爾部移文朝鮮國王, 詳審擬罪具奏. 不必遣官.

欽此. 欽遵.

抄出到部. 送司. 奉此, 相應移咨.

案呈到部. 擬合就行. 爲此, 合咨貴國, 煩爲查照旨內事理, 欽遵施行. 云云.

順治十八年二月三十日.

報各項犯人查審擬律咨

原編 卷63 犯禁一 20a~23b(1220~1221쪽)

朝鮮國王, 爲 查擬各項犯人罪律 事.

本年三月二十九日, 承准禮部咨開.

云云. [自"禮科抄出", 止"欽遵施行". 見上禮部知會查審咨]

據此, 行據議政府狀啓.

上年十月二十九日, 據平安道觀察使金汝鈺馳報.

進菓差使官清城僉使崔守間報稱.

回到鳳凰城柵門, 從人李哲瑞, 夾帶硫黃二斤十兩, 被上國人檢發.

等因. 准此, 十一月二十四日, 准義州府尹李時術馳報.

進鷹中官陸後立, 本月十九日, 回到本府, 說稱.

俺所帶馬夫鄭賓性, 倒換馬匹, 從人朴成善, 貿得破件銅器, 回到柵門, 俱被檢發.

等因. 據此, 臣等竊照, 所有各犯人等, 不遵禁制, 節續生事, 委屬驚駭. 啓奉王旨, 劃將上項崔守間·李哲瑞·陸後立·鄭賓性·朴成善等, 拿至京獄. 着義禁府·刑曹等官, 問責得崔守間供稱.

俺以進菓差使官, 入往瀋陽. 回還時, 有從人等, 潛買硫黃. 俺實不能覺察. 所供是實.

得此, 責得李哲瑞供稱.

俺以差使官從人, 入往瀋陽. 還到鳳凰城, 搜檢時, 有同行從人張有信, 衾褡置在柵門外. 俺搜閱褡中, 見有紙裹物一塊, 不知何㨾東西, 偸藏懷中. 不意墮地, 爲上國人發覺, 拆見果是硫黃. 所供是實.

得此, 責得張有信供稱.

俺是馬夫身役, 從差使官, 入往瀋陽. 還到鳳凰城, 有一上國人說稱.

俺有硫黃一塊, 你可買去.

俺實愚迷, 不知其爲禁物, 廉價買得, 納諸衾褡中. 淸城堡人李哲瑞, 偸取藏懷, 墮地現發. 所供是實.

得此, 又責得陸後立供稱.

俺以進鷹中官, 進京. 回還時, 從人等, 不有禁令, 鄭賓性潛換騸馬, 朴成善潛買破銅器. 俺實不能覺察. 所供是實.

得此, 責得鄭賓性供稱.

俺以馬夫. 從進鷹中官, 行到牛家庄, 俺所騎馬匹, 病蹇顚仆, 駄載行李, 運轉没策. 狼狽悶迫時分, 有本庄人等說稱.

此有你國騸馬, 倒換載去, 實無所妨.

俺果倒換. 前往皇京, 回到柵門, 搜檢時, 上國人等, 謂係騸馬, 挽不許出. 俺備陳牛家庄倒換事, 因上國人回稱.

這馬雖本朝鮮馬匹, 旣以作騸, 有難分別.

俺多般論, 辨終不回聽. 所供是實.

得此, 責得朴成善供稱.

俺是進鷹中官. 入往北京時, 俺所持銅鑪飯盂等物, 馬蹶觸破, 留置鳳凰城主窩. 回還時, 推取上項鑪盂, 又買若干破件銅器. 柵門搜檢時, 併被檢發. 所供是實.

等因. 得此, 仍將各犯, 牢固囚繫等候. 去後, 卽蒙貴部移咨. 啓奉王旨, 一同義禁府·刑曹等官, 查擬得.

硫黃犯人張有信, 貴部咨文中, 雖無本人名字, 以查問所供觀之, 有信實冒禁買得的人. 哲瑞卽中間偸取的人, 論其罪犯, 宜有首從. 合依咨文中, 私將軍器出境, 爲首者, 處斬, 爲從者, 邊衛充軍律, 張有信, 議擬處斬, 李哲瑞, 議擬邊遠充軍. 差使官崔守間, 亦難免不能束下之罪, 議擬革職.

至於挖蔘各犯等, 當初咨報貴部時, 雖已究問得情, 理宜更查. 先將原犯人金孝信等, 另加査問冒越挖蔘等情, 皆與前招一㨾. 但稱.

當初, 把手將若果據法嚴禁, 俺等何敢生心. 慈城江把守將金得鐵, 許令俺等過江挖採.

等因. 得此, 卽將金得鐵與各犯人等, 一處査問得得鐵供稱.

成元等說稱, 我境所採不敷, 要得過江. 哀懇甚至, 俺終始不許. 只緣這們恃衆, 合力過去. 俺實寡弱, 旣不能禁抑, 苟冀掩覆, 又不卽發告. 所供是實.

得此, 責得上土僉使林時憲供稱.

初據滿浦僉使韓休, 採蔘人口開錄移文, 照名點驗, 止許我地挖蔘. 金成元等, 不有禁令, 冒法越去, 俺實不知. 所供是實.

得此, 責得滿浦僉使韓休·江界府使成以性等, 合辭供稱.

俺等不忍立視民生之塡壑, 止許我境挖蔘. 別定領將, 交付上土, 嚴飭勿許越江等情, 與俺等前日馳報一樣. 所供是實.

得此, 責得伐登浦權官金再享供稱.

俺管下之人雖多, 犯越由他境過江, 俺何從得知. 全無干預. 所供是實.

等因. 得此, 所據犯人金成元, 身爲領將, 冒法越境, 應依首犯律科斷, 旣已中箭身故, 今無施罪之地. 其所領人金孝信·姜太立·姜貴一·李成立·姜景春·張莫金·崔有元·金奉祥·具奉·崔承善·李承黃等十一名, 雖係從犯, 旣有冒越之罪, 俱難免死, 倂議擬處斬.

慈城江把守將金得鐵, 身爲把守之任, 旣不能防禁各人過江, 反欲掩覆, 又不卽發告. 論其所犯, 與犯越人相類, 議擬處絞. 上土僉使林時憲, 雖稱止許我地挖蔘, 蔘軍潛越, 實由於該管地面, 議擬革職定配.

滿浦僉使韓休·江界府使成以性, 雖緣邊民迫於塡壑, 止許本國地方挖蔘資活.

韓休職係主鎭, 常時不能嚴束, 致有各犯潛越, 議擬革職定配. 成以性職係地方官, 難免不能覺察之罪, 議擬革職徒配.

伐登浦權管金再享, 本鎭之人, 犯越居多, 議擬革職.

觀察使金汝鈺·節慶使金徽等, 所駐之處, 距慈城雖甚窵遠, 亦不無不能檢飭之罪, 已行罷免.

買馬犯人鄭賫性, 雖稱馬病, 却不合倒換騸馬, 依前日私買馬匹人金益同等所擬律, 議擬杖六十編配.

買銅犯人朴成善, 所齎銅鑪飯盂, 雖是自已物件, 又買主窩銅器, 難免私買禁物之律, 議擬處絞.

中官陸後立, 從人有犯, 不能覺察, 亦難免罪, 議擬革職.

合將所據情節, 轉奏天聽, 允爲便益.

等因. 具啓.

據此, 竊照, 當職守藩無狀, 民各爲心, 致令進京從人·邊上頑氓, 節次冒犯禁制. 當職誠極惶悚, 無以自容. 惟此一應原犯干連人等, 當職不敢擅便, 只擬忝竢大朝處分, 不期皇上特施寬典, 非但不加譴責, 亦不許遣官查問, 只令貴部移咨, 詳審擬罪. 其字小之恩, 柔遠之德, 視古無前, 與天同大. 當職與一國臣民, 不勝忭聳感戴. 欽奉旨內事理, 除將各犯等責得各各供辭, 罪犯輕重, 詳審查擬外, 爲此, 合行查報, 煩乞貴部照詳轉奏施行. 云云.

順治十八年三月二十七日. [移禮部]

禮部知會各犯原免及飭改正王旨字咨[互勅諭]

原編 卷63 犯禁一 23b~25b(1221~1222쪽)

禮部, 爲 查擬各項犯人罪律 事.

主客淸吏司案呈.

奉本部送.

准刑部咨開.

山東淸吏司案呈.

奉本部送形科抄出.

該本部題覆.

朝鮮國王姓[某]題前事, 內開.

云云. [自"本年三月", 止"轉奏施行". 見上報犯人擬律咨]

等因.

順治十八年三月二十七日奏, 五月二十五日奉旨.

刑部核擬具奏. 本內王旨字着改正. 又稱盛京爲瀋陽, 禮部未經通行曉諭, 殊爲不合. 着仍行曉諭通知.

欽此. 欽遵.

於本月二十七日, 抄部, 送司, 案呈到部.

除盛京稱爲瀋陽, 應聽禮部通行曉諭外, 該臣等查擬得. 朝鮮國王姓[某], 將買禁物硫黃等物犯人審明, 具題疏內擬.

買硫黃之張有信·偸蔵之李哲瑞, 合依私將軍器出境, 爲首者, 處斬, 爲從者, 發邊衛充軍律, 將張有信爲首, 擬斬, 李哲瑞爲從, 充軍. 差官崔守間不能東下, 革職. 越江挖蔘之金孝信·姜太立·姜貴一·李成立·姜景春·

張莫金·崔有元·金奉祥·具奉·崔承善·李承黃等十一名, 俱各擬斬.

其慈城把守將金得鐵, 不能禁止過江, 反隱匿不告, 擬絞. 上土僉使林時憲·滿浦僉使韓休·江界府使成以性, 職係主鎭, 不能覺察, 俱擬革職徒配. 伐登浦權管金再亨, 係本鎭之人, 犯越居多, 擬以革職.

潛換騸馬之鄭竇性, 依先擬私買馬匹人金詺同等律, 枚六十徒配. 買銅器之朴成善擬絞. 中官陸後立, 從人有犯, 不能覺察, 議革職.

具題前來.

該臣等看得, 買硫黃之張有信, 與挖蔘之金孝信·姜太立·姜貴一·李成立·姜景春·張莫金·崔有元·金奉祥·具奉·崔承善·李承黃等, 相應議斬. 守江不嚴之金得鐵, 買帶銅器之朴成善, 相應處絞.

查各犯事, 在順治十八年正月初九日赦前, 張有信等, 均應免罪. 金得鐵仍革職, 偸蔵硫黃之李哲瑞, 應擬充軍, 幷職係主鎭, 不能覺察之上土僉使林時憲·滿浦僉使韓休·江界府使成以性, 俱應革職擬徒, 伐登浦權管金再亨·差官崔守間·中官陸後立, 俱應革職, 潛換騸馬之鄭竇性, 應杖六十徒配. 事俱在順治十八年正月初九日赦前, 李哲瑞等, 均應免罪, 林時憲·韓休·成以性·金再亨·崔守間·陸後立, 俱仍革職, 金成元·朴風·禮南·朴葉, 已經身故, 並觀察使金汝鈺·節度使金徽, 已經革職, 毋容再議. 硫黃·馬匹·銅器入官, 所挖人蔘, 已經奪去, 其奪去人名, 係何處人氏, 未經說明, 免其查議.

等因. 順治十八年六月十六日題, 十八日奉旨.

是. 張有信等俱依議.

欽此. 欽遵.

抄部. 送司.

奉此, 相應移咨轉行發落. 等.

案呈到部.

擬合就行. 爲此合咨, 煩爲遵旨及察咨文內事理, 一體欽遵查照, 轉行朝鮮發落施行.

等因.

到部. 送司.

奉此, 相應移會.

案呈到部.

擬合就行. 爲此, 合咨前去, 煩爲查照施行. 云云.

順治十八年七月初六日.

報各犯遵旨免罪咨

原編 卷63 犯禁一 25b~29a(1222~1224쪽)

朝鮮國王, 爲 查擬各項犯人罪律 事.

本年七月二十四日, 承奉貴部咨.

節該. 主客清吏司案呈.

奉本部送.

准刑部咨開.

山東清吏司案呈.

奉本部送形科抄出.

本部題覆.

朝鮮國王題內開.

本年三月二十二日, 承准禮部咨.

節該. 兵部咨開.

據盛京住副都統大都咨稱.

據鳳凰城城守禦阿爾珠報稱.

朝鮮國進菓差使官崔守誾等, 於十月十五日出關, 搜出李哲瑞密帶硫黃, 隨問不知.

等因. 到部. 查得會典, 私販硝黃, 與外彝及邊海賊寇者, 比照私將軍器出境律, 爲首者斬, 爲從者充軍. 又查得, 順治十四年內, 朝鮮國員役, 盜買焰硝, 帶去搜出, 遣官前往該國, 審明擬罪. 今又盜買硫黃帶去, 相應遣官前住朝鮮國, 將買賣緣由, 嚴審具奏. 臣等未敢擅便, 謹題請旨.

順治十七年十二月十七日題, 本月二十日奉旨.

依議.

次准朝鮮國王咨, 爲查報冒法越江乞蔘人等罪犯事.

節該. 本年十二月初四日, 議政府狀啓.

備平安道觀察使金汝鈺·節度使金徽等牒呈.

准江界府使成以性馳報.

節該. 今歲凶歉, 近古所罕, 沿邊民生, 擧罹饑饉. 若不採蔘取利, 萬無生理. 與滿浦僉使韓休相議, 開諭各堡民人, 止於我境閭延·茂昌等處許採, 別定領將, 滿浦人前權官金成元, 萬分嚴飭, 仍開錄人口多少, 交付上土僉使林時憲, 轉赴閭延·茂昌等處, 切勿越江, 冒法生事. 乃於八月初八日入山, 本月二十九日, 所據金成元, 與所領民人等, 回到上土鎭. 點檢得, 伐登浦土人十四名內, 朴風·朴葉·禮男等三人不見下落. 再三盤問, 有伐登浦土人李承黃供稱.

緣我境採得不敷, 八月十一日, 自慈城江, 作筏潛渡, 行至二日程, 乞取蔘根. 有上國人等, 乘夜到來, 奪取粮資, 及所乞蔘根. 俺等各自逃命. 金成元身中兩矢. 當日夜半, 又有上國人等追來, 或發射, 或以木椎亂擊, 四散隱伏. 八月二十九日, 還到上土鎭. 同行人金成元·金孝信·姜太立·姜貴一·李成立·姜景春·張莫金·崔有元·金奉祥·具奉·崔承善外, 將朴風等屍體, 扛擡回還來了.

得此, 及將金孝信等十人究問得, 所供與李承黃招辭一樣.

等因. 准此, 將江界府使成以性·滿浦僉使韓休·上土僉使林時憲·伐登浦權管金再享·慈城江把守將金得鐵·原犯李承黃等十一人, 拿致刑訊, 研窮查驗, 先將成以性·韓休·林時憲·金再享·金得鐵等, 牢固監囚, 金汝鈺·金徽等, 幷行罷免. 另差同知中樞府事玄德宇, 賫咨前去, 煩乞備將咨內情節, 轉奏天聽.

次准兵部咨開.

准鎮守盛京總管吳庫禮咨稱.

朝鮮國進鷹太監陸後立下從役鄭竇性, 挾帶馬一匹, 又有朴成善, 買銅二十斤挾帶, 已被搜獲.

等因. 到部. 送司.

相應具題.

案呈到部. 臣等議得.

盜買硫黃, 越江挖蔘, 盜買馬銅, 歷歷違禁. 相應遣官, 前往朝鮮國, 將以上三事, 一併嚴審, 分別擬罪. 具奏可也, 謹題請旨.

順治十八年二月二十一日題, 二十四日奉旨.

這奏內事情, 爾部移文朝鮮國王, 詳審擬罪具奏. 不必遣官.

欽此. 欽遵.

抄出到部. 送司.

奉此, 相應移咨.

案呈到部. 擬合就行. 爲此, 合咨貴國, 煩爲查照旨內事理, 欽遵施行.

等因. 據此, 行據議政府狀啓.

節該. 臣等竊照, 所有各犯人等, 不遵禁制, 節續生事, 委屬驚駭. 劄將崔守間·李哲瑞·陸後立·鄭竇性·朴成善等, 着義禁府·刑曹等官查擬, 合依咨文中私將軍器出境爲首者處斬·爲從者邊衛充軍律, 張有信議擬處斬, 李哲瑞議擬邊遠充軍, 崔守間革職. 至於挖蔘, 犯人金成元, 應依首犯律科斷, 旣已身故, 金孝信·姜太立·姜貴一·金成立·姜景春·張莫金·崔有元·金奉祥·具奉·崔承善·李承黃等十一名, 幷議擬處斬, 金得鐵議擬處絞, 林時憲革職徒配, 金再亨議擬革職, 金汝鈺·金徽已行罷免, 鄭竇性議擬杖六十編配, 朴成善議擬處絞, 陸後立議擬革職. 等因. 具啓.

據此, 除將各犯等罪犯輕重詳審查擬外.

等因. 順治十八年三月二十七日奏, 五月二十五日奉旨.

刑部核擬具奏.

欽此. 欽遵.

本月二十七日, 抄部, 送司, 案呈到部.

臣等查得, 朝鮮國買硫黃等物犯人審明具題疏內, 張有信爲首擬斬, 李哲瑞爲從充軍, 崔守間革職, 越江乞蔘姜太立等十 一人, 俱各擬斬, 金得鐵擬紋, 林時憲·韓休·成以性, 俱擬革職徒配, 金再享擬革職, 潛換騸馬鄭賫性, 依先擬金益同等, 杖六十徒配, 買銅朴成善擬絞, 陸後立擬革職, 具題前來. 該臣等看得, 各犯事在順治十八年正月初九日赦前, 張有信等均應免罪. 金得鐵仍革職, 李哲瑞應擬充軍, 上土僉使林時憲·滿浦僉使韓休·江界府使成以性, 俱應革職擬徒, 伐登浦權管金再享·差官崔守間·中官陸後立, 俱應革職, 鄭賫性應杖六十徒配. 各犯事俱在順治十八年正月初九日赦前, 李哲瑞等均應免罪, 林時憲·韓休·成以性·金再享·崔守間·陸後立, 俱仍革職, 金成元·朴風·禮南·朴葉, 已經身故, 金汝鈺·金徽, 已經革職, 毋庸再議. 硫黃·馬匹·銅器入官, 所挖人蔘已經奪去, 其奪去人名係何處人氏, 未經說明, 免其查議.

等因. 順治十八年六月十六日題. 十八日奉旨.

是. 張有信等俱依議.

欽此. 欽遵.

抄部.

送司.

奉此, 相應移咨, 轉行發落.

等因. 案呈到部. 擬合就行. 爲此合咨, 煩爲遵旨及察咨文內事理, 一體欽遵查照, 轉行朝鮮發落施行.

等因. 到部. 送司.

奉此, 相應移會.

案呈到部. 擬合就行. 爲此, 合咨前去, 煩爲査照施行.

等因. 奉此, 除將貴部題欽依旨內事理, 欽遵施行外, 爲此, 合行咨覆, 煩乞貴部照詳施行. 云云.

順治十八年十一月初一日.

謝寬免犯禁犯越各犯表[製閔維重 使錦林君 愷胤]

原編 卷63 犯禁一 29a~29b(1224쪽)

云云. 奸民犯科, 恭竢嚴譴之降, 聖德容物, 猥荷溫綸之宣. 省躬知慚, 拜命含感. 伏念, 獲際熙運, 叨襲遺基, 欽承教條, 敢或違越, 恪守候度, 庶免愆尤. 豈意偏邦之蠢愚, 屢干上國之憲令, 致防閒之不密, 咎將誰歸. 雖輕重之有差, 法所罔赦.

玆奉明旨而査, 奏罙切寸, 心之兢惶, 幸蒙曠蕩之恩, 特垂原宥之典, 用慶行賞, 回春煦以更蘇, 滌垢棄瑕, 漏天網而曲貸, 輿情胥悅, 盛渥難酬.

伏遇誕受多方, 丕闡洪烈, 罪無大小, 寧失不經, 澤及邇遐, 厥施斯普. 遂令敝服, 亦紆死私, 敢不隕結爲期 銘鏤至骨. 怛威懷惠, 永遵誨諭之辭, 竭忠殫誠, 毋替屛翰之義. 云云.

方物表

原編 卷63 犯禁一 29b(1224쪽)

云云. 仁如天覆, 旣荷寬貸之恩. 物從土宜, 敢效享獻之禮. 謹備. 云云.

[物目同上順治丁酉謝恩方物]

右件物等, 菲薄不腆, 名品匪珍, 聊申芹曝之誠, 曷稱筐篚之實. 云云.

右表進呈咨[式見丁酉謝恩]

原編 卷63 犯禁一 29b(1224쪽)

皇太后方物狀[式見丁酉謝恩]

原編 卷63 犯禁一 29b(1224쪽)

右狀進呈咨[式見丁酉謝恩]

原編 卷63 犯禁一 29b(1224쪽)

皇后方物狀[式見丁酉謝恩]

原編 卷63 犯禁一 29b(1224쪽)

右狀進呈咨[式見丁酉謝恩]

原編 卷63 犯禁一 29b(1224쪽)

禮物總單[見進賀]

原編 卷63 犯禁一 30a(1225쪽)

禮部查收賀尊謚謝赦犯越寬免誤犯字及三節方物頒賞咨[見節使]

原編 卷63 犯禁一 30a(1225쪽)

[癸卯]

禮部知會寬宥貂皮犯禁咨

原編 卷63 犯禁一 30a~30b(1225쪽)

禮部, 爲 知會 事.

朝鮮國差來正使呂爾載等夥內二人, 私帶貂皮一百張交易, 被本部各官看見呈部. 隨傳問從人應山·春金, 將貂皮一百張, 未曾說出. 私自帶來, 已違定例, 應請勑下朝鮮國王, 議罪具奏. 其呂爾載咨官來時, 旣經申飭, 應免議. 貂皮一百張, 該王印文內, 並未開載, 不准交易, 發還可也.

臣等未敢擅便, 謹題請旨. 康熙二年正月二十日題, 本月二十三日奉旨.

應山·春金免議罪, 交易貨物, 該王印文着停止, 聽其隨便携帶, 至日報部, 于會同館交易, 應禁之物, 回時, 令邊關官員, 詳細嚴察.

欽此. 欽遵.

爲此, 知會, 查照施行. 云云.

康熙二年　月　日.

謝寬免歲幣不堪豹皮犯禁表[見節使]

原編 卷63 犯禁一 30b(1225쪽)

禮部查收賀尊號謝頒詔賜緞宥犯越犯禁歲幣不堪方物咨[見進賀]

原編 卷63 犯禁一 30b(1225쪽)

[癸卯]

報犯買硫黃咨

原編 卷63 犯禁一 30b(1225쪽)

云云.

馬夫許龍·彥男等, 被捉硫黃於鳳城. 奸細之徒, 見利忘生, 犯憲非一, 使平日申飭之意, 歸於虛地, 不勝慙懼等由, 專差司驛院正安日新, 咨報.

云云.

[出通文館志]

康熙二年　月　日. [移禮部]

頒遣官査審犯買硫黃勅[刑部侍郎勒得洪來互勅諭]

原編 卷63 犯禁一 31a(1225쪽)

皇帝勅諭朝鮮國王姓[某].

禁買貨物, 定例昭然. 向來盜買犯禁硫黃·馬匹·銅, 及越江伐木等事, 曾經降勅, 遣大臣往勘, 屢從寬宥. 此後, 爾國來京等官, 宜痛改前非, 益盡忠敬, 今差來慶賀謝恩員役, 違禁擅買硫黃, 行至鳳凰城, 被城守禦章京搜獲, 其正使以下, 俱難辭咎. 特遣刑部右侍郞覺羅勒得洪·郞中海喇孫, 前往爾國, 同王將盜買硫黃人員併正使等官究審, 情獘詳確, 定罪具奏. 特諭.

康熙二年九月十九日.

謝降勑查審表[甲辰 使洪命夏]

原編 卷63 犯禁一 31a~31b(1225쪽)

云云. 頑民犯科, 方竢嚴譴之降, 聖度含垢, 猥荷恩論之宣, 感戴之餘, 慚悚罔措. 伏念, 叨襲緖業, 恪守憲章, 每慮小人之蹝閑, 敢忘勤飭, 屢蒙大德之宥過, 益思欽遵. 豈意奸細之冒干, 復勤皇華之按問. 身忝屛翰, 罪旣積於丘山, 口誦詔書, 懼實深於淵谷. 幸承同査之命, 偏覺異數之加. 伏遇, 化均洪纖, 仁洽遐邇, 內寧外謐, 混八荒而咸休, 先恩後威, 囿萬類而並育. 至令敝服, 亦奉溫綸, 敢不追尤省愆, 竭忠殫敬. 天高星遠, 第切北拱之誠, 海包川涵, 永沐東漸之澤. 云云.

康熙三年二月十三日.

方物表

原編 卷63 犯禁一 31b(1225쪽)

云云. 承天之眷, 幸蒙綸綍之宣. 任土所宜, 敢效筐篚之獻. 謹備. 云云.
[物目同上順治丁酉謝恩方物]
右件物等, 產從僻陋, 品匪珍奇, 曷稱內府之藏, 粗備外庭之實. 云云.

右表進呈咨[式見順治丁酉謝恩]

原編 卷63 犯禁一 32a(1226쪽)

太皇太后方物狀

原編 卷63 犯禁一 32a(1226쪽)

朝鮮國王[臣]姓[諱], 謹備昭聖慈壽恭簡安懿章慶敦惠太皇太后陛下[黃籤]進獻禮物, 紅細苧布一十匹·白細苧布一十匹·白細綿紬二十匹·滿花席一十張·雜彩花席一十張. 右件物等, 謹奉進以聞.

康熙三年二月十三日. 朝鮮國王[臣]姓[諱].

右狀進呈咨

原編 卷63 犯禁一 32a~32b(1226쪽)

朝鮮國王, 爲 謝恩 事.

康熙二年十一月初六日, 當職欽奉勑諭.

云云. [自"禁買貨物", 止"具奏特諭". 見上原勑]

當職欽此, 除欽遵外, 與一國臣民, 不勝兢惶感激, 專差陪臣議政府右議政洪命夏·議政府左參贊任義伯等, 齎領謝恩表文禮物赴京, 幷齎昭聖慈壽恭簡安懿章慶敦惠太皇太后陛下進獻禮物前去. 今將禮物開坐, 合行移咨, 請照驗聞奏施行. 須至咨者.

一. 紅細苧布[以下物目, 見上原狀]

右咨禮部

康熙三年二月十三日.

皇太后方物狀[式見順治丁酉謝恩]

原編 卷63 犯禁一 32b(1226쪽)

右狀進呈咨[式見順治丁酉謝恩]

原編 卷63 犯禁一 32b(1226쪽)

皇后方物狀[式見順治丁酉謝恩]

原編 卷63 犯禁一 32b(1226쪽)

右狀進呈咨[式見順治丁酉謝恩]

原編 卷63 犯禁一 32b(1226쪽)

陳科斷買硫黃人擬律使臣奏[互陳奏]

原編 卷63 犯禁一 32b~35b(1226~1227쪽)

朝鮮國王[臣]姓[諱]謹奏, 爲欽奉聖諭, 公同勅使, 按問各犯, 明查定罪 事.

本年十一月初六日, [臣]欽奉勅使齎捧到宣諭聖旨.

云云. [自"禁買貨物", 止"具奏特諭". 見上原勅]

等因. 欽此.

除欽遵外, [臣]詣勅使館所, 對勅使, 先將犯人許龍責問.

硫黃係是禁物, 伱何盜買. 誰敎伱買來. 伱是誰家僮.

許龍供稱.

俺既知國禁至嚴, 又蒙使臣申飭. 貧窮下卒, 溺於利慾, 適當死期, 身自買來. 有誰指教. 俺係良民, 爲通官梁孝元所雇往.

等情. 得此, 又問.

你到何處買來. 盜賣人與其家, 你知否.

回稱.

到山海關外連山驛, 墻底有人, 持一筐盛硫黃約五十斤, 要賣. 俺將一兩五錢銀子, 十把扇子, 換買而已. 其人與家, 俺實不知.

等情. 得此, 又將犯人彥男責問.

硫黃係是禁物, 你何盜買. 誰教你買來. 你是誰家僮.

彥男供稱.

俺既知國禁至嚴, 使臣亦且十分戒飭. 而貧窮下卒, 見利忘生, 買取八斤, 彼既懷來要賣. 俺亦與之潛買, 唯恐人知. 有誰指教. 俺係良民, 爲寫字官李翊臣所雇往.

等情. 得此, 又問.

你到何處買來. 盜賣人與其家, 你其知否.

回稱.

到連山驛, 川邊有人要賣. 俺將銅錢二百文買來. 其人與家, 俺亦不知.

等情. 得此, 又將許龍·彥男等, 各問.

你買取硫黃時, 正使·副使, 及雇你入往之人梁孝元·李翊臣, 亦必與知. 你其直告.

許龍·彥男等回稱.

盜買之事, 雖父母亦當隱諱, 况使臣及雇往之人, 安有與知之理.

等情. 得此, 又問.

盜買之事, 使臣及雇往之人, 萬無不知之理, 盜賣人與其家, 亦豈不知. 你等一一直告.

仍嚴加訊杖究問, 許龍·彥男等只稱.

前招是實. 更無所達.

等情. 得此, 又將梁孝元責問.

許龍既是伱雇往之人, 硫黃買取情節, 伱豈不知. 從實直告.

梁孝元供稱.

俺之雇往許龍是實. 凡係禁物, 不但使臣嚴禁, 俺亦屢加戒飭. 而俺到山海關先來, 厥後始聞栅門有硫黃檢發之事. 許龍盜買情節, 俺何與知.

等情. 得此, 又將李翊臣責問.

彥男既是伱雇往之人. 硫黃買取情節, 伱豈不知. 從實直告.

李翊臣供稱.

俺之雇往彥男是實. 使臣禁令既嚴, 俺亦用心戒飭, 奸細下卒, 盜買禁物, 豈使俺知. 俺實不知.

等情. 得此, 又將正使鄭維城·副使李曼責問.

伱既主管檢飭一行, 而行中下卒許龍·彥男二人, 盜買硫黃. 伱等緣何不知.

回稱.

國王之戒飭甚嚴, 俺等亦且十分惕念, 往來之路, 屢申禁令. 而三百餘下卒中, 奸細二人, 潛買之事, 安能盡察. 然不能檢束之罪, 在所難免, 更無所達.

等情. 得此, 又問梁孝元.

自山海關先來之說, 是否.

回稱.

是實.

又問.

緣何先送.

回稱.

進貢上國, 無欠呈獻, 則先送員役, 報知國王, 自是前規.

等情. 得此, 又問.

伱二人外, 又有檢飭諸官否.

回稱.

雖有員役諸官, 檢飭一行, 非其所任.

等情. 得此, 就將各人等罪犯, [臣]勑使詳確得. 許龍·彦男等, 渠旣供稱, 貧窮下卒, 溺於利慾, 適當死期, 身自買來, 俱自就服. 渠知禁令, 盜買硫黃, 其罪甚重. 許龍·彦男, 議擬處斬.

李翊臣渠雖供稱, 使臣禁令旣嚴, 渠亦用心戒飭, 奸細下卒, 盜買禁物, 豈使渠知, 渠實不知. 而不能嚴束雇往人彦男, 致此違法, 盜買硫黃, 難免其罪. 李翊臣議擬革職杖一百.

梁孝元渠雖供稱, 使臣嚴禁, 渠亦屢加戒飭, 自山海關先來, 厥後始聞柵門有硫黃檢發之事, 許龍盜買情節, 渠何與知, 而前此不能嚴束, 致有雇往人之盜買硫黃, 理難免罪. 梁孝元議擬降三級.

仍原任鄭維城·李曼, 渠雖供稱, 國王戒飭甚嚴, 渠亦往來之路, 屢申禁令, 三百餘下卒中, 奸細二人, 潛買之事, 安能盡察. 而渠旣職係正副使, 主管檢飭一行, 不能嚴束, 放縱下役, 致有許龍·彦男, 盜買硫黃, 難免其責. 鄭維城·李曼議擬革職.

其他員役諸官, 旣非檢飭之任, 硫黃盜賣人與其家, 許龍·彦男等一向供稱不知, 俱無可議.

仍竊伏念, [臣]忝守外藩, 奉職無狀, 以致頑民, 屢犯昭憲, 幸頼累朝寬大之恩, 前後違禁, 輒蒙原宥. [臣]仰戴洪造, 惶感交至. 每於進貢使行, 非不另加戒飭, 而不期今者奸細之輩, 又犯禁令, 致勤皇上遣官勑諭, 不加譴罰, 只令查奏, 感悚慙惕, 無地自容. 除將各犯等, 公同勑使, 查問議擬, 恭俟聖明裁處外, 緣係欽奉聖諭, 公同勑使, 按問各犯, 明查定罪事理. 云云.

[云云並式, 見順治丁酉陳奏. 後倣此]

右奏進呈咨[式見順治丁酉陳奏]

原編 卷63 犯禁一 35b(1227쪽)

方物奏[式見順治丁酉陳奏]

原編 卷63 犯禁一 35b(1227쪽)

右奏進呈咨[式見順治丁酉陳奏]

原編 卷63 犯禁一 35b(1227쪽)

太皇太后方物單

原編 卷63 犯禁一 35b(1227쪽)

朝鮮國王[臣]姓[諱], 謹備昭聖慈壽恭簡安懿章慶敦惠太皇太后陛下[黃籤]進獻禮物, 紅細苧布一十匹·白細苧布一十匹·白細綿紬一十匹·滿花席一十張·雜彩花席一十張. 右件物等, 謹奉進以聞.

康熙三年二月十三日. 朝鮮國王[臣]姓[諱].

右單進呈咨

原編 卷63 犯禁一 35b~36a(1227~1228쪽)

朝鮮國王, 爲 進獻 事.

欽奉聖諭, 公同勅使, 按問各犯, 明査定罪事理. 專差陪臣議政府右議政洪命夏·議政府左參贊任義伯等, 齎領賫封奏本禮物, 幷備昭聖慈壽恭簡安懿章慶敦惠太皇太后陛下進獻禮物前去, 進獻外, 今將禮物開坐, 合行移咨, 請照驗聞奏施行. 須至咨者.

一. 紅細苧布[以下物目, 見上原單]
右咨禮部

康熙三年二月十三日.

皇太后方物單[式見順治丁酉陳奏]

原編 卷63 犯禁一 36a(1228쪽)

右單進呈咨[式見順治丁酉陳奏]

原編 卷63 犯禁一 36a(1228쪽)

皇后方物單[式見順治丁酉陳奏]

原編 卷63 犯禁一 36a(1228쪽)

右單進呈咨[式見順治丁酉陳奏]

原編 卷63 犯禁一 36a(1228쪽)

禮物總單[謝查犯降勑物目見原表狀 ○陳奏查擬犯人物目見原奏單]

原編 卷63 犯禁一 36a(1228쪽)

禮部查收謝降勑及陳奏方物咨

原編 卷63 犯禁一 36a~36b(1228쪽)

禮部, 爲 知會 事.

准朝鮮國王咨開, 差陪臣議政府右議政洪命夏·議政府左參贊任義伯等, 恭進降勑使恩禮物, 及陳奏禮物, 已經本部具題. 奉旨.

依議.

欽此. 欽遵. 抄出到部. 除將禮物, 送戶部收貯訖. 相應知會. 爲此, 合咨前去, 煩爲查照施行. 云云.

康熙三年五月初三日.

禮部飭王城稱王京及硫黃一案依議咨[互飭諭]

原編 卷63 犯禁一 36b(1228쪽)

云云. 該本部題.

云云.

奉旨.

奏內, 王城稱王京, 於禮不合, 着飭行. 硫黃一案, 依議.

云云.

[出通文館志]

康熙三年　月　日.

한글 번역

[丙戌]

戶部知會帶蔘進京人擬罪咨[互交易]

原編 卷63 犯禁一 1a(1210쪽)

[호부] 운운. 지난해 謝恩사신으로 大君이 왔을 때 通官 朴璇 등이 인삼을 지니고 와서 팔았는데 미리 咨報하지 않았으니 마땅히 죄를 주어야 합니다. 운운.
[『通文館志』에 나온다]

順治 3년 월 일.

回咨

原編 卷63 犯禁一 1a(1210쪽)

[조선국왕] 운운. 朴璇 등이 다음과 같이 공술하였습니다.

[박선] 이전부터 京師에 가는 인원은 으레 인삼을 가지고 가서 매매하였습니다. 지금 새로 禁令이 생긴 줄을 알지 못하여 잘못 가지고 갔습니다.

[조선국왕] 삼가 律文을 살펴보니, 금지된 물건을 몰래 매매하는 것은 (죄질이) 무거운

경우 絞刑에 처하고, 사사로이 물건을 넘겨 중국 물건으로 무역한 자는 장 1백 대에 徙邊에 처합니다. 이번 일은 禁令이 있기 이전에 있었으므로, 삼가 처결을 기다린다는 연유로 咨報합니다.

順治 3년　월　일.

戶部回咨

原編 卷63 犯禁一 1a~1b(1210쪽)

[호부] 운운. 聖旨를 받들었는데, 그 내용은 다음과 같았습니다.

[황제] 조공 사절이 삼을 판매하는 것이 명나라 때에는 혹 있었으나 우리나라에서는 가지고 오는 것을 허락하지 않았으니, 어찌 금령이 있기 이전이라고 말할 수 있겠는가. 朴璇 등은 일단 가벼이 처벌하여 杖을 치고 변방으로 徒配시키라. 운운.

[『通文館志』에 나온다]

順治 3년　월　일.

[甲午]

刑部移義州査問通官閼翠私販貂皮果否牌文

原編 卷63 犯禁一 1b(1210쪽)

발신: 형부

사유: 고발합니다.

[형부] 湖廣淸吏司의 案呈이 올라왔는데, 그 내용은 다음과 같았다.

[호광사] 本部에서 보낸 刑科의 抄出을 받았는데, 그 내용은 다음과 같았습니다.

[형과] 該 本部에서 題하였는데, 그 내용은 다음과 같았습니다.

[형부] 鑲白旗로서 鳳城에 駐箚하고 있는 高麗通事 悶翠의 家人 猛愓이, 悶翠 등이 貂皮를 불법적으로 사들였다는 연유로 고하였습니다.

[형과] 順治 11년 3월 18일 聖旨를 받들었는데, 그 내용은 다음과 같았습니다.

[황제] 논의한 대로 하라.

[호광사] 마땅히 원래의 疏章을 베껴서 조선국 義州에 牌文을 보내 조사하게 해야겠습니다.

[형부] 이에 牌文을 보내니, 바라건대 義州에서는 聖旨를 삼가 받들고 또 牌文의 내용을 살피어, 즉각 孟愓이 고발한바 悶翠 등이 貂・蔘을 불법적으로 사들인 일이 과연 실제로 있었는지 여부를 조사하여 명백히 本部로 보고하십시오.

원래의 疏章을 베낀 것 한 장을 붙여 첨부함.
이상을 朝鮮國 義州의 駐箚官에게 牌文으로 보냄.
이를 받고, 順治 11년 4월 8일을 기한으로, 그 달 20일까지 회보할 것.

原題

原編 卷63 犯禁一 2a~5a(1211~1212쪽)

疏章을 베낀 것

[형부] 刑科의 抄出(을 받았는데, 그 내용은 다음과 같았습니다.)

[형과] 刑部尙書 張秉貞 등이 題本을 올렸는데, 고발하는 일이었습니다.

[형부] 湖廣淸吏司에서 案呈을 올렸는데, 그 내용은 다음과 같았습니다.

[호광사] 本部에서 보낸 것을 받았는데, 그 내용은 다음과 같았습니다.

[형부] 盛京 昻邦章京 葉可述의 만주어 咨文을 받았는데, 그 내용은 다음과 같았다.

[성경 앙방장경] 鳳凰城 大人 阿兒住가 申을 올려 말하였습니다.

[봉황성기인] 鑲白旗 波衣大式 시위 니루(牛彔)의 휘하로 鳳凰城에 駐箚하고 있는 高麗通事 悶翠의 家人 猛惕이 고하여 아뢰었습니다.

[맹척] 저의 주인 悶翠와 正白旗 迎送官 烏兒呼達이, 鳳凰城으로부터 朝鮮 進貢人을 牛庄으로 보내는 경로 주변에서 조선 진공인들이 貂皮・인삼을 불법적으로 거래하면서 한 짐당 은 두 냥을 요구하는 것을 목격하였습니다. 저의 주인과 烏兒呼達이 고려인들에게 貂皮를 찾자, 高麗인 金씨라는 자가 鳳凰城으로 돌아갔다가 밤중에 물건을 보내 주고받았습니다.

烏兒呼達이 2/3인 紬 60匹, 貂皮 40張, 銀 47兩을, 悶翠가 1/3인 紬 30匹, 貂皮 20張 등을 가졌습니다. 아울러 悶翠가 가진 貂皮 15張, 紅紬 1匹, 白羅 6匹, 白紡絲紬 3匹, 藍紗 2匹, 白綾 2匹, 綠紬 1匹, 藍紬 1匹, 靑閃紬 1匹을 가지고 자수합니다.

[봉황성기인] 저는 즉시 烏兒呼達의 집으로 가서 은 47냥, 醬色紬 2匹, 白紡絲紬 1匹, 閃紬 1匹, 紅紬 1匹, 藍紬 1匹을 수색해서 찾아냈습니다. 이치상 마땅히 申으로 보고합니다.

[성경 앙방장경] 이상의 내용이 盛京에 이르렀습니다. 悶翠를 심문하여 그 공술을 받았는데, 다음과 같이 말했습니다.

[민취] 저는 高麗의 짐꾼을 호송하여 牛庄에 이르러서 迎送官에게 인계하고는 빈 말로 돌아왔습니다. 고려인들은 연도에서 물건을 사고판 일이 없으며 저도 또한 일찍이 고려 상인에게

銀, 緞, 貂皮 등을 요구한 일이 없습니다.

[성경 앙방장경] 다시 물었습니다.

[성경 앙방장경] 애초에 요구한 일이 없다면 紬子・貂皮는 어찌된 것인가?

[성경 앙방장경] 悶翠가 공술하여 말하였습니다.

[민취] 저의 누이가 義州 夾山에 사는 紅惕里에게 시집을 간 일이 있었습니다. 貂皮 15張은, 順治 9년(1652년) 8월에 성명을 알 수 없는 고려인이 昭陵에 제사지낼 과자를 보내왔는데, 이 貂皮는 제 누이가 그를 시켜 저에게 보내 준 것으로 틀림없는 사실입니다. 貂皮와 人蔘의 사사로운 매매를 금지한 지가 이미 오래되었는데, 제가 어찌 감히 (그 고려인에게) 貂皮를 요구했겠습니까. 紬子는 제가 북경에 있을 때에 어느 道士가 南京에 가서 매매를 한다고 하여, 저는 그에게 은 20냥을 주고 퀜 紬子를 사달라고 하였더니, 卯年에 제가 북경에 갔을 때에 제게 綠紬 1匹, 藍紬 1匹, 紅紬 1匹, 藍緞 1匹, 白羅 1匹, 白紡綠 6匹 등 총 銀 20냥 어치를 저에게 주었습니다. 또 저희 王子家의 家人 재봉사 李三義가 저에게 10냥의 은자를 빌렸다가 후에 그 값으로 제게 藍紗 1匹, 白紡紗 1匹, 白綾 1匹, 靑閃紬子 1匹을 주었습니다. 저희 牛最掌倉의 고려 外郎은 저의 형으로, 제게 퀜 白紡絲 1匹, 藍紗 1匹을 주었습니다. 李 皮匠도 제게 白綾 1匹을 주었습니다.

[성경 앙방장경] 烏兒呼達이 다음과 같이 공술하였습니다.

[烏兒呼達] 白紡絲 1匹, 閃紬 1匹, 藍紬 1匹, 紅紬 1匹, 또 紬子가 들어간 毛靑布는 말에 실어서 白赤客의 처가 북경으로 가지고 온 것으로, 이는 제 아들 小布湖가 저에게 가져다주었으며, 貂皮는 없었습니다.

[**성경 앙방장경**] 이를 받고, 烏兒呼達・悶翠는 아직 자백하지 않았으므로, 번거롭겠지만 貴部[刑部]에서 烏兒呼達의 아들 少布湖에게 그 아비에게 준 緞匹이 어떤 색이었는지, 수는 얼마였는지 등을 물어보아 주십시오. 白赤客의 처와 烏兒呼達의 아들 少布湖의 집안사람들에게 紬子・毛靑布를 실어 온 적이 있는지 여부를 물어보아 주십시오. 또 道士・李三義・外郞・李 皮匠에게 (悶翠에게) 준 것이 얼마이며 무슨 색이었는지 물어보아 주십시오. 烏兒呼達은 초피 40張을 요구한 일에 대해 인정하지 않고 있습니다. 阿兒住・興葛禮가 그 집 사람들을 찾아보았으나 없었습니다. 猛愓이, 또 烏兒呼達의 아들이 (金高麗를) 북경으로 데려오려 했다면 할 수 있었으리라 공술하였으니, 귀부[刑部]에서는 한편으로는 고려인 김씨가 단필을 준 정황에 대해 조선에 문서를 보내시고, 다른 한편으로는 白赤客의 妻・道士・李三義・李 皮匠・外郞 등을 일체 조사하게 하여, 그들의 공술을 받아 조선의 회답문서와 아울러 자문으로 보내주시기 바랍니다.

[**형부**] 이상의 내용이 刑部에 이르러 司에 보냈습니다.

[**호광사**] 이를 받고, 滿洲理事官 索爾密과 本司[湖廣淸吏司] 郎中 劉芳聲을 차정하여 鳳凰城에 사는 接送朝鮮官이자 正白旗 李監 牛彔 휘하에 있는 烏兒呼達의 아들 少布湖를 심문하게 하였습니다.

[**該司 낭중**] 네가 일찍이 어떤 물건을 너의 아비에게 보낸 일이 있는가?

[**호광사**] 공술을 받았는데 그 내용은 다음과 같았습니다.

[**少布湖**] 각양의 紬子·靑布·深藍布·藍布를 한 필의 말에 실어서 家人 小五子로 하여금 싣고 가게 한 일이 있습니다.

[**호광사**] 또 물었습니다.

[**該司 낭중**] 같이 간 사람이 있는가? 너희 집안의 사람이었는가?

[**호광사**] 공술을 받았는데 그 내용은 다음과 같았습니다.

[少布湖] 鑲白旗 駱駝 牛彔 휘하의 白赤客의 처와 함께 갔습니다.

[호광사] 또 물었습니다.

[該司 낭중] 紬子는 얼마나 되었으며, 어떤 색깔이었으며, 어느 해, 어느 달에 가지고 갔는가?

[호광사] 공술을 받았는데 그 내용은 다음과 같았습니다.

[少布湖] 紬子의 색깔, 수량은 날짜가 오래되어 기억나지 않습니다. 紬子 (중에) 14~15개는 제가 江西에 출병했다가 돌아오던 해에 가지고 온 것인데, (정확한 날짜는) 기억하지 못합니다.

[호광사] 또 白赤客의 처에게 물었습니다.

[該司 낭중] 正白旗 季監 牛彔 휘하의 烏兒呼達의 아들 少布湖가 그 아비에게 보내고자, 한 필의 황색 말에 두 개의 가죽 상자를 싣고 하인 한 명을 딸려 보낸 일이 있는가?

[호광사] 공술을 받았는데 그 내용은 다음과 같았습니다.

[白赤客 처] 少布湖가 저를 데려가며 말하기를, 가죽 상자에는 紬子·紡紗·綾子·毛青布·深藍布, 그리고 蠻子衣服도 있다고 하였습니다. 저는 도둑맞을까 우려하여 저희 가인으로 하여금 잘 살피면서 가지고 가서 그의 부모에게 전해주게 하였는데, 틀림없는 사실입니다.

[호광사] 또 道士의 妻에게 물었습니다.

[該司 낭중] 너는 일찍이 어떤 물건을 悶翠에게 준 일이 있는가?

[호광사] 공술을 받았는데 그 내용은 다음과 같았습니다.

[道士 처] 제 남편이 南京에 가서 장사를 할 때 그가 일찍이 은 20냥을 보내왔습니다. 후에 제 남편이 돌아오고 悶翠도 또한 고려인을 호송해 왔을 때, 그에게 鞏紬 1匹, 青緞 1匹, 紡綠綾子 10匹을 주었습니다. 紬子의 색깔은 날짜가 오래되어 기억하지 못합니다.

[호광사] 또 재봉사 李三義에게 물었습니다.

[該司 낭중] 너는 어떤 물건을 悶翠에게 준 일이 있는가?

[호광사] 공술을 받았는데 그 내용은 다음과 같았습니다.

[이삼의] 제가 閔翠에게 은 30냥을 빌렸다가 그에게 20냥을 갚고 10냥은 모자랐습니다. 閔翠가 고려인을 호송하러 왔다가 저에게 銀을 요구하기에, 저는 紡絲 2匹, 綾 1匹, 紗 1匹로 갚았습니다. 날짜가 오래되어 색깔은 기억하지 못합니다.

[호광사] 또 高麗인 外郎에게 물었습니다.

[該司 낭중] 閔翠가 진짜로 너의 형인가?

[호광사] 공술을 받았는데 그 내용은 다음과 같았습니다.

[이삼의] 원래 동향인으로, 형제라고는 하지만 친형은 아닙니다. 그가 고려인을 호송하러 왔기에 제가 그에게 紡絲 1匹, 紗 1匹을 주었는데, 날짜가 오래되어 물건의 색깔은 기억하지 못합니다.

[호광사] 이를 받고, 少布湖의 집에 가서 수색해보았으나 貂皮는 없었습니다. 또 물었습니다.

[該司 낭중] 少布湖, 너는 일찍이 너의 부친을 따라서 간 일이 있는가?

[호광사] 공술을 받았는데 그 내용은 다음과 같았습니다.

[少布湖] 順治 10년 8월 13일에 아버지가 계신 곳에 갔습니다. 제가 끌고 간 말을 팔아서 자잘한 貂子皮 10개, 水猫皮 10개를 사서는 12월에 가지고 왔습니다. 嗒哈讒이 水猫皮 두 개를 주었고 興葛禮 章京이 水苗皮 1개를 주었으며, 제 아비도 수묘피 1개, 자잘한 貂皮 20개를 제게 준 일이 있습니다.

[호광사] 이상의 내용을 堂에 보고한 후 다시 한 번 심문하였는데 차이가 없었습니다. 신 등이 猛惕이 '조선국에 거주하는 金高麗가 연례 진공으로 왔다가 돌아가면서 烏兒呼達·閔翠 두 명에게 은단과 초피를 주었습니다'라고 하였습니다.

[형부] 또 閔翠를 심문하여 공술을 받았는데 그 내용은 다음과 같았습니다.

[민취] 義州 夾山에 거주하는 紅惕里는 제 누이의 남편인데, 貂皮 15개를

주었습니다.

[**형부**] 마땅히 조선국 義州에 문서를 보내어 金高麗·紅惕里가 悶琴에게 貂皮를 준 일이 과연 사실인지를 조사해보아야 하겠습니다. 聖旨를 청하여 곧 준행하겠습니다.

이상의 내용으로 題本을 갖추었습니다.

[**형과**] 順治 11년 3월 18일 聖旨를 받들었는데, 그 내용은 다음과 같았습니다.

[**황제**] 논의한 대로 하라.

[丁酉]

頒遣官查審犯買焇硝勅[多兒吉昂邦阿魯哈等來互勅諭]

原編 卷63 犯禁一 5a~5b(1212쪽)

皇帝가 朝鮮國王 李某에게 勅諭한다.

物貨의 매매를 금하는 것은 정해진 규례가 뚜렷하므로 앞서 禮部를 통해 그대 나라에 자문을 보냈다. 지난번 그대의 아우 李淯가 국경을 넘어 살인을 한 죄를 너그럽게 용서해 준 것으로 사은하러 京師에 왔으니, 이치상 마땅히 이전의 잘못을 통렬히 고치고 더욱 忠敬을 다해야 할 것이다. 그런데 일을 마치고 돌아갈 때에 수행하던 관원이 금령을 어기고 멋대로 화약을 사가지고 가다가 鳳凰城에 이르러 성을 지키던 章京에게 수색을 당해 압수되었다고 한다. 듣건대 李淯는 그 私買한 사람을 포박하여 보내지 않고, 도리어 눈감아줄 것을 애걸하였다고 한다. 李淯는 일이 일어나기 전에 미리 금지시키지 못하고 일이 발각되자 도리어 은폐하고자 하였으니, 또한 허물을 면하기 어렵다.

이제 특별히 多兒吉 昂邦 阿魯哈, 少傅 兼太子太傅 內翰林國史院太學士 額色黑, 太子少保 都察院左參政 能吐, 吏部左侍郎 千代를 파견하여 그 나라로 가게 해서 왕과 함께 私買의 정황과 폐단을 조사하고, 자세히 죄를 논의하고 결정하여 奏本을 갖추어 올릴 것을 특별히 효유한다.

順治 14년 2월 18일.

謝降勅查審表[康熙以後表文尾辭中無任二字改置仰聖下 使元斗杓]

原編 卷63 犯禁一 5b~6a(1212~1213쪽)

조선국왕이 말씀드립니다.

順治 14년 3월 28일, 신은 삼가 勅諭를 받들었습니다.

운운. ["禁買貨物"부터 "具奏特諭"까지는 위의 원래 勅에 보인다]

신은 이를 받들고 삼가 준행하는 외에, 일국의 신민과 더불어 두렵고도 감격하는 마음을 이길 수가 없습니다. 삼가 표를 바쳐 사은하는 뜻을 아룁니다.

신은 실로 황공하고 실로 황공하여 머리를 조아리고 또 조아립니다. 엎드려 생각건대, 私商이 금령을 어겼으니 바야흐로 벌을 내리시기를 기다리고 있었는데, 따뜻한 성지로써 은혜를 베푸셨습니다. 갑자기 황명이 내려오는 것을 보니 놀라서 땀을 닦을 겨를이 없고 감사하여 눈물이 마를 새가 없습니다. 엎드려 생각건대 신이 융성한 시기를 맞이하여 선인의 공적을 이어받아 제후의 법도를 따르고 있으니, 감히 덮어 주고 비추어 주시는 사랑을 잊겠습니까. 가르치심을 엄히 펼치어 늘 방비하는 경계로 삼고 있으니 어찌 완악한 범죄가 일어나리라 생각이나 했겠습니까.

더욱이 사자가 와서 帝命의 밝으심을 맞이하기에 이르러서는 어찌 더욱 간절하지 않겠으며, 신의 죄를 스스로 아는데 어찌 더욱 반성하며 놀라고 두려워하지 않겠습니까.

다행히 조사해보라는 명령을 받아서는 더욱 관대한 은전을 알게 되었습니다. 엎드려 생각건대, 황제 폐하[黃籛]께서 좋은 기운을 받아 皇靈을 크게 떨치시는 때를 맞았습니다. 음으로는 덮어 주고 양으로는 드러내 주시어 천지의 조화를 본받으셨으며, 따뜻한 봄날 햇볕이 내리쪼이는 것처럼 만물의 생성을 이룩하게 하셨습니다. 그런고로 敝邦에 명령을 내리시어 또한 聖諭를 받들게 하시었으니, 신이 감히 처음부터 끝까지 변함이 없이 충정을 더욱 돈독히 히지 않을 수 있겠습니까. 후세를 독려하여 감싸주시는 덕을 영원히 받들고, 선업을 삼가 지켜 공손히 받드는 정성을 다하겠습니다. 신은 하늘을 바라보고 성인을 우러르니, 너무도 절실하고 황송함을 이길 수가 없습니다. 삼가 표문을 바쳐 감사하는 뜻을 아룁니다.

順治 14년 5월 6일. 朝鮮國王이 삼가 표문을 올립니다.

方物表[貂皮康熙辛卯免]

原編 卷63 犯禁一 6a~6b(1213쪽)

조선국왕이 말씀드립니다. 엎드려 생각건대, 하늘로부터 명령이 내려 미천한 마음을 더욱 감격시켰으니, 토산물을 올려 공경히 옛 의례를 시행하고자 삼가 다음과 같이 갖추었습니다.

黃細苧布 30匹, 白細苧布 30匹, 黃細綿紬 20匹, 紫細綿紬 20匹, 白細綿紬 30匹, 龍文簾席 2張, 黃花席 15張, 滿花席 15張, 雜彩花席 15張, 豹皮 5張, 白綿紙 2천권.

이상의 물건들은 이름과 종류가 좋지 못하고 만든 것도 정교하지 못하니, 다만 조공하는 정성을 드러낼 뿐이지 어찌 황제께 올리는 공물이라고 할 수 있겠습니까! 신은 놀라고 두려우며 절실해 하는 지극한 마음을 이기지 못하며, 삼가 표문과 함께 받들어 올리며 아룁니다.

順治 14년 5월 6일. 朝鮮國王이 삼가 표문을 올립니다.

右表進呈咨

原編 卷63 犯禁一 6b(1213쪽)

발신: 조선국왕

사유: 謝恩합니다.

[조선국왕] 順治 14년 3월 28일, 저는 삼가 勅諭를 받들었습니다.

운운. [모두 위의 原表와 같다]

[조선국왕] 저는 이를 받고 삼가 준행하는 외에, 일국의 신민과 함께 놀라고 두려우며 감격스러운 마음을 이길 수가 없겠기에, 사은표문을 짓고 진헌할 예물을 갖추어 배신 議政府 右議政 元斗杓, 議政府 右參贊 嚴鼎耉 등을 차정하여 잘 관리하여 가지고 京師로 가서 진헌하게 하는 외에, 이제 예물의 목록을 작성하여 마땅히 자문을 보내니 청컨대 잘 살피시어 황제께 아뢰어주시기 바랍니다.

一. 黃細苧布[이하의 물품 목록은 위의 원래 표문에 보인다]

이상을 자문으로 예부에 보냅니다.

順治 14년 5월 6일.

皇太后方物狀

原編 卷63 犯禁一 7a(1213쪽)

조선국왕이 昭聖慈壽恭簡安懿章慶皇太后 폐하[黃籤]의 진헌 예물로 紅細苧布 10匹, 白細苧布 10匹, 白細綿紬 20匹, 滿花席 10張, 雜彩花席 10張을 준비했습니다. 이상의 물건 등을 삼가 奉進하며 아룁니다.

順治 14년 5월 6일. 朝鮮國王.

右狀進呈咨

原編 卷63 犯禁一 7a~7b(1213쪽)

발신: 조선국왕
사유: 謝恩합니다.

順治 14년 3월 28일, 저는 삼가 勅諭를 받들었습니다.

운운. [모두 위의 原表와 같다]

저는 이를 받고 삼가 준행하는 외에, 일국의 신민과 함께 놀라고 두려우며 감격스러운 마음을 이길 수가 없겠기에, 배신 議政府 右議政 元斗杓, 議政府 右參贊 嚴鼎耈 등을 차정하여 사은표문과 예물을 잘 관리하여 가지고 京師로 가게 하고, 아울러 昭聖慈壽恭簡安懿章慶皇太后陛下께 진헌할 예물을 가지고 가게 합니다. 이제 예물의 목록을 작성하여 마땅히 자문을 보내니 청컨대 잘 살피시어 황제께 아뢰어주시기 바랍니다.

一. 紅細苧布[이하의 물품 목록은 위의 원래 狀에 보인다]

順治 14년 5월 6일.

皇后方物狀

原編 卷63 犯禁一 7b(1213쪽)

朝鮮國王이 中宮 전하[紅簽]의 진헌 예물로 紅細苧布 10匹, 白細苧布 10匹, 白細綿紬 20匹, 滿花席 10張, 雜彩花席 10張을 준비했습니다.

이상의 물건 등을 삼가 奉進하며 아룁니다.

順治 14년 5월 6일. 朝鮮國王.

右狀進呈咨

原編 卷63 犯禁一 7b~8a(1213~1214쪽)

발신: 조선국왕
사유: 謝恩합니다.

順治 14년 3월 28일, 저는 삼가 勅諭를 받들었습니다.

운운. [모두 위의 原表와 같다]

저는 이를 받고 삼가 준행하는 외에, 일국의 신민과 함께 놀라고 두려우며 감격스러운 마음을 이길 수가 없겠기에, 배신 議政府 右議政 元斗杓, 議政府 右參贊 嚴鼎耉 등을 차정하여 사은표문과 예물을 잘 관리하여 가지고 京師로 가게 하고, 아울러 中宮 殿下께 진헌할 예물을 가지고 가게 합니다. 이제 예물의 목록을 작성하여 마땅히 자문을 보내니 청컨대 잘 살피시어 황제께 아뢰어주시기 바랍니다.

一. 紅細苧布[이하의 물품 목록은 위의 원래 狀에 보인다]

順治 14년 5월 6일.

陳科斷買硝各犯擬律使臣奏[互陳奏]

原編 卷63 犯禁一 8a~14a(1214~1217쪽)

발신: 조선국왕

사유: 삼가 聖諭를 받들고 勅使와 함께 각 범인을 심문하여 명백히 조사하고 죄를 정하였습니다.

[조선국왕] 본년 3월 28일에 칙사가 가져와서 신포한 聖旨를 받들었는데, 그 내용은 다음과 같았습니다.

[황제] 物貨의 매매를 금하는 것은 정해진 규례가 뚜렷하므로 앞서 禮部를 통해 그대 나라에 자문을 보냈다. 지난번 그대의 아우 李濬가 국경을 넘어 살인을 한 죄를 너그럽게 용서해준 것으로 사은하러 京師에 왔으니, 이치상 마땅히 이전의 잘못을 통렬히 고치고 더욱 忠敬을 다해야 할 것이다. 그런데 일을 마치고 돌아갈 때에 수행하던 관원이 금령을 어기고 멋대로 硝藥을 사 가지고 가다가 鳳凰城에 이르러 성을 지키던 章京에게 수색을 당해 압수되었다고 한다. 듣건대 李濬는 그 私買한 사람을 포박하여 보내지 않고, 도리어 눈감아줄 것을 애걸하였다고 한다. 李濬는 일이 일어나기 전에 미리 금지시키지 못하고 일이 발각되자 도리어 은폐하고자 하였으니, 또한 허물을 면하기 어렵다.

이제 특별히 多兒吉 昂邦 阿魯哈, 少傅 兼太子太傅 內翰林國史院太學士 額色黑, 太子少保 都察院左參政 能吐, 吏部左侍郎 千代를 파견하여 그 나라로 가게 해서 국왕과 함께 私買의 정황과 폐단을 조사하고, 자세히 죄를 논의하고 결정하여 奏本을 갖추어 올릴 것을 특별히 효유한다.

[조선국왕] 삼가 준행하는 외에, 즉각 범인 金豆里松·金秋立·金孝男·崔振男·㖂金·金忠立·金乃泓·朴庚仁·㐇同·河得·宋所都只·劉義立 등을 신이 칙사와 함께 공동으로 조사, 심문하여, 범인 金豆里松의 공술을 받았는데 그 내용은 다음과 같았습니다.

[김두리송] 저는 金秋立의 말을 끄는 종입니다. 경사에 갔다가 돌아올 때에 金秋立이 화약을 사서 붉은 양탄자 네 장과 이불 한 벌로써 저에게 잘 싸서 가지고 있으라고 하였습니다. 저는 그 말에 따라 잘 싸서 가지고 오다가 柵門에 이르러서 발각되었습니다. 제가 체포되어 義州에 수감되었을 때, 金秋立은 그 婢子로 하여금 밥을 지어 (저에게) 먹여주었습니다. 서울의 옥으로 올 때에 김추립은 혼란하고 어두운 틈을

타서 潞紬 1단, 은자 1냥 2전, 小帽子 10개를 주면서 그 이름을 대지 말라고 하였습니다. 같이 호송되어 온 죄수 宋所都只·金孝男·河得 등 세 명도 모두 보았습니다.

[조선국왕] 또 金秋立을 조사, 심문하여, 그의 공술을 받았는데 그 내용은 다음과 같았습니다.

[김추립] 豆里松은 원래 저희 집 아이가 아닙니다. 무슨 이유로 저를 위해서 대신 죽을죄를 받겠습니까. 柵門에서와 義州에 이르렀을 때 모두 자기가 저지른 일이라고 자백하였는데, 지금 말을 바꾼 것입니다. 銀子·潞紬를 몰래 주었다는 말도 더욱이 허망한 거짓입니다.

[조선국왕] 다시 金豆里松을 심문하였더니 다음과 같이 말하였습니다.

[김두리송] 김추립은 일행의 양료를 주관하므로 마필에 물건을 싣거나 가져오는 일이 모두 그의 소관입니다. 염초를 사온 것도 실로 金秋立이 한 일입니다.

[조선국왕] 다시 조사, 심문하여 金秋立의 공술을 받았는데 그 내용은 다음과 같았습니다.

[김추립] 말은 비록 제 소관입니다만 화약을 사온 것을 저는 실로 알지 못합니다.

[조선국왕] 다시 金豆里松을 심문하였더니 다음과 같이 말하였습니다.

[김두리송] 김추립이 저를 꾀어 말하기를, “너는 천인이니 비록 범죄가 있다고 하여도 笞杖에 그칠 것이다. 너는 나를 거명하지 말라. 내가 마땅히 두텁게 보답할 것이다”라고 하였습니다. 제가 실로 우매하여 경중을 모르고 과연 그때에는 제가 한 일이라고 공초하였습니다.

[조선국왕] 또 목격한 증인 宋所都只 등 3인을 심문하여 공술을 받았는데 그 내용은 다음과 같았습니다.

[송소도지] 김추립이 뇌물을 줄 때는 비록 보지 못했습니다. 김두리송이 말하기를 김추립이 준 것이라고 하며 潞紬 1匹, 은자 세 개, 小帽子 10개를 내어 보였습니다. 저희들이 보았습니다. 사실입니다.

[조선국왕] 또 김추립에게 화약을 산 곳과 판 자를 심문했으나, 김추립은 한사코 말하지 않고 버텼습니다. 또 김두리송을 심문하였더니 다음과 같이 말하였습니다.

[김두리송] 寧遠衛에 이르렀을 때에 김추립이 밤을 틈타서 저를 데리고 외딴 마을로 가서 은자로 (화약을) 샀습니다. 판 자는 漢人같았습니다. 그 용모를 보니 노인도 아니고 젊은이도 아니었습니다. 그 집은 동문 안쪽의 북변에 있었습니다. 그 자의 성명은 비록 알 수 없지만, 그 얼굴을 보면 알 수 있습니다.

[조선국왕] 또 김효남·최진남·줏금 등을 심문하였더니 김효남이 다음과 같이 말하였습니다.

[김효남] 저는 마부입니다. 鄭人의 의장을 싣고 갔는데, 가지고 간 마필이 北京에서 병으로 죽어서 돌아올 때에는 수레를 빌려 싣고 왔습니다. 鳳凰城에 이르러서는 영접을 나온 말에 옮겨 싣고서 먼저 柳田에 이르렀습니다. 通官 최진남은 자신의 종 줏금이 수색을 당해 발각되자 제가 고용했던 수레를 가리키며 화약이 실려 있다고 하고는 저를 결박하고 줏금을 풀어주었습니다. 정황이 실로 원통합니다.

[조선국왕] 다음으로 최진남을 질책하여 연유를 심문하였더니, 최진남이 다음과 같이 말했습니다.

[최진남] 김효남은 鄭人의 衣裝을 싣고 있었는데, 몰래 화약을 숨겨 가지고 있었습니다. 柵門에 이르러 수색을 받을 때에 저는 그것이 드러날까 두려워 수레를 버리고 먼저 나섰습니다. 줏금은 마침 그때에 말을 잃고 뛰어오고 있었는데, 그러던 중 수레 곁을 지나다가 잘못 붙잡힌 것입니다.

[조선국왕] 또 수색할 때에 어느 이름으로 고하였는지를 물었습니다. 최진남이 말하였습니다.

[최진남] 줏금은 원래 귀머거리입니다. 또 아주 우매하여 김씨 성의 다른 이름으로 잘못 고하였습니다.

[조선국왕] 또 김효남을 질책하여 심문하였습니다.

[조선국왕] 네 말이 최진남의 공술과 엇갈린다. 너는 이실직고하라.

[조선국왕] 김효남이 말하였습니다.

[김효남] 화약을 실은 것은 진실로 최진남의 수레였습니다.

[조선국왕] 다시 최진남을 심문하였습니다.

[조선국왕] 招辭에 처음에는 수레 이야기가 없었는데, 김효남의 초사에 너 역시 화약을 실은 수레를 가지고 있었다고 한다. 화약을 산 곳과 판 자를 사실대로 고하라.

[조선국왕] 최진남이 답하여 말하였습니다.

[최진남] 원래 사지 않았습니다. 어찌 알겠습니까.

[조선국왕] 또 줏금에게 물었습니다.

[조선국왕] 너는 과연 최진남의 짐을 들고 온 종인가?

[조선국왕] 줏금이 다음과 같이 말했습니다.

[줏금] 저는 최진남의 종입니다. 다만 白絲 한 짐을 싣고 왔습니다. 책문에 이르러 수색을 당할 때에 저는 말을 잃어버리고서는 김효남이 버린 수레 곁으로 달려갔습니다. 수레 안에 몰래 실어놓은 화약을 의복으로 덮어 보이지 않게 하였습니다. 수레를 모는 사람이 저를 가리켜 주인이라고 하더니 갑자기 결박을 하였습니다. 柳田에 이르러서 수레의 주인을 조사해보니 과연 김효남이었기에 저는 풀려났습니다.

[조선국왕] 또 줏금에게 당초 조사를 받을 때 어떤 이름을 댔는지를 물었습니다. 줏금이 말하였습니다.

[줏금] 잘못해서 金成吉이라고 고했습니다.

[조선국왕] 이어서 고문을 가하며 물었습니다.

[조선국왕] 과연 김효남의 화약인데 왜 거짓으로 고했느냐? 이는 모두 주인을 보호하려는 계략이냐? 너는 실상을 이실직고하라.

[조선국왕] 줏금이 말하였습니다.

[줏금] 최진남의 종인 금남이 샀습니다. 금남에게 물어보시면 실상을 알 수 있을 것입니다.

[조선국왕] 곧 금남을 조사, 심문하였더니, 금남이 다음과 같이 말했습니다.

[금남] 저는 행중장막을 싣고 가는 마부입니다. 본래 최진남의 종이 아닙니다. 줏금이 공술한 바는 모두 무고입니다.

[조선국왕] 줏금과 금남을 대면시켜 힐문하였더니, 줏금이 말하였습니다.

[줏금] 고문 아래에서 없는 말로 변명한 것입니다. 과연 이는 무고로 끌어들인 것입니다.

[조선국왕] 또 김효남을 심문하였습니다.

[조선국왕] 왜 너를 포박하였느냐?

[조선국왕] 말하였습니다.

[김효남] 통관 최진남이 밤을 틈타 포박하고는 협박하여 제가 한 일이라고 하라고 하였습니다. 저는 진실로 억울합니다.

[조선국왕] 또 金忠立·金乃泓 등을 조사 심문하였더니, 김충립이 다음과 같이 말하였습니다.

[김충립] 저는 김내홍이 타는 말의 마부입니다. 제 말은 김내홍의 것이니 혹은 타고 가든지 혹은 짐을 싣든지 모두 그의 소관입니다. 책문에 이르러 수색을 받을 때 그 말에 실려있던 화약은 진실로 김내홍의 물건입니다.

[조선국왕] 김내홍을 조사, 심문하였더니 김내홍이 다음과 같이 말하였습니다.

[김내홍] 화약을 사 온 것은 제 소행이 아닙니다.

[조선국왕] 다시 물었습니다.

[조선국왕] 저 김충립은 너의 종이고 말은 네가 타던 것인데, 어찌 실어 오던 종의 물건을 말에 탄 자가 시종 모른단 말이냐? 산 곳을 이실직고하라.

[조선국왕] 김내홍이 말하였습니다.

[김내홍] 다시 김충립에게 물어보시면 실상을 아실 수 있을 것입니다.

[조선국왕] 다시 김충립을 심문하였습니다.

[조선국왕] 화약이 비록 김내홍의 물건이라고 해도 너는 그의 종이니 화약의 출처를 너는 반드시 잘 알 것이다. 사실대로 고하라.

[조선국왕] 김충립이 말하였습니다.

[김충립] 다만 關內인 것만을 기억할 뿐, 어느 곳이었는지는 모릅니다. 김내홍이 밤중에 靑布 세 匹을 가지고 홀로 가서 사왔습니다. 저는 주인집에 머물면서 다만 말을 먹이고 있다가 김내홍이 시키는 대로 싣고 왔을 뿐입니다. 사실입니다.

[조선국왕] 다시 김내홍을 심문하였습니다.

[조선국왕] 너의 죄상임이 이제 하나로 모이게 되었다. 산 곳을 사실대로 직고하라.

[조선국왕] 그리고 고문을 가하였더니, 김내홍이 말하였습니다.

[김내홍] 산 곳은 豐潤에서 묵고 하루를 가서 머물러 묵었던 堡의 漢人의 집 초가삼간이었습니다. 용모는 밤이라 어두워서 알지 못합니다. 저는 靑布 한 필로 바꾸어 사려고 했는데 값이 조금 모자라서 김충립의 수저 한 벌을 값으로 더해서 사왔습니다. 사실입니다.

[조선국왕] 또 朴庚仁에게 물었습니다.

[조선국왕] 네가 금령을 어긴 정황이 이제 숨기기 어렵게 되었다. 화약은 왜 샀느냐?

[조선국왕] 박경인이 말하였습니다.

[박경인] 寧遠衛 庄頭라고 하는 인가에서 은 1냥을 주고 샀습니다.

[조선국왕] 다시 물었습니다.

[조선국왕] 庄頭의 성명을 바른대로 고하라.

[조선국왕] 박경인이 말하였습니다.

[박경인] 매매할 때에는 이미 어두웠고, 庄頭는 밖에서 돌아왔으니 그 용모를 알아볼 수 없었고 이름은 모릅니다. 그의 家僮 두 명의 용모는 기억합니다.

[조선국왕] 다시 물었습니다.

[조선국왕] 그 집이 어느 坊에 있었는가?

[조선국왕] 박경인이 말하였습니다.

[박경인] 성 안의 鐘樓 서쪽의 작은 골목 귀퉁이에 있었습니다.

[조선국왕] 다시 물었습니다.

[조선국왕] 쇳동이도 또한 너와 같이 산 것은 아니냐?

[조선국왕] 박경인이 말하였습니다.

[박경인] 쇳동이는 원래 사지 않았는데, 제가 그 영리를 노리고 범죄임을 무릅쓰고 사들인 것입니다. 죄상이 실로 면하기 어렵겠습니다.

[조선국왕] 다시 물었습니다.

[조선국왕] 너는 李澌의 종이다. 네 주인 李澌이 앞서 사행을 갔다 왔을 때 이미 화약을 사오라고 한 것이 아니냐?

[조선국왕] 박경인이 말했습니다.

[박경인] 李漸은 다만 잘 다녀오라고만 했습니다. 그가 화약을 사오라고 한 것은 아닙니다.

[조선국왕] 또 물었습니다.

[조선국왕] 화약을 산 은자는 어디에서 난 것이냐?

[조선국왕] 박경인이 말했습니다.

[박경인] 쇳동이에게서 빌린 것입니다.

[조선국왕] 다시 쇳동이에게 물었습니다.

[조선국왕] 박경인이 화약을 산 값으로 낸 은을 과연 네가 빌려준 것이냐?

[조선국왕] 쇳동이가 말했습니다.

[쇳동이] 박경인이 쌀을 사야 한다고 하면서 은자를 빌려달라고 하기에 제가 빌려주었습니다. 화약을 산 것은 저는 모르는 일입니다.

[조선국왕] 다시 박경인에게 물었습니다.

[조선국왕] 쇳동이도 원래 샀다고 하였는데, 처음에는 왜 그를 끌어들였느냐?

[조선국왕] 박경인이 말하였습니다.

[박경인] 쇳동이에게서 은을 빌렸기 때문에 끌어들인 것입니다.

[조선국왕] 또 河得을 심문하였습니다.

[조선국왕] 네가 금령을 어긴 정황이 이제 숨기기 어렵게 되었다. 화약은 어디에서 산 것이냐?

[조선국왕] 하득이 말하였습니다.

[하득] 저는 남의 노복으로 말을 가지고 고용되어 은자 15냥을 받아서 주인님께 드렸을 뿐인데, 또 무슨 돈으로 화약을 샀겠습니까. 제가 봉황성에 왔을 때 화약 두 되쯤이 담긴 포대가 길가에 버려져 있기에 제가 주워서 가지고 있다가 책문을 나설 때 발각된 것입니다.

[조선국왕] 또 물었습니다.

[조선국왕] 네가 화약을 주웠을 때 수색이 있을 것이라는 이야기를 듣지 못했느냐?

[조선국왕] 河得이 말했습니다.

[하득] 수색이 있을 것이라고는 얼핏 들었으나 자세히 알지 못했기에 버리고자 했으나 버리지 못하고 그대로 가지고 온 것입니다.

[조선국왕] 다시 물었습니다.

[조선국왕] 네가 주웠다고 하는 말은 거짓이다. 화약을 산 곳을 사실대로 고하라.

[조선국왕] 그리고 고문을 가했더니, 하득이 말하였습니다.

[하득] 길에서 주웠는데, 어찌 산 곳을 알겠습니까?

[조선국왕] 다시 물었습니다.

[송소도지] 네가 처음에는 所都只를 끌어댔는데, 무슨 뜻이었느냐?

[조선국왕] 하득이 말했습니다.

[하득] 당초에 화약을 주울 때 소도지가 앞에서 먼저 가고 있었기에, 제 생각에는 소도지가 버린 것이겠구나 하여 끌어들인 것입니다.

[조선국왕] 또 所都只를 심문하였습니다.

[조선국왕] 책문에서 수색을 받고, 또 柳田·義州에서 조사를 받을 때에는 모두 네가 한 일이라고 하였다. 지금에 와서는 하득에게 꾀임을 당한 것이라고 하니 이는 어찌 된 사정이냐?

[조선국왕] 소도지가 말하였습니다.

[송소도지] 책문에서 수색을 당할 때 하득이 제 이름을 써서 둘러댔습니다. 柳田에서, 義州에서는 제가 한 일이라고 한 적이 없습니다.

[조선국왕] 또 劉義立을 심문하였습니다.

[조선국왕] 위의 所都只·河得 등은 모두 너의 종이다. 두 사람 중 과연 누구의 범죄인가?

[조선국왕] 유의립이 말하였습니다.

[유의립] 두 사람 모두 제 종입니다. 어찌 좋아하고 미워함에 차이가 있겠습니까. 당초에 발각되었을 때 하득이 울면서 말하기를, "이는 소도지의 범행입니다. 저는 실로 죄가 없습니다."라고 하며 한결같이 원통하다고 했습니다. 저는 가벼이 그 말을 믿고

바꾸어서 소도지를 포박하였습니다. 그 후 지금에 이르러 사실을 자세히 알아보니 하득이 저지른 짓입니다.

[조선국왕] 또 正使였던 大君 李濬를 조사, 심문하였습니다.

[조선국왕] 일행의 수행 관원이 금지된 물품을 사시는 안 되는 것을 미리 엄히 신칙했어야 하는 것이 아닌가? 또 책문에서 발각되기에 이르렀을 때 어째서 은폐하려고 애썼는가?

[조선국왕] 말하였습니다.

[이요] 일행의 수행 관원을 엄히 신칙하지 않은 것은 아닙니다. 小邦의 인심이 본래 무디고 거짓이 많으며 이해를 탐하여 죽을 줄을 모르고 금령을 어겼습니다. 勅使께서 친히 심문하시는데도 도리어 속이고 숨기니, (저들이) 제가 신칙한 것들을 지키지 않았음은 이를 보면 알 수 있습니다. 구원을 바랐다는 이야기에 대해서라면 어찌 감히 은폐하려는 뜻이 있었겠습니까. 저는 京師에 나아가 특별히 황상께서 관대하게 제신의 죄를 용서해주신 은혜를 입어 성은에 감격하고 영예를 자랑할 만하여 기뻐서 날뛰며 급히 돌아와 국왕에게 보고하고자 돌아오는 일정을 재촉하고 있었습니다. 수행 관원이 금령을 어긴 것은 갑작스럽게 뜻밖에 일어난 일이니, 무슨 낯으로 다시 황제의 서울에 들어갈 것이며, 또 무슨 말로 돌아가 국왕에게 고할 수 있었겠습니까. 생각이 이에 미치자 정신이 날아갈 것 같아서 급히 서두르는 사이에 멍하니 죄에 빠지고 있음을 깨닫지 못하고 있었습니다. 정신을 차리고 보니 황상께 고하지 않고 또 덮어두고 숨기려고 하였으니 죄를 지은 것이 더욱 무겁습니다. 즉각 각 범인을 체포하여 의주로 호송하고 국왕에게 서둘러 보고하여 형부에 자문을 보내게 하였던 것입니다. 저의 본마음은 황공할 뿐 다름이 없습니다.

[조선국왕] 다음으로 副使 金南重, 書狀官 鄭麟卿을 심문하였더니, 함께 공술하였습니다.

[김남중 등] 일행의 수행하는 관원을 엄히 신칙하지 않은 것은 아니지만 금령을 어긴 것이 드러나서 이에 이르게 되었습니다. 죄를 기다리는 외에 달리 드릴 말씀이 없습니다. 구원을 바랐던 등의 정황은 대군과 다름이 없습니다.

[조선국왕] 신이 각 범인 등을 여러 칙사와 함께 공동으로 심의하여 확정하였습니다.

金秋立은 義州 사람입니다. 멋대로 禁法을 어기고 감히 焰硝를 몰래 샀으며, 일이 발각되기에 이르러서는 頭里松에게 미루고 핑계를 대어 그로 하여금 자신의 죄를 대신하게 하였습니다. 그가 의주의 감옥에 있으면서는 潞紬·銀子·小帽 등의 물건을 뇌물로 써서 그 이름을 숨기고자 하였습니다. 所都只 등 세 사람의 대질한 증거 또한 매우 명백합니다. 金秋立은 斬罪로 의논해 결정하였습니다.

崔振南은 관직이 通官으로 자신이 범한 죄를 그 從人으로 하여금 다른 사람 종이라 일컫도록 하여 그로 하여금 이름을 바꾸어 거짓으로 염초를 샀다고 말하게 하였습니다. 崔振南은 참죄로 의논하여 결정하였습니다.

朴庚仁은 함부로 금법을 어기고 몰래 염초를 샀으며, 스스로 그 죄를 자복하였습니다. 朴庚仁은 참죄로 의논하여 결정하였습니다.

河得은 자신이 금법을 어기고 몰래 염초를 사고서는, 자기 죄를 벗어나고자 하여 다른 사람에게 미루고 핑계를 대었으며, 또 거짓으로 길에서 주웠다고 하여 죄를 범한 것이 뚜렷합니다. 河得은 참죄로 의논하여 결정하였습니다.

金乃泓은 營吏로서 함부로 금법을 어기고 몰래 염초를 사고서는, 자기 죄를 벗어나고자 馬夫에게 미루고 핑계를 댔는데, 간사한 정상이 드러나자 끝내는 자복하였습니다. 金乃泓은 참죄로 의논하여 결정하였습니다.

金豆里松은 金秋立의 관하 마부로서, 몰래 염초를 사는 실정을 알고도 신고하지 않았습니다. 곤장 40대로 의논하여 결정하였습니다.

莀金은 그 주인 崔振男의 부탁을 들어주어 주인의 죄를 덮어 주고자 하여 이름을 成吉이라고 속이고 또 말을 꾸며댔습니다. 곤장 40대로 의논하여 결정하였습니다.

金忠立은 金乃泓이 타는 말의 마부로서, 몰래 염초를 사는 실정을 알고서도 신고하지 않았습니다. 곤장 40대로 의논하여 결정하였습니다.

劉義立은 관직이 寫字官인데, 수행한 사람이 죄를 범하였으나 검사하고 신칙하지 못하고서 河得의 속이는 말을 믿고 도리어 죄 없는 所都只를 고발하였습니다. 곤장 30대로 의논하여 결정하였습니다.

金孝男은 崔振男이 그 종을 벗어나게 하고자 한 까닭에 대신 체포되어 왔고, 龠同은 그 주인인 李洒이 돌아온 뒤 4일 되던 날에 朴庚仁과 함께 오다가 은자를 빌려준 것 때문에 잡혀 왔으며, 宋所都只는 河得이 무고한 것입니다. 이 세 사람은 모두 그 죄가 없어 너그럽게 용서함이 마땅합니다.

大君 李淯는 京師에 감에 검시하고 신칙하지 못하여 관원들이 금법을 어기고 몰래 염초를 사기에 이르도록 하였으며, 그 일이 발각되기에 이르자 또 눈감아 줄 것을 요청하였습니다. 이에 罰銀 2천 냥을 내도록 하였습니다.

副使 金南重, 書狀官 鄭麟卿 등은 관원들을 엄히 신칙하지 못하여 일이 나도록 만들었고, 또 大君과 함께 눈감아 줄 것을 애걸하였습니다. 이에 金南重은 5급을 강등하고, 鄭麟卿은 4급을 강등하도록 의논하였습니다.

또한 삼가 엎드려 생각건대, 신이 외람되이 敝藩을 지키면서 직사를 봉행함에 공적이 없었으며, 臣民들이 밝은 법을 어기기에 이르게 하였는데, 다행히도 皇上의 관대하심에 힘입어 번번이 용서를 받았습니다. 신이 삼가 큰 은혜를 입었으니 황송하고 감격스러움이 더할 나위가 없습니다. 신의 아우 李淯 등에게 맡겨 보내 함께 京師로 가서 皇恩에 삼가 사례하게 하였는데, 수행 관원들이 다시 금령을 어기고 사신 또한 진심으로 검사하고 신칙하지 못하여 황상께서 특별히 대신을 보내시어 칙유하시고 조사하게 하시기에 이르게 될 줄은 생각지 못했습니다. 신은 명을 듣고서 놀라고 두려워 몸 둘 바를 모르겠습니다. 신은 형이 되어서 제 동생을 가르치지 못했으며, 군주가 되어서 제 휘하를 이끌지 못했으니, 죄는 실로 신에게 있습니다. 황상께서 벌을 더하시지 않고 다만 조사하여 奏하라고만 하시었으니 크나큰 덕과 포용하시는 도량이 하늘과 같이 커다랗습니다. 고개를 들어 북쪽을 바라보니 감격의 눈물이 비 오듯 흐릅니다. 신이 칙사를 맞이하여 함께 조사하고 죄를 정하였습니다. 이 일을 우러러 황제께 아뢰어 삼가 황상의 재결을 기다리는 외에, 삼가 聖諭를 받들기를 함께 각 범인을 심문하고 명백히 조사하여 죄를 정하라고 하신 사리에 관한 일이므로, 이에 삼가 상주하여 보고합니다.

이상 삼가 상주하여 보고하며, 엎드려 聖旨를 기다립니다.

順治 14년 5월 6일.

右奏進呈咨

原編 卷63 犯禁一 14a~14b(1217쪽)

발신: 조선국왕

사유: 삼가 聖諭를 받들고 勅使와 함께 각 범인을 심문하여 명백히 조사하고 죄를 정하였습니다.

운운. ["本年三月"부터, "皇上裁處"까지. 위의 原奏를 보라]

시행하는 외에 이를 위하여 별도로 奏本을 갖추어 배신 議政府 右議政 元斗杓·議政府 右參贊 嚴鼎耈 등을 專差하여 京師에 가서 바치게 하는 외에, 마땅히 자문을 보내니 번거롭겠지만 바라건대 귀부[禮部]에서는 전달하여 황제께 아뢰어주시기 바랍니다.

順治 14년 5월 6일.

方物奏[豹皮康熙辛卯免]

原編 卷63 犯禁一 14b~15a(1217쪽)

발신: 조선국왕

사유: 진헌합니다.

삼가 진헌할 예물을 갖추어 배신 議政府 右議政 元斗杓·議政府 右參贊 嚴鼎耈 등을 專差하여 가지고 가서 진헌하게 하는 외에, 이제 예물(의 목록)을 열거하여 적어 삼가 주본을 갖추어 아뢰니다.

黃細苧布 20匹·白細苧布 20匹·黃細綿紬 20匹·紫細綿紬 20匹·白細綿紬 30匹·龍文簾席 2張·黃花席 10張·滿花席 20張·雜彩花席 10張·豹皮 5張·獺皮 20張·青黍

皮 30張·白綿紙 2,000卷·黃毛筆 100把·油煤墨 50錠.
이상 삼가 상주하여 아룁니다.

順治 14년 5월 6일, 朝鮮國王.

右奏進呈咨

原編 卷63 犯禁一 15a(1217쪽)

발신: 조선국왕
사유: 진헌합니다.

삼가 聖諭를 받들어 勅使와 함께 각 범인을 심문하여 명백히 조사하고 죄를 정한 일로 배신 議政府 右議政 元斗杓·議政府 右參贊 嚴鼎耉 등을 專差하여 진헌할 예물을 가지고 京師에 가서 진헌하게 하는 외에, 이제 예물(의 목록)을 열거하여 적어 마땅히 자문으로 보내니, 청컨대 잘 살피시어 아뢰어 주시기 바랍니다.
一. 黃細苧布[이하의 물목은 위의 원래의 奏本에 보인다]

順治 14년 5월 6일.

皇太后方物單

原編 卷63 犯禁一 15a~15b(1217쪽)

朝鮮國王이 昭聖慈壽恭簡安懿章慶皇太后 폐하 [黃籤]의 진헌 예물로 紅細苧布 10匹, 白細苧布 10匹, 白細綿紬 10匹, 滿花席 10張, 雜彩花席 10張을 준비했습니다.

이상의 물건 등을 삼가 奉進하며 아룁니다.

順治 14년 5월 6일.

右單進呈咨

原編 卷63 犯禁一 15b(1217쪽)

발신: 조선국왕
사유: 진헌합니다.

삼가 聖諭를 받들어 勅使와 함께 각 범인을 심문하여 명백히 조사하고 죄를 정한 일로 배신 議政府 右議政 元斗杓·議政府 右參贊 嚴鼎耉 등을 專差하여 實封한 奏本과 예물, 아울러 준비한 昭聖慈壽恭簡安懿章慶皇太后陛下께 진헌할 예물을 가지고 가서 진헌하게 하는 외에, 이제 예물(의 목록)을 열거하여 적어 마땅히 자문으로 보내니, 청컨대 잘 살피시어 아뢰어 주시기 바랍니다.
一. 紅細苧布[이하의 물목은 위의 원래의 單子에 보인다]

順治 14년 5월 6일.

皇后方物單

原編 卷63 犯禁一 15b~16a(1217~1218쪽)

朝鮮國王이 中宮 殿下[紅籤]의 진헌 예물로 紅細苧布 10匹, 白細苧布 10匹, 白細綿紬 10匹, 滿花席 10張, 雜彩花席 10張을 준비했습니다.
이상의 물건 등을 삼가 奉進하며 아룁니다.

順治 14년 5월 6일.

右單進呈咨

原編 卷63 犯禁一 16a(1218쪽)

발신: 조선국왕

사유: 진헌합니다.

삼가 聖諭를 받들어 勅使와 함께 각 범인을 심문하여 명백히 조사하고 죄를 정한 일로 배신 議政府 右議政 元斗杓·議政府 右參贊 嚴鼎耉 등을 專差하여 實封한 奏本과 예물, 아울러 준비한 中宮 殿下께 진헌할 예물을 가지고 가서 진헌하게 하는 외에, 이제 예물(의 목록)을 열거하여 적어 마땅히 자문으로 보내니, 청컨대 잘 살피시어 아뢰어 주시기 바랍니다.

一. 紅細苧布[이하의 물목은 위의 원래의 單子에 보인다]

順治 14년 5월 6일.

禮物總單

原編 卷63 犯禁一 16b(1218쪽)

朝鮮國에서 차정되어 온 배신 議政府 右議政 元斗杓·議政府 右參贊 嚴鼎耉 등이 呈文을 올립니다.

지금 皇太后 尊號를 진하하는 예물·조서를 반포하시면서 물건을 하사하신 데에 대해 사은하는 예물·여러 신하들을 사면하고 용서하신 데에 대해 사은하는 예물·금지를 어긴 일에 대한 칙을 내려주신 것에 대해 사은하는 예물·아뢸 일에 대한 예물의 수량과 목록을 열거하여 적어서 마땅히 呈文을 갖추어 올립니다.

수량목록.
進賀禮物[御前·皇太后·中宮의 물건목록은 모두 '進賀方物表狀'에 보인다]
頒詔謝恩禮物[御前·皇太后·中宮의 물건목록은 모두 '進賀方物表狀'에 보인다]
諸臣赦宥射恩禮物[御前·皇太后·中宮의 물건목록은 모두 '犯越方物表狀'에 보인다]
犯禁事降勅使恩禮物[御前에 보낼 黃細苧布 이하의 물건목록은 '方物表'에 보인다. 皇太后·中宮께 보낼 紅細苧布 이하의 물건목록은 모두 '方物狀'에 보인다]
陳奏禮物[御前에 보낼 黃細苧布 이하의 물건목록은 '方物表'에 보인다. 皇太后·中宮께 보낼 紅細苧布 이하의 물건목록은 모두 '方物單'에 보인다]

順治 14년 5월 6일. 조선에서 차정되어 온 배신 議政府 右議政 元斗杓·議政府 右參贊 嚴鼎耈.

禮部知會各犯減死使臣免罪咨

原編 卷63 犯禁一 17a(1218쪽)

[예부] 禮部에서 알려드립니다.
三法司에서 조사한 후 논의한 결과를 刑部를 통해 받았는데, 그 내용은 다음과 같았습니다. 사안이 사면령 이전의 범인에 해당하므로 모두 사형에서 한 등을 감하고, 사들인 염초는 거두어 盛京으로 보내며, 大君 이하는 該部로 넘겨서 논의한 대로 처리하도록 하자고 하였습니다.
[예부] 本部에서 題本을 올렸는데, 그 내용은 다음과 같았습니다.

[예부] 비록 사면령이 내려지기 이전의 일이지만 (대군 등에게 다른 사람들과) 같은 율을 적용하기는 어려우니 마땅히 칙사대신을 보내 함께 처벌 수위를 정하게 해야 할 것 같습니다.

[예부] 聖旨를 받들었는데, 그 내용은 다음과 같았습니다.

[황제] 죄가 같은데 이 다른 것은 마땅하지 않다. 별도로 의논하여 다시 아뢰라.

[예부] 該臣들이 다시 다음과 같이 의논하였습니다.

[예부] 대군 등은 죄가 중대하므로 원래대로라면 마땅히 의논한 대로 죄를 다스려야 할 것입니다. 다만, 사면령 이전의 일이어서 마땅히 사형에 처해져야 할 자도 이미 면제받았으니, 대군 등에게도 또한 죄를 면하게 해 주어 큰 은혜를 널리 베풀어야 하겠습니다.

[예부] 聖旨를 받들었는데, 그 내용은 다음과 같았습니다.

[황제] 논의한 대로 하라.

운운.

[『通文館志』에 나온다]

順治 14년 월 일.

謝各犯減死使臣免罪表[製金壽興使沈之源]

原編 卷63 犯禁一 17a~18a(1218~1219쪽)

[조선국왕] 운운. 順治 14년 10월 20일, 신은 禮部의 자문을 받았는데, 그 내용은 다음과 같았습니다.

[예부] ……. 염초에 관한 금령을 어긴 金秋立·崔振南·朴庚仁·河得·金乃泓은 죄를 지은 것이 順治 13년 2월의 恩赦 이전이므로 사형에서 한 등을 감하여 각각 장 40대를 치고 유배 3천 리에 처해야 합니다. 金豆里松·金忠立·韃金은 각각 장

40대를 치고, 劉義立은 장 30대를 치도록 해야겠으나, 각각이 범죄를 저지른 것이 사면령이 있기 이전이므로 모두 마땅히 책임을 면해주어야 합니다. 金孝男·龕同·宋所都只는 누차 심문하였으나 관여된 바가 없으므로 마땅히 죄를 면해주도록 해야 합니다. 正使·副使 및 書狀官도 또한 마땅히 죄를 면해주어 조정의 넓고 큰 은혜를 널리 보이도록 해야 합니다.

[조선국왕] 이를 받고 신은 온 나라의 신민과 더불어 감격을 이기지 못하겠기에 삼가 표문을 올려 사은을 표합니다. 운운.

천한 것들이 법을 어겼으므로 공손히 견책이 내려오기를 기다리고 있었는데 큰 도량으로 荒穢를 품어주시어 다행히 용서해주시는 은혜를 입었으니, 감격을 이기지 못하겠으며 더욱더 놀라고 두려움이 쌓일 뿐입니다. 엎드려 생각건대, 마침 盛世를 맞이하여 근근이 遺業을 지켜가고 있었는데 돌아보니 완악한 백성들이 누차 법을 어기었으므로 스스로를 반성함에 어찌 편안할 수 있겠습니까. 그런데 聖德으로 특별히 관용을 베풀어주시었기에 (신의) 동생을 보내어 사은하게 하였던 것으로, 돌아오는 짐에 지엄하신 금령을 어기는 일이 있으리라고는 생각지도 못했습니다.

사신을 보내 자세히 조사하게 하심은 명백하게 심문하는 일이 목적이었으며, 저에게 심문에 참여하도록 허락해 주심은 또한 큰 은혜에서 나온 것입니다. 가볍고 무거운 차이를 나누어 벌금에 등급을 매기고, 주범과 종범의 율을 정하여 판결을 내리고 형량을 매겼습니다만, 생각지도 못하게 天地와 같은 인자함으로 노여움을 푸셨습니다. 깊은 은혜로 허물을 용서해주시어 죄를 지은 몸을 온전히 보전시켜 주시었고, 은택이 젖어들어 마른 나무를 소생시키듯 장차 끊어질 목숨을 다시 연명시켜 주시었습니다. 삼가 생각건대, 이는 생명을 길러주시는 데에서 비롯된 것이니, 백성들이 모두 기쁨을 이기지 못했습니다.

교화가 융성하여 곤궁한 이를 구제해주시고 널리 헤아려주셔서 잘못을 감추어주시는 때를 만났습니다. 陽으로는 열어주고 陰으로는 덮어 주시며, 하나같이 품어 주고 (복록을) 함께 누리게 하여주셨으니, 해가 비추고 달빛이 내리는 데에 하나의 사물이라도 억울함을 안은 것이 없게 되었습니다. 이에 큰 은혜를 미루어 드디어 조선에까지 미치게 해 주셨으니, 어찌 삼가 법을 준수하며 삼가 관리들을 신칙하지 않을 수 있겠습니까. 이전의 일을 거울삼아 후일에 본보기로 삼아 경계하는 마음이 바뀌지 않게 하고, 충심을 다해 성의를 바쳐 은혜에 보답하기를 도모하겠습니다. 운운.
["운운"투식은 丁酉년 謝恩表文에 보인다. 이후로도 이를 따른다]

順治 14년 10월 28일.

方物表

原編 卷63 犯禁一 18a(1219쪽)

운운. 천자의 은혜가 더해져서 진실로 은전을 입었습니다. 방물이 비록 부박합니다다만 사은하는 정성을 다 기울여 올립니다. 삼가 준비하였습니다. 운운.
[물건목록은 위의 丁酉년 謝恩方物과 같다]
위의 물건들은 만든 것이 정교하지 못하고 명목과 가짓수가 좋지 못합니다. 다만 표문과 방물의 儀禮를 갖출 뿐이니 어찌 殿庭을 채울 수 있겠습니까. 운운.
["운운"투식은 丁酉년 謝恩表文에 보인다. 이후로는 이와 같다]

右表進呈咨[式見丁酉謝恩]

原編 卷63 犯禁一 18a(1219쪽)

皇太后方物狀[式見丁酉謝恩]

原編 卷63 犯禁一 18a(1219쪽)

右狀進呈咨[式見丁酉謝恩]

原編 卷63 犯禁一 18a(1219쪽)

皇后方物狀[式見丁酉謝恩]

原編 卷63 犯禁一 18b(1219쪽)

右狀進呈咨[式見丁酉謝恩]

原編 卷63 犯禁一 18b(1219쪽)

禮物總單[式見丁酉謝恩行總單後倣此 見節使]

原編 卷63 犯禁一 18b(1219쪽)

禮部知會査收三節及謝宥犯方物頒賞咨[見節使]

原編 卷63 犯禁一 18b(1219쪽)

[庚子]

禮部知會謝恩行員役犯買馬匹咨[見節使]

原編 卷63 犯禁一 18b(1219쪽)

[예부] 운운. 鳳凰城 守禦의 보고를 받았는데, 그 내용은 다음과 같았습니다.

[봉황성 수어] 사은사 일행 가운데 金益同 등이 말 네 匹을 샀습니다.

[예부] 검토해보니 『會典』에 쓰여 있기를, 말과 나귀를 허가 없이 국경 밖으로 반출한

자는 仗 60대에 처한다고 되어 있습니다. 조사해보건대 故 麟坪大君이 京師에 왔다가 淸馬를 사고자 하여 題本을 올렸다가 윤허받은 것은 문서에 있으나, 그 나머지 官員·役人들에게는 결코 매매하도록 허락한 예가 없습니다. 마땅히 조선국에 자문을 보내어 논의 후 처벌해야 하겠습니다. 성지를 받들었는데, 그 내용은 다음과 같았습니다.

[**황제**] 그렇게 하라.

운운.

順治 17년 월 일.

報犯人杖配使臣遞職咨

原編 卷63 犯禁一 18b~19a(1219쪽)

운운. 金益同 등에게는 장 60대를 쳤으며, 陪臣들을 유배 보내고 遞職시켰습니다. 운운.

[『通文館志』에 보인다]

順治 17년 월 일.

[辛丑]

禮部知會犯買硫黃馬銅及挖蔘各犯査審具奏咨[互犯越]

原編 卷63 犯禁一 19a~20a(1219~1220쪽)

발신: 예부

사유: 조사하였습니다.

[**예부**] (……)

[**주객사**] 禮科의 抄出을 받았는데, 그 내용은 다음과 같았습니다.

[**예과**] 本部에서 조사하는 일로 題本을 올렸는데, 그 내용은 다음과 같았습니다.

[**예부**] 兵部의 咨文을 받았는데, 그 내용은 다음과 같았습니다.

[**병부**] 盛京에 주재하는 副都統 大都의 咨文을 받았는데, 그 내용은 다음과 같았습니다.

[**성경 부도통**] 鳳凰城 城守衞 阿爾珠의 보고를 받았는데, 그 내용은 다음과 같았습니다.

[**봉황성 성수위**] 朝鮮國에서 과일을 진헌하기 위해 차정된 사신인 관원 崔守間 등이 10월 15일에 關을 나섰는데, 수색해보니 李哲瑞가 유황 2근 10냥을 몰래 가지고 있는 것을 발견했습니다. 즉시 差官 崔守間을 심문하였더니 대답하여 말하기를 모르는 일이라고 하였습니다.

[**병부**] 조사해보건대 『會典』에 쓰여 있기를 불법으로 염초와 유황을 판매하여 外夷 및 변경의 해적에게 준 자는 (유황의) 양과 관계없이 불법으로 軍器를 가지고 국경을 나선 자에 대한 律에 따라 주범은 참형에 처하고 종범은 변방의 衞로 보내 充軍한다고 하였습니다. 또 살피건대 順治 14년 정월에 朝鮮國 관원과 역인이 몰래 염초를 사서 가지고 가다가 수색에 걸려들었기에, 관원을 그 나라에 파견하여 명백히 심문하고 죄를 준 일이 있었습니다. 지금 다시 유황을 사서 가지고 갔으므로, 마땅히 관원을 조선국에 파견하여 매매한 연유를 엄히 심문한 후 奏聞하여야 하겠습니다. 신 등이 감히 함부로 정할 수가 없기에 삼가 題本을 올리고 聖旨를 청합니다.

順治 17년 12월 17일 題本을 올렸고, 그달 20일에 聖旨를 받들었는데, 그 내용은 다음과 같았습니다.

[**황제**] 논의한 대로 하라.

[**예부**] 다음으로 朝鮮國王의 咨文을 받았습니다.

운운. [“査報冒法”부터 “轉奏天聽”까지는 「犯越」편의 報朴風等越境採蔘咨에 보인다]

[**예부**] 다음으로 兵部의 咨文을 받았습니다.

[**병부**] 鎭守盛京總管 吳庫禮의 咨文을 받았습니다.

[**성경총관**] 朝鮮國 進鷹太監 陸後立의 從人인 鄭賽性이 말 한 匹을 가지고 있었고, 또 朴成善은 銅 20斤을 사서 가지고 왔는데, 이미 수색해서 적발했습니다.

(이상의 내용이) 예부에서 本司로 왔습니다. 마땅히 題本을 갖추어야 합니다.

[**예부**] (主客淸吏司의) 案呈이 본부에 이르렀습니다. 신 등이 의논하였습니다. 유황을 몰래 사들이는 일, 강을 넘어와서 蔘을 캐는 일, 말과 동을 몰래 사들이는 일 등으로 번번이 금령을 어기고 있습니다. 만약에 중죄로 다스리지 않는다면 오가는 관원·역인들이 몰래 사들이는 일이 더욱 많아질까 우려됩니다. 마땅히 관원을 파견하여 조선국에 가서 이상 세 건의 사안을 아울러 엄히 심문하고 분별하여 죄를 정해야 할 것입니다. 갖추어 아뢰는 것이 마땅하겠기에 삼가 題本을 올려 聖旨를 청합니다.

順治 18년 2월 21일 題本을 올렸고, 24일에 성지를 받들었는데, 그 내용은 다음과 같았습니다.

[**예부**] 이 奏聞의 사정은 너희 部에서 조선국왕에게 문서를 보내 상세히 심문하고 죄를 정하여 奏聞하라고 하라. 관원을 파견할 필요는 없다.

[**주객사**] (禮科의 科抄)가 本部에 이르러 本司로 왔습니다. 마땅히 咨文을 보내야 하겠습니다.

[**예부**] (主客淸吏司의) 案呈이 예부에 이르렀습니다. 마땅히 즉각 시행해야 하겠습니다. 이를 위해 貴國에 자문을 보내니, 번거롭겠지만 聖旨의 뜻에 따라 삼가 시행하시기 바랍니다. 운운.

順治 18년 2월 30일.

報各項犯人査審擬律咨

原編 卷63 犯禁一 20a~23b(1220~1221쪽)

발신: 조선국왕

사유: 각 범인들을 조사하고 律에 따라 죄를 정하였습니다.

[조선국왕] 올해 3월 29일에 禮部의 자문을 받았는데, 그 내용은 다음과 같았습니다.

운운. ["禮科抄出"부터 "欽遵施行"까지 위의 禮部知會査審咨에 보인다]

[조선국왕] 이를 받고 議政府에 문서를 보낸 후 (의정부의) 狀啓를 받았는데, 그 내용은 다음과 같았습니다.

[의정부] 작년 10월 29일, 平安道觀察使 金汝鈺의 馳報를 받았는데, 그 내용은 다음과 같았습니다.

[평안 감사] 과일을 진헌하기 위해 차정된 사신인 관원 淸城僉使 崔守間이 보고하였습니다.

[청성 첨사] 돌아오는 길에 鳳凰城 柵門에 이르렀을 때 종인 李哲瑞가 유황 2斤 10兩을 가지고 있다가 상국인의 검사를 받고 적발되었습니다.

[평안 감사] 11월 24일 義州府尹 李時術의 馳報를 받았는데, 그 내용은 다음과 같았습니다.

[의주 부윤] 매를 진헌하기 위한 中官 陸後立이 이달 19일에 돌아와 義州府에 이르러 말하였습니다.

[의주 中官] 제가 데리고 있는 馬夫 鄭賓性이 말을 매매하였고, 종인 朴成善은 부서진 銅器를 사들였는데, 돌아오는 길에 柵門에 이르러 모두 검사를 받고 적발되었습니다.

[의정부] 신 등이 삼가 살피건대, 위의 각 범인 등은 禁制를 준수하지 않고 연이어 일을 일으켜 놀라게 하였습니다. 啓하고 王旨를 받들어 위의 崔守間·李哲瑞·陸後立·鄭竇性·朴成善 등을 서울의 獄으로 압송하기로 결정하였습니다. 義禁府·刑曹 등의 관원으로 하여금 崔守間 등을 심문하여 그 공술을 받게 했는데, 그 내용은 다음과 같았습니다.

[최수간] 저는 과일을 진헌하기 위해 차정된 사신 관원으로, 瀋陽에 갔었습니다. 돌아올 때에 종인 등이 몰래 硫黃을 사들였습니다. 저는 실로 알아채지 못했습니다. 공술한 바가 사실입니다.

[의정부] 이를 받고, 李哲瑞를 심문하여 공술을 받았는데 그 내용은 다음과 같았습니다.

[이철서] 저는 差使官의 종인으로 瀋陽에 갔었습니다. 돌아오는 길에 鳳凰城에 이르러 수색 받을 때, 동행한 종인 張有信이 이불 보따리를 柵門 바깥에 두었습니다. 저는 보따리 속을 뒤지다가 종이로 싸여있는 덩어리 하나를 발견하였는데, 어떤 물건인지 모르고 몰래 품속에 넣어두었습니다. 뜻하지 않게 땅에 떨어뜨려 상국인에게 발각되었는데, 열어보니 그것은 유황이었습니다. 공술한 바가 사실입니다.

[의정부] 張有信을 심문하여 공술을 받았는데 그 내용은 다음과 같았습니다.

[장유신] 저는 馬夫의 신분으로 差使官을 따라 심양에 갔었습니다. 돌아오는 길에 鳳凰城에 이르렀을 때 어느 상국인 한 명이 말하였습니다.

[중국인] 내가 유황 한 덩어리를 가지고 있는데, 네게 팔 수 있다.

[장유신] 저는 실로 우매하여 그 물건이 금지된 물건인 줄 모르고 싼 값에 사들이고는 이불 보따리 속에 넣어두었습니다. 清城堡 사람 李哲瑞가 훔쳐서 품에 숨겨두었다가 땅에 떨어뜨려 발각된 것입니다. 공술한 바가 사실입니다.

[의정부] 또 陸後立을 심문하여 공술을 받았는데 그 내용은 다음과 같았습니다.

[륙후립] 저는 매를 진상하는 中官으로서 京師에 갔었습니다. 돌아오던 때에 종인들이 禁令을 업신여겨, 鄭竇性은 몰래 騸馬를 교역하고, 朴成善은 몰래 부서진 銅器를 사들였습니다. 저는 실로 알아채지 못했습니다. 공술한 바가 사실입니다.

[의정부] 鄭賽性을 심문하여 공술을 받았는데 그 내용은 다음과 같았습니다.

[정두성] 저는 마부입니다. 매를 진상하는 中官을 따라서 행렬이 牛家庄에 이르렀을 때 제가 끌던 騙馬가 발병이 나서 쓰러지게 되어 싣고 있던 짐들을 운반할 방책이 없게 되었습니다. 낭패라 하여 우려하고 있을 때에 牛家庄의 어떤 사람이 말하였습니다.

[중국인] 이는 너희 나라의 騙馬이니 바꾸어서 끌고 가면 실로 아무런 문제가 없을 것이다.

[정두성] 저는 과연 거래를 하였습니다. 皇京에 갔다가 돌아오는 길에 柵門에 이르러 검사를 받을 때에 상국인 등이 말하기를, 騙馬는 끌고 나갈 수 없다고 하였습니다. 제가 牛家庄에서 매매한 일을 이야기했더니 상국인이 대답하였습니다.

[중국인] 이 말은 비록 원래 조선의 말이지만 이미 거세가 되었으므로 분별하기가 어렵다.

[정두성] 제가 여러 가지로 따져 이야기했지만, 끝내 들어주지 않았습니다. 공술한 바가 사실입니다.

[의정부] 朴成善을 심문하여 공술을 받았는데 그 내용은 다음과 같았습니다.

[박성선] 저는 매를 진상하기 위한 中官입니다. 北京에 들어갈 때, 제가 가지고 있던 동 항아리와 밥그릇 등의 물건이 말이 쓰러지면서 깨졌기에 봉황성 상점에 놓아두었습니다. 돌아올 때 위의 항아리와 그릇을 찾아왔고, 또 약간의 부서진 동기를 샀습니다. 책문에서 검사를 받을 때에 모두 적발되었습니다. 공술한 바가 사실입니다.

[의정부] 각각의 범인들을 옥에 가두어두고 명을 기다렸습니다. 그 후 곧 貴部(禮部)의 자문을 받았기에 啓를 올린 후 王旨를 받들어, 의금부·형조 등의 관원과 함께 조사하여 다음과 같이 죄를 정하였습니다.

유황에 관한 범인 張有信은 禮部의 자문 중 비록 그 이름이 언급되지 않았지만 조사하고 심문하여 받아낸 공술로 보건대 장유신은 실로 금령을 어기고 사들인 자입니다. 李哲瑞는 중간에 훔친 자이니, 그 죄를 논하건대 주범과는 차이가 있습니다. 마땅히 자문에서 지적한 바 불법으로 軍器를 가지고 국경을 나선 자로서 주범은 참형에 처하고 종범은 변방의 衛로 보내 충군한다는 律에 따라, 장유신은 참형에 처하기로 죄를 정하였고, 李哲瑞는 변방으로 보내 충군하기로 죄를 정하였습니다. 差使官 崔守閒도 또한 휘히를 단속하지 못한 죄를 면하기 어려우므로 革職하기로 죄를 정하였습니다.

인삼을 캔 범인 문제에 관해서는 당초에 禮部에 자문으로 알릴 때에 비록 이미 정황을 조사하고 심문하였지만 마땅히 다시 조사해야 하겠습니다. 우선 원범 金孝信 등에 대해서는 별도로 월경을 해가면서까지 인삼을 캔 정황을 조사하고 심문하였는데, 모두 이전의 공초 내용과 같았습니다. 다만 다음과 같이 말하였습니다.

> **[김효신]** 당초 把手將이 만약에 과연 법에 따라 엄히 금했다면, 저희가 어찌 감히 어길 마음을 품었겠습니까. 慈城江 파수장 金得鐵이 저희가 강을 건너가 인삼을 캐는 것을 허락하였습니다.

[의정부 등] 이를 받고, 金得鐵과 각 범인들을 한 자리에서 조사하고 심문하여 金得鐵의 공술을 받았는데 그 내용은 다음과 같았습니다.

> **[자성강 파수장]** 金成元 등이 말하기를, 우리 경계 안에서 캐는 것이 부족하여 강을 건너가야 한다고 하였습니다. 애절하게 간청하는 것이 매우 지극하였지만, 저는 끝내 허락하지 않았습니다. 그러나 저들은 무리가 많은 것을 믿고 힘을 합쳐 건너갔던 것입니다. 저는 실로 수가 적고 힘이 약하여 금지하지 못했을 뿐만 아니라, 구차하게 덮어두려고 하여 또한 즉시 고발하지 않았습니다. 공술한 바가 사실입니다.

[의정부 등] 이를 받고 上土僉使 林時憲을 심문하여 공술을 받았는데 그 내용은 다음과 같았습니다.

> **[상토첨사]** 당초 滿浦僉使 韓休가 채삼 인구를 열거하여 보낸 문서를 받고, 이름을 살펴 점검하면서 다만 우리 땅에서만 삼을 캐도록 허락하였습니다. 金成元 등은 금령을 업신여기고 법을 어기고는 강을 건너간 것으로, 저는 실로 알지 못하였습니다. 공술한 것이 사실입니다.

[의정부 등] 滿浦僉使 韓休·江界府使 成以性 등을 심문하여 함께 공술한 것을 받았

습니다.

[**만포 첨사 등**] 저희는 민생이 도탄에 빠진 것을 눈뜨고 볼 수가 없어 다만 우리 경계 안에서 삼을 캘 것을 허락했을 뿐입니다. 별도로 領將을 정하여 상토첨사에게 보내 강을 건너는 것을 허락하지 말도록 엄히 신칙한 정황은 저희가 전일에 치보한 것과 같습니다. 공술한 바가 사실입니다.

[**의정부 등**] 伐登浦 權官 金再享을 심문하여 공술을 받았는데 그 내용은 다음과 같았습니다.

[**벌등포 권관**] 제가 관할하는 사람이 비록 많지만 범월인들이 다른 지경을 따라 강을 건넌 것까지 제가 어찌 알 수 있겠습니까. 전혀 관여한 바가 없습니다. 공술한 것이 사실입니다.

[**의정부 등**] 위에 언급된 범인 金成元은 신역이 領將으로서 법을 어기고 경계를 넘어갔으니 마땅히 주범에 관한 律에 의거하여 처단해야겠으나, 이미 화살을 맞고 죽었으니, 지금으로서는 죄를 줄 방도가 없습니다. 그가 이끌고 있던 金孝信·姜太立·姜貴一·李成立·姜景春·張莫金·崔有元·金奉祥·具奉·崔承善·李承黃 등 11명은 비록 종범이지만 법을 어기고 월경한 죄를 지었으니, 모두 사형을 면하기 어렵겠기에 모두 참형에 처하기로 죄를 정하였습니다.

慈城江 把守將 金得鐵은 강변을 지키는 임무를 띠고 있으면서도 각 범인들이 강을 건너는 것을 미리 막지 못하고, 도리어 덮어두려고 하였으며 또한 즉시 고발하지 않았습니다. 그 범죄를 논하건대 월경을 범한 자들과 서로 같으므로 絞刑에 처하기로 죄를 정하였습니다. 上土僉使 林時憲은 비록 다만 우리 땅에서만 인삼을 캐도록 허락하였다고 하지만, 삼을 캐는 자들이 몰래 월경한 것이 실로 그의 관할 지방을 통하였으니 革職하고 定配하기로 죄를 정하였습니다.

滿浦僉使 韓休·江界府使 成以性은 비록 변경의 백성들이 도탄에 빠져 궁핍한 상황이었기에 다만 우리나라의 땅에서만 인삼을 캐서 먹고살 수 있도록 허락하였다고 합니다. 韓休는 관직이 鎭을 주관하는 자로서 항상 엄히 단속하지 못하고 각 범인들이 몰래 월경하기에 이르게 하였으므로 혁직하고 정배하기로 죄를 정하였습니다. 成

以性은 관직이 지방관으로서 알아채지 못한 죄를 면하기 어렵겠기에 혁직하고 徒配하기로 죄를 정하였습니다.

伐登浦 權管 金再享은 그 진의 사람들이 범월하여 산 일이 많으므로 혁직하기로 죄를 정하였습니다.

觀察使 金汝鈺·節慶使 金徽 등은 담당하는 곳이 비록 慈城과는 매우 멀리 떨어져 있습니다만, 또한 단속하고 신칙하지 못한 죄가 없다고 할 수 없겠기에 이미 파직하였습니다.

말을 산 범인 鄭竇性은 비록 말이 병들었다고는 하지만 부당하게도 騸馬를 매매하였으므로, 전일에 불법으로 말을 산 범인 金益同 등에게 적용했던 율에 의거하여 장 60대를 치고 編配하기로 죄를 정하였습니다.

동을 산 범인 朴成善은 가지고 갔던 동 항아리와 밥그릇이 비록 자기의 물건이라고는 하지만 또한 상점의 동기를 샀으므로 불법으로 금지된 물품을 산 것에 대한 율을 면하기 어렵겠기에 絞刑에 처하기로 죄를 정하였습니다.

中官 陸後立은 종인이 죄를 범하였는데도 알아차리지 못했으므로 죄를 면하기 어렵겠기에 革職하기로 죄를 정하였습니다.

마땅히 위에서 거론한 정황을 전달하여 황제께 아뢰도록 윤허하시는 것이 좋겠습니다.

[조선국왕] 이를 받고, 삼가 살피건대 당직이 번방을 지키는 데에 공적이 없고 백성들은 각자 다른 마음을 먹어 京師에 나갔던 종인과 변경의 우매한 백성들이 여러 차례 금령을 어기기에 이르렀습니다. 당직은 황송하고 망극하여 스스로를 용납할 수 없습니다. 생각건대 이들 일체의 원범과 관련된 범인들을 당직이 감히 함부로 정할 수 없겠기에 다만 죄를 정하여 大朝의 처분이 내려지기를 기다리고 있었는데, 뜻하지 않게 황상께서 특별히 관대한 은진을 베푸시어 비단 견책을 내리시지 않을 뿐만 아니라 또한 관원을 파견하여 조사하고 심문하지 않으시고, 다만 예부로 하여금 자문을 보내어 상세히 심문하여 죄를 정하라고만 하셨습니다. 그 작은 나라를 어여삐 여기시는 은혜와 먼데 사람을 회유하시는 덕이 옛날에도 없는 일이며 하늘과 같이 큽니다. 당직은 일국의 신민들과 더불어 기뻐하고 감격함을 이길 수가 없습니다. 삼가 받든 성지의 사리에

따라 각 법인들을 심문하여 각각의 공초를 받고, 범죄의 경중을 상세히 심문하고 조사하여 죄를 정한 외에, 이를 위하여 마땅히 조사하여 보고하니, 번거롭겠지만 바라건대 예부에서는 잘 살피시어 전달하여 奏聞하여 주시기 바랍니다. 운운.

順治 18년 3월 27일. [예부에 移文함]

禮部知會各犯原免及飭改正王旨字咨[互勅諭]

原編 卷63 犯禁一 23b~25b(1221~1222쪽)

발신: 예부
사유: 각 범인의 형벌을 조사하여 정하였습니다.

[예부] 主客淸吏司에서 案呈을 올렸는데, 그 내용은 다음과 같았습니다.

> **[주객사]** 禮部에서 보낸 (抄出을) 받았는데, 그 내용은 다음과 같았습니다.
>
> > **[예과]** 刑部의 咨文을 받았는데, 그 내용은 다음과 같았습니다.
> >
> > > **[형부]** 山東淸吏司에서 案呈을 올렸는데, 그 내용은 다음과 같았습니다.
> > >
> > > > **[산동청리사]** 보낸 形科의 抄出을 받았는데, 그 내용은 다음과 같았습니다.
> > > >
> > > > > **[형과]** 刑部에서 다음과 같이 題覆하였습니다.
> > > > >
> > > > > > **[형부]** 朝鮮國王 李某가 題한 바, 위의 일이었습니다.
> > > > > >
> > > > > > 운운. ["本年三月"부터, "轉奏施行"까지. 위의 報犯人擬律咨에 보인다]
> > > > > >
> > > > > > **[형부]** 順治 18년 3월 27일 奏하고, 5월 25일에 聖旨를 받들었는데, 그 내용은 다음과 같았습니다.
> > > > > >
> > > > > > > **[황제]** 刑部에서 검토하고 죄를 정하여 갖추어 올린 奏本

안에 '王旨'라는 글자는 고치라. 또 盛京을 가리켜 '瀋陽' 이라고 하였는데, 禮部에서 아직 두루 알려주지 않았으니 매우 잘못되었다. 바로 효유하여 널리 알게 하라.

[형부] 그달 27일에 抄出이 本部에 이르렀기에, 山東淸吏司에 보냈더니, 案呈이 刑部에 이르렀습니다.

盛京을 '瀋陽'이라고 한 것은 마땅히 예부에서 두루 효유하라고 하신 것을 따르는 외에, 저희 신들이 조사하여 죄를 정하였습니다. 朝鮮國王 李某가 교역이 금지된 물품인 유황 등의 물건을 사들인 범인을 명백히 심문하여 갖추어 올린 題本에서 다음과 같이 죄를 정하였습니다.

[조선국왕] 유황을 산 張有信, 훔쳐서 숨긴 李哲瑞의 죄를 정하여 마땅히 불법으로 軍器를 가지고 국경을 나선 자로서 주범은 참형에 처하고 종범은 변방의 衞로 보내 충군한다는 律에 따라 張有信은 주범이므로 참형에 처하고, 李哲瑞는 종범이므로 충군한다고 하였습니다. 差官인 崔守間은 휘하를 단속하지 못하였으므로 革職한다고 합니다. 강을 건너와 인삼을 캔 金孝信·姜太立·姜貴一·李成立·姜景春·張莫金·崔有元·金奉祥·具奉·崔承善·李承黃 등 11명은 모두 각각 참형으로 죄를 정하였다고 합니다.

慈城江 把守將 金得鐵은 강을 건너가는 것을 금지하지 못하고는 도리어 은닉하면서 고발하지 않았으니 絞刑으로 죄를 정하였습니다. 上土僉使 林時憲·滿浦僉使 韓休·江界府使 成以性은 관직이 鎭을 주관하는 자로서 알아차리지 못했으니, 모두 혁직하고 徒配하는 것으로 죄를 정하였습니다. 伐登浦 權管 金再享는 그 鎭의 사람들이

범월하여 산 일이 많으므로 혁직하기로 정하였습니다.

[**형부**] 몰래 騙馬를 교환한 鄭竇性은 앞서 불법으로 말을 산 金益同 등에게 적용한 律에 의거하여 장 60대를 치고 徒配한다고 합니다. 銅器를 사들인 朴成善은 교형으로 죄를 정하였다고 합니다. 中官 陸後立은 종인들이 범죄를 저질렀는데도 알아차리지 못했으므로 혁직하기로 의논하였다고 題本을 갖추어 왔습니다.

저희 신들이 살피건대, 유황을 산 張有信은 인삼을 캔 金孝信·姜太立·姜貴一·李成立·姜景春·張莫金·崔有元·金奉祥·具奉·崔承善·李承黃 등과 함께 마땅히 참형에 처해야 하겠습니다. 강을 지키는 것을 엄히 하지 못한 金得鐵과 銅器를 사서 가지고 간 朴成善은 마땅히 교형에 처해야 하겠습니다.

각 범죄의 사실을 조사해보니 順治 18년 정월 9일의 사면령 이전에 일어난 일이므로, 張有信 등은 모두 처벌을 면제해야 합니다. 金得鐵은 그대로 혁직하고, 유황을 훔쳐서 숨긴 李哲瑞는 그대로 충군하기로 죄를 정하며, 아울러 鎭을 담당하는 관직을 맡고서도 알아차리지 못한 上土僉使 林時憲·滿浦僉使 韓休·江界府使 成以性은 모두 마땅히 혁직하고 徒配를 보내는 것으로 죄를 정하며, 伐登浦 權管 金再享·差官 崔守間·中官 陸後立은 모두 마땅히 혁직하며, 몰래 騙馬를 거래한 鄭竇性은 마땅히 장 60대를 치고 徒配해야겠습니다.

범죄를 저지른 일이 모두 順治 18년 정월 9일의 사면령 이전에 있었으므로, 李哲瑞에서부터 (그 이하에 대해) 모두 죄를 면제시켜야 합니다. 林時憲·韓休·成以性·金再享·崔守間·陸後立은 모두 그대로 혁직하도록 해야겠으며, 金成元·朴風·禮南·朴葉은 이미 죽었고 또 觀察使 金汝鈺·節度使 金徽

는 이미 혁직되었으므로 다시 논의해도 소용없겠습니다. 유황·말·銅器를 들여온 관인과 인삼을 캐고서 이미 달아난 자는, 그 달아난 자들의 이름과 어느 곳 사람인지에 대해 아직 확인되지 않았으니, 조사하여 의논하는 일을 면해 주어야겠습니다.

[형과] (본부에서) 順治 18년 6월 16일 題本을 올렸고, 18일에 聖旨를 받들었는데, 그 내용은 다음과 같았습니다.

[황제] 그렇게 하라. 張有信 등은 모두 논의한 대로 하라.

[산동청리사] 抄出이 刑部에 이르러 本司에 왔습니다. 마땅히 자문을 보내 전달하여 처리해야 하겠습니다.

[형부] (山東淸吏司의) 案呈이 刑部에 이르렀습니다. 마땅히 곧바로 시행해야 하겠습니다. 이를 위해 마땅히 자문을 보내니, 번거롭겠지만 聖旨를 준수하고 또 자문의 사리를 살피시어 모두 삼가 준행하여 잘 살피시고, 조선에 전달하여 처리하게 하도록 시행하십시오.

[주객사] (刑部의 자문이) 禮部에 이르러 本司에 왔습니다. 마땅히 문서를 보내 알려야 하겠습니다.

[예부] (主客淸吏司의) 案呈이 本部에 이르렀습니다. 마땅히 곧바로 시행해야 하겠습니다. 이를 위해 마땅히 자문을 보내니, 번거롭겠지만 잘 살펴 시행하십시오. 운운.

順治 18년 7월 6일.

報各犯遵旨免罪咨

原編 卷63 犯禁一 25b~29a(1222~1224쪽)

발신: 조선국왕

사유: 각 범인의 죄를 조사하고 律에 따라 죄를 정하였습니다.

[조선국왕] 올해 7월 24일, 禮部의 자문을 받았는데 그 내용은 다음과 같았습니다.

[예부] 主客淸吏司에서 案呈을 올렸는데, 그 내용은 다음과 같았습니다.

[주객사] 禮部에서 보낸 것을 받았습니다.

[예부] 刑部의 자문을 받았는데, 그 내용은 다음과 같았습니다.

[형부] 山東淸吏司에서 案呈을 올렸는데, 그 내용은 다음과 같았습니다.

[산동청리사] 刑部에서 보낸 形科의 抄出을 받았습니다.

[형과] 刑部에서 題覆하였습니다.

[형부] 朝鮮國王의 題本에 다음과 같이 쓰여 있었습니다.

[조선국왕] 올해 3월 22일, 禮部의 자문을 받았는데 그 내용은 다음과 같았습니다.

[예부] 兵部의 자문을 받았는데, 그 내용은 다음과 같았습니다.

[병부] 盛京에 주재하는 副都統 大都의 자문을 받았는데, 그 내용은 다음과 같았습니다.

[성경 부도통] 鳳凰城 城守禦 阿爾珠의 보고를 받았습니다.

[봉황성 성수위] 朝鮮國에서 과일을 진헌하기 위해 차정된 사신인 관원 崔守間 등이 10월 15일에 關을 나섰는데, 수색해보니 李哲瑞가 유황을 몰래 가지고 있는 것을 발견했습니다. 곧바로 심문하였으나 모르는 일이라고 하였습니다.

[예부] (兵部의 자문이) 本部에 이르렀습니다. 『會典』을 조사해보건대, 불법으로 염초와 유황을 판매하여 外夷 및 변경의 해적에게 준 자

는, 불법으로 군기를 가지고 국경을 나선 자에 대한 律에 따라 주범은 참형에 처하고 종범은 변방의 衛로 보내 충군한다고 하였습니다. 또 살피건대 順治 14년에 朝鮮國의 관원과 역인이 몰래 염초를 사서 가지고 가다가 수색에 걸려들었기에, 관원을 그 나라에 파견하여 명백히 심문하고 죄를 준 일이 있었습니다. 지금 다시 유황을 사서 가지고 갔으므로, 마땅히 관원을 조선국에 파견하여 매매한 연유를 엄히 심문한 후 奏聞하여야 하겠습니다. 신 등이 감히 함부로 정할 수가 없기에 삼가 題本을 올려 聖旨를 청합니다.

順治 17년 12월 17일 題本을 올렸고, 그달 20일에 聖旨를 받들었는데, 그 내용은 다음과 같았습니다.

[황제] 논의한 대로 하라.

[예부] 다음으로 朝鮮國王의 咨文을 받았는데, 법을 어기고 강을 넘어가서 인삼을 캔 범인들의 죄를 조사하고 보고하는 일로, 그 내용은 다음과 같았습니다.

[조선국왕] 올해 12월 4일, 議政府의 狀啓를 받았는데, 그 내용은 다음과 같았습니다.

[의정부] 平安道 觀察使 金汝鈺·節度使 金徽 등의 牒呈을 받았습니다.

[평안 감사] 江界府使 成以性의 馳報를 받았는데, 그 내용은 다음과 같

았습니다.

[강계 부사] 금년에 흉년이 든 것이 최근 몇 해 동안 가운데서도 가장 심하여 연변의 백성들의 삶이 거의 기근에 빠지게 되었습니다. 만약 인삼을 채취하여 이득을 취하지 않는다면 살아갈 방법이 전혀 없었습니다. 浦僉使 韓休와 상의하여 각 堡의 민인들에게 타일러, 다만 우리 땅인 閭延·茂昌 등에서만 삼을 캐도록 허락하고, 별도로 領將으로서 滿浦 사람 전 權官 金成元을 지정하여 철저하게 엄히 신칙하도록 하였고, 또 (인삼을 캘) 인명과 수량을 적어서 上土僉使 林時憲에게 교부하여 閭延·茂昌 등에 전달하여 절대로 강을 건너 법을 어기고 일을 내지 못하게 하도록 하였습니다. 이에 8월 8일에 산에 들어갔고, 그달 29일에 위에서 언급한 金成元이 그가 거느린 민인들과 함께 上土鎭으로 돌아왔습니다. 점검해보니, 伐登浦의 토인 14명 가운데 朴風·朴葉·禮男 등 세 명의 행방이 보이지 않았습니다.

재삼 조사하여 물었더니, 伐登浦 토인 李承黃이 공술하였습니다.

[이승황] 우리 땅에서 캔 것이 부족하여, 8월 11일에 慈城江에서 뗏목을 만들어서 몰래 건너가 이틀 길을 가서 인삼을 캤습니다. 어떤 상국 사람들이 밤을 타고 와서는 식량과 저희가 캔 인삼을 빼앗아 갔습니다. 저희는 각자 도망쳤습니다. 金成元은 몸에 화살 두 대를 맞았습니다. 그날 한밤중에 다시 상국 사람들이 추격해 와서는, 혹은 활을 쏘고 혹은 나무망치로 마구 때리기에 사방으로 흩어져 숨었습니다. 8월 29일에 上土鎭으로 돌아왔습니다. 동행했던 金成元·金孝信·姜太立·姜貴一·李成立·姜景春·張莫金·崔有元·金奉祥·具奉·崔承善 외에 朴風 등의 시체를 메고 돌아왔습니다.

[강계 부사] 또 金孝信 등 10인을 심문하였더니, 공술하는 바가 李承黃의 공초와 같았습니다.

[의정부] 이를 받고, 江界府使 成以性·滿浦僉使 韓休·上土僉使 林時憲·伐登浦權管 金再享·慈城江 把守將 金得鐵·원래의 범인 李承黃 등 11인을 압송해 와서 고문을 가하면서 조사하여, 우선 成以性·韓休·林時憲·金再享·金得鐵 등은 칼을 씌워 옥에 가두고, 金汝鈺·金徽 등은 모두 파면하였습니다. 별도로 同知中樞府事 玄德宇를 차정하여 자문을 가지고 가게 하니, 번거롭겠지만 바라건대 자문의 사정을 갖추어서 황제께 전달해 아뢰어 주시기 바랍니다.

[조선국왕] 다음으로 兵部의 咨文을 받았습니다.

[병부] 鎭守盛京總管 吳庫禮의 咨文을 받았습니다.

[성경 총관] 朝鮮國 進鷹太監 陸後立의 아래 從人인 鄭賓性이 말 한 匹을 가지고 있었고, 또 朴成善는 동 20근을 사서 가지고 왔는데, 이미 수색해서 적발했습니다.

[예과] (이상이) 本部에 이르러 (主客淸吏司에) 送하였습니다.

[주객사] 마땅히 題本을 갖추어야 합니다.

[예부] (主客淸吏司의) 案呈이 예부에 이르렀습니다. 신 등이 의논하였습니다.

[예부] 12유황을 몰래 사들이는 일, 강을 넘

어와서 蔘을 캐는 일, 말과 동을 몰래 사들이는 일 등으로 번번이 금령을 어기고 있습니다. 마땅히 관원을 파견하여 조선국에 가서 이상 세 건의 사안을 아울러 임히 심문하고 분별하여 죄를 정해야 할 것입니다. 갖추어 아뢰는 것이 마땅하겠기에 삼가 題本을 올려 聖旨를 청합니다.

順治 18년 2월 21일 題本을 올렸고, 24일에 성지를 받들었는데, 그 내용은 다음과 같았습니다.

[황제] 이 奏聞의 사정은 너희 部에서 조선국왕에게 문서를 보내 상세히 심문하고 죄를 정하여 奏聞하라고 하라. 관원을 파견할 필요는 없다.

[예부] (禮科의 科抄가) 本部에 이르렀습니다. (主客淸吏司에) 送하였습니다.

[주객사] 마땅히 咨文을 보내야 하겠습니다.

[예부] (主客淸吏司의) 案呈이 예부에 이르렀습니다. 마땅히 즉각 시행해야 하겠습니다. 이를 위해 貴國에 자문을 보내니, 번거롭겠지만 聖旨의 뜻에 따라 삼가 시행하시기 바랍니다.

[조선국왕] 議政府에 문서를 보낸 후 狀啓를 받았는데, 그 내용은 다음과 같았습니다.

[의정부] 신 등이 삼가 살피건대, 언급된 각 범인들은 禁制를 준수하지 않고 연이어 일을 일으켜 놀라게 하였습니다. 崔守間·李哲瑞·陸後立·鄭寶性·朴成善 등을 義禁府·刑曹 등

의 관원으로 하여금 조사하고 죄를 정하게 한 바, 마땅히 자문에서 지적한 대로 불법으로 軍器를 가지고 국경을 나선 자로서 주범은 참형에 처하고 종범은 변방의 衞로 보내 충군한다는 律에 따라 張有信은 참형에 처하기로 죄를 정하였고, 李哲瑞는 변방으로 보내 충군하기로 죄를 정하였으며, 崔守間은 革職하기로 죄를 정하였습니다. 인삼을 캔 일에 있어서는, 범인 金成元은 마땅히 주범에 해당하는 율로써 처단해야 하겠으나 이미 죽었고, 金孝信·姜太立·姜貴一·金成立·姜景春·張莫金·崔有元·金奉祥·具奉·崔承善·李承黃 등 11명은 모두 참형에 처하기로 죄를 정하였으며, 金得鐵은 교형에 처하기로 죄를 정하였고, 林時憲은 혁직, 徒配하기로, 金再享은 혁직하기로 죄를 정하였고, 金汝鈺·金徽는 이미 파면시켰으며, 鄭竇性은 장 60대를 치고 編配하기로, 朴成善은 교형에 처하기로, 陸後立은 혁직하기로 죄를 정하였습니다. 啓本을 갖추어 올립니다.

[조선국왕] 각 범인들의 죄의 경중을 상세히 심문하여 조사하고 죄를 정하였습니다.

[형부] 順治 18년 3월 27일 奏本을 올리고, 5월 25일에 聖旨를 받들었는데, 그 내용은 다음과 같았습니다.

[황제] 刑部에서 검토하고 죄를 정하여 奏本을 올리라.

그달 27일 抄出이 刑部에 이르렀기에, 山東淸吏司에 보냈더니, 案呈이 刑部에 이르렀습니다.

[형부] 신들이 조사해보건대, 朝鮮國에서 유황 등의 물건을 사들인 범인을 명백히 심문하여 갖추어 올린 題本에서 아뢰기를, 張有信은 주범이므로 참형으로 죄를 정하였고, 李哲瑞는 종범이므로 충군하며, 崔守間은 革職하고, 강을 넘어와 인삼을 캔 姜太立 등 11명은 모두 각각 참형으로 죄를 정하였고, 金得鐵은 교형으로, 林時憲·韓休·成以性은 모두 革職하고 徒配하는 것으로, 金再亨은 革職하고, 몰래 騸馬를 거래한 鄭賓性은 앞서 金益同 등의 죄를 정한 것에 따라 장 60대를 치고 徒配하는 것으로, 동을 산 朴成善은 교형으로, 陸後立은 革職하는 것으로 죄를 정하였다고 題本을 갖추어 보내왔습니다. 신 등이 살피건대, 각각의 범죄는 順治 18년 정월 9일의 사면령 이전에 일어난 일이므로, 張有信 등에서부터 (그 이하에 대해) 모두 (양형된 벌을) 면하게 해 주어야 하겠습니다. 金得鐵은 그대로 혁직하고, 李哲瑞는 그대로 충군하기로 죄를 정하며, 上土僉使 林時憲·滿浦僉使 韓休·江界府使 成以性은 모두 마땅히 혁직하고 徒配를 보내는 것으로 죄를 정하며, 伐登浦 權管 金再亨·差官 崔守間·中官 陸後立은 모두 마땅히 혁직하며, 鄭賓性은 마땅히 장 60대를 치고 徒配해야겠습니다. 金成元·朴風·禮南·朴葉은 이미 죽었고 또 金汝鈺·金徽는 이미 혁직되었으므로 다시 논의해도 소용없겠습니다. 유황·말·銅器를 들여온 관인과 인

삼을 캐고서 이미 달아난 자는, 그 달아난 자들의 이름과 어느 곳 사람인지에 대해 아직 확인되지 않았으나, 조사하여 의논하는 일을 면해주어야겠습니다.

順治 18년 6월 16일 題本을 올렸고, 18일에 聖旨를 받들었는데, 그 내용은 다음과 같았습니다.

[황제] 그렇게 하라. 張有信 등은 모두 논의한 대로 하라.

[형부] 抄出이 刑部에 이르렀습니다.

[형과] 山東淸吏司에 보냅니다.

[산동청리사] 이를 받고, 마땅히 자문을 보내어 전달해서 처리하도록 해야 하겠습니다.

[형부] (山東淸吏司의) 案呈이 刑部에 이르렀습니다. 마땅히 곧바로 시행해야 하겠습니다. 이를 위해 마땅히 자문을 보내니, 번거롭겠지만 聖旨를 준수하고 또 자문의 사리를 살피시어 모두 삼가 준행하여 잘 살피시고, 조선에 전달하여 처리하게 하도록 시행하십시오.

[예부] (刑部의 자문이) 本部에 이르렀다. 主客淸吏司에 보낸다.

[주객사] 이를 받고, 마땅히 문서를 보내 알려야 하겠습니다.

[예부] (主客淸吏司의) 案呈이 禮部에 이르렀습니다. 마땅히 곧바로 시행해야 하겠습니다. 이를 위해 마땅히 자문을 보내니, 번거롭겠지만 잘 살펴 시행하십시오.

[조선국왕] 이를 받고, 예부에서 題本을 올리고 삼가 받든 사리를 삼가 준행하여 시행하는 외에, 이를 위해 자문으로 회신하니 번거롭겠지만 바라건대 예부에서는 잘 살펴 시행하시기 바랍니다. 운운.

順治 18년 11월 1일.

謝寬免犯禁犯越各犯表[製閱維重 使錦林君 愷胤]

原編 卷63 犯禁一 29a~29b(1224쪽)

운운. 간사한 백성이 법을 어겼기에 삼가 엄한 질책이 내려오기를 기다리고 있었는데, 황제의 덕이 이를 용서하시어 삼가 따뜻한 윤음을 받들었으니, 스스로를 반성하고 부끄러움을 알며, 황명에 절하고 감사한 마음을 품습니다. 엎드려 생각건대, 국운이 흥륭하는 때를 만나 외람되이 옛 터전을 받았습니다. 삼가 가르침을 받들어 감히 어기지 않았으며 삼가 제후의 도리를 지켜 거의 허물을 면하였습니다만, 어찌 偏邦의 어리석음으로 상국의 법령을 누차 어기게 될 것을 생각이나 했겠습니까. 방비를 꼼꼼하게 못한 데에 이르렀으니 허물이 장차 누구에게 돌아가겠습니까. 비록 가볍고 무거움에 차이는 있다고 하지만, 법에는 봐주는 법이 없습니다.

이번에 밝은 성지를 받들어 조사를 하고 간절하게 아뢰면서 마음으로는 두려워하고 있었는데, 다행히 널리 베풀어 주시는 은혜를 입고 특별히 용서한다는 은전을 내려 주셨습니다. 경사를 맞아 상을 내리시기를 봄빛을 되돌려 만물을 소생시키는 듯하시고, 허물을 씻어 주시기를 법을 누그러뜨려 곡진히 용서해 주셨습니다. 백성들은 기뻐하고 황상의 은혜는 갚을 길이 없습니다.

(황상의 덕이 밝으시어) 여러 나라를 받아들이시고 크게 공업을 일으키시는 때를 만났습니다. 크고 작은 죄를 가리지 않고 형법대로 집행하시지 않고 (용서해주셨으며), 은택을 가까운 곳과 먼 곳에 모두 미치게 하시어 널리 두루두루 베푸셨습니다. 마침내 저희로 하여금 사사함을 면하게 해 주셨으니, 목숨을 바쳐 결초보은할 것을 기약하며 (황상의 뜻을) 뼈 속 깊이 새기겠습니다. 위엄을 두려워하고 은혜를 품어 영원히 깨우쳐 주신 말씀을 준수하겠고, 충심을 다하고 성의를 다 바쳐 藩屛으로서의 의리를 고치지 않겠습니다. 운운.

方物表

原編 卷63 犯禁一 29b(1224쪽)

운운. 인자하시기가 하늘이 덮어 주는 것과 같으시어 이미 사면해주시는 은혜를 입었습니다. 물건은 토산물로써 감히 공헌하는 예를 올립니다. 삼가 준비하였습니다. 운운.
[물건목록은 위의 順治 丁酉년 謝恩方物과 같다]
이 물건들은 품질이 좋지 못하고 종류도 진기한 것이 못 되니, 부족하나마 성의를 표하기는 하지만 어찌 황실의 예물에 합당하겠습니까. 운운.

右表進呈咨[式見丁酉謝恩]

原編 卷63 犯禁一 29b(1224쪽)

皇太后方物狀[式見丁酉謝恩]

原編 卷63 犯禁一 29b(1224쪽)

右狀進呈咨[式見丁酉謝恩]

原編 卷63 犯禁一 29b(1224쪽)

皇后方物狀[式見丁酉謝恩]

原編 卷63 犯禁一 29b(1224쪽)

右狀進呈咨[式見丁酉謝恩]

原編 卷63 犯禁一 29b(1224쪽)

禮物總單[見進賀]

原編 卷63 犯禁一 30a(1225쪽)

禮部查收賀尊謚謝赦犯越寬免誤犯字及三節方物頒賞咨[見節使]

原編 卷63 犯禁一 30a(1225쪽)

[癸卯]

禮部知會寬宥貂皮犯禁咨

原編 卷63 犯禁一 30a~30b(1225쪽)

발신: 예부

사유: 알립니다.

[예부] 조선국에서 차정되어 온 正使 呂爾載 등의 일행 가운데 두 명이 불법으로 貂皮 100張을 가지고 와서 교역하다가 禮部의 관원이 발견하고는 禮部에 보고하였습니다. 곧바로 종인 應山·春金에게 물었으나 貂皮 100張에 대해서는 아직 말이 없습니다. 불법으로 가지고 간 것만으로도 이미 정해진 법례를 어긴 것이기에, 마땅히 조선국왕에게 칙을 내리시어 죄를 논하자고 奏本을 갖추어 올렸습니다. 呂爾載에 대해서는 자관으로 올 때 이미 신칙하였으니 마땅히 죄를 면해 주어야겠습니다. 貂皮 100張은 국왕의 인장을 찍은 문서 가운데에 열거되어 있지 않았으므로 교역을 허락하지 않고 돌려보내야 하겠습니다.

신 등이 감히 함부로 정할 수가 없겠기에 삼가 題本을 올려 聖旨를 청하였습니다. 康熙 2년 정월 20일에 題本을 올렸고, 그달 23일에 성지를 받들었는데, 그 내용은 다음과 같았습니다.

[황제] 應山·春金은 논죄하는 것을 면해 주도록 하라. 교역할 물건은 국왕의 인장을 찍은 문서를 보내는 것을 정지하고 그 편의에 따라 휴대하도록 허락해주되, 도착하는 날 禮部에 보고하여 會同館에서 교역하게 하고, 금지된 물건은 돌아갈 때에 변방 關의 관원으로 하여금 상세하고 엄하게 수색하게 하라.

[예부] 이에 알리오니 잘 살펴서 시행하기 바랍니다. 운운.

康熙 2년 월 일.

謝寬免歲幣不堪豹皮犯禁表[見節使]

原編 卷63 犯禁一 30b(1225쪽)

禮部查收賀尊號謝頒詔賜緞宥犯越犯禁歲幣不堪方物咨[見進賀]

原編 卷63 犯禁一 30b(1225쪽)

[癸卯]

報犯買硫黃咨

原編 卷63 犯禁一 30b(1225쪽)

운운. 마부 許龍·彦男 등이 鳳城에서 유황 때문에 잡혔습니다. 간사한 무리가 이익을 보면 목숨을 잊고 법을 어기는 일이 한두 번이 아니어서 평소에 신칙한 뜻이 헛된 것으로 돌아가게 되었으니 부끄럽고 두려운 것을 이기지 못하겠다는 사유로 司驛院正

安日新을 專差하여 자문으로 보고합니다. 운운.
[『通文館志』에 나온다]

康熙 2년 월 일. [禮部에 移咨함]

頒遣官查審犯買硫黃敕[刑部侍郎勒得洪來互勅諭]

原編 卷63 犯禁一 31a(1225쪽)

皇帝가 朝鮮國王 李某에게 勅諭한다.

매매를 금지하는 물건들은 정해진 법례가 매우 분명하다. 이전에 유황·말·동을 몰래 사들이며 법을 어긴 것이나 또한 강을 건너와 나무를 베는 등의 일이 있었기에 이미 칙을 내려서 대신을 보내 가서 조사하게 하고, 누차 관대한 용서를 베풀었다. 이후 너희 나라에서 京師에 오는 관원들은 마땅히 지난 잘못을 뉘우치고 고쳐서 더욱 충성과 경의를 다해야 할 것인데, 지금 敬賀謝恩使로 차정되어 온 관원과 역인들이 금령을 어기고 멋대로 유황을 사들였다가 鳳凰城에 이르러 성을 지키는 章京에게 적발되었다고 하니 그 正使 이하들은 모두 허물을 변명하기 어렵게 되었다. 특별히 刑部右侍郎 覺羅 勒得洪·郎中 海喇孫을 파견하여 너희 나라로 가서 국왕과 함께 유황을 몰래 사들인 자들과 아울러 정사 등의 관원을 상세히 심문하게 하니, 정황을 명확히 밝히고 죄를 정하여 갖추어 奏聞하라. 특별히 효유한다.

康熙 2년 9월 19일.

謝降勅查審表[甲辰 使洪命夏]

原編 卷63 犯禁一 31a~31b(1225쪽)

운운. 어리석은 백성이 법을 어기어서 바야흐로 엄한 견책이 내려오기를 기다리고 있었는데, 성상께서 잘못을 덮어 주시어 삼가 은혜롭게 깨우쳐주시는 말씀을 받았으니 감격에 겨워 황공함을 이길 수가 없습니다. 엎드려 생각건대 외람되이 나라를 이어받아 법을 잘 지키고 있었는데, 매번 小人이 법을 어길까 우려하여 삼가 신칙하는 것을 잊지 않았으며, 누차 크신 덕으로 허물을 용서해 주시는 은혜를 입었으니 더욱 삼가 준행할 것을 생각했습니다. 어찌 간사한 자들이 범죄를 저질러 황제께 사신을 보내 조사하게 하는 수고로움을 끼치게 될 것을 생각했겠습니까. 몸은 藩屛을 담당하면서 죄가 이미 산처럼 쌓였으며, 입으로는 詔書를 왼다 하여도 두려움은 실로 골짜기처럼 깊습니다. 다행히 함께 조사하라는 명을 받았으니 문득 특별한 예우를 내려 주셨음을 깨우쳤습니다. 엎드려 생각건대, 교화는 큰 것이나 작은 것이나 고루 펴지고 어짊은 먼 곳이나 가까운 곳이나 두루 미치니, 안으로는 안녕하고 밖으로는 고요하여 팔방을 아울러 모두 편하게 하시었고, 은혜를 앞세우고 위엄을 뒤세우시어 온 세상을 둘러 모두 어루만지셨습니다. 폐방에 이르러서도 또한 따뜻한 윤음을 받들었으니, 감히 더욱 허물을 반성하고 충심을 다하고 성의를 다 바치지 않을 수 있겠습니까. 하늘은 높고 별은 멀다 하여도 북향하여 절하는 성의를 삼가 다할 것이며, 바다는 넓고 강은 깊다 하여도 동쪽에 미친 은혜를 영원히 누리겠습니다. 운운.

康熙 3년 2월 13일.

方物表

原編 卷63 犯禁一 31b(1225쪽)

운운. 하늘이 굽어살펴주시는 은혜를 받아 다행히 윤음을 입었습니다. 저희 땅에서 나오는 물건으로써 감히 예물을 바칩니다. 삼가 준비하였습니다. 운운.
[물건목록은 위의 順治 丁酉년 謝恩方物과 같다]
이 물건들은 누추한 곳에서 생산되었고 품질도 진기한 것이 못 되니 어찌 황실에 둘 만한 것이라고 할 수 있겠습니까만, 부족하나마 外庭의 정성으로 마련하였습니다. 운운.

右表進呈咨[式見順治丁酉謝恩]

原編 卷63 犯禁一 32a(1226쪽)

太皇太后方物狀

原編 卷63 犯禁一 32a(1226쪽)

朝鮮國王이 昭聖慈壽恭簡安懿章慶敦惠太皇太后 폐하 [黃籤]의 진헌 예물로 紅細苧布 10匹, 白細苧布 10匹, 白細綿紬 20匹, 滿花席 10張, 雜彩花席 10張을 준비했습니다. 이상의 물건 등을 삼가 奉進하며 아룁니다.

康熙 3년 2월 13일, 朝鮮國王.

右狀進呈咨

原編 卷63 犯禁一 32a~32b(1226쪽)

발신: 조선국왕

사유: 사은합니다.

康熙 2년 11월 6일, 당직은 삼가 勅諭를 받들었습니다.

운운. ["禁買貨物"부터 "具奏特諭"까지는 위의 원래 勅에 보인다] 당직은 이를 받들고 삼가 준행하는 외에, 온 나라의 신민과 더불어 놀랍고 두려우며 감격하지 않을 수 없었기에 배신 議政府 右議政 洪命夏·議政府 左參贊 任義伯 등을 專差하여 사은표문과 예물을 가지고 京師로 보내며, 昭聖慈壽恭簡安懿章慶敦惠太皇太后 폐하께 진헌하는 예물을 아울러 보냅니다. 이제 예물의 목록을 갖추어 적어 마땅히 자문을 보내니, 청컨대 잘 살피시고 아뢰어 주시기 바랍니다.

一. 紅細苧布[이하 물품의 목록은 위의 원래 狀에 보인다]

康熙 3년 2월 13일.

皇太后方物狀[式見順治丁酉謝恩]

原編 卷63 犯禁一 32b(1226쪽)

右狀進呈咨[式見順治丁酉謝恩]

原編 卷63 犯禁一 32b(1226쪽)

皇后方物狀[式見順治丁酉謝恩]

原編 卷63 犯禁一 32b(1226쪽)

右狀進呈咨[式見順治丁酉謝恩]

原編 卷63 犯禁一 32b(1226쪽)

陳科斷買硫黃人擬律使臣奏[互陳奏]

原編 卷63 犯禁一 32b~35b(1226~1227쪽)

발신: 조선국왕

사유: 삼가 聖諭를 받들어 칙사와 함께 각 범인들을 심문하여 명백히 조사하고 죄를 정하였습니다.

[조선국왕] 올해 11월 6일, 신은 칙사가 가지고 온 宣諭聖旨를 삼가 받들었습니다. 운운. ["禁買貨物"부터 "具奏特諭"까지는 위의 원래 勅에 보인다]

[조선국왕] 삼가 준행하는 외에, 신은 칙사가 머무는 館으로 가서 칙사와 마주하고는 먼저 범인 許龍을 심문하였습니다.

[조선국왕] 유황은 금지된 물건인데, 너는 어찌하여 몰래 사들였느냐. 누가 너에게 사오라고 시켰느냐. 너는 어느 집의 가동이냐.

[조선국왕] 許龍이 다음과 같이 공술하였습니다.

[허룡] 저는 이미 國禁의 지엄함을 알고 있었고, 또 사신의 신칙을 들었습니다. 가난한 사졸로서 사리사욕에 빠져 죽을 때가 되었는지 제가 스스로 사왔습니다. 누가 시켜서 했겠습니까. 저는 양민으로, 通官 梁孝元이 고용해서 데리고 갔습니다.

[조선국왕] 다시 물었습니다.

[조선국왕] 너는 어디에서 샀느냐. 몰래 판 자와 그 집을 너는 아느냐, 모르느냐.

[조선국왕] 대답했습니다.

[허룡] 山海關 밖의 連山驛에 이르렀을 때, 성 밖에 어느 사람이 유황 약 50근이 가득 담긴 광주리를 하나 가지고 팔고 있었습니다. 저는 은자 1냥 5전, 부채 열 把로

교환했을 뿐입니다. 그 자와 집은 저는 실로 모릅니다.

[조선국왕] 범인 彦男을 심문하였습니다.

[언남] 유황은 금지된 물건인데, 너는 어찌하여 몰래 사들였느냐. 누가 너에게 사오라고 시켰느냐. 너는 어느 집의 가동이냐.

[조선국왕] 彦男이 다음과 같이 공술하였습니다.

[언남] 저는 이미 國禁의 지엄함을 알고 있었고, 사신 또한 충분히 주의를 주었습니다. 그러나 가난한 사졸로서 이익을 보고 죽을 줄을 모르고 8근을 샀습니다. 그 자는 몰래 와서 팔려 한 것이고, 저도 그 자에게 몰래 산 것이어서 누가 알까 두려웠습니다. 누가 시켜서 했겠습니까. 저는 양민으로, 寫字官 李翊臣이 고용해서 데리고 갔습니다.

[조선국왕] 이를 받고, 다시 물었습니다.

[언남] 너는 어디에서 샀느냐. 몰래 판 자와 그 집을 너는 아느냐, 모르느냐.

[조선국왕] 다음과 같이 대답했습니다.

[언남] 連山驛에 이르렀을 때, 천변에서 어떤 사람이 팔고 있었습니다. 저는 동전 200문을 주고 샀습니다. 그 자와 집은 저도 또한 모릅니다.

[조선국왕] 또 許龍·彦男 등에게 각각 물었습니다.

[허룡 등] 너희가 유황을 샀을 때, 정사와 부사, 그리고 너희를 고용해서 데리고 간 주인인 梁孝元·李翊臣도 또한 분명히 그를 알고 있었을 것이다. 이실직고하라.

[조선국왕] 許龍·彦男 등이 대답하였습니다.

[허룡 등] 몰래 산 일은 비록 부모라고 하여도 또한 마땅히 숨겨야 할 것인데 하물며 사신이나 고용해서 데리고 간 사람이 어찌 그를 알 수 있겠습니까.

[조선국왕] 다시 물었습니다.

[조선국왕] 몰래 산 일을 사신이나 고용주가 전혀 몰랐다고 하더라도, 몰래 판 자나 그 집은 어찌 또한 모르느냐. 하나하나 이실직고하라.

[조선국왕] 그러면서 엄히 고문을 가하면서 심문하였으나, 許龍·彦男 등은 다만 말하였습니다.

[허룡 등] 앞의 공초가 모두 사실입니다. 더는 드릴 말씀이 없습니다.

[조선국왕] 또 梁孝元을 다음과 같이 심문했습니다.

[조선국왕] 許龍은 네가 고용해서 데려간 자인데, 유황을 사들인 일을 네가 어찌 모르느냐. 이실직고하라.

[조선국왕] 梁孝元이 다음과 같이 공술하였습니다.

[양효원] 제가 許龍을 고용해서 데려간 것은 맞습니다. 무릇 금지된 물자에 대해서는 비단 사신이 엄히 금지했을 뿐만 아니라 저 역시도 누차 계칙하였습니다. 저는 山海關에 이르러 먼저 왔는데, 그 후에 柵門에서 유황이 검사에 적발된 일을 처음 듣게 되었습니다. 許龍이 몰래 사들인 일을 제가 어찌 알았겠습니까.

[조선국왕] 李翊臣을 다음과 같이 심문하였습니다.

[조선국왕] 彥男은 네가 고용해서 데려간 자인데, 유황을 사들인 일을 네가 어찌 모르느냐. 이실직고하라.

[조선국왕] 李翊臣이 다음과 같이 공술하였습니다.

[이익신] 제가 彥男을 고용해서 데리고 간 것은 맞습니다. 사신이 이미 금지령을 엄히 내렸고, 저 또한 마음을 다해 계칙하였으니, 간사한 사졸이 몰래 금지된 물품을 사들이고서 어찌 제게 알렸겠습니까. 저는 실로 몰랐습니다.

[조선국왕] 이를 받고, 또 正使 鄭維城·副使 李曼을 심문하였습니다.

[조선국왕] 너희는 일행을 검사하고 신칙하는 일을 주관하는데, 일행 가운데 사졸인 許龍·彥男 두 명이 몰래 유황을 사들였다. 너희는 어찌 몰랐는가.

[조선국왕] 대답하였습니다.

[정유성 등] 국왕의 계칙이 매우 엄하였고 저희도 또한 충분히 우려하여, 오가는 길에 누차 금지령을 내렸습니다. 그러나 삼백여 사졸 가운데 간사한 두 명이 몰래 사들인 일을 어찌 모두 알아챌 수 있었겠습니까. 그러나 검사하고 단속하지 못한 죄는 면하기 어렵겠으니, 더는 드릴 말씀이 없습니다.

[조선국왕] 이를 받고, 梁孝元을 심문하였습니다.

[조선국왕] 山海關에서 먼저 돌아왔다는 말은 사실이냐.

[조선국왕] 대답하였습니다.

[양효원] 사실입니다.

[조선국왕] 또 물었습니다.

[조선국왕] 무슨 이유로 먼저 돌아왔느냐.

[조선국왕] 대답하였습니다.

[양효원] 상국에 공물을 진헌함에 무사히 바치게 되면 먼저 관원과 역인을 돌려보내 국왕께 보고하여 알려드리는 것은 전부터 있던 규정입니다.

[조선국왕] 이를 받고, 또 물었습니다.

[조선국왕] 너희 둘 이외에 또 검사하고 신칙하는 관원은 없는가.

[조선국왕] 대답하였습니다.

[양효원] 비록 여러 관원과 역인이 있지만 검사하고 신칙하는 것은 그 소임이 아닙니다.

[조선국왕] 각 범인들의 범죄 사실을 신이 칙사와 함께 상세히 확정하였습니다. 許龍·彦男 등은 그들이 공술하기를, 가난한 사졸로서 사리사욕에 빠져 죽을 때가 되었는지 스스로 사들였다고 모두 자복하였습니다. 그들은 금령을 알면서도 유황을 몰래 사들였으니 그 죄가 매우 무겁습니다. 許龍·彦男은 참형에 처하기로 죄를 정하였습니다. 李翊臣은 그가 비록 공술하기를, 사신의 금령이 엄하였고 그 또한 신경 써서 계칙하였으니, 간사한 사졸이 몰래 금지된 물품을 사들이고서 어찌 그에게 알렸겠느냐며, 그는 실로 몰랐다고 합니다. 그러나 고용해서 데려간 彦男을 엄히 단속하지 못하여 이렇게 법을 어기고 유황을 몰래 사들이는 데에 이르게 하였으니 그 죄를 면하기 어렵습니다. 李翊臣은 혁직하고 장 100대를 치기로 죄를 정하였습니다.

梁孝元은 비록 그가 공술하기를, 사신이 엄히 금지하였고 그 또한 누차 계칙하였다고 하고, 山海關에서 먼저 돌아와 그 후 책문에서 유황이 검사에 적발된 사실을 처음으로 들었으니 許龍이 몰래 사들인 사실을 그가 어찌 알았겠느냐고 합니다. 그러나 미리 엄히 단속하지 못하여 고용해서 데리고 간 자가 유황을 몰래 사들이는 데에 이르게 한 것이니, 이치상 죄를 면하기가 어렵습니다. 梁孝元은 3급을 강등시키기로 죄를 정하였습니다.

原任 鄭維城·李曼은 그들이 비록 공술하기를, 국왕의 계칙이 매우 엄하였고 그들

또한 왕래하는 길에 누차 금령을 내렸다고 하며, 삼백여 사졸 가운데 간사한 두 명이 몰래 사들인 일을 어찌 능히 모두 알아챌 수 있었겠냐고 합니다. 그러나 그들은 정사와 부사로서 일행을 검사하고 신칙하는 일을 주관하는 자들로서 엄히 단속하지 못하고 아래 역인들을 풀어놓아 許龍·彦男이 몰래 유황을 사들이기에 이르렀으니 그 책임을 면하기 어렵습니다. 鄭維城·李曼은 혁직하기로 죄를 정하였습니다.
기타 관원과 역인은 검사하고 신칙하는 책임이 없으며, 유황을 몰래 판 자와 그 집은 許龍·彦男이 줄곧 모른다고 공술하고 있으니, 모두 더 이상 논의할 도리가 없습니다. 또한 삼가 엎드려 생각건대, 신이 외번을 지키고 직을 받들고서도 직책을 제대로 수행하지 못하여 어리석은 백성들이 누차 법을 어기기에 이르렀습니다. 다행히 누대 조정의 관대한 은혜를 입어서 전후로 금령을 어겼는데도 곧바로 사면을 입었습니다. 신이 큰 은혜를 우러러 받듦에 두려움과 감사함이 교차합니다. 매번 공물을 진헌하러 사신이 가는 데에 별도로 계칙을 하지 않은 것은 아니지만 뜻하지 않게 이번에 간사한 무리들이 다시 금령을 어기고 황상께서 관원을 파견하시어 칙유하시는 번거로움을 끼쳐드렸는데도 견책하여 벌을 내리지 않으시고 다만 조사하고 아뢰라고만 하셨으니, 감격하고 두려워 몸 둘 바를 모르겠습니다. 각 범인들을 칙사와 함께 조사하고 심문하여 죄를 정하고서는 성상의 밝은 처결을 공손히 기다리는 외에, 삼가 聖諭를 받들기를, 칙사와 함께 각 범인을 심문하고 명백히 조사하여 죄를 정하라는 사리에 관계된 일입니다. 운운.
[“운운”투식은 順治 丁酉년의 陳奏에 보인다. 이후로도 이를 따른다]

右奏進呈咨[式見順治丁酉陳奏]

原編 卷63 犯禁一 35b(1227쪽)

方物奏[式見順治丁酉陳奏]

原編 卷63 犯禁一 35b(1227쪽)

右奏進呈咨[式見順治丁酉陳奏]

原編 卷63 犯禁一 35b(1227쪽)

太皇太后方物單

原編 卷63 犯禁一 35b(1227쪽)

朝鮮國王이 昭聖慈壽恭簡安懿章慶敦惠太皇太后 폐하 [黃籛]의 진헌 예물로 紅細苧布 10匹, 白細苧布 10匹, 白細綿紬 10匹, 滿花席 10張, 雜彩花席 10張을 준비했습니다. 이상의 물건 등을 삼가 奉進하며 아뢰니다.

康熙 3년 2월 13일, 朝鮮國王.

右單進呈咨

原編 卷63 犯禁一 35b~36a(1227~1228쪽)

발신: 조선국왕
사유: 진헌합니다.

삼가 聖諭를 받들기를, 칙사와 함께 각 범인을 심문하고 명백히 조사하여 죄를 정하라는 일이었습니다. 陪臣 議政府 右議政 洪命夏·議政府 左參贊 任義伯 등을 專差하여 봉인한 표문과 예물 및 昭聖慈壽恭簡安懿章慶敦惠太皇太后 폐하께 진헌하는 예물을 가지고 가서 진헌하는 외에, 이제 예물의 목록을 갖추어 적어 마땅히 자문을 보내니, 청컨대 잘 살피시고 아뢰어 주시기 바랍니다.
一. 紅細苧布[이하 물품의 목록은 위의 원래 單에 보인다]

康熙 3년 2월 13일.

皇太后方物單[式見順治丁酉陳奏]

原編 卷63 犯禁一 36a(1228쪽)

右單進呈咨[式見順治丁酉陳奏]

原編 卷63 犯禁一 36a(1228쪽)

皇后方物單[式見順治丁酉陳奏]

原編 卷63 犯禁一 36a(1228쪽)

右單進呈咨[式見順治丁酉陳奏]

原編 卷63 犯禁一 36a(1228쪽)

禮物總單[謝査犯降勑物目見原表狀○陳奏査擬犯人物目見原奏單]

原編 卷63 犯禁一 36a(1228쪽)

禮部査收謝降勑及陳奏方物咨

原編 卷63 犯禁一 36a~36b(1228쪽)

발신: 예부

사유: 알려드립니다.

[**예부**] 朝鮮國王의 자문을 받았는데, 陪臣 議政府 右議政 洪命夏·議政府 左參贊 任義伯 등을 차정하여, 칙사를 보낸 것에 대해 사은하는 예물 및 陳奏하는 예물을 삼가 바친다는 내용은 이미 禮部를 거쳐 題本을 갖추어 아뢰었습니다. 聖旨를 받들었는데, 그 내용은 다음과 같았습니다.

　　[**황제**] 그렇게 하라.

[**예부**] 抄出이 禮部에 이르렀습니다. 예물은 戶部에 보내 접수하여 넣어두도록 하였습니다. 마땅히 알려드려야 하겠기에, 이를 위해 자문을 보내니, 번거롭겠지만 살피시기 바랍니다. 운운.

康熙 3년 5월 3일.

禮部飭王城稱王京及硫黃一案依議咨[互飭諭]

原編 卷63 犯禁一 36b(1228쪽)

[**예부**] 운운. 禮部에서 題本을 올렸습니다.

　　운운.

[**예부**] 聖旨를 받들었는데, 그 내용은 다음과 같았습니다.

　　[**황제**] 아뢴 내용 가운데, 王城을 王京이라고 칭한 것은 예에 합당하지 않으니 깨우쳐 주도록 하라. 유황과 관련된 사안은 그렇게 하라.

운운.

[『通文館志』에 나온다]

康熙 3년　월　일.

『同文彙考』原編　卷64

犯禁二

수록 문서 목록

*괄호 안은 영인본의 쪽수임

○ 皇太后方物單

○ 右單進呈咨

○ 皇后方物單

○ 右單進呈咨

○ 禮物總單

※ 禮部查收謝降勅及陳奏方物咨 (康熙 5年 12月 4日) 原編 卷64 犯禁二 7b(1231쪽)

※ 押送犯禁人咨 (康熙 5年 月 日) 原編 卷64 犯禁二 7b(1231쪽)

※ 報犯人處斬日期咨 (康熙 5年 月 日) 原編 卷64 犯禁二 7b~8a(1231~1232쪽)

※ 禮部知會節行下役犯買通鑑交該國審奏咨 (康熙 9年 2月 日) 原編 卷64 犯禁二 8a(1232쪽)

※ 陳查究犯買史册情節奏 (康熙 9年 3月 16日) 原編 卷64 犯禁二 8a~10a(1232~1233쪽)

○ 右奏進呈咨

※ 禮部知會犯買史册人援赦免罪咨 (康熙 9年 月 日) 原編 卷64 犯禁二 10a(1233쪽)

○ 謝赦宥犯買史册表

○ 因購明史陳辨誣衊奏

※ 禮部知會年貢行員役私帶地圖交該國審奏咨 (康熙 16年 4月 8日) 原編 卷64 犯禁二 10a~11a(1233쪽)

※ 謝停查勅表 (康熙 16年 4月 19日) 原編 卷64 犯禁二 11a~11b(1233쪽)

※ 方物表 原編 卷64 犯禁二 11b~12a(1233~1234쪽)

○ 右表進呈咨

○ 太皇太后方物狀

○ 右狀進呈咨

○ 皇太后方物狀

○ 右狀進呈咨

※ 謝停查勑箋（康熙 16年 5月 12日）原編 卷64 犯禁二 12a~12b(1234쪽)

※ 方物箋（康熙 16年 5月 12日）原編 卷64 犯禁二 13a(1234쪽)

※ 右箋進呈咨（康熙 16年 5月 12日）原編 卷64 犯禁二 13a~13b(1234쪽)

※ 陳査審私帶地圖情節祇條裁處奏 原編 卷64 犯禁二 13b~15a(1234~1235쪽)

○ 右奏進呈咨

○ 方物奏

○ 右奏進呈咨

○ 太皇太后方物單

○ 右單進呈咨

○ 皇太后方物單

○ 右單進呈咨

※ 皇太子方物啓（康熙 16年 5月 12日）原編 卷64 犯禁二 15b(1235쪽)

※ 右啓進呈咨（康熙 16年 5月 12日）原編 卷64 犯禁二 15b~16a(1235~1236쪽)

○ 禮物總單

※ 禮部知會免議及犯人擬罪咨 （康熙 16年 7月 20日） 原編 卷64 犯禁二 16a~16b(1236쪽)

※ 謝免議表（康熙 16年 10月 28日）原編 卷64 犯禁二 16b~17a(1236쪽)

※ 方物表 原編 卷64 犯禁二 17a(1236쪽)

○ 右表進呈咨

○ 太皇太后方物狀

○ 右狀進呈咨

○ 皇太后方物狀

○ 右狀進呈咨

○ 皇后方物狀

○ 右狀進呈咨

※ 謝免議箋 原編 卷64 犯禁二 17b~18a(1236~1237쪽)

※ 方物箋 原編 卷64 犯禁二 18a(1237쪽)

○ 右箋進呈咨

○ 禮物總單

○ 禮部發回謝寬免買史及免議挾地圖方物咨

※ 禮部知會年貢行犯禁咨 (康熙 30年 月 日) 原編 卷64 犯禁二 18b(1237쪽)

※ 回咨 (康熙 30年 月 日) 原編 卷64 犯禁二 18b(1237쪽)

※ 禮部知會犯禁人擬罪咨 (康熙 30年 月 日) 原編 卷64 犯禁二 18b~19a(1237쪽)

※ 回咨 (康熙 30年 月 日) 原編 卷64 犯禁二 19a(1237쪽)

※ 禮部知會謝恩行犯禁咨 (康熙 30年 月 日) 原編 卷64 犯禁二 19a(1237쪽)

※ 回咨 (康熙 30年 月 日) 原編 卷64 犯禁二 19a(1237쪽)

※ 禮部知會年貢行員役犯買史册查明禁止咨 (康熙 38年 5月 9日) 原編 卷64 犯禁二 19b~20a(1237~1238쪽)

※ 報犯買員役及使臣議罪咨 (康熙 38年 10月 29日) 原編 卷64 犯禁二 20a~20b(1238쪽)

※ 禮部知會年貢行員役犯買春秋嗣後嚴禁咨 (康熙 45年 5月 28日) 原編 卷64 犯禁二 20b~21a(1238쪽)

※ 報犯買員役責罰咨 (康熙 45年 10月 30日) 原編 卷64 犯禁二 21a~21b(1238쪽)

※ 報年貢行員役犯買黑角咨 (康熙 54年 4月 10日) 原編 卷64 犯禁二 21b~22a (1238~1239쪽)

※ 禮部知會黑角一案俟該國查奏到日再議咨 (康熙 54年 6月 21日) 原編 卷64 犯禁二 22a~22b(1239쪽)

※ 禮部知會黑角犯人交該國查奏咨 (康熙 54年 月 日) 原編 卷64 犯禁二 22b~23a (1239쪽)

※ 謝停查勑表 (康熙 54年 11月 2日) 原編 卷64 犯禁二 23a~23b(1239쪽)

○ 右表進呈咨

※ 陳查審犯買黑角情節祇俟裁處奏 原編 卷64 犯禁二 23b~25b(1239~1240쪽)

○ 右奏進呈咨

○ 方物奏

○ 右奏進呈咨

○ 皇太后方物單

○ 右單進呈咨

○ 禮物總單

※ 禮部知會謝停查勑表知道咨 (康熙 55年 2月 17日) 原編 卷64 犯禁二 26a(1241쪽)

○ 禮部查收補進方物移准陳奏犯禁方物及頒賞咨

※ 禮部知會使臣及犯人從寬勘處依題免議咨 (康熙 55年 3月 3日) 原編 卷64 犯禁二 26a~27b(1241쪽)

※ 回咨 (康熙 55年 10月 30日) 原編 卷64 犯禁二 27b(1241쪽)

※ 謝免議表 原編 卷64 犯禁二 28a(1242쪽)

○ 右表進呈咨

※ 禮部謝免議表知道咨 (康熙 56年 2月 16日) 原編 卷64 犯禁二 28a~28b(1242쪽)

※ 報年貢行下役犯買馬匹使臣爲先革職咨 (乾隆 12年 5月 9日) 原編 卷64 犯禁二 28b~29a(1242쪽)

※ 禮部知會犯買一案俟奉天府查明再議咨 (乾隆 12年 8月 9日) 原編 卷64 犯禁二 29b(1242쪽)

※ 禮部抄錄刑部勘斷犯人照例免議原題咨 (乾隆 13年 正月 26日) 原編 卷64 犯禁二 29b~30a(1242~1243쪽)

※ 粘單 原編 卷64 犯禁二 30a~33b(1243~1244쪽)

※ 盛京禮部押送犯人抄錄粘單咨 (乾隆 13年 2月 9日) 原編 卷64 犯禁二 33b~34a(1244~1245쪽)

○ 越界女人查問及買馬人議罪咨

※ 報犯人據咨杖配咨（乾隆 13年 3月 20日）原編 卷64 犯禁二 34a~34b(1245쪽)

※ 回咨（乾隆 13年 5月 30日）原編 卷64 犯禁二 34b~35a(1245쪽)

※ 謝免議表（乾隆 13年 10月 28日）原編 卷64 犯禁二 35a~35b(1245쪽)

○ 右表進呈咨

※ 禮部知會謝免議表知道咨（乾隆 14年 2月 12日）原編 卷64 犯禁二 35b(1245쪽)

표 점

[丙午]

頒遣官查審犯買硝黃容隱逃人勅[戶部侍郎雷虎來互刷還勅諭]

原編 卷64 犯禁二 1a~b(1228쪽)

皇帝, 勅諭朝鮮國王姓[某]

禁買貨物, 國有常例. 向來爾國人盜買犯禁硫黃·馬匹·銅觔及伐木·挖蔘等事, 曾經降勑, 遣大臣往勘, 屢從寬宥. 爾國來京等官, 宜恪遵法度, 益盡忠誠. 今來慶賀謝恩進禮人役, 違禁擅買硫黃·焰硝, 行至鳳凰城, 被城守章京搜獲, 其正使以下, 俱難辭咎. 又, 窩逃之禁, 立法甚嚴. 爾國有逃來者, 卽行文交付, 仍移知會前鎭守奉天等處將軍達度等解到. 逃人小二逃往義州, 容隱三年, 該管地方官不行察送, 大不合理. 今特遣戶部左侍郎雷虎·郎中穆舒前往爾國, 同王將盜買硫黃·焰硝人及正使等官, 有無知情, 幷窩隱小二之家, 與地方官久不覺察情弊, 究審詳確, 定罪具奏. 特諭.

康熙五年五月十三日.

謝降勅查審犯買硝黃容隱逃人表[互刷還 使 許積]

原編 卷64 犯禁二 1b~2a(1228~1229쪽)

云云. [臣]罪山積, 方竢嚴譴之加, 聖度海涵, 猥蒙溫綸之降, 危衷益激, 感淚先零. 伏念, 曲被恩私, 媿蔑報效, 逋人在境, 未卽發回, 厮役犯科, 有乖申禁 孽難逭於自作, 命忽及於同查 追省愆尤, 徒撫躬而惴惴. 仰承誨諭, 若提耳而諄諄, 雖荷大德之包容, 罙曾寸心之隕越.

伏遇體下以恕, 居上克寬. 猶恐一物之微, 不得其所, 凡暨四海之廣, 咸歸于仁. 至令敝藩亦霑優渥, 敢不咋指悔過, 銘骨圖酬. 欽遵法條, 勉盡懲毖之道, 恪守侯度, 期殫隕結之忱. 云云.

康熙五年九月二十日.

方物表

原編 卷64 犯禁二 2a(1229쪽)

云云. 承天札之十行, 幸蒙厚眷. 執壤奠於萬里, 恭修薄儀, 謹備. 云云.

[物目同上順治丁酉謝恩方物]

右件物等, 品匪珍奇, 產從僻陋, 曷稱筐篚之實, 粗效葵藿之忱. 云云.

右表進呈咨[式見順治丁酉謝恩]

原編 卷64 犯禁二 2a(1229쪽)

太皇太后方物狀[式見甲辰謝恩]

原編 卷64 犯禁二 2a(1229쪽)

右狀進呈咨[式見甲辰謝恩]

原編 卷64 犯禁二 2a(1229쪽)

皇太后方物狀[式見順治丁酉謝恩]

原編 卷64 犯禁二 2a(1229쪽)

右狀進呈咨[式見順治丁酉謝恩]

原編 卷64 犯禁二 2a(1229쪽)

皇后方物狀[式見順治丁酉謝恩]

原編 卷64 犯禁二 2a(1229쪽)

右狀進呈咨[式見順治丁酉謝恩]

原編 卷64 犯禁二 2a(1229쪽)

陳科斷買硝各犯擬律窩逃各官奏[互刷還 陳奏]

原編 卷64 犯禁二 2b~7a(1229~1231쪽)

朝鮮國王[臣]姓[諱]謹奏, 爲 欽奉聖諭, 公同勅使, 按問各犯, 明查定罪 事.

本年七月初八日, [臣]欽奉勅使賫捧到宣諭聖旨.

節該. 云云. [自“禁買貨物”, 止“具奏特諭”. 見上原勅]

等因. 欽此.

除欽遵外, [臣]進詣勅使館所, 對勅使 先將謝恩正使沈益顯·副使金始振·書狀官成後卨責問.

你等夥內人役, 盜買硫黃·焰硝. 你等將何辭以對.

回稱.

俺等自牛家庄前赴北京, 渠等回來義州中路, 盜買情節, 俺等何能得知.

又問.

發回人役時, 有定領將, 嚴飭事否.

回稱.

就其中伶俐人朴有先·山伊定領將, 以作速回去, 切勿犯買禁物等語, 嚴飭以送.

等情.

得此, 又將盜買硝黃人崔善一責問.

你盜買硫黃·焰硝, 是何道理.

供稱.

俺身有宿病, 聞服硝可療. 自牛家庄回到薛里站, 硝黃一褁盜買, 是實.

又問.

此物, 你從誰的買得. 盜賣人, 你其知否姓名謂何.

回稱.

俺從王姓人買得. 其貌其家俺可認得, 其名俺實不知.

又問.

使臣以作速回去, 切勿犯買禁物等語, 嚴飭以送, 爲供. 使臣嚴飭, 果如其供, 你豈敢知而犯買. 必是使臣教你買藥. 且你同行領將, 亦必知情同買. 你其直告.

仍加訊問. 回稱.

使臣不曾教俺買藥. 但以毋買藥物, 丁寧分付. 且領將亦無同心買得情節. 俺獨自盜買.

等情.

得此, 又將領將朴有先·山伊責問.

使臣於回還人役, 內以伱等定領將, 爲供. 伱等發回時, 使臣有甚嚴勑語. 伱所領人, 盜買硝黃, 此必伱等知情共買. 伱其直告.

朴有先·山伊等供稱.

使臣果以俺等二人定領將, 且以切勿犯買禁物嚴飭. 故俺等在道中, 逐日搜檢, 實不知其有此盜買.

又問.

伱等若不同心買來, 搜檢時他身上所藏, 豈不能檢發. 伱等必是同心買得. 伱其從實直告.

仍加訊問. 回稱.

俺等實不同心買來. 前供逐日搜檢之說, 意在欲輕已罪, 飾辭以告.

等情.

得此, [臣]公同勑使, 就將各人情犯, 詳確議罪. 硝黃犯買人崔善一供稱.

硝黃買得時, 節旣無敎, 俺買得人, 又無與俺共買人. 緣身病要服, 目(→自)牛家庄回到薛里站, 從王姓人買得. 只認其貌其家, 不識其名.

盜買情節, 渠已就服. 將盜買硝黃罪犯, 擬議處斬.

領將朴有先·山伊供稱.

使臣於回還人役, 內以俺等二人定領將, 且嚴飭切勿犯買禁物, 是實. 俺等亦逐日搜檢, 實不知其有此盜買.

及其訊問, 又供.

犯買硝黃, 實所不知. 逐日搜檢, 本無是事. 意在欲輕已罪, 詐稱搜檢, 飾辭以告.

盜買硝黃, 渠雖不知, 旣以渠等定領將, 所領人役, 理宜嚴加檢飭. 視若尋常, 檢飭不嚴, 所領人役, 盜買禁物. 初不搜檢, 飾詐納供, 情尤可惡. 朴有先·山伊等議擬決杖一百, 極邊定配.

正使沈益顯等官供稱.

到牛家庄, 就回還人役, 內以朴有先·山伊等定領將, 且以切勿犯買禁物, 嚴飭發回.

等語. 將此供辭, 詰問朴有先·山伊及盜買人崔善一等, 皆稱使臣嚴飭俺等, 是實. 善一盜買硝黃, 乃在離了使臣之後, 發回人役時, 嚴飭亦是實狀. 使臣等官, 俱合免議. 又將逃人事勅使要[臣]同査. [臣]答稱.

這逃人越來事, 乃俺所知. 留置逃人, 咎實在俺, 理難晏然. 參査勅書內, 旣令與勅使同査, 不敢違越皇命. 惟增惶悚.

議政府領議政鄭太和·左議政洪命夏, 自首說稱.

逃人越來緣由, 狀啓到承政院, 承政院入啓, 國王使俺等會議于備邊司. 俺等以姑留議啓, 留置之罪, 實在俺等.

勅使將鄭太和·洪命夏責問.

你等俱以大臣, 上國逃人旣有越來者, 不請趁卽拿還, 乃反告于國王, 至于留置三年, 是甚道理.

回稱.

俺等以爲渠入往上國三十年, 逃回本國, 要見其父母. 俺等心實惻然, 不忍卽送, 啓知國王, 欲使尋見父母, 隨後押還, 姑授原籍. 本情雖如此, 到今逃人又復逃歸, 何敢以此自解. 罪在俺等, 更無所逹.

又問.

這逃人當初留置, 馳啓的官, 是誰. 且此事議定, 非特大臣二人, 必有同參之官. 這官是誰.

回稱.

義州府尹姜裕後拘留逃人, 報知平安監司李正英, 馳啓承政院. 俺等與刑曹判書兼備邊司堂上金左明同議, 啓知國王. 此外更無同參之官.

等情.

得此, 又將金左明責問.

領議政鄭太和·左議政洪命夏說稱, 這逃人事會于備邊司同議以啓. 伱亦以本司堂上, 同議之際, 不請卽送, 乃反啓知國王, 留置三年, 是甚道理.

供稱.

此事會議於俺, 而俺兼官備邊司參論, 是實. 更無所違.

等情. 得此, 義州府尹姜裕後, 理應責問, 身旣作故, 仍將平安監司李正英責問.

伱旣總察平安一道事, 義州府尹將此事報伱, 伱不卽令還送, 乃反馳啓王城, 是甚道理.

供稱.

義州府尹監囚逃人, 報知於俺. 俺不敢自擅還送, 馳啓國王.

等情. 得此, 又問鄭太和·洪命夏.

李正英所稱, 此等事不敢自擅還送等說, 是否.

回稱.

此等事必須馳啓國王. 渠不敢自擅還送, 是實.

等情.

得此, [臣]對勅使, 公同議罪. 得領議政鄭太和·左議政洪命夏, 自首說稱.

這逃人事, 國王使俺等會議於備邊司. 俺等以爲渠入往上國三十年, 逃回本國, 心實惻然, 欲使尋見父母, 隨後押還, 啓知國王, 姑令留置原籍, 到今逃人又復逃歸, 當初以姑留議啓之罪, 皆在俺等.

其所供雖如此, 鄭太和·洪命夏以大臣, 上國逃人旣有越來者, 不卽拿還, 稱以欲使尋見父母後還送, 未免飾辭. 果有還送底意, 渠旣尋見父母, 何不卽令還送, 留置至於三年. 逃人旣自復逃之後, 今乃飾辭以對. 鄭太和·洪命夏議擬削奪官爵, 極邊定配.

判書金左明供稱.

這逃人事, 果與鄭太和·洪命夏同議於備邊司, 更無所違.

渠亦以同管一司之官, 旣與同議, 不以上國逃人不可久留, 宜卽還送爲言, 反與大臣同議以啓, 至於留置三年, 殊不合理. 金左明議擬削奪官爵, 永不敍用.

平安監司李正英, 以義州府尹監囚逃人報之於俺, 俺不敢擅令還送, 馳啓國王爲供,將此供辭. 又問鄭太和·洪命夏.

此等事, 渠不敢自擅還送, 馳啓國王等說, 是否.

回稱.

是實.

李正英理合免議.

義州府尹姜裕後, 明知剃頭刺字的逃人, 擅許越江, 監囚在牢, 馳報平安監司, 理應從重議罪, 身旣作故, 罪無所施. 逃人小二, 旣因備邊司議啓, 付送原籍, 地方各官及窩隱人等, 俱合免議.

仍竊伏念, [臣]忝守敝藩, 奉職無狀, 前後違犯, 輒蒙寬宥. [臣]仰戴洪造, 益加謹畏, 不期奸細之輩觸犯昭憲, 致勤皇上遣官查問, 驚悚愧惕, 無地自容. 至於逃人越來之事, 邊臣馳啓, [臣]旣先知, 陪臣議啓, [臣]實自斷, 當初本情, 非欲容隱, 徒懷目前之矜惻, 以致時月之淹延, 未卽押回, 遽又脫逃. 事至於此, 何辭以解. 祇奉勅諭, 震悸罔措. [臣]於此事, 只合竢罪, 晏然同査, 誠有所不敢. 旣承勅使, 屢申聖旨, 揆以分義, 終難固辭, 不得不冒昧查奏. 第, 緣[臣]處事詿誤, 坐速罪戾, 小邦三十年赤心事大之誠, 未免到今剌謬, 誠無以自白於天日之下. 反求厥咎, 專在[臣]身, 而議罪之典, 獨及於陪臣. [臣]省愆悔懼, 撫躬慙恧, 將何顏面, 可以上承大朝, 下臨臣庶乎. 北望叩首, 恭竢嚴譴, 惶隕涕泣, 言不知裁. 除將右等情因, 冒瀆天聽, 仰備聖明裁處外, 緣係欽奉聖諭, 公同勅使, 按問各犯, 明查定罪事理. 云云.

右奏進呈咨[式見順治丁酉陳奏]

原編 卷64 犯禁二 7a(1231쪽)

方物奏[式見順治丁酉陳奏]

原編 卷64 犯禁二 7a(1231쪽)

右奏進呈咨[式見順治丁酉陳奏]

原編 卷64 犯禁二 7a(1231쪽)

太皇太后方物單[式見甲辰陳奏]

原編 卷64 犯禁二 7a(1231쪽)

右單進呈咨[式見甲辰陳奏]

原編 卷64 犯禁二 7a(1231쪽)

皇太后方物單[式見順治丁酉陳奏]

原編 卷64 犯禁二 7a(1231쪽)

右單進呈咨[式見順治丁酉陳奏]

原編 卷64 犯禁二 7a(1231쪽)

皇后方物單[式見順治丁酉陳奏]

原編 卷64 犯禁二 7a(1231쪽)

右單進呈咨[式見順治丁酉陳奏]

原編 卷64 犯禁二 7a(1231쪽)

禮物總單[謝查犯買硫黃容隱逃人降勅物目見上原表狀○陳奏擬律物目見上原奏單]

原編 卷64 犯禁二 7a(1231쪽)

禮部查收謝降勅及陳奏方物咨

原編 卷64 犯禁二 7b(1231쪽)

禮部, 爲 知會 事.

准朝鮮國王咨開.

差陪臣議政府右議政許積·議政府右參贊南龍翼等, 恭進降勅謝恩禮物, 及陳奏禮物.

已經本部具題, 奉旨.

依議.

欽此. 欽遵.

抄出到部. 爲此, 合咨前去, 煩爲查照施行. 云云.

康熙五年十二月初四日.

押送犯禁人咨[丁未]

原編 卷64 犯禁二 7b(1231쪽)

云云. 准刑部雷虎等題內.

臣等遵旨會查得, 崔善一認買硫黃王姓人, 理應質對, 而不敢擅自帶來.

等因.

專差刑曹正郎崔元泰·司譯院正金益寬, 將崔善一押赴薛里站. 咨覆. 云云.

[出通文館志]

康熙五年　月　日.

報犯人處斬日期咨

原編 卷64 犯禁二 7b~8a(1231~1232쪽)

云云. 奉旨.

　　崔善一處斬, 其日期報部.

等因.

專差刑曹正郎申僎, 馳往義州監刑, 仍差司驛院正卞爾輔. 咨覆. 云云.

[出通文館志]

康熙五年　月　日.

[庚戌]

禮部知會節行下役犯買通鑑交該國審奏咨[互飭諭]

原編 卷64 犯禁二 8a(1232쪽)

禮部, 爲 知會 事.

(……)

　　節該. 進歲貢來的閔鼎重夥內, 梁廷燦將通鑑私買帶去, 有違定例. 爲此情由, 勑下朝鮮國王, 確審明白.

具題, 奉旨.

着國王確審明白具奏.

欽此.

合咨前去, 煩爲查照旨內事理, 欽遵施行. 云云.

康熙九年二月 日.

陳查究犯買史册情節奏[互陳奏 賫奏官李漢雄]

原編 卷64 犯禁二 8a~10a(1232~1233쪽)

朝鮮國王[臣]姓[諱]謹奏, 爲 備陳查究情節, 祗候裁處 事.

本年閏二月二十九日, 承准禮部咨前事.

節該. 云云. [自"進歲貢", 止"欽遵施行." 見上原咨].

等因.

准此. [臣]竊查先該本年二月二十五日, 據回還冬至進賀陪臣閔鼎重等馳啓.

節該. 行中商人梁廷燦, 潛買資治通鑑一帙, 到鳳凰城栅門, 搜驗現捉, 不勝驚駭.

回到義州, 卽將梁廷燦取招, 仍着義州府牢囚待候.

等因.

得此, 着令該曹將犯人拿來問, 續據平安監司閔維重馳啓, 備義州府尹李東稷申.

該獄囚廷燦, 項發毒腫, 症勢危重, 少待差歇押送.

等因.

得此, 先將廷燦犯禁緣由, 已經具咨該部去後. 今該前因行, 據議政府狀啓.

犯人廷燦, 今已拿致. 臣等與刑曹·義禁府諸官, 會同開坐. 先將梁廷燦責問.

你隨使行入往上國, 有何所幹. 史書原係禁物, 緣何冒買.

得廷燦供稱.

俺以商賈爲業, 隨使入往, 而目不識字, 實未知其册之爲史書. 只見册樣最好, 價本亦廉, 將十六兩銀子, 果爲買取. 意在轉賣取贏, 更無別情.

等因. 又問.

何處買得, 何人賣與.

回稱.

自京師發行之日, 行到朝陽門外, 有一驅車者, 持示册子, 卽於道上買來.

等因.

得此, 又問.

你旣相對買賣, 其人姓名, 宜無不知. 從實招認.

回稱.

其人乃是夥來商貨雇載者, 只見其面, 不知其名.

等情.

得此, [臣]慮挾詐不肯吐實, 卽將廷燦另加栲訊. 廷燦說稱.

卽被嚴訊, 雖在親戚, 亦不敢隱諱. 况於一時交易之人, 有何愛惜忍杖不言.

等情.

得此, 又問.

凡係禁物, 使臣不曾糾檢禁斷否.

回稱.

使臣檢束員役隨事, 嚴飭實由. 俺之不解文字, 不辨禁物, 自陷罪戾. 所供是實.

得此, 夥中之人, 旣犯法禁, 使臣亦宜審問. 將正使閔鼎重·副使權尙矩·書狀官愼景尹責問.

你等旣充使臣, 進貢上國, 大小事理當嚴飭. 商人梁廷燦潛買史書, 你等緣何不禁.

閔鼎重·權尙矩·愼景尹等回稱.

> 俺等發行之初, 本國戒飭極嚴, 赴京開市之際, 禮部揭榜, 列書禁條, 昭示律名. 俺等職當糾檢, 一行在道在館, 申申諭飭, 非止一再. 無知饞利之人, 不有法禁, 潛買史書, 委屬痛愕. 俺等亦難免不能糾檢之責, 惶恐之外, 更無所達.

等情.

得此, 具啓.

據此, [臣]竊照上國之禁令, 旣已申明, 小邦之戒飭, 非不謹嚴, 而奸細之徒, 貪利輕生, 違犯禁令, 至勤議奏之命, 惶悚慙靦, 無地自容. 所據廷燦雖稱出於無知, 犯禁情節, 渠旣招認, 理當重處. 正使閔鼎重·副使權尙矩·書狀官愼景尹等, 亦難免不能糾檢之罪, 而有非小邦所敢擅便. 除將確審辭緣, 仰瀆宸嚴, 祇候睿裁外, 緣係備陳查究情節, 祇候裁處事理. 云云.

康熙九年三月十六日.

右奏進呈咨[式見順治丁酉陳奏]

原編 卷64 犯禁二 10a(1233쪽)

禮部知會犯買史册人援赦免罪咨

原編 卷64 犯禁二 10a(1233쪽)

云云. 該部具題, 史册犯人梁廷燦, 及正·副使·書狀官, 交刑部議罪. 奉旨.

> 事在赦前, 俱應免議. 嗣後宜嚴戒諭, 毋得再犯.

云云.

[出通文館志]

康熙九年　月　日.

謝赦宥犯買史册表[文闕 使 福善君 柟]

原編 卷64 犯禁二 10a(1233쪽)

[丙辰]

因購明史陳辨誣巇奏[見陳奏]

原編 卷64 犯禁二 10a(1233쪽)

[丁巳]

禮部知會年貢行員役私帶地圖交該國審奏咨[互飭諭]

原編 卷64 犯禁二 10a~11a(1233쪽)

禮部, 爲 請旨查審 事.

主客淸吏司案呈.

奉本部送禮科抄出.

該本部題前事內開.

准鎭守奉天等處將軍窩內巴土魯等咨稱.

據鳳凰城防禦烏里海等呈稱.

進年貢的朝鮮國正使吳挺緯顆人役, 於三月初五日, 回去至關口. 點檢搜出, 愼行建馱內, 各省地圖. 其愼行建, 交付伊官帶去, 輿圖呈送.

等語.

相應將天下各省地圖一册, 飛馳送部前來.

等因. 到部.

該臣等議得, 朝鮮國進年貢來的正使吳挺緯夥人役, 買去天下各省地圖, 被鳳凰城防禦搜獲齎送前來. 查會典開載, 凡外國朝貢來時, 不許收買史書·黑黃·紫皂·大花·西番·蓮緞, 並兵仗·熖硝·水牛角, 及各項器皿等物, 久經通行, 嚴禁在案. 且朝鮮國人將所禁之物偸買帶去情由, 屢經究處, 尙不警戒. 今又來帶天下各省輿圖, 殊干法紀, 俱係該王不將來使陪臣等嚴行曉諭, 以致從役任意違法妄行. 天下輿圖, 關係緊要, 應將此事特遣大臣會同朝鮮國王, 將私自夾帶輿圖情由, 嚴行查審. 其輿圖在何處收買, 何人賣與, 及彼時同來正使吳挺緯等, 一幷嚴查確審. 定罪具題之日, 臣部將該國王一併查議具奏, 俟命下之日. 差遣大臣事宜, 另行具題, 請旨可也.

等因.

康熙十六年四月初四日題, 本月初七日奉旨.

這本內事情, 免遣大臣往審, 着該國王將私買輿圖人犯, 逐一嚴拿詳審, 確議具奏. 餘依議.

欽此. 欽遵.

爲此, 合咨前去, 煩爲查照旨內事理, 欽遵施行. 云云.

康熙十六年四月初八日.

謝停查勅表[使 福昌君 楨]

原編 卷64 犯禁二 11a~11b(1233쪽)

云云. 傔從犯科, 祗切惶霣之悃, 使价停遣, 特荷寬假之恩, 感涕徒零, 危衷轉激. 伏念, 幸際昌運, 叨守偏封, 恒慮小人之踰閑, 敢忘謹飭, 屢霑大德之宥過, 益深兢營.

顧玆輿圖之齎持, 蓋爲道程之參攷. 摹寫本出於下國, 情僞易知, 譏禁竟罹於邊局, 譴責難免. 何意包荒之量, 曲垂綏遠之仁, 許敝邦之自査, 俾暴實狀, 寢皇華之臨按, 庸示涵容. 眷庇旣降於後前, 銜戴詎弛於終始.
伏遇丕闡洪烈, 誕受多方, 敎先五條, 澤所及者斯普, 刑必三剌, 罪寧失於不經, 遂令遐陬, 荐被異數. 敢不仰體睿旨, 俯殫微悰. 懲咎悔尤, 戒民庶而毋越, 怛威懷惠, 奉憲章而罔愆. 云云.

康熙十六年四月十九日.

方物表

原編 卷64 犯禁二 11b~12a(1233~1234쪽)

云云. 天眷有加, 猥被恩典, 壤奠雖薄聊, 伸謝忱謹備, 云云.
[物目同上順治丁酉謝恩方物]
右件物等, 製造匪精, 名般不腆, 曷稱充庭之實, 但表及物之儀. 云云.

右表進呈咨[式見順治丁酉謝恩]

原編 卷64 犯禁二 12a(1234쪽)

太皇太后方物狀[式見甲辰謝恩]

原編 卷64 犯禁二 12a(1234쪽)

右狀進呈咨[式見甲辰謝恩]

原編 卷64 犯禁二 12a(1234쪽)

皇太后方物狀[式見順治丁酉謝恩]

原編 卷64 犯禁二 12a(1234쪽)

右狀進呈咨[式見順治丁酉謝恩]

原編 卷64 犯禁二 12a(1234쪽)

謝停查敕箋[製 權瑍]

原編 卷64 犯禁二 12a~12b(1234쪽)

朝鮮國王[臣]姓[諱]言. 康熙十六年五月初七日, 承奉禮部咨.

節該. 云云. [自"朝鮮國人", 止"欽遵施行." 見上禮部交該國審奏咨]

等因.

得此, [臣]奉讀旨內事意, 蓋出皇上曲軫小邦之洪庥, [臣]與一國臣民, 不勝感激. 謹奉箋稱謝者, [臣諱]誠惶誠恐, 稽首稽首. 伏以賤隷獲戾, 方俟譴罰之加, 大德包荒, 特寢使价之遣, 延頸知感, 撫躬增慚.

伏念, [臣]叨守藩封, 恐愆侯度, 纔因史事, 曲蒙寬貸之恩, 不料輿圖, 又觸譏禁之憲孽, 雖作於無妄, 罪難逭於有司, 何幸聖量之恢弘, 並宥前後, 仍令敝邦而查勘, 盡暴情繇, 寔荷乾元之普施, 亦賴离明之俯燭.

玆蓋伏遇皇太子殿下[紅籤], 姿挺岐嶷, 望屬謳歌, 甲觀星輝, 克著主鬯之象, 少海波潤, 咸仰澤物之功, 至使微軀, 荐承異數. [臣]敢不涵濡寵渥, 遵奉敎條, 跡滯鯷岑, 縱未造玉帛之列, 心懸鶴禦, 竊庶殫葵藿之忱. [臣]無任瞻, 仰激切屛營之至, 謹奉箋稱謝以聞.

康熙十六年五月十二日. 朝鮮國王[臣]姓[諱]謹上箋.

方物箋

原編 卷64 犯禁二 13a(1234쪽)

朝鮮國王[臣]姓[諱], 右伏以承天之寵, 旣免查使之遠臨, 任土所宜, 敢修底貢之薄具謹備.

白細苧布二十匹·滿花席一十張·雜彩花席一十張·白綿紙五百卷·黃毛筆五十枝·油煤墨五十錠.

右件物等, 產自荒僻, 制亦麤疎, 秪效區區之忱, 實愧下下之品, [臣]無任兢惶, 激切之至, 謹隨箋奉進以聞.

康熙十六年五月十二日. 朝鮮國王[臣]姓[諱]謹上箋.

右箋進呈咨

原編 卷64 犯禁二 13a~13b(1234쪽)

朝鮮國王, 爲 謝恩 事.

康熙十六年五月初七日, 承奉貴部咨.

節該. 云云. [自止同上原箋]

等因.

得此, 當職奉讀旨內事意, 蓋出皇上曲軫小邦之洪庥, 當職與一國臣民, 不勝感激. 修撰到謝恩箋文, 幷備進獻禮物, 專差陪臣福昌君李楨·議政府右參贊權大載等, 齎擎管領前赴京師進謝外, 今將禮物開坐, 合行移咨, 請照驗聞啓施行. 須至咨者.

一. 白細苧布[以下物目見上原箋]

右咨禮部.

康熙十六年五月十二日.

陳査審私帶地圖情節祗條裁處奏

原編 卷64 犯禁二 13b~15a(1234~1235쪽)

朝鮮國王[臣]姓[諱]謹奏, 爲 備陳査審情因, 祗候裁處 事.

本年五月初七日, 承奉禮部咨.

節該. 云云. [自"主客淸吏", 止"欽遵施行." 見上原咨]

等因.

據此, [臣]劄着議政府會同六卿·義禁府·刑曹·都承旨·兩司長官, 挨拿各人等, 究問得所有. 愼行建供稱.

天下地圖, 自古流傳我國, 或爲屛簇, 或爲帖册. 俺亦有南北直隷十三省, 及外裔諸國, 各張圖畫一帖册, 而北直隷在於帖首, 故欲知走路遠近持往, 行中還到柵門, 混被搜檢. 摹畫傳寫, 俱出我人之手, 而紙品粧摖, 亦可驗其爲我國之物, 則此固無待於俺之費辭辨暴. 至於買賣於大國境內, 本無是事, 而因俺愚迷不識禁戒, 有此齎去. 此實俺罪, 不勝惶悚, 更無所達.

等情.

得此, 正使吳挺緯供稱.

小邦之事大朝, 小心敬謹, 不敢小懈. 我國王非但平日常以此戒勅廷臣, 及俺赴京時, 又復召見勉諭, 不啻丁寧. 俺於此豈不銘鏤肝肺, 而所帶員役之齎持地圖小帖, 實非意慮所及. 及到鳳凰城搜檢被捉之後, 始乃知之. 不能檢飭之罪, 理難逭免, 不勝惶恐.

副使金禹錫·書狀官兪夏謙等供稱.

入境問禁, 平昔之所講, 愼無生事, 國王之所勅, 俺等之諄諄於一行者, 一則犯禁,二則犯禁. 而行建所賫之地圖, 乃是篋中之微物, 正使猶且不知, 俺等之不知, 其勢固然. 而全未覺察, 罪不敢辭, 不勝惶恐.

又將行建盤問.

使臣於赴京時, 無申飭員役, 毋得犯禁之語. 抑使臣雖有所檢押, 而你不惕念有此犯禁之事否.

行建回稱.

使臣之戒飭, 非不嚴明, 而俺不知輿圖持去之爲邦禁, 無妄觸法, 萬死無惜.

等情. 得此招認, 另加審確. 行建雖自訟其帖册元係行建家藏, 本不干買賣, 此則唯在衙門更加諦審, 而假令行建實不收買, 當初賫往, 難免其罪. 吳挺緯身爲使价, 不能檢飭其員役, 誠亦有罪. 金禹錫·兪夏謙等, 俱以同行, 不能覺察, 亦安得無罪. [臣]仍竊伏念, 小邦蒙被大朝之恩渥, 今已四十餘年矣. 遵奉科條, 戒飭臣民, 罔敢有所違越者. 寔[臣]之素所日夜勉勵, 而屬有違禁購史之事, 纔已查奏, 恭俟重究. 不圖今者, 又有此行建之犯罪, 益切惶懼, 無地自容. 禮部題請, 體嚴事重, 而聖度寬假, 特令微臣自行查奏, 德意深厚, 河海莫量, 感激惶隕, 不知所云. [臣]方俟罪之不暇, 而旣奉聖旨, 敢將各人供辭, 仰瀆宸嚴, 以備睿裁外, 緣係備陳查審情因, 祗候裁處事理. 云云.

右奏進呈咨[式見順治丁酉陳奏]

原編 卷64 犯禁二 15a(1235쪽)

方物奏[式見順治丁酉陳奏]

原編 卷64 犯禁二 15a(1235쪽)

右奏進呈咨[式見順治丁酉陳奏]

原編 卷64 犯禁二 15a(1235쪽)

太皇太后方物單[式見甲辰陳奏]

原編 卷64 犯禁二 15a(1235쪽)

右單進呈咨[式見甲辰陳奏]

原編 卷64 犯禁二 15a(1235쪽)

皇太后方物單[式見順治丁酉陳奏]

原編 卷64 犯禁二 15b(1235쪽)

右單進呈咨[式見順治丁酉陳奏]

原編 卷64 犯禁二 15b(1235쪽)

皇太子方物啓[豹皮康熙辛卯免]

原編 卷64 犯禁二 15b(1235쪽)

朝鮮國王[臣]姓[諱]謹啓, 爲 進獻 事.

備陳査審情因, 祗候裁處事理. 爲此, 專差陪臣福昌君李楨·議政府右參贊權大載等, 賫領奏本禮物, 幷備進獻禮物前去進獻外, 今將禮物開坐, 謹具啓聞.
白細苧布二十匹·白細綿紬二十匹·滿花席一十張·雜彩花席一十張·豹皮二張·白綿紙五百卷·黃毛筆四十枝·油煤墨四十錠.
右謹啓聞.

康熙十六年五月十二日. 朝鮮國王[臣]姓[諱].

右啓進呈咨

原編 卷64 犯禁二 15b~16a(1235~1236쪽)

朝鮮國王, 爲 進獻 事.

備陳査審情因, 祗候裁處事理. 專差陪臣福昌君李楨·議政府右參贊權大載等, 賫領奏本禮物, 幷備皇太子殿下進獻禮物前去進獻外, 今將禮物開坐, 合行移咨, 請照驗聞啓施行.

須至咨者. 一. 白細苧布[以下物目見上原啓]

右咨禮部.

康熙十六年五月十二日.

禮物總單[見進賀]

原編 卷64 犯禁二 16a(1236쪽)

禮部知會免議及犯人擬罪咨

原編 卷64 犯禁二 16a~16b(1236쪽)

禮部, 爲 知會 事.

禮科抄出, 本部題前事內開.

天下地圖, 乃中國之輿圖也, 關係緊要. 愼行建雖供輿圖流傳已久, 摸畵紙品粧㨾, 俱出伊國人之手, 如將朝鮮紙張帶來盜畵粧㨾, 亦何不可. 況輿圖係中國輿圖, 愼行建縱有飾辭巧供, 難辭干犯法律之罪. 爲此情由, 將愼行建革職, 發配伊國邊界充軍. 其吳挺緯等, 失於覺察, 罪難逭免. 爲此情由, 將正使吳挺緯·副使金禹錫·書狀官兪夏謙等應革職. 應將朝鮮國王查議, 但常以此戒飭使臣, 又査來使犯法, 並無坐罪國王. 應將朝鮮國王免議.

等因. 康熙十六年七月十六日題, 本日奉旨.

依議.

欽此. 欽遵.

合咨前去. 云云.

康熙十六年七月二十日.

謝免議表[製 李聃命 使 瀛昌軍 沉]

原編 卷64 犯禁二 16b~17a(1236쪽)

云云. 偏裨妄犯, 方竢譴責之加, 洪恩曲全, 特蒙原宥之典, 危衷倍激, 感淚先零. 伏念, 久荷寵靈, 得保緖業. 車書正同於寰海, 幸際昌辰, 輿圖獲議於關津, 實干令甲. 不料席藁之日, 反承滌瑕之音. 參情稱停, 聿恢萬里之明見, 屈法矜貸, 庸施曠世之殊私. 大德旣隆於包容, 寸心実切於御戴.

伏遇體下以恕, 居上克寬, 肆赦眚灾, 廓天地之弘量, 一視區宇, 藹陽春之至仁. 遂令微蹤, 亦霑優渥, 敢不益加懲毖, 殫竭誠忠. 守邦憲而兢惶, 庶答東漸之化, 遵侯度而恪謹, 敢忘北拱之忱. 云云.

康熙十六年十月二十八日.

方物表

原編 卷64 犯禁二 17a(1236쪽)

云云. 天鑑孔昭, 旣蒙葉瑕之澤, 土物雖賤, 敢修執琛之儀. 謹備, 云云.

[物目同上順治丁酉謝恩方物]

右件物等, 產自偏邦, 製匪精品, 粗效芹曝之悃, 庶收塵露之微. 云云.

右表進呈咨[式見順治丁酉謝恩]

原編 卷64 犯禁二 17a(1236쪽)

太皇太后方物狀[式見甲辰謝恩]

原編 卷64 犯禁二 17a(1236쪽)

右狀進呈咨[式見甲辰謝恩]

原編 卷64 犯禁二 17b(1236쪽)

皇太后方物狀[式見順治丁酉謝恩]

原編 卷64 犯禁二 17b(1236쪽)

右狀進呈咨[式見順治丁酉謝恩]

原編 卷64 犯禁二 17b(1236쪽)

皇后方物狀[式見順治丁酉謝恩]

原編 卷64 犯禁二 17b(1236쪽)

右狀進呈咨[式見順治丁酉謝恩]

原編 卷64 犯禁二 17b(1236쪽)

謝免議箋

原編 卷64 犯禁二 17b~18a(1236~1237쪽)

云云. 小校罹憲, 方俟鄆罰之加, 大朝敷恩, 獲荷贊導之賜, 撫躬罔措, 銘骨何忘. 伏念, 化被漸東, 誠切拱北. 保遺緒於偏壤, 叨藉皇靈, 比近服於中邦, 益勤侯度. 豈料疆使之上聘, 乃有地圖之私齎. 罪固難容, 敢曰行李之必飭, 仁無不覆, 特示造化之曲全, 非惟睿量之包荒, 實仰离明之助照.
伏遇資稟純粹, 性成溫文, 恭子職於三朝, 任重匕鬯, 繫民望於四海, 德協謳歌. 遂令僻陋之危蹤, 亦紆涵貸之異數. 敢不祗承寵眷, 恪遵章程. 限守箕封,率百僚而感戴, 遙伸華祝, 頌一人之元良. 云云.
[云云幷式, 見丁巳謝恩]

方物箋

原編 卷64 犯禁二 18a(1237쪽)

云云. 邦憲特寬, 環東土而報德, 壤奠是執, 望前星而輸忱, 謹備. 云云.
[物目同上丁巳謝恩方物]
右件物等, 製造旣踈, 名般亦尠, 曷稱旅百之庭, 實庶冀明兩之鑑臨. 云云.

[云云幷式, 見丁巳謝恩]

右箋進呈咨[式見丁巳謝恩]

原編 卷64 犯禁二 18a(1237쪽)

禮物總單[見節使]

原編 卷64 犯禁二 18a(1237쪽)

禮部發回謝寬免買史及免議挾地圖方物咨[見陳奏]

原編 卷64 犯禁二 18a(1237쪽)

[辛未]

禮部知會年貢行犯禁咨

原編 卷64 犯禁二 18b(1237쪽)

云云.

年貢員役張燦, 帶回一統志.

云云.

[出通文館志]

康熙三十年　月　日.

回咨

原編 卷64 犯禁二 18b(1237쪽)

云云. 卽將張燦究問. 供稱.

　　俺豈昧法而犯禁. 一統志只論山水詞賦. 中途偶買, 欲爲留館時消遣. 到柵被捉, 若以爲禁物, 實涉冤抑.

等情.

專差行護軍金鎰信咨報. 云云.

[出通文館志]

康熙三十年　月　日.

禮部知會犯禁人擬罪咨

原編 卷64 犯禁二 18b~19a(1237쪽)

云云. 張燦較前愼行建地圖事更重, 相應邊界充軍. 陪臣瀛昌君李沉等革職. 題, 奉旨.

　　陪臣寬免, 餘依議.

云云.

[出通文館志]

康熙三十年　月　日.

回咨

原編 卷64 犯禁二 19a(1237쪽)

云云.

卽將張燦善山地充軍等由, 咨覆.

云云.

[出通文館志]

康熙三十年　月　日.

[辛未]

禮部知會謝恩行犯禁咨

原編 卷64 犯禁二 19a(1237쪽)

云云. 謝恩員役張炫, 帶去火炮二十五箇. 雖與軍器不同, 亦係硝黃所做, 酌量治罪.

云云.

[出通文館志]

康熙三十年　月　日.

回咨

原編 卷64 犯禁二 19a(1237쪽)

云云.

將張炫降二級調用緣由, 咨覆.

云云.

[出通文館志]

康熙三十年　月　日.

[己卯]

禮部知會年貢行員役犯買史冊查明禁止咨

原編 卷64 犯禁二 19b~20a(1237~1238쪽)

禮部, 爲 稟報 事.

主客清吏司案呈.

據署鳳凰城城守禦章京賽秘納呈稱.

奉部箚內開.

朝鮮國差來進年貢正使工曹判書李彦綱等, 帶去貨物包子, 照數放出, 仍行報部.

等語.

隨將伊等回去官役人等馬匹·貨物包子, 俱照部內數目, 查明放出外, 有馬駄內, 搜得書四包. 此書名目繁多, 惟恐有犯禁之書, 亦未可定. 相應將書名目呈報. 此書或送部, 或仍發付高麗之處, 專候部文到日, 以便遵行. 如果解部, 我等不敢擅動驛遞. 伏乞文內照示, 明白施行.

等因. 前來.

查定例內, 朝鮮國進貢來時, 不許收買史書等物, 久經嚴禁在案. 今署鳳凰城城守禦章京賽秘納呈稱, 進年貢正使工曹判書李彦綱等, 帶去衣服馬駄內, 搜得書四包, 只寫書名送部. 看送到書名, 雖非史書, 內有關係史書之言, 此書不准帶去.

相應行文鳳凰城城守禦, 將搜出之書, 凡有來京之時, 送部貯庫, 仍行文朝鮮國王, 將買書帶去之人, 查明嚴行禁止可也.

爲此, 合咨前去, 查照施行. 云云.

康熙三十八年五月初九日.

報犯買員役及使臣議罪咨

原編 卷64 犯禁二 20a~20b(1238쪽)

朝鮮國王, 爲 回覆 事.

本年六月二十五日, 承准貴部咨.

節該. 云云. [自"主客淸吏", 止"禁止可也." 見上原咨]

等因.

准此, 竊照小邦恪遵科條, 戒飭臣民, 罔敢違越矣. 頃者使臣李彦綱等, 回還之際, 買書被搜. 蓋其書雖非史書, 應禁之物, 而旣已被搜, 不無其責. 故已將書册收買人員役趙存璧·李之翰等革職. 正使李彦綱·副使李德成·書狀官李坦等, 亦難免不能檢察之失. 李彦綱等, 俱降二級調用, 自今以後, 益加嚴明禁斷. 除將赴京人役等毋得收買史書, 致干法禁外, 爲此, 合行咨覆, 請照驗施行. 云云.

康熙三十八年十月二十九日.

[丙戌]

禮部知會年貢行員役犯買春秋嗣後嚴禁咨[互勅諭]

原編 卷64 犯禁二 20b~21a(1238쪽)

禮部, 爲 稟報 事.

主客淸吏司案呈.

奉本部送據鳳凰城城守禦馬喇呈稱.

本部箚內開.

朝鮮國差來進年貢正使東平尉鄭載崙等, 帶去貨物包子, 照數查出. 如有犯禁之物, 仍行報部.

等語.

隨將回去官役人等馬匹·貨物, 俱照部內數目, 查明放出外, 有朝鮮國人佃一鑑·全正·徐元等行李駝內, 搜得六經·春秋二套八本. 此書有無犯禁之處, 亦未可定. 將書存留, 竢部文到日, 以便遵行.

等因.

到部. 查定例內, 朝鮮國進貢來使, 不許收買史書等物, 旣經嚴禁在案. 今朝鮮國人佃一鑑等行李駝內, 搜得六經·春秋八本, 雖非犯禁史書, 但春秋係魯國之史, 亦有關係史書之處. 相應將搜出之書, 凡有來京之便, 送部貯庫, 合行知會朝鮮國王, 嗣後將此等書籍禁止, 不許收買可也.

爲此, 合咨前去, 查照施行. 云云.

康熙四十五年五月二十八日.

報犯買員役責罰咨

原編 卷64 犯禁二 21a~21b(1238쪽)

朝鮮國王, 爲 咨覆 事.

康熙四十五年七月十三日, 據義州府尹金致龍馳啓, 承准貴部咨.

節該. 云云. [自"主客淸吏", 止"收買可也." 見上原咨]

等因.

准此. 竊照小邦恪遵科條, 常加戒飭, 惟玆臣庶罔或違越. 頃者使臣之還, 乃有書籍私買之事. 蓋春秋雖非史書, 應禁者比, 而旣已被搜在, 小邦實不勝懍悚之至. 仍念本國被搜人, 卽典醫監前正許遠, 而典醫監卽官司名號, 前正乃許遠前任職名, 自是一人, 而今此貴部咨內, 佃一鑑等云者, 似是音相近, 而傳訛之致. 故已將許遠加以責罰, 繼自今益申嚴明防禁. 除將赴京人役等, 無敢收買史書, 致干禁憲外, 爲此, 合行咨覆, 請照詳施行. 云云.

康熙四十五年十月三十日.

[乙未]

報年貢行員役犯買黑角咨

原編 卷64 犯禁二 21b~22a(1238~1239쪽)

朝鮮國王, 爲 挾帶黑角犯禁人, 究問馳報 事.

康熙五十四年二月二十四日, 據謝恩兼長(→冬)至陪臣晉平君李澤等回到義州府馳啓.

行中驅卒人嚴立·貴先, 暗帶黑角, 到鳳凰城柵門, 搜檢發覺. 綁縛犯人責問, 得嚴立供稱.

俺以刷馬驅人, 與譯官奴貴先同謀, 潛買弓角三百六十片.

等情.

貴先供稱.

俺以譯官金有基率人, 甘聽嚴立之言, 得銀六十三兩, 使嚴立潛買上項弓角, 要取小利.

等情.

金有基拿致責問, 得供稱.

貴先本非己奴, 雇得帶去. 其潛商作奸, 全不與知.

等情.

得此, 將各犯囚繫.

等因. 具啓.

今此各人罪犯, 有非小邦所敢擅斷, 專差司譯院正卞時和, 齎咨前去, 煩乞轉奏照詳施行. 云云.

康熙五十四年四月初十日. [移禮部]

禮部知會黑角一案俟該國查奏到日再議咨

原編 卷64 犯禁二 22a~22b(1239쪽)

禮部, 爲 挾帶黑角犯禁人, 究問馳報 事.

(……)

禮科抄出.

該本部題前事內開.

朝鮮國王姓[某]咨稱.

云云. [自"據謝恩", 止"照詳施行." 見上原咨]

等情.

查本年四月內, 盛京禮部咨稱.

朝鮮國差來進年貢正使晉平君李澤等, 到鳳凰城, 放出邊關時, 在馬駄內, 搜出水牛角一百八十對.

等因. 移咨. 前來.

臣部議得, 此事遣大臣, 嚴行查審, 或交該國王姓[某], 嚴行查審之處, 伏候上裁.

等因.

具題, 奉旨.

這事情着交該國王, 查明究審具奏.

欽此.

移咨朝鮮國王, 部文未到, 據該國王姓[某]呈報, 將竊買牛角之人拿獲. 此案已經奉旨交於該國王姓[某]查審, 俟查明具題到日, 再議可也.

等因.

於康熙五十四年六月初六日題, 本月初九日奉旨.

依議.

欽此. 欽遵.

抄出到部. 相應移咨朝鮮國王可也.

爲此, 合咨前去. 云云.

康熙五十四年六月二十一日.

禮部知會黑角犯人交該國查奏咨[互勅諭]

原編 卷64 犯禁二 22b~23a(1239쪽)

云云. 禮部咨. 據鳳凰城章京呈稱.

搜出黑角一百八十對.

等因.

查前捉地圖時, 臣部議遣官往審. 奉旨.

免遣官, 着該國擬奏.

在案.

今此事伏候上裁, 題, 奉旨.

着該國查審具奏.

云云.

[出通文館志]

康熙五十四年　月　日.

謝停查勅表[製 金始慶, 使 鄭載嵛]

原編 卷64 犯禁二 23a~23b(1239쪽)

云云. 小人觸憲, 方切俟罪之忱, 大度包荒, 特寢遣使之命, 如天之德, 無地可酬. 伏念, 職忝東藩, 誠深北拱, 常欲奉上之法, 屢加申嚴, 未能戢下以威, 或慮違冒, 不料賤价之復路, 乃有奸隷之犯科. 荷睿鑑之孔昭, 幸逭郵責, 停皇華之遠屈, 俾專查明, 感戴之辰, 慚悚曷已.

伏遇聖哲體恕, 寬裕足容, 日月普照臨之光, 綏懷遐邇, 陰陽運舒慘之化, 滌蕩垢瑕, 遂令偏封, 亦被殊渥. 敢不銘鏤至骨, 隕結在心. 毖後懲前, 遵約束而罔墜, 處外猶內,仰寵靈而爲榮. 云云.

康熙五十四年十一月初二日.

右表進呈咨[式見順治丁卯謝恩]

原編 卷64 犯禁二 23b(1239쪽)

陳査審犯買黑角情節祇候裁處奏[製 洪世泰, 互陳奏]

原編 卷64 犯禁二 23b~25b(1239~1240쪽)

朝鮮國王[臣]姓[諱]謹奏, 爲 備陳査審情由, 祇候勘處 事.

本年三月二十七日, 據進年貢陪臣晉平君李澤·禮曹判書權愃等, 本月二十三日, 回到義州府馳啓.

行中驅卒人嚴立·貴先等二人, 暗帶黑角, 到鳳凰城柵門, 搜檢發覺, 臣等不勝驚駭. 綁縛犯人責問. 得嚴立供稱.

俺以刷馬驅人赴京, 與譯官奴貴先同謀, 潛買弓角三百六十片. 慮有現捉, 憑假以明男書標. 旣冒法禁, 罪合萬死.

等情.

得此, 貴先供稱.

俺以譯官金有基率人, 赴京時甘聽嚴立之言, 將銀六十三兩, 使嚴立潛買弓角, 要取小利. 自陷極罪, 萬死甘心.

等情.

得此, 金有基供稱.

上項貴先, 本非己奴, 雇得帶去. 其潛商作奸, 全不與知, 而帶往匪人之罪,在所難免.

等情.

得此, 將各犯囚繫.

等因. 具啓.

據此, [臣]聞來駭愕, 宜卽査究嚴治, 而各人罪犯, 有非小邦所敢擅斷, 理宜將此緣由, 急先馳報. 爲此, 專差司譯院正卞時和, 齎咨前去後, 乃於本年八月二十日, 承奉禮部咨.

節該.

盛京禮部咨稱.

據鳳凰城城守尉烏爾杜等呈稱.

朝鮮國差來進年貢正使晉平君李澤等回國, 於三月二十一日, 到鳳凰城, 放出邊關時, 搜出水牛角一百八十對. 將此牛角送部, 或如何處治之處, 聽候部咨遵行.

等因. 具呈. 前來.

査會典內開.

凡外國朝貢來京, 其史書·黑黃紫皀·大花·西番蓮·緞匹, 幷一應違禁兵器·焰硝·牛角等物, 不許收買.

等語.

又査康熙十六年四月內, 朝鮮國差來進年貢正使吳挺緯等, 回到鳳凰城出關時, 在馱內搜出各省地圖. 臣部議得.

此事應遣大臣, 會同朝鮮國王嚴査確審.

等因. 具題, 奉旨.

這本內事情, 免遣大臣往審, 着該國王將私買輿圖人犯, 逐一嚴拿, 詳審確議具奏. 餘依議.

欽此.

移咨朝鮮國王在案. 今朝鮮國晉平君李澤等, 竊買牛角帶去, 大干法紀.

此事遣大臣嚴行查審, 或交與該國王姓[某]嚴行查審之處, 伏候上裁.

等因.

康熙五十四年四月二十八日題, 五月初五日奉旨.

這事情着交與該國王, 查明究審具奏.

欽此. 欽遵.

抄出到部.

相應移咨朝鮮國王, 遵照旨內事理施行.

等因.

得此, [臣]劃着議政府會同六卿·義禁府·刑曹·都承旨·兩司長官, 挨拿各人究問. 得嚴立·貴先等供稱.

俺等愚迷所致, 潛買弓角, 冒犯法禁, 一如前招. 萬死之外, 更無所達.

等情.

得此, 金有基供稱.

貴先雖非己奴, 潛商犯禁, 帶往匿人之罪, 死無所辭.

等情.

得此, 又將正使李澤·副使權惺·書狀官俞崇等責問. 得李澤等回稱.

俺等發行之初, 本國戒飭, 極其申嚴. 赴京之後, 禮部揭榜, 昭示禁條. 俺等在道在館, 糾檢一行, 非止一再. 千萬意外, 從人饞利, 不有法禁, 潛買牛角, 見露邊門. 俺等不能檢飭之責, 亦難得免, 不勝惶恐.

等情.

得此, [臣]竊伏惟念, [臣]忝守外藩, 祗事天朝, 于今四十餘年. 偏蒙恩最多, 前後違犯, 輒荷原宥, 臣仰戴洪造, 益加謹畏. 每於陪臣進貢之時, 十分嚴飭, 凡係禁物, 無或換貿挾帶, 以干昭憲, 約束勉勵, 罔敢少忽. 不意今者, 有此犯禁之事, 臣誠悚隕靡措, 恭竢重究, 而伏蒙皇上特賜寬假, 免遣大臣審問, 着令微臣自行查奏. 聖恩天大, 惶感罔涯. [臣]身万戴罪, 無以自容, 而既承明諭, 不敢違越, 謹將各人等嚴加究審取供, 仰奏以備睿裁外, 緣係備陳查審情由, 祗候勘處事理. 云云.

右奏進呈咨[式見順治丁酉謝恩]

原編 卷64 犯禁二 25b(1240쪽)

方物奏[式見順治丁酉謝恩]

原編 卷64 犯禁二 25b(1240쪽)

右奏進呈咨[式見順治丁酉謝恩]

原編 卷64 犯禁二 25b(1240쪽)

皇太后方物單[式見順治丁酉謝恩]

原編 卷64 犯禁二 25b(1240쪽)

右單進呈咨[式見順治丁酉謝恩]

原編 卷64 犯禁二 26a(1241쪽)

禮物總單[見節使]

原編 卷64 犯禁二 26a(1241쪽)

禮部知會謝停查勑表知道咨[丙申]

原編 卷64 犯禁二 26a(1241쪽)

禮部, 爲 知會 事.

儀制淸吏司案呈.

禮科抄出.

朝鮮國王姓[某]奉表文謝恩. 康熙五十四年十一月初二日奏, 五十五年正月二十一日奉旨.

覽王奏謝. 知道了. 該部知道.

欽此. 欽遵.

相應知會該國王可也.

爲此, 合咨前去, 遵照施行. 云云.

康熙五十五年二月十七日.

禮部査收補進方物移准陳奏犯禁方物及頒賞咨[見節使]

原編 卷64 犯禁二 26a(1241쪽)

禮部知會使臣及犯人從寬勘處依題免議咨

原編 卷64 犯禁二 26a~27b(1241쪽)

禮部, 爲 備陳査審情由, 祗候勘處 事.

(……)

禮科抄出.

該本部題前事內開.

會議得, 據朝鮮國王姓[某]奏稱.

嚴立·貴先供.

俺等愚昧所致, 潛買弓角, 冒犯法禁. 萬死之外, 更無所達.

譯官金有基供.

貴先雖非己奴, 潛商犯禁, 帶往匪人之罪, 死無所辭.

正使李澤·副使權𢡟·書狀官兪崇等供.

從人饞利, 不有法禁, 潛買牛角, 見露邊門. 俺等不能檢飭之責, 亦所難免.

等情.

將各人等嚴加究審取供仰奏, 以備睿鑑.

等語.

查會典內.

凡外國朝貢來京, 槩不許收買史書·黑黃紫皀·大花·西畨蓮·緞匹, 並一應違禁兵器·焰硝·牛角.

等語.

又查康熙十六年, 朝鮮國差來進年貢正使吳挺緯等, 回到鳳凰城出關時, 在馱內搜出各省輿圖一案, 該國王取供具奏前來. 禮部議得.

將竊買輿圖帶去之愼行建革職, 發配伊國邊界充軍. 正使吳挺緯·副使金禹錫·書狀官兪夏謙等革職.

等因.

具題, 奉旨.

依議.

欽遵. 在案.

牛角係犯禁之物, 嚴立·貴先等竊買帶去, 大干法紀. 應將嚴立·貴先, 發配伊國邊界充軍, 杖一百, 折責四十板. 譯官金有基, 不行嚴束隨人, 以致竊買牛角, 殊屬不合. 應將金有基革職, 杖一百, 折責四十板. 正使李澤·副使權𢡟·書狀官兪崇, 不行嚴飭從人, 以致竊買犯禁之物, 俱失於覺察. 應將李澤·權𢡟·兪崇俱革職. 該國王姓[某], 理應查議, 但事露卽行程報, 應免議可也.

等因.

於康熙五十五年二月十九日題, 本月二十九日奉旨.

依議. 嚴立·貴先着各責四十板, 從寬免發配.

欽此. 欽遵.

抄出到部.

相應知會朝鮮國王, 遵奉旨內事理施行. 云云.

康熙五十五年三月初三日.

回咨

原編 卷64 犯禁二 27b(1241쪽)

朝鮮國王, 爲 欽奉皇旨裁處, 各犯定罪 事.

本年閏三月十三日, 承准貴部咨.

節該. 云云. [自"禮科抄出", 止"事理施行." 見上原咨]

等因. 欽此.

除將各人等欽遵聖旨施行外, 仍竊念小邦祗事聖朝, 遵奉敎條, 罔敢小忽. 不意今者, 愚氓犯禁, 此無非當職不能檢飭之致, 慙懼靡容, 恭俟譴何, 而伏蒙皇上特加寬宥. 字小之仁, 好生之德, 洋溢海表, 天隆地厚, 兢惶感激, 不任攢祝. 玆因貢使之行, 恭申祗謝之忱, 煩乞貴部備將此由, 轉達天聽, 千萬幸甚. 爲此, 合行咨覆, 請照詳施行. 云云.

康熙五十五年十月三十日.

謝免議表[製 尹鳳朝, 使 厲山君 枋]

原編 卷64 犯禁二 28a(1242쪽)

云云. 懼深觸憲, 方席藁而俟何, 度大包荒, 俄滌瑕而宥過, 仰紆寵眷, 俯積惶慙. 伏念, 遡處偏邦, 僅延遺緖, 恪遵侯服, 誠敢懈於始終, 恭奉敎條, 戒恒切於干冒. 不意奸隷之犯禁, 反蒙聖朝之垂仁. 未能戢下以威, 詎逭譴罰, 幸賴綏遠以德, 曲示寬容, 寔出字小之盛心, 罙增省譽之微悃.

伏遇乾坤覆燾, 日月照臨, 澤洽寰區, 撫遐邇而一視, 功參位育, 囿動植而同春, 遂推鴻私, 亦被鰈域. 敢不祗承隆命, 益勵愚衷, 畏表含恩, 豈警惕之暫弛, 懲前毖後, 期約束之罔愆. 云云.

右表進呈咨[式見順治丁酉謝恩]

原編 卷64 犯禁二 28a(1242쪽)

禮部謝免議表知道咨[丁酉]

原編 卷64 犯禁二 28a~28b(1242쪽)

禮部, 爲 知會 事.

儀制淸吏司案呈.

　禮科抄出.

　　朝鮮國王姓[某], 奉表文謝恩. 康熙五十五年十月三十日奏, 五十六年正月二十日奉旨.

　　　覽王奏謝. 知道了. 該部知道.

　　欽此. 欽遵.

相應知會該國王可也.

爲此, 合咨前去, 查照施行. 云云.

康熙五十六年二月十六日.

[丁卯]

報年貢行下役犯買馬匹使臣爲先革職咨

原編 卷64 犯禁二 28b~29a(1242쪽)

朝鮮國王, 爲 查擬私買馬匹員役等罪犯 事.

本年三月二十九日, 據奉使陪臣海興君李橿·吏曹判書尹汲等啓稱.

節該. 進京回還時, 帶行員役, 義州田大種·安守天·金惠廷·金貴鐵·吳五同·梁者斤·老味奴同釆·郭山奴守萬·嘉山奴千秋·永三·宣川奴贊必等, 却不合於上國人處私買馬匹, 被捉於鴨綠江邊. 犯人十一名, 馬四十匹, 一幷拿到柵門, 轉報盛京.

等因. 具啓.

得此, 當職竊照, 從前小邦賣買等事, 嚴加戒飭, 毋俾有亂雜之獘者, 非不申明, 而今此犯人等, 俱係無識鄙氓, 敢圖些少利剩, 私自賣買馬匹, 至被現捉. 究其情狀, 誠極駭惋. 見今捜捕, 原官旣已監禁, 應有處決. 待其轉來, 嚴查情犯, 重加罪律. 奉使陪臣等, 全未察覺, 致令管下員役等有此干冒. 其不能檢下之罪, 亦所難免. 先已革職外, 其元犯員役等, 並候大朝處分, 而揆以小邦謹畏之道, 不敢晏然自在, 理宜將此驚悚事由, 急先馳報. 爲此, 專差知中樞府事韓壽禧, 賫咨前去, 煩乞貴部照詳施行. 云云.

乾隆十二年五月初九日. [移禮部]

禮部知會犯買一案俟奉天府査明再議咨

原編 卷64 犯禁二 29b(1242쪽)

禮部, 爲 咨覆 事.

主客司案呈.

本年七月十一日, 准朝鮮國王姓[某]咨稱.

云云. [自"本年三月", 止"急先馳報." 見上原咨].

等因. 前來.

査向來朝鮮員役, 在內地違禁私購事件, 原有處分定例. 今該國人役, 私購大馬一案. 被奉天將軍捉獲, 人犯監禁, 未經咨明本部. 除據咨行文該將軍, 將現獲人犯, 如何辦理緣由, 移會本部, 俟到日再行知照該國王外, 相應備文給該國來使韓壽禧, 先賫回國, 令該國王靜候遵奉可也.

云云.

乾隆十二年八月初九日.

禮部抄錄刑部勘斷犯人照例免議原題咨[互勅諭 戊辰]

原編 卷64 犯禁二 29b~30a(1242~1243쪽)

禮部, 爲 奏聞 事.

主客司案呈.

乾隆十二年十二月二十一日, 准刑部咨稱.

本部會同禮部議覆. 盛京刑部侍郎介等題.

阿爾敦等攬送朝鮮人崔壽萬等馬匹越邊.

等因. 一案.

於乾隆十二年十二月十五日題, 十七日奉旨.

依議.

欽此.

相應抄錄原題, 移咨禮部, 欽遵查照施行.

等因. 前來.

除抄錄原題, 知照盛京禮部并刑部外, 相應抄錄粘單, 移咨朝鮮國王, 遵奉旨內事理施行可也.

云云.

乾隆十三年正月二十六日.

粘單

原編 卷64 犯禁二 30a~33b(1243~1244쪽)

(……)

刑部抄出.

盛京刑部侍郎介題前事等因. 於乾隆十二年八月初四日題, 九月二十五日奉旨.

該部核擬具奏. 這本清漢註語, 書寫不畫一, 不合着飭行.

欽此.

又本年七月內, 禮部接准朝鮮國王來咨, 爲 查擬私買馬匹員役罪犯等 事. 經禮部奏明以此案由.

盛京將軍捉獲人犯監禁, 應行文該將軍, 將現在曾否審訊具奏, 奉有諭旨之處移會, 到日再行酌量請旨, 知照該國王遵奉.

等因. 在案.

今准盛京將軍聲明.

此案奏交盛京刑部, 審擬具題.

等因. 移咨到部.

會看得, 阿爾敦等攬送朝鮮人崔壽萬等馬匹越邊一案, 據盛京刑部侍郎介等疏稱.

緣阿爾敦係鳳凰城土着, 居近邊門, 深悉緣邊間徑. 每年朝鮮國人赴京, 經過鳳凰城, 阿爾敦即以所有, 互相交易, 遂與朝鮮國買賣人崔壽萬等熟識. 乾隆十一年十一月間, 朝鮮國使臣至鳳凰城, 崔壽萬與阿爾敦, 街次相値, 議及回歸之日, 帶領越邊送馬, 許以厚酬. 阿爾敦應諾, 約于次年三月上旬, 在甛水站迎候. 阿爾敦以一人不能獨措, 復糾會毋立庫, 轉會得子·三格·巴達力·小小兒·王國相, 俱如前約日期, 至舊邊門地方, 會齊接送. 是時, 福哈知信向阿爾敦, 央浼不能親往, 求得銀時, 亦如數均分, 阿爾敦依允. 至乾隆十二年三月初五日, 阿爾敦等陸續迎至甛水站, 適遇朝鮮人崔壽萬·安守天·金千秋·田大種·金世丁·金貴天·良同才·吳五同·張英三·梁者斤·老味·鄭必贊. 自京回至, 告以伊等共買馬四十匹, 議定帶領偸送出邊, 將馬匹寄頓訖, 仍同回進邊. 每馬給銀五兩, 毋立庫當向崔壽萬等預索銀四十七兩, 交阿爾敦携帶, 以備中途賄息, 邀截訛詐之費. 毋立庫由是回家, 阿爾敦等六人, 帶同崔壽萬等偸赶馬匹, 于本月十二日夜, 從雕窩溝越邊, 十五日行至大峽心地方, 遇鳳凰城邊門放卡路兵丁攔截, 拿獲阿爾敦一人, 及朝鮮國崔壽萬等十一人, 及所有馬四十匹. 當時得子等五人, 俱赴江汊潮溝潛遁. 經該章京等會同審訊據供, 弋獲逸犯得子·三格·王國相, 同行之毋立庫·福哈, 及該犯誣扳之高秃子·高小二·花沙布·七十五·侵剋贓銀之憨板·劉英士等, 一并解送盛京將軍. 經該將軍奏明, 交送臣部審訊. 各犯供認, 前情不諱,將崔壽萬等, 均照越度緣邊關塞律擬徒.

等因. 具題. 前來.

除該侍郎等本內清漢註語, 書寫不畫一之處, 業經遵旨飭行外, 應如該侍郎等所題, 除崔壽萬等將馬匹私出邊境貨賣, 以財行救, 及阿爾敦等受贓, 輕罪不議外, 均應照越度緣邊關塞律, 杖一百, 徒三年. 崔壽萬·安守天·金千秋·田大種·金世丁·金貴天·良同才·吳五同·張英三·梁者斤·老味·鄭必贊, 係朝鮮國人, 應照例咨送盛京禮部, 轉解該國, 照擬充徒發落. 阿爾敦·得子·三格·王國相, 俱係旗人, 應折枷號四十日, 鞭一百. 該侍郎等既稱毋立庫·福哈商謀分贓, 並未同行引領越邊, 應比照分贓而不行爲從論律, 減阿爾敦罪一等, 擬杖九十, 徒二年半, 係旗人應折枷號三十五日, 鞭九十. 咨送盛京將軍衙門, 轉交該尉, 嚴加管束審訊. 高禿子·高小二, 雖供並未同行分贓, 但從前不合向阿爾敦, 商謀合夥攬送, 均應照不應重律, 杖八十, 係旗人鞭八十發落. 得子同院居住之花沙布, 原拿之領催七十五審, 係誣扳卽行省釋. 阿爾敦等所得銀兩, 照追送部, 拿獲馬四十匹, 既經該將軍奏明, 賞給原拿兵丁, 應毋庸議. 現送到銀十八兩八錢, 照例入官等語, 均應如該侍郎等所題完決. 至該侍郎等將侵用盜贓二十兩之憨扳, 照不枉法贓, 擬以杖八十之處, 查不枉法贓律, 應折半科罪, 不當通計其全贓定擬. 應將憨扳與得不枉法贓八兩二錢之劉英士, 均照不枉法贓, 折半科罪一兩至十兩, 杖七十律, 杖七十. 無祿人, 減一等, 杖六十. 係旗人, 各鞭六十, 均革退披甲, 咨送盛京將軍衙門, 嚴加管束, 仍將憨扳等名下所得銀二十八兩二錢, 照追入官. 其崔壽萬等所許未交銀一百五十三兩, 既據該侍郎等審計口許虛題, 應照例免追. 逸犯巴達力·小小兒, 應令該地方官嚴緝務獲另結. 再該侍郎等既稱研訊崔壽萬等, 雖堅供售買馬匹, 覓人越邊之處, 伊國使臣並不知情. 但該國使臣等, 漫無覺察, 咎屬難辭. 查康熙五十四年, 朝鮮貢使回國, 跟役嚴立·貴先等私買牛角, 被鳳凰城邊門搜出一案, 經禮部等部覆准.

將正使李澤·副使權愭·書狀官兪崇等, 照失察例, 議請革職. 其該國王姓[某], 事露卽行呈報, 請免查議.

等因. 在案.

今該國王跟役崔壽萬等, 私買大馬, 覓人越邊被獲, 貢使等漫無覺察, 應照康熙五十四年議處該國貢使失察從人私買牛角例, 將貢使海興君李橿·吏曹判書尹汲·書狀官安㍥等革職. 再國王姓[某], 于本年七月內, 業將貢使李橿等革職, 聲明報部, 亦應照康熙五十四年例, 免其察議. 俟命下之日, 禮部行文該國王, 遵奉可也.

等因.

乾隆十二年十二月十五日題, 十七日奉旨.

依議.

欽此.

爲此, 合咨前去, 欽遵查照施行. 云云.

盛京禮部押送犯人抄錄粘單咨

原編 卷64 犯禁二 33b~34a(1244~1245쪽)

盛京禮部, 爲 咨送 事.

准盛京刑部咨開.

爲 咨送 事. 白旗凊吏司案呈.

乾隆十三年正月二十四日, 准刑部議覆阿爾敦等包攬朝鮮買賣人崔壽萬等馬匹, 私出邊境一案, 覆准. 前來. 本部除將侵用盜贓之憨扳·劉英士, 照擬鞭六十, 商謀合夥, 未經分贓之高禿子·高小二, 照擬鞭八十, 抄錄部覆, 先行咨送盛京將軍衙門, 轉交該管官, 嚴行管束. 其阿爾敦·得子·三格·王國相, 照擬枷號四十日, 滿日鞭一百. 爲從之毋立庫·福哈, 枷號三十五日, 滿日鞭九十. 俟伊等枷號滿日, 陸續咨送盛京將軍衙門外, 仍抄錄粘單, 將朝鮮人崔壽萬·安守天·金千秋·田大種·金世丁·金貴天·良同才·吳五同·張英三·梁者斤·老味·鄭必贊等, 一并咨送盛京禮部, 遵照部覆查辦, 並將部覆·抄錄粘單, 知會禮部可也.

等因. 前來.

相應將盛京刑部咨送解回該國之高麗崔壽萬等十一人, 沿途所食口米·馹車, 咨行盛京戶·兵二部, 照例發給外, 併照原擬抄錄粘單, 咨送朝鮮國王, 查收可也.

云云.

乾隆十三年二月初九日.

越界女人查問及買馬人議罪咨[見犯越]

原編 卷64 犯禁二 34a(1245쪽)

報犯人據咨杖配咨

原編 卷64 犯禁二 34a~34b(1245쪽)

朝鮮國王, 爲 回覆 事.

乾隆十三年三月十五日, 承准貴部咨.

節該. 主客司案呈.

乾隆十二年十二月二十一日, 准刑部咨稱.

本部會同禮部議覆, 盛京刑部侍郎介等題, 阿爾敦等攬送朝鮮人崔壽萬等馬匹越邊等因一案. 於乾隆十二年十二月十五日題, 十七日奉旨.

依議.

欽此.

相應抄錄原題, 移咨禮部, 欽遵査照施行.

等因. 前來.

除抄錄原題, 知照盛京禮部並刑部外, 相應抄錄粘單, 移咨朝鮮國王, 遵奉旨內事理施行可也.

等因.

奉此, 除將本國犯人崔壽萬·安守天·金千秋·田大種·金世丁·金貴天·良同才·吳五同·張英三·梁者斤·老味·鄭必贊等, 准刑部議覆, 各下杖一百, 徒三年, 編配遠地外, 爲此, 專差司譯院正韓致恒, 齎咨前去, 煩乞貴部照詳轉奏施行. 云云.

乾隆十三年三月二十日. [移禮部]

回咨

原編 卷64 犯禁二 34b~35a(1245쪽)

禮部, 爲 知照 事.

主客司案呈.

本年五月初四日, 准朝鮮國王咨稱.

云云. [自"乾隆十三年", 止"轉奏施行." 見原咨]

等因. 前來.

査前案, 私購大馬人犯, 據該國王來咨, 接到本部等部原題, 業經遵旨將各犯杖配完結, 毋庸瀆奏. 除將原咨存部備案, 幷知照刑部外, 相應知照朝鮮國王可也.

云云.

乾隆十三年五月三十日.

謝免議表[製 金善行, 使 鄭錫玉]

原編 卷64 犯禁二 35a~35b(1245쪽)

云云. 懼深犯法, 方切竢譴之忱, 度大包荒, 特紆免議之眷, 曷勝感戴, 采增兢惶. 伏念, 叨守偏封, 粗保舊緖, 恪修侯服, 恐自速於愆, 尤欽遵敎條, 未敢緩於譏禁, 不料下隷之作孼, 反荷上朝之垂仁. 常憲難逃, 秪懷悚懍之悃, 聖念曲恤, 俾蒙涵貸之私, 顧微躬而奚安, 非始望之攸及.

伏遇統御寰宇, 一視邇遐, 體至德於乾坤, 並生咸育, 廓宏量於山藪, 蕩垢滌瑕, 遂令陋邦, 亦被異數. 敢不循省匪懈, 報答爲期, 畏義含恩, 豈警惕之暫弛, 懲前毖後, 庶約束之罔違. 云云.

乾隆十三年十月二十八日.

右表進呈咨[式見順治丁酉謝恩]

原編 卷64 犯禁二 35b(1245쪽)

禮部知會謝免議表知道咨[己巳]

原編 卷64 犯禁二 35b(1245쪽)

禮部, 爲 謝恩 事.

主客司案呈.

禮科抄出.

朝鮮國王, 爲崔壽萬等私買馬匹越邊一案, 將該國王免其察議等因, 恭進謝恩表文. 於乾隆十三年十月二十八日表, 十四年正月二十六日奉旨.

覽王奏謝. 知道了. 該部知道.

欽此. 欽遵.

抄出到部. 相應知照朝鮮國王可也.

云云.

乾隆十四年二月十二日.

한글 번역

[丙午]

頒遣官査審犯買硝黃容隱逃人勅[戶部侍郎雷虎來互刷還勅諭]

原編 卷64 犯禁二 1a~b(1228쪽)

발신: 황제

사유: 朝鮮國王에게 諭旨를 내린다.

貨物을 禁買하는 것은 나라에 常例가 있다. 과거 너희 나라 사람이 법으로 금하는 유황, 말, 동을 몰래 구입하거나, 伐木하고 採蔘하는 등의 일에 대하여 일찍이 칙서를 내려 大臣을 파견하여 조사하게 하고, 누차 관대하게 용서해 준 바 있다. 따라서 너희 나라에서 京師로 오는 등의 관원은 마땅히 삼가 법도를 준수하고 더욱 충성을 다해야 했다. 이번에 온 慶賀謝恩進禮의 役人이 금법을 어기고 멋대로 유황과 초석을 구매하고는 鳳凰城에 이르러 城守章京에게 적발되어 체포되었으니, 그 正使 이하는 모두 죄를 피하기 어렵다. 또한, 逃人을 숨겨주는 것을 금하는 것은 立法이 지엄하다. 너희 나라로 도망쳐 온 자가 있으면 즉시 문서를 보내 交付하고, 또한 前 鎭守奉天等處將軍 達度 등에게 알려 압송해야 했다. 逃人 小二는 義州로 도망쳐 가서 3년 동안이나 숨어 있었는데도 관할 지방관은 이를 적발하여 압송하지 않았으니, 크게 이치에 부합하지 않는다. 지금 특별히 戶部左侍郎 雷虎와 郎中 穆舒를 파견하여 너희 나라로 가게 하니, 왕과 함께 유황과 초석을 몰래 구매한 자들과 正使 등 관원이 사정을 알고 있었는지, 아울러 小二를 숨겨준 사람과 지방관이 오랫동안 알아내지 못한 정폐 등에 대해 자세하고 명확하게 심문하여 定罪하고 상주하라. 특별히 칙유를 내린다.

康熙 5년 5월 13일.

謝降勅查審犯買硝黃容隱逃人表[互刷還 使 許積]

原編 卷64 犯禁二 1b~2a(1228~1229쪽)

운운. 臣 죄가 山積하여 바야흐로 엄한 견책이 가해질 것을 기다리고 있었는데, 聖上께서 너그러이 용서하시어 외람되이 관대한 은전을 입으니, 두려웠던 마음이 더욱 격앙되어 감동의 눈물이 먼저 흘러내렸습니다. 엎드려 생각건대, 특별한 은혜를 입어 미미하나마 보답하고자 정성을 다해야 함에도, 도망친 자가 경내에 있는데도 즉시 돌려보내지 않았고, 役人들이 법을 어겨 금하신 내용을 어그러지게 하였으니, 재앙은 스스로 만들어낸 것이 아니라 할 수 없고, 명령은 홀연히 '함께 조사하라'는 데 미쳤습니다. 허물을 깊이 반성하여 공연히 몸을 어루만지며 두려워하였으나, 誨諭를 삼가 받드니 마치 귀에 입을 가까이 대어 주는 것처럼 친절히 타일러 주셨습니다. 때문에 비록 큰 덕으로 포용해주심을 입었으나 제 마음은 더욱 황송해져만 갑니다.

삼가 아래로 용서를 베푸시고 윗자리에 계시면서도 극히 너그러이 대해주시는 때를 만났습니다. 아무리 사소한 미물이라도 제자리를 얻지 못할까 걱정해주시니 무릇 광활한 四海가 모두 (황상의) 仁으로 귀부합니다. 敝藩에게 또한 이러한 은택을 누리게 하시니, 어찌 감히 지난 과오를 마음 깊이 새기고 이에 보답하지 않을 수 있겠습니까. 삼가 法條를 준수하며 과거를 거울삼아 앞일을 경계하는 도리에 더욱 힘쓰고, 제후의 직분을 지키며 은혜를 갚고자 하는 정성을 다하겠습니다. 운운.

康熙 5년 9월 20일.

方物表

原編 卷64 犯禁二 2a(1229쪽)

운운. 황제의 윤음을 받들었는데 다행히 두터운 보살핌을 입었으니, 만 리 밖에서라도 方物을 올려야 하겠기에 삼가 작은 정성을 다해 다음과 같은 예물을 갖추었습니다. [물건목록은 위의 順治 丁酉년 謝恩方物과 같다]

이상의 예물들은 품질이 진기하지 못하고 궁벽진 곳에서 생산되었으니 어찌 황실의 예물에 합당하겠습니까마는, 초라하나마 정성을 모아 바치고자 합니다. 운운.

右表進呈咨[式見順治丁酉謝恩]

原編 卷64 犯禁二 2a(1229쪽)

太皇太后方物狀[式見甲辰謝恩]

原編 卷64 犯禁二 2a(1229쪽)

右狀進呈咨[式見甲辰謝恩]

原編 卷64 犯禁二 2a(1229쪽)

皇太后方物狀[式見順治丁酉謝恩]

原編 卷64 犯禁二 2a(1229쪽)

右狀進呈咨[式見順治丁酉謝恩]

原編 卷64 犯禁二 2a(1229쪽)

皇后方物狀[式見順治丁酉謝恩]

原編 卷64 犯禁二 2a(1229쪽)

右狀進呈咨[式見順治丁酉謝恩]

原編 卷64 犯禁二 2a(1229쪽)

陳科斷買硝各犯擬律窩逃各官奏[互刷還 陳奏]

原編 卷64 犯禁二 2b~7a(1229~1231쪽)

발신: 조선국왕

사유: 聖諭를 받들어 勅使와 공동으로 각 범인들을 심문하고 명확히 조사하여 죄를 정하였습니다.

[조선국왕] 올해 7월 8일에 臣은 삼가 勅使가 받들어 가져온 宣諭聖旨를 받았는데, 그 내용은 다음과 같았습니다.

……. 운운. ["禁買貨物"에서, "具奏特諭"까지. 위의 原勅을 보라]

[조선국왕] 삼가 따르는 외에, 臣은 勅使館所에 나아가 勅使와 마주하고 먼저 謝恩正使 沈益顯과 副使 金始振, 書狀官 成後卨을 문책하였는데, 그 내용은 다음과 같았습니다.

[조선국왕] 너희 무리 중 한 役人이 몰래 유황과 초석을 구매하였다. 너희들은 무슨 말로 대답하겠는가.

[조선국왕] 다음과 같이 대답하였습니다.

[정·부사] 저희들은 牛家庄에서 바로 北京으로 나아갔는데, 그들이 義州로 돌아오는 도중에 몰래 구입한 정황을 저희들이 어찌 알 수 있었겠습니까.

[조선국왕] 또한 다음과 같이 물었습니다.

[조선국왕] 役人을 돌려보낼 때, 領將을 정하여 엄히 단속하게 하였는가.

[조선국왕] 다음과 같이 대답하였습니다.

[정·부사] 즉시 그 중에 눈치가 빠르고 똑똑한 朴有先과 山伊를 領將으로 정하고 신속히 돌아가 절대 금지물품을 구매하지 못하게 하라는 등의 말로 엄히 주의를 주어 보냈습니다.

[조선국왕] 이에, 또한 硝黃을 몰래 구매한 자인 崔善一을 문책하였는데, 그 내용은 다음과 같았습니다.

[조선국왕] 너는 유황과 초석을 몰래 구입하였는데, 그 이유는 무엇인가.

[조선국왕] 다음과 같이 진술하였습니다.

[최일선] 저에게는 오래된 병이 있는데, 듣기로 초석을 복용하면 나을 수 있다 하였습니다. 牛家庄에서 돌아와 薛里站에 이르러 硝黃 한 把를 몰래 구매한 것은 사실입니다.

[조선국왕] 또한 다음과 같이 물었습니다.

[조선국왕] 이 물건을 너는 누구에게서 사들였는가. 몰래 판 사람을 너는 그 姓名이 무엇인지 알고 있는가.

[조선국왕] 다음과 같이 대답하였습니다.

[최일선] 저는 왕씨 성을 가진 사람에게서 사들였습니다. 그 용모와 그 집을 저는 분간할 수 있으나, 그 이름은 저도 실로 알지 못합니다.

[조선국왕] 또한 다음과 같이 물었습니다.

[조선국왕] 使臣은 신속히 돌아가게 하고, 절대 금지물품을 구매하지 못하게 하라는 등의 말로 엄히 단속하여 보냈다고 진술하였다. 使臣이 엄히 단속한 것이 과연 진술한 바와 같다면, 너는 어찌 감히 알면서도 범하여 사들였는가. 필시 使臣이 너를 시켜 藥을 사게 했을 것이다. 게다가 너는 領將과 동행하였으니, (領將) 또한 필시 그 사정을 알고 같이 구매했을 것이다. 너는 이를 바른대로 고하라.

[조선국왕] 그리고는 심문을 가하였습니다. 이에 다음과 같이 대답하였습니다.

[최일선] 使臣은 저를 시켜 藥을 사게 한 적이 없습니다. 다만 약물을 사지 말라고 틀림없이 분부하였습니다. 게다가 領將 또한 한통속이 되어 사들인 정황이 없습니다. 저 혼자 몰래 구매한 것입니다.

[조선국왕] 이에, 또한 領將 朴有先과 山伊를 문책하였는데, 그 내용은 다음과 같았습니다.

[조선국왕] 使臣은 役人을 돌려보내면서 그 중 너희들을 領將으로 정했다고 진술하였다. 너희들을 돌려보낼 때, 使臣은 지엄하게 단속하는 말을 하였다. 너희가 인솔한 사람이 몰래 硝黃을 구매했으니, 이때 필시 너희들도 사정을 알고 같이 구매했을 것이다. 너희는 사실대로 고하여라.

[조선국왕] 朴有先과 山伊 등은 다음과 같이 진술하였습니다.

[영장] 使臣은 진실로 저희 2명을 領將으로 정하고, 또한 절대 금지물품을 구매하지 못하게 하라고 엄히 주의를 주었습니다. 따라서 저희들은 도중에 날마다 搜檢하였으나, 실로 이렇게 몰래 구매한 일이 있는 줄을 알지 못했습니다.

[조선국왕] 또한 다음과 같이 물었습니다.

[조선국왕] 너희들이 만약 한통속이 되어 사들이지 않았다면, 搜檢할 때 그의 몸에 숨긴 것을 어찌 적발해 내지 못했는가. 너희들은 필시 한통속이 되어 사들였을 것이다. 너희는 사실대로 고하라.

[조선국왕] 그리고는 심문을 가하였습니다. 이에 다음과 같이 대답하였습니다.

[영장] 저희들은 실로 한통속이 되어 사들이지 않았습니다. 앞서 진술하기를 날마다 搜檢했다는 말은, 이미 지은 죄를 가볍게 하고자 말을 꾸며 고한 것입니다.

[조선국왕] 이에, 臣은 勅使와 함께 곧바로 各人의 情犯을 상세하고 명확히 살펴 처벌을 정하였습니다. 硝黃을 구매한 崔善一은 다음과 같이 진술하였습니다.

[최일선] 硝黃을 사들였을 때 아무도 시킨 적 없이 제가 다른 사람에게 사들인 것이었고, 또한 저와 함께 사들인 사람은 없습니다. 제가 병이 있어 복용하기 위해서 牛家庄에서 薛里站으로 돌아왔을 때, 왕씨 성을 가진 사람에게서 사들였습니다. 그 용모와

그 집을 분간할 뿐, 그 이름은 알지 못합니다.

[조선국왕] 몰래 구매한 정황을 그는 이미 바로 시인하였습니다. 硝黃을 몰래 구매한 罪犯을 處斬으로 판결해야겠습니다.

領將 朴有先과 山伊는 다음과 같이 진술하였습니다.

[영장] 使臣이 役人을 돌려보내면서 그 중 저희 2명을 領將으로 정하였고, 또한 절대 금지물품을 구매하지 못하게 하라고 엄히 주의를 준 것은 사실입니다. 저희들은 또한 날마다 搜檢하였고, 실로 이렇게 몰래 구매한 바를 알지 못했습니다.

[조선국왕] 심문을 더하였더니, 또한 다음과 같이 진술하였습니다.

[영장] 硝黃을 몰래 구매한 것은 실로 알지 못하는 바입니다. 날마다 搜檢했다는 것은 본래 사실이 아닙니다. 이미 지은 죄를 가볍게 하고자 搜檢을 사칭하고 말을 꾸며 고한 것입니다.

[조선국왕] 硝黃을 몰래 구매한 것을 그들이 비록 알지 못했다 하더라도, 이미 그들은 領將으로 정해졌기 때문에 인솔하는 役人을 마땅히 엄히 단속해야 했는데도 대수롭지 않게 여기고 단속을 엄히 하지 않아, 인솔한 役人이 금지물품을 몰래 사들이게 되었습니다. 처음부터 搜檢을 하지 않고 말을 꾸며 진술한 것은 죄질이 매우 나쁩니다. 朴有先과 山伊 등은 杖 100에 처하고 極邊으로 유배를 보내야겠습니다.

[조선국왕] 正使 沈益顯 등의 관원은 다음과 같이 진술하였습니다.

[정사] 牛家庄에 도착하자마자 바로 役人을 돌려보내면서 그 중 朴有先과 山伊 등을 領將으로 정하고, 또한 절대 금지물품을 구매하지 못하도록 엄히 단속하고 돌려보냈습니다.

[조선국왕] 이러한 진술을 가지고 朴有先과 山伊 및 몰래 사들인 자인 崔善一 등을 힐문하니, 모두 이르기를 使臣이 자기들을 엄히 단속하였다는 말은 사실이었습니다. 崔善一이 硝黃을 몰래 사들인 것은 使臣과 헤어지고 난 이후의 일이고, 役人을 돌려보낼 때 엄히 주의를 준 것 또한 사실입니다. 使臣 등의 관원은 모두 응당 처벌을 면해주어야겠습니다.

또한 逃人 사건을 勅使가 臣이 함께 조사할 것을 요구하였습니다. 臣은 다음과 같이 대답하였습니다.

[조선국왕] 逃人이 넘어온 이 사건은 이미 제가 알고 있습니다. 逃人을 留置한 허물은 실로 저에게 있으니, 응당 편안히 있을 수 없습니다. 조사를 명하신 칙서에서 이미 勅使와 함께 조사하라 명하셨으니, 어찌 감히 皇命을 어기겠습니까. 다만 황송할 따름입니다.

[조선국왕] 議政府 領議政 鄭太和와 左議政 洪命夏가 자수하여 말한 내용은 다음과 같았습니다.

[영의정 등] 逃人이 넘어 온 緣由에 대해 狀啓가 承政院에 이르렀고 承政院은 啓狀을 올렸으며, 國王은 저희들로 하여금 備邊司에 모여 논의케 하였습니다. 저희들이 (압송하지 않고) 임시로 보류하자고 논의하여 啓를 올렸으니, 留置한 罪는 실로 저희들에게 있습니다.

[조선국왕] 勅使는 鄭太和와 洪命夏를 문책하였는데, 그 내용은 다음과 같았습니다.

[칙사] 너희들은 모두 大臣으로서, 上國의 逃人이 이미 넘어온 일이 발생했는데도 곧바로 잡아서 돌려보낼 것을 청하지 않고 도리어 국왕에게 고하여 3년이나 留置시키는 데 이르렀으니, 이는 무슨 도리인가.

[조선국왕] 다음과 같이 대답하였습니다.

[영의정 등] 저희들은 그가 上國에 들어간 지 30년 만에 본국으로 도망쳐 돌아와 그 부모를 만나고자 한 것으로 여겼습니다. 저희들은 마음이 실로 측연하여 차마 즉시 송환하지 못하고 狀啓를 올려 國王에게 알렸으며, 그 부모를 찾아보게 한 다음에 그 즉시 압송하려고 임시로 원적을 부여하였습니다. 본래 정황이 비록 이와 같지만, 지금 逃人이 또다시 도망쳐 돌아갔으니 어찌 감히 이를 가지고 스스로 변명을 할 수 있겠습니까. 죄는 저희들에게 있고, 더 아뢸 바가 없습니다.

[조선국왕] 또한 다음과 같이 물었습니다.

[칙사] 이 逃人을 당초에 유치하자고 馳啓한 관원은 누구인가. 또한 이 사건을 議定함에, 비단 大臣 2인뿐만 아니라, 반드시 동참한 관원이 있을 것이다. 이 관원들은 누구인가.

[조선국왕] 다음과 같이 대답하였습니다.

[영의정 등] 義州府尹 姜裕後가 逃人을 拘留하고 平安監司 李正英에게 보고하여 알렸으며 承政院에 馳啓하였습니다. 저희들은 刑曹判書 兼備邊司堂上 金左明과 함께 논의하여 國王에게 狀啓를 올려 알렸습니다. 이 외에 더 동참한 관원은 없습니다.

[조선국왕] 이에, 金左明을 문책하였는데, 그 내용은 다음과 같았습니다.

[칙사] 領議政 鄭太和와 左議政 洪命夏가 말하기를, 이 逃人 사건은 備邊司에 모여 함께 논의하고 狀啓를 올렸다고 한다. 너는 또한 本司의 堂上官으로서 함께 논의할 때 즉시 압송할 것을 청하지 않고, 오히려 國王에게 狀啓를 올려 알리고는 3년이나 留置하였으니, 이는 무슨 도리인가.

[조선국왕] 다음과 같이 진술하였습니다.

[김좌명] 이 일은 저와 함께 논의하였고, 저는 備邊司의 兼官으로서 參論한 것이 사실입니다. 더 아뢸 바가 없습니다.

[조선국왕] 이에, 義州府尹 姜裕後를 응당 문책해야 하나 그는 이미 작고했고, 또한 平安監司 李正英을 문책하였는데, 그 내용은 다음과 같았습니다.

[칙사] 너는 平安道 내의 사무를 總察하면서도, 義州府尹이 이 사건을 너에게 보고하였는데 너는 어찌 즉각 송환을 명하지 않고 오히려 王城에 馳啓하였으니, 이는 무슨 도리인가.

[조선국왕] 다음과 같이 진술하였습니다.

[강유후] 義州府尹이 逃人을 하옥시키고 저에게 보고하여 알렸습니다. 저는 감히 제 마음대로 송환시킬 수 없어서 國王에게 馳啓하였습니다.

[조선국왕] 이에, 또한 鄭太和와 洪命夏에게 다음과 같이 물었습니다.

[칙사] 李正英이 말한 바에 따르면, 이러한 사건은 감히 독사적으로 송환시길 수 있다고 하는데, 이는 사실인가.

[조선국왕] 다음과 같이 대답하였습니다.

[영의정 등] 이러한 사건은 반드시 國王에게 馳啓해야 합니다. 그가 감히 자기 마음대로 송환할 수 없음은 사실입니다.

[조선국왕] 이에, 臣은 勅使와 마주하고 함께 처벌을 논의하였습니다. 領議政 鄭太和와 左議政 洪命夏가 自首하여 말한 내용은 다음과 같았습니다.

[영의정 등] 이 逃人 사건은 國王이 저희들로 하여금 備邊司에서 논의하게 하였습니다. 저희들은 그가 上國에 들어간 지 30년 만에 본국으로 도망쳐 돌아온 것으로 여기고, 마음이 실로 측연하여 부모를 찾아보게 한 다음에 그 즉시 압송하고자 하여, 狀啓를 올려 國王에게 알리고 잠시 原籍에 留置시켰으나, 지금 逃人이 또다시 도망쳐 버렸으니, 당초 (압송하지 않고) 임시로 보류하자고 의계한 죄는 모두 저희들에게 있습니다.

[조선국왕] 그 진술한 바가 비록 이와 같지만, 鄭太和와 洪命夏는 大臣으로서, 上國의 逃人이 이미 넘어왔는데도 즉시 체포하여 송환하지 않고서는, 부모를 찾게 해준 다음 송환하려 하였다고 칭한 것은 飾辭에 불과합니다. 진실로 송환시킬 의사가 있었다면, 그가 이미 부모를 찾았음에도 어찌하여 즉시 송환시키지 않고 3년 동안이나 留置하였겠습니까. 逃人이 이미 스스로 다시 도망쳐 버린 후에, 지금에야 비로소 飾辭로 대하는 것입니다. 鄭太和와 洪命夏는 官爵을 삭탈하고 極邊으로 유배를 보내야겠습니다. 判書 金左明은 다음과 같이 진술했습니다.

[김좌명] 이 逃人 사건은 진실로 鄭太和, 洪命夏와 함께 備邊司에서 논의하였고, 더 아뢸 바가 없습니다.

[조선국왕] 그는 또한 一司를 함께 관할하는 관원으로서 이미 함께 논의했으면서도, 上國의 逃人은 오래 머무르게 할 수 없으므로 마땅히 즉각 송환해야 한다는 말은 하지 않고, 오히려 大臣과 함께 논의하여 狀啓를 올리고는 3년 동안이나 留置시켰으니, 매우 이치에 맞지 않습니다. 金左明은 官爵을 삭탈하고 영원히 관직에 오르지 못하게 해야겠습니다.

平安監司 李正英은 義州府尹이 逃人을 하옥시키고 자기에게 그것을 보고하였다고 하면서, 자기는 감히 멋대로 송환시킬 수 없어 國王에게 馳啓하였다고 진술하였습니다. (이에) 또한 鄭太和와 洪命夏에게 다음과 같이 물었습니다.

[칙사] 이러한 사건은 그가 감히 독자적으로 송환시킬 수 없어서 國王에게 馳啓하였

다고 말하는데, 이는 사실인가.

[조선국왕] 다음과 같이 대답하였습니다.

[정태화 등] 사실입니다.

[조선국왕] 李正英은 응당 처벌을 면해야겠습니다.

義州府尹 姜裕後는 체발하고 刺字한 逃人임을 뻔히 알면서도 강을 넘는 것을 제 마음대로 허가하였고, 감옥에 가두어 놓고는 平安監司에게 馳報하였으니, 응당 무겁게 처벌해야 마땅하나 이미 작고하였으니 처벌을 행할 바가 없습니다. 도망자 소이에 대해, 이미 비변사가 의계한 것으로 인해 원적에 붙여 보낸 각급 지방관 및 그를 숨겨주었던 사람들은 모두 응당 처벌을 면해야겠습니다.

또한 삼가 엎드려 생각건대, 臣은 황송하게 敝藩을 지키면서 奉職함이 無狀하여 전후로 違犯하였는데도 번번이 너그러이 용서해 주셨습니다. 臣이 큰 은혜를 입어 더욱 조심하였으나, 뜻하지 않게 奸細한 무리가 昭憲을 어겨 수고로이 皇上께서 관원을 파견하여 조사하는 데 이르렀으니, 너무나 황송하여 몸 둘 바를 모르겠습니다. 한편 逃人이 넘어온 사건에 이르러서는 邊臣이 치계하여 신이 먼저 알았으며, 배신이 議啓하여 실로 스스로 결정하였습니다. 당초의 생각은 결코 몰래 숨겨주려고 한 것이 아니었습니다만, 다만 目前의 긍측함을 생각하다가 시간이 지연되는 데 이르러, 즉각 압송하여 돌려보내지 못하고 갑자기 또한 탈출하여 도망쳐 버렸습니다. 일이 이 지경이 되었으니 무슨 말로 변명을 하겠습니까. 삼가 勅諭를 받들고 놀랍고 두려워 어찌할 바를 몰랐습니다. 臣은 이 사건에서 다만 마땅히 죄를 기다려야 하니, 편안히 함께 조사하는 것은 실로 감히 하지 못하는 바입니다만, 이미 칙사가 여러 차례 聖旨를 펼치는 것을 받들었으니 분의로 헤아려보건대 고사하기 어려워 부득불 외람되이 査奏하게 되었습니다. 생각건대 臣이 일을 잘못 처리하여 과오를 저지른 것으로 인해 小邦이 30년 동안 참된 마음으로 大國을 섬긴 정성이 지금에 어그러짐을 면치 못하게 되었으니, 실로 해가 비추는 하늘 아래에서 스스로 아뢸 바가 없습니다. 그 허물의 원인을 돌이켜 따져보면 전적으로 臣에게 있음에도 불구하고, 처벌의 논의 대상은 전적으로 陪臣들에게만 미치고 있습니다. 臣은 허물을 반성하고 뉘우치며 심히 부끄러우니, 장차 무슨 면목으로 위로는 大朝를 받들고 아래로는 신하들을 대할 수 있겠습니까. 북쪽을 향하여 머리를 조아리면서 삼가 엄한 견책을 기다리니, 황송함에 눈물이 흐르는 것을 말로 다할 수 없습니다. 이상의 情因으로 天聽을 번거롭게 해드리며 聖明의 裁處를 따르는 외에, 삼가 聖諭를 받들었기에 勅使와 공동으로 각 범인들을 심문하고 명확히 조사하여 定罪합니다. 운운.

右奏進呈咨[式見順治丁酉陳奏]

原編 卷64 犯禁二 7a(1231쪽)

方物奏[式見順治丁酉陳奏]

原編 卷64 犯禁二 7a(1231쪽)

右奏進呈咨[式見順治丁酉陳奏]

原編 卷64 犯禁二 7a(1231쪽)

太皇太后方物單[式見甲辰陳奏]

原編 卷64 犯禁二 7a(1231쪽)

右單進呈咨[式見甲辰陳奏]

原編 卷64 犯禁二 7a(1231쪽)

皇太后方物單[式見順治丁酉陳奏]

原編 卷64 犯禁二 7a(1231쪽)

右單進呈咨[式見順治丁酉陳奏]

原編 卷64 犯禁二 7a(1231쪽)

皇后方物單[式見順治丁酉陳奏]

原編 卷64 犯禁二 7a(1231쪽)

右單進呈咨[式見順治丁酉陳奏]

原編 卷64 犯禁二 7a(1231쪽)

禮物總單[謝查犯買硫黃容隱逃人降勅物目見上原表狀
○陳奏擬律物目見上原奏單]

原編 卷64 犯禁二 7a(1231쪽)

禮部查收謝降勅及陳奏方物咨

原編 卷64 犯禁二 7b(1231쪽)

발신: 예부

사유: 알립니다.

[예부] 조선국왕의 咨文을 받았는데, 그 내용은 다음과 같았습니다.

[조선국왕] 陪臣 議政府右議政 許積·議政府右參贊 南龍翼 등을 파견하여 降勅에 관한 謝恩禮物과 陳奏에 관한 禮物을 공경히 올립니다.

[예부] 이미 本部에서 題를 올렸고, 旨를 받들었는데 그 내용은 다음과 같았습니다.

[황제] 의논한 대로 하라.

[예부] 이상의 내용이 抄出되어 本部에 도착했습니다. 이에 마땅히 咨文을 보내오니, 번거롭겠지만 이에 비추어 시행해주십시오. 운운.

康熙 5년 12월 4일.

押送犯禁人咨[丁未]

原編 卷64 犯禁二 7b(1231쪽)

[조선국왕] 운운. 刑部의 雷虎 등이 올린 題本의 내용을 받았는데, 그 내용은 다음과 같았습니다.

[형부] 臣 등이 諭旨의 내용에 따라 함께 살펴보니, 崔善一은 왕씨 성을 가진 사람에게서 硫黃을 사들였음을 시인하였으니, 응당 대질시켜야 하나 감히 멋대로 데리고 올 수 없습니다.

[조선국왕] 刑曹正郎 崔元泰·司譯院正 金益寬을 선발해, 崔善一을 압송하여 薛里站으로 보내겠습니다. 이상의 내용을 咨文으로 회신합니다. 운운.

[『通文館志』에 나온다]

康熙 5년 월 일.

報犯人處斬日期咨

原編 卷64 犯禁二 7b~8a(1231~1232쪽)

[조선국왕] 운운. 旨를 받들었는데, 그 내용은 다음과 같았습니다.

　[황제] 崔善一은 斬刑에 처하되, 그 시기를 部에 보고하라.

[조선국왕] 刑曹正郞 申僎을 파견하여 義州監刑으로 급히 가게하고, 또한 司驛院正 卞爾輔를 파견하였습니다. 이상의 내용을 咨文으로 회신합니다. 운운.

[『通文館志』에 나온다]

康熙 5년 월 일.

[庚戌]

禮部知會節行下役犯買通鑑交該國審奏咨[互飭諭]

原編 卷64 犯禁二 8a(1232쪽)

발신: 예부

사유: 알립니다.

(……)

　……. 歲貢을 바치러 온 閔鼎重의 무리 내에 梁廷燦이 『通鑑』을 몰래 사들여 가지고 갔으니 이는 定例를 위반한 것입니다. 이러한 情由에 대해 朝鮮國王에게 명하시어 명확하게 심문하게 하십시오.

[예부] (이 내용을) 題本으로 올려 旨를 받들었는데, 그 내용은 다음과 같았습니다.

　[황제] 國王으로 하여금 명확히 심문하여 上奏하게 하라.

[예부] 마땅히 咨文을 보내오니, 번거롭겠지만 旨의 내용에 따라서 삼가 받들어 시행해 주십시오. 운운.

康熙 9년 2월 일.

陳查究犯買史册情節奏[互陳奏 賫奏官李漢雄]

原編 卷64 犯禁二 8a~10a(1232~1233쪽)

발신: 조선국왕

사유: 조사한 정황을 자세히 설명하고 삼가 황상의 裁處를 기다립니다.

[조선국왕] 올해 閏2월 29일에 위의 사안에 대하여 다음과 같은 禮部의 咨文을 전해 받았습니다.

……. 운운. ["進歲貢"에서, "欽遵施行"까지. 위의 原咨를 보라]

[조선국왕] 臣이 삼가 살펴보니, 앞서 올해 2월 25일에 (京師에서) 回還하는 冬至進賀陪臣 閔鼎重 등이 보낸 馳啓를 받았는데, 그 내용은 다음과 같았습니다.

> **[동지사]** ……. 가는 중에 商人 梁廷燦이『資治通鑑』한 질을 몰래 샀다가 鳳凰城柵門에 이르렀을 때 수색을 당해 체포되었으니, 놀라움을 금치 못하였습니다. 義州로 돌아와서 즉시 梁廷燦을 취조하고, 또한 義州府로 하여금 옥에 가두고 (명령을) 기다리게 하였습니다.

[조선국왕] 該曹로 하여금 범인을 잡아오게 하는 사이, 이어서 平安監司 閔維重이 보낸 馳啓를 받았는데, 다음과 같은 義州府尹 李東稷의 보고가 첨부되어 있었습니다.

> **[평안 감사 등]** 該 獄囚 廷燦은 목에 毒腫이 생겨 증세가 위중하니, 조금 나을 때까지 기다렸다가 압송하겠습니다.

[조선국왕] 먼저 廷燦이 금령을 어긴 사유를 이미 咨文을 갖추어 該部로 보낸 바 있습니다. 지금 위의 내용대로 시행한 후 議政府의 狀啓를 받았는데, 그 내용은 다음과 같았습니다.

> **[의정부]** 범인 廷燦은 지금 이미 잡아들였습니다. 신 등은 刑曹·義禁府의 諸官과

함께 조사를 시작했습니다. 먼저 梁廷燦을 질책하여 심문하였는데, 그 내용은 다음과 같았습니다.

[의정부] 너는 使行을 따라 上國으로 들어가면서 무슨 일을 하였는가. 史書는 원래 법으로 금하는 물품인데 어찌하여 무릅쓰고 구매하였는가.

[의정부] 廷燦의 공술을 받았는데, 그 내용은 다음과 같았습니다.

[양정찬] 저는 商賈를 業으로 삼고 使行을 따라 들어갔는데, 글자를 전혀 알지 못하여 실로 그 책이 史書인 줄 몰랐습니다. 다만 보기에 책의 모양이 아주 좋고 가격 또한 저렴해서, 은 16냥으로 사들일 수 있었습니다. 원래 이를 되팔아 이득을 취할 생각이었을 뿐 다른 의도는 전혀 없었습니다.

[의정부] 또한 다음과 같이 물었습니다.

[의정부] 어느 곳에서 사들였으며, 누가 너에게 팔아넘겼는가.

[의정부] 다음과 같이 대답했습니다.

[양정찬] 京師에서 출발하는 날, 가다가 朝陽門 바깥에 이르러 수레를 몰던 어떤 자가 책자를 보이기에 즉시 길가에서 사들였습니다.

[의정부] 또한 다음과 같이 물었습니다.

[의정부] 너는 이미 서로 대면하여 매매하였으니, 그 사람의 성명을 응당 모를 리가 없다. 사실대로 시인하여라.

[의정부] 다음과 같이 대답하였습니다.

[양정찬] 그 사람은 商貨를 가지고 오는 고용된 운송인이어서, 그 얼굴을 보았을 뿐 그 이름은 알지 못합니다.

[의정부] 臣은 그가 간사한 마음으로 사실대로 기꺼이 고하지 않는지 염려되어, 즉시 廷燦에게 따로 매질을 가하여 심문하였습니다. 廷燦은 다음과 같이 말하였습니다.

[양정찬] 이미 엄하게 심문을 당하고 있는데, 비록 친척이라 하더라도 또한 어찌 감히 숨기겠습니까. 하물며 한때 교역했던 사람을 어찌 감싸며 매를 참아가며 말하지 않겠습니까.

[의정부] 다시 다음과 같이 물었습니다.

[의정부] 무릇 법으로 금하는 물품에 대해 使臣이 규찰하고 엄히 금한 적이 없었는가.

[의정부] 다음과 같이 대답하였습니다.

[양정찬] 使臣은 수행 관원과 하인들에 대해 일을 처리할 때마다 엄히 신칙하였습니다. 제가 文字를 알지 못하여 법으로 금하는 물품임을 구별하지 못했으니, 스스로 罪戾에 빠진 것입니다. 공술한 바는 사실입니다.

[의정부] 이에 무리 중의 인원이 이미 금령을 어겼으니, 使臣 또한 마땅히 심문해야 했습니다. 正使 閔鼎重·副使 權尙矩·書狀官 愼景尹을 질책하여 심문하였는데, 그 내용은 다음과 같았습니다.

[의정부] 너희들은 使臣에 임명되어 上國에 進貢을 하러 갔으니, 크고 작은 일들에 마땅히 엄히 신칙했어야 했다. 商人 梁廷燦이 몰래 史書를 사들였는데, 너희들은 어찌하여 금하지 않았는가.

[의정부] 閔鼎重·權尙矩·愼景尹 등이 다음과 같이 대답하였습니다.

[사신 등] 저희들이 출발할 때 本國에서 매우 엄하게 경계하고 신칙하였고, 京師 開市에 갔을 때에는 禮部가 榜을 걸어 禁條를 열거하고 律名을 명백히 보였습니다. 저희들은 응당 규찰하면서 길에서나 숙소에서나 여러 번 되풀이하여 단속하기를 그치지 않았습니다. 무지하고 이익을 탐한 자가 금령을 어기고 몰래 史書를 사들여서 매우 비통하고 놀랐습니다. 저희들 또한 규찰을 하지 못한 책임을 면하기 어려우니, 너무나 황공하여 달리 드릴 말씀이 없습니다.

[조선국왕] 臣이 삼가 살펴보건대, 上國의 禁令은 이미 널리 공표되어 있고 小邦의 戒飭은 삼가 엄히 하지 않음이 없었으나, 간사한 무리가 이익을 탐해 목숨을 가볍게 여기고 禁令을 어겨서, 처벌을 논의하여 上奏하라는 명을 받기에 이르렀으니 황송하고 부끄러워 몸 둘 바를 모르겠습니다. 廷燦은 비록 無知에서 비롯된 것이라고 말하고 있으나, 금령을 어긴 정황은 이미 시인하였으니 응당 무겁게 처벌해야 합니다. 正使 閔鼎重·副使 權尙矩·書狀官 愼景尹 등은 또한 규찰을 하지 못한 죄를 면하기 어려우나, 小邦이 감히 멋대로 하지 못함이 있습니다. 확실히 심문한 사연을 황상께 올려

삼가 처분을 기다리는 외에, 조사한 정황을 자세히 설명하고 삼가 황상의 처분을 기다리겠습니다. 운운.

康熙 9년 3월 16일.

右奏進呈咨[式見順治丁酉陳奏]

原編 卷64 犯禁二 10a(1233쪽)

禮部知會犯買史册人援赦免罪咨

原編 卷64 犯禁二 10a(1233쪽)

[예부] 운운. 該部가 題本을 갖추어 올려, 史册의 범인 梁廷燦과 正使·副使·書狀官을 刑部로 넘겨 죄를 논의하고 결정하게 하였습니다. 旨를 받들었는데, 그 내용은 다음과 같았습니다.

> **[황제]** 사건은 赦免 전에 발생했으므로, 모두 응당 죄의 논의를 면하라. 사후에 응당 엄히 戒諭하여 다시금 발생하지 않게 하라.

운운.

[『通文館志』에 나온다]

康熙 9년 월 일.

謝赦宥犯買史册表[文闕 使 福善君 柟]

原編 卷64 犯禁二 10a(1233쪽)

[丙辰]

因購明史陳辨誣巘奏[見陳奏]

原編 卷64 犯禁二 10a(1233쪽)

[丁巳]

禮部知會年貢行員役私帶地圖交該國審奏咨[互飭論]

原編 卷64 犯禁二 10a~11a(1233쪽)

발신: 예부

사유: 조사하여 심문하는 것에 대해 諭旨를 청합니다.

[예부] 主客淸吏司에서 案呈을 올렸는데, 그 내용은 다음과 같았습니다.

[주객사] 本部가 禮科에서 抄出한 것을 보낸 것을 받았는데, 그 내용은 다음과 같았습니다.

[예과] 該 本部에서 위의 사유로 題本을 올렸는데, 그 내용은 다음과 같았습니다.

[예부] 鎭守奉天等處將軍 富內巴土魯 등이 보낸 咨文을 받았는데, 그 내용은 다음과 같았습니다.

[봉천장군] 鳳凰城防禦 烏里海 등의 보고를 받았는데, 그 내용은 다음과 같았습니다.

[봉황성 방어] 年貢을 바치러 온 朝鮮國의 正使 吳挺緯 일행의 수행 관원이 3월 5일에 돌아가던 중 關口에 이르렀습니다. 수색하는 중에 愼行建의 행장 중에서 各省地圖를 색출하였습니다. 愼行建은 그 관원에게 넘겨 데리고 가게 했으며, 輿圖는 올려 보냅니다.

[봉천장군] 마땅히 天下各省地圖 1冊을 급히 部로 보냅니다.

[예부] 이상의 내용이 部에 도착하였습니다. 該臣 등이 논의해 보건대, 朝鮮

國에서 年貢을 바치러 온 正使 吳挺緯의 무리 중 수행 관원이 天下各省地圖를 사 가지고 가다가 鳳凰城防禦에게 발각당해 (지도가 본부에) 도착했습니다. 『會典』에 개재된 내용을 살펴보니, 무릇 외국의 朝貢이 왔을 때 史書·黑黃·紫皀·大花·西番·蓮緞과 兵仗·焰硝·水牛角 및 각종 器皿 등 물품의 구입을 금지한 것은 오랫동안 널리 행해져 왔고 엄히 금한 바 있습니다. 또한 朝鮮國 사람이 법으로 금하는 물품을 몰래 구입하여 가져가는 경우에 지금까지 여러 번 처벌하여 역시 경계한 바 있습니다. 지금 또다시 天下各省輿圖를 소지한 것은 크게 금령을 어긴 것이니, 이는 모두 該 國王이 使行 陪臣 등을 엄히 曉諭하지 않아 수행 관원이 멋대로 법을 어기고 함부로 행동하는 데에 이르게 된 것입니다. 天下輿圖는 緊要한 것이니, 응당 이 사건에 대해 大臣을 특별히 파견하여 朝鮮國王과 함께 몰래 輿圖를 소지하게 된 情由를 엄히 조사하고 심문해야 합니다. 그 輿圖는 어느 곳에서 사들였는지, 누가 팔아넘겼는지, 그리고 그때 같이 있었던 正使 吳挺緯 등에 대해 모두 확실히 조사하고 심문해야 합니다. 죄를 확정하고 題本을 갖추어 올리는 날에 臣部는 該 國王에 대한 처벌도 함께 논의하여 상주하고, 명령이 내리는 날을 기다리겠습니다. 大臣을 파견하는 일은 따로 題本을 갖추어 旨를 청하는 것이 마땅할 것입니다.

[예과] (본부에서) 康熙 16년 4월 4일에 題本을 올려, 본월 7일에 諭旨를 받들었는데, 그 내용은 다음과 같았습니다.

[황제] 이 題本의 내용 중에 大臣을 파견하여 조사하는 것은 면하고, 該 國王으로 하여금 몰래 輿圖를 사들인 범인을 하나하나 엄히 체포하여 상세히 조사하고 확실하게 논의하여 상주하게 하라. 나머지는 의논한 내로 하라.

[예부] 이에 마땅히 咨文을 보내오니, 번거롭겠지만 旨의 내용에 따라서 삼가 받들어 시행해주십시오. 운운.

康熙 16년 4월 8일.

謝停査勅表[使 福昌君 楨]

原編 卷64 犯禁二 11a~11b(1233쪽)

운운. 傔從이 법을 어겨 삼가 두려워하고 있었는데, 사신의 파견을 중지해 주시고 특별히 관대한 은혜를 입게 하시니, 감동의 눈물이 흐르고 두려워하던 마음에 더욱 감격하였습니다. 엎드려 생각건대, 다행히 昌運의 시기를 만나 偏封을 삼가 지키면서 항상 小人이 법도를 어기지 않을까 걱정하여 경계함을 잊지 않았지만, 누차 큰 덕의 용서를 받으니 더욱 삼가며 긴장하게 되었습니다. 따져보니 이 輿圖를 소지한 것은 대개 노정의 참고를 위해서였습니다. 모사본이 下國에서 나왔으니 그 진위는 쉽게 알 수 있지만, 변문에서 禁物의 수색에 걸려 문제가 되었습니다. 그런데 뜻밖에 큰 덕의 도량으로 먼 지역에까지 인자함을 내려주시어, 敝邦이 스스로 조사하여 실상을 드러내게 하시고 황상의 사절이 조사하러 오는 일을 면해주시어 넉넉히 포용하시는 마음을 보여주셨습니다. 도탑게 감싸주심이 전후에 내려지니 (그것을) 머금고 (황상을) 칭송하는 일을 어찌 영원토록 해이할 수 있겠습니까!

크신 공적이 넓게 뻗어 나가 많은 나라들에게 은혜를 베푸시니, 五條를 먼저 가르치시어 그 혜택을 입은 것이 이렇게 넓으며 신중히 형벌을 집행하여 죄가 불경에 빠지지 않게 되었는데, 마침내 먼 변방의 저희에게까지 특별한 은혜를 입게 하셨습니다. 어찌 감히 황상의 뜻을 우러르며 작은 정성이나마 다하지 않을 수 있겠습니까. 허물을 뉘우치고 반성하면서 백성을 단속하여 어김이 없도록 하고, 위엄을 두려워하고 은혜를 생각하여 법을 준수하면서 잘못이 없도록 하겠습니다. 운운.

康熙 16년 4월 19일.

方物表

原編 卷64 犯禁二 11b~12a(1233~1234쪽)

운운. 하늘같은 은총이 더해져 외람되이 恩典을 입었으니, 토산물이 비록 형편없지만 감사의 정성을 다해 삼가 갖추었습니다. 운운.

[물건목록은 위의 順治 丁酉년 謝恩方物과 같다]

이상의 예물들은 품질이 정교하지 못하고 가짓수도 매우 적으니, 감히 殿庭을 채울만한 것은 아니지만 다만 表와 예물을 삼가 올립니다. 운운.

右表進呈咨[式見順治丁酉謝恩]

原編 卷64 犯禁二 12a(1234쪽)

太皇太后方物狀[式見甲辰謝恩]

原編 卷64 犯禁二 12a(1234쪽)

右狀進呈咨[式見甲辰謝恩]

原編 卷64 犯禁二 12a(1234쪽)

皇太后方物狀[式見順治丁酉謝恩]

原編 卷64 犯禁二 12a(1234쪽)

右狀進呈咨[式見順治丁酉謝恩]

原編 卷64 犯禁二 12a(1234쪽)

謝停査勑箋[製 權瑍]

原編 卷64 犯禁二 12a~12b(1234쪽)

臣 朝鮮國王이 아룁니다.

康熙 16년 5월 7일에 다음과 같은 禮部의 咨文을 전해 받았습니다.

……. 운운. [“朝鮮國人”에서, “欽遵施行”까지. 위의 禮部交該國審奏咨를 보라]

臣이 旨의 내용을 받들어 읽어보니 모두 황상께서 小邦을 곡진히 여기시는 큰 보살핌에서 나온 것이어서, 臣과 一國의 臣民들은 감격을 금치 못하였습니다. 삼가 箋文을 받들어 사의를 표함에 臣은 진실로 황송하고 두려워 머리를 거듭 조아립니다. 천한 노예가 죄를 얻어 바야흐로 견책이 가해질 것을 기다리고 있었는데, 큰 덕으로 감싸주시어 특별히 사신의 파견을 그쳐 주시니, 목을 늘어뜨리며 감격에 겨워하면서도 스스로 어루만지며 더욱 부끄러워졌습니다.

엎드려 생각건대, 臣은 외람되이 藩封을 지키며 제후의 도리에 잘못이 있을까 두려워하고 있었는데, 史書의 일로 인해 곡진한 용서의 은혜를 입은 것이 얼마 되지 않았는데, 예기치 않게 輿圖의 일로 또다시 금령을 어기게 되었으니, 비록 아무것도 모르고 한 짓이라도 有司의 비난을 면할 수 없었는데, 다행히도 큰 도량으로 전후의 사정을 용서해주시고 또한 敝邦으로 하여금 조사하여 정황을 모두 드러내게 하시니, 실로 황태자[乾元]의 큰 은혜를 입은 것이고 또한 황태자[离明]의 밝음에 의지한 것입니다.

자태가 출중하시어 모두가 공덕을 찬양하고, 황태자께서 계신 곳[甲觀]이 별처럼 밝게 빛나시니 능히 후계자의 모습을 보이시고 少海[태자]의 은총이 젖어드니 모두가 만물을 윤택하게 하는 공을 우러릅니다. 이에 마침내 미천한 저희로 하여금 특별한 은혜를 입게 하셨으니, 臣은 어찌 감히 우악한 총애를 머금고서 教條를 삼가 준수하지 않을 수 있겠습니까! (태자의) 자취가 小邦[鯷岑]에게 이르렀으니 방자하게 조공의 예를 시행하지 않을 수 없으며, 태자[鶴禦]를 향한 마음 절실하니 사대의 정성을 다하도록 하겠습니다. 신은 황태자를 우러르며 감격하고 황공하기 그지없어, 삼가 箋文을 받들어 사의를 표합니다.

康熙 16년 5월 12일. 조선국왕이 삼가 箋文을 올립니다.

方物箋

原編 卷64 犯禁二 13a(1234쪽)

신 조선국왕이 삼가 황상의 총애를 받아 사신을 멀리 보내 조사하게 하심을 면해 주셨으니, 土宜를 올려 미천한 정성이나마 다음과 같은 예물을 삼가 갖추었습니다.
白細苧布 20匹, 滿花席 10張, 雜彩花席 10張, 白綿紙 500卷, 黃毛筆 50把, 油煤墨 50개.
이상의 예물들은 궁벽한 곳에서 만들어지고 품질 또한 조악하여 구구한 정성을 보이기에는 실로 부끄러운 하급의 물건들입니다만, 신이 너무나 황송하고 감격한 나머지 삼가 箋文과 함께 진헌하여 아뢥니다.

康熙 16년 5월 12일. 조선국왕이 삼가 箋文을 올립니다.

右箋進呈咨

原編 卷64 犯禁二 13a~13b(1234쪽)

발신: 조선국왕
사유: 謝恩합니다.

[조선국왕] 康熙 16년 5월 7일에 다음과 같은 貴部의 咨文을 전해 받았습니다.

……. 운운. [위의 原箋과 같다]

[조선국왕] 제가 旨의 내용을 받들어 읽어보니 모두 황상께서 小邦을 곡진히 여기시는 큰 보살핌에서 나온 것이어서, 저와 一國의 臣民들은 감격을 금치 못하였습니다. 謝恩箋文을 짓고 아울러 進獻禮物을 갖추어 陪臣 福昌君 李楨·議政府右參贊 權大載 등을 파견하여 이를 소지하여 京師로 가서 謝恩을 올리는 외에, 지금 예물의 목록을 만들어 咨文을 보내오니, 살피시고 啓文을 올려 시행토록 해 주십시오.

一. 白細苧布[이하의 물건목록은 위의 原箋을 보라].

康熙 16년 5월 12일.

陳查審私帶地圖情節祗條裁處奏

原編 卷64 犯禁二 13b~15a(1234~1235쪽)

발신: 조선국왕

사유: 조사한 정황을 자세히 설명하고 삼가 황상의 裁處를 기다립니다.

[조선국왕] 올해 5월 7일에 다음과 같은 禮部의 咨文을 전해 받았습니다.

……. 운운. ["主客淸吏"에서, "欽遵施行"까지. 위의 原咨를 보라]

[조선국왕] 臣은 議政府로 하여금 六卿·義禁府·刑曹·都承旨·兩司長官과 함께 체포한 각 범인들을 모두 심문하게 하였습니다. 愼行建이 공술한 내용은 다음과 같았습니다.

[신행건] 天下地圖는 예전부터 우리나라에 전해져 병풍이나 족자 혹은 帖册으로 남아 있습니다. 저 또한 南北直隷 13省 및 外裔 諸國의 圖畵를 각 1帖册씩을 가지고 있었는데, 北直隷는 帖首에 있어서 여로의 멀고 가까움을 알고자 소지해서 갔는데,

가는 중에 돌아와 柵門에 이르러 뒤섞여 수색을 당하였습니다. 摹畵와 傳寫는 모두 우리나라 사람의 손으로 한 것이고 종이의 장식과 모양도 또한 살펴보면 그것이 우리나라의 물건임을 알 수 있으니, 이는 확실히 제가 돈을 들여 산 것이 아님을 그대로 보여줍니다. 大國의 경내에서 매매했다는 것은 본래 사실이 아니지만, 제가 우매하여 금령을 알지 못해서 이렇게 가져가고 말았습니다. 이는 실로 저의 죄이니 황송함을 금치 못하고 더 아뢸 말씀이 없습니다.

[조선국왕] 正使 吳挺緯가 공술한 내용은 다음과 같았습니다.

[오정위] 小邦은 大朝를 섬기면서 근신하고 공경하기를 감히 조금이라도 게으르지 않았습니다. 우리 國王은 비단 평일에 항상 이로써 廷臣들을 단속하고 경계했을 뿐만 아니라, 제가 京師에 갈 때에도 또한 다시 (저희를) 소견하여 勉諭하기를 마지않았습니다. 제가 어찌 이를 가슴 속에 새기지 않을 수 있겠습니까마는, 대동한 수행 관원이 地圖 小帖을 소지한 것은 실로 생각지도 못한 일이었습니다. 鳳凰城에 도달하여 수색을 당해 체포된 이후에야 비로소 이를 알게 되었습니다. 단속하고 주의를 주지 못한 죄는 마땅히 면하기 어려우니 황송함을 금치 못하겠습니다.

[조선국왕] 副使 金禹錫·書狀官 兪夏謙 등이 공술한 내용은 다음과 같았습니다.

[김우석 등] 入境해서 금령을 묻는 것은 예로부터 중시하던 것이었고, 삼가 사건이 발생하지 않도록 한 것은 國王이 경계하던 것으로, 저희들은 행동 하나하나에 조심하며 금령을 어기지 말 것을 재차 강조했습니다. 그러나 行建이 소지한 地圖는 상자 속의 微物이어서, 正使조차 알지 못했으니, 저희들이 알지 못한 것은 형세상 진실로 그러했습니다. 다만 제대로 규찰하지 못한 죄는 감히 벗기 어렵고 황송함을 금치 못하겠습니다.

[조선국왕] 또한 行建에게 자세히 캐어물었는데, 그 내용은 다음과 같았습니다

[신행건] 使臣이 京師에 갈 때에 수행 관원들에게 금령을 어기지 말라는 말을 신칙한 적이 없었는가. 사신들이 비록 검사하여 감독한 적이 있었는데도 네가 이 금령을 어기는 일을 괘념치 않은 것은 아니었는가.

[조선국왕] 行建은 다음과 같이 대답하였습니다.

[**신행건**] 使臣이 경계하고 신칙한 것은 엄명하지 않음이 없었으나, 제가 輿圖를 소지해 가는 것이 나라에서 금하는 일인 줄 모르고 망령되이 법을 어겼으니 만 번 죽어도 아까울 것이 없습니다.

[**조선국왕**] 이상의 자백을 받고 따로 심문을 더해 확실히 하였습니다. 行建이 비록 스스로 자백하기를 그 帖冊은 원래 行建의 집에 소장하고 있던 것으로 본래 매매한 것이 아니라고 합니다. 이는 다만 아문에서 자세하게 심문을 가해서 사실관계를 가려야 하겠습니다만, 가령 行建이 실제로 구매한 것이 아니더라도 당초에 가지고 간 것은 그 죄를 면하기 어렵습니다. 吳挺緯 자신은 使臣으로서 그 수행 관원을 검사하고 신칙하지 못하였으니, 실로 또한 죄가 있습니다. 金禹錫·兪夏謙 등은 모두 동행한 자들로서 규찰해내지 못했으니, 또한 어찌 죄가 없다 하겠습니까. 臣이 또한 엎드려 생각해 보건대, 小邦은 大朝의 두터운 은혜를 입어 온 지가 지금 이미 40여 년이 지났습니다. 상국의 법규를 삼가 받들어 臣民을 경계하고 신칙하여 감히 이를 위반하는 자가 없게 하였으니, 참으로 臣이 평소 밤낮으로 노력한 바입니다. 마침 금령을 어기고 史書를 구매한 사건이 발생하여 곧바로 조사하여 상주하였고 엄한 처벌을 공경히 기다리고 있었습니다. 뜻밖에도 지금 또다시 이번 行建의 범죄가 발생하였으니 더욱 황송하여 어찌할 바를 모르겠습니다. 禮部가 題本을 올려 엄히 다스릴 것을 청하였으나, 황상께서 관대히 봐주셔서 특별히 微臣으로 하여금 스스로 조사하여 상주하게 하셨으니, 德意가 두터워 河海와도 같아 감격하고 황송하여 뭐라 말씀드려야 할지 모르겠습니다. 臣은 바야흐로 죄를 기다릴 겨를도 없이 이미 諭旨를 받들어 감히 각 범인들의 공술을 황상께 올려 裁處에 도움이 되게 하는 외에, 조사한 정황을 자세히 설명하고 삼가 황상의 裁處를 기다립니다. 운운.

右奏進呈咨[式見順治丁酉陳奏]

原編 卷64 犯禁二 15a(1235쪽)

方物奏[式見順治丁酉陳奏]

原編 卷64 犯禁二 15a(1235쪽)

右奏進呈咨[式見順治丁酉陳奏]

原編 卷64 犯禁二 15a(1235쪽)

太皇太后方物單[式見甲辰陳奏]

原編 卷64 犯禁二 15a(1235쪽)

右單進呈咨[式見甲辰陳奏]

原編 卷64 犯禁二 15a(1235쪽)

皇太后方物單[式見順治丁酉陳奏]

原編 卷64 犯禁二 15b(1235쪽)

右單進呈咨[式見順治丁酉陳奏]

原編 卷64 犯禁二 15b(1235쪽)

皇太子方物啓[豹皮康熙辛卯免]

原編 卷64 犯禁二 15b(1235쪽)

발신: 조선국왕

사유: 進獻합니다.

조사한 정황을 자세히 설명하고 삼가 황상의 裁處를 기다리고 있습니다. 이에 陪臣 福昌君 李楨·議政府右參贊 權大載 등을 파견하여 奏本과 禮物을 가지고 가게하고, 아울러 進獻禮物을 갖추어 나아가 進獻하는 외에, 지금 예물의 목록을 만들어 삼가 啓文을 갖추어 아룁니다.

白細苧布 20匹·白細綿紬 20匹·滿花席 10張·雜彩花席 10張·豹皮 2張·白綿紙 500卷·黃毛筆 40把·油煤墨 40개.

이상을 삼가 아룁니다.

康熙 16년 5월 12일. 조선국왕.

右啓進呈咨

原編 卷64 犯禁二 15b~16a(1235~1236쪽)

발신: 조선국왕

사유: 進獻합니다.

조사한 정황을 자세히 설명하고 삼가 황상의 裁處를 기다립니다. 이에 陪臣 福昌君 李楨·議政府右參贊 權大載 등을 파견하여 奏本과 禮物을 가지고 가게하고, 아울러 皇太子 殿下의 進獻禮物을 갖추어 나아가 進獻하는 외에, 지금 예물의 목록을 만들어

咨文을 보내오니, 살피시고 啓를 올려 시행토록 해 주십시오.

一. 白細苧布[이하의 물건목록은 위의 原啓를 보라].

康熙 16년 5월 12일.

禮物總單[見進賀]

原編 卷64 犯禁二 16a(1236쪽)

禮部知會免議及犯人擬罪咨

原編 卷64 犯禁二 16a~16b(1236쪽)

발신: 예부

사유: 알립니다.

[예부] 禮科가 本部에서 앞의 사안에 대해 題本을 올린 것을 抄出하였는데, 그 내용은 다음과 같았습니다.

[예부] 天下地圖는 즉 中國의 輿圖로서 매우 緊要한 것입니다. 愼行建이 비록 공술하기를, 輿圖는 전해진 지 이미 오래고 摸畫 및 종이의 장식과 모양은 모두 그 나라 사람의 손에서 나온 것이라고는 하지만, 만약 朝鮮의 종이를 가져다가 몰래 그리고 장식한 것이라면 또한 어찌 불가능하겠습니까. 하물며 輿圖는 中國輿圖로서, 愼行建이 멋대로 말을 꾸며 교묘하게 공술했다 하더라도 법률을 어긴 죄는 면하기 어렵습니다. 이러한 정황으로 愼行建은 革職하고 그 나라의 변경 지방으로 유배를 보내 充軍해야겠습니다. 그 吳挺緯 등은 규찰하지 못했으니 그 죄는 면하기 어렵습니다. 이러한 정황으로 正使 吳挺緯·副使 金禹錫·書狀官 兪夏謙 등은 모두 革職해야겠습니다. 응당 朝鮮國王을 조사하여 처벌해야 하나, 평소에 使臣을 경계하여 신칙해 왔고 또한 조공을 바치러 온 사신의 犯法을 조사할 때에는 결코 國王을 연좌시키지 않으

니, 응당 朝鮮國王의 처벌은 면해 주어야겠습니다.

康熙 16년 7월 16일에 題本을 올려 그날 諭旨를 받들었는데, 그 내용은 다음과 같았습니다.

[황제] 의논한 대로 하라.

[예부] 이에 마땅히 咨文을 보냅니다. 운운.

康熙 16년 7월 20일.

謝免議表[製 李聃命 使 瀛昌軍 沉]

原編 卷64 犯禁二 16b~17a(1236쪽)

[조선국왕] 운운. 수행원이 망령되이 금령을 어겨 바야흐로 견책이 가해질 것을 기다리고 있었는데, 크신 은혜가 곡진하여 용서해주시는 은전을 내리시니, 두려웠던 마음이 더욱 격앙되어 감동의 눈물이 먼저 흘러내렸습니다. 엎드려 생각해보건대, 오랫동안 총애를 입어 선조의 공업을 지킬 수 있었습니다. 천하의 수레와 문자가 모두 통일되었으니 운 좋게도 창성한 때를 만난 것인데 輿圖가 關津에서 발각된 것은 실로 금령을 어긴 것입니다. 생각지 못하게, 삼가 처벌을 기다리는 차에 오히려 허물을 씻어주시는 은혜를 입게 되었습니다. 정상을 참작하고 공평하게 판단하시는 것은 실로 萬里를 내다보는 明見이시고, 법을 굽혀 긍휼히 베푸시는 것은 세상에 보기 드문 특별한 은총을 내리시신 것입니다. 大德으로 융성하게 포용해주시니 저의 마음은 더욱 깊이 송축하게 됩니다.

삼가 아래를 대함에 용서로 대하시고 윗자리에 거처하심에 극히 관대하시니, 잘못한 죄 용서해주시는 것은 천지의 큰 도량과 같이 넓으시며, 온 세상을 평등하게 대해주시는 것은 우거짐이 따뜻한 봄의 지극한 인자함과 같습니다. 이에 끝내 미미한 저희들에게 또한 두터운 은혜를 입게 하시니, 어찌 감히 이전의 잘못을 더욱 뉘우치고 충성을 다하지 않을 수 있겠습니까. 상국의 금령을 준수하되 삼가 두려워하며 동쪽까지 미친

恩化에 보답하겠으며, 제후의 도리를 준수하되 경계하며 황제께 충성하는 마음을 감히 잊지 않겠습니다. 운운.

康熙 16년 10월 28일.

方物表

原編 卷64 犯禁二 17a(1236쪽)

운운. 하늘과 같이 살펴보심이 밝고도 밝아 이미 너그러운 은혜를 입었으니, 토산물이 비록 미천하더라도 감히 예의를 다하여 바치오니, 다음과 같은 예물을 삼가 갖추었습니다.
[물건목록은 위의 順治 丁酉년 謝恩方物과 같다]
이상의 예물들은 궁벽한 곳에서 생산되어 품질이 정교하지 못하나, 다만 작은 정성을 모아 바칠 뿐입니다. 운운.

右表進呈咨[式見順治丁酉謝恩]

原編 卷64 犯禁二 17a(1236쪽)

太皇太后方物狀[式見甲辰謝恩]

原編 卷64 犯禁二 17a(1236쪽)

右狀進呈咨[式見甲辰謝恩]

原編 卷64 犯禁二 17b(1236쪽)

皇太后方物狀[式見順治丁酉謝恩]

原編 卷64 犯禁二 17b(1236쪽)

右狀進呈咨[式見順治丁酉謝恩]

原編 卷64 犯禁二 17b(1236쪽)

皇后方物狀[式見順治丁酉謝恩]

原編 卷64 犯禁二 17b(1236쪽)

右狀進呈咨[式見順治丁酉謝恩]

原編 卷64 犯禁二 17b(1236쪽)

謝免議箋

原編 卷64 犯禁二 17b~18a(1236~1237쪽)

운운. 小校가 禁令을 어겨 바야흐로 처벌이 가해질 것을 기다리고 있었는데, 大朝께서 은혜를 베푸시어 올바른 길로 인도해 주시니, 돌이켜 보건대 몸 둘 바를 모르겠지만 뼈에 새겨 감히 잊지 않겠습니다. 엎드려 생각건대, 교화가 小邦에게까지 이르니 진실로 사대의 정성을 다하였습니다. 선조의 공업을 지키는 것은 구석진 곳에 있는 小邦이 외람되이 황상의 은혜를 입은 덕분이고, 가까이서 中朝를 섬길 수 있었기에 더욱 제후의 도리를 다하였습니다. 그런데 뜻밖에 우리 사신이 조공을 바치러 갈 때에 地圖를 몰래 소지할 줄 알았겠습니까! 그 죄는 용서하기 어려운 것이니 행장의 문제는 반드시 신칙하겠지만, 仁으로 덮어 주지 않음이 없으셔서 만물을 이루어주는 마음으로 곡진히 돌보아 주셨으니, 이는 河海와 같은 도량으로 밝게 헤아려 주신 것일 뿐만이 아니니 离明[태자]께서 곁에서 그 빛을 보좌해 주신 결과일 것입니다.
삼가 자태는 순수하시고 본성은 온화하시어, 자식으로서 하루에 세 번 문안하는 예를 공경히 시행하시어 적자의 중임을 다하시고, 四海 백성들의 믿음을 얻으시어 德을 칭송하는 노래가 가득합니다. 이에 마침내 궁벽한 곳의 잘못을 저지른 저에게도 또한 특별한 은혜를 내려주셨습니다. 이에 삼가 보살핌과 총애를 받들어 章程을 준수하지 않을 수 있겠습니까! 기자의 封國을 지키되 백관을 통솔하여 감사하여 받들겠고, 멀리서 장수하시길 축원하며 황태자를 기리겠습니다. 운운.
["운운"투식은 丁巳년 謝恩에 보인다]

方物箋

原編 卷64 犯禁二 18a(1237쪽)

운운. 처벌[邦憲]을 특별히 용서받았으니 온 나라를 들어 德에 보답하고자, 토산물을 올려 황태자를 우러러 정성을 올리고자, 삼가 다음과 같은 예물을 갖추었습니다.
[물건목록은 위의 丁巳년 謝恩方物과 같다]
이상의 예물들은 품질이 정교하지 못하고 가짓수도 매우 적으니, 감히 殿庭을 채울만한 것은 아니나 실로 조금이나마 굽어살펴주시기를 바랄 뿐입니다. 운운.
["운운"투식은 丁巳년 謝恩에 보인다]

右箋進呈咨[式見丁巳謝恩]

原編 卷64 犯禁二 18a(1237쪽)

禮物總單[見節使]

原編 卷64 犯禁二 18a(1237쪽)

禮部發回謝寬免買史及免議挾地圖方物咨[見陳奏]

原編 卷64 犯禁二 18a(1237쪽)

[辛未]

禮部知會年貢行犯禁咨

原編 卷64 犯禁二 18b(1237쪽)

운운.

年貢의 수행 관원 張燦이 『一統志』를 가지고 돌아왔습니다.

운운.

[『通文館志』에 나온다]

康熙 30년 월 일.

回咨

原編 卷64 犯禁二 18b(1237쪽)

[조선국왕] 운운. 즉시 張燦을 심문하였습니다. 공술한 내용은 다음과 같았습니다.

> **[장찬]** 제가 어찌 법에 우매하여 금령을 어겼겠습니까. 『一統志』는 다만 山水詞賦를 논하는 책입니다. 중도에 뜻하지 않게 구매한 것은 숙소에 머무를 때 시간을 보내려고 한 것입니다. 柵門에 이르러 체포되었으니 만일 법으로 금하는 물품으로 간주한다면, 실로 억울한 일입니다.

[조선국왕] 行護軍 金鎰信을 파견하여 咨文으로 보고합니다.
운운.
[『通文館志』에 나온다]

康熙 30년 월 일.

禮部知會犯禁人擬罪咨

原編 卷64 犯禁二 18b~19a(1237쪽)

[예부] 운운. 張燦 (사건)은 예전 愼行建의 地圖 사건에 비해 훨씬 중하니, 마땅히 변방 지역에 充軍시켜야 합니다. 陪臣 瀛昌君 李沉 등은 革職해야 합니다. 題本을 올렸고, 다음과 같은 諭旨를 받들었습니다.

[황제] 陪臣은 너그러이 사면하고, 나머지는 의논한 대로 하라.

운운.
[『通文館志』에 나온다]

康熙 30년 월 일.

回咨

原編 卷64 犯禁二 19a(1237쪽)

[조선국왕] 운운. 즉시 張燦을 善山 지방에 充軍했다는 등의 情由를 咨文으로 회신합니다. 운운.
[『通文館志』에 나온다]

康熙 30년 월 일.

[辛未]

禮部知會謝恩行犯禁咨

原編 卷64 犯禁二 19a(1237쪽)

운운.

謝恩 사행의 수행 관원 張炫이 火炮 25개를 가지고 갔습니다. 비록 軍器와 같지는 않지만, 또한 硝黃을 소지한 것에 속하니, 헤아려 처벌해야겠습니다.

운운.

[『通文館志』에 나온다]

康熙 30년 월 일.

回咨

原編 卷64 犯禁二 19a(1237쪽)

운운.

張炫에 대해 2級을 강등하여 전직시킨 연유를 咨文으로 회신합니다.

운운.

[『通文館志』에 나온다]

康熙 30년 월 일.

[己卯]

禮部知會年貢行員役犯買史册查明禁止咨

原編 卷64 犯禁二 19b~20a(1237~1238쪽)

발신: 예부

사유: 稟報합니다.

[예부] 主客淸吏司에서 案呈을 올렸는데, 그 내용은 다음과 같았습니다.

[주객사] (본부에서) 署鳳凰城 城守禦章京 賽秘納이 올린 보고를 받았는데, 그 내용은 다음과 같았습니다.

[봉황성 장경] 部에서 보낸 箚文을 받들었는데, 그 내용은 다음과 같았습니다.

[箚文] 朝鮮國에서 조공을 바치러 보낸 年貢 正使인 工曹判書 李彦綱 등이 화물 꾸러미를 가지고 갔으니, 그 수에 맞추어 내보내고 또한 部로 문서를 보내 보고하라.

[봉황성 장경] 그 즉시 돌아가는 수행 관원들의 馬匹과 화물 꾸러미 등을 部의 문서에 나와 있는 數目에 맞추어 모두 조사하여 내보내는 외에, 말에 실린 행장 중에서 서책 4꾸러미를 찾아냈습니다. 이들 서책의 명목은 번다하여 이 중 법으로 금하는 책이 있는지 또한 확정할 수 없습니다. 이에 마땅히 서책의 명목을 보고합니다. 이 서책들을 部로 보내야 하는지, 혹은 그냥 조선사신들에게 돌려주어야 하는지는 오로지 部의 문서가 도래하는 날을 기다려 그에 따라 행하는 것이 좋을 것 같습니다. 만약 部로 보내야 한다고 해도, 저희들은 감히 멋대로 驛遞를 동원할 수 없습니다. 삼가 문서의 내용에 따라 명백히 시행해 주시기 바랍니다.

[주객사] 定例의 내용을 살펴보면, 朝鮮國에서 조공을 바치러 올 때에는 史書 등의 물건을 구매하지 못한 일은 이미 오랫동안 엄금해 온 바 있습니다. 지금 署鳳凰城 城守禦章京 賽秘納 등이 보고한 바에 따르면, 年貢을 바치러 온 正使인 工曹判書 李彦綱 등이 가지고 가는 의복 행장 중에서 서책 4꾸러미를 찾아내어 겨우 서명만

적어 部로 보내왔습니다. 보내온 書名을 살펴보니, 비록 史書는 아니지만 그 중에는 史書와 관련된 것들도 있으니, 이 책들은 가지고 가게 할 수 없습니다. 마땅히 鳳凰城城守禦에게 문서를 보내어 색출한 책들을 나중에 京師에 올 때 部로 보내어 창고에 넣어 두게 하고, 또한 朝鮮國王에게 문서를 보내어 책을 구매하여 가지고 간 사람들을 명확히 조사하여 엄히 금지하게 해야 할 것입니다.

[예부] 이에 마땅히 咨文을 보내오니, 이에 비추어 시행해주십시오. 운운.

康熙 38년 5월 9일.

報犯買員役及使臣議罪咨

原編 卷64 犯禁二 20a~20b(1238쪽)

발신: 조선국왕

사유: 회답합니다.

[조선국왕] 올해 6월 25일에 다음과 같은 貴部의 咨文을 전해 받았습니다.

……. 운운. [“主客淸吏”에서, “禁止可也”까지. 위의 原咨를 보라]

[조선국왕] 이상의 내용을 받았습니다. 삼가 살펴보건대, 小邦은 삼가 법규를 준수하고 臣民을 단속하고 신칙함에 감히 어긋나는 일이 없었습니다. 근래 사신 李彦綱 등이 돌아올 때 구매한 서책이 발각되었습니다. 대개 그 서책은 비록 史書는 아니지만 마땅히 금하는 물건이기 때문에, 이미 발각되었으니 그 책임이 없다고 할 수 없습니다. 따라서 書册을 수매한 수행 관원 趙存璧·李之翰 등은 革職하겠습니다. 正使 李彦綱·副使 李德成·書狀官 李坦 등은 또한 규찰해내지 못한 과실을 면할 수 없습니다. 李彦綱 등은 모두 2級을 강등하여 전직시키고, 지금 이후 더욱 엄히 禁斷하겠습니다. 京師로 가는 수행 관원 등이 史書를 구매하여 금령을 어기는 일이 없도록 하게 하는

외에, 이에 마땅히 咨文을 보내 회신하오니 이에 비추어 시행해주십시오. 운운.

康熙 38년 10월 29일.

[丙戌]

禮部知會年貢行員役犯買春秋嗣後嚴禁咨[互勅諭]

原編 卷64 犯禁二 20b~21a(1238쪽)

발신: 예부
사유: 稟報합니다.

[예부] 主客淸吏司에서 案呈을 올렸는데, 그 내용은 다음과 같았습니다.

[주객사] 本部에서 鳳凰城 城守禦 馬喇의 보고를 받았는데, 그 내용은 다음과 같았습니다.

[봉황성 성수위] 本部가 보낸 箚文의 내용은 다음과 같았습니다.

[예부] 朝鮮國에서 조공을 바치러 온 年貢 正使인 東平尉 鄭載崙 등이 화물 꾸러미를 가지고 갔으니, 그 수에 맞추어 조사하여 내보내라. 만약 법으로 금하는 물건이 있으면 또한 部로 문서를 보내 보고하라.

[봉황성 성수위] 그 즉시 돌아가는 수행 관원들의 馬匹과 화물 등을 部의 문서에 나와 있는 數目에 맞추어 모두 조사하여 내보내는 외에, 朝鮮國人 佃一鑑·全正·徐元 등의 행장 안에서 六經·『春秋』2벌 8책을 색출하였습니다. 이 서책이 금령을 어긴 부분이 있는지 또한 확정할 수 없습니다. 서책을 일단 남겨두고 部의 문서가 도래하는 날을 기다려 그에 따라 행하는 것이 좋을 것 같습니다.

[주객사] 이상의 내용이 部에 도착했습니다. 定例의 내용을 살펴보면, 朝鮮國에서 조공을 바치러 오는 사신은 史書 등의 물건을 수매하지 못하게 되어 있고 이미 오랫동

안 엄금해 온 바 있습니다. 지금 朝鮮國人 佃一鑑 등의 행장 안에서 六經·『春秋』 8책을 찾아냈으니, 비록 법으로 금하는 史書는 아니지만 『春秋』는 魯國의 역사이기 때문에 또한 史書와 관련된 바가 있습니다. 마땅히 적발한 책들을 나중에 京師에 오는 편에 部로 보내어 창고에 넣어 두게 하고, 朝鮮國王에게 알려 사후에 이러한 금지된 서적을 구매하지 못하게 해야 할 것입니다.

[예부] 이에 마땅히 咨文을 보내오니, 이에 비추어 시행해주십시오. 운운.

康熙 45년 5월 28일.

報犯買員役責罰咨

原編 卷64 犯禁二 21a~21b(1238쪽)

발신: 조선국왕

사유: 咨文을 보내 회신합니다.

[조선국왕] 康熙 45년 7월 13일에 義州府尹 金致龍이 보낸 馳啓를 받았는데, 그 안에서 다음과 같은 貴部의 咨文을 전해 받았습니다.

……. 운운. [“主客淸吏”에서, “收買可也”까지. 위의 原咨를 보라]

[조선국왕] 이상의 내용을 받았습니다. 삼가 살펴보건대, 小邦은 삼가 법규를 준수하고 평소에 경계하고 신칙하면서 신하들이 혹여 망령되이 어기지 않을까 걱정하였습니다. 근래 使臣이 돌아오는 때에 서적을 몰래 구매한 사건이 있었습니다. 대개 春秋는 비록 史書는 아니지만 마땅히 금하는 물건에 가깝기 때문에, 이미 발각되었으니 小邦은 실로 황송함을 금할 수 없습니다. 그런데 本國의 수색당한 사람을 따져보면 바로 典醫監 前正 許遠으로, 典醫監은 곧 官司의 명칭이고 前正은 즉 許遠의 前任 職名이니 실은 한 사람이므로, 지금 貴部의 咨文 내에 佃一鑑 등을 운운한 것은 발음이 서로 비슷하여 와전된 것입니다. 따라서 이미 許遠은 처벌을 가하였고, 지금 이후로 더욱

엄하게 금지시키겠습니다. 京師로 가는 수행 관원 등이 감히 史書를 구매하여 금령을 위반하는 일이 없도록 하게 하는 외에, 이에 마땅히 咨文을 보내 회신하오니 이에 비추어 시행해주십시오. 운운.

康熙 45년 10월 30일.

[乙未]

報年貢行員役犯買黑角咨

原編 卷64 犯禁二 21b~22a(1238~1239쪽)

발신: 조선국왕
사유: 黑角을 몰래 지녀 금령을 어긴 범인을 심문하여 馳報를 보냅니다.

[조선국왕] 康熙 54년 2월 24일에 謝恩兼冬至陪臣 晉平君 李澤 등이 돌아와 義州府에 이르러 올린 馳啓를 받았는데, 그 내용은 다음과 같았습니다.

> **[동지사]** 일행 중에 驅卒人인 嚴立·貴先이 몰래 黑角을 소지하다가 鳳凰城 栅門에 이르러 발각되었습니다. 범인들을 포박하고 질책하여 심문하였습니다. 嚴立에게 다음과 같은 공술을 받았습니다.
>
> > **[엄립]** 저는 刷馬驅人으로서 譯官의 奴 貴先과 공모하여 몰래 弓角 360개를 구매하였습니다.
>
> **[동지사]** 貴先이 공술한 내용은 다음과 같았습니다.
>
> > **[귀선]** 저는 譯官 金有基의 率人으로서, 嚴立의 말에 솔깃하여 은 63냥을 들여 嚴立으로 하여금 위에서 언급한 弓角을 몰래 사게 하여 이익을 조금 취하고자 하였습니다.
>
> **[동지사]** 金有基를 잡아들여 질책하고 심문하여, 다음과 같은 공술을 받았습니다.
>
> > **[김유기]** 貴先은 본래 저의 奴가 아니라 고용하여 데리고 간 자입니다. 그가 몰래

매매하여 간사한 짓을 저지른 사실은 전혀 알지 못했습니다.

[동지사] 이에 각 범인들을 가두었습니다.

[동지사] 지금 이 각 범인들은 小邦이 감히 멋대로 처리할 수 없는 부분이 있으니, 司譯院正 卞時和를 파견하여 咨文을 들려 보내니, 번거롭겠지만 이에 비추어 대신 上奏해서 시행해주십시오. 운운.

康熙 54년 4월 10일. [禮部로 보내다]

禮部知會黑角一案俟該國査奏到日再議咨

原編 卷64 犯禁二 22a~22b(1239쪽)

발신: 예부

사유: 黑角을 몰래 지녀 금령을 어긴 범인을 심문하여 馳報를 보냅니다.

[예부] (……)

[주객사] 禮科에서 抄出했는데, 그 내용은 다음과 같았습니다.

[예과] 該 本部에서 위의 사유로 題本을 올렸는데, 그 내용은 다음과 같았습니다.

[예부] 朝鮮國王이 咨文을 보냈는데, 그 내용은 다음과 같았습니다.

운운. ["據謝恩"에서, "照詳施行"까지. 위의 原咨를 보라]

[예부] 올해 4월 중의 일을 살펴보니, 盛京禮部가 다음과 같은 咨文을 보냈습니다.

[성경예부] 朝鮮國에서 조공을 바치러 온 年貢 正使 晉平君 李澤 등이 鳳凰城에 도착한 후 (일행을) 邊關으로 내보낼 때, 말에 실린 행장 중에서 水牛角 180개를 색출하였습니다.

[예부] 臣部가 논의해 보건대, 이 사안은 大臣을 파견하여 엄히 조사해야 할 지, 혹은 該 國王에게 넘겨 엄히 조사하게 해야 할 지, 엎드려 황상의

결정을 기다리겠습니다.

[예과] (본부에서) 題本으로 올려 旨를 받들었는데, 그 내용은 다음과 같았습니다.

[황제] 이 사안은 該 國王에게 넘겨 명확히 조사하고 심문하여 상주하게 하라.

[예부] 朝鮮國王에게 咨文을 보냈으나, 예부의 자문이 아직(조선에) 도착하지 않았습니다만, 조선국왕이 알려오기를 牛角을 몰래 사들인 자들을 체포하였다고 합니다. 이 안건은 이미 諭旨를 받들어 該 國王에게 넘겨 심문하게 하였으니, 조사하여 갖춘 題本이 도착하는 날을 기다려 다시 논의하는 것이 좋을 것 같습니다.

[예과] (본부에서) 康熙 54년 6월 6일에 題本을 올려, 본월 9일에 諭旨를 받들었는데, 그 내용은 다음과 같았습니다.

[황제] 의논한 대로 하라.

[주객사] 이상의 내용이 抄出되어 本部에 도착했습니다. 마땅히 조선국왕에게 咨文을 보내는 것이 좋겠습니다.

[예부] 이에 마땅히 咨文을 보냅니다. 운운.

康熙 54년 6월 21일.

禮部知會黑角犯人交該國查奏咨[互勅諭]

原編 卷64 犯禁二 22b~23a(1239쪽)

[예부] 운운. 禮部가 咨文을 보냅니다. 鳳凰城 章京의 보고를 받았는데, 그 내용은 다음과 같았습니다.

[봉황성 장경] 黑角 180개를 색출하였습니다.

[예부] 살펴보건대 예전에 地圖를 색출했을 때, 臣部는 관원을 파견하여 심문해야 한다고 논의했었습니다. 이에 旨를 받들었는데, 그 내용은 다음과 같았습니다.

[황제] 관원을 파견하는 것은 면하고, 該國으로 하여금 헤아려 상주하게 하라.

[예부] 지금 이번 사건에 대해 황상의 결정을 기다리는 내용으로 題本을 올렸고, 다음과 같은 諭旨를 받들었습니다.

[황제] 該國으로 하여금 심문하여 상주하게 하라.

운운.

[『通文館志』에 나온다]

康熙 54년 월 일.

謝停査勅表[製 金始慶, 使 鄭載崙]

原編 卷64 犯禁二 23a~23b(1239쪽)

운운. 小人이 법을 어겨 바야흐로 죄를 기다리고 있었는데, 큰 도량으로 너그러이 용서해 주시고 특별히 사신을 파견하는 명령을 거두어주시니, 하늘과 같은 德에 보답할 방법이 없습니다. 엎드려 생각건대, 저는 東藩을 지키며 정성을 다해 황상을 모시면서 항상 윗사람을 받드는 법규를 시행하고자 여러 차례 신칙하였는데도 아랫사람을 다스림에 위엄을 보이지 못해 혹시라도 불경한 일이 있을까 걱정하였는데, 뜻밖에 천한 사신이 돌아오는 길에 간교한 노예가 법을 범하고 말았습니다. 황상의 밝은 헤아림 덕분에 다행히 견책을 면하였고, 칙사가 수고롭게도 멀리서 오는 일을 중지시켜주시고 (저에게) 전적으로 사건을 조사하게 하시니, 황상의 은혜를 느끼며 황송함이 그지없습니다. 삼가 훌륭한 헤아림으로 아랫사람을 헤아려주시고 관대한 도량으로 넉넉히 포용해주시니, 日月의 널리 비추는 빛으로 먼 곳과 가까운 곳을 모두 감싸주시고, 陰陽의 상서로운 조화로 더러운 허물을 씻어주시니, 마침내 偏封으로 하여금 또한 특별한 은혜를 입게 하셨습니다. 어찌 감히 뼈에 새겨 기억하고 은혜를 마음에 품지 않을 수 있겠습니까! 후일을 기울삼아 앞의 일을 경계하되 엄히 난속하여 다시는 어기는 일이 없게 하겠으며, 外服에 위치함에도 오히려 內服처럼 여겨주시니 황상의 보살핌을 우러르며 이를 영광으로 삼겠습니다. 운운.

康熙 54년 11월 2일.

右表進呈咨[式見順治丁卯謝恩]

原編 卷64 犯禁二 23b(1239쪽)

陳查審犯買黑角情節祇俟裁處奏[製 洪世泰, 互陳奏]

原編 卷64 犯禁二 23b~25b(1239~1240쪽)

발신: 조선국왕

사유: 조사한 정황을 자세히 설명하고 삼가 황상의 勘處를 기다립니다.

[조선국왕] 올해 3월 27일에 조공을 바치러 간 年貢陪臣 晉平君 李澤·禮曹判書 權愭 등이 이번 달 23일에 돌아와 義州府에 이르러 올린 馳啓를 받았는데, 그 내용은 다음과 같았습니다.

[정·부사] 일행 중에 驅卒人 嚴立·貴先 등 2인이 몰래 黑角을 소지하다가 鳳凰城 柵門에 이르러 수색에 발각되었으니, 臣 등은 놀라움을 금치 못하였습니다. 범인들을 포박하고 질책하여 심문하였습니다. 嚴立에게 받은 공술의 내용은 다음과 같았습니다.

[엄립] 저는 刷馬驅人으로서 京師에 갔다가 譯官의 奴 貴先과 공모하여 몰래 弓角 360개를 구매하였습니다. 체포될까 두려워 明男의 書標로 산 것이라고 둘러댔습니다. 이미 함부로 금령을 어겼으니 죄는 만 번 죽어도 마땅합니다.

[정·부사] 貴先이 공술한 내용은 다음과 같았습니다.

[귀선] 저는 譯官 金有基의 率人으로서, 京師에 갔을 때 嚴立의 말에 솔깃하여

은 63냥을 들여 嚴立으로 하여금 弓角을 몰래 사게 하여 이익을 조금 취하고자 하였습니다. 스스로 極罪에 빠졌으니, 만 번 죽어도 달게 받겠습니다.

[정·부사] 金有基가 공술한 내용은 다음과 같았습니다.

[김유기] 위에서 언급된 貴先은 본래 저의 奴가 아니라 고용하여 데리고 간 자입니다. 그가 몰래 매매하여 간사한 짓을 저지른 사실은 전혀 알지 못하였으나, 匪人을 데리고 간 죄는 면하기 어려울 것입니다.

[정·부사] 각 범인들을 가두었습니다.

[조선국왕] 臣은 이를 듣고 경악하여 마땅히 즉각 조사하여 엄히 다스려야 하나, 각 범인들은 小邦이 감히 멋대로 처리할 수 없는 부분이 있으니, 응당 이러한 緣由를 급히 먼저 馳報하였습니다. 이에 司譯院正 卞時和를 파견하여 咨文을 들려 보낸 후에, 또한 올해 8월 20일에 다음과 같은 禮部의 咨文을 전해 받았습니다.

…….

[예부] 盛京禮部가 다음과 같은 咨文을 보냈습니다.

[성경예부] 鳳凰城城守尉 烏爾杜 등의 보고를 받았는데, 그 내용은 다음과 같았습니다.

[봉황성 성수위] 朝鮮國에서 조공을 바치러 온 年貢 正使 晉平君 李澤 등이 귀국하면서 3월 21일에 鳳凰城에 도착한 후 邊關으로 내보낼 때 水牛角 180개를 색출하였습니다. 이 牛角을 部로 보내야 할지, 혹은 어떻게 처리해야 할지, 部의 咨文을 기다려 그에 따라 시행하겠습니다.

[예부] 『會典』의 내용을 살펴보니, 다음과 같았습니다.

[회전] 무릇 外國의 朝貢이 京師에 오면 史書·黑黃紫皀·大花·西番蓮·緞匹 및 일체 법으로 금지되어 있는 兵器·焰硝·牛角 등의 물품은 收買를 불허한다.

[예부] 또한 康熙 16년 4월 중의 일을 살펴보니, 朝鮮國에서 조공을 바치러 온 年貢 正使 吳挺緯 등이 돌아가면서 鳳凰城에 이르러 관문을 나설 때 행장 속에서 各省地圖를 색출하였습니다. 臣部가 논의한 내용은 다음과

같았습니다.

[황제] 이 사안은 마땅히 大臣을 파견하여, 朝鮮國王과 함께 엄히 조사하고 확실히 심문하여야 합니다.

[예부] 이상의 내용을 題本으로 올려 旨를 받들었는데, 그 내용은 다음과 같았습니다.

[황제] 이 題本의 내용 중에 大臣을 파견하여 조사하게 하는 것은 면하고, 該 國王으로 하여금 몰래 輿圖를 사들인 범인을 하나하나 엄히 체포하여 상세히 조사하고 확실하게 논의하여 상주하게 하라. 나머지는 의논한 대로 하라.

[예부] 朝鮮國王에게 咨文을 보내 알린 바 있습니다. 지금 朝鮮國의 晉平君 李澤 등이 몰래 牛角을 구매하여 가져가려 한 것은 크게 법규를 위반한 것입니다. 이 사안에 대하여 大臣을 파견하여 엄히 조사해야 할지, 혹은 該 國王에게 넘겨 엄히 조사하게 해야 할지, 엎드려 황상의 결정을 기다리겠습니다.

[예과] (본부에서) 康熙 54년 4월 28일에 題本을 올려, 5월 5일에 諭旨를 받들었는데, 그 내용은 다음과 같았습니다.

[황제] 이 사안은 該 國王에게 넘겨 명확히 조사하고 심문하여 상주하게 하라.

[예부] 마땅히 朝鮮國王에게 咨文을 보내니, 삼가 諭旨의 내용에 비추어 시행해주십시오.

[조선국왕] 臣은 議政府로 하여금 六卿·義禁府·刑曹·都承旨·兩司長官과 함께 체포한 각 범인들을 심문하게 하였습니다. 嚴立·貴先 등에게 받은 공술의 내용은 다음과 같았습니다.

[엄립 등] 저희들이 우매한 소치로 弓角을 몰래 구매하여 금령을 어긴 것은 앞서 자백한 바와 같습니다. 만 번 죽는다 해도 더 이상 드릴 말씀이 없습니다.

[조선국왕] 金有基가 공술한 내용은 다음과 같았습니다.

[김유기] 貴先은 비록 저의 奴가 아니지만, 몰래 매매하여 금령을 어겼으니 匪人을 데리고 간 죄는 죽어도 면하지 못할 것입니다.

[조선국왕] 또한 正使 李澤·副使 權惺·書狀官 兪崇 등을 질책하여 심문하였습니다. 李澤 등의 대답을 얻었는데, 그 내용은 다음과 같았습니다.

[정·부사 등] 저희들은 출발하면서 本國에서 경계하고 신칙하여 아주 엄하게 단속하였습니다. 京師에 간 후 禮部에서 榜을 걸어 금지 조항을 명백히 보였습니다. 저희들은 길에서나 숙소에서나 단속하기를 그치지 않고 계속하였습니다. 전혀 뜻밖에 從人들이 이익을 탐하여 금령을 어기고 몰래 牛角을 사들였다가 邊門에서 발각되었습니다. 저희들은 규찰하지 못한 책임을 또한 면하기 어려우니 황공할 따름입니다.

[조선국왕] 臣이 엎드려 생각해 보건대, 臣이 外藩을 외람되이 지키고 天朝를 삼가 섬긴지 지금에 이르러 40여 년이 지났습니다. 愛恩이 넘치시어 전후로 저지른 범죄를 번번이 너그러이 용서해 주셔서, 臣은 넓은 은혜를 입고 더욱 삼가 근신하였습니다. 매번 陪臣이 조공을 바치러 갈 때 십분 매우 경계하고 법으로 금하는 물품인 경우에는 무역하거나 몰래 지니고 가서 법을 위반하는 일이 없도록 단속하고 힘써 경계함에 감히 조금도 소홀함이 없었습니다. 그런데 뜻밖에도 지금 이러한 금령을 범한 사건이 발생하여, 臣은 진실로 황송하고 어찌할 바를 몰라 공손히 무거운 처벌이 내려질 것을 기다리고 있었으나, 황상께서 특별히 허물을 관대히 용서해주시어 大臣을 파견하여 심문하게 하는 것을 면하고 微臣으로 하여금 스스로 조사하여 상주하게 해 주셨습니다. 聖恩이 하늘처럼 크시고 惶感함이 그지없습니다. 臣은 큰 죄를 지어 어찌할 바를 모르고 있었으나, 이미 明諭를 받들어 감히 이를 어길 수 없으니 삼가 각 범인들을 엄히 심문하고 공술을 받아내 삼가 상주하여 황상의 裁決에 도움이 되게 하는 외에, 조사한 정황을 자세히 설명하고 삼가 황상의 勘處를 기다립니다. 운운.

右奏進呈咨[式見順治丁酉謝恩]

原編 卷64 犯禁二 25b(1240쪽)

方物奏[式見順治丁酉謝恩]

原編 卷64 犯禁二 25b(1240쪽)

右奏進呈咨[式見順治丁酉謝恩]

原編 卷64 犯禁二 25b(1240쪽)

皇太后方物單[式見順治丁酉謝恩]

原編 卷64 犯禁二 25b(1240쪽)

右單進呈咨[式見順治丁酉謝恩]

原編 卷64 犯禁二 26a(1241쪽)

禮物總單[見節使]

原編 卷64 犯禁二 26a(1241쪽)

禮部知會謝停查勅表知道咨[丙申]

原編 卷64 犯禁二 26a(1241쪽)

발신: 예부

사유: 알립니다.

[예부] 儀制清吏司에서 案呈을 올렸는데, 그 내용은 다음과 같았습니다.

[의제사] 禮科에서 抄出했는데, 그 내용은 다음과 같았습니다.

[예과] 朝鮮國王이 表文을 받들어 謝恩하였습니다. 康熙 54년 11월 2일에 上奏하였고, 55년 정월 21일에 旨를 받들었는데, 그 내용은 다음과 같았습니다.

[황제] 왕이 上奏하여 감사한 것을 보았다. 알았다. 該部에 알려라.

[의제사] 마땅히 該 國王에게 알리는 것이 좋겠습니다.

[예부] 이에 마땅히 咨文을 보내오니, 이에 비추어 시행해주십시오. 운운.

康熙 55년 2월 17일.

禮部查收補進方物移准陳奏犯禁方物及頒賞咨[見節使]

原編 卷64 犯禁二 26a(1241쪽)

禮部知會使臣及犯人從寬勘處依題免議咨

原編 卷64 犯禁二 26a~27b(1241쪽)

발신: 예부

사유: 조사한 정황을 자세히 설명하고 삼가 황상의 勘處를 기다립니다.

[예부] (……)

[주객사] 禮科에서 抄出했는데, 그 내용은 다음과 같았습니다.

[예과] 該 本部에서 위의 사유로 題本을 올렸는데, 그 내용은 다음과 같았습니다.

[예부] 함께 논의해 보건대, 朝鮮國王이 上奏한 내용은 다음과 같았습니다.

[조선국왕] 嚴立·貴先이 공술한 내용은 다음과 같았습니다.

[엄립 등] 저희들이 우매한 소치로 弓角을 몰래 구매하여 함부로 금령을 어겼습니다. 만 번 죽는다 해도 더 이상 드릴 말씀이 없습니다.

[조선국왕] 譯官 金有基가 공술한 내용은 다음과 같았습니다.

[김유기] 貴先은 비록 저의 奴가 아니지만, 몰래 매매하여 금령을 어겼으니 匪人을 데리고 간 죄는 죽어도 면하지 못할 것입니다.

[조선국왕] 正使 李澤·副使 權惺·書狀官 兪崇 등이 공술한 내용은 다음과 같았습니다.

[정·부사] 從人들이 이익을 탐하여 금령을 어기고 몰래 牛角을 사들였다가 邊門에서 발각되었습니다. 저희들은 규찰하지 못한 책임을 또한 면하기 어려울 것입니다.

[조선국왕] 각 범인들을 엄히 심문하여 받아낸 공술을 삼가 上奏하오니 황상께서 살펴주시기 바랍니다.

[예부] 『會典』의 내용을 살펴보았는데, 그 내용은 다음과 같았습니다.

[회전] 무릇 外國의 朝貢이 京師에 오면 史書·黑黃紫皀·大花·西番蓮·緞匹 및 일체 법으로 금지되어 있는 兵器·焰硝·牛角을 수매하는 것을 불허한다.

[예부] 또한 康熙 16년의 일을 살펴보니, 朝鮮國에서 조공을 바치러 온 年貢正使 吳挺緯 등이 鳳凰城에 도착한 후 관문을 나설 때 행장 속에서 各省輿圖를 색출한 사건에 대하여, 該 國王은 공술을 받아내 上奏한 바 있습니다. 禮部가 논의한 내용은 다음과 같았습니다.

[예부] 輿圖를 몰래 구매하여 가져가려 했던 愼行建은 革職하고 그 나라의 변경으로 유배를 보내 充軍해야겠습니다. 正使 吳挺緯·副使 金禹錫·書狀官 兪夏謙 등은 모두 革職해야겠습니다.

[예부] 이상의 내용을 題本으로 올려 旨를 받들었었는데, 그 내용은 다음과 같았습니다.

[황제] 의논한 대로 하라.

[예부] 牛角은 법으로 금하는 물품으로서, 嚴立·貴先 등이 몰래 구매하여 가져가려 한 것은 크게 법규를 위반한 것입니다. 응당 嚴立·貴先은 그 나라의 변경으로 유배를 보내 充軍하고, 杖一百에 처하되 責四十板으로 환산해야 합니다. 譯官 金有基는 아랫사람을 엄히 단속하지 못해 牛角을 몰래 구매하는 데 이르게 했으니 특히 잘못하였다고 하겠습니다. 응당 金有基는 革職하고, 杖一百에 처하되 責四十板으로 환산해야 합니다. 正使 李澤·副使 權惺·書狀官 兪崇은 從人을 엄히 단속하지 못해 법으로 금하는 물품을 몰래 구매하는 데 이르게 했으니 모두 규찰에 과실이 있습니다. 응당 李澤·權惺·兪崇은 모두 革職해야겠습니다. 該 國王은 응당 조사하여 처벌해야 하나, 사건이 드러나자 곧바로 처리하여 보고하였으니, 응당 처벌을 면해주는 것이 좋겠습니다.

[예과] (본부에서) 康熙 55년 2월 19일에 題本을 올려, 본월 29일에 諭旨를 받들었는데, 그 내용은 다음과 같았습니다.

[황제] 의논한 대로 하라. 嚴立·貴先은 각각 責四十板에 처하고, 관대히 처분하여 유배형은 면해주라.

[주객사] 이상의 내용이 抄出되어 本部에 도착했습니다.

[예부] 마땅히 朝鮮國王에게 알리니 삼가 諭旨의 내용에 비추어 시행해주십시오. 운운.

康熙 55년 3월 3일.

回咨

原編 卷64 犯禁二 27b(1241쪽)

발신: 조선국왕
사유: 삼가 諭旨의 裁處를 받들어 각 범인들의 처벌을 정하였습니다.

[조선국왕] 올해 윤3월 13일에 다음과 같은 貴部의 咨文을 전해 받았습니다.

……. 운운. [“禮科抄出”에서, “事理施行”까지. 위의 原咨를 보라]

[조선국왕] 각 범인들을 삼가 諭旨의 내용에 따라 시행하는 외에, 또한 삼가 생각해보니 小邦은 삼가 聖朝를 섬기며 가르침을 받들어 준수함에 감히 조금도 소홀히 하지 않았습니다. 그런데 뜻밖에 지금 우매한 백성이 금령을 어긴 것은 제가 검사하고 신칙하지 못한 소치이니, 황송하여 어찌할 바를 몰라 하며 공손히 견책이 가해질 것을 기다렸으나 황상의 특별한 용서를 입게 되었습니다. 小邦을 돌보시는 인자함과 好生하시는 德이 바다보다 넓고 천지보다 높고 두터워 황송하고 감격하여 어쩔 줄 몰랐습니다. 이번에 貢使가 가기 때문에 공손하게 삼가 감사의 정성을 담아 보내니, 번거롭겠지만 貴部께서 이러한 사유를 황상께 대신 전달해주시면 매우 감사하겠습니다. 이에 마땅히 咨文을 보내 회신하오니, 이에 비추어 시행해주십시오. 운운.

康熙 55년 10월 30일.

謝免議表[製 尹鳳朝, 使 厲山君 枋]

原編 卷64 犯禁二 28a(1242쪽)

운운. 上國의 법령에 저촉된 것을 심히 두려워하여 바야흐로 席藁하며 견책을 기다리고 있었는데, 하해와 같은 도량으로 죄를 씻어 허물을 용서해주시니, 고개를 들면 은혜로운 돌보심을 우러르게 되지만 고개를 숙이면 죄송하고 부끄러움 마음만 쌓입니다. 엎드려 생각건대, 먼 外藩에서 근근이 선조의 공업을 이어 삼가 제후의 도리를 따르며 진실로 시종 게으르지 않으려 노력하였고, 공손히 가르침을 받들어 함부로 금령을 어기지 않도록 항상 경계하였습니다. 뜻밖에 간사한 노예가 금령을 어겼으나 오히려 聖朝께서는 인자함을 베푸셨습니다. 하속을 위엄으로 거두지 못하였으니 견책을 피할 수 없었는데, 다행히 먼 곳을 보살피시는 덕을 입어 관대히 관용을 베푸셨으니, 이는 실로 字小해주시는 융성한 마음에서 나온 것이니 잘못을 반성하는 미천한 마음이 더욱 깊어집니다.

삼가 천지처럼 북돋아 주시고 일월처럼 밝게 비추어 주시니, 은택이 세상에 무젖어들어 먼 곳과 가까운 곳을 하나로 보아주시고 올바르고 알맞게 다스려주시어 만물을 포용해 따뜻한 봄처럼 돌봐주셨으니, 마침에 크신 은혜를 미루어 구석진 나라에까지 이르게 하셨습니다.

삼가 황상의 명을 받들어 더욱 정성을 다하고, 두려워하는 한편 속으로는 은혜를 잊지 않음에 잠시도 해이해지지 않겠으며, 앞의 일을 거울삼아 후일을 경계함에 허물이 생기지 않도록 엄히 단속하겠습니다. 운운.

右表進呈咨[式見順治丁酉謝恩]

原編 卷64 犯禁二 28a(1242쪽)

禮部謝免議表知道咨[丁酉]

原編 卷64 犯禁二 28a~28b(1242쪽)

발신: 예부

사유: 알립니다.

[예부] 儀制淸吏司에서 案呈을 올렸는데, 그 내용은 다음과 같았습니다.

[의제사] 禮科에서 抄出했는데, 그 내용은 다음과 같았습니다.

[예과] 朝鮮國王이 表文을 받들어 謝恩하였습니다. 康熙 55년 10월 30일에 上奏하였고, 56년 정월 20일에 旨를 받들었는데, 그 내용은 다음과 같았습니다.

[황제] 왕이 上奏하여 감사한 것을 보았다. 알았다. 該部에 알려라.

[의제사] 마땅히 該 國王에게 알리는 것이 좋겠습니다.

[예부] 이에 마땅히 咨文을 보내오니, 번거롭겠지만 이에 비추어 시행해주십시오. 운운.

康熙 56년 2월 26일.

[丁卯]

報年貢行下役犯買馬匹使臣爲先革職咨

原編 卷64 犯禁二 28b~29a(1242쪽)

발신: 조선국왕

사유: 馬匹을 몰래 사들인 수행인들의 罪犯을 조사하고 죄를 정하였습니다.

[조선국왕] 올해 3월 29일에 奉使陪臣 海興君 李橿·吏曹判書 尹汲 등이 보낸 狀啓를 받았는데, 그 내용은 다음과 같았습니다.

[정·부사] ……. 京師에 갔다가 돌아올 때에 수행인이었던 義州 사람 田大種·安守天·金惠廷·金貴鐵·吳五同·梁者斤·老味의 奴 同釆·郭山의 奴 守萬·嘉山의 奴 千秋·永三·宣川의 奴 贊必 등이 법을 어기고 上國人에게서 馬匹을 사들였다가, 鴨綠江邊에서 체포되었습니다. 범인 11명과 馬 10匹은 모두 柵門에서 사로잡혀 盛京으로 보고되었습니다.

[조선국왕] 제가 삼가 살펴보건대, 종전부터 小邦은 매매하는 등의 일을 엄히 경계하고

난잡한 폐단이 일어나지 않도록 신칙하지 않은 바가 없었는데, 지금 이 범인들은 모두 무지하고 미천한 백성으로 감히 사소한 이익을 도모하여 몰래 馬匹을 매매하여 체포되기에 이르렀습니다. 그 사건의 정황을 조사해 보니 진실로 매우 놀라웠습니다. 지금 바로 체포하여 原官이 이미 감금하였으며 응당 바로 처형해야 합니다. (범인들을) 넘겨받기를 기다려 엄히 그 범행의 정황을 조사하여 罪律에 따라 무겁게 처벌하겠습니다. 奉使陪臣 등은 제대로 규찰하지 않아 管下의 수행인들이 이렇게 법을 위반하는 데 이르게 했습니다. 하속을 단속하지 못한 죄는 또한 면하기 어렵습니다. 우선 이미 革職시킨 외에, 그 원래 범인인 수행인들은 大朝의 처분을 기다려야 하나 小邦의 謹畏하는 도리에 있어 감히 편안하게 가만히 있을 수 없기에 마땅히 이 놀랍고 황송한 사유를 급히 먼저 馳報드립니다. 이에 知中樞府事 韓壽禧를 파견하여 咨文을 들려 보내니, 번거롭겠지만 貴部께서 이에 비추어 시행해 주십시오. 운운.

乾隆 12년 5월 9일. [禮部로 보내다]

禮部知會犯買一案俟奉天府查明再議咨

原編 卷64 犯禁二 29b(1242쪽)

발신: 예부

사유: 咨文을 보내 회신합니다.

[예부] 主客司에서 案呈을 올렸는데, 그 내용은 다음과 같았습니다.

[예부] 올해 7월 11일에 朝鮮國王이 보낸 咨文을 받았는데, 그 내용은 다음과 같았습니다.

[조선국왕] 운운. ["本年三月"에서, "急先馳報"까지. 위의 原咨를 보라]

[예부] 예전에 朝鮮의 수행인이 內地에서 금령을 어기고 몰래 구매한 사건을 조사해

보니, 원래 처분한 定例가 있었습니다. 지금 該國의 수행인이 大馬를 몰래 구매한 사건이 발생하였습니다. 奉天將軍에게 체포되어 범인들은 감금되었으나, 아직 本部로 咨文을 보내 알리지는 않았습니다. 該 將軍에게 咨文을 보내 체포한 범인들을 어떻게 처리할 것인가 緣由를 本部로 咨文을 보내게 하여, 도래하는 날을 기다려 다시 該 國王에게 알리는 외에, 마땅히 문서를 갖추어 該國에서 온 사신 韓壽禧에게 주어, 먼저 이를 가지고 귀국하게 하여 該 國王으로 하여금 조용히 기다리면서 삼가 받들게 하는 것이 좋겠습니다.

운운.

乾隆 12년 8월 9일.

禮部抄錄刑部勘斷犯人照例免議原題咨[互勅諭 戊辰]

原編 卷64 犯禁二 29b~30a(1242~1243쪽)

발신: 예부

사유: 상주하여 아뢰니다.

[**예부**] 主客司에서 案呈을 올렸는데, 그 내용은 다음과 같았습니다.

[**예부**] 乾隆 12년 12월 21일에 刑部의 咨文을 받았는데, 그 내용은 다음과 같았습니다.

[**형부**] 本部가 禮部와 會同하여 議覆하였습니다. 盛京刑部侍郎 介 등이 題本을 올렸는데, 그 내용은 다음과 같았습니다.

[**성경형부시랑**] 阿爾敦 등이 朝鮮人 崔壽萬 등을 대신하여 馬匹을 변경 너머로 보냈습니다.

[**형부**] 乾隆 12년 12월 15일에 題本을 올려, 17일에 諭旨를 받들었는데, 그 내용은 다음과 같았습니다.

[황제] 의논한 대로 하라.

[형부] 이에 마땅히 原題를 抄錄하여 禮部로 咨文을 보내오니, 삼가 이에 비추어 시행해주십시오.

[주객사] 原題를 抄錄하여 盛京禮部와 刑部에 알리는 외에, 마땅히 粘單을 抄錄하여 朝鮮國王에게 咨文을 보내 諭旨의 내용에 따라 시행하게 하는 것이 좋겠습니다. 운운.

乾隆 13년 정월 26일.

粘單

原編 卷64 犯禁二 30a~33b(1243~1244쪽)

(……)

[형과] 刑部에서 抄出했는데, 그 내용은 다음과 같았습니다.

[형부] 盛京刑部侍郎 介가 위의 사안에 대해 題本을 올렸습니다. 乾隆 12년 8월 4일에 題本을 올려, 9월 25일에 諭旨를 받들었는데, 그 내용은 다음과 같았습니다.

[황제] 該部는 자세히 조사하여 처리를 결정한 후 具奏하라. 이 題本의 만주어와 한어 註語는 써놓은 것이 일치하지 않으니 신칙하여 시행시키기에 적합하지 않다.

[형부] 또한 올해 7월 중에 禮部가 朝鮮國王이 보내온 咨文을 받았는데, 馬匹을 몰래 사들인 수행인들의 罪犯을 조사하고 죄를 정하였다는 내용이었습니다. 禮部가 이 사안의 내용에 따라 상주하여 밝혔는데, 그 내용은 다음과 같았습니다.

[예부] 盛京將軍이 범인을 체포하고 감금하였으니, 응당 該 將軍에게 문서를 보내 현재 이미 심문을 가하였는지 여부에 대해 상주하게 하고, 諭旨에

있는 내용을 받들어 알려서 (盛京將軍의 문서가) 도래하는 날 다시 참작하여 諭旨를 청하고, 該 國王에게 알려 삼가 따르게 해야겠습니다.

[형부] 지금 盛京將軍의 보고를 받았는데, 그 내용은 다음과 같았습니다.

[성경장군] 이 안건은 盛京刑部로 넘겨서, 심의하고 처벌을 정하여 題本을 갖추어 올리게 해야 합니다.

[형부] 阿爾敦 등이 朝鮮人 崔壽萬 등을 대신하여 馬匹을 변경 너머로 보낸 사건에 대하여 저희는 함께 모여 다음과 같이 논의하였습니다. 盛京刑部侍郎 介 등이 올린 疏를 받았는데, 그 내용은 다음과 같았습니다.

[성경형부시랑] 阿爾敦은 鳳凰城 토착민으로 邊門 가까이에 기거하였기 때문에, 緣邊 사이의 지름길을 매우 잘 알고 있었습니다. 매년 朝鮮國人이 京師에 갈 때 鳳凰城을 지나가는데, 阿爾敦은 이에 자신이 소유한 것을 가지고 서로 교역을 하면서, 마침내 朝鮮國의 買賣人 崔壽萬 등과 잘 알게 되었습니다. 乾隆 11년 11월 중에 朝鮮國의 使臣이 鳳凰城에 이르렀을 때, 崔壽萬은 阿爾敦과 길에서 만나서는 귀국하는 날에 말을 가지고 와 변경을 넘겨 보내주면 후한 보수를 주기로 했습니다. 阿爾敦은 응낙하고 다음 해 3월 상순에 甜水站으로 마중을 나가기로 약속하였습니다. 阿爾敦은 혼자서 처리할 수 없다고 여겨 다시 毋立庫와 규합하고, 그를 통해 得子 · 三格 · 巴達力 · 小小兒 · 王國相을 끌어들여 이전에 약속한 날짜에 舊邊門 지방에 이르러 함께 (마필을) 보내기로 하였습니다. 이때 福哈은 阿爾敦에게 서신을 보내 직접 가기는 힘들다며 은을 얻을 때 또한 그 수대로 균분하자 하였고, 阿爾敦은 이를 허락하였습니다. 건륭 12년 3월 5일에 이르러 阿爾敦 등은 계속해서 甜水站으로 마중 나가 마침 朝鮮人 崔壽萬 · 安守天 · 金千秋 · 田大種 · 金世丁 · 金貴天 · 良同才 · 吳五同 · 張英三 · 梁者斤 · 老味 · 鄭必贊을 만났습니다. 京師에서 돌아와 이르렀을 때 그들은 모두 말 40匹을 구매하였다고 알리고, 그것들을 데리고 몰래 보내 변경을 나가게 하기로 약속하였으며, 馬匹을 맡겨 두는 것이 끝나면 또한 같이 돌아와 변경으로 나아가기로 했습

니다. 말 한 마리당 은 5냥을 주었고, 毋立庫는 바로 崔壽萬 등에게 미리 은 47냥을 요구하여 阿爾敦에게 넘겨주어 지니게 하였는데, 이를 가지고 중도에 쓰일 뇌물이나 저지당했을 때 속이는 비용으로 삼게 했습니다. 毋立庫는 여기서 집으로 돌아갔고, 阿爾敦 등 6인은 崔壽萬 등을 데리고 馬匹을 몰래 달려, 이번 달 12일 밤에 雕窩溝에서 변경을 넘었고 15일에 大峽心 지방에 이르렀다가, 鳳凰城 邊門의 放卡路 兵丁들에게 저지당해 阿爾敦 1인과 朝鮮國의 崔壽萬 등 11인 및 가지고 있던 말 40匹을 사로잡았습니다. 당시 得子 등 5인은 모두 江汉潮溝로 몰래 달아났습니다. 該 章京 등이 함께 심문하여 얻어낸 공술을 이용하여, 도망갔던 범인 得子·三格·王國相, 종범인 毋立庫·福哈을 체포하였고, 아울러 該 범인들이 무고하여 끌어들인 高禿子·高小二·花沙布·七十五, 贓銀을 빼앗은 憨板·劉英士 등을 모두 盛京將軍에게 압송하였습니다. 該 將軍이 상주하여 밝히고, 臣部로 넘겨 심문하게 하였습니다. 각 범인들이 자백한 것은 앞의 정황과 틀림없으므로, 崔壽萬 등을 모두 '緣邊의 關塞를 넘은 죄목'의 律에 따라 徒刑에 처해야겠습니다.

[형부] 該 侍郎 등의 題本 내에 만주어와 한어 註語의 글씨가 일치하지 않은 부분은 이미 諭旨에 따라 飭行하는 외에, 마땅히 該 侍郎 등이 題本을 올린 바와 같이, 崔壽萬 등은 馬匹을 몰래 변경 밖으로 반출하여 팔아서 이득을 취하려 했고, 아울러 阿爾敦 등이 장물을 받은 輕罪는 논하지 않는 외에, 모두 응당 '緣邊의 關塞를 넘은 죄목'의 律에 따라 杖一百과 徒三年에 처해야 하겠습니다. 崔壽萬·安守天·金千秋·田大種·金世丁·金貴天·良同才·吳五同·張英三·梁者斤·老味·鄭必贊은 朝鮮國人이므로, 마땅히 例에 따라 盛京禮部로 이송하고 該國으로 넘겨 보내 徒役에 처해야 하겠습니다. 阿爾敦·得子·三格·王國相은 모두 旗人이므로, 마땅히 枷號四十日과 鞭一百으로 환산하여 적용해야 합니다. 該 侍郎 등이 이미, 毋立庫·福哈은 장물을 나누려고 모의하였으나 결코 동행하여 변경을 넘도록 인도한 적이 없다고 하니, '장물을 나누었으나 실제 從行

하지 않은 죄목'의 律을 적용하고 阿爾敦의 罪에서 減一等하여 杖九十에 徒二年半에 처하되, 旗人이기 때문에 응당 枷號三十五日, 鞭九十으로 환산하여 적용해야 합니다. (그들을) 盛京將軍衙門으로 咨送하여 該尉로 넘겨 엄히 단속하고 심문하게 해야 합니다. 高禿子·高小二는 비록 결코 동행하여 장물을 나눈 적이 없다고 공술하였지만, 종전에 부당하게 阿爾敦과 한패가 되어 (마필을) 대신 보낼 것을 모의하였으므로, 모두 응당 '법령상으로 금지하지는 않지만 도덕적으로 해서는 안 되는 일을 한 죄목'의 律에 따라 杖八十에 처하되 旗人이므로 鞭八十으로 환산하여 적용해야 합니다. 得子와 같은 집에서 거주한 花沙布와 원래 체포한 領催 七十五審은 무고를 당한 것이므로 즉시 석방해야 합니다. 阿爾敦 등이 얻은 銀兩은 추징하여 部로 보내고, 포획한 말 40匹은 이미 該將軍이 상주하여 밝힌 대로 원래 체포한 兵丁에게 상으로 주었으니 다시 논의할 필요가 없습니다. 현물로 보내진 은 18냥 8전은 例에 따라 入官해야 하는 일은 모두 응당 該 侍郎 등이 題本을 올린 바와 같이 完決해야 합니다. 다만 훔친 장물 중 20냥을 빼앗은 憨扳을 '법을 어기지 않고 장물을 취한 죄목'에 따라 杖八十에 처한다는 부분에 대해서는, '법을 어기지 않고 장물을 취한 죄목'의 律을 조사해보니, 마땅히 그 科罪를 반으로 해야 하고 그 전체 장물을 취한 것으로 간주하여 처벌하는 것은 부당합니다. 마땅히 憨扳과 법을 어기지 않고 8냥 2전의 장물을 취한 劉英士는 모두 '법을 어기지 않고 장물을 취했을 때 1냥에서 10냥까지는 그 科罪를 반으로 하여 杖七十에 처한다.'는 律에 따라 杖七十에 처해야 합니다. 無祿人은 減一等하여 杖六十에 처하고, 旗人은 각 鞭六十에 처하며, 모두 披甲에서 革退하며 盛京將軍衙門으로 咨送하여 엄히 단속하고, 또한 憨扳 등의 명의로 얻은 은 28냥 2전은 추징하여 入官해야 합니다. 그 崔壽萬 등이 넘겨주기로 했던 은 153냥은 이미 該 侍郎 등이 범인 각각을 심문하여 올린 題本의 내용에 따라 응당 例에 비추어 추징하는 것을 면해 주어야 합니다. 도망간 범인 巴達力·小小兒는 마땅히 該 地方官으로 하여금 엄히 체포하게 하여 따로 마무리해야 합니다. 또한 該 侍郎 등이 이르기를 崔壽萬 등을 상세히 취조하여 비록 마필을 매매했다고 확실히 공술하기는 했지만, 사람을 구해 변경을 넘었다는 부분에 대해서는 그 나라 使臣도 전혀 알지 못하고 있습니다. 그러나 該國의 使臣 등은 부주의하여 규찰하지 못하였으니 그 죄는 면하기 어렵습니다. 康熙 54년에 朝鮮의 貢使가 귀국할 때 수행인이었던 嚴立·貴先 등이 牛角을 몰래 구매하였다가 鳳凰城 邊門에서 색출된 사건을 살펴보았는데, 그때 禮部 등의 部는 다음과 같이 검토하여 비준하였습니다.

[예부] 正使 李澤·副使 權惺·書狀官 兪崇 등은 '失察' 例에 따라 革職시켜야 하겠습니다. 그 該 國王은 일이 발각되자 즉시 보고하였으므로 처벌을 면해주어야 하겠습니다.

[형부] 지금 該 國王의 수행인이었던 崔壽萬 등이 몰래 大馬를 구매하여 사람을 구해 변경을 넘으려다가 체포되었는데도, 貢使 등은 부주의하여 규찰하지 못했으므로, 마땅히 康熙 54년에 該國의 貢使가 從人이 牛角을 몰래 구매한 것을 失察하여 처벌한 例에 비추어, 貢使 海興君 李橿·吏曹判書 尹汲·書狀官 安㻶 등을 革職해야 하겠습니다. 또한 國王은 올해 7월 중에 이미 貢使 李橿 등을 革職하고 이를 部에 보고하였으니, 또한 응당 康熙 54년 例에 따라 그 처벌을 면해주어야 하겠습니다. 황상의 명이 내리는 날을 기다려 禮部가 該 國王에게 문서를 보내서 이에 따르게 하는 것이 좋겠습니다.

[형과] 乾隆 12년 12월 15일에 題本을 올려서, 17일에 旨를 받들었는데, 그 내용은 다음과 같았습니다.

[황제] 의논한 대로 하라.

[예부] 이에 마땅히 咨文을 보내오니, 살가 이에 비추어 시행해주십시오. 운운.

盛京禮部押送犯人抄錄粘單咨

原編 卷64 犯禁二 33b~34a(1244~1245쪽)

발신: 성경예부

사유: 咨文을 보냅니다.

[성경예부] 盛京刑部의 咨文을 받았는데, 그 내용은 다음과 같았습니다.

[성경형부] 咨文을 보냅니다. 白旗淸吏司에서 案呈을 올렸는데, 그 내용은 다음과 같았습니다.

[백기청리사] 乾隆 13년 정월 24일에 刑部에서 阿爾敦 등이 朝鮮의 買賣人 崔壽萬 등을 대신하여 馬匹을 변경 밖으로 몰래 보내려고 했던 사건을 議覆하여 대해 답을 올려 허락을 받았었습니다. 本部는 훔친 장물을 빼앗은 憨扳·劉英士를 鞭六十으로 처벌하고, 모의하여 한패가 되었으나 장물을 나누어 가지지는 않았던 高禿子·高小二를 鞭八十에 처한 외에, 部의 議覆을 抄錄하여 먼저 盛京將軍衙門에 咨文을 보내고 該 管官에게 넘겨 엄히 단속하게 하였습니다. 그 阿爾敦·得子·三格·王國相은 枷號四十日에 처하고 만료되는 날 鞭一百에 처해야겠습니다. 종범인 毋立庫·福哈는 枷號三十五日에 처하고 만료되는 날 鞭九十에 처해야겠습니다. 그들의 枷號가 만료되는 날을 기다려 계속해서 盛京將軍衙門으로 이송하는 외에, 또한 粘單을 抄錄하고 朝鮮人 崔壽萬·安守天·金千秋·田大種·金世丁·金貴天·良同才·吳五同·張英三·梁者斤·老味·鄭必贊 등을 모두 盛京禮部로 이송하여 部의 議覆에 따라 처리하게 하며, 아울러 部의 議覆과 抄錄한 粘單을 禮部에 알리는 것이 좋겠습니다.

[성경예부] 이에 마땅히 盛京刑部가 咨文을 통해 돌려보내기로 한 該國의 高麗人 崔壽萬 등 11인에 대해, 가는 도중에 먹일 口米와 쓰일 騶車는 盛京戶部와 盛京兵部에 咨文을 보내 例에 따라 발급하는 외에, 아울러 애초에 결정한 내용에 따라 점단을 초록하여 朝鮮國王에게 咨文을 보내 조사하여 거두게 하는 것이 좋겠습니다.

운운.

乾隆 13년 2월 9일.

越界女人查問及買馬人議罪咨[見犯越]

原編 卷64 犯禁二 34a(1245쪽)

報犯人據咨杖配咨

原編 卷64 犯禁二 34a~34b(1245쪽)

발신: 조선국왕

사유: 회답합니다.

[조선국왕] 乾隆 13년 3월 15일에 다음과 같은 貴部의 咨文을 전해 받았습니다.

[예부] ……. 主客司에서 案呈을 올렸는데, 그 내용은 다음과 같았습니다.

[주객사] (본부에서) 乾隆 12년 12월 21일에 刑部의 咨文을 받았는데, 그 내용은 다음과 같았습니다.

[형부] 本部는 禮部와 함께 阿爾敦 등이 朝鮮人 崔壽萬 등을 대신하여 馬匹을 변경 너머로 보낸 사건에 대하여 盛京刑部侍郎 介 등이 올린 題本의 내용을 議覆하였습니다. 乾隆 12년 12월 15일에 題本을 올렸고, 17일에 諭旨를 받들었는데, 그 내용은 다음과 같았습니다.

[황제] 의논한 대로 하라.

[형부] 이에 마땅히 原題를 抄錄하여 禮部로 咨文을 보내오니, 삼가 이에 비추어 시행해주십시오.

[주객사] 原題를 抄錄하여 盛京禮部와 刑部에 알리는 외에, 마땅히 粘單을 抄

錄하여 朝鮮國王에게 咨文을 보내 삼가 諭旨의 내용에 따라 시행하게 하는 것이 좋겠습니다.

[조선국왕] 이를 받들어 本國의 범인 崔壽萬·安守天·金千秋·田大種·金世丁·金貴天·良同才·吳五同·張英三·梁者斤·老味·鄭必贊 등을 刑部의 議覆에 따라 각각 杖一百, 徒三年에 처하고 먼 곳으로 유배를 보내는 외에, 이에 司譯院正 韓致恒을 파견하여 咨文을 들려 보내니, 번거롭겠지만 이에 비추어 대신 上奏해서 시행해주십시오. 운운.

乾隆 13년 3월 20일. [禮部로 보내다]

回咨

原編 卷64 犯禁二 34b~35a(1245쪽)

발신: 예부

사유: 알립니다.

[예부] 主客司에서 案呈을 올렸는데, 그 내용은 다음과 같았습니다.

[주객사] (본부에서) 올해 5월 4일에 朝鮮國王의 咨文을 받았는데, 그 내용은 다음과 같았습니다.

운운. ["乾隆十三年"에서, "轉奏施行"까지. 原咨를 보라]

[주객사] 위의 사안을 살펴보건대, 몰래 大馬를 구매한 범인들에 대해서는 該 國王이 보낸 咨文을 받고 本部 등의 部가 올린 原題를 전해 받았으니, 이미 諭旨에 따라 각 범인들을 장형과 유배형에 처하는 것이 완결되었으므로, 다시 번거롭게 상주할 필요가 없습니다. 原咨를 部에 남겨두어 기록해두는 한편 刑部에게 알리는 외에, 마땅히 조선국왕에게 알리는 것이 좋겠습니다.

운운.

乾隆 13년 5월 30일.

謝免議表[製 金善行, 使 鄭錫玉]

原編 卷64 犯禁二 35a~35b(1245쪽)

운운. 법을 어긴 것을 심히 두려워하여 바야흐로 견책을 기다리고 있었는데, 매우 큰 德을 입어 특별히 처벌을 면해주시는 보살핌을 받으니 감격을 금치 못하고 황송함이 그지없습니다. 엎드려 생각건대, 偏封을 삼가 지키며 근근이 선조의 공업을 이어가면서, 삼가 제후의 도리를 다하여 스스로 잘못을 초래하지는 않을까 걱정하였고, 특히 가르침을 따르며 감히 법령을 준수하는데 해이해지지 않으려 노력하였는데, 뜻밖에 아랫것이 작폐하였으나 오히려 上朝의 인자함을 입게 되었습니다. 법의 처벌을 피하기 어려워 다만 두렵고 황송한 마음을 품고 있었는데, 황상께서 너그러이 용서해주시어 특별한 은혜를 입게 하시니, 미천한 저를 돌이켜 보건대 어찌 편안하겠으며 처음부터 바랐던 바였겠습니까!

온 세상을 統御하시며 멀고 가까운 곳을 하나처럼 보살펴 주심이 乾坤의 지극한 德과 같고, 모든 생물을 살리고 기르심이 山藪의 큰 도량과 같으시니, 때와 허물을 씻어주심이 마침내 누추한 小邦에까지 이르러 또한 특별한 은혜를 입었습니다. 잘못을 반성하며 해이해지지 않도록 하여 보답할 수 있기만을 바라니, 은혜를 잊지 않고 잠시도 해이해지지 않겠으며, 앞의 일을 거울삼아 후일을 경계하여 어기는 일이 없도록 엄히 단속하겠습니다. 운운.

乾隆 13년 10월 28일.

右表進呈咨[式見順治丁酉謝恩]

原編 卷64 犯禁二 35b(1245쪽)

禮部知會謝免議表知道咨[己巳]

原編 卷64 犯禁二 35b(1245쪽)

발신: 예부

사유: 謝恩합니다.

[예부] 主客司에서 案呈을 올렸는데, 그 내용은 다음과 같았습니다.

[주객사] 禮科에서 抄出했는데, 그 내용은 다음과 같았습니다.

[예부] 朝鮮國王이, 崔壽萬 등이 馬匹을 몰래 구매하여 변경을 넘은 사건과 관련해, 該 國王에 대한 처벌을 면해주었기 때문에, 공경히 謝恩表文을 올렸습니다. 건륭 13년 10월 28일에 表文을 올렸고, 14년 정월 26일에 旨를 받들었는데, 그 내용은 다음과 같았습니다.

[황제] 왕이 上奏하여 감사한 것을 보았다. 알았다. 該部에 알려라.

[주객사] 이상의 내용이 抄出되어 本部에 도착했습니다. 마땅히 조선국왕에게 알리는 것이 좋겠습니다.

운운.

乾隆 14년 2월 12일.

『同文彙考』 原編續

犯禁

수록 문서 목록

*괄호 안은 영인본의 쪽수임

표 점

[丁卯]

報獐子島犯禁人咨[製書允大 咨官金在洙]

原編續 犯禁 1a~2b(3433쪽)

朝鮮國王, 爲 邊民犯禁潛易貨物咨行馳報恭俟裁處 事.

嘉慶十二年八月十一日, 據平安道觀察使趙得永·節度使鄭觀采等官馳啓, 備討捕使韓應儉牒呈.

節該. "大同江泊駐義州商人白大賢·李士楫船隻內多載上國物種." 因據此隨卽緝拿白大賢·李士楫與其夥計金振坤·船戶金君一·金喆山等, 幷加嚴訊, 多船究核, 大賢·士楫供稱.

小的等居住沿邊, 商販爲生, 乃於今春聞得上國地界米穀翔貴, 愚迷所致, 敢生射利之計, 果於本年六月初八日賃得金君一·金喆山兩隻船, 扮載大米一百五十石·小米七十石潛往龍川府獐子島地方偸卸. 與上國潛越人, 名不知, 朱張兩姓人, 和賣折換丹木二千七百九十五斤·白礬一千二百九十斤·浮椒二百三十一斤·鍮鐵二十三斤·銅錢一千三百八十五兩六錢·銀子二十三兩五錢·磁器一百二十立·鍮盤四面·哱囉四枚·鳴鑼一枚·風磬二箇·丹木白礬浮椒磁器風磬等物, 逐旋出市發行. 至於上國錢貨, 係非邦內通行, 並與哱

囉·鳴鑼潛擬鎔碎作熟鐵售賣, 轉到平壤地, 朕踪綻露, 竟被官緝覷捉. 冒犯國禁, 乞伏當律

等供.

據此, 續訊金振坤·金喆山·金君一等, 供與白大賢·李士楫供一同無差. 但其偸卸米穀·折換物種之定止右件名數, 難以尹供的准, 而尹等奸慝承認只此.

等情. 馳啓.

據此, 竊照小邦從來祗奉皇朝科憲, 禁飭邊汛, 不敢惑怠. 而只緣威未戢下, 明不察奸, 致有奸民作此奸犯, 循省惶悚, 靡所容措.

白大賢等五人卽宜如法處斷, 慮有更合查究, 幷姑牢囚, 以待貴部咨示勘結. 其和賣物種一一依供開後, 而其中鍮鐵銅錢係是銅鐵禁物, 謹此照計輸納.

該地方官龍川府使洪致範·節度使鄭觀采采·義州府尹趙洪鎭·義天府使白洪鎭幷行革職重究外, 竊念小邦西沿邑鎭, 率多荒遠, 洲嶼亦皆曠莽. 至於龍川府獐子島距陸更濶, 其地隱奧, 奸究之類利其漁採, 肆其犯越, 易於窩藏, 難以瞭察. 非不逐月搜撿, 旣未長時駐候, 故項年木匪劉青山之投躲. 今玆奸民白大賢之潛商俱在此地. 准以往前, 慮在日後, 今就該島泒弁率丁, 輪替詗守, 委屬便宜. 顧此事情, 合稟大部, 專差上護軍金在洙星夜前去馳報, 煩乞貴部俯賜鑑諒, 轉奏施行. 須至咨者.

計開.

丹木二千七百九十五斤·白礬一千二百九十斤·浮椒二百三十一斤·銀子二十三兩五錢·磁器一百二十立·鍮盤四面[輸納]·哱囉四枚[輸納]· 鳴鑼一枚[輸納]·風磬二箇[輸納]·鍮鐵二十三斤[輸納]· 銅錢一千三百八十五兩六錢[輸納]· 右咨禮部.

嘉慶十二年九月二十一日.

盛京禮部知會轉奏奉上諭咨

原編續 犯禁 2a~4a(3433~3434쪽)

盛京禮部, 爲 知照 事.

左司案呈.

前於嘉慶十二年十月十六日, 據鳳凰城城守尉報稱.

朝鮮國差賫咨官金在洙·小通事一名·從人二名携帶錢文·銅鐵十二包, 於十二年十月日過江入邊, 赴京報事. 派官將朝鮮員役照例護送進京.

等情. 呈報前來.

查錢文·銅鐵係屬違禁之物, 朝鮮員役赴京報事, 不應携帶. 本部隨詳加詢問. 據賫咨官金在洙稟稱.

小邦龍川府獐子島離府治三十里. 有義州府奸民二人聞得上國有年成歉收地方, 敢生射利之心, 潛帶大小米一百餘石上船, 過海, 到獐子島地方. 遇有上國潛越不知姓名二人, 也不知是盛京·山東·福建何省人氏, 私相交易, 得有錢文·銅·鐵等物, 回到本國潛賣被獲. 查有响銅二十三觔·銅錢每百個計一兩, 共計一千三百八十五兩六錢. 因係違禁之物, 小邦地方官卽報國王. 本國王聞知驚恐至甚, 卽派監察使嚴訊奸民, 二人所供無異. 將義州府尹·龍川府知府均行革職, 卽派小官送咨都京禮部轉奏.

等語.

除本部咨派官兵護送外, 卽將詢據朝鮮國差官携帶銅鐵緣由, 會同恭摺奏聞訖. 今於嘉慶十二年十一月十二日, 接奉本年十月二十九日上諭.

伊沖阿等奏, 內地民人潛赴朝鮮獐子島私相交易一摺. 獐子島係邊卡界外地方, 內地民人膽敢携帶銅·鐵易換米石, 寔屬違禁. 該國王聞知後, 卽將該國官民懲辦, 並遣官赴京呈報, 極爲恭順. 而內地坐卡官員咎寔難辭, 不可不查究示儆. 着富俊查明該犯等係由何處潛越邊外. 卽將該處坐卡官員解任, 提同兵丁等詳細研訊. 如審明僅止失察, 則該員已有應得之咎, 卽當據寔劾叅. 倘竟有知情故縱得受賄囑情事, 卽應按律定擬治罪. 所有私販銅·鐵二犯伊冲阿現已行文偵緝, 務須嚴拏就獲, 歸案審辦, 勿任遠颺. 其該國差官俟到京時, 另行獎賞可也. 將此傳諭富俊, 幷諭伊冲阿·成格知之.

欽此. 欽遵.

等因.

飭交到部, 相應知照朝鮮國王查照可也. 須

至咨者, 右咨朝鮮國王.

嘉慶十二年十一月十六日.

禮部知會轉咨轉奏請旨咨

原編續 犯禁 4a(3434쪽)

禮部, 爲 知照 事.

主客司案呈.

本部奏前事一案. 除將欽奉上諭恭錄另行移咨外, 相應抄錄原奏, 知照朝鮮國王查照.

可也.

云云.

嘉慶十二年十一月 日.

原奏

原編續 犯禁 4a~6a(3434~3435쪽)

禮部謹奏, 爲 據咨轉奏請旨 事.

本月初二日, 朝鮮賫咨官金在洙賫到朝鮮國王姓[某]咨文一角咨稱.

邊民犯禁, 潛易貨物, 專行馳報事. 嘉慶十二年八月十二日, 據平安道觀察使趙得永·節度使鄭觀采等官馳啓, 備討捕使韓應儉牒呈.

節該. "大同江泊駐義州商人白大賢·李士楫船隻內多載上國貨物." 等因. 據此, 隨卽緝拿白大賢李·士楫及夥計金振坤·金君一·金喆山等幷加嚴訊, 大賢·士楫供稱.

小的等居在沿邊, 商販爲生, 於本年六月初八日賃得金君一·金喆山船隻, 載運大米一白五十石·小米七十石, 潛往龍川府獐子島地方偸卸, 與上國越邊民人朱·張兩姓和賣折換丹木二千七百九十五斤·白礬一千二百九十斤·浮椒二百三十一斤·鍮鐵二十三斤·銅錢一千三百八十五兩六錢, 銀子二十三兩五錢·磁器一百二十立·鍮盤四面·哱囉四枚·鳴鑼一枚·風磬二箇, 內丹木·礬·椒·磁器·風磬等物業已貨賣. 至上國錢貨, 非邦內通行, 幷與哱囉·鳴鑼, 擬欲鎔化作熟鐵售賣, 行低平壤, 被官緝獲.

等供.

續訊金振坤, 金喆山·金君一等, 供與白大賢·李士楫供同.

據此, 竊照小邦從來祗奉皇朝科禁, 嚴飭邊汛, 不敢或怠. 乃有奸民作此干犯, 循省惶悚, 靡所容措. 白大賢·李士楫等五人卽宜如法處斷, 慮有更合査究, 應暫行牢囚, 以待咨示勘結. 其和賣各物, 一一依供開後, 其中鍮鐵·銅錢·係屬違禁之物, 謹此照數輪納.

該地方官龍川府使洪致範·節度使鄭觀采·義州府尹趙洪鎭·宣川府使白洪鎭

幷行革職■(査)究外, 竊念小邦西沿邑鎭, 率多荒逴, 州嶼亦皆曠莽. 至龍川府獐子島距陸更濶, 其地隱奧, 奸宄易於窩蔵, 難以瞭察. 故項年有木匪劉青山投躱之案, 今玆奸民白大賢等又復潛越私販. 現已於該島派弁率丁輪替詗守, 委屬便宜情合. 專差上護軍金在洙星夜前去馳報.

等因. 前來.

臣等伏思朝鮮貿易向例於中江·會寧·慶源等處俱有一定年限. 此外, 商人不得私渡緣邊關塞及販賣違禁等物, 例載甚明. 今該國王恪遵例禁, 盤獲該國私販奸民, 立即監禁, 咨請轉奏, 幷將違禁之物解送前來. 其解到違禁錢文銅鐵等物應如何辦理之處, 臣等未敢擅便, 恭候睿鑑訓示. 所有內地越邊私販之朱張二姓民犯, 應請旨飭交盛京將軍·奉天府府尹飭勵嚴密緝拿, 務獲按律治罪. 其失察越邊之各員弁, 一併査明咨部照例議處. 謹此據咨轉奏, 並將解到各物另繕清單, 恭呈御覽. 伏候命下, 臣部遵旨施行. 謹奏.

禮部知會特賞奉上諭咨[見錫賚互勅諭]

原編續 犯禁 6a(3435쪽)

禮部知會銅器查收咨

原編續 犯禁 6a(3435쪽)

禮部, 爲 知照 事.

主客司案呈.

査朝鮮國王差賫咨官金在洙解到錢文銅器等物, 經本部奏明, 欽奉上諭, "着飭所司收貯." 除將前項物件暫貯本部庫內另行辦理外, 所有賫咨官金在洙呈繳各物, 相應開單移咨朝鮮國王可也.

云云.

計開. 鍮盤. [以下物目見上原咨].

嘉慶十二年十一月　日.

禮部知會賫咨官頒賞咨

原編續 犯禁 6a~6b(3435쪽)

禮部, 爲 知照 事.

主客司案呈.

所有朝鮮國王, 因該國義州商人私販違禁貨物等情, 特差賫咨官金在洙照例賞銀三十兩, 小通事一名賞銀八兩, 從人二名各賞銀四兩. 相應知照朝鮮國王可也.

云云.

嘉慶十二年十一月　日.

[戊辰]

禮部知會咨行員役私帶史記銅鐵被捉咨

原編續 犯禁 6b(3435쪽)

禮部, 爲 知照 事.

主客司案呈.

本部奏鳳凰城搜出朝鮮賫咨員役携帶史記·周易·銅·鐵等物一摺, 於嘉慶十三年二月初六日奏, 奉旨.

依議.

欽此.

相應抄錄原奏, 知照朝鮮國王遵照可也.

云云.

嘉慶十三年二月初七日.

原奏

原編續 犯禁 6b~7b(3435~3436쪽)

禮部 謹奏, 爲 奏聞 事.

本年正月十四日, 據盛京禮部侍郞成格咨稱.

據鳳凰城城守尉永本呈稱.

嘉慶十二年十二月初一日, 朝鮮賫咨官金成釆等到邊, 職等將朝鮮國員役由京携帶貨包, 逐一盤查搜出史記四套·銅盆·銅鍋及茶托煙袋等物共三十二斤半, 鐵剪及鑷子刀子共二斤半. 開寫淸單, 呈請指示遵行.

幷稱賫咨官等, 已於十二月初一日放行. 等因. 但查出史書等物, 該尉等曾否問係該國何人私行携帶之處, 幷未聲明, 相應箚飭聲明另行報部核辦.

等因. 前來.

查例載外國來使不得私帶違制服色·兵器·史書·一統志·地里圖·銅鐵·馬騾·角弓·絲觔及凡違禁之物等語. 今朝鮮賫咨官員役等回國時携帶史記·周易及銅鐵物

件內惟周易一書, 例所不禁, 應仍給還, 至史記銅鐵等器, 俱屬違禁之物, 惟是史記一書, 非全史可比, 銅鐵等器, 爲數無多. 可否將史記交盛京禮部存貯, 銅鐵等器交盛京刑部貯庫, 以示薄罰. 姑免深究之處, 出自皇上天恩, 臣部仍行知該國王, 嚴飭進京使臣及賫咨官等, 轉飭所屬員役, 於回國時, 毋得私帶違禁之物, 致干罪淚, 並行知盛京將軍·盛京禮部·刑部遵照辦理, 臣等未敢擅便, 爲此謹奏請旨.

盛京禮部抄錄禮部原奏咨

原編續 犯禁 7b~8a(3436쪽)

盛京禮部, 爲 咨行 事.

左司案呈.

　准禮部咨開.

　　主客司案呈.

　　　奏鳳凰城搜出朝鮮賫咨員役携帶史記·周易·銅鐵等物一摺, 於嘉慶十三年二月初六日奏, 奉旨.

　　　　依議.

　　　欽此.

　　　相應抄錄原奏, 移咨盛京禮部遵照辦理.

　　可也.

　等因. 前來.

　相應抄錄原奏粘單, 咨行朝鮮國王嚴飭進京使臣及賫咨官等, 轉飭所屬員役, 於回國時, 毋得私帶違禁之物, 致干罪淚.

可也.

云云.

嘉慶十三年三月三十日.

原奏[見上禮部咨]

原編續 犯禁 8a(3436쪽)

回禮部咨

原編續 犯禁 8a(3436쪽)

朝鮮國王, 爲 咨覆 事.

嘉慶十三年四月十四日, 承准貴部咨.

節該. 云云. [自“主客司案呈”, 止“遵照可也”. 見上原咨].

等因.

奉此. 竊照小邦恪遵禁條, 恒加戒飭, 俾玆臣庶罔或違越. 頃者賫咨官之回, 乃有史記·銅器被搜之事, 雖蒙寬恩不行重究, 在小邦自訟之心, 不勝警懍, 靡所容措. 將該賫咨官金成釆革職嚴勘. 繼自今益伸飭勵於赴京人役等, 凡係違禁之物毋得潛貿致干昭憲外, 爲此合行咨覆, 煩乞貴部照詳施行. 云云.

嘉慶十三年五月初九日.

[壬申]

回盛京禮部咨

原編續 犯禁 8b(3436쪽)

盛京禮部, 爲 知照 事.

左司案呈.

　准禮部咨開.

　　主客司案呈.

　　　本部具奏前事一案, 於嘉慶十七年六月二十三日奏, 奉旨.

　　　　依議.

　　　欽此.

　　　相應抄錄原奏, 知照盛京禮部.

　　可也.

　等因. 前來.

　相應抄錄原咨粘單, 知照朝鮮國王遵照.

可也.

云云.

嘉慶十七年九月初六日.

原奏

原編續 犯禁 8b~9b(3436~3437쪽)

禮部 謹奏, 爲 奏聞請旨 事.

准盛京禮部咨稱.

轉據鳳凰城城守尉富寧呈稱,

上年朝鮮國恭進年貢使臣等由京回至邊門, 職等將該員役携帶貨物逐一盤查, 搜出鐵剪子一百零五把·鐵鏟子一把.

等因.

除將搜出剪子等物轉送盛京刑部貯庫外, 咨報到部.

臣等查例載外國來使不得私帶違制服色·兵器·史書·一統志·地里圖·銅鐵·馬騾·角弓·絲觔·及凡違禁之物語.

又查嘉慶十二年, 朝鮮領時憲書員役回國出邊時, 經鳳凰城搜出違禁史書·銅鐵·器皿等. 經臣部奏明將史書等物存貯盛京禮·刑二部, 并行文朝鮮國王嚴飭嗣後進京員役, 于回國時毋得私帶違禁之物. 等因. 在案.

今朝鮮國進貢員役, 回國時復被搜出鐵剪·鐵鏟等物, 雖視上次爲數較小, 究干例禁, 應仍請旨. 飭下朝鮮國王自行查辦, 並嚴飭進京使臣及賫咨官等, 轉飭所屬員役, 毋得再行携帶違禁等物, 致干罪戾. 恭俟命下, 臣部行文該國王遵照辦理. 爲此謹奏請旨.

回咨

原編續 犯禁 9b(3437쪽)

朝鮮國王, 爲 咨覆 事.

嘉慶十七年十一月初二日, 承准貴部咨.

節該. 云云. [自"左司案呈", 止"遵照可也". 見上原咨]

等因.

據此, 竊照小邦恪遵禁條, 恒加戒飭, 俾玆臣庶罔或違越. 頃於賫咨官之回, 私帶違禁等物, 至煩貴部移咨, 卽將革職嚴勘. 又於上年年貢陪臣之回, 所屬員役不知懲勵, 乃有違禁等物被搜之事, 特蒙寬恩, 不行重究, 罙切感鏤, 莫知云喩. 其於自訟之道, 驚怛靡措, 前後何殊. 將該員役照律嚴繩. 繼自今更加另飭於赴京人役等, 凡係犯禁之物, 毋得潛貿, 致干昭憲外, 爲此合行咨覆, 煩乞貴部照詳施行. 云云.

嘉慶十七年十一月十一日.

한글 번역

[丁卯]

報獐子島犯禁人咨[製曺允大 咨官金在洙]

原編續 犯禁 1a~2b(3433쪽)

발신: 조선국왕

사유: 邊民이 禁令을 어기고 몰래 물화를 교환한 행동에 대해 馳報하며 공경히 처분을 기다립니다.

[조선국왕] 嘉慶 12년 8월 11일에 平安道 觀察使 趙得永·節度使 鄭觀采 등의 馳啓를 받았는데, 다음과 같은 討捕使 韓應儉의 牒呈이 첨부되어 있었습니다.

[평안감사 등] ……. "大同江에 정박하고 있던 의주 상인 白大賢·李士楫의 배 안에 중국 물건이 많이 실려 있었습니다."(라는 제보가 있었습니다.) 이를 받고 즉시 백대현·이사집과 그들의 수하 金振坤·船戶 金君一· 金喆山 등을 잡아들여 모두 엄히 刑訊을 가하고 여러 가지로 낱낱이 캐묻자, 백대현과 이사집은 다음과 같이 공술했습니다.

[이사집] 소인 등은 연변에 살며 장사를 생업으로 삼고 있는데, 올해 봄에 중국 지역에 미곡 값이 매우 비싸다는 것을 듣고는, 어리석은 소치로 감히 이익을 노릴 계책을 내어 결국 올해 6월 8일에 김군일과 김철산에게 두 척의 배를 빌려 大米

1백 50석과 小米 70석을 싣고 몰래 龍川府 獐子島 지방으로 가서 몰래 짐을 풀고, 上國의 潛越人으로 이름을 알지 못하는 朱氏·張氏 두 사람과 거래하여, 丹木 2,795근·白礬 1,290근·浮椒 231근·鍮鐵 23근·銅錢 1385냥 6전·銀子 23냥 5전·磁器 120立·鍮盤 4面·哱囉 4매·鳴鑼 1매·風磬 2개 등과 바꾼 뒤, 丹木·白礬·浮椒·磁器·風磬 등의 물건은 즉시 시장에 가져다 팔았습니다. 上國의 錢貨는 우리나라 안에서 통용되는 것이 아닌지라, 모두 바라·명라와 함께 몰래 녹이고 부셔서 熟鐵로 만들어 (그것을) 팔면서 평양에 이르렀는데, 종적이 탄로나 끝내 관원에게 체포되었습니다. 나라의 금법을 범하였으니 삼가 마땅한 형벌을 받아야 할 것입니다.

[평안감사 등] 이에 의거해 이어서 김진곤·김철산·김군일 등을 신문하였더니, 공술이 백대현·이사집의 공초와 한결같고 다름이 없었습니다. 다만 그 몰래 판 미곡과 바꾼 물품이 꼭 위에 말한 명목과 수량에 그치는지는, 저들의 공술이 사실인지 저들이 간특하여 이것만을 인정한 것인지 알기 어렵습니다.

[조선국왕] 삼가 살펴보건대, 小邦은 종전부터 삼가 皇朝의 법률[科憲]을 받들어 변방을 禁飭하되 혹시라도 감히 태만하지 않았었습니다. 그러나 위엄이 (부족하여) 아랫사람을 단속하지 못하고 명석함이 (모자라) 간악한 자들을 살피지 못하여, 간사한 백성으로 하여금 이와 같이 간악한 범죄를 저지르게 만들었으니 반성할수록 황공하고 부끄러워 몸 둘 바를 모르겠습니다.

백대현 등 5명은 즉시 법대로 처단함이 마땅하나, 다시 다시금 마땅히 조사할 일이 있을 것을 염려하여 모두 우선 옥에 가두어 두고, 貴部의 咨文을 기다렸다가 완결짓도록 하겠습니다. 그 매매한 물품은 모두 공술에 따라 뒤에 열거하였습니다만, 그 가운데 유철과 동전은 禁物에 관계되므로 삼가 이처럼 수량을 확인하여 수납합니다. 그리고 해당 지방관 龍川府使 洪致範, 절도사 鄭觀采, 義州府尹 趙弘鎭, 宣川府使 白泓鎭은 모두 파직하고, 엄중히 조사하는 외, 삼가 생각하건대, 小邦의 서쪽 경계에 있는 읍·진들은 대개 황량하고 멀며 주서(洲嶼) 또한 텅 빈 데다가 수풀만 우거져 있습니다. 용천부의 장자도와 같은 경우 육지와의 거리가 더욱 멀고 그 땅이 으슥한지라, 간악한 무리들이 그 어채(漁採)의 이익을 노려 제멋대로 犯越할 경우, (범월인들이) 소굴로 삼기는 쉽지만 (조선에서) 분명하게 살피기는 어렵습니다. 매달 순찰하지 않는 것은 아니나, 이미 장시간 주둔하지는 않았으므로, 몇 해 전에 비적 劉青山이 투탁한 일도 이번에 간민 백대현이 잠상한 일도 모두 이곳에서 벌어졌던 것입니다. 지난 일로 미루어 보건대, 앞으로도 근심이 있을 것 같아, 지금 장자도에 무관을 선발해 장정을 인솔하여 교대로 순찰하는 것이 편리하고 마땅할 것입니다. 생각건대, 이런 사정을 大部께 마땅히 아뢰어야 하기에 上護軍 金在洙를 파견하여 서둘러 가서 馳報하게 하였으니, 번거롭겠지만 貴部에서는 삼가 자세히 살펴보시고 대신 상주해주시기 바랍니다.

수량목록.
丹木 2,795근·白礬 1,290근·浮椒 231근·銀子 23냥 5전·磁器 120立·鍮盤 4面[수납]·哱囉 4매수납·鳴鑼 1매[수납]·風磬 2개·鍮鐵 3근[수납]·銅錢 1385냥 6전[수납]

嘉慶 12년 9월 21일.

盛京禮部知會轉奏奉上諭咨

原編續 犯禁 2a~4a(3433~3434쪽)

발신: 성경예부
사유: 알립니다.

[성경예부] 左司에서 案呈을 올렸는데, 그 내용은 다음과 같았습니다.

[좌사] 지난 嘉慶 12년 10월 16일에 鳳凰城 城守尉의 보고를 받았는데, 그 내용은 다음과 같았습니다.

[봉황성 성수위] 朝鮮國에서 파견한 賫咨官 金在洙·小通事 1명·從人 2명이 錢文·銅鐵 12포를 지니고서, 12년 10월에 강을 건너 변경으로 들어왔는데, 京師로 가서 사안을 보고하는 일이라 관원을 파견하여 조선 員役을 전례에 따라 호송하여 京師로 보내겠습니다.

[좌사] 조사해보건대 錢文·銅鐵은 금지물품에 해당하므로 조선의 員役이 京師에 와서 사안을 보고할 때에는 마땅히 휴대하지 말아야 할 것입니다. 이에 本部에서는 곧 자세히 물어보고는 賫咨官 김재수로부터 다음과 같은 답변을 받았습니다.

[재자관] 小邦의 龍川府 獐子島는 치소와 30리 떨어져 있습니다. 그런데 의주부의 奸民 2인이 上國에 흉년이 든 곳이 있다는 소식을 듣고는 감히 이익을 노릴 작정으로 몰래 大·小米 1백여 석을 배에 싣고 바다를 건너 장자도 지역에 이르렀습니다. 上國에서 몰래 넘어온 성명도 모르고 또한 盛京인지 山東인지 福建인지 알지 못하는 사람을 만나 불법적으로 교역을 한 후 錢文·銅·鐵 등의 물건을 얻은 후 본국으로 돌아와 몰래 팔다가 체포되었습니다. 살펴보건대, 晌銅이 23觔 (그리고) 백 개를 1냥으로 계산한 銅錢이 모두 1,385냥 6전이 있었습니다. (이것들은) 금지물품에 해당하므로 小邦의 지방관은 즉시 국왕에게 보고했습니다. 본국의 왕은 (그것을) 듣고는 매우 놀라고 걱정하여 즉시 감찰사를 파견해 간민들을 엄히 신문하였는데 2인이 공술한 바가 다르지 않았으므로 義州府尹·龍川府知府를 모두 혁직한 후 즉시 小官을 파견하여 咨文을 보내 都京禮部에서 대신 상주하게끔 하였습니다.

[좌사] 本部에서 咨文을 보내 관병을 파견하고 호송하는 외, 즉시 조선국 차관이 동철을 휴대한 연유에 대해 (본부에서) 자세히 물어 확인한 내용을 회동하여 공손히 상주하여 아뢰었습니다. 지금 嘉慶 12년 11월 12일에 본년 10월 29일의 上諭를 받았는데, 그 내용은 다음과 같았습니다.

[황제] 伊沖阿 등이, 내지 민인이 몰래 조선의 장자도로 넘어가 불법적으로 교역한 내용의 摺을 아뢰었다. 장자도는 변경의 카룬 밖의 지역이니 내지 민인이 담대하게도 감히 銅鐵을 가지고서 쌀과 바꾼 것은 실로 금령을 어긴 것이다.

조선국왕이 그것을 알고서 즉시 조선국의 官·民을 징벌하고 아울러 관원을 서울로 보내 보고한 것은 매우 공순한 일이다. 그러나 내지에서 카룬에 있던 관원들은 실로 허물이 없다 할 수 없으니 철저히 조사하여 경계를 보이지 않을 수 없다. 富俊은 해당 범인들이 어느 지역을 거쳐서 변경 밖으로 나갔는지를 명백히 조사하라. 그리고 즉시 해당 지역의 카룬 관원들을 해임하고, 병정들과 함께 소환하여 낱낱이 신문하라. 가령 명확히 조사한 결과 순찰을 제대로 하지 못한 것에 지나지 않는다 하더라도 해당 관원은 응당 받아야 할 죄가 있는 것이므로 즉시 실정에 따라 처벌하라. 그런데 혹시 정황을 알고서도 고의로 방관하거나 뇌물을 받은 정황이 있다면 즉시 律에 따라 형벌을 정하여 죄를 다스려라. 불법적으로 거래한 銅鐵과 두 범인에 대해서는 伊沖阿가 현재 이미 문서를 보내 수사하고 있으니 모름지기 서둘러 체포한 후 법정에 세워 조사하여 처리하며, 멋대로 멀리 달아나지 못하게 하라. 조선의 差官에 대해서는 京師에 도착할 때를 기다려 별도로 포상을 하도록 하라. 이를 富俊에게 傳諭하고 아울러 伊沖阿·成格에게도 傳諭하여 알게 하라.

[좌사] 飭이 本部에 도착하였으니 마땅히 조선국왕에게 알려 확인하게 해야 합니다.

嘉慶 12년 11월 16일.

禮部知會轉咨轉奏請旨咨

原編續 犯禁 4a(3434쪽)

발신: 예부

사유: 알립니다.

[예부] 主客司에서 案呈을 올렸는데, 그 내용은 다음과 같았습니다.

[주객사] 本部에서 위의 사유에 관한 안건을 상주했습니다. 上諭를 받들어 기록한 후 별도로 咨文을 보내는 외, 마땅히 原奏를 초록하여 조선국왕에게 알려 확인하게 해야 합니다.

운운.

嘉慶 12년 11월 일.

原奏

原編續 犯禁 4a~6a(3434~3435쪽)

발신: 예부

사유: 삼가 咨文을 받고 대신 상주하며 旨를 청했습니다.

[예부] 본월 2일에 조선의 齎咨官 金在洙가 조선국왕의 자문 한 통을 가져왔는데, 그 내용은 다음과 같았습니다.

[재자관] 邊民이 금령을 어기고 몰래 물품을 무역했기에 급히 보고합니다. 嘉慶 12년 8월 13일에 平安道觀察使 趙得永·節度使 鄭觀采 등의 馳啓를 받았는데, 다음과 같은 討捕使 韓應儉의 牒呈이 첨부되어 있었습니다.

[평안 감사] …….“大同江에 정박하고 있던 의주 상인 白大賢·李士楫의 배 안에 중국 물건이 많이 실려 있었습니다.”(라는 제보가 있었습니다.) 이를 받고 즉시 백대현·이사집과 그들의 수하 金振坤·船戶 金君一· 金喆山 등을 잡아들여 모두 엄히 刑訊을 가하자, 백대현과 이사집은 다음과 같이 공술했습니다.

[백대현 등] 소인 등은 연변에 살며 장사를 생업으로 삼고 있는데, 본년 6월 8일에 김군일과 김철산에게 배를 빌려 大米 1백 50석과 小米 70석을 싣고 몰래 龍川府 獐子島 지방으로 가서 몰래 짐을 풀고, 上國의 潛越人으로

이름을 알지 못하는 朱氏·張氏 두 사람과 거래하여, 丹木 2,795근·白礬 1,290근·浮椒 231근·鍮鐵 23근·銅錢 1385냥 6전·銀子 23냥 5전·磁器 120立·鍮盤 4面·哱囉 4매·鳴鑼 1매·風磬 2개 등과 바꾼 뒤, 그 중 丹木·白礬·浮椒·磁器·風磬 등의 물건은 이미 팔았습니다. 그리고 上國의 錢貨는 우리나라 안에서 통용되는 것이 아닌지라, 모두 바라·명라와 함께 몰래 녹이고 부셔서 熟鐵로 만들어 팔고자 평양에 이르렀다가 관원에게 체포되었습니다.

[평안 감사] 이에 의거해 이어서 김진곤·김철산·김군일 등을 신문하였더니, 공술이 백대현·이사집의 공술과 같았습니다.

[재자관] 삼가 살펴보건대, 小邦은 종전부터 삼가 皇朝의 법률[科憲]을 받들어 변방을 禁飭하여 혹시라도 감히 태만하지 않았었습니다. 그런데 이내 간사한 백성이 간악한 범죄를 저질렀으니 반성할수록 황공하고 부끄러워 몸 둘 바를 모르겠습니다. 백대현, 이사집 등 5명은 즉시 법대로 처단함이 마땅하나, 생각건대 다시금 마땅히 조사할 일이 있을 것이기에 우선 옥에 가두어 두고 (貴部의) 咨文을 기다린 후 완결 짓겠습니다. 그 매매한 물품은 모두 공술에 따라 뒤에 열거하였습니다만, 그 가운데 유철과 동전은 禁物에 관계되므로 삼가 이처럼 수량을 확인하여 수납합니다.

그리고 해당 지방관 龍川府使 洪致範, 절도사 鄭觀采, 義州府尹 趙弘鎭, 宣川府使 白泓鎭은 모두 파직하고 엄중히 조사하는 외, 삼가 생각하건대, 小邦의 서쪽 경계에 있는 읍·진들은 대개 황량하고 멀며 주서(洲嶼) 또한 모두 텅 빈 데다가 수풀만 우거져 있습니다. 용천부의 장자도와 같은 경우 육지와의 거리가 더욱 멀고 그 땅이 으슥한지라, 간악한 무리들이 쉽게 소굴로 삼지만 분명하게 살피기는 어렵습니다. 때문에 몇 해 전에 비석 劉靑山이 투닥한 적이 있었고 이번에는 간민 백대현 등이 또 몰래 범월하여 불법적으로 교역하였습니다. 지금 장자도에 관병을 선발해 장정을 인솔하여 교대로 순찰하는 것이 편리하고 마땅할 것이기에 上護軍 金在洙를 파견하여 서둘러 가서 馳報하게 하였습니다.

[예부] 신들이 삼가 생각건대, 조선과의 무역은 과거 의례히 中江·會寧·慶源 지역에

서 (행했고) 모두 일정한 연한이 있었습니다. 이것을 제외하고, 상인이 불법적으로 緣邊·關塞을 넘어가 금지물품을 매매할 수 없다는 것은 규례가 (문서상에) 매우 명확히 실려 있습니다. 지금 조선국왕이 금령을 각별히 준수하여 불법적으로 거래한 조선의 간민을 체포한 즉시 수감하고 咨文을 보내 대신 상주할 것을 청했으며 아울러 금지물품을 보내왔습니다. 그 보내온 錢文·銅鐵 등의 금지물품을 어떻게 처리해야 할지 신등은 감히 멋대로 할 수 없기에 밝으신 훈시를 공경히 기다리겠습니다. 내지에서 국경을 넘어가 불법적으로 매매한 朱氏·張氏 두 범인에 대해서는 마땅히 旨를 청하오니 盛京將軍·奉天府府尹을 신칙하여 (휘하를) 칙려하고 철저히 수사하여 체포한 후 律에 따라 치죄하게끔 해야 합니다. 그 월경하는 것을 순찰하지 못한 각 員弁에 대해서는 모두 명확히 조사한 후 本部로 咨文을 보내 例에 따라 논의하여 처벌해야 합니다. 삼가 이에 咨文을 받고 대신 상주하며, 아울러 도착한 각종 물품에 대해서는 별도로 목록을 만들어 공경히 御覽에 올립니다. 삼가 명령이 내려오길 기다려 臣部에서 旨를 준수하여 시행하겠습니다. 삼가 아룁니다.

禮部知會特賞奉上諭咨[見錫賚互勅諭]

原編續 犯禁 6a(3435쪽)

禮部知會銅器査收咨

原編續 犯禁 6a(3435쪽)

발신: 예부

사유: 알립니다.

[예부] 主客司에서 案呈을 올렸는데, 그 내용은 다음과 같았습니다.

[**주객사**] 살펴보건대, 조선국왕이 賫咨官 金在洙를 파견해 錢文·銅器 등의 물건을 보내왔기에 本部에서 上奏하여 上諭를 받들었는데, "담당 관청에서 거두어 보관하라."고 하였습니다. 앞서의 물건을 일단 본부의 창고에 보관하고 별도로 처리하는 외 재자관 김재수 올린 각 물건에 대해 마땅히 목록을 만들어 조선국왕에게 咨文을 보내야 합니다.

운운.

수량 목록. 鍮盤. [이후 物目은 위의 原咨를 보라]

嘉慶 12년 11월 일.

禮部知會賫咨官頒賞咨

原編續 犯禁 6a~6b(3435쪽)

발신: 예부
사유: 알립니다.

[**예부**] 主客司에서 案呈을 올렸는데, 그 내용은 다음과 같았습니다.

[**주객사**] 조선국왕이 조선 의주 상인이 불법적으로 금지물품을 매매한 정황으로 인해 賫咨官 金在洙를 파견했으니 例에 따라 (재자관에게는) 賞銀 30을, 소통사 1명에게는 賞銀 8냥을, 종인 2명에게는 각기 賞銀 4냥을 지급했으니, 마땅히 소선국왕에세 알려야 합니다.

운운.

嘉慶 12년 11월 일.

[戊辰]

禮部知會咨行員役私帶史記銅鐵被捉咨

原編續 犯禁 6b(3435쪽)

발신: 예부

사유: 알립니다.

[예부] 主客司에서 案呈을 올렸는데, 그 내용은 다음과 같았습니다.

[주객사] 本部는, 鳳凰城에서 조선의 齎咨官이 史記·周易·銅·鐵 등의 물건을 휴대하고 있는 것을 찾아냈다는 奏摺을 嘉慶 13년 2월 6일에 상주하여 旨를 받들었는데, 그 내용은 다음과 같았습니다.

[황제] 의논한 대로 하라.

[주객사] 마땅히 原奏를 초록하여 조선국왕에게 알려 준수하게 해야 합니다.

운운.

嘉慶 13년 2월 7일.

原奏

原編續 犯禁 6b~7b(3435~3436쪽)

발신: 예부

사유: 삼가 상주하며 아룁니다.

[예부] 본년 정월 14일에 盛京禮部侍郞 成格의 咨文을 받았는데, 그 내용은 다음과 같았습니다.

[**성경예부시랑**] 鳳凰城城守尉 永本의 보고를 받았는데, 그 내용은 다음과 같았습니다.

[**봉황성 성수위**] 嘉慶 12년 12월 1일에 조선의 齎咨官 金成釆이 국경에 도착하였기에 저희들은 조선국 員役이 京師에서 가져온 물건 포대를 낱낱이 조사하다가 史記 4빌·銅盆·銅鍋 및 茶托煙袋 등 모두 32근 반, 鐵剪 및 鑷子刀子 모두 2근 반을 색출했습니다. 목록을 열거하여 보고하오니 지시하시면 준행하겠습니다.

[**성경예부시랑**] 아울러 齎咨官 등은 이미 12월 1일에 풀어서 보냈다고 하였습니다. 다만 색출한 史書 등에 대해, 해당 城守尉는 조선의 누가 불법적으로 휴대하고 있었는지에 대해서는 일찍이 묻지도 않은데다가 명확히 알려오지도 않았으니, 마땅히 箚文으로 신칙하여 명확히 파악한 후 별도로 本部에 보고하여 처리할 수 있게 해야 합니다.

[**예부**] 규례를 살펴보니 외국의 使臣은 법제에 어긋나는 의복·兵器·史書·『一統志』·地里圖·銅鐵·노새[馬騾]·角弓·絲觔 및 금지물품을 불법적으로 휴대할 수 없다는 말이 적혀 있었습니다. 지금 조선의 齎咨官과 員役 들이 귀국할 때 휴대한 史記·周易 및 銅鐵 등의 물건 중 다만 周易은 전례상 금지하지 않는 바이니 마땅히 돌려주어야 하며, 史記와 銅鐵 등은 모두 금지물품에 속하지만, 사기는 전사에 비할 바 아니며 동철 등은 그 숫자가 많지 않으니, 사기는 성경예부에 넘겨 보관하고 동철 등은 성경형부에 보관하여 가볍게 징계하는 뜻을 보여주는 것이 어떨지 모르겠습니다. 엄중한 수사를 면해주는 것은 황상의 천은에서 나오는 것이니 (만일 그렇게 지를 내려주신다면), 臣部에서는 그 지에 따라 조선국왕에게 알려 京師로 오는 사신 및 齎咨官 등을 엄히 신칙하여 소속 員役으로 하여금 귀국할 때 불법적으로 금지물품을 휴대하다가 죄를 저지르는 일이 없게 수의하게 하고, 아울러 盛京將軍·盛京禮部·刑部에 알려 (이에) 따라 처리하게 하겠습니다. 신 등은 감히 멋대로 결정할 수 없기에 이에 삼가 奏하며 旨를 청합니다.

盛京禮部抄錄禮部原奏咨

原編續 犯禁 7b~8a(3436쪽)

발신: 성경예부

사유: 자문을 보냅니다.

[성경예부] 左司에서 案呈을 올렸는데, 그 내용은 다음과 같았습니다.

[좌사] 禮部의 咨文을 받았는데, 그 내용은 다음과 같았습니다.

[예부] 主客司에서 案呈을 올렸는데, 그 내용은 다음과 같았습니다.

[주객사] 鳳凰城에서 조선에서 咨文을 가져온 員役이 『史記』·『周易』·銅鐵을 휴대하고 있던 것을 색출했다는 奏摺을 嘉慶 13년 2월 6일에 상주하여 旨를 받들었는데, 그 내용은 다음과 같았습니다.

[황제] 의논한 대로 하라.

[주객사] 마땅히 原奏를 초록하여 盛京禮部로 咨文을 보내 이에 따라 처리해야 합니다.

[좌사] 마땅히 원주를 초록하고 첨부하여 조선국왕에게 咨文으로 보내 京師에 오는 사신 및 齎咨官 등을 엄히 신칙하여 소속 員役으로 하여금 귀국할 때 불법적으로 금지물품을 휴대하다가 죄를 저지르는 일이 없게 주의하게 해야 합니다.

운운.

嘉慶 13년 3월 30일.

原奏[見上禮部咨]

原編續 犯禁 8a(3436쪽)

回禮部咨

原編續 犯禁 8a(3436쪽)

발신: 조선국왕

사유: 咨文으로 답합니다.

[조선국왕] 嘉慶 13년 4월 14일에 貴部의 咨文을 받았는데, 그 내용은 다음과 같았습니다.

……. 운운. ["主客司案呈"에서, "遵照可也"까지. 위의 原咨를 보라]

[조선국왕] 이를 받고 삼가 생각건대 小邦은 금령을 각별히 준수하여 항상 경계하고 주의를 기울여 이들 신하들로 하여금 혹시라도 해당 조항을 어기지 않게 했습니다. 그런데 齎咨官이 귀국할 때 이내『史記』·銅器 등을 색출당한 일이 발생했으니 비록 넓으신 은혜를 입어 엄중한 조사를 받지 않았지만 小邦이 스스로의 잘못을 허물함에 있어 놀라움과 두려움을 가눌 수 없어 몸 둘 바를 알지 못하였습니다. 해당 재자관 金成釆을 파직하고 엄히 처벌하겠습니다. 지금부터는 京師에가는 人役을 더욱 신칙하여 무릇 금지물품에 해당하는 것을 몰래 무역하다 법률을 어기는 일이 없게 하는 외, 이에 마땅히 咨文으로 답하오니 번거롭겠지만 貴部에서 자세히 살피시고 시행하십시오. 운운.

嘉慶 13년 5월 9일.

[壬申]

回盛京禮部咨

原編續 犯禁 8b(3436쪽)

발신: 성경예부

사유: 알립니다.

[**성경예부**] 左司에서 案呈을 올렸는데, 그 내용은 다음과 같았습니다.

[**좌사**] 禮部의 咨文을 받았는데, 그 내용은 다음과 같았습니다.

[**예부**] 主客司에서 案呈을 올렸는데, 그 내용은 다음과 같았습니다.

[**주객사**] 本部에서 앞의 사안에 대해 奏를 갖추어 嘉慶 17년 6월 23일에 상주했고 旨를 받들었는데, 그 내용은 다음과 같았습니다.

[**황제**] 의논한 대로 하라.

[**주객사**] 마땅히 原奏를 초록하여 盛京禮部에 알려야 합니다.

[**좌사**] 마땅히 원문을 초록하고 첨부하여 조선국왕에게 알려 따르게 해야 합니다. 운운.

嘉慶 17년 9월 6일.

原奏

原編續 犯禁 8b~9b(3436~3437쪽)

발신: 예부

사유: 상주하여 아뢰며 旨를 청합니다.

[예부] 盛京禮部의 咨文을 받았는데, 그 내용은 다음과 같았습니다.

[성경예부] 鳳凰城 城守尉 富寧의 보고를 받았는데, 그 내용은 다음과 같았습니다.

[봉황성 성수위] 작년 조선에서 연공을 바치러 온 使臣들이 (귀국길에 올라) 경사로부터 변문에 이르렀는데, 저희들이 해당 員役의 휴대물품을 낱낱이 조사하다가 鐵剪子 105파와 鐵鏟子를 찾아냈습니다.

[성경예부] 찾아낸 剪子 등을 盛京刑部로 보내 창고에 저장하는 외, 咨文으로 보고합니다.

[예부] 규례를 살펴보니 외국의 使臣은 법제에 어긋나는 의복·兵器·史書·『一統志』·地里圖·銅鐵·노새[馬騾]·角弓·絲觔 및 금지물품을 불법적으로 휴대할 수 없다는 말이 적혀 있었습니다.

또 조사해보니, 嘉慶 12년에 時憲書를 수령하러 온 조선 員役이 귀국하기 위해 변문을 나설 때, 鳳凰城에서 금지된 史書·銅鐵·器皿을 찾아냈습니다. 臣部에서는 史書 등은 성경예부와 성경형부에 보관하고, 아울러 조선국왕에게 문서를 보내 이후 京師로 오는 員役을 엄히 신칙하여 귀국할 때 금지물품을 불법적으로 휴대하지 말게끔 해야 한다고 상주했었습니다.

지금 공물을 올리는 조선의 員役이 귀국할 때 또다시 鐵剪·鐵鏟 등의 물건을 색출당했는데, 비록 앞서의 사례에 비하여 수량이 비교적 적지만 조사해보니 금령을 어긴 일이라 응당 지를 청해야 합니다. 조선국왕으로 하여금 스스로 조사하여 처리하고, 아울러 京師로 오는 사신 및 齎咨官 등을 신칙하여 소속 員役들로 하여금 다시는 금지물품을 휴지했다가 죄를 범하는 일이 없게끔 주의하게 해야 합니다. 공경히 명령이 내려오길 기다려 臣部에서 조선국왕에게 공문을 보내 이에 따라 처리하게 해야 합니다. 이에 삼가 상주하며 旨를 청합니다.

回咨

原編續 犯禁 9b(3437쪽)

발신: 조선국왕

사유: 咨文으로 답합니다.

[조선국왕] 嘉慶 17년 11월 2일에 貴部의 咨文을 받았는데, 그 내용은 다음과 같았습니다.

……. 운운. ["左司案呈"에서, "遵照可也"까지. 위의 原咨를 보라]

[조선국왕] 이를 받고 삼가 생각건대, 小邦은 금령을 각별히 준수하고 항상 경계와 주의를 기울여 이들 신하들로 하여금 혹시라도 어기거나 범하지 않게 했습니다. 그런데 지난번 齎咨官이 귀국할 때 불법적으로 금지물품을 휴대하여 번거롭게도 貴部에서 咨文을 보내는 일이 있었기에 즉시 파직하고 엄히 처벌하였습니다. 그런데 작년에 年貢陪臣이 귀국할 때 소속 員役이 처벌받는 줄을 모르고 이내 금지물품을 갖고 있다가 색출당하는 일이 발생했는데, 특별히 넓으신 은혜를 입어 엄중한 조사를 행하지 않으셨으니, 감격스러움이 더욱 절실히 깊어져 무어라 말씀드려야 할지 알지 못하겠습니다. 그 스스로 허물하는 도리에 있어 너무나 놀라 몸 둘 바를 모르겠는 마음이 앞뒤에 어찌 차이가 있겠습니까! 해당 員役을 律에 따라 엄히 다스리고, 지금부터는 다시금 京師에 가는 員役들에게 신칙을 가하여 무릇 금지물품에 관계되는 것을 몰래 매매하다 금령을 어기는 일이 없도록 하는 외, 이에 마땅히 咨文을 보내오니 번거롭겠지만 貴部에서 자세히 살피시고 시행하십시오. 운운.

嘉慶 17년 11월 11일.

『同文彙考』原編 卷65

刷還

수록 문서 목록

*괄호 안은 영인본의 쪽수임

※ 右表進呈咨（康熙 6年 3月 9日）原編 卷65 刷還 5a~5b(1248쪽)

※ 皇太后方物狀（康熙 6年 3月 9日）原編 卷65 刷還 5b~6a(1248쪽)

※ 右狀進呈咨（康熙 6年 3月 9日）原編 卷65 刷還 6a(1248쪽)

※ 皇太后方物狀（康熙 6年 3月 9日）原編 卷65 刷還 6a~6b(1248쪽)

○ 右狀進呈咨 原編 卷65 刷還 6b(1248쪽)

※ 皇后方物狀（康熙 6年 3月 9日）原編 卷65 刷還 6b(1248쪽)

○ 右狀進呈咨 原編 卷65 刷還 6b(1248쪽)

※ 禮物總單（康熙 6年 3月 9日）原編 卷65 刷還 6b~7a(1248~1249쪽)

○ 禮部查收謝減罰銀寬免各官及免罰紙張不堪陳 原編 卷65 刷還 7a(1249쪽)

※ 奏陪臣擬罪方物咨（康熙 6年 5月 5日）原編 卷65 刷還 7a~7b(1249쪽)

※ 刷回逃留人咨（康熙 7年 月 日）原編 卷65 刷還 7b(1249쪽)

○ 禮部回咨 原編 卷65 刷還 7b(1249쪽)

※ 刷回逃留人咨（康熙 8年 月 日）原編 卷65 刷還 7b~8a(1249쪽)

○ 禮部回咨 原編 卷65 刷還 8a(1249쪽)

※ 禮部知會入送明阿納之毋咨（康熙 21年 月 日）原編 卷65 刷還 8a(1249쪽)

※ 回咨（康熙 22年 月 日）原編 卷65 刷還 8a(1249쪽)

표 점

[甲申]

諭免刷逃口及嚴査逆黨勅[見陳奏]

原編 卷65 刷還 1a(1246쪽)

[乙酉]

送還上國閹人咨

原編 卷65 刷還 1a~1b(1246쪽)

朝鮮國王, 爲 解送上國閹人 事.

議政府狀啓.

臣等竊詳, 先世子入侍之日, 欽蒙皇上賞賜人口帶回本國. 其中宦寺五人則置諸宮院, 偏加撫恤. 及今別世之後, 東宮僚屬皆以輟罷, 本人等流落下邦, 遽失所依, 倍切懷土之思, 情理可矜. 合無備咨入送, 允爲便益.

等因. 具啓.

據此爲照, 念玆五口閹人係是欽賞亡息之人. 亡息雖不幸喪逝, 當職亦當厚廩留置. 而本人等情勢誠有如議狀所陳, 臨當發送轉增悲感. 除將閹人李邦詔·長三畏·劉仲林·谷豐登·竇五芳五名及他的從人一名送還京師外, 爲此合行移咨, 煩爲照詳轉奏施行. 須至咨者. 右咨禮部.

順治二年八月十四日.

[乙酉]

戶部知會發回被漂被擄人等咨

原編 卷65 刷還 1b(1246쪽)

戶部, 爲 傳奉 事.

十月初五日, 接出聖旨.

向年我兵圍錦州時, 隨林慶業等來船被風. 船內六十三人, 又於皮島被漢兵擄來一人, 俱久羈山東登州府. 今中原已入版圖, 合行發回, 該部移文知會.

欽此.

合咨貴國, 煩爲查照施行. 須至咨者. 右咨朝鮮國王.

順治二年十月初五日.

[丙戌]

刷還逃人慶源完市及究問越境挖蔘人咨

原編 卷65 刷還 1b(1246쪽)

[辛丑]

禮部知會刷回使行從役逃留人咨

原編 卷65 刷還 1b~2a(1246쪽)

禮部, 爲 從人逃走 事.

照得, 朝鮮國差來謝恩正使元斗杓等回還, 有從人崔德尙自寧遠逃在杏山馬尾屯何庄頭家內被獲. 其何庄頭知係外國人役而留住緣由, 本部咨行盛京總管問罪外, 至於逃走崔德尙遞送交付朝鮮國義州府. 爲此合咨前去, 煩爲查照施行. 云云.

順治十八年閏七月初八日.

回咨

原編 卷65 刷還 2a~2b(1246쪽)

朝鮮國王, 爲 從人逃走 事.

本年閏七月二十七日, 承奉貴部咨.

節該. 云云. [自"照得朝鮮", 止"查照施行". 見上原咨]

等因.

奉此, 竊照所有崔德尙旣從謝恩陪臣進京. 回還時, 分却不合, 在途逃走 不知去向, 幸賴貴部跟查遞送. 除將崔德尙亦爲查問議擬處斷外, 爲此合行咨覆, 煩乞貴部照詳施行. 云云.

順治十八年十一月初一日.

[癸卯]

禮部知會刷回使行從役逃留人咨

原編 卷65 刷還 2b~3a(1246~1247쪽)

禮部, 爲 請旨 事.

准鎭守遼東等處將軍吳咨開.

　據廣寧城守章京白應科呈稱.

　　進表朝鮮國差來官李俁等夥內, 有安褚地方官金海巴爾, 因有瘋疾跑去. 其夥起行三日之後始獲前來.

　　隨交與鑲紅旗陳齊泰佐領下董逢榮移送到鎭, 隨問得金海巴爾.

　　　你在伊夥因何分散.

　　據回稱.

　　　我病了, 不知如何分散, 被廣寧章京拿送.

　　等語.

　　除金海巴爾拿送在門看守外, 相應移咨知會.

　等因. 前來.

　查得順治十八年朝鮮國差來謝恩陪臣元斗杓等回還之時曾有一人逃留在後, 具題押送, 交付朝鮮國義州官, 移咨朝鮮國王知會. 在案. 今有瘋疾高麗金海巴爾准盛京咨開, 無亂行之處, 但有瘋疾等語. 相應令鳳凰城章京轉送交與義州官, 將此緣由移咨朝鮮國王可也.

等因.

具題, 奉旨.

　着交與來領曆日官帶去.

欽此. 欽遵. 到部.

相應移咨.

爲此合咨前去, 煩爲查照施行. 云云.

康熙二年十月初一日.

回咨

原編 卷65 刷還 3a~3b(1247쪽)

朝鮮國王, 爲 瘋疾人轉送 事.

康熙二年十月二十日, 承奉貴部咨.

節該. 准鎭守遼東等處將軍吳咨開.

據廣寧城守章京白應科呈稱.

進表陪臣李俁等夥內, 有安褚地方官金海巴爾, 因有瘋疾跑去, 其夥起行三日後始獲前來. 移送到鎭, 隨問得據回稱.

我病了, 不知如何分散, 被廣寧章京拿送.

等語.

准盛京咨開, 無亂行之處, 但有瘋疾等語. 相應令鳳凰城章京轉交與義州官, 將此緣由移咨朝鮮國王可也.

等因. 具題, 奉旨.

着交與來領曆日官帶去.

欽此. 欽遵.

到部. 相應移咨前去, 煩爲查照施行.

等因.

奉此, 竊照所有金海巴爾跟隨進表陪臣李俁進京, 回到廣寧地方, 猝發瘋疾 跑去, 不知所向. 幸賴貴部題請奉旨, '着交與來領曆日官帶去'. 除將金海巴爾送還本籍外, 爲此合行咨覆, 請照驗施行. 云云.

康熙三年二月十三日.

[丙午]

頒查審犯買硝黃容隱逃人勅[見犯禁]

原編 卷65 刷還 3b(1247쪽)

謝降勅查審犯買硝黃容隱逃人表[見犯禁]

原編 卷65 刷還 4a(1247쪽)

陳科斷硝黃各犯擬律容隱各官奏[見犯禁]

原編 卷65 刷還 4a(1247쪽)

禮部查收謝降勅及陳奏方物咨[見犯禁]

原編 卷65 刷還 4a(1247쪽)

禮部知會容隱罰銀減半各官擬律寬免咨[互飭諭]

原編 卷65 刷還 4a(1247쪽)

云云. 本部奉旨.

朝鮮國王世受隆恩, 自當盡職, 逃人不卽拿解, 乃令會議容留, 殊不合理. 當依議罰銀一萬兩, 而念遠居遐陬, 着減五千兩. 議政臣等亦當依議極邊遠竄, 而該國王自認, 俱着寬免.
云云.
[出通文館志]

康熙五年　月　日.

[丁未]

謝罪銀減半各官寬免表

原編 卷65 刷還 4a~5a(1247쪽)

朝鮮國王[臣]姓[諱]言. 康熙六年正月十二日, 陳奏陪臣許積等回自京師賫到禮部咨.

題請奉旨, 朝鮮國王着減罪銀五千兩鄭太和等俱着寬免.
等因.
[臣]與一國臣民不勝兢惶感激, 謹奉表稱謝者. [臣][諱]誠惶誠恐, 稽首稽首. 伏以孼由妄作, 恭俟嚴譴之加, 恩出曲全, 猥荷寬典之降, 驚魂纔定, 感涕先零.
伏念[臣]幸籍寵靈, 得保緖業, 奉三尺之約束, 戒存防閑, 因一時之昏迷, 坐速罪戾, 雖非有意於容隱, 無以自暴其衷誠. 使華言旋, 懼方深於席藁, 德音載布, 罰惟輕於徵金. 參情稱停, 減該部之所奏, 屈法矜貸, 赦陪臣而勿論, 負犯難逭於重辜, 原宥實賴於異數
玆盖伏遇皇帝陛下[黃籤]推心待下, 建極宅中, 體天地之至仁, 並生咸育, 廓山藪之洪量, 蕩垢滌瑕. 遂令微蹤, 亦被隆渥, [臣]敢不懲前毖後, 懷惠畏威. 欽遵敎條, 庶荅東漸之化, 恪守候度, 永肩北拱之忱. [臣]無任望天仰聖激切 屛營之至, 謹奉表稱謝以聞.

康熙六年三月初九日. 朝鮮國王[臣]姓[諱]謹上表.

方物表

原編 卷65 刷還 5a(1248쪽)

朝鮮國王[臣]姓[諱]右, 伏以厚德如天, 既蒙宥過之寵, 薄物任土, 敢修獻琛之儀, 謹備.

黃細苧布三十匹, 白細苧布三十匹, 黃細綿紬二十匹, 紫細綿紬二十匹, 白細綿紬三十匹, 龍文簾席二張, 黃花席一十五張, 滿花席一十五張, 雜彩花席一十五張, 豹皮五張, 白綿紙二千卷. 右件物等品匪珍奇, 產從荒遠, 豈合筐篚之實, 聊申芹曝之忱. [臣]無任兢惶激切之至, 謹隨表奉進以聞.

康熙六年三月初九日. 朝鮮國王[臣]姓[諱]謹上表.

右表進呈咨

原編 卷65 刷還 5a~5b(1248쪽)

朝鮮國王, 爲 謝恩 事.

康熙六年正月十二日, 陳奏陪臣許積等回自京師齎到貴部咨.

云云. [自"題請", 止"寬免". 見上原表]

等因.

當職與一國臣民不勝兢惶感激. 修撰到謝恩表文, 幷備進獻禮物, 專差陪臣檜原君李倫議政府右參贊金徽等 齎擎管領前赴京師進謝外, 今將禮物開坐, 合行移咨, 請照驗聞奏施行, 須至咨者.

一. 黃細苧布[以下物目見上原表]

右咨禮部.

康熙六年三月初九日.

皇太后方物狀

原編 卷65 刷還 5b~6a(1248쪽)

朝鮮國王[臣]姓[諱]謹備. 昭聖慈壽恭簡安懿章慶敦惠溫莊太皇太后陛下[黃箴]進獻禮物. 紅細苧布一十匹, 白細苧布一十匹, 白細綿紬二十匹, 滿花席一十張, 雜彩花席一十張.

右件物等謹奉進以聞.

康熙六年三月初九日. 朝鮮國王[臣]姓[諱]

右狀進呈咨

原編 卷65 刷還 6a(1248쪽)

朝鮮國王, 爲 謝恩 事.

康熙六年正月十二日, 陳奏陪臣許積等回自京師齎到貴部咨.

云云. [自止見上謝表進呈咨]

等因.

當職與一國臣民不勝兢惶感激. 專差陪臣檜原君李倫議政府右參贊金徽等齎領謝恩表文禮物赴京, 幷齎昭聖慈壽恭簡安懿章慶敦惠溫莊太皇太后陛下進獻禮物前去. 今將禮物開坐, 合行移咨, 請照驗聞奏施行.

須至咨者.

一. 紅細苧布[以下物目見上原狀]

右咨禮部.

康熙六年三月初九日.

皇太后方物狀

原編 卷65 刷還 6a~6b(1248쪽)

朝鮮國王[臣]姓[諱]謹備. 仁憲恪順皇太后陛下[黃箋]進獻禮物.
紅細苧布[以下物目同太皇太后狀].
右件物等謹奉進以聞.

康熙六年三月初九日. 朝鮮國王[臣]姓[諱].

右狀進呈咨[式同太皇太后方物狀進呈咨]

原編 卷65 刷還 6b(1248쪽)

皇后方物狀

原編 卷65 刷還 6b(1248쪽)

朝鮮國王[臣]姓[諱]謹備. 中宮殿下[紅箋]進獻禮物.
紅細苧布[以下物目同太皇太后狀].
右件物等謹奉進以聞.

康熙六年三月初九日. 朝鮮國王[臣]姓[諱].

右狀進呈咨[式同太皇太后方物狀進呈咨]

原編 卷65 刷還 6b(1248쪽)

禮物總單[互節使 犯禁]

原編 卷65 刷還 6b~7a(1248~1249쪽)

朝鮮國差來陪臣檜原君李倫·議政府右參贊金徽等呈. 今將減罰銀五千兩及陪臣鄭太和等俱着寬免謝恩禮物, 進貢紙張不堪免罪謝恩禮物及陪臣鄭知和等議罪陳奏禮物數目開坐, 合行具呈, 須至呈者.

計開.

減罰銀. 謝恩禮物[御前黃細苧布, 以下物目見方物表. 太皇太后·皇太后·中宮紅細苧布以下物目, 見方物狀].

免罪謝恩禮物[御前·太皇太后·皇太后·中宮物目, 見節使].

陪臣議罪陳奏禮物[御前·太皇太后·皇太后·中宮物目, 見犯禁]. 右具呈.

康熙六年三月初九日. 朝鮮國差來陪臣檜原君李倫議政府右參贊金徽.

禮部查收謝減罰銀寬免各官及免罰紙張不堪陳

原編 卷65 刷還 7a(1249쪽)

奏陪臣擬罪方物咨

原編 卷65 刷還 7a~7b(1249쪽)

禮部, 爲 知會 事.

(……)

准朝鮮國王咨開.

差陪臣檜原君李倫·議政府右參贊金徽等恭進着減罰銀五千兩·鄭太和等俱着寬免謝恩禮物·進貢紙張不堪着免罰謝恩禮物及陪臣鄭知和等議罪陳奏禮物.

已經本部具題, 奉旨.

依議.

欽此欽遵.

抄出到部.

除將禮物送戶部收貯訖, 相應知會.

爲此合咨前去, 煩爲查照施行. 云云.

康熙六年五月初五日.

[戊申]

刷回逃留人咨

原編 卷65 刷還 7b(1249쪽)

云云. 肅川人洪屢皮丙子被擄, 逃回於方山鎭, 押解. 云云.

[出通文館志]

康熙七年　月　日. [移禮部]

禮部回咨 [文闕]

原編 卷65 刷還 7b(1249쪽)

[己酉]

刷回逃留人咨

原編 卷65 刷還 7b~8a(1249쪽)

云云. 京中廣通橋人金大善·富平人崔吉等丙子被俘, 因其本主死亡逃至義州, 押解鳳城. 云云.

[出通文館志]

康熙八年　月　日. [移禮部]

禮部回咨[文闕]

原編 卷65 刷還 8a(1249쪽)

[壬戌]

禮部知會入送明阿納之母咨

原編 卷65 刷還 8a(1249쪽)

云云. 據寧古塔副都統題.

章京明阿納告稱.

其父幼被朝鮮人擄去, 娶妻生渠. 太宗時得父子還鄉, 而母未同歸. 今五十年父母俱已七旬, 願得團聚.

等因.

本部議題, 夫婦母子情難分離, 相應移咨交送, 奉旨.

依議.

云云.

[出通文館志]

康熙二十一年 月 日.

回咨

原編 卷65 刷還 8a(1249쪽)

云云. 卽着慶興府將明阿納之母愛香, 交與其子. 云云.

[出通文館志]

康熙二十二年 月 日.

한글 번역

[甲申]

諭免刷逃口及嚴查逆黨勅[見陳奏]

原編 卷65 刷還 1a(1246쪽)

[乙酉]

送還上國閹人咨

原編 卷65 刷還 1a~1b(1246쪽)

발신: 조선국왕

사유: 上國의 환관들을 돌려보냅니다.

[조선국왕] 議政府에서 다음과 같이 狀啓하였습니다.

[의정부] 신들이 삼가 생각해보건대, 先世子가 입시하던 때에 皇上께서 상으로 주신 사람들을 본국으로 데리고 왔었습니다. 그 중 환관 5명은 宮院에 두고서 특별히 撫恤하였습니다. 지금 (세자가) 별세한 후 東宮의 측근들은 모두 철파되었고, 환관[本人]들은 小邦에서 타향살이를 하며 의지할 바를 잃어 고향에 돌아가고픈 마음이 더욱

간절해졌으니 정황이 가엽습니다. 마땅히 咨文을 갖추어 들여보내는 것이 진실로 유익하지 않겠습니까.

[조선국왕] 이를 받고 생각해보건대, 이 다섯 口의 내시들은 (황제께서) 죽은 아들에게 상으로 준 사람들이니, 죽은 아들이 비록 불행히 상을 당해 떠났지만 당직은 또한 마땅히 후하게 대우해 주면서 머물도록 했습니다. 그러나 본인들의 상황은 진실로 의정부 장계에서 아뢴 바와 같아, 출발할 때가 될수록 더욱 슬퍼하고 있습니다. 내시 李邦詔·長三畏·劉仲林·谷豐登·竇五芳 및 종인 1명을 북경[京師]으로 되돌려 보내는 외, 이에 마땅히 咨文을 보내오니 번거롭겠지만 자세히 살펴서 대신 상주해주시기 바랍니다.

順治 2년 8월 14일.

[乙酉]

戶部知會發回被漂被擄人等咨

原編 卷65 刷還 1b(1246쪽)

발신: 호부

사유: 聖旨를 전합니다.

[호부] 10월 5일 聖旨를 받았는데, 그 내용은 다음과 같았습니다.

[황제] 작년 우리 병사들이 錦州를 포위했을 때, 林慶業 등이 가지고 온 배가 폭풍을 만났었다. 배 안의 63인과 또 皮島에서 漢兵에게 사로잡힌 1인 모두를 山東 登州府에 억류해 놓았었다. 지금 중원이 이미 판도에 들어왔으므로 마땅히 돌려보낼 것이니 該部에서는 문서를 보내 알려라.

[호부] 마땅히 귀국에게 咨文을 보내니 번거롭겠지만 살펴서 시행하십시오.

順治 2년 10월 5일.

[丙戌]

刷還逃人慶源完市及究問越境搾蔘人咨

原編 卷65 刷還 1b(1246쪽)

[辛丑]

禮部知會刷回使行從役逃留人咨

原編 卷65 刷還 1b~2a(1246쪽)

발신: 예부

사유: 從人이 도주했습니다.

[예부] 살펴보건대, 조선국에서 파견한 謝恩正使 元斗杓 등이 돌아갈 때 從人 崔德尙이 寧遠에서 달아나 杏山 馬尾屯 何庄頭의 집에 있다가 체포되었습니다. 何庄頭는 외국의 人役임을 알면서도 머물게 했기 때문에 本部에서 盛京總管으로 咨文을 보내 問罪하는 외, 도주한 崔德尙은 조선국 義州府로 넘깁니다. 이에 마땅히 咨文을 보내오니 번거롭겠지만 살펴서 시행하십시오. 운운.

順治 18년 윤7월 8일.

回咨

原編 卷65 刷還 2a~2b(1246쪽)

발신: 조선국왕

사유: 從人이 도주했습니다.

[조선국왕] 본년 윤7월 27일에 貴部의 咨文을 받았는데 그 내용은 다음과 같았습니다.

……. 운운. ["照得朝鮮"부터, "査照施行"까지. 위의 原咨를 보라]

[조선국왕] 살펴보건대, 崔德尙은 謝恩陪臣을 따라 京師로 갔다가, 되돌아올 때에 (일행과) 떨어져 합류하지 않고 도중에서 도주하여 간 곳을 알지 못했는데, 다행히 貴部에서 조사를 하여 보내주었습니다. 崔德尙을 또한 査問하고 논의하여 처단하는 외, 이에 마땅히 咨文으로 답하오니 번거롭겠지만 貴部에서는 자세히 살피시고 시행해주십시오. 운운.

順治 18년 11월 1일.

[癸卯]

禮部知會刷回使行從役逃留人咨

原編 卷65 刷還 2b~3a(1246~1247쪽)

발신: 예부

사유: 旨를 청했습니다.

[예부] 鎭守遼東等處將軍 吳의 咨文을 받았는데, 그 내용은 다음과 같았습니다.

[요동장군] 廣寧城守章京 白應科의 보고를 받았는데, 그 내용은 다음과 같았습니다.

[**광령성 장경**] 進表朝鮮國差來官 李俁의 일행 중 安褚地方官 金海巴爾가 풍질이 있어 달아났다가 그 일행이 출발한 지 3일 후에 비로소 잡았습니다. 곧 鑲紅旗 陳齊泰佐領 소속 董逢榮에게 인계하여 鎭으로 이송해 왔습니다. 바로 金海巴爾를 심문하였습니다.

[**동봉영**] 너는 너의 일행과 왜 헤어졌는가?

다음과 같이 답하였습니다.

[**김해파이**] 저는 병이 생겨 어째서 헤어졌는지 모르겠는데, 廣寧章京에게 체포되어 이송되었습니다.

[**광령성 장경**] 金海巴爾를 이송 후 監門에 두고 간수하는 외, 마땅히 咨文을 보내 알려야 합니다.

[**요동장군**] 조사해보니, 順治 18년 조선국 差來 射謝恩陪臣 元斗杓 등이 돌아갈 때, 한 명이 달아나 뒤에 남았었는데 題를 올려 (승인을 받고서) 압송하여 조선국 義州官에게 넘긴 후 조선국왕에게 咨文을 보내 알린 바 있었습니다. 지금 풍질이 있는 高麗 金海巴爾에 대해 盛京의 咨文을 받아보니 亂行은 없고 다만 풍질이 있을 뿐이라고 하였습니다. 마땅히 지금 鳳凰城 章京으로 하여금 의주 관원에게 보내게 하고 이 연유를 조선국왕에게 咨文으로 알려야 합니다.

[**예부**] (이 내용을) 題本으로 올려 旨를 받들었는데, 그 내용은 다음과 같았습니다.

[**황제**] 曆書를 수령하는 오는 관원에게 교부하여 데리고 가게 하라.

[**예부**] 이에 마땅히 咨文을 보내오니, 번거롭겠지만 조사하여 시행하십시오. 운운.

康熙 2년 10월 1일.

回咨

原編 卷65 刷還 3a~3b(1247쪽)

발신: 조선국왕

사유: 風疾人을 돌려보냈습니다.

[조선국왕] 康熙 2년 10월 20일 貴部의 咨文을 받았는데, 그 내용은 다음과 같았습니다.

[예부] ……. 鎭守遼東等處將軍 吳의 咨文을 받았는데, 그 내용은 다음과 같았습니다.

[요동장군] 廣寧城守章京 白應科의 보고를 받았는데, 그 내용은 다음과 같았습니다.

[광령성 장경] 進表朝鮮國差來官 李俁의 일행 중 安褚地方官 金海巴爾가 풍질이 있어 달아났다가 그 일행이 출발한 지 3일 후에 비로소 잡혔습니다. 이송하여 鎭에 도착하자 바로 심문하였는데, 다음과 같이 답하였습니다.

[김해파이] 저는 병이나 왜 헤어졌는지 모르겠는데, 廣寧章京에게 체포되어 이송되었습니다.

[예부] 盛京의 咨文을 받아보니 亂行은 없고 다만 풍질이 있을 뿐이라고 하였습니다. 마땅히 鳳凰城 章京으로 하여금 의주 관원에게 보내게 하고 이 연유를 조선국왕에게 咨文으로 알려야 합니다.

(이 내용을) 題本으로 올려 旨를 받들었는데, 그 내용은 다음과 같았습니다.

[황제] 曆書를 수령하는 오는 관원에게 교부하여 데리고 가게 하라.

[예부] 마땅히 咨文을 보내오니, 번거롭겠지만 조사하여 시행하십시오.

[조선국왕] 생각건대, 金海巴爾는 進表陪臣 李俁를 따라 京師에 갔다가, 돌아오는 길에 廣寧지방에 이르렀을 때 갑자기 풍질이 일어나 어디로 갔는지 알 수가 없었습니다. 다행히 貴部에서 題本으로 청하여 '曆書를 수령하러 오는 관원에게 교부하여 데리고 가게 하라'는 聖旨를 받들게 되었습니다. 金海巴爾를 본적으로 되돌려 보내는 외, 이에 마땅히 咨文으로 답하오니 살펴보시고 시행해주십시오. 운운.

康熙 3년 2월 13일.

[丙午]

頒查審犯買硝黃容隱逃人勅[見犯禁]

原編 卷65 刷還 3b(1247쪽)

謝降勅查審犯買硝黃容隱逃人表[見犯禁]

原編 卷65 刷還 4a(1247쪽)

陳科斷硝黃各犯擬律容隱各官奏[見犯禁]

原編 卷65 刷還 4a(1247쪽)

禮部查收謝降勅及陳奏方物咨[見犯禁]

原編 卷65 刷還 4a(1247쪽)

禮部知會容隱罰銀減半各官擬律寬免咨[互飭諭]

原編 卷65 刷還 4a(1247쪽)

발신: 예부

사유: 숨겨준 것에 대한 罰銀을 반으로 줄이고, 각 관원의 처벌도 관대히 면해 주는 일입니다.

[예부] 운운. 本部에서 旨를 받들었는데, 그 내용은 다음과 같았습니다.

[**황제**] 조선국왕은 세세로 융성한 은혜를 받았으니 스스로 마땅히 직분을 다해야 하는데, 도망인을 즉시 체포하지 않고서 이내 의논한 후 받아들였으니 매우 마땅하지 않다. 응당 논의에 따라 벌은 1만 냥을 내려야 하나, 멀고 구석진 곳임을 고려하여 5천 냥으로 감한다. 議政 신료들에 대해서도 응당 논의에 따라 극변으로 유배를 보내야 하나, 조선국왕이 스스로 시인했으므로 모두 관대히 면제해준다.

운운.

[『通文館志』에 나온다]

康熙 5년 월 일.

[丁未]

謝罪銀減半各官寬免表

原編 卷65 刷還 4a~5a(1247쪽)

[**조선국왕**] 조선국왕 臣이 말씀드립니다. 康熙 6년 정월 12일에 陳奏陪臣 許積 등이 京師에서 돌아와 禮部의 咨文을 가져왔는데, 그 내용은 다음과 같았습니다.

[**예부**] 題本으로 청하여 旨를 받들었는데, 조선국왕에 대해서 죄를 감하여 은 5천 냥을 부과하고 鄭太和 등은 모두 관대히 용서하라는 것이었습니다.

[**조선국왕**] 臣은 온 나라의 신문과 함께 황송하면서도 감격스러움을 이기지 못해, 삼가 表文을 올려 감사드립니다. 臣은 진실로 황송하고 황공하여 머리를 조아리고 또 조아립니다. 생각건대 잘못을 망령되이 저질렀기 때문에 공경히 엄한 견책을 기다리고 있었는데 은혜가 간곡히 보살펴 주시는 마음으로부터 나와 외람되어 관대한 용서를 받게 되었으니, 놀란 혼백이 겨우 진정되지마자 감격의 눈물이 먼저 흘러나왔습니다. 삼가 생각건대, 臣은 다행히 총애를 받아 緖業을 보전할 수 있었으니, 三尺에 새겨진 법률을 받들어 방비를 소홀히 않게 경계했지만 일시의 혼미함으로 인해 罪戾를 저지르게 되었으니, 비록 받아들여 숨기려는 의도는 없었다고 해도 스스로 그 진심을 아뢸

것이 없게 되었습니다. 이에 使臣이 돌아오매 두려움이 바야흐로 席藁待罪하는 것에 이르게 되었는데 德音이 반포되매 벌이 다만 가벼이 罰銀에 그쳤습니다. 정상을 참작하고 공평하게 판단하시어 該部에서 아뢴 바를 감해 주셨으며, 王法을 굽히고 가엽게 여기시어 陪臣을 용서해 논핵하지 않으셨으니, 범한 죄가 중벌을 피할 수 없었음에도 무거운 죄를 줄여주신 것은 실로 특별한 은총에 힘입은 것입니다.

삼가 皇帝폐하께서는 마음을 미루어 아랫사람을 대하고 근본도리를 천하에 세워 다스리심에, 천지의 지극한 仁을 본받아 모든 생명을 아울러 함육하시고 산수의 도량과 같이 큰 아량으로 잘못들을 씻겨주셨습니다. 이에 미천한 존재마저도 역시 크신 보살핌을 받게 되었으니 臣이 어찌 감히 전의 잘못을 반성해 후일을 경계 삼고 은혜를 생각하며 위엄을 두려워하지 않을 수 있겠습니까! 敎條를 삼가 준수하여 동쪽까지 미친 恩化에 보답하겠으며 제후의 도리를 성실히 수호하여 영원히 황제께 충성하는 마음을 견지하겠습니다. 臣은 하늘을 바라보고 聖上을 우러르며 너무나도 두렵고 죄송한 마음을 가누지 못한 채 삼가 表文을 올려 謝恩을 아룁니다.

康熙 6년 3월 9일. 조선국왕이 삼가 表文을 올림.

方物表

原編 卷65 刷還 5a(1248쪽)

조선국왕이 말씀드립니다. 삼가 후덕함은 하늘과 같아서 이윽고 용서해주시는 은총을 받았으니, 척박한 땅이지만 감히 조공의 의례를 행해 삼가 갖추었습니다.

黃細苧布 30匹, 白細苧布 30匹, 黃細綿紬 24匹, 紫細綿紬 24匹, 白細綿紬 30匹, 龍文簾席 2張, 黃花席 15張, 滿花席 15張, 雜彩花席 15張, 豹皮 5張, 白綿紙 2천卷.

이상의 물품들은 품질은 훌륭하지 않고 척박하고 먼 곳에서 생산되었으니 어찌 제대로 된 조공품으로 마땅하겠습니까마는 헌상하는 마음을 드러내길 바랄 뿐입니다. 臣은 너무나도 두렵고 절실한 마음을 가누지 못한 채 삼가 表文에 따라 받들어 올리며 아룁니다.

康熙 6년 3월 9일. 조선국왕이 삼가 表文을 올립니다.

右表進呈咨

原編 卷65 刷還 5a~5b(1248쪽)

발신: 조선국왕
사유: 謝恩합니다.

[조선국왕] 康熙 6년 정월 12일에 陳奏陪臣 許積 등이 京師에서 貴部의 咨文을 가지고 돌아왔는데, 그 내용은 다음과 같았습니다.

운운. ["題請"에서 "寬免"까지. 위의 原表를 보라]

[조선국왕] 당직은 온 나라의 신민과 황송함과 감격스러움을 가눌 수 없었습니다. 이에 謝恩表文을 짓고 아울러 진헌할 예물을 갖추어 檜原君 李倫, 議政府右參贊 金徽 등을 파견하여 (표문과 예물을) 京師로 받들어 가지고 가 謝恩을 올리는 외, 지금 예물 목록을 마땅히 咨文으로 보내오니 살펴보시고 上奏해 주시기 바랍니다.
一. 黃細苧布[이하 物目은 위의 原表에 보인다]

康熙 6년 3월 9일.

皇太后方物狀

原編 卷65 刷還 5b~6a(1248쪽)

조선국왕이 삼가 갖추었습니다. 昭聖慈壽恭簡安懿章慶敦惠溫莊太皇太后의 진헌예물입니다.

紅細苧布 10匹, 白細苧布 10匹, 白細綿紬 20匹, 滿花席 10張, 雜彩花席 10張.

이상 물건을 삼가 받들어 올리며 아룁니다.

康熙 6년 3월 9일. 조선국왕.

右狀進呈咨

原編 卷65 刷還 6a(1248쪽)

발신: 조선국왕

사유: 謝恩합니다.

[조선국왕] 康熙 6년 정월 12일에 陳奏陪臣 許積 등이 京師에서 貴部의 咨文을 가지고 돌아왔는데, 그 내용은 다음과 같았습니다.

운운. [위의 謝表進呈 咨文을 보라]

[조선국왕] 당직은 온 나라의 신민과 황송함과 감격스러움을 가눌 수 없었습니다. 이에 謝恩表文을 짓고 아울러 진헌할 예물을 갖추어 檜原君 李倫, 議政府右參贊 金徽 등을 파견하여 謝恩표문과 예물을 京師로 가지고 가게 했고, 아울러 昭聖慈壽恭簡安懿章慶敦惠溫莊太皇太后의 예물도 보냈습니다. 지금 예물 목록을 마땅히 咨文으로 보내오니 살펴보시고 上奏해 주시기 바랍니다.

一. 紅細苧布[이하 物目은 위의 原表에 보인다].

康熙 6년 3월 9일.

皇太后方物狀

原編 卷65 刷還 6a~6b(1248쪽)

조선국왕이 삼가 갖추었습니다. 仁憲恪順皇太后陛下의 進獻禮物입니다.
紅細苧布[이하 物目은 太皇太后狀과 같다].
이상 물건 등을 삼가 받들어 올리며 아룁니다.

康熙 6년 3월 9일. 조선국왕.

右狀進呈咨[式同太皇太后方物狀進呈咨]

原編 卷65 刷還 6b(1248쪽)

皇后方物狀

原編 卷65 刷還 6b(1248쪽)

조선국왕이 삼가 갖추었습니다. 中宮殿下의 進獻禮物입니다.
紅細苧布[이하 物目은 太皇太后狀과 같다].
이상 물건 등을 삼가 받들어 올리며 아룁니다.

康熙 6년 3월 9일. 조선국왕.

右狀進呈咨[式同太皇太后方物狀進呈咨]

原編 卷65 刷還 6b(1248쪽)

禮物總單[互節使 犯禁]

原編 卷65 刷還 6b~7a(1248~1249쪽)

朝鮮國差來陪臣檜原君 李倫·議政府右參贊 金徽 등이 아룁니다. 지금 경감해주신 罰銀 5천 냥, 정태화 등을 용서해주신 것에 대한 사은예물, 進貢할 종이들이 손상된 것을 용서해주신 것에 대한 사은예물 및 陪臣 정지화 등의 죄를 논의해주신 것에 대해 陳奏하는 예물의 숫자와 목록을 열거하고, 정문을 올립니다.

수량 목록.

謝恩禮物[御前 黃細苧布 이하 物目은 方物表를 보라. 太皇太后·皇太后·中宮紅細苧布 이하 物目은 方物狀을 보라]

免罪謝恩禮物[御前·太皇太后·皇太后·中宮 物目은 節使를 보라]

陪臣議罪陳奏禮物[御前·太皇太后·皇太后·中宮 物目은 犯禁을 보라]

康熙 6년 3월 9일, 朝鮮國差來陪臣檜原君 李倫, 議政府右參贊 金徽

禮部查收謝減罰銀寬免各官及免罰紙張不堪陳

原編 卷65 刷還 7a(1249쪽)

奏陪臣擬罪方物咨

原編 卷65 刷還 7a~7b(1249쪽)

발신: 예부

사유: 알립니다.

(……)

[주객사] (본부에서) 조선국왕의 咨文을 받았는데, 그 내용은 다음과 같았습니다.

[조선국왕] 陪臣檜原君 李倫·議政府右參贊 金徽 등을 파견해, 경감해준 罰銀 5천 냥, 정태화 등을 용서해주신 것에 대한 사은 예물, 進貢할 종이들이 손상된 것을 용서해주신 것에 대한 사은 예물 및 陪臣 정지화 등의 죄를 논의해주신 것에 대해 陳奏한 예물을 공경히 올리도록 했습니다.

[예부] 本部에서 題를 올렸고, 다음과 같이 旨를 받들었습니다.

[황제] 의논한 대로 하라.

[주객사] 예물을 戶部로 보내 수령하여 저장하는 이외에, 마땅히 (조선국왕에게) 알려야 합니다.

[예부] 이에 마땅히 咨文을 보내오니 번거롭겠지만 살펴서 시행하십시오. 운운.

康熙 6년 5월 5일.

[戊申]

刷回逃留人咨

原編 卷65 刷還 7b(1249쪽)

운운. 肅川人 洪屢皮는 병자년에 피로되었었는데, 方山鎭으로 도주해 왔기에, 압송하였습니다. 운운.
[『通文館志』에 나온다]

康熙 7년 월 일. [禮部로 보냄]

禮部回咨 [文闕]

原編 卷65 刷還 7b(1249쪽)

[己酉]

刷回逃留人咨

原編 卷65 刷還 7b~8a(1249쪽)

운운. 京中 廣通橋人 金大善·富平人 崔吉 등은 병자년에 포로가 되었었는데, 그 주인이 사망하자 義州로 도망 왔기에, 봉황성으로 압송하였습니다. 운운.
[『通文館志』에 나온다]

康熙 8년 월 일. [禮部로 보냄]

禮部回咨[文闕]

原編 卷65 刷還 8a(1249쪽)

[壬戌]

禮部知會入送明阿納之毋咨

原編 卷65 刷還 8a(1249쪽)

[예부] 운운. 寧古塔 副都統의 題를 받았는데, 그 내용은 다음과 같았습니다.

章京 明阿納이 다음과 같이 보고 했습니다.

[영고탑 부도통] 저의 아비는 어려서 조선인에게 사로잡혀 갔다가 부인을 얻어 저를 낳았습니다. (청) 태종 때 부자는 고향에 돌아올 수 있었지만 어미는 함께 돌아오지 못했습니다. 지금 50년이 지나 부모가 모두 칠순이 되었으니 원컨대 같이 모여 살게 해주십시오.

[예부] 本部에서 논의한 후 부부와 모자는 정리상 떨어지기 어려우니 마땅히 咨文을 보내 입송하게 해야 한다고 題하였고, 旨를 받들었는데, 그 내용은 다음과 같았습니다.

[황제] 의논한 대로 하라.

운운.

[『通文館志』에 나온다]

康熙 21년 월 일.

回咨

原編 卷65 刷還 8a(1249쪽)

운운. 즉시 慶興府로 하여금 明阿納의 어미 愛香을 그 아들에게 넘겨주도록 했습니다.

운운.

[『通文館志』에 나온다]

康熙 22년 월 일.

『同文彙考』別編 卷3

刷還

수록 문서 목록

*괄호 안은 영인본의 쪽수임

표 점

[丁丑]

請平價贖俘奏

別編 卷3 刷還 37a(1529쪽)

云云. 已承該部贖還俘口之知委, 雖不敢望格外恩澤, 請得皇旨重申平價相換, 毋致狼狽. 云云.
[出通文館志]

崇德二年 月 日.

禮部知會贖俘聽從本主咨

別編 卷3 刷還 37a(1529쪽)

云云. 贖還俘口, 虧抑價直, 甚爲不可. 大兵血戰, 陣中捉獲, 損價許贖, 拂其本願. 若欲贖還, 聽從本主之便. 云云.
[出通文館志]

崇德二年 月 日.

俘口願贖人差官領去咨

別編 卷3 刷還 37a~38b(1529~1530쪽)

朝鮮國王, 爲 欽依前旨委送別差贖還俘口 事.

議政府狀啓.

臣等竊照, 京外士民失其父母妻子者, 處處號訴, 皆願贖還. 目今六師初旋謝使將發, 贖還一事, 誠不可緩. 除使臣一行員役外, 許帶願往之人, 以廣贖還之路, 似不可已. 而第念使臣之行, 專爲謝恩, 事體重大, 若許帶例外人數, 則訪問交易之際, 似涉紛擾, 反爲未安. 合無另差一官, 率領願贖之人, 勿拘峀數, 前往贖還. 先於謝使之行, 備將前因移咨該部, 轉奏皇上, 明降相應.

等因. 具啓.

據此當職事大無狀, 遠勞王師, 使疆內士女, 未免俘繫, 此實小邦自作之孽. 而幸賴大度包容, 快釋旣往之愆, 再造疆場, 俾保三百年之宗社, 而又軫念蒼生, 思所以保養全安之方. 本年正月二十八日, 欽奉宣諭聖旨.

節該. 若欲贖還聽從本主之便.

欽此.

益見皇上一視同仁之盛意也. 當職已將聖旨內事意, 曉諭中外, 則小邦之民, 無不感激流涕, 仰戴天覆之澤, 爭願褁足奔走前往贖買. 而兩國旣爲一家使价往來, 原無嫌忌. 合於例使之外, 別差一官, 帶領願贖之人, 自備糧料勿定峀數次第前往贖還, 允爲便益.

且念小邦新經兵火, 公私赤立, 孑遺殘氓, 僅辦價直, 經涉險阻, 專爲贖還. 而若刁蹬索高轉賣深處, 則俘繫者去國逾遠, 顚仆於溝壑, 願贖者齎價, 空還號泣於道路, 想見情事委屬矜惻. 煩乞貴部備將此意轉奏皇上, 如蒙許送別差尋問贖還, 仍勅各營不許轉賣深處, 務要兩平交易, 則不惟東土生靈永被覆幬之恩, 而天下歸仁之效, 將由此而致之矣. 當職新蒙聖恩, 復主一方, 有土無民, 國不爲國, 則此實貴部動心處也. 爲此合行移咨. 云云.
[右咨禮部]

崇德二年四月二十五日.

[丁丑]

請停刷逃回人咨

別編 卷3 刷還 38b(1530쪽)

云云. 逃回者情有所不忍不得押還緣由咨禀. 云云.
[出通文館志]

崇德二年　月　日.

戶部回咨

別編 卷3 刷還 38b~39a(1530쪽)

云云. 逃民旣然可矜, 血戰士卒其情不更有可矜. 今有逃民速急明查送還. 云云
[出通文館志]

崇德二年　月　日.

[因戶部咨催, 是年差刑曹佐郎李晦押解走回人男女六口, 差宣專官李慶彬李海龍押解四口. 崇德四年差訓練判官張應桓押解十八口, 差訓練僉正蔡蓍漢押解三十六口.

同年謝恩行順付四十五口. 又崇德七年綾州僧性旹行止荒唐被促於嘉山. 供稱, “丙子被擄入瀋, 皇帝命同他僧俗五十名出朝鮮探問. 上年四月自瀋陽來江界, 同伴人卽分散諸處. 渠歷行北道, 今當入去. 云云”. 卽將性旹咨報禮部押解 ○並出通文館志]

[戊寅]

謝刷送逃犯朴愛京表[製金世濂使朴瀰]

別編 卷3 刷還 39a~39b(1530쪽)

朝鮮國王[臣]姓[諱]言. 崇德三年二月初九日, 據陪臣世子右賓客南以雄等馳啓.

有本國人朴愛京等男婦幷六口, 逃入於上國, 特蒙皇帝之命, 使之送還.

等因. 具啓. 前來.

據此, 除將前項罪人依律處斷外, [臣]與一國臣民不勝感激, 謹奉表稱謝者.[臣][諱]誠惶誠恐, 稽首稽首.

伏以一視無外, 咸仰同仁. 盡執以歸, 特蒙共疾, 采增感戴, 秪切鏤銘. 伏念[臣]僅保創殘, 獲延餘燼, 莫非再造 受賜到今. 荷此並生, 欲報罔極.

何意民心之不測, 終昧憲章之孔昭, 王者若天地無私, 焉用納叛賊子實. 神人所憤, 罔或逋誅, 遂令衆口以縛還, 寔出赤心之推置. 古罕聞者, 今忽有之.

玆蓋伏遇寬溫仁聖皇帝[黃籤] 恩深字小, 道協觀中, 見無禮於其君, 不與同國用克勸乎. 多罪孰敢干常, 姦宄是膺彝倫攸叙. [臣]敢不對越咫尺, 奉以周旋, 有孚正邦, 庶勅敬忠之則, 無俾易種, 永懷賞罰之公, [臣]無任望天仰聖激切屛營之至, 謹奉表稱謝以聞.

崇德三年九月十七日. 朝鮮國王[臣]姓[諱]謹上表.

方物表

別編 卷3 刷還 39b~40a(1530~1531쪽)

朝鮮國王[臣]姓[諱]. 右伏以使歸受戮, 天綱難逃. 享用多儀, 壤奠是執, 謹備.
黃細苧布三十匹, 白細苧布三十匹, 黃細綿紬二十匹, 紫細綿紬二十匹, 白細綿紬三十匹, 黑細麻布二十匹, 龍文簾席二張, 黃花席一十五張, 滿花席一十五張, 雜彩花席一十五張, 豹皮五張, 白綿紙二千卷.
右件物等產自僻陋製是麤疎, 豈足稱於獻上聊欲表乎. 由中[臣]無任兢惶激切之至, 謹隨表奉進以聞.

崇德三年九月十七日. 朝鮮國王[臣]姓[諱]謹上表.

右表進呈咨

別編 卷3 刷還 40a~40b(1531쪽)

朝鮮國王, 爲 謝恩 事.

崇德三年二月初九日, 當職據陪臣世子右賓客南以雄等馳啓.

有本國人朴愛京等男婦幷六口, 逃入於上國, 特蒙皇帝之命, 使之送還.
等因. 具啓. 前來.
當職欽此欽遵. 除將前項罪人依律處斷外, 與一國臣民不勝感激, 修撰到謝恩表文, 並備進獻禮物, 專差陪臣錦陽尉朴瀰齎擎管領前赴京師進謝外, 今將禮物開坐合行移咨, 請照驗聞奏施行. 須至咨者.
一. 黃細苧布[以下物目見上原表]
右咨禮部.

崇德三年九月十七日.

皇后方物狀

別編 卷3 刷還 40b(1531쪽)

朝鮮國王[臣]姓[諱], 謹備中宮殿下[紅籤]進獻禮物.

紅細苧布一十匹白細苧布一十匹白細綿紬二十匹黑細麻布二十匹滿花席一十張雜彩花席一十張.

右件物等, 謹奉進以聞.

崇德三年九月十七日. 朝鮮國王[臣]姓[諱].

右狀進呈咨

別編 卷3 刷還 40b~41a(1531쪽)

朝鮮國王, 爲 謝恩 事.

崇德三年二月初九日, 當職據陪臣世子右賓客南以雄等馳啓.

有本國人朴愛京等男婦幷六口, 逃入於上國, 特蒙皇帝之命, 使之送還.

等因. 具啓. 前來.

當職欽此欽遵. 除將前項罪人依律處斷外, 與一國臣民不勝感激, 專差陪臣錦陽尉朴瀰齎領謝恩表文禮物, 並齎中宮殿下進獻禮物前去. 今將禮物開坐, 合行移咨, 請照驗聞奏施行. 須至咨者.

一. 紅細苧布[以下物目見上原狀].

右咨禮部.

崇德三年九月十七日.

謝刷送逃犯朴愛京箋[製李行進]

別編 卷3 刷還 41a~41b(1531쪽)

朝鮮國王[臣]姓[諱]言. 崇德三年二月初九日, 據陪臣世子右賓客南以雄等馳啓.

云云. [自"有本國", 止"處斷外". 見上御前表]

[臣]與一國臣民不勝感激, 謹奉箋稱謝者. [臣][諱]誠惶誠恐稽首稽首. 伏以忝此君牧, 實愧撫綏之方, 返其逋逃, 俾正兇狡之罪. 感戴恩命, 忸怩厚顔.

伏念[臣]禍亂之餘, 朝夕莫保, 緖業不墜, 恒切執壤之誠, 賦役太煩, 孰有耕野之願. 惟此細民之惡, 實爲敝封之羞, 天地無私, 寧有貸於賊子, 神人共憤, 果難逃於邦刑. 苟非元良之導宣, 何能禁戢而懲創.

玆盖伏遇皇太子殿下[紅籤]英武盖世, 謳歌浦街. 大事與聞, 夙膺主器之重. 小邦有頼, 咸仰御衆之能. 遂令亂常之徒, 爰被罔赦之典. [臣]敢不謹嚴疆域安集流亡. 迹滯偏藩, 遙切嵩呼之祝, 心懸貳極, 長沐少海之波. [臣]無任瞻仰激切屛營之至, 謹奉箋稱謝以聞.

崇德三年九月十七日. 朝鮮國王[臣]姓[諱]謹上箋.

方物箋

別編 卷3 刷還 41b~42a(1531~1532쪽)

朝鮮國王[臣]姓[諱]. 右伏以盡執以歸, 小人是懼. 多儀用享, 大德難酬. 謹備.

白細苧布二十匹, 黑細麻布二十匹, 滿花席一十張, 雜彩花席一十張, 白綿紙五百卷, 黃毛筆五十枝, 油煤墨五十錠.

右件物等製作匪精, 名般不腆, 雖不合於庭實, 聊自效於土宜. [臣]無任兢惶激切之至, 謹隨箋奉進以聞.

崇德三年九月十七日. 朝鮮國王[臣]姓[諱]謹上箋.

右箋進呈咨

別編 卷3 刷還 42a~42b(1532쪽)

朝鮮國王, 爲 謝恩 事.

崇德三年二月初九日, 當職據陪臣世子右賓客南以雄等馳啓.

云云. [自止見上謝箋]

當職與一國臣民不勝感激, 修撰到謝恩箋文, 幷備進獻禮物, 專差陪臣錦陽尉朴瀰賫擎管領前赴京師進謝外, 今將禮物開坐合行移咨, 請照驗聞啓施行.

須至咨者.

一. 白細苧布[以下物目見上原箋]

右咨禮部.

崇德三年九月十七日.

禮物總單[互節使]

別編 卷3 刷還 42b(1532쪽)

朝鮮國差來陪臣錦陽尉朴瀰呈.

今將特蒙皇旨送還逃人朴愛京謝恩禮物及萬壽聖節進賀禮物冬至令節進賀禮物數目開坐合行具呈. 須至呈者.

計開. 送還逃人謝恩禮物[御前黃細苧布以下物目見方物表. 中宮紅細苧布以下物目

見方物狀. 皇太子白細苧布以下物目見方物箋]

萬壽聖節進賀禮物冬至令節進賀禮物[御前·中宮·皇太子物目,　並見節■表狀箋]

右具呈.

崇德三年九月十七日. 朝鮮國差來陪臣錦陽尉朴瀰.

[戊寅]

戶部申飭刷還兀良哈及俘口咨

別編 卷3 刷還 42b~43a(1532쪽)

云云. 在南漢時所有兀良哈人俱着刷送, 又軍中俘虜自鴨江後, 若有逃回者, 執送本主, 已有別諭. 至今兀良哈人戶未見刷還, 俘虜逃去者, 亦不盡送, 有違前旨. 云云. [出通文館志]

崇德三年　月　日.

[向化人朴所沙里瞞告, 以其妻父姜春當夫妻及妻娚同婿夫妻子孫俱是已身向化. 英將言于謝使, 使之刷送. 查春堂等乃是向化孫枝, 而難違其言, 專差訓練判官宋士益押解仍咨戶部, "請轉奏辨明, 俾無抱冤". 續據戶部咨, 差訓練僉正蔡薯漢, 押解向化兀良哈. 又准戶部咨開之數, 差訓練僉正朴泂, 押解兀良哈八口. 崇德四年差訓練副正李季榮押解椵島逃漢人一口. 又於同年謝恩行順付兀良哈八口 ○出通文館志]

[庚辰]

戶部知會刷回該國逃人六名咨

別編 卷3 刷還 43a~43b(1532쪽)

戶部, 爲 復業人口 事.

准王咨內云.

　　有朝鮮國民人二十口逃住也春屯, 欲本部刷回原籍, 允爲便益.

等因.

已經詳問其人來歷內, 六口果係朝鮮民戶, 其十四名口原係本處兀良哈逃入朝鮮以後復歸本處者. 旋已奏聞, 奉聖旨.

　　將朝鮮人民六口刷回原籍.

欽此. 欽遵.

合無移咨貴國照驗咨內刷回人數領受. 云云.

崇德五年六月　日.

[庚辰]

陳難刷三色人伸辨斥和臣奏[見飭諭]

別編 卷3 刷還 43b(1532쪽)

한글 번역

[丁丑]

請平價贖俘奏

別編 卷3 刷還 37a(1529쪽)

발신: 조선국왕
사유: 平價로 포로를 속환해주십시오.

운운. 이미 該部로부터 포로들을 贖還한다는 통지를 받았으니 비록 감히 특별한 은택을 바랄 수는 없지만, 청컨대 皇旨를 받아 平價로 상환한다는 것을 거듭 알림으로써 낭패하지 않도록 해주십시오. 운운.
[『通文館志』에 나온다]

崇德 2년 월 일.

禮部知會贖俘聽從本主咨

別編 卷3 刷還 37a(1529쪽)

발신: 예부

사유: 포로의 贖還은 본주인(의 요구를) 따라야 합니다.

운운. 포로를 贖還함에 가격 낮추는 것은 매우 불가합니다. 大兵이 혈전을 치르며 전쟁터에서 포획했는데 가격을 낮춰 贖還을 허락하면 그 바람을 불식시키는 것입니다. 만일 贖還하고자 하면 본주인의 편의를 따라줘야 합니다. 운운.

[『通文館志』에 나온다]

崇德 2년 월 일.

俘口願贖人差官領去咨

別編 卷3 刷還 37a~38b(1529~1530쪽)

발신: 조선국왕

사유: 앞서 旨에 따라 別差를 파견하여 포로를 속환하겠습니다.

[조선국왕] 議政府에서 狀啓를 올렸는데, 그 내용은 다음과 같았습니다.

[의정부] 臣들이 가만히 생각해보건대, 京外의 士民 중 그 부모와 처자를 잃어버린 자들이 곳곳에서 호소하며 모두들 속환을 원하고 있습니다. 지금 (청나라) 군대가 빨리 회군한 것에 대해 謝恩하는 使臣이 출발할 터이므로 속환 문제는 진실로 늦추어서는 안 됩니다. 使臣 일행 외, (심양으로) 같이 가기를 원하는 사람들을 데리고 가 贖還을 확대하는 것은 아마도 그만둘 수 없습니다. 그러나 생각건대, 使行은 오로지

謝恩을 위한 것으로 事體가 중대하니, 만일 규정된 이외의 인원을 데려가게 되면 (사람을) 찾고 값을 치르는 사이에 아마 소요가 발생하여 도리어 편치 않게 될 것입니다. 따라서 마땅히 별도로 관원을 파견하여 속환을 원하는 인원을 인솔하되 횟수에 구애되지 말고 속환하러 가게 해야 합니다. 사은사가 출발하기 전에 앞의 사유를 갖추어 해부에 자문을 보내고 (해부로 하여금) 황상께 대신 상주하여 상응하는 조치가 내릴 수 있게 해야 합니다.

[조선국왕] 제가 대국을 섬기는 것이 형편없어 수고롭게도 王師를 먼 곳에서 오게 만들어 조선의 백성들이 포로 됨을 면치 못하게 하였으니, 이는 실로 小邦이 스스로 만든 재앙입니다. 그런데 크신 도량으로 포용해주셔서 기왕의 잘못을 흔쾌히 용서하시고 나라를 멸망시키지 않아 삼백 년의 종사를 보존하게 해주셨습니다. 그리고 또한 백성들을 걱정하여 保養하고 安全할 방법을 깊이 생각하셨습니다. 이에 본년 정월 28일에 선포하신 聖旨를 받들었는데, 그 내용은 다음과 같았습니다.

[황제] ……. 만일 속환하려고 한다면 본 주인의 편의에 따라라.

[조선국왕] (이를 통해) 황상께서 一視同仁하시는 훌륭하신 뜻을 한 층 더 보았습니다. 제가 이미 聖旨의 뜻을 中外에 알리니 小邦의 백성들이 감격하며 눈물을 흘리지 않는 자들이 없었고, 하늘같이 품어주시는 은택을 우러러 이고서 두려워하면서도 앞다투어 속환하러 가고자 하고 있습니다. 그런데 두 나라가 이미 한집안이 되어 사신이 왕래하고 꺼리는 일이 모두 없어졌습니다. 따라서 정규 사신 외 별도로 관원을 파견하여 속환을 원하는 사람들을 거느리고 스스로 식량을 마련하여 횟수나 순서에 관계없이 속환할 수 있다면 진실로 편리하고 이익이 될 것입니다.

또 생각건대, 小邦이 새로이 전쟁을 겪으면서 公私가 모두 빈곤해져, 살아남은 불쌍한 백성들이 겨우 비용을 마련하여 험로를 가게 되었는데 (이는) 오로지 속환을 위해서입니다. 그런데 만일 간사한 꾀를 써서 높은 가격을 받고자 (포로들을) 훨씬 먼 곳으로 팔아 버린다면, 포로로 매인 자들은 조선으로부터 더욱 멀어져 이름 모를 곳에서 죽게 될 것이며 속환하려던 사람들은 비용을 가지고 왔어도 귀국길에 홀로 돌아가며 울부짖을 것이니 그 정황을 생각해보면 불쌍하고 측은해집니다. 번거롭겠지만 貴部에서 이러한 뜻을 대신 皇上께 상주해주어, 만일 (조선에서) 별도의 사신을 보내 (포로들을) 찾아서 속환하는 일을 허락해 주시고 또 (청의) 각 營에 명령을 내려 더 먼 곳으로 팔지 말며 양쪽에서 平價로 교역하라고 해주신다면, 품어주시는 은혜를 東土의 백성들이 받을 뿐 아니라 천하가 (皇上의) 仁으로 귀의하는 효과는 이를 통해 이루어질 것입니다. 제가 새로이 聖恩을 받아 다시 한 지역의 책임자가 되었는데 땅은 있으되 백성은 없어 나라이되 나라가 아니게 된다면 이는 실로 貴部께서도 신경 쓰게 될 문제일 것입니다. 이에 마땅히 咨文을 보냅니다. 운운.
[禮部에 보내다]

崇德 2년 4월 25일.

[丁丑]

請停刷逃回人咨

別編 卷3 刷還 38b(1530쪽)

발신: 조선국왕
사유: 도망 온 자들의 쇄환을 중단시켜 주십시오.

운운. 도망 온 자들은 정상이 안타까운 바가 있으니 압송할 수 없는 사정을 咨文으로 아룁니다. 운운.
[『通文館志』에 나온다]

崇德 2년　월　일.

戶部回咨

別編 卷3 刷還 38b~39a(1530쪽)

발신: 호부
사유: 자문으로 회답합니다.

운운. 도망자들은 그렇게 불쌍하게 여기면서 血戰을 치른 사졸들은 그 정상이 불쌍하지 않은지요? 지금 도망간 자들을 신속히 조사하여 송환하십시오. 운운.
[『通文館志』에 나온다]

崇德 2년 월 일.

[호부가 자문을 보내 독촉했기 때문에 그 해 刑曹佐郎 李晦를 파견하여 走回人 6口를, 李慶彬과 李海龍을 파견해 4口를 압송했다. 崇德 4년 訓練判官 張應桓을 파견해 18口를, 訓練僉正 蔡耆漢을 파견해 36口를 압송했다. 같은 해 謝恩 使行 때 45口를 보냈다. 또 崇德 7년에 綾州 승려 性旹은 행동이 황당했는데 嘉山에서 붙잡혔다. 공술하기를, “병자년에 포로로 잡혀 심양에 갔다가 황제가 다른 승려 및 일반인 50명과 같이 조선으로 가서 탐문하라고 명령했습니다. 작년 4월에 심양에서 강계로 왔고 같이 온 사람들은 각처로 흩어졌습니다. 저는 北道를 두루 다녔고 지금 마땅히 들어갑니다. 운운.” 즉시 예부에 자문을 보내고 性旹을 압송했다. ○ 아울러『通文館志』에 나온다]

[戊寅]

謝刷送逃犯朴愛京表[製金世濂使朴瀰]

別編 卷3 刷還 39a~39b(1530쪽)

발신: 조선국왕

사유: 도망간 朴愛京을 쇄환해 주셔서 감사하며 표문을 올립니다.

[조선국왕] 조선국왕이 말씀드립니다. 崇德 3년 2월 9일에 陪臣 世子右賓客 南以雄 등이 馳啓를 보냈는데, 그 내용은 다음과 같았습니다.

> **[남이웅 등]** 본국인 朴愛京 등 모두 6口가 상국으로 도망 왔는데, 특별히 황제의 명령을 받아 그들을 돌려보냅니다.

[조선국왕] 이들 죄인을 법률에 따라 처단하는 외, 臣은 온 나라의 신민들과 감격스러움을 이기지 못하고 삼가 表를 올려 감사를 아룁니다. 臣은 진실로 황공하여 머리를 조아리고 또 조아립니다.

삼가 내외 없이 하나로 봐 주시기에 모두 同仁을 우러르는 때를 만났습니다. 이에 (賊子들을) 모두 잡아서 돌려보내시고는 저희에게 처벌할 수 있게 해 주셨으니, 감격스러움은 더욱 깊어져 더욱더 가슴 속에 새겼습니다. 생각건대 臣이 무너진 나라를 겨우 보존하고 전쟁 끝에 남은 것들을 계속해서 소유할 수 있게 해주셨으니, 再造해주시는 것들을 오늘에까지 받고 있으니 함께 살게 해 주신 은혜는 갚고자 해도 끝이 없습니다. 그런데 생각지 못하게 민심이 불측하여 끝내 법률을 지키지 않았으니, 천지와 같이 공평무사한 王者가 어찌 난신적자를 받아들 수 있겠습니까! 실로 神人도 모두 분노할 바이기에 혹시라도 죽을죄로부터 달아나게 해서는 안 되었는데, 끝내 도적들을 결박시켜 돌려보내 주시니 (이는) 정성스럽게 대해주시는 마음에서 나왔을 것입니다. 옛적에도 매우 드문 일인데 지금 문득 이러한 일을 하셨습니다.

寬溫仁聖 皇帝께서는 소국을 아껴주시는 은혜가 매우 깊으시고 세상을 道理로 판단하셨습니다. 그 군주에게 무례한 것을 보시고는 그 나라와 더불어 권면하시었으니, 죄

많은 자들이 감히 상도를 범하지는 못한다 해도 간악한 자들은 인륜상 용서할 수 없습니다. 臣이 지척에 마주하고서 周旋을 받들지 않을 수 있겠습니까! 나라를 바루어 공경히 충성하는 원칙에 힘쓰겠으며 易種함이 없게 하여 영원히 상벌을 내리신 공평한 마음을 품겠습니다. 臣은 하늘과 聖上을 우러러 감격스럽고도 떨리는 마음을 가눌 수 없어 삼가 표문을 올려 사은을 칭하며 아룁니다.

崇德 3년 9월 17일에, 조선국왕이 삼가 表文을 올립니다.

方物表

別編 卷3 刷還 39b~40a(1530~1531쪽)

조선국왕이 아룁니다. 삼가 생각건대 (반역자를) 돌려보내 죽음을 맞게 하였으니 하늘의 그물은 벗어나기 어렵습니다. 이에 마땅한 의례를 시행하여 방물을 올리며 삼가 다음과 같이 갖추었습니다.

黃細苧布 30匹, 白細苧布 30匹, 黃細綿紬 20匹, 紫細綿紬 24필, 白細綿紬 34필, 黑細麻布 24필, 龍文簾席 2張, 黃花席 15張, 滿花席 15張, 雜彩花席 15張, 豹皮 5張, 白綿紙 2천 권.

이상의 물건은 벽지에서 생산되었고 성글게 만들었으니 어찌 표문과 함께 헌상하기에 적합하겠습니까! 심중에서 臣은 몹시 두렵고 떨리는 마음을 감당하지 못하고, 삼가 표문과 같이 올리며 아룁니다.

崇德 3년 9월 17일. 조선국왕이 삼가 표문을 올립니다.

右表進呈咨

別編 卷3 刷還 40a~40b(1531쪽)

발신: 조선국왕

사유: 謝恩합니다.

[조선국왕] 崇德 3년 2월 9일에 저는 陪臣 世子右賓客 南以雄 등의 馳啓를 받았는데, 그 내용은 다음과 같았습니다.

> **[남이웅 등]** 본국인 朴愛京 등 모두 6口가 상국으로 도망갔었는데, 황제의 명을 받아 그들을 (본국으로) 송환합니다.

[조선국왕] 저는 이를 삼가 준수하겠습니다. 위의 죄인들을 律에 따라 처단하는 외, 온 나라의 臣民들과 감격스러운 마음을 가누지 못하고 謝恩表文을 만들어 진헌할 예물과 함께 陪臣 朴瀰로 하여금 (표문과 예물을) 가지고 京師로 보내 사은을 아뢰겠습니다. 이외 지금 예물 목록을 마땅히 자문으로 보내니, 살펴보시고 상주해주시기 바랍니다.

一. 黃細苧布[이하 물건목록은 위의 表文에 보인다]

이상 예부로 자문을 보냅니다.

崇德 3년 9월 17일.

皇后方物狀

別編 卷3 刷還 40b(1531쪽)

조선국왕이 삼가 중궁전하께 진헌할 예물을 다음과 같이 갖추었습니다.

紅細苧布 10匹, 白細苧布 10匹, 白細綿紬 20匹, 黑細麻布 20匹, 滿花席 10張, 雜彩花席 10張.

이상의 물건들을 삼가 올리며 아뢰니다.

崇德 3년 9월 17일. 조선국왕

右狀進呈咨

別編 卷3 刷還 40b~41a(1531쪽)

발신: 조선국왕

사유: 謝恩합니다.

[조선국왕] 崇德 3년 2월 9일에 저는 陪臣 世子右賓客 南以雄 등의 馳啓를 받았는데, 그 내용은 다음과 같았습니다.

> **[남이웅 등]** 본국인 朴愛京 등 모두 6口가 상국으로 도망갔었는데, 황제의 명을 받아 그들을 (본국으로) 송환합니다.

[조선국왕] 저는 이를 삼가 준수하겠습니다. 위의 죄인들을 律에 따라 처단하는 외, 온 나라의 臣民들과 감격스러운 마음을 가누지 못하고 錦陽尉 朴瀰를 파견해 사은표문과 예물을 가져가게 했습니다. 이에 아울러 중궁전하께 진헌할 예물도 보냈습니다. 지금 예물 목록을 마땅히 자문으로 보내니, 살펴보시고 상주해주시기 바랍니다.

一. 紅細苧布[이하 물건목록은 위의 원 狀을 보라].

이상 예부로 보냅니다.

崇德 3년 9월 17일.

謝刷送逃犯朴愛京箋[製李行進]

別編 卷3 刷還 41a~41b(1531쪽)

조선국왕이 발씀드립니다. 崇德 3년 2월 9일에 陪臣世子右賓客 南以雄 등이 馳啓를 보냈는데, 그 내용은 다음과 같았습니다.

운운. [“有本國”부터, “處斷外”까지. 위의 御前表를 보라]

이에 臣은 온 나라의 신민들과 함께 감격스러운 마음을 가누지 못하고 삼가 箋文을 올려 감사를 아룁니다. 신은 진실로 황공하여 머리를 조아리고 또 조아립니다. 삼가 지금 군주의 자리를 맡았으나 실로 (백성을) 어루만져주지 못해 부끄러워하고 있는데, 오히려 도망간 죄인을 돌려보내 주시어 흉악한 죄를 처벌하게 해주셨으니, 은혜로운 명령을 감격스레 칭송하며 (저의) 후안무치를 너무나 부끄러워하고 있습니다.

삼가 생각건대, 臣은 전쟁을 치른 나머지 조석조차 보존할 수 없었지만, 종사가 무너지지 않았기에 항상 최선을 다해 事大하였고 (백성들에게는) 부역을 가볍게 해주어 경작할 수 있도록 했습니다. 다만 이 간사한 백성들의 악행은 진실로 폐방의 수치인데, 황제께서 공평무사하시어 난신적자들을 용서하지 않았고 神人들이 모두 분노하여 과연 법규에서 빠져나가지 못했습니다. 진실로 황태자의 인도가 아니었다면 어찌 (이들을) 체포해서 징벌을 내릴 수 있었겠습니까!

황태자 전하의 영무하심이 세상을 압도하니 찬양하는 노래가 곳곳에서 들리는 때를 만났습니다. 大事에 참여하여 일찍부터 적자의 중임을 맡으셨고 小邦에서는 사람들을 다스리는 능력을 모두 우러러 의지했습니다. 끝내 도리를 어지럽힌 무리들로 하여금 용서할 수 없는 벌을 받게 했습니다. 이에 臣은 강역을 삼가 단속하고 流民들을 안착시키지 않을 수 있겠습니까. (황태자의) 자취가 구석진 나라에까지 이르니 멀리서 절실히 감축을 외치고, 마음은 황태자를 생각하며 그 은혜에 흠뻑 무젖었습니다. 臣은 삼가 몹시도 감격스러우면서도 떨리는 마음을 가누지 못하고 箋文을 올려 감사를 칭하며 아룁니다.

崇德 3년 9월 17일. 조선국왕이 삼가 箋文을 올립니다.

方物箋

別編 卷3 刷還 41b~42a(1531~1532쪽)

조선국왕이 말씀드립니다. 생각건대 (난신적자들을) 모두 잡아서 보내주셨으니 小人들이 이에 두려워하고 있습니다. 제후국의 방물을 올리는 것으로는 크신 은덕에 보답할 수는 없겠지만 삼가 다음과 같이 갖추었습니다.

白細苧布 20匹, 黑細麻布 20匹, 滿花席 10張, 雜彩花席 10張, 白綿紙 5백 권, 黃毛筆 50枝, 油煤墨 50錠.

이상의 물건들은 상태가 좋지 못하고 가짓수가 많지 않아 비록 조정의 지위에 어울리지 않지만 방물을 바치는 도리를 드러내길 바랄 뿐입니다. 臣은 너무나도 떨리는 마음을 가누지 못하고, 삼가 箋文과 함께 올리며 아룁니다.

崇德 3년 9월 17일. 조선국왕이 삼가 箋文을 올립니다.

右箋進呈咨

別編 卷3 刷還 42a~42b(1532쪽)

발신: 조선국왕

사유: 謝恩합니다.

崇德 3년 2월 9일에 저는 陪臣 世子右賓客 南以雄 등의 馳啓를 받았는데, 그 내용은 다음과 같았습니다.

운운. [위의 謝恩箋文을 보라]

저는 온 나라의 臣民들과 감격스러운 마음을 가누지 못하여, 謝恩箋文을 작성하고 진헌할 예물을 갖추어, 錦陽尉 朴瀰로 하여금 (이를) 京師로 가져가 올리게 하는 외,

지금 예물 목록을 마땅히 자문으로 보내니 살펴보시고 상주해주시기 바랍니다.
一. 白細苧布[이하 물건목록은 위의 원 箋文에 보인다]

崇德 3년 9월 17일.

禮物總單[互節使]

別編 卷3 刷還 42b(1532쪽)

[박미] 朝鮮國差來陪臣 錦陽尉 朴瀰가 아룁니다. 특별히 황제께서 旨를 내리셔서 도망간 朴愛京을 보내주셨는데 이에 대한 사은 예물 및 萬壽聖節을 進賀하는 예물, 冬至令節을 進賀하는 예물의 수량과 목록을 열거하여 아룁니다.
목록.
도망인을 돌려보내 준 것에 대한 謝恩예물[御前黃細苧布, 이하 물건목록은 方物表에 보인다. 中宮紅細苧布. 이하 물건목록은 方物狀에 보인다. 皇太子白細苧布, 이하 물건목록은 方物箋에 보인다]
[박미] 萬壽聖節을 進賀하는 예물, 冬至令節을 進賀하는 예물[御前·中宮·皇太子께 올리는 물건목록은 모두 節■表狀箋에 보인다] 이상 아룁니다.

崇德 3년 9월 17일. 朝鮮國差來陪臣 錦陽尉 朴瀰.

[戊寅]

戶部申飭刷還兀良哈及俘口咨

別編 卷3 刷還 42b~43a(1532쪽)

[호부] 운운. (우리 군대가) 남한산성에 있었을 때 모든 兀良哈은 송환할 것, 또 군중의 포로들 가운데 압록강을 건넌 이후 만일 (조선으로) 도망 온다면 본 주인에게 잡아 보낼 것 등에 대해 이미 별도의 諭旨가 있었다. 그런데 지금까지 兀良哈은 쇄환되지 않았고 포로 중 도망 간 자들 또한 모두 송환하지 않고 있으니 이는 諭旨를 어긴 것입니다. 운운.
[『通文館志』에 나온다]

崇德 3년 월 일.

[향화인 朴所沙里가 거짓으로, 그의 장인 姜春當 부부 및 처남·동서 부부와 자손이 모두 스스로 향화하였다고 알렸다. 장수 英俄爾岱가 使臣에게 말해서 그들을 쇄환하라고 하였다. 조사해보니 春當 등은 바로 향화인의 후손이었지만, (청 장수의) 말을 어기기 어려워 訓練判官 宋士益을 파견해 송환하고 곧 戶部에 자문을 보내, “대신 상주하여 분명히 판명함으로써 원한을 품지 않게 해달라.”고 하였다. 이어 戶部의 자문을 받고 訓練僉正 蔡書漢을 파견해서 향화한 兀良哈을 보냈다. 또 호부가 자문에서 말한 인원수를 준비하여 朴泂 파견해 兀良哈 8口를 압송했다. 崇德 4년에는 訓練副正 李季榮을 파견해 椵島에서 도망 온 漢人 1口를 압송했다. 또 같은 해 謝恩 때 兀良哈 8口를 보냈다. ○『通文館志』에 나온다]

[庚辰]

戶部知會刷回該國逃人六名咨

別編 卷3 刷還 43a~43b(1532쪽)

발신: 호부

사유: 사람들을 (원적지로) 다시 거주하게 했습니다.

[호부] 조선국왕의 자문을 받았는데, 그 내용은 다음과 같았습니다.

[조선국왕] 조선 백성 20口가 也春의 둔토로 도망와 살고 있으니, 本部에서 원적으로 보내는 것이 진실로 편리할 것입니다.

[호부] 이미 그 사람들의 내력을 자세히 심문한 결과, 6口는 조선 백성이고 14명은 원래 이곳 兀良哈인데 조선으로 도망쳤다가 다시 이곳으로 돌아온 자들입니다. 곧 상주하였고 聖旨를 받들었는데, 그 내용은 다음과 같았습니다.

[황제] 조선백성 6口를 원적으로 돌려보내라.

[호부] 마땅히 귀국으로 咨文을 보내니 숫자를 확인해서 수령하십시오. 운운.

崇德 5년 6월 일.

[庚辰]

陳難刷三色人伸辨斥和臣奏[見飭諭]

別編 卷3 刷還 43b(1532쪽)

동북아역사 자료총서 48

국역『同文彙考』勅諭·犯禁·刷還 史料

초판 1쇄 인쇄 2013년 12월 1일
초판 1쇄 발행 2013년 12월 10일

옮긴이 배우성, 김창수, 이원준, 정동훈, 박민수
펴낸이 김학준
펴낸곳 동북아역사재단

등록 제312-2004-050호(2004년 10월 18일)
주소 서울시 서대문구 통일로 81 임광빌딩
전화 02-2012-6065
팩스 02-2012-6189
e-mail book@nahf.or.kr

ISBN 978-89-6187-312-3 93910

* 이 도서의 국립중앙도서관 출판시도서목록(CIP)은 서지정보유통지원시스템 홈페이지
(http://seoji.nl.go.kr)와 국가자료공동목록시스템(http://www.nl.go.kr/kolisnet)에서
이용하실 수 있습니다.(CIP 제어번호: CIP2013026254)